Kohlhammer

Geschichte in Wissenschaft und Forschung

Eine Übersicht aller lieferbaren und im Buchhandel angekündigten Bände der Reihe finden Sie unter:

   https://shop.kohlhammer.de/gwf

Peter Hilsch

Die böhmischen Länder
im Mittelalter

Verlag W. Kohlhammer

Dieses Werk einschließlich aller seiner Teile ist urheberrechtlich geschützt. Jede Verwendung außerhalb der engen Grenzen des Urheberrechts ist ohne Zustimmung des Verlags unzulässig und strafbar. Das gilt insbesondere für Vervielfältigungen, Übersetzungen, Mikroverfilmungen und für die Einspeicherung und Verarbeitung in elektronischen Systemen.

Die Wiedergabe von Warenbezeichnungen, Handelsnamen und sonstigen Kennzeichen in diesem Buch berechtigt nicht zu der Annahme, dass diese von jedermann frei benutzt werden dürfen. Vielmehr kann es sich auch dann um eingetragene Warenzeichen oder sonstige geschützte Kennzeichen handeln, wenn sie nicht eigens als solche gekennzeichnet sind.

Es konnten nicht alle Rechtsinhaber von Abbildungen ermittelt werden. Sollte dem Verlag gegenüber der Nachweis der Rechtsinhaberschaft geführt werden, wird das branchenübliche Honorar nachträglich gezahlt.

Dieses Werk enthält Hinweise/Links zu externen Websites Dritter, auf deren Inhalt der Verlag keinen Einfluss hat und die der Haftung der jeweiligen Seitenanbieter oder -betreiber unterliegen. Zum Zeitpunkt der Verlinkung wurden die externen Websites auf mögliche Rechtsverstöße überprüft und dabei keine Rechtsverletzung festgestellt. Ohne konkrete Hinweise auf eine solche Rechtsverletzung ist eine permanente inhaltliche Kontrolle der verlinkten Seiten nicht zumutbar. Sollten jedoch Rechtsverletzungen bekannt werden, werden die betroffenen externen Links soweit möglich unverzüglich entfernt.

Umschlagabbildung: Statue Karls IV. im Prager Veitsdom (Foto: Prokop Paul).

1. Auflage 2023

Alle Rechte vorbehalten
© W. Kohlhammer GmbH, Stuttgart
Gesamtherstellung: W. Kohlhammer GmbH, Stuttgart

Print:
ISBN 978-3-17-041704-5

E-Book-Format:
pdf: ISBN 978-3-17-041705-2

Inhaltsverzeichnis

Vorwort 9

1 Einleitung 10

2 Böhmen und Altmähren 13
2.1 Böhmen zur Zeit des römischen Reiches 13
2.2 Die Einwanderung der Westslawen und das Reich des Samo 16
2.3 Der Aufstieg Altmährens und die Slawenapostel 19
2.4 Das altmährische Reich auf seinem Höhepunkt 24
2.5 Böhmen in der Zeit des altmährischen Reiches 27

3 Der Aufstieg der Přemysliden 30
3.1 Cosmas von Prag und die ersten Přemysliden 30
3.2 Die frühe Verfassung Böhmens – Boleslav II. und das Bistum Prag 35
3.3 Königin Emma – Die Krise der přemyslidischen Herrschaft 42
3.4 Der Wiederaufstieg Böhmens mit Herzog Břetislav 47
3.5 Die feindlichen Brüder: Vratislav und Jaromir (1055–92) 51
3.6 Kreuzzug, Judenverfolgung, Machtkämpfe 58

4 Im Einfluss der Staufer 65
4.1 In der frühen Stauferzeit – Soběslav I., der „Vater des Vaterlandes"? .. 65
4.2 Vladislav II., die Staufer und die Kirchenreform 70
4.3 Mit dem Kaiser in Italien – Das Papstschisma 76
4.4 Herrscher und Bischöfe Böhmens im Einfluss der Staufer 82
4.5 Der Prager Bischof Heinrich als Reichsfürst 87
4.6 Konrad-Otto und Bischof-Herzog Heinrich 90

5 Die Přemyslidischen Könige Otakar I. und Wenzel I. 96
5.1 König Otakar Přemysl I. und Markgraf Vladislav Heinrich 96
5.2 Der Kirchenkampf mit Bischof Andreas und
     die letzten Jahre Otakars I. 101
5.3 König Wenzel I. und der Mongolensturm 106

5.4	Der Kampf um Österreich und die Anfänge Otakar Přemysls II.	111
5.5	Kirche und Kultur in der Zeit Wenzels I. – das Silber in Iglau	116

6 Der goldene König Otakar II. ... 121

6.1	Otakar Přemysl II.	121
6.2	Abstieg und Fall des „goldenen Königs"	130
6.3	Modernisierung im 13. Jahrhundert: Bauern, Bürger, Juden	136

7 Die letzten Přemysliden-Herrscher ... 143

7.1	Der Aufstieg des Adels und die Zeit der Brandenburger	143
7.2	Die großen Chroniken – König Wenzel II. (1283–1305)	148
7.3	Wenzel II. und Wenzel III.: die letzten Přemysliden	154

8 Die Luxemburger gewinnen die böhmischen Länder ... 161

8.1	Der Kampf um die Krone und der Anfang Johanns von Luxemburg	161
8.2	Johann von Luxemburg – in Böhmen und im Reich	166
8.3	König Johann – Pläne und Reisen	170
8.4	Johann und Karl – der Kampf um die römisch-deutsche Krone	175

9 König und Kaiser Karl IV. ... 182

9.1	Der neue König Karl IV.	182
9.2	Krisen und Erfolge – Prag als Residenz	187
9.3	Kaiserkrönung, Maiestas Carolina und die Goldene Bulle	192
9.4	Verwaltung, Politik und Wirtschaft	197
9.5	Die Gewinnung Brandenburgs, die Wahl Wenzels und der Städtekrieg	202
9.6	Parisreise, Ausbruch des kirchlichen Schismas und Karls Tod	206

10 König Wenzel (IV.) ... 212

10.1	Die ersten Jahre König Wenzels	212
10.2	König Wenzel bis zu seiner Absetzung als römisch-deutscher König	216
10.3	Die zweite Gefangenschaft des Königs – Gegen Siegmund – Lage im Land	222
10.4	Die Kirche und die Ketzer im 14. Jahrhundert	227

Inhaltsverzeichnis

11 Hus, die Universität und das Konstanzer Konzil 231
11.1 Johannes (Jan) Hus an der Universität Prag 231
11.2 John Wyclif und der Kampf an der Universität 234
11.3 Der Erzbischof gegen die Wyclifanhänger – Das Kuttenberger Dekret . 237
11.4 Prager Unruhen – Der Prozess an der Kurie 242
11.5 Der Kampf um den Ablass 246
11.6 Hus im Exil – Gesellschaft und Kirche aus seiner Sicht 249
11.7 Das Konzil von Konstanz 253

12 Die Hussitische Revolution 259
12.1 Auf dem Weg zur Revolution 259
12.2 Die Revolution und Jan Žižka 264
12.3 Die ‚herrlichen Feldzüge' und der Beginn des Basler Konzils (1431) 269
12.4 Längerfristige Folgen und Wirkungen des Hussitismus 272
12.5 Das Konzil von Basel – Die Schlacht von Lipany – König Siegmund 276
12.6 Das Nachleben des Hus und des Hussitismus 282

Abkürzungen und Siglen 285

Literatur 286
    Quellen 286
    Sekundärliteratur 287

Stammtafeln 300

Karte 304

Register 306
    Ortsregister 306
    Personenregister 311

Vorwort

Die Prager Bischöfe in der frühen Stauferzeit (im 12. Jahrhundert) waren das Thema meiner Dissertation bei meinem Doktorvater Horst Fuhrmann in Tübingen (1969), obwohl die böhmische Geschichte nicht im Zentrum seiner wissenschaftlichen Arbeit lag. Zweifellos war meine Herkunft aus Böhmen für mein Interesse an diesem Land und seiner Geschichte ausschlaggebend. Die Kenntnis der tschechischen Sprache, die ich in der Volksschule bis zum Alter von zwölf Jahren erworben hatte, war eine unerlässliche Vorbedingung für dieses Thema. Seitdem habe ich mich immer wieder mit dem böhmisch-mährischen Raum und seiner mittelalterlichen Geschichte wissenschaftlich beschäftigt. Diese Arbeiten können hier in diesem Rahmen erneut besucht werden.

Im Ruhestand habe ich begonnen, einen wissenschaftlich fundierten Überblick über die Geschichte Böhmens und Mährens im Mittelalter bis zum Ende der Luxemburger Könige (1437) zu gewinnen, und lege ihn nun in diesem vorliegenden Buch vor.

Dabei habe ich für fachliche und technische Hilfe Hartmut Blum (Tübingen), Erich Kettenhofen (Trier), Angelika Kortüm (Ludwigsburg) und Andreas Öffner (Tübingen) sehr zu danken.

Ebenso danke ich vom Kohlhammer-Verlag Peter Kritzinger und Julius Alves für die stets freundliche und entgegenkommende Zusammenarbeit sowie Ronja Schrand für die genaue Lektüre des Textes.

Zum Gedenken an meine aus Böhmen stammenden Eltern.

1 Einleitung

Die längste Grenze zu allen Nachbarstaaten besitzt die Bundesrepublik Deutschland heute zur Tschechischen Republik.[1] Unser öffentliches Interesse an diesem Nachbarland und unser Bewusstsein entsprechen diesem Befund allerdings bei weitem nicht. Gewiss liegt es zum großen Teil an dem 40 Jahre lang vorhandenen Eisernen Vorhang und seinen Folgen, dass wir Tschechien mit seinen historischen Ländern Böhmen, Mähren und Mährisch-Schlesien mit einer gewissen Nachlässigkeit oft als Teil Osteuropas ansehen und bezeichnen. Aber das heutige Land ist zweifellos (ebenso wie Polen und Ungarn) ein Teil Mitteleuropas (also Ostmitteleuropa); das entspricht nicht nur dem Selbstverständnis der dortigen Bevölkerung, sondern vor allem auch der historischen Sicht. Das deutlich zu machen, ist eine Absicht dieses Buches.

Schon seit der ersten Nennung des Gebietes in römisch-vorchristlicher Zeit wurde Böhmen als einheitliches Land aufgefasst; das ist vor allem seiner geographischen Situation und d. h. den Mittelgebirgen, die es umschließen, geschuldet: Dazu gehören der Böhmerwald/der Bayerische Wald, der Oberpfälzer Wald, das Erzgebirge, das Iser- und Riesengebirge, das Adlergebirge und der schon in Mähren gelegene Altvater. Die letzteren werden auch oft als die Sudeten zusammengefasst. Unzugänglich jedoch war Böhmen keineswegs: Zwischen den einzelnen Gebirgsgruppen waren bequeme Übergänge vorhanden wie zum Beispiel im Westen die Senke von Taus (Domažlice) und die Egersenke, im Norden das Elbtal (im Mittelalter allerdings nur mit Einschränkungen begehbar) oder der Liebauer Sattel nach Schlesien. Mähren allerdings ist eine Durchgangslandschaft: Die mährische Pforte führt gen Norden nach Schlesien und Polen. Nach Süden öffnet sich das Land an der March breit zur Donau hin; dies war besonders in der altmährischen Epoche, aber auch noch im Hochmittelalter von Bedeutung. Die geographischen Bedingungen beeinflussen immer wieder die Geschichte, bestimmen sie jedoch nicht.

Die folgende Darstellung der böhmisch-mährischen Geschichte ist kein Handbuch. Sie orientiert sich erstens an den wichtigsten Quellen, dazu gehören in der römischen und fränkischen Frühzeit auch die Ergebnisse der Archäologie. Bei den schriftlichen Quellen werden in der Darstellung neben kleineren Schriften besonders die bedeutenden Chroniken des Cosmas von Prag, des Gerlach von Mühlhausen, die Königsaaler Chronik des Peter von Zittau und die Hussitenchronik des Laurentius von Březová berücksichtigt, aber auch einige zentrale aussagekräftige Urkunden und Akten. Der Zugriff auf das mögliche Quellenmaterial unterscheidet sich natürlich in den einzelnen Jahrhunderten beträchtlich.

---

[1] Nur die Grenze zu Österreich ist fast gleich lang.

1 Einleitung

Zweitens habe ich anerkannte wissenschaftliche Sekundärliteratur selbstverständlich auch in tschechischer Sprache in eigener Auswahl herangezogen. Weder bei den Quellen noch bei der Literatur konnte beim Umfang dieses Buches Vollständigkeit angestrebt werden. Das gilt auch für die Literaturliste, die aber dazu dienen kann, alle interessierten Leser weiterzuleiten.

In den Quellen des böhmischen Mittelalters und davon abgeleitet auch in der wissenschaftlichen Literatur herrscht zunächst der Fokus auf die Ereignisgeschichte vor: die bunte Geschichte von Königen, Fürsten, Adel und ihren Familien, darunter auch (weniger häufig) von ihren Frauen. Reich ist die Quellenüberlieferung auch von Bischöfen, Äbten, Klerikern und Mönchen/Nonnen, denn die Chronisten waren fast durchweg Leute der Kirche. Seltener ist die Rede vom Niederadel (den späteren Rittern) und vor allem von Bauern und Armen, zunehmend aber von Stadtbürgern und aufstrebenden Städten. Wo immer möglich, wird sich unser Blick, besonders im Spätmittelalter, auch auf diese großen in den Quellen weniger sichtbaren Bevölkerungsgruppen und auf die zeitgenössische Wirtschaft allgemein richten.

Die Geschichte der böhmischen Länder im Mittelalter ist eine rein europäische Geschichte. Obwohl sie an der Donau nur ganz randlich direkt in das Römische Reich einbezogen waren, standen sie bis zu seinem Ende in der Spätantike kulturell, aber auch in Konflikten im Bann dieses Reiches. Nach der Einwanderung der Westslawen im 6./7. Jahrhundert trat das Fränkische, später Ostfränkische Reich in gewisser Weise die Nachfolge des Römerreiches an, auch was die Ansprüche ihrer Oberherrschaft anging. Es sind aber auch erste eigene slawische Reichsbildungen (Reich des Samo, Altmährisches Reich) entstanden. Nach der Zerstörung des schon christlich gewordenen Altmährens durch die Magyaren (Ungarn) begann Böhmen unter den Herrschern aus der Familie der Přemysliden gemeinsam mit dem Christentum und der Kirche aufzusteigen. Zunächst wurde es immer wieder mit den Ansprüchen des römisch-deutschen Reiches der Ottonen und Salier konfrontiert, begann aber schnell und zunehmend allmählich immer enger mit diesem zusammenzuarbeiten. Dadurch wurde die přemyslidische Herrschaft konsolidiert und ermöglichte Böhmens territoriale Ausbreitung. In das innere Machtgefüge des Reiches wurden die přemyslidischen Fürsten sehr schnell eingebunden, suchten aber immer ihre Eigenständigkeit zu bewahren. Noch enger gestalteten sich ihre Beziehungen zum Reich der Staufer und danach zu den Königen aus der Luxemburger Familie, mit dem Höhepunkt unter Karl IV., der in Prag residierte und zugleich böhmischer und römisch-deutscher König und Kaiser war.

Mit der allgemeinen ökonomischen wie kulturellen West-Ost-Ausbreitung sind ‚westliche' Phänomene wie zunächst schon das Christentum und seine Kultur und Bildung, darunter auch die Schriftlichkeit, in den böhmischen Ländern aufgetreten; später mit etwas zeitlichem Abstand auch die Städte, der Burgenbau, die Ritterkultur, die Kreuzzugsbegeisterung und die Judenverfolgung. Aber für Binnenkolonisation, Migration, Ostsiedlung und Bergbau bilden die böhmischen Länder schon geradezu mitteleuropäische Paradefälle. In der grundsätzlichen Kirchenkritik und bei der Entstehung des nationalen Bewusstseins haben die böhmischen Länder in der Hussitenzeit in Europa eine führende Rolle eingenommen. Denn mit der hussitischen Bewegung und ihren Folgen beginnt das europäische Zeitalter der Kirchenreform.

Die letzten Darstellungen in etwa diesem Format, aber mit unterschiedlichem chronologischen und teilweise auch geographischen Rahmen, sind meist älteren Datums: Bertold Bretholz' *Geschichte Böhmens und Mährens*, 1912 (bis 1306), der *Přehled dějin Československa* (Überblick über die Geschichte der Tschechoslowakei), Bd. 1, 1980 (bis 1526), Friedrich Prinz, *Böhmen im mittelalterlichen Europa*, 1984 (bis zum Ende der Přemyslidenzeit), schließlich das nach der Wende verfasste Buch von Vratislav Vaníček, Petr Čornej und Ivana Čornejová, *Dějiny zemí koruny české* (Die Geschichte der Länder der böhmischen Krone), Bd. 1, 1995 (bis 1740). Die bis zur Gegenwart reichenden *Böhmischen Geschichten* von Jörg K. Hoensch (^{3}1997) und Manfred Alexander (2008) sowie Joachim Bahlcke, *Geschichte Tschechiens* (2014) haben ihren Schwerpunkt nach 1437 in der Neuzeit.

Zuletzt noch ein Hinweis zur Zitation in diesem Buch: Mehrmals verwendete Werke zitiere ich nach „Autor, Kurztitel" (mit vollständigen Angaben im Literaturverzeichnis). Zu nur an einer Stelle verwendeten Werken dagegen finden sich die vollen Angaben direkt in der Anmerkung; diese sind nicht ins Literaturverzeichnis aufgenommen.

2 Böhmen und Altmähren

2.1 Böhmen zur Zeit des römischen Reiches

Die frühesten uns namentlich bekannten Einwohner der böhmischen Länder waren die keltischen Boier, die im Zuge der keltischen Wanderungen in Mitteleuropa wohl noch vor dem 4. Jahrhundert v. Chr. in Böhmen eingewandert sind.[2]

Bei dem römischen Geschichtsschreiber Velleius Paterculus (20/19 v.–30 n. Chr.) wird das Land *Boiohaemum* genannt.[3] Dieser Name wird in der *Germania* des Tacitus (Kap. 28: *Boihaemi*) um 100 n. Chr. ausdrücklich als Heimat der Boier genannt, die aber in seiner Zeit nicht mehr in diesem Land lebten. Der also schon vorchristliche germanische Name („Heim der Boier") war offenbar von den Römern übernommen worden. Die Formen Bohemia und Bohemi sind übrigens nicht in die slawische/tschechische Sprache eingegangen; heute heißt das Land ‚Čechy'.

Noch im 1. Jahrhundert v. Chr. war das keltische Böhmen relativ dicht besiedelt; sechs befestigte Siedlungen (*oppida*) sind belegt. Aber vermutlich um 60 v. Chr. verließen die Boier unter dem Druck germanischer Völkerschaften das Land und wandten sich nach Pannonien bzw. in das Noricum, wo Teile von ihnen offenbar von den Dakern vernichtet wurden. Die keltische Restbevölkerung in Böhmen ging in den nachrückenden germanischen Siedlern auf.

Über diese meist Markomannen und Quaden genannten Germanen in den böhmischen Ländern haben wir dank römischer Quellen mehr Informationen;[4] man rechnet sie zu den ursprünglich elbgermanischen Volksgruppen der Sueben. Die Markomannen werden zuerst bei Caesar 58 v. Chr., die Quaden vielleicht bei Strabo etwas später genannt. Obwohl wir sie im Folgenden als Stämme oder Völker(schaften) bezeichnen, lebten, wanderten und siedelten sie in dieser Zeit so gut wie nie als geschlossene ethnische Einheiten. Meist sammelten sich Angehörige verschiedener germanischer (oder auch nichtgermanischer) ethnischer Gruppen um einen militärisch erfolgreichen Anführer. Dies war besonders in der Zeit der Transformation der zahlreichen germanischen ‚Kleinstämme' (bei Tacitus 40, bei Ptolemaios 69 Namen) in die größeren Völkerschaften der eigentlichen Wanderungszeit (375–568 n. Chr.) der Fall. Wenn die Stammesnamen über Jahrhunderte gleichblieben, so wird das auf einen „Traditionskern" innerhalb

---

[2]   Giovanni Brizzi, Boii, in: Der neue Pauly Bd. 2 (1997), Sp. 730 f.
[3]   Velleius Paterculus, Historiae Romanae II 109. Der zeitgenössische griechische Geograph Strabo nennt eine Residenz des späteren Fürsten Marbod *Buiaimon*.
[4]   Kehne/Tejral, Markomannen; Kehne, Marbod; Neumann u. a., Quaden.

des wandernden „Stammes" zurückgeführt.⁵ Spätere Quellen betonen allerdings meist die Kontinuität der ethnischen Gruppe.

Ähnlich erklärungsbedürftig verhält es sich auch mit der immer wieder gebrauchten Bezeichnung ‚Reich' für die Stammesherrschaften der Frühzeit; es ist damit keine etwa mit dem römischen oder später fränkischen Reich vergleichbare staatliche Ordnung mit festen Grenzen gemeint, sondern es sind in der Regel Macht- und Einflusssphären der einzelnen Stämme bzw. ihrer Anführer, die sich geographisch nur ganz grob (oder gar nicht) festlegen lassen.

Der Markomanne Marbod († 36/37 n. Chr.) wurde zur entscheidenden Persönlichkeit seines Stammes. Er hatte sich lange in Rom aufgehalten und war mit Kaiser Augustus (27 v.–14 n. Chr.) gut bekannt; unter römischer Billigung kehrte er nach Germanien zurück und wurde mit römischem Segen und/oder aus eigenem Antrieb zum Anführer (*dux*) seines Volkes. Anders als der Cherusker Arminius, der einen gewaltsamen Konflikt mit den Römern austragen sollte, entschloss sich Marbod, die wohl im Maingebiet sitzenden Markomannen mit anderen germanischen Gruppen in defensiver Absicht aus dem Nahbereich der Römer heraus in das von Boiern weitgehend verlassene Böhmen zu führen.⁶

Zur selben Zeit wie Marbod dürften auch die Quaden unter Führung eines Tudrus (über den sonst nichts bekannt ist) in das mittlere und südliche Mähren eingewandert sein. Sie dehnten ihr Herrschaftsgebiet in das östliche Niederösterreich und später bis zum Donauknie aus. Die Quaden blieben in enger Verbindung mit ihrem Zwillingsstamm der Markomannen.

Dem „pragmatischen Taktiker"⁷ Marbod gelang es, auch die meisten Nachbarstämme (wie z. B. die Hermunduren = Thüringer) durch Kriege oder Verträge seinem Reich anzugliedern. Im Jahr 5 n. Chr. soll er nach einer römischen Quelle über 70.000 Fußsoldaten und 4000 berittene Krieger verfügt haben.⁸ Der spätere Kaiser Tiberius plante im Auftrag des Kaisers Augustus mit einem großen Angriff diesen letzten in Germanien vorhandenen bedeutenden Machtkomplex zu vernichten, den er, selbst verglichen mit den alten römischen Feinden Pyrrhus und Antiochos, für die weitaus größte Gefahr hielt.⁹ Sein Heereszug musste aber wegen eines Aufstands in Pannonien abgebrochen werden. Marbod schloss (6 n. Chr.) mit Rom Frieden, lehnte ein Bündnisangebot des Arminius ab und schickte sogar das Haupt des geschlagenen römischen Feldherrn Varus, das ihm zugeschickt worden war, nach Rom. Nach der (vielleicht unentschiedenen) Schlacht mit der cheruskischen Stammeskoalition (17 n. Chr.) sank jedoch der Stern Marbods. Ein anderer Gefolgschaftsherr, Catualda, stürzte ihn; Marbod

---

5   Wenskus, Stammesbildung.
6   So auch Kehne, Marbod. Auch das könnte allerdings, so eine andere These, mit Zustimmung der Römer erfolgt sein, die sich der für den Plan einer Provinz Germania evtl. hinderlichen Völkerschaft auf diese Weise entledigen konnten.
7   So Kehne, Marbod, S. 262.
8   Bei Velleius Paterculus, Historiae Romanae II, 110.
9   Tacitus ann. 2, 63.

floh zu den Römern, wo er noch 18 Jahre lang in Ravenna lebte. Auch Catualda wurde gestürzt; der römische Caesar Drusus († 23 n. Chr.), Sohn des Kaisers Tiberius, siedelte daraufhin zwei der germanischen Gefolgschaften nördlich der Donau an. Die Römer setzten dort den Quaden Vannius als König ein, der 30 Jahre lang regiert haben soll. In seinem Herrschaftsgebiet, dessen Kern in der heutigen Südwestslowakei lag und das vor allem durch Bernsteinhandel wohlhabend wurde, hören wir nichts über die Markomannen. Ob und wie dieses quadisch bestimmte Herrschaftsgebilde des Vannius in das spätere Reich der Quaden mündete, wissen wir nicht.

Von großer Bedeutung für die beiden Völkerschaften waren jedoch die Markomannen- und Quadenkriege unter Kaiser Marc Aurel (161–180), der geplant haben soll, eine Provinz Marcomannia zu schaffen.[10] Nach Beendigung der Kriege durch seinen Nachfolger Commodus (180) gewannen die Markomannen ihre alte Macht nicht mehr zurück; Kaiser Diocletian (284–305) siegte noch einmal über sie. Nur eine Quelle berichtet von einer Markomannenkönigin Fritigil, die beim Mailänder Bischof Ambrosius (374–397) Interesse für das Christentum bekundete; sie versprach auf seine Vorhaltungen hin, sich mit ihrem Volk den (christlichen) Römern zu ergeben.[11] Wahrscheinlich im Zusammenhang mit dieser Begebenheit findet man Markomannen um 400 als römische Truppenabteilungen.[12] Vielleicht kämpften andere in der Schlacht auf den Katalaunischen Feldern (451) auf Seiten Attilas mit.[13] Danach verschwinden die Markomannen aus unseren Quellen. Sie könnten (ohne sichere Belege) zum Teil in das spätere Bayern abgewandert sein, wohin sie auch den Namen ihres Landes (möglicherweise *Boio-haemum* →*Baiu-varii*) mitgebracht haben könnten. Andere dürften in den Langobarden aufgegangen sein.

Die Quaden waren dem Einfluss Roms am stärksten ausgesetzt; die Akkulturation in der ersten Hälfte des 4. Jahrhunderts betraf besonders ihre romfreundliche Oberschicht. 405/06 schloss sich eine große Gruppe der Quaden den Vandalen auf ihrem Zug nach Westen an, ein Teil wohl auch den Langobarden.

Die ursprünglich eher kleine, aber mobile Völkerschaft der Langobarden[14] an der unteren Elbe (1. Jahrhundert n. Chr.) stand zunächst auf Seiten Marbods, fiel aber nach dessen Schlacht gegen Arminius (17 n. Chr.) zu diesem ab. Im Jahr 167 beteiligten sich Langobarden auf Seiten der Markomannen in den Kriegen gegen Kaiser Marc Aurel. Danach haben wir für Jahrhunderte keine Nachrichten über sie. Erst im späten 4. Jahrhundert taucht ihr Name, vielleicht der Name eines ganz neu organisierten Stammes, in römischen Quellen wieder auf. Um 500

---

[10] Anthony Richard Birley, Marcus Aurelius. A Biography. Revised edition. London 1987 Appendix 3 (The Marcomannic Wars, S. 249–255).
[11] In der Vita des hl. Ambrosius des Paulinus, hg. von Marco Navoni, Mailand 1996, S. 114.
[12] Otto Seeck (Hg.), Notitia dignitatum, Frankfurt a. M. 1962, S. 117, 134, 197.
[13] Nach einer Nachricht des Paulus Diaconus in seiner Historia Romana (MGH AA 2, 201).
[14] Zum Folgenden Menghin, Langobarden; Siehe auch Pohl (Hg.), Langobarden. Darin Jaroslav Tejral, Zur Frage langobardischer Funde nördlich der mittleren Donau, S. 53–72.

finden sich im südmährischen Raum gehäuft elbgermanische Funde, die den Langobarden zugeordnet werden können. Das ethnische und politische Bild Südmährens, der Westslowakei und des norddanubischen Niederösterreich wandelte sich in dieser Zeit: Die Langobardengruppen trafen auf neue Herrschaftsgebilde von Rugiern und Herulern (meist ethnische Mischungen verschiedener germanischer und nichtgermanischer Völkerschaften). Nach ihrem Sieg über die Heruler und in der Zeit ihres Königs Wacho (ca. 510–540) wurden die Langobarden zu einer bedeutenden Macht; sie schlossen sogar mit dem oströmischen Kaiser Justinian I. 548 ein Bündnis.[15]

Dass die Langobarden an der Elbe entlang über Böhmen nach Mähren gezogen sein könnten, ist nicht auszuschließen. Ob Böhmen aber unter ihrem Herrschaftseinfluss stand, ist unsicher; allerdings berichtet die um 800 verfasste Geschichte der Langobarden, man könne bei den Böhmen noch das Haus des Königs Wacho sehen.[16] Die materielle Kultur der germanischen Bewohner Böhmens vor der slawischen Einwanderung ist jedenfalls außerordentlich heterogen. Beim Abzug des langobardischen Heeres unter König Alboin nach Italien (568), das dieses Land neu prägen sollte, waren wohl auch Krieger aus Böhmen beteiligt. Das kann man aus einer Reihe von langobardischen Ortsnamen in der Lombardei mit dem Namensbestandteil „Boemo" erschließen.[17] Es ist wahrscheinlich, dass diese Bohemi noch aus der germanischsprachigen Bevölkerung des Landes stammten.

2.2 Die Einwanderung der Westslawen und das Reich des Samo

Eine Einsickerung slawischer Siedler in die böhmischen Länder und die südlich davon gelegenen Gebiete hatte vielleicht schon in der letzten Phase der langobardischen Herrschaft (bis 568) begonnen. Ihre Einwanderung im 6. Jahrhundert ist jedoch, anders als die germanische Völkerwanderung, für die Historiker wegen der fehlenden schriftlichen Quellen ein völlig dunkler Prozess.[18] Sie hängt nur zum Teil mit der Expansion des Steppenvolks der Awaren zusammen. Es ist zu einer allmählichen Assimilation der germanischen Restbevölkerung Böhmens an die zahlreicheren slawischen Siedler gekommen. Archäologische Quellen deuten im Übrigen auf eine zweite Welle slawischer Einwanderer im 7. Jahr-

---

[15] Prokop II 22.
[16] Historia Langobardorum codex Gothanus 2, MGH SS rer. Langobardicorum saec. VI.–IX., hg. von Georg Waitz, Hannover 1878, S. 8.
[17] Dazu auch Charvát, Bohemian State.
[18] Mühle, Slawen; aus archäologischer Sicht die ausführliche Arbeit des Brünner Archäologen Měřinský, České země. Ebenso jetzt auch Lutovský, Zentralisierungsprozesse.

2.2 Die Einwanderung der Westslawen und das Reich des Samo

hundert hin.[19] Für sehr unwahrscheinlich halte ich die These von Dušan Třeštík, die slawische Landnahme sei „die militärisch organisierte Einwanderung eines ganzen Volkes" gewesen.[20] Denn für eine Ethnogenese außerhalb des Landes gibt es keinerlei Belege.

Die awarischen Nomaden hatten gemeinsam mit dem Langobardenkönig Alboin das Gepidenreich zerstört und besetzten nach dem Abzug der Langobarden nach Italien (568) das Karpatenbecken und Pannonien, griffen daraufhin in mehreren Feldzügen das byzantinische Reich an. Die Reiterkrieger herrschten über eine zahlenmäßig weit überlegene slawische Bevölkerung. Um 610 umfasste die in zahlreichen Kriegen expandierende awarische Machtsphäre östlich der Grenze des Frankenreiches und des langobardischen Italiens die Gebiete von Thüringen bis zum Balkan.[21] Die Kriege fanden fast immer mit oft zwangsweise rekrutierten slawischen Hilfstruppen statt.

Über eine erste westslawische Reichsbildung in diesem Rahmen, das Reich des Samo im 7. Jahrhundert, berichtet nur eine einzige zeitgenössische schriftliche Quelle, die fränkische Chronik des sog. Fredegar.[22] Die wenigen Nachrichten des nicht immer zuverlässigen Autors gaben der Forschung stets die Möglichkeit abweichender Deutungen. Nach Fredegar zog der fränkische Kaufmann Samo (wohl im Jahr 623/24) mit einigen Gefährten in das Slawenland, um dort Handel zu treiben. Es ist eine einleuchtende Vermutung, dass er auch im Auftrag des (seit 623) austrasischen Frankenkönigs Dagobert (des letzten bedeutenden Merowingerherrschers) handelte, der einen Aufstand der unterdrückten Slawen gegen die Awaren unterstützen wollte. Dieser Aufstand hatte wohl nach der awarischen Niederlage gegen die Byzantiner vor Konstantinopel (626) begonnen. Fredegar berichtet, dass die Träger des slawischen Widerstands Söhne der Awaren waren, die diese mit slawischen Frauen gezeugt hatten. Diese Verbindung mit der zahlenmäßig weitaus größeren Zahl der beherrschten slawischen Bevölkerung wurde von den Awaren wohl auch als ein bewusstes Mittel zur Herrschaftssicherung gesehen, was allerdings in diesem Fall das Gegenteil bewirkte.

Samo erwies sich für die Aufständischen offenbar als sehr nützlich und als sich die Wenden (so nennt Fredegar die Slawen) in vielen Kämpfen weitgehend aus der awarischen Oberherrschaft befreit hatten, wählten sie ihn schließlich zu ihrem König. 35 Jahre, so Fredegar, behauptete Samo seine Herrschaft über diesen Stammesbund, zunächst wohl mit Unterstützung der Franken. Um 631 allerdings kam es zum Konflikt, als einige fränkische Kaufleute im Slawenland überfallen und getötet worden waren. Zwar leugnete Samo bei einer Zusammenkunft mit dem herablassenden fränkischen Gesandten Sycharius seine und seines Rei-

---

[19] Charvát, Bohemian State, S. 39–44. Skeptisch dazu der Archäologe Lutovský.
[20] Dušan Třeštík, Die Tschechen, in: Wieczorek/Hinz, Europas Mitte um 1000, S. 357.
[21] Grundlegend Pohl, Awaren.
[22] Hg. von Bruno Krusch, in: MGH SS rer. Merov. 2, 1888, S. 1–193. Dazu auch Collins, Die Fredegar-Chroniken.

ches Bindung zum Frankenkönig Dagobert nicht, sah sich mit ihm allerdings auf Augenhöhe und nicht als Tributär. Vielleicht sah er die Entschädigungsforderung als Einstieg in ein Tributärverhältnis an, das er unbedingt vermeiden wollte.

Dagobert aber, der seit 629 das fränkische Gesamtreich regierte und ein Bündnis mit dem byzantinischen Reich (630) und den Langobarden geschlossen hatte, zog daraufhin mit drei Heeresabteilungen gegen die Slawen. Während die langobardischen und die alemannischen, eventuell auch bayerische Truppen siegreich waren, scheiterte das fränkische Hauptheer unter Dagobert bei der Belagerung der Wogastisburg und wurde dort sogar in die Flucht geschlagen.

Bis heute ist eine überzeugende Lokalisierung dieser Befestigung nicht gelungen. Mindestens ein Dutzend Orte vom Staffelberg bei Staffelstein bis zu Wien oder Pressburg (Bratislava) sind von Wissenschaftlern vorgeschlagen worden; eine Reihe von ihnen, darunter auch der Burberg (Uhošt) bei Kaaden (Kadaň) in Böhmen, scheiden nach neueren Ergebnissen der Archäologie aus. Der Archäologe Josef Bubeník hält den Berg Rubín bei Podersam (Podbořany) für Wogastisburg: Er kontrolliert östlich der Duppauer Berge die Zugänge ins mittlere und westliche Böhmen. Dort ist neben frühslawischen Erdwällen auch die größte Zahl von Gegenständen awarischer Herkunft in Böhmen gefunden worden, was auf Beziehungen zu Mikulčice hinweist.[23] Wahrscheinlich spielten diese slawischen Burgwälle (in günstiger Verteidigungslage errichtete befestigte Siedlungen) auch für die innere Herrschaftsstruktur des Samoreichs eine Rolle.

Samos Einflussbereich dürfte nach dem Sieg über die Franken von Thüringen bis Kärnten gereicht haben, wobei das Sorbenland und Kärnten unter eigenen Herrschern wohl nur zeitweise angegliedert waren. Von festen Grenzlinien kann in dieser Zeit ohnehin nicht gesprochen werden.

In diesem Fall und überhaupt bei allen Fragen des Samoreiches und der Geschichte dieses ‚dunklen Zeitalters' werden archäologische Befunde und Funde als weitere Quellengattung außerordentlich wichtig.[24] So tragen die archäologischen Quellen zur Darstellung des Lebens in der Zeit Samos bei, wobei neben awarischen und slawischen auch byzantinische und fränkische Einflüsse spürbar sind. Den Beginn des Aufstands der Slawen gegen die Awaren, an dem sich Samo beteiligte, nehmen Lutovský und Profantová im Raum Pressburg (Bratislava) an. Im südlichen und mittleren Mähren (Mikulčice, Olmütz) vermuten sie, ohne sichere Belege, aber wohl mit Recht Samos Machtzentrum.

Nach der 35-jährigen Regierung des Samo ist weder in schriftlichen noch in archäologischen Quellen ein Zerfall des Reiches eindeutig nachzuweisen.[25] Die Burgsiedlungen der Samozeit existieren nach archäologischem Befund weiter,

---

[23] Zu Mikulčice siehe Kap. 2.4.
[24] Pohl, Awaren, S. 256–261; dazu besonders die zusammenfassende Arbeit von Lutovský/Profantová, Sámova Říše und Měřinský, České země, S. 191–221; er bezeichnet das Samoreich stets als Stammesbund. Siehe auch Hardt, Aspekte der Herrschaftsbildung.
[25] Zur Archäologie der Zeit vor dem altmährischen Reich ausführlich Měřinský, České země, S. 222–491.

allerdings ist auch ein erneutes Erstarken des awarischen Einflusses festzustellen. Das slawisch-awarische Zusammenleben wird in dieser späteren Phase heute nicht mehr in erster Linie unter dem Gesichtspunkt Unterwerfung gesehen, sondern eher als Symbiose begriffen, die zu einer komplexen synkretistischen Kultur besonders in Südmähren führte. Kann man die Awaren und Slawen nicht mehr als unterschiedliche ethnische Gruppen ansehen, sondern als sozial differenzierte Schichten? Wer zur kriegerischen Oberschicht zählte, sah sich demnach als Aware.

Wie kann man ferner die Zusammenhänge des Samoreichs mit der späteren mährischen und böhmischen Geschichte sehen? Hat das altmährische Reich nur insofern das Erbe des Samoreiches übernommen, als es ebenso wie dieses einen politischen Rahmen gebildet hatte, in dem es zu einem Kulturaustausch slawisch-awarisch-fränkischer Einflüsse gekommen ist? Sollte vielleicht sogar das altmährische Herrschergeschlecht der Mojmiriden von awarischer Herkunft gewesen sein?[26]

2.3 *Der Aufstieg Altmährens und die Slawenapostel*

Nach dem Samoreich im 7. Jahrhundert war das altmährische Reich die erste große und stabilere slawische Reichsbildung im 9. Jahrhundert.[27] Der Landesname „Mähren" leitet sich vom Fluss mit dem vorslawischen Namen March (Morava) ab, an dessen Ufern die wichtigsten Zentren dieses Reiches lagen.

Die früher und teilweise auch heute noch verwendete Bezeichnung „Großmähren" für dieses Reich findet sich ursprünglich im Staatshandbuch des byzantinischen Kaisers Konstantin VII. Porphyrogennetos (945–959),[28] der ein Land mehrmals *he megalé Moravía* („das große Moravia"), das Herrschaftsgebiet eines Fürsten Sphendoplokos nannte. Der Text ist in der Mitte des 10. Jahrhundert geschrieben, also fast ein halbes Jahrhundert nach dem Ende des altmährischen Reiches.[29] Obwohl es allenfalls in der Regierungszeit Svatopluks (Zwentibolds) I.[30] groß war, waren es wohl auch ideologische Gründe, welche tschechoslowakische Forscher nach 1918 und nach 1945 (vor der Trennung

---

[26] So Lutovský/Profantová, Sámova Říše, S. 84–87.
[27] Die schriftlichen Quellen zum altmährischen Reich in: Magnae Moraviae fontes historici.
[28] *De administrando imperio*, hg. von Gyula Moravcsik; die Schrift informiert über außenpolitische Partner und Gegner von Byzanz. Deutsch von Klaus Belke und Peter Soustal in den Byzantinischen Geschichtsschreibern.
[29] Der Kaiser scheint den Begriff *megale* im Sinn von „alt" gebraucht haben. Siehe Herwig Wolfram, Die ostmitteleuropäischen Reichsbildungen um die erste Jahrtausendwende und ihre gescheiterten Vorläufer, in: Hlaváček/Patschovsky (Hg.), Böhmen und seine Nachbarn in der Přemyslidenzeit, S. 54.
[30] Ich verwende die tschechischen Namensformen der mährischen Herrscher.

Tschechiens und der Slowakei 1993) bewogen, „Großmähren" als ersten „gemeinsamen Staat" der Tschechen und Slowaken zu bezeichnen. Noch 1986 erschien in Prag ein Buch des Archäologen Josef Poulík u. a. mit dem Titel: *Großmähren und die Anfänge der tschechoslowakischen Staatlichkeit*.[31] Positiv zu würdigen sind allerdings die archäologischen Untersuchungen vor allem der 1950er- und 60er Jahre, die zu einem überraschenden neuen Bild des altmährischen Reiches und seiner bedeutenden materiellen Kultur geführt haben.[32] Mir erscheint es sinnvoller, von Altmähren zu sprechen, wie es schon František Graus vorgeschlagen hatte.

Die Angaben des Konstantin Porphyrogennetos über *Moravía* in seinem Staatshandbuch bewirkten (neben anderem) auch, dass lange Zeit eine wissenschaftliche Kontroverse über die Lage, die Ausdehnung und die Grenzen Altmährens im Gange war.

Der weit überwiegende Teil der Forschung blieb aber auf Grund der zeitnahen fränkischen schriftlichen Überlieferung (Reichsannalen, *Annales Fuldenses*, *Conversio Bagoariorum et Carantanorum*, Regino von Prüm) und wegen der bedeutenden archäologischen Funde und Befunde bei der klassischen Auffassung, welche den Kern des Reiches (um die March) in Mähren, in der Westslowakei und Teilen Niederösterreichs sieht.[33] Die relativ vielen schriftlichen lateinischen, griechischen und altslawischen Quellennachrichten sind leider meist kurz und isoliert und überliefern wenig konkrete Zusammenhänge, sodass viele historische Einzelheiten bis heute umstritten sind. Bedauerlich ist besonders, dass Altmähren keine eigene schriftliche Überlieferung aufweist: Trotz der frühen Mission und vieler nachgewiesener Kirchen sind keine Klöster belegt, wo eine Schrifttätigkeit am ehesten möglich gewesen wäre. Ob die altslawischen Legenden im altmährischen Raum entstanden sind, ist umstritten.

Der historische Ausgangspunkt der Reichsbildung war der Zusammenbruch der schon im Niedergang begriffenen awarischen Macht durch die fränkischen Heere Karls des Großen (796), wozu auch Angriffe der unterworfenen Slawen und der Bulgaren beitrugen.[34] Die Awaren hatten noch im 8. Jahrhundert über eine überwiegend slawische Bevölkerung auch im mährischen Raum geherrscht, wo die späteren mährischen Herrschaftszentren z. T. schon seit der Samozeit

---

[31] Sehr viel vorsichtiger äußerte sich dazu der Archäologe Jiří Macháček, Großmähren, das Ostfränkische Reich und der Beginn des Staatsbildungsprozesses in Ostmitteleuropa, S. 249–282. Zu dieser verbreiteten Auffassung in der ČSSR kritisch und überzeugend Wihoda, Großmähren.
[32] Sie sind in Ausstellungen z. B. in Mainz 1966 (Großmähren: Slawenreich zwischen Byzantinern und Franken) oder Berlin 1968 (Großmähren. Ein versunkenes Slawenreich im Lichte neuer Ausgrabungen) einer breiteren Öffentlichkeit bekanntgemacht worden. Siehe auch Dekan, Moravia Magna.
[33] Wolfram, Salzburg – Bayern – Österreich.
[34] Dazu ausführlich Wihoda, Großmähren, S. 61–65. Zu den Awaren grundlegend Pohl, Awaren.

2.3 Der Aufstieg Altmährens und die Slawenapostel

existierten. Die Awaren dieser späten Zeit waren inzwischen wohl längst eine ethnisch gemischte Oberschicht. Nach den Siegen Karls breitete sich der fränkische Einfluss bis zur Donau im heutigen Westungarn aus. Das Gebiet wurde durch bayerische Grafen oder abhängige slawische Fürsten verwaltet.

822 tauchte der Name der Awaren zum letzten Mal und der Name der Mährer zum ersten Mal in den fränkischen Reichsannalen auf: Gesandte „aller östlichen Slawen, das heißt der (Nord-)Obotriten, Sorben, Wilzen, Böhmen, Mährer, (Ost-)Obotriten und der in Pannonien wohnenden Awaren" erschienen bei Kaiser Ludwig dem Frommen (814–840) auf einem Hoftag in Frankfurt, wo Probleme der östlichen Reichgrenze behandelt wurden.[35] Danach haben die Franken zweifellos die Oberherrschaft nicht nur über Mähren, sondern auch über Böhmen und Pannonien beansprucht. Seit 827 werden mehrere fränkische Feldzüge in das Gebiet nördlich der Donau genannt, die sich wohl gegen erste Selbständigkeitsbestrebungen der Mährer wandten. Insgesamt war die ‚Außenpolitik' Altmährens durch den Gegensatz zum (Ost-)Frankenreich (oder seinem bayerischen Teil) bestimmt, seltener auch in Zusammenarbeit mit diesem.[36]

Mojmír I. (830–846) ist der erste namentlich bekannte mährische Herrscher. Die Mährer waren nach dem Ende der awarischen Herrschaft nun mit dem Frankenreich und dem Christentum konfrontiert, was Dušan Třeštík (wohl übertrieben) als „kulturellen Schock" interpretierte.[37] Der im Vergleich zu den Awaren bedeutendere Lebensstil der benachbarten fränkisch-bayerischen Grafen wird im mährischen Schmuck deutlich, der sich nun ganz an fränkischen Vorbildern orientierte. Im frühen 9. Jahrhundert hatte auch die Missionierung der Mährer durch die Bischöfe von Passau begonnen. Der Passauer Bischof Reginhar habe 831 „alle Mährer" getauft.[38] Mojmír setzte auf das Christentum, das vor allem auch zur Konsolidierung seiner Herrschaft dienen konnte.

833 eroberte er (in der Krisenzeit des Frankenreiches seit 829) das slawische Fürstentum von Neutra (Nitra in der heutigen Westslowakei), das seit 827 in der Hand eines Fürsten Pribina gewesen war.[39] Pribina war zwar noch nicht getauft, besaß aber eine christliche Ehefrau aus bayerischem Adel; auch eine Kirchweihe in Neutra durch den Salzburger Erzbischof Adalram (um 828) ist bezeugt. Der Konflikt mit Mojmír dürfte daher weniger auf dem religiösen Unterschied als auf

---

[35] Annales regni Francorum zu 822.
[36] Zum Folgenden mehrere Beiträge in Wieczorek/Hinz, Europas Mitte um 1000, bes. 3.6 Mährisches Reich, S. 296–338; aus bayerischer Sicht Wolfram, Grenzen und Räume, S. 251–273; Albrecht (Hg.), Großmähren und seine Nachbarn.
[37] Dušan Třeštík, Anläufe zur Gestaltung des slawischen Reiches: Großmähren, in: Wieczorek/Hinz, Europas Mitte um 1000, S. 298–303, hier S. 298.
[38] Vladimír Vavřínek, Mission in Mähren: Zwischen dem lateinischen Westen und Byzanz, in: Wieczorek/Hinz, Europas Mitte um 1000, S. 304–310; Grossmähren und die christliche Mission bei den Slawen, Wien 1966 (Katalog der Ausstellung); Wihoda, Großmähren, S. 71–74.
[39] Sós, Die slawische Bevölkerung Westungarns.

der fränkischen Orientierung Pribinas gründen, der nun zu den Franken floh und später (zwischen 834–840) als fränkischer Klientelfürst eine Herrschaft in Pannonien um den Plattensee errichtete.

Nach der Erweiterung seines mährischen Reiches förderte Mojmír weiterhin die Mission aus Passau; er gewann in der Krise des Frankenreichs eine immer selbständigere Stellung. Erst nach dem Vertrag von Verdun (843), der den Zwist zwischen den karolingischen Königen beendete, suchte der nun unangefochtene ostfränkische König Ludwig der „Deutsche" die Oberherrschaft über Mähren zu erneuern.[40] Es gelang ihm, Mojmír 846 ab- und dessen Neffen Rostislav, der vielleicht als Geisel schon in fränkischem Gewahrsam war, einzusetzen.[41] Dieser verhielt sich, soweit es die Quellen erkennen lassen, zunächst fast zehn Jahre lang unauffällig. 855 wehrte er aber einen Angriff der Ostfranken ab und fiel seinerseits in das Gebiet südlich der Donau ein. Der älteste Sohn König Ludwigs, Karlmann, der seit 856 in den Ostmarken tätig und im Streit mit dem König war, schloss 858 eigenmächtig Frieden mit Rostislav gegen seinen Vater. Der mährische Herrscher war nun also in die innerkarolingischen Auseinandersetzungen verstrickt. Diese Allianz mit Karlmann gegen Ludwig bestand auch 861–863, als Pribina, der dem König Ludwig wohl gegen Karlmann treu geblieben war, starb (oder fiel); der genaue Verlauf der Ereignisse ist allerdings ungeklärt. Pribinas Sohn Kocel (Chozil) wurde sein Nachfolger in Pannonien.

Um 858 versuchte sich Rostislav auf Grund seiner bisher erreichten Machtstellung auch aus der Abhängigkeit von der fränkisch-bayrischen Kirche, besonders des Passauer Bistums zu lösen. Der Plan eines eigenen Bistums oder sogar einer eigenen Kirchenprovinz (mit einem Erzbischof an der Spitze) scheiterte in Rom jedoch entweder an Papst Benedikt III. (855–858) oder an Nikolaus I. (858–867), die offensichtlich ihr Verhältnis zum Ostfrankenreich nicht beschädigen wollten.

Nach dem Scheitern seiner Kontakte in Rom bat Rostislav 863/864 schließlich um die Entsendung eines Bischofs (bzw. Missionars) aus Konstantinopel. Kaiser Michael III. (842–867) und der Patriarch Photios schickten die Brüder Methodios (Method), der ein versierter Theologe war, und den Philosophen Konstantin (Cyrill) in das Mährerreich. Da sie aus Thessalonike stammten, waren sie mit der südslawischen Sprache vertraut. Sie bekamen die Erlaubnis, die slawische Sprache und die glagolitische[42] Schrift in der Liturgie zu verwenden.[43] Das byzantinische Reich versprach sich damit einen kirchlichen Flankenschutz für seinen Versuch, die noch nicht christlichen Bulgaren durch Missionierung wie-

---

[40] Dazu Hartmann, Ludwig der Deutsche, besonders S. 113–119; Eric Goldberg, Ludwig der Deutsche und Mähren (Grenzkriege), in: Hartmann (Hg.), Ludwig der Deutsche und seine Zeit, S. 67–94.
[41] Annales Fuldenses zu 846.
[42] Diese älteste slawische Schrift ist von Konstantin selbst zusammengestellt worden.
[43] Vavřínek, Církevní misie; Dvornik, Byzantine Mission; Betti, The Making of Christian Moravia.

2.3 Der Aufstieg Altmährens und die Slawenapostel

der in sein Reich einzugliedern. In Altmähren selbst aber sollten die Brüder ihre größte Wirksamkeit entfalten. Ob die fränkisch-bayerischen Kleriker aus Altmähren in dieser Zeit vertrieben wurden, ist unklar.

Diese Situation und die wachsende Selbständigkeit Rostislavs wollte Ludwig der Deutsche nicht mehr dulden. Er plante deswegen, ein Bündnis mit dem bulgarischen Herrscher Boris-Michael (852–889) zu schließen, um Altmähren endgültig zu unterwerfen; dieses Bündnisprojekt kam jedoch zuletzt nicht zustande, da die Bulgaren wiederum von den Byzantinern angegriffen wurden.

Im Jahr 864 belagerte König Ludwig Rostislav in *Dowina* (wahrscheinlich die Feste Devín bei Pressburg), zwang den Mährer zum Frieden und zur Anerkennung seiner Oberherrschaft. Rostislav verfolgte aber weiterhin den Plan eines eigenen Bistums und baute auf die byzantinische Mission. Die römisch-bayerische kirchliche Option gab er aber wohl nicht völlig auf; wahrscheinlich waren in Mähren in dieser Zeit sowohl bayerische wie auch byzantinische Klerikergruppen tätig.

Mit Rostislavs Plan hing wohl auch die Reise der beiden ‚Slawenapostel' Konstantin und Method (über Kocels Pannonien) nach Venedig zusammen. Die norditalienischen Bischöfe sprachen sich dort allerdings gegen die slawische Liturgiesprache aus. Ob die beiden Slawenapostel von Venedig aus ursprünglich nach Byzanz oder nach Rom reisen wollten, ist schwer zu entscheiden. In Konstantinopel war inzwischen (867) Kaiser Michael III. ermordet und der Patriarch Photios, der ein Gegner Roms war, abgesetzt worden. Nach dem Ausfall ihrer dortigen Förderer folgten Konstantin und Method daher einer vermutlichen päpstlichen Einladung nach Rom. An der Kurie wurde die altslawische liturgische Sprache von Papst Hadrian II. anerkannt; auch wurden einige der Schüler Konstantins und Methods geweiht. Von einer eigenen Diözese verlautet in den Quellen zunächst nichts. Konstantin/Cyrill starb 869 in Rom, Papst Hadrian II. (867–872) schickte nun, so die altslawische Vita des Method und andere Quellen, trotz Widerstands der bayerischen Bischöfe und Ludwigs des Deutschen, Method als geweihten pannonisch-mährischen Erzbischof an Rostislav, an dessen Neffen Svatopluk (der eine eigene Unterherrschaft wohl um Neutra regierte) und den pannonischen Fürsten Kocel; Method sollte seinen Sitz im erneuerten (einst schon spätantiken) Erzbistum Sirmium (mit Erlaubnis der altslawischen Liturgie) an der Sawe weit im Süden haben. In diesem Grenzbereich der Ost- und Westkirche glaubte die Kurie damit auch, die noch schwankenden Bulgaren in den Einfluss der römischen Kirche ziehen zu können. Ob dieser Plan so realisiert wurde, ist eher unwahrscheinlich.

König Ludwig der Deutsche führte indessen im Jahr 869 einen großen koordinierten Schlag gegen die Sorben, Böhmen und Mährer. Zu Hilfe kam ihm dabei ein Streit Rostislavs mit seinem Neffen Svatopluk, der sich auf die fränkische Seite stellte und sich zum Vasall Karlmanns erklärte. In diese Zeit (um 870) ist wohl auch Svatopluks Taufpatenschaft für den Sohn Arnulfs von Kärnten (und Enkel Karlmanns) zu datieren; dieser Sohn wurde nach ihm Svatopluk (deutsch:

Zwentibold)genannt, der später König von Lotharingien werden sollte. Diese Taufpatenschaft ist gewiss ein Zeichen für die Anerkennung und Wertschätzung des Mährers bei den Karolingern.[44]

2.4   Das altmährische Reich auf seinem Höhepunkt

In den innermährischen Kämpfen von 870/871 wurde Rostislav schließlich von Svatopluk gefangen genommen und dem Karlmann ausgeliefert. Dieser griff daraufhin Mähren an, ließ die dortigen Befestigungen besetzen und raubte den fürstlichen Schatz. Method wurde in diesem Zusammenhang vom Passauer Bischof Ermenrich ergriffen und wahrscheinlich im schwäbischen Ellwangen in Klostergewahrsam genommen. Auch Svatopluk wurde zunächst unter einem Vorwand von den Franken gefangen gesetzt, aber wieder freigelassen, als die Mährer unter Slavomír (einem anderen Mojmiriden) erfolgreich gegen die bayerischen Besatzungen vorgingen. Svatopluk, der daraufhin mit einem bayerischen Heer Mähren betrat, verriet jedoch diese bisherigen Bundesgenossen. Das bayerische Heer wurde vernichtet, ihre zwei führenden Grafen Wilhelm und Engelschalk getötet. Svatopluk I. (871–894), der bedeutendste der mährischen Herrscher, schlug in den nächsten Jahren weitere Angriffe der Bayern und Franken zurück.

873 wurde Method wohl auf Veranlassung Papst Johannes VIII. (872–882) wieder aus der Klosterhaft freigelassen und kehrte (eventuell wieder als Erzbischof) nach Mähren zurück. Die slawische Liturgiesprache behielt er zwar bei, sonst aber hielt er sich an die fränkisch-bayrischen kirchlichen Gewohnheiten. Ob der schwäbische oder fränkische Bischof Wiching in Neutra als sein ihm unterstellter Bischof (Suffragan) betrachtet wurde, ist unklar. Der lateinische Klerus in Mähren behauptete allerdings, die Erhebung Methods sei unrechtmäßig gewesen und Wiching sei selbst mit der Verwaltung des Erzbistums beauftragt worden. Über die Gründe, Motive und Ergebnisse einer Reise Methods nach Konstantinopel wissen wir nichts. Kaiser Basileios I. (867–886), der ihn geladen hatte, hatte zu Rom keine schlechten Beziehungen. Denn trotz einer zweifellos gegebenen Konkurrenz waren römische und byzantinische Kirche damals noch keineswegs völlig getrennt.

874 schlossen Svatopluk und Ludwig der Deutsche (mit seinem Sohn Karlmann) in Forchheim Frieden. Dem mährischen Herrscher wurde die faktische Selbständigkeit zugestanden. Svatopluk war nun der uneingeschränkte Herrscher Mährens und sein Reich auf seinem Höhepunkt. Wohl schon vorher hatte er mit dem Aufbau einer eigenen Panzerreitertruppe nach fränkischem Vorbild

---

[44]   Hartmann, Lotharingien in Arnolfs Reich.

2.4 Das altmährische Reich auf seinem Höhepunkt

begonnen. Das schließen wir aus den archäologischen Funden, in welchen kavalleristisches Zubehör sehr stark repräsentiert ist.[45] Es gab kein Lehenswesen, die Krieger seiner Gefolgschaft versorgte der Herrscher durch die Erträge seiner Kriege (ähnlich, wie dies einst bei der merowingischen Gefolgschaft im Frankenreich üblich war).

Die Bedeutung und Macht Altmährens werden auch in den archäologischen Quellen (in Befunden und Funden) deutlich.[46] Sie ergaben im 9. Jahrhundert mindestens 30 befestigte Siedlungen, die, in den Niederungen oder auf Bergspornen gelegen, von Holz-Erde-Mauern mit Steinverblendung umgeben waren. Die beiden bedeutendsten lagen am Mittellauf der March: Mikulčice und Staré město (Altstadt) beim heutigen Ungarisch Hradisch (Uherské Hradiště). Auch Olmütz (Olomouc) ist als wichtiges Zentrum zu nennen. Die bedeutenden Orte waren jeweils ausgedehnte Siedlungskomplexe von mehreren Dutzend Hektar mit Kirchen und Friedhöfen. Die stark befestigte Fürstenburg Mikulčice besaß mindestens zehn Kirchenbauten, darunter eine dreischiffige Basilika mit Baptisterium (vielleicht Methods Bischofssitz). Auch Staré město dürfte ein politisches Zentrum gewesen sein. Daneben existierten befestigte Höfe mit Eigenkirchen, die entweder als Sitze der Aristokraten oder als fürstliche Befestigungen (ähnlich wie karolingische Königshöfe) gedeutet werden können.

Der Reichtum des Landes beruhte auf den fruchtbaren Lössböden an der March und vor allem auf dem Handel. Die Bernsteinstraße (die Handelsstraße für die Ostsee) hatte allerdings schon seit der Awarenherrschaft an Bedeutung verloren, aber die schiffbare March bot den Weg zur Donau, der bedeutendsten Fernhandelsstraße Altmährens in das Frankenreich und nach Byzanz. Aus dem Frankenreich wurden Waffen, Salz, Schmuck und Glas eingeführt. Auf dem sog. Großen Markt wohl in Mikulčice wurden besonders Sklaven (die meist nach Venedig verkauft wurden), Wachs, Vieh und landwirtschaftliche Erzeugnisse gehandelt. Das Schmiedehandwerk und der Metallguss waren verbreitete Techniken. Eine eigene Münzproduktion gab es allerdings nicht.[47]

Nachdem Svatopluk durch den Friedensschluss mit den Franken den Rücken frei hatte, erweiterte er sein Reich in den Jahren 874–884 durch zahlreiche Kriegszüge bis zur oberen Weichsel und Oder in das Krakauer Land, unterwarf sorbische Stämme an der Elbe. Dort konnte er zahlreiche heidnische Gefangene gewinnen, die in Mikulčice oder Staré město als Sklaven verkauft wurden. Böh-

---

[45] Dazu auch der Bericht der Annales Fuldenses zu 871.
[46] Wieczorek/Hinz, Europas Mitte um 1000, bes. Kap. 3.6 „Mährisches Reich", S. 296–338; aus bayerischer Sicht: Wolfram, Grenzen und Räume, S. 251–273; Albrecht (Hg.), Großmähren und seine Nachbarn. Dazu Macháček, Großmähren, das Ostfränkische Reich und der Beginn des Staatsbildungsprozesses in Ostmitteleuropa.
[47] Lumír Poláček, Der mährische Handel in: Wieczorek/Hinz, Europas Mitte um 1000, S. 146 f.; Ders., Burgwälle, Burgen und Burgstädte in Mähren, ebd. S. 289–292; Mikulčice, ebd. S. 317–322; McCormick, Verkehrswege, Handel und Sklaven.

men gliederte er 884 seiner Einflusssphäre an. Auch zur mittleren Theiß in Pannonien stieß Svatopluk vor.

Wiederum während einer Krisenzeit des ostfränkischen Reiches nach dem Tod Ludwigs des Deutschen 876 kam es zu einer weiteren Anerkennung und Aufwertung der Position Altmährens und seiner Unabhängigkeit durch das Privileg Papst Johannes VIII. von 880 (*Industriae tuae*): auf Wunsch Svatopluks nahm der Papst ihn und sein Reich und Volk in den Schutz des Apostelfürsten Petrus auf. Über hundert Jahre später sollten dem polnischen Herzog Mieschko I. und dem ungarischen König Stephan dem Heiligen ähnliche Privilegien ausgestellt werden.

884 ließ sich Svatopluk doch wieder in innerfränkische Auseinandersetzungen hereinziehen. Der schon von Ludwig dem Deutschen in der Ostmark eingesetzte Graf Aribo war 882 von den Erben der oben genannten früheren (im Mährerkrieg gefallenen) Grafen vertrieben worden. Der mit Aribo verbundene Svatopluk fiel 884 in das Gebiet südlich der Donau ein, die Gegner Aribos schlossen sich Arnulf von Kärnten an, der die Bayern in Pannonien vertrat. Das mächtige Slawenheer Svatopluks fiel zweimal auch in Pannonien ein, es ist allerdings nicht bekannt, ob und wie lange der Mährer dieses Land behaupten konnte. Noch 884 huldigte er zwar Kaiser Karl III. am *Monte Comiano* (im Wienerwald?), somit erkannte er die formelle Oberhoheit des Frankenreiches an. Aber am Status quo änderte sich nichts, seine Machtstellung wurde damit offenbar nicht beeinträchtigt. Nach dem Tod Methods (885) ließ Svatopluk allerdings die Priester der slawischen Liturgie vertreiben und schloss sich damit wieder ganz der römischen Kirche an.

Svatopluk selbst starb 894, von dem Chronisten Regino von Prüm als ein Mann von scharfem und listigem Verstand gewürdigt, der unter den Seinen der Klügste gewesen war.[48] Sein Tod deckte allerdings die strukturellen Schwächen des altmährischen Reiches auf: Nach dem Ende der Eroberungen fiel nicht mehr genügend Beute für den Unterhalt seiner Krieger an, innere Kämpfe um die Nachfolge unter Mojmír II. und Svatopluk II. kamen hinzu. Eine dauerhafte Kirchenorganisation mit eigener Schriftlichkeit fehlte. Die Randgebiete fielen ab: 894 (mit Hilfe der Franken) Böhmen, 897 die Sorben.

Schon 896 erschienen die Ungarn drohend im Theißgebiet. Mojmír II. verbündete sich mit ihnen gegen den inzwischen zum ostfränkischen König aufgestiegenen Arnulf von Kärnten (887–899), der die Ungarn jedoch zunächst nach Italien ablenken konnte. Nach Arnulfs Tod 899 besetzten die Ungarn Pannonien. Noch 902 konnten die Mährer mit Unterstützung der Franken einen ungarischen Angriff abwehren; ihr Reich wurde jedoch 905/06 von diesen zerstört, ohne dass

---

[48] Regino zu 884: *vir inter suos prudentissimus et ingenio callidissimus.*

wir von irgendwelchen Schlachten hören. Die Existenz fast aller altmährischen Siedlungen endete im 10. Jahrhundert.[49]

2.5 Böhmen in der Zeit des altmährischen Reiches

Die äußerst schütteren Quellen zeigen Böhmen in dieser Zeit zwischen fränkischem und altmährischem Einfluss mit ersten Selbständigkeitsbestrebungen.[50]

Die Heere Karls des Großen waren 791 durch Böhmen gezogen und unterwarfen es 805/06, wobei ein „König Lech" getötet worden sein soll. Damit war der fränkische Einfluss etabliert. In der *Ordinatio imperii* (817) übertrug Kaiser Ludwig der Fromme, der Sohn Karls des Großen, die Herrschaft u. a. über die Böhmen seinem Sohn Ludwig dem Deutschen. Dieser ließ im Januar 845 14 böhmische Herren (*duces*[51]) mit ihrem Anhang, die zum Christentum übertreten wollten, wohl in Regensburg taufen. Offensichtlich handelte es sich bei diesen *duces* um die damalige Elite, die Anführer von Siedlergruppen bzw. Kleinstämmen, die Anschluss an die fränkische Kirche und damit auch an das Ostfrankenreich suchten; vielleicht auch, um fränkischen Angriffen zuvorzukommen. Trotz der Vielfalt der *duces* wurden die Slawen dieses Landes dennoch von außen stets als Einheit, als *Bohemi* (= Böhmen) bezeichnet.

Es folgten, bald nach diesen ersten Taufen, noch in den 840er Jahren Einfälle der Böhmen in Ostfranken und Feldzüge Ludwigs des Deutschen in das Land.[52] Die 14 getauften Herren waren wohl nur ein Teil aller böhmischen *duces* gewesen oder die kriegerischen Ereignisse hingen mit einer heidnischen Reaktion bzw. einem Widerstand gegen die fränkische Oberherrschaft zusammen. Vielleicht sind sie auch schon im Kontext der beginnenden herrschaftlichen Zentralisierung in Böhmen zu sehen.

Die Fuldaer Annalen berichten auch von einem gescheiterten fränkischen Heereszug von 849 gegen friedliche Böhmen, der mit einer Niederlage der „hochmütigen" Ostfranken endete.[53] 856/57 scheint es aber Ludwig dem Deut-

---

[49] Lumír Poláček, Der Untergang des Mährischen Reiches und Mikulčice, in: Zehetmayer, Roman (Hg.), Im Schnittpunkt frühmittelalterlicher Kulturen. Niederösterreich an der Wende vom 9. zum 10. Jahrhundert, St. Pölten 2008, S. 283–297.

[50] Die betreffenden Quellen sind (nicht immer ganz zuverlässig) zusammengestellt bei Erwin Herrmann, Slawisch-germanische Beziehungen im südostdeutschen Raum von der Spätantike bis zum Ungarnsturm. Ein Quellenbuch mit Erläuterungen, München 1965 (Veröffentlichungen des Collegium Carolinum 17). Siehe auch Lutovský, Zentralisierungsprozesse und Graus, Böhmen im 9. bis 11. Jahrhundert.

[51] Die übliche Übersetzung von *dux* mit Herzog ist hier sicher unpassend; selbst der Ausdruck „gentile Fürsten" (Herwig Wolfram) erscheint mir überdimensioniert.

[52] Annales Fuldenses zu 848.

[53] Annales Fuldenses zu 849.

schen gelungen zu sein, die Oberherrschaft über Böhmen wenigstens formal wieder durchzusetzen; einige Herren huldigten ihm. Besonders erwähnt werden die Eroberung einer befestigten Siedlung eines *dux* Wistrach und die Vertreibung seines Sohnes Sclavitagus, der daraufhin nach Mähren zum Mojmiriden Rostislav floh.[54] Danach scheint sich die Situation zwischen dem Ostfrankenreich und Böhmen beruhigt zu haben.

Erst Ende der 860er und Anfang der 870er Jahre wird wieder von Angriffen der böhmischen Slawen auf die Bayern, von Brand und Frauenraub berichtet; böhmische Krieger wurden sogar von den Sorben angeworben, um gemeinsam die Thüringer anzugreifen.[55] Auch der Einfluss Altmährens wird spürbar: 871 wird von einer Hochzeit eines mährischen Slawen mit der Tochter eines böhmischen Häuptlings berichtet. Dennoch scheint Böhmen für die altmährischen Herrscher keine zentrale Bedeutung gehabt zu haben; die Siedlungen im Norden und der Mitte Böhmens waren durch die ausgedehnte fast siedlungsleere und waldreiche böhmisch-mährische Höhe von Mähren geschieden. Die Ostfranken behielten zunächst ihren bestimmenden Einfluss; 872 werden in den Fuldaer Annalen fünf besiegte *duces* mit Namen genannt[56], in einer Handschrift dieser Quelle ein sechster mit Namen *Goriwei*, unter dem man den ersten historischen Přemysliden Bořivoj vermuten kann.

Bei dem Friedensschluss zwischen König Ludwig und dem mährischen Herrscher Svatopluk I. 874 in Forchheim waren auch böhmische Gesandte (wohl noch als Anhänger bzw. Untertanen Ludwigs zu deuten) anwesend. Während der expansiven Machtpolitik Svatopluks I. wurde aber (etwa 882–884) auch Böhmen von ihm erobert und der dortige Fürst Bořivoj aus der Přemyslidenfamilie in Altmähren von Method getauft.[57] Diejenigen böhmischen Slawen allerdings, die traditionell eher auf der fränkischen Seite standen, vertrieben den von Svatopluk I. protegierten Bořivoj wieder und setzten sich selbst einen (von Bořivoj?) ins Frankenreich (*aput Theutonicos* = bei den Deutschen?) verbannten Strojmír zum Herzog, der (nach der *Legenda Christiani*) angeblich nicht einmal mehr die slawische Sprache beherrschte.[58] Dieser Konflikt kann durchaus auch als Widerstand gegen die beginnende Zentralisierung der Herrschaft durch die Přemysliden ge-

---

54 Annales Fuldenses zu 857 nennen die Befestigung *civitas*.
55 Annales Fuldenses zu 869.
56 Annales Fuldenses zu 872: *Zuentislan, Witislan, Heriman, Spoitimar, Moyslan*.
57 Das erfahren wir allerdings nur aus späteren Quellen, am ausführlichsten aus der Legenda Christiani, S. 18–24. Nach der überwiegenden Ansicht der jetzigen tschechischen Forschung stammt diese Legende aus dem 10. Jahrhundert. Die frühesten Handschriften selbst sind jedoch erst aus dem 12. Jahrhundert; auch einige Indizien im Text verweisen auf diese Zeit. Selbst bei dieser evtl. späteren Entstehung ist davon auszugehen, dass älteres Material überliefert wurde. Zur Angliederung Böhmens und zur Taufe Bořivojs ausführlich Měřinský, České země, S. 839–876. Kritisch aber schon Graus, Die Entwicklung der Legenden der sog. Slavenapostel.
58 Měřinský sieht den Widerstand der Böhmen gegen Bořivoj wohl zu Unrecht (nur) als heidnische Reaktion; das Christentum hatte im Lande bereits Fuß gefasst.

2.5 Böhmen in der Zeit des altmährischen Reiches

deutet werden. Militärisch setzten sich die Anhängerschaft Bořivojs und damit der altmährische Einfluss aber durch. Der Fürst soll als Dank für den Sieg eine erste Kirche in Levý Hradec und eine zweite zu Ehren Marias auf dem Gelände der späteren Prager Burg errichtet haben.

Nach dem Bericht des Regino von Prüm akzeptierte der ostfränkische König Arnulf von Kärnten schließlich die Realitäten der altmährischen Machtstellung und übergab Böhmen 890 formell an Svatopluk, wie es heißt, wegen der alten Freundschaft der beiden Fürsten. Die Böhmen hätten bisher nur *einen* Fürsten (so Regino wohl zu Unrecht) als Herrscher über den ganzen Stamm gehabt. Den Frankenkönigen hatten die Böhmen lange Treue bewahrt. Aber jetzt wurden sie zu Feinden Arnulfs, weil er sie den Mährern übergeben hatte; neue Kämpfe zwischen Ostfranken und Mährern folgten.[59] Nach dem Tod des großen Svatopluk (894)[60] aber erschienen auf der Reichsversammlung in Regensburg im Juli 895 alle *duces* der Böhmen, die von den Mährern mit Gewalt aus der „Gemeinschaft und dem Machtbereich des bayerischen Stammes"[61] gerissen worden waren, und unterwarfen sich wieder König Arnulf. Die dabei genannten Vornehmsten der *duces*, Spytihněv und Vitislav (Vratislav?) waren Söhne des Přemysliden Bořivoj.[62] Auch 897 baten die böhmischen *duces* Kaiser Arnulf in Regensburg wieder um Hilfe gegen ihre mährischen Feinde. 900 griffen die Bayern schließlich gemeinsam mit den Böhmen die Mährer erfolgreich an und verwüsteten ihr Land. Ohne es zu wollen, bereiteten sie damit der ungarischen Invasion den Weg. Zum 4. Juli 907 vermelden die Quellen schließlich die vernichtende Niederlage der Bayern gegen die Ungarn bei Pressburg, in welcher auch Markgraf Luitpold fiel, der noch 903 als *dux Boemanorum* bezeichnet worden war.

---

[59] Regino von Prüm und der Annalista Saxo zu 890.
[60] Über seinen Tod wurden später Sagen erzählt (z. B. bei Cosmas I 14).
[61] Annales Fuldenses zu 895.
[62] Annales Fuldenses ebd.; Annales Gradicenses MGH SS 17, S. 644 f.

3 Der Aufstieg der Přemysliden

3.1 Cosmas von Prag und die ersten Přemysliden

Die weitaus wichtigste schriftliche Quelle zur böhmisch-mährischen Frühgeschichte ist die Chronik der Böhmen des Cosmas von Prag.[63] Cosmas (ca. 1045–1125) hat mit dieser Volksgeschichte (in drei Büchern) die Grundlagen des mittelalterlichen böhmischen Geschichtsbildes bis heute geschaffen. Der tschechische Kanoniker und Dekan der Prager Kirche hatte nach seiner Ausbildung an der Prager Domschule mehrere Jahre in Lüttich bei Magister Franco Grammatik und Dialektik studiert. Obwohl er seit 1099 Priester war, war er mit einer gewissen Božetěcha verheiratet oder liiert. Priesterehen waren in dieser Zeit keine Seltenheit.

Zunächst überliefert uns der Chronist in den Kapiteln 2–9 des ersten Buches die sagenhafte Vorgeschichte Böhmens und ihrer přemyslidischen Herrscher: Danach wanderten die Menschen in ein unbesiedeltes Land mit paradiesischer und fruchtbarer Natur ein, gründeten ihre erste Siedlung beim Berg Rip (Říp/Georgenberg) in Nordböhmen an der Mündung der Eger in die Moldau (vielleicht schon ein kultisches Zentrum für Mittelböhmen). Nach ihrem Anführer Boemus benannten sie das Land; die ehrbaren, redlichen und einfachen ersten Siedler besaßen alles in kommunistischer Weise als gemeinsames Eigentum, auch die Frauen. Das Wort „mein" kannten sie nicht. Es gab keine Diebe und Räuber, aber auch keine Richter und Fürsten. Doch es gab einen angesehenen Schiedsrichter namens Krok (Crocco), an den man sich in Konflikten wenden konnte. Er hatte drei weise Töchter: die heilkundige Zauberin Kazi, deren Grabhügel nach Cosmas immer noch zu sehen ist, die Priesterin Tethka, die das Volk die „gotteslästerliche Verehrung der Götzen" lehrte. Noch heute (also am Anfang des 12. Jahrhunderts), so bemerkt der Autor kritisch, würden viele Bauern die alten Naturgötter verehren und ihnen Opfer darbringen. Die jüngste und allerweiseste der Töchter Kroks aber war Lubossa (Libuscha/Libuše), ein Schmuck und Ruhm des weiblichen Geschlechts, in jeder Hinsicht ausgezeichnet, aber eine Wahrsagerin. Nach dem Tod des Vaters wurde sie zur Richterin gewählt. Als sie den heftigen Streit zweier Männer zum Vorteil des einen entschieden hatte, begehrte der Verlierer auf: Es sei eine Schmach für Männer, sich der Entschei-

---

[63] Die Chronik der Böhmen des Cosmas von Prag, MGH SS rer. Germ. NS 2. Dazu Třeštík, Kosmova kronika; Kersken, Geschichtsschreibung im Europa der „nationes", S. 573–582; Ders., Das přemyslidische Böhmen in der zeitgenössischen Historiographie des Reichs, in: Hlaváček/Patschovsky (Hg.), Böhmen und seine Nachbarn in der Přemyslidenzeit, S. 385–436.

3.1 Cosmas von Prag und die ersten Přemysliden

dung einer Frau zu unterwerfen. Diesen Mann lässt Cosmas alle wohl auch in seiner Zeit herrschenden, Frauen diskriminierenden Ansichten äußern, mit dem Fazit: „Es ist sicher, Frauen haben lange Haare, aber einen kurzen Verstand!"[64] Libuscha sah ein, dass ihre Position als weibliche Richterin zu schwach war und beschloss nach Beratung mit ihren Schwestern, einen Gemahl für sich auszusuchen, der in Zukunft über die Böhmen herrschen sollte. Allerdings warnte sie das Volk auf einer Versammlung vor dem Verlust der Freiheit und vor der künftigen furchteinflößenden Herrschaft eines Mannes. Bemerkenswert, wie Cosmas hier, in Form der unangreifbaren Sage, Kritisches über die autoritären Herrscher seiner Zeit äußert; wahrscheinlich übertreibt er aber auch, um für die Leser unterhaltsam zu bleiben:

> „Es ist leicht, einen Herzog einzusetzen, schwer aber, ihn abzusetzen [...], wenn er eingesetzt ist, werdet Ihr und Euer Eigentum in seiner Hand sein. Bei seinem Anblick werden Euch die Knie schlottern und die Zunge am Gaumen kleben. Vor lauter Angst werdet Ihr auf seine Anrede kaum ‚Ja Herr, ja Herr' antworten können, wenn er auf seinen Wink hin, ohne Eure Zustimmung, diesen verdammt, jenen niederhaut, diesen ins Gefängnis werfen oder jenen aufhängen lässt."[65]

Ein biblisches Vorbild für diese Rede wird von František Graus angenommen.[66] Auch die absolute Verfügung des Herzogs über die Berufe und den Besitz der Untertanen stellt die Seherin dem Volk vor Augen – aber umsonst. Libuscha weist nun also das Volk auf ihren zukünftigen Gemahl hin, einen Bauern namens Přemysl, der im Ort Staditz[67] (Stadice bei Aussig/Ústí nad Labem) mit zwei Ochsen ein Feld pflüge. „Seine Nachkommen werden in diesem Land bis in Ewigkeit herrschen". Ihr Pferd kenne den Weg, den es schon öfter gegangen sei. Den passenden (natürlich „falschen") Verdacht von früheren Treffen der Seherin mit dem Pflüger erwähnt unser Chronist gern. Alles geschieht so: Das mantische Pferd findet den ackernden Přemysl, die Boten begrüßen ihn als künftigen Herzog; er ist keineswegs überrascht. Mit einem schnell ergrünenden Haselstecken demonstriert er das spätere böhmische „Senioratsgesetz".[68] Přemysl legt die herzogliche Kleidung an, nur seine Bauernschuhe nimmt er mit, damit seine Nachkommen ihre Abstammung nie vergessen sollten. Die Schuhe, so Cosmas, werden noch heute in der herzoglichen Kammer auf dem Wyschehrad aufbewahrt. Herzog Přemysl also bändigte das Volk durch seine und Libuschas Gesetze und unterwarf es der Knechtschaft (*servitus*), unter der es heute noch lebt.

Darauf lässt Cosmas die Seherin Libuscha eine phantastische Weissagung über die Entstehung, Schönheit und Bedeutung der Stadt Prag (wie sie in der Zeit

---

[64] Cosmas S. 12.
[65] Cosmas I 5, S. 14 f.
[66] Graus, Lebendige Vergangenheit, S. 89–109; Plassmann, Origo gentis, S. 321–358; Banaszkiewicz, Königliche Karrieren von Hirten, Gärtnern und Pflügern, S. 265–286.
[67] Heute ein Ortsteil von Groß-Tschochau (Řehlovice); dort steht ein Denkmal Přemysls des Pflügers.
[68] Siehe dazu unten S. 47.

des Cosmas war) machen. Dann erzählt er eine den Amazonensagen ähnliche Geschichte von jungen Frauen, die in jener Zeit als Kriegerinnen kämpften und die Burg Devín (tschechisch Dívka = Mädchen) erbauten, bis sie von den Männern nach einem gemeinsamen Gastmahl überwältigt und geraubt wurden. „Und seit jener Zeit nach dem Tod der Fürstin Libuscha sind unsere Frauen in der Gewalt der Männer."[69]

Dem Přemysl folgten sieben Herzöge, die Cosmas mit Namen nennt und sie als typische Heiden mit allen üblichen negativen Attributen versieht: Nezamizl, Mnata, Voyn, Vnizlau, Crezomizl, Neclan, Gostivit. Nur von einer Schlacht zwischen Böhmen und Lutschanen (die nach Cosmas jetzt Žatčanen nach der Stadt Žatec/Saaz heißen) unter einem mächtigen *dux* Vlastislav zu Zeiten des Prager *dux* Neclan weiß der Chronist zu berichten. Vlastislav zwang die böhmischen Fürsten sogar, sich in die kleine Burg Levý Hradec (unweit von Prag) zurückzuziehen. Aber der Hochmut kommt vor dem Fall; die von Cosmas außerordentlich weit ausgeschmückte Geschichte endet schließlich mit der vernichtenden Niederlage der Lutschanen. Die Böhmen zerstörten ihre Siedlungen, machten große Beute, erbauten eine Burg im Lutschanerland und übergaben den kleinen Sohn des Vlastislav seinem Erzieher, einem Sorben namens During. Dieser Verbrecher aber ermordete den Knaben, in der Annahme, durch Ausschaltung eines potentiell gefährlichen Lutschanerfürsten vom böhmischen Herzog Neclan in Prag dafür belohnt zu werden. Doch er fand keinen Dank und endete schließlich selbst am Galgen.

Zweifellos ist diese sagenhafte Erzählung als Nachhall der auch gewaltsamen Zentralisierung der ‚böhmischen', d. h. přemyslidischen Herrschaft zu deuten; der Name des genannten Erziehers könnte auf engere Beziehungen der nordböhmischen Lutschanen zu den Sorben und/oder den Thüringern jenseits des Erzgebirges hindeuten. Neben den Lutschanen um Saaz gab es um Alt-Kauřim (Kouřim) noch ein weiteres großes nicht-přemyslidisches Fürstentum im östlichen Landesteil.[70]

Dieser Bericht zeigt auch, dass Cosmas noch keineswegs alle Bewohner des Landes *Bohemi* nennt; er versteht darunter offenbar nur die im Zentrum des Landes sitzenden Slawen unter der Herrschaft der Přemysliden. Der Tschechenname selbst taucht übrigens zum ersten Mal erst Ende des 10. Jahrhunderts in der altslawischen Wenzelslegende auf.[71]

Immer wieder versuchte die Forschung, weitere historische Spuren in den mythischen Texten aufzufinden und ihre Herkunft zu deuten, ohne zu überzeugenden Ergebnissen zu kommen. So werden auch Ähnlichkeiten mit der lango-

---

[69] Cosmas I 9.
[70] Siehe Lutovský, Zentralisierungsprozesse. Seine Darstellung der Regierungen Boleslavs I. und II. wird heute teilweise in Frage gestellt.
[71] Herwig Wolfram, Die ostmitteleuropäischen Reichsbildungen um die erste Jahrtausendwende und ihre gescheiterten Vorläufer, in: Hlaváček/Patschovsky (Hg.), Böhmen und seine Nachbarn in der Přemyslidenzeit, S. 53.

3.1 Cosmas von Prag und die ersten Přemysliden

bardischen Stammessage (*origo gentis*) vermutet, die ich allerdings nicht erkennen kann.[72] Boemus (der *heros eponymos*) dürfte eine Erfindung des Cosmas sein, bei den anderen Namen (Krok, seine Töchter und die mythischen acht *duces*) könnte man auf ältere mündliche sagenhafte Überlieferung schließen.[73]

Waren etwa die ersten acht legendären Herzöge Vorfahren der Přemysliden, wie es Cosmas behauptet? Keiner ihrer Namen taucht allerdings in ihrem späteren Namensgut, in ihren Genealogien auf. Der letzte von ihnen, Gostivit, habe, so Cosmas, Bořivoj gezeugt; mit diesem ersten Christen als Herzog betreten wir wieder historischen Boden.

Wieso setzten sich die Přemysliden im Land schließlich durch? Sie saßen im strategisch günstigen zentralen Gebiet Böhmens an der Moldau um die Befestigungen Levý Hradec und Prag. Die gefestigte christliche Position des Bořivoj († 889/90), der zeitweise die Protektion des mächtigen mährischen Svatopluk besaß, und die seiner Söhne und Nachfolger Spytihněv und Vratislav wird ebenfalls eine Rolle gespielt haben. Wohl schon Bořivoj ließ die ersten böhmischen Kirchen in Levý Hradec und Prag (darunter verstand man zunächst nur die heutige Burg) errichten. Spytihněv (894–915) befestigte Prag wohl mit einem Wall und errichtete auch an den Zugangswegen zu diesem Zentralort mehrere Burgwälle. Ob eine ‚staatliche' Organisations- und Verwaltungsstruktur mit bäuerlichen Abgaben und Diensten zur přemyslidischen Überlegenheit beitrug, ist kaum zu belegen.[74] Zweifellos haben auch günstige Eheschließungen zur Gewinnung weiterer Landesteile beigetragen. Die Ehefrau Bořivojs war Ludmila, die Erbtochter eines Grafen (*comes*) von Psov, das später, so Cosmas, nach der Stadt Melnik (Mělník am Zusammenfluss der Moldau mit der Elbe) benannt wurde. Damit kam auch das Gebiet der Pschovanen in den Přemyslidenbesitz.

Vratislav I. (915–921) zeugte mit Drahomira (der Tochter eines Hevellerfürsten im heutigen Brandenburg) wiederum zwei Söhne: Wenzel (den späteren Heiligen) und Boleslav. Nach dem Tod Vratislavs wurde der noch unmündige Wenzel zwar zum Herzog erhoben, aber mit seinem Bruder zunächst seiner Großmutter Ludmila zur christlichen Erziehung anvertraut; seine Mutter Drahomira führte die Herrschaft, stand aber auf Seiten einer anderen (noch heidnischen?) Parteiung. Die Großmutter Ludmila wurde im Zuge dieser Auseinandersetzung ermordet. Schnell wurde sie in mehreren Legenden zur Heiligen ernannt, die in mehreren Legenden verherrlicht wurde. Wenzel trat 923/24 schließlich die

---

[72] Charvát, Bohemian State S. 12 f.
[73] Dazu Bláhová, Verschriftlichte Mündlichkeit in der Böhmischen Chronik, S. 165–189.
[74] Anders Josef Žemlička, Herrschaftszentren und Herrschaftsorganisation, in: Wieczorek/Hinz, Europas Mitte um 1000, S. 367–372, hier S. 368 f. Zu Prag und den ersten Burgwällen Levý Hradec, Libitz, Altbunzlau, Olmütz, Saaz, Alt-Pilsen und Budeč die jeweils knappen Überblicke von Ladislav Hrdlička, Jan Frolík, Milena Bravermanová, Kateřina Tomková, Jarmila Princová, Ivana Boháčová, Josef Bláha, Petr Čech, Jiří Sláma und Andrea Bartošková in: Wieczorek/Hinz, Europas Mitte um 1000, S. 373–400. Zur Kontroverse um die Dienstorganisation im Přemyslidenreich siehe Kap. 3.2.

Regierung an und ließ seine Mutter internieren. Als König Heinrich I. 929 in Böhmen einfiel, erkannte Wenzel ohne Kampf die Oberhoheit des ostfränkisch-deutschen Reiches an und versprach Tribute.[75] Er sah dies zu seinem Vorteil: Denn dadurch wurden die christlichen Kräfte im Land und Wenzels Position gestärkt. Die Prager Kirche übernahm das sächsische Veitspatrozinium.

Es ist kaum zweifelhaft, dass sich König Heinrich I. in seinem Verhältnis zu den östlichen Nachbarn ganz in der ostfränkischen Tradition sah und eine Oberhoheit beanspruchte, die auch den Frieden an den Grenzen sichern konnte. Nach den räuberischen Einfällen der Ungarn auch nach Sachsen und Thüringen (möglicherweise über Böhmen) war die Sicherung dieses Landes als Flankenschutz gegen den neuen Feind besonders wichtig.

Diese Entwicklung weckte aber den Widerstand der Opposition um Boleslav: Wenzel wurde wohl 935 bei einer Tauffeier für den Sohn Boleslavs in Altbunzlau (Stará Boleslav) erschlagen. Dem Cosmas galt Boleslav stets als Tyrann und Brudermörder, der als Heide den Christen getötet hatte. Diesem aber, falls er wirklich persönlich der Mörder gewesen sein sollte, ging es jedoch vor allem um die Erringung der Macht. Denn er trat in seiner Regierungszeit durchaus als christlicher Herrscher auf, ließ etwa die noch ungeweihte Prager Veitskirche durch den Regensburger Bischof Michael weihen, denn Böhmen gehörte zur Regensburger Diözese.

Sehr schnell wurde Wenzel als Märtyrer verehrt, Boleslav selbst ließ Wenzels Reliquien in die Prager Kirche überführen. Noch im 10. Jahrhundert beginnt die Überlieferung der altkirchenslawischen und lateinischen Wenzelslegenden.[76] Später wurde Wenzel zum přemyslidischen Patron des Landes, zu einem „ewigen Herrscher" im Himmel, der auch als Schlachtenhelfer immer wieder für die böhmischen Truppen eintrat. Der Kult um den hl. Wenzel als himmlischem Garanten des Landes und Staates spielte auch nach der Přemyslidenzeit, etwa bei dem römisch-deutschen König Karl IV., der als Wenzel getauft wurde, im 14. Jahrhundert und bei den Hussiten im 15. Jahrhundert eine Rolle, die kaum überschätzt werden kann. Das Wenzelsdenkmal auf dem nach ihm benannten Prager Hauptplatz wurde selbst bei dem Einmarsch sowjetischer Truppen in die Tschechoslowakei (1968) zur symbolischen Stätte des Widerstands, wo sich der Prager Student Jan Palach aus Protest selbst verbrannte.[77]

---

[75] Widukind von Corvey I 35. Dazu Novotný České dějiny (Böhmische Geschichte) I,1, S. 459–475; Ferdinand Seibt, Der heilige Herzog Wenzel, in: Lebensbilder zur Geschichte der böhmischen Länder 4, München Wien 1981, S. 9–21.

[76] Graus, Der Herrschaftsantritt St. Wenzels in den Legenden; Zum Folgenden Marie Bláhová, Wenzel (Václav) I. d. Hl., in: LexMA Bd. 8 (1997), Sp. 2185–2187.

[77] Zu den böhmischen Heiligen Dušan Třeštík, Die dynastischen Heiligen und Landespatrone: Wenzel, Ludmilla und Adalbert, in: Wieczorek/Hinz, Europas Mitte um 1000, S. 883; Franz und Margarita Machilek, Der heilige Wenzel: Kult und Ikonographie, in: Wieczorek/Hinz, Europas Mitte um 1000, S. 888; Stefan Samerski, Wenzel in: Samerski (Hg.), Die Landespatrone der böhmischen Länder, S. 243–262.

Boleslav I. (935–972) setzte die Zentralisierungspolitik in Böhmen entschlossen fort und suchte die noch verbliebenen *duces* zu eliminieren. So wurde (in der Krisenzeit des Reiches nach dem Tod Heinrichs I.) ein mächtiger *dux* vielleicht in Nordwestböhmen, der mit den Sachsen verbündet war, von ihm geschlagen und seine (bisher nicht eindeutig lokalisierte) Burg erobert. Dann geriet Boleslav aber in 14-jährige wechselnde kriegerische Auseinandersetzungen mit dem König des Ostfrankenreiches (bzw. des römisch-deutschen Reiches) Otto I., über die wir im Einzelnen nichts wissen.[78] Erst 950 unterwarf sich der Herzog bei einem Heereszug Ottos vor dem von Boleslav neu befestigten Altbunzlau (Stará Boleslav) endgültig dem König. Eintausend gut ausgerüstete böhmische Krieger beteiligten sich an der Schlacht auf dem Lechfeld gegen die Ungarn auf Seiten Ottos; der Sieg gegen den gemeinsamen gefährlichen Feind könnte durchaus das Gefühl der christlich fundierten Zusammengehörigkeit mit dem Reich gestärkt haben. Böhmische Truppen leisteten auch später militärische Hilfe für die sächsischen Könige.[79]

In einer zweiten Schlacht mit den Ungarn um 955, vielleicht in Mähren, siegten die Böhmen ebenfalls. Möglicherweise gewann dadurch schon kurz danach Boleslav die Oberherrschaft über Mähren. Da er nach dem Abkommen mit Otto I. den Rücken jetzt frei hatte, dehnte er sein Reich auch weiter im Osten (bis über Krakau) aus. Mit dem Herrscher von Gnesen, dem polnischen Mieschko I. (um 960–992), knüpfte Boleslav aber freundschaftliche Beziehungen, seine Tochter Dobrawa gab er ihm zur Frau. Mieschko ließ sich daraufhin taufen und konnte jetzt ‚legale' politische Beziehungen auch mit Otto I. aufnehmen.

3.2 Die frühe Verfassung Böhmens – Boleslav II. und das Bistum Prag

Noch in die Zeit Boleslavs I. fällt eine erstaunliche Quelle: der arabische Bericht des gebildeten jüdischen Kaufmanns Ibrahim ibn Jakub aus der spanischen Stadt Tortosa, der bei seiner Reise durch Mitteleuropa in den 60erjahren auch nach Böhmen kam.[80] Vorher war er in Magdeburg mit Kaiser Otto I. zusammengetroffen, vielleicht in einer offiziellen Mission des omayyadischen Kalifs al-Hakam II. von Cordoba. Ibrahim stellte fest: „Die Stadt Prag ist aus Stein und Kalk errichtet und ist in Handelsbeziehungen die reichste von allen." Nach seinem Bericht lag die ‚Stadt' Prag unterhalb der Prager Burg, die von den Archäologen sicher mit

---

[78] Widukind von Corvey II 3.
[79] Widukind von Corvey III 44.
[80] Dazu Lutz Richter-Bernburg, Ibrahim ibn-Jakub, in: RGA 15 (2000), S. 317–319; Charvát/Prosecký (Hg.), Ibrahim ibn Ya'qub at-Turtushi.

Recht auf der jetzigen Kleinseite vermutet wird.[81] Sie dürfte aus der Vorburg entstanden sein, nahe am Fluss, der wichtigsten Handelsstraße, und dennoch überschwemmungssicher. Das Prager Handelszentrum, zunächst sicher auch wichtig durch den Sklavenhandel, war in dieser Zeit eine Grundlage der přemyslidischen Macht.

Die böhmische ‚Staatlichkeit' und der Einfluss Altmährens auf diese führten zu einer heftigen Kontroverse innerhalb der tschechischen Geschichtswissenschaft. Das noch immer vorherrschende Konzept, vertreten von den einflussreichen Mediävisten Dušan Třeštík (†), Josef Žemlička und Petr Sommer besagt: Der relativ starke zentralistische přemyslidische Staat habe das fränkisch-karolingische Modell nicht direkt, sondern (auf dem Umweg) über das großmährische Vorbild übernommen. Dieses galt als Vorbild für die ‚staatliche' Entwicklung der (ost-)mitteleuropäischen ‚Staaten' Böhmen, Polen und Ungarn, die vom 10. Jahrhundert an im Vergleich zum Westen einen Sonderweg bis zum 13. Jahrhundert eingeschlagen hätten. Entscheidend für die Herrscher sei die umfassende Burgen- und Dienstorganisation gewesen, wie sie besonders Boleslav I. gegen den alten Stammesadel durchgesetzt haben soll, der jetzt von abhängigen přemyslidischen Verwaltern ersetzt wurde. Spitzt man die These von der Dienstorganisation zu, könnte man das gesamte Land mit seiner wirtschaftlichen Produktion als Eigentum des Fürsten ansehen, ebenso die Burgen, in welchen die vom Fürsten abhängige Elite als ‚Staatsbeamte' lebte, die aber selbst kein Eigentum hatten. Der Staat sei eigentlich ein einziges fürstliches Dorf gewesen.[82] Třeštíks These beruhte vor allem auf seiner Auffassung der Chronik des Cosmas von Prag. Cosmas habe 1120 über eine Gesellschaft geschrieben, die nur aus Bauern bestanden habe, die zugleich „frei" und dennoch allesamt Hörige des einen Fürsten gewesen seien. Erst durch die „Privatisierung im 13. Jahrhundert" (u. a. beim Aufstieg des Adels) sei der große Wandel und der Anschluss an das westliche Europa geschehen.[83] Ist sein Hintergrund der ideologische Versuch, sich auch im

---

[81] Číháková/Zavřel, Das Itinerar Ibrahim ibn Jakubs, S. 65–71. Dazu auch Jan Frolík, Prag und die Prager Burg im 10. Jahrhundert, in: Henning, Joachim (Hg.), Europa im 10. Jahrhundert, Archäologie einer Aufbruchzeit, Mainz ²2008, S. 161–169.

[82] Wihoda, Privatisierung im 13. Jahrhundert?, S. 176, 181.

[83] Polanský u. a. (Hg.), Přemyslovský stát; Dušan Třeštík/Josef Žemlička, O modelech vývoje přemyslovského státu [Über die Modelle der Entwicklung des přemyslidischen Staates], ČČH 105 (2007), S. 122–163; Jiří Macháček, Středoevropský model a jeho archeologické testování [Das mitteleuropäische Modell und seine archäologische Überprüfung] ČČH 106 (2008), S. 598–626; Josef Žemlička, Kasteláni, vilíkové a beneficia v netransformované transformaci [Kastellane, Bauern und Benefizien in der nichttransformierten Transformation] ebd., S. 109–136; Josef Žemlička, O „svobodné soukromosti" pozemkového vlastnictví [Vom „freien Privateigentum" am Landsbesitz], ČČH 107 (2009), S. 269–308; Josef Žemlička, K ústrojí přemyslovského státu. Čechy a Morava jako země, království, markrabství [Zur Organisation des přemyslidischen Staates. Böhmen und Mähren als Land, Königreich, Markgrafschaft]. ČČH 108 (2009), S. 381–405. Třeštík, Žemlička und Som-

3.2 Die frühe Verfassung Böhmens – Boleslav II. und das Bistum Prag

Frühmittelalter vom (vor allem fränkischen und ‚deutschen') Westen abzugrenzen?

Jedenfalls fand diese weit verbreitete Meistererzählung in letzter Zeit überzeugende Kritik, auch von Seiten der Archäologie.[84] Es war vor allem das detaillierte Werk des Archäologen und Historikers Jan Klápště, der für das beschriebene Modell des frühen Přemyslidenreiches keine ausreichenden Quellengrundlagen sah und eine lebhafte Diskussion in der tschechischen Forschung auslöste. Ist es denkbar, so Klápště, dass die frühe Herrschaftsorganisation überhaupt fähig war, ein allgemeines Eigentumsrecht des Fürsten am Boden durchzusetzen?[85]

Damit hängt die Frage zusammen, ob es trotz der Zentralisierung durch Boleslav I. noch eine Oberschicht, einen frühen Adel gegeben hat, einen Adel mit freiem Eigenbesitz (Allod), dessen Stellung nicht nur von der Fürstenmacht abgeleitet worden ist.[86] Das ist sehr wahrscheinlich, obwohl die Quellengrundlage relativ arm ist. Die im Jahr 845 getauften 14 *duces*, die zeitgleiche Nennung der 15 *civitates*,[87] die als „Burgzentren mit erblichen Fürsten"[88] gedeutet werden, waren wohl nicht alle von den Přemysliden ausgeschaltet worden. Die später bei Cosmas immer wieder genannten Großen des Landes (*maiores terre*) sind vermutlich daraus hervorgegangen. Sie besaßen und behaupteten vor allem das Recht der Wahl des Herzogs, der allerdings (seit Boleslav I. und II.) stets aus der přemyslidischen Familie zu stammen hatte. Könnte das Gemeinschaftsbewusstsein des Adels schon in der Zeit entstanden sein, als er den von König Pippin 805 auferlegten jährlichen Tribut gemeinsam aufzubringen hatte?[89]

Die Politik seines Vaters setzte auch Boleslav II. (972–999)[90] fort; er blieb weiter auf Seiten Ottos I. und konnte seine selbstständigen Feldzüge im Osten bis zum Bug fortführen. Die Heere der beiden Boleslavs, die auf drei- bis sechstausend berittene Krieger geschätzt werden,[91] konnten nur durch regelmäßige

---

mer vertraten diese Konzeption auch in den drei Textbänden der großen Ausstellung „Europas Mitte um 1000" (2002).

[84] Klápště, Proměna českých zemích ve středověku (englische Fassung: The Czech Lands in Medieval Transformation, Leiden 2012); Libor Jan, Skrytý půvab „středoevropského modelu" [Der verborgene Reiz des „mitteleuropäischen Modells"]. ČČH 105 (2007), S. 873–902; Wihoda, Privatisierung im 13. Jahrhundert?; Rychterová, Aufstieg und Fall des Přemyslidenreiches.

[85] So nach Wihoda, Privatisierung im 13. Jahrhundert?, S. 181; zu Recht schon Stanisław Russocki 1980.

[86] Jan, K počátkům české šlechty. Zur Rolle des Adels auch Vaníček, Strukturální vývoj sociálních elit.

[87] Descriptio civitatum et regionum ad septentrionalem plagam Danubii, in: Magnae Moraviae fontes historici, S. 287.

[88] Wihoda, Macht und Struktur, S. 346.

[89] So die These von Wihoda, Macht und Struktur, S. 341–358.

[90] Polanský u. a. (Hg.), Přemyslovský stát; Sommer (Hg.), Boleslav II.

[91] Žemlička ČČH 108, S. 359 f.

Kriegs- und Beutezüge versorgt und unterhalten werden. Dadurch gewann man auch zahlreiche heidnische Kriegsgefangene, die als Sklaven über Venedig besonders in die arabischen Länder verkauft werden konnten; Prag wurde vor allem dadurch zu einem wichtigen ‚internationalen' Handelszentrum.

Anders als beim noch weitgehend heidnischen Elbslawenland, wo König Otto I. und die Sachsen mit der Eroberung die Zwangsmission verbanden, war bei dem inzwischen christianisierten Böhmen mehr als die Anerkennung der Oberhoheit und damit die Sicherung der Grenzen von Otto nicht beansprucht worden. Seither wurde die Oberhoheit des ostfränkisch-deutschen bzw. römisch-deutschen Reiches über die böhmischen Länder auch in den böhmischen Quellen nicht bestritten; sie drückte sich zunächst in den jährlichen Tributen aus, die man als Anerkennungszins sehen kann. Unter bestimmten Bedingungen sollten die Böhmen Heeresfolge leisten und die Herzöge bei Ladung am Hof erscheinen. Der König (noch mehr als Kaiser) galt als oberster Schiedsrichter, an den man sich bei Konflikten wenden konnte. In die inneren Angelegenheiten des Landes wollten die Böhmen sich allerdings nicht hineinreden lassen. Eine regelrechte Belehnung (nach den Vorstellungen des 12. Jahrhunderts) gab es noch nicht. Dieses früher von der deutschen und tschechischen Forschung heftig umkämpfte Thema ist durch die neue Sicht auf das Lehenswesen überholt.[92]

Auch die in dieser Forschung übliche Fixierung auf das ‚staatsrechtliche' Verhältnis der böhmischen Länder zum Reich[93] muss differenziert gesehen werden. Denn oft waren die regionalen Nachbarschaften und Kräfte für die Böhmen wichtiger als König und Reich; in dieser Zeit etwa nicht nur die Sachsen (die den König stellten), sondern besonders die Bayern, aber auch die Thüringer oder die elbslawischen Stämme. So sollte z. B. auf Wunsch Ottos I. sein Bruder Heinrich I., Herzog von Bayern, für die Beziehungen zu Böhmen zuständig sein.[94]

Für den erfolgreichen Boleslav II. war es ohne Zweifel von größter Bedeutung für seine Selbständigkeit, seine Macht und sein Ansehen, ein eigenes böhmisches Bistum zu erlangen und nicht mehr kirchlich vom Regensburger Bischof abhängig zu sein, auf den er keinerlei Einfluss nehmen konnte.[95] Selbst im weiteren Herrschaftsgebiet des erst vor kurzem getauften polnischen Mieschko residierte bereits seit 968 in Posen ein Bischof. Ein Nachholbedarf bestand auch gegenüber der bereits entstandenen Kirchenorganisation des noch heidnischen Elbslawengebiets. Vier Instanzen mussten der Gründung des neuen Bistums zustimmen: neben dem Herzog Papst Johannes XIII. (965–972), Kaiser Otto I. und der Regensburger Bischof, der eine Verkleinerung seiner Diözese durch die Ab-

---

[92] Dazu zusammenfassend Patzold, Lehenswesen.
[93] So z. B. noch Wilhelm Wegener, Böhmen, Mähren und das Reich im Hochmittelalter. Untersuchungen zur staatsrechtlichen Stellung Böhmens und Mährens im Deutschen Reich des Mittelalters 919–1253, Köln/Graz 1959.
[94] Thietmar von Merseburg II 1.
[95] Hilsch, Der Bischof von Prag, S. 6–16. Vermutlich hatte bereits Boleslav I. den Bistumsplan verfolgt.

3.2 Die frühe Verfassung Böhmens – Boleslav II. und das Bistum Prag

trennung Böhmens zunächst entschieden ablehnte. Nach Cosmas hatte Boleslav seine Schwester Mlada-Maria nach Rom geschickt, um die päpstliche Zustimmung zur Bistumsgründung zu bekommen. Der Papst weihte Maria zur Äbtissin; in Prag wurde ihr die Georgskirche auf der Burg für ein Frauenkloster nach der Benediktsregel übergeben. Die von Mlada-Maria angeblich mitgebrachte päpstliche Bulle zur Bistumsgründung ist zwar eine Fälschung[96], an der Zustimmung des Papstes zum Bistumsplan ist allerdings nicht zu zweifeln. Der Kaiser wollte schon wegen der nützlichen und langjährigen treuen Unterstützung Boleslavs seine Zustimmung nicht versagen.

Die Verhandlungen zogen sich aber bis zum letzten großen Hoftag Ottos in Quedlinburg zu Ostern 973 hin, auf dem in Anwesenheit Boleslavs II. die Gründung des Bistums vermutlich formell beschlossen wurde. Erst der seit 972 regierende Regensburger Bischof Wolfgang (der Heilige) hatte schließlich auch seine Zustimmung zur Abtrennung Böhmens gegeben und sollte mit anderen Gütern entschädigt werden. Das Prager Bistum wurde der Mainzer Kirchenprovinz eingefügt, vom dortigen Erzbischof musste also der Prager Bischof geweiht und dann vom König investiert werden.[97] Seine wirtschaftliche Ausstattung stammte aber, soweit wir wissen, vom přemyslidischen Herzog, dazu vielleicht auch von den letzten Fürsten, die noch nicht dem Herzog gänzlich untertan waren, den Slavnikiden (Slavníkovci) in Ostböhmen um Libitz an der Cidlina (Libice). Sie waren mit den Ottonen und vielleicht auch den Přemysliden[98] verwandt und sollten mit dem hl. Adalbert den zweiten Prager Bischof stellen.

Der erste Prager Bischof war der sächsische Priester Thietmar (Dietmar); seine (öfters vermutete) Corveyer Herkunft lässt sich nicht belegen. Der hochgebildete Mann war schon vor Jahren aus Gründen des Gebets nach Prag gekommen, wohl an die Kirche des in Sachsen hochverehrten hl. Veit; er war mit dem Herzog gut bekannt. Nach Cosmas rief Boleslav den des Slawischen mächtigen Thietmar nun nach Prag und ließ ihn in kanonischer Weise von Klerus, Adel und Volk zum Bischof wählen. Dann schickte er ihn zur Ordination und Investitur an den König. Seine Einsetzung verzögerte sich aber durch den Tod Ottos I. und die bald danach ausbrechenden Auseinandersetzungen zwischen Otto II. und dem Bayernherzog Heinrich dem Zänker, der mit Boleslav II. und mit Mieschko verbündet war. 975 fiel Otto II. mit einem Heer in Böhmen ein, darauf Boleslav II. in das Reich (nach Bayern). Thietmar wurde wohl erst im Januar 976 im Elsass vom Mainzer Erzbischof Willigis geweiht und vom König investiert. Seine Einsetzung in Prag dürfte erst nach weiteren kriegerischen Aktionen und einer Verständi-

---

[96] CDB, Nr. 371.
[97] Warum ist Prag der Mainzer Kirchenprovinz zugeordnet worden? Bei der damaligen Gegnerschaft der Bayern zu den Ottonen sollte die Salzburger Kirchenprovinz nicht gestärkt werden und Mainz sollte wegen seiner Verluste durch die Gründung der Magdeburger Kirchenprovinz entschädigt werden.
[98] Nach Dušan Třeštík, Die Tschechen, in: Wieczorek/Hinz, Europas Mitte um 1000, S. 363 könnten die Slavnikiden sogar eine přemyslidische Nebenlinie gewesen sein.

gung zwischen König und Herzog 977 geschehen sein. Damit setzte sich der sächsische Einfluss in der böhmischen Kirche gegen den bayerischen wieder durch.[99]

Über Thietmars Wirken in Böhmen erfahren wir nur wenig: er weihte mehrere Kirchen und taufte noch heidnische Einwohner; bei seinem Tod zweifelte er an seinem Heil, weil er das verstockte Volk nicht habe retten können. Wesentlich mehr erfahren wir von seinem Nachfolger, dem heiligen Adalbert (Vojtěch);[100] er stammte aus der Slavnikiden-Familie und wurde in der Magdeburger Domschule für etwa neun Jahre von seinem Gönner Erzbischof Adalbert aufgenommen, dessen Namen er annahm. Dort dürfte er auch das ottonische Königspaar kennengelernt haben. Nach dem Tod Ottos II. wiederholte sich die alte Konstellation: Heinrich der Zänker von Bayern trat sofort wieder als aussichtsreicher Thronprätendent auf, Boleslav II. und Mieschko stellten sich auf seine Seite. Doch setzte sich die Regierung Ottos III. durch; 986 war in Quedlinburg ihr Einvernehmen mit den beiden Fürsten an der Ostgrenze wiederhergestellt.

Der idealistische oder gar fundamentalistische Bischof Adalbert, der dem Vorbild der mächtigen Reichsbischöfe zu folgen suchte, geriet in seiner Diözese bald in große Schwierigkeiten; seine Versuche, etwa die Polygynie, die Priesterehe und den Verkauf christlicher Sklaven an Juden oder ‚Ungläubige' zu bekämpfen, hatten nicht nur kaum einen Erfolg, sondern führten dazu, dass er im Volk zunehmend verhasst wurde. Da der Slavnikide in seinem Bemühen auch vom přemyslidischen Herzog nicht unterstützt wurde, verließ er etwa 989 zutiefst enttäuscht seine Diözese, um nach Rom zu ziehen, wo er u. a. auch mit Kaiserin Theophanu (983–991) zusammentraf und nach einigen weiteren Irrfahrten in das römische Kloster St. Bonifatius/St. Alexius eintrat. Inzwischen war es zu einem heftigen Konflikt zwischen Böhmen und Polen gekommen, als Mieschko bisher böhmische Gebiete, wahrscheinlich in Schlesien, an sich gebracht hatte. Theophanu stellte sich zunächst auf die Seite Mieschkos, es gelang dem besonnen agierenden Boleslav II. jedoch, mit der Kaiserin wieder Einvernehmen herzustellen. Offenbar musste er sich aber verpflichten, den Bischof Adalbert wieder in Prag aufzunehmen; das verlangte neben dem Mainzer Erzbischof Willigis, seinem Metropoliten, auch Papst Johannes XV. (985–996). Über Aachen, wo er von König Otto III. hoch geehrt wurde, wandte sich Adalbert also wieder nach Prag. Dort gelang es ihm, mit Unterstützung des Papstes und des Herzogs das erste böhmische Männerkloster in Břevnov[101] zu errichten und mit Mönchen aus Rom zu besiedeln; es wurde zu einem Stützpunkt seines Einflusses. Auch konnte sich Adalbert auf seine slavnikidische Familie stützen; diese und der Bischof selbst dokumentierten ihren fürstlichen Anspruch sogar durch eine eigene Münzprägung.

---

[99] Graus, Böhmen zwischen Bayern und Sachsen.
[100] Angelus Graf Waldstein, Adalbert (956–997). Leben, in: Samerski (Hg.), Die Landespatrone der böhmischen Länder, S. 47–50; Franz Machilek, Adalbert. Verehrungsgeschichte, Ebd. S. 51–56.
[101] 2 km westlich der Prager Burg.

3.2 Die frühe Verfassung Böhmens – Boleslav II. und das Bistum Prag

Dem Přemysliden Boleslav mussten diese Vorgänge als Bedrohung seiner eigenen Stellung erscheinen; nach einer Zeit der erzwungenen Unterstützung des Bischofs wurde er erneut versteckt oder offen feindselig. Wieder hatte Adalbert keinen Erfolg mit seinen ernsten christlichen Vorstellungen, oft stieß er mit dem Adel zusammen. Der vergeblichen Mühe überdrüssig, wollte er seine Diözese wieder verlassen. Um aber dem Kirchenrecht Genüge zu tun, das dem Hirten ein Verlassen seiner Herde verbot, bot er den Bischofssitz einem Sohn Boleslavs, Strachkwas-Christian, an, der in Regensburg als Mönch ausgebildet worden war; der lehnte jedoch ab. Dessen ungeachtet verließ Adalbert etwa 994 Böhmen zum zweiten Mal und kehrte in sein römisches Kloster zurück. Offenbar sah Boleslav II. nun die Gelegenheit, seine letzten böhmischen Rivalen auszuschalten: Er überfiel 995 die darauf nicht vorbereitete Burg Libitz (Libice) und ließ alle dort anwesenden Slavnikiden niedermachen. Die adlige Familie der Wrschowitze sicherte sich einen großen Teil der Beute. Der neben Adalbert einzig überlebende Slavnikide Soběslav floh zu Bolesław Chrobry (= der Tapfere), dem polnischen Herrscher (992–1025). Jeden Anschein, mit der Ausschaltung der Slavnikiden Otto III. vor den Kopf zu stoßen, suchte Boleslav II. zu vermeiden; er leistete ihm z. B. Heereshilfe gegen die Abodriten im Elbslawenland.

Während der Kaiserkrönung Ottos III. in Rom (996) nahm der junge Herrscher freundschaftliche Beziehungen zu Adalbert auf; die asketisch-frommen Neigungen des Kaisers werden auf dessen Einfluss zurückgeführt. Aber auch die großen Pläne der Heidenmission und die Erweiterung des *Imperium Christianum* im Osten haben eine Rolle gespielt; gerade das römische Bonifatius-Alexius-Kloster, in dem der gescheiterte Prager Bischof lebte, wurde zu einer Ausbildungsstätte für Kleriker in den slawischen Ländern. Adalbert selbst hatte nicht nur in Böhmen gewirkt, sondern auch in Polen und Ungarn, wo seine Mitarbeiter und Schüler die Kirche organisierten. Vor allem er war es, der half, die neu entstandenen Reiche Ostmitteleuropas (Böhmen, Polen, Ungarn) in die lateinisch-christliche Welt einzubeziehen.

Der alte Mainzer Erzbischof Willigis aber ‚sang das alte Lied': Adalbert müsse zu seiner Herde zurückkehren. Als sich auch Papst Gregor V. (996–999) dafür einsetzte, musste Adalbert unter Klagen das römische Kloster verlassen. Die Vernichtung seiner Familie machte eine Rückkehr aber unmöglich; immerhin hatte der Papst ihm, falls er nicht auf seinen Bischofssitz zurückkehren könnte, auch die Möglichkeit der Heidenmission zugestanden. Adalbert wandte sich zunächst in das Reich, hielt sich mit dem Kaiser eine Zeit lang in Mainz auf, unternahm eine Wallfahrt nach Frankreich. Als auch die Böhmen seine Rückkehr schroff ablehnten, wandte er sich (wohl über Ungarn) zu Bolesław Chrobry. Der Pole bewog ihn vermutlich, in die Heidenmission nicht zu den Liutizen (wie es der Kaiser gewünscht hatte), sondern zu den Prussen zu gehen, wo er am 23. April 997 den (vielleicht erwünschten) Märtyrertod erlitt.

3.3 Königin Emma –
Die Krise der přemyslidischen Herrschaft

Boleslav II. war in erster Ehe mit einer Biagota verheiratet, die ihm drei überlebende Söhne (Boleslav III., Jaromir und Ulrich) geboren hatte. Seine zweite Gemahlin war Emma, eine rätselhafte und in der Forschung vieldiskutierte Persönlichkeit.[102] Cosmas sieht sie als Frau überragend adliger Herkunft. Die hoch gebildete Frau steht als Auftraggeberin am Anfang der böhmischen Buchmalerei; sie ließ die Wenzelslegende des Gumpold in einer kostbaren Handschrift illustrieren, die heute in der Herzog August Bibliothek in Wolfenbüttel liegt. Der Entstehungsort ist unbekannt, aber der Schreiber und Illustrator kannte die böhmischen Verhältnisse genau. Das Erstaunlichste aber sind die böhmischen Münzen (Silberdenare), die auf der einen Seite die Umschrift MELNIC CIVITAS (Stadt Melnik), auf der anderen Seite die Umschrift EMMA REGINA (Königin Emma) tragen; die Numismatiker schätzen sie auf etwa 100.000 Stück.[103] Sie war damit die erste Fürstin im gesamten ostfränkisch-deutschen Reich, die eigene Denare in einer eigenen Münzstätte prägen ließ! Münzen, die von vielen älteren Historikern nicht ernst genommen wurden, müssen selbstverständlich als wichtige Geschichtsquellen angesehen werden. Nur eine gekrönte Königin konnte diese Bezeichnung tragen, und gewiss nur auf ihrem Wittum (der Gabe des Mannes bei der Eheschließung), das auch als Witwengut zur späteren Versorgung dienen sollte. Zum ersten Mal ist Melnik (Mělník) hier als Leibgedinge der Fürstin belegt. Neben ihrem herzoglichen Gemahl in Prag konnte sie sich natürlich nicht als (ranghöhere) Königin darstellen. Wer war also Emma?

Mit großer Wahrscheinlichkeit, so unsere Annahme, war Emma die Tochter der (aus Burgund stammenden) Kaiserin Adelheid und ihres ersten Ehemannes, des italienischen Königs Lothar († 950); durch die zweite Ehe Adelheids mit Otto I. gehörte diese Stieftochter des Kaisers dann also in den Zusammenhang der ottonischen Familienpolitik. Ihre Mutter wollte sie zunächst mit dem Bayernherzog Heinrich verehelichen, da sie ohnehin der bayerischen Linie der Ottonen zugetan war. Aber Emma wurde 966, in einer Phase guter Beziehungen zum Westfrankenreich, dem dortigen karolingischen König Lothar zur Frau gegeben, wurde dort zweifellos als Königin gesalbt und gekrönt. Dijon mit dem Münzrecht war wohl das ihr verliehene Heiratsgut; dort wurden auch Münzen mit der Umschrift EMMA REGINA geschlagen, die erst 1963 gefunden worden sind.[104] Sie war als Frau aus dem ottonischen Reich nicht überall gern gesehen,

---

[102] Zum Folgenden Hilsch, Zur Rolle von Herrscherinnen, S. 81–89; Polanský, Spor o původ české kněžny Emmy.

[103] Hásková, Emma Regina, S. 794–797. Übrigens ist auch der Name Biagota der ersten Frau Boleslavs nur aus Münzen bekannt.

[104] Dumas, Emma regina, S. 405–413.

3.3 Königin Emma – Die Krise der přemyslidischen Herrschaft

aber am westfränkischen/französischen Hof sehr aktiv. In den Auseinandersetzungen König Lothars mit dem mächtigen Hugo Capet und den Kämpfen mit seinem Bruder Karl von Niederlothringen spielte sie eine besondere Rolle. Nach dem Tod Lothars (986) und ihres Sohnes Ludwigs V. (987) wurde sie von Karl gefangen genommen und erst auf Intervention der Kaiserin Theophanu wieder freigelassen. Durch Vermittlung des bayerischen Herzogs Heinrich, so unsere Annahme, wurde sie Boleslav II. zur Ehe vermittelt. Heinrich war der alte Verbündete Boleslavs und Mutter Adelheid hatte meist gute Beziehungen zur bayerischen Linie der Ottonen. Für Boleslav II. musste eine Ehe mit einer (ehemaligen) Königin einen bedeutenden Zuwachs an Prestige und Ansehen bedeuten, auch wenn er von der etwa 40-Jährigen kaum noch weitere Kinder erwarten konnte; allenfalls der jüngste, Ulrich, könnte ein Sohn der Emma gewesen sein.

Stimmt unsere gut begründete Vermutung, so zeigt der Fall der Herzogin Emma, wie eng der böhmische Boleslav II. bereits in den Kontext und das Netzwerk der ottonischen Politik eingefügt war. Es wird damit zweitens sichtbar, wie wichtig für die historische Erkenntnis auch die Eheverbindungen und die Ehefrauen der Herrscher und die Verwandtschaftsverhältnisse grundsätzlich sind. Emma war eine außergewöhnliche, tatkräftige und ehrgeizige Persönlichkeit, die man den anderen bedeutenden ottonischen Frauen dieser Zeit zur Seite stellen kann: den Kaiserinnen Adelheid und Theophanu, der westfränkischen Königin Gerberga oder der Äbtissin Mathilde von Quedlinburg. Leider wird die Rolle von Frauen in den patriarchalisch bestimmten Quellen dieser Zeit nur wenig beachtet. Dies gilt aber auch für manche ältere Historiker unserer Zeit.

Nach der (aus unklaren Gründen) noch einmal missglückten Bischofserhebung des schon oben genannten Přemysliden Strachkwas-Christian bat Boleslav II., der keine geeigneten einheimischen Kandidaten finden konnte, den Kaiser um den sächsischen Mönch Thieddag aus Corvey als Adalberts Nachfolger. Der medizinisch ausgebildete Thieddag hatte den kranken Herzog schon einmal geheilt und verfügte über slawische Sprachkenntnisse. 998 wurde er geweiht. Lange konnte er Boleslav II. jedoch nicht mehr seine Hilfe leisten: Denn dieser starb am 7. Februar 999.

Nach seinem Tod folgte eine Zeit des Niedergangs der böhmischen Macht. Die Erscheinungen einer schweren strukturellen Krise nach Zeiten der Machtexpansion lassen sich später auch in Polen und Ungarn beobachten. Das lag wohl in erster Linie an den wirtschaftlichen Möglichkeiten der Herrscher. Die gefolgschaftsähnlichen Adels- und Kriegergruppen, ihre Machtgrundlage[105], ließen sich nicht mehr durch ständig neue Kriegsbeute, besonders durch das wichtigste Handelsgut der heidnischen Sklaven, versorgen und ‚bezahlen', da eine weitere Expansion mit der Gewinnung von Kriegsgefangenen wegen der neuen christli-

---

[105] Ob man dies mit Dušan Třeštík, Die Tschechen, in: Wieczorek/Hinz, Europas Mitte um 1000, S. 359 sogar als „stehendes Heer" bezeichnen kann, erscheint mir mehr als fraglich.

chen Herrschaftsgebilde im östlichen Vorland fast unmöglich wurde.[106] Zum Niedergang ihrer Herrschaft trugen allerdings auch die innerböhmischen Machtkämpfe der Erben Boleslavs wesentlich bei.

Denn kaum war Boleslav II. dahingegangen, griff der polnische Herrscher Bolesław Chrobry [107] Krakau an, machte die Besatzung nieder und eroberte das ganze bisher böhmische Krakauer Land. Ein weiterer großer politischer Erfolg für den polnischen Fürsten war der Besuch Kaiser Ottos III. in Gnesen im Jahre 1000. Otto, das war der Anlass, wollte am Grab seines Freundes Adalbert beten; denn den Leichnam des Märtyrers hatte Bolesław inzwischen von den Prussen gekauft und in Gnesen beisetzen lassen. An diesem Ort errichtete der Kaiser (mit Zustimmung des Papstes) ein Erzbistum unter Radim-Gaudentius (einem Halbbruder Adalberts), dem unter anderem auch das Bistum Krakau unterstellt wurde. Eine eigene Kirchenprovinz war für Bolesławs herrscherliche Stellung von sehr großer Bedeutung. Er war damit nicht mehr von der Reichskirche abhängig, die seine Rangerhöhung natürlich entsprechend kritisch sah.[108] Otto bezeichnete den Polen auch als „Freund des römischen Volkes"[109] und als seinen Stellvertreter. Die Rangerhöhung Bolesław Chrobrys geht vermutlich auf die imperiale Konzeption Ottos III. zurück, die um den Kaiser als Oberhaupt eine Familie von Königen vorsah. Wahrscheinlich war ihm diese aus Byzanz stammende Herrschaftsvorstellung von seiner Mutter Theophanu bzw. ihrem Hof vermittelt worden. Ob er dem Bolesław, wie später dem Ungarnkönig Stephan (dem Heiligen), in Gnesen auch schon die Königskrone verliehen hatte, ist eher unwahrscheinlich.[110] Die Bevorzugung des polnischen Herrschers gegenüber Böhmen durch die Regierung Theophanus und Ottos III. könnte wohl auch mit der Vernichtung der Slavnikiden und der Ablehnung Adalberts in Böhmen begründet gewesen sein. Außerdem waren die Přemysliden stets mit der oft konkurrierenden bayerischen Linie der Sachsendynastie verbündet. Ein weiteres Motiv könnte der Wunsch gewesen sein, nach dem großen (vor allem liutizischen) Elbslawen-Aufstand von 983, der viele Positionen des Reiches vernichtet hatte, im Rücken der Liutizen im Osten eine befreundete christliche Macht zu haben.

Zurück nach Böhmen: Während der jüngste Sohn Boleslavs II., Ulrich, schon als Kind an den Hof des bayerischen Herzogs Heinrich des Zänkers geschickt worden war, übernahm der älteste, in den Quellen meist negativ geschilderte Boleslav III. (999–1002/03) die Herrschaft in Böhmen. Erst ging Krakau an Bolesław Chrobry verloren, dann geriet der Herzog mit Bischof Thieddag in hefti-

---

[106] Zu den ersten Přemysliden siehe auch die Artikel von Josef Žemlička und Jiří Sláma, in: Wieczorek/Hinz, Europas Mitte um 1000, S. 430–443.
[107] Heinrich Ludat, Bolesław I. Chrobry, LexMA 2 (1983), Sp. 359–364; Norbert Kersken/Przemysław Wiszewski, Neue Nachbarn in der Mitte Europas. Polen und das Reich im Mittelalter. Darmstadt 2020.
[108] Thietmar von Merseburg V 10, S. 44 f.
[109] So der polnische Chronist Gallus Anonymus I 6.
[110] Anders Fried, Das Widmungsbild des Aachener Evangeliars.

3.3 Königin Emma – Die Krise der přemyslidischen Herrschaft 45

gen Streit und vertrieb ihn aus dem Land; dieser fand aber Aufnahme beim mächtigen Markgrafen Ekkehard I. von Meißen († 1002), der den Bischof zweimal nach Prag zurückführte und den böhmischen Herzog sogar zu seinem Vasallen gemacht haben soll.[111] Es ist gut möglich, dass Ekkehard, wie früher der bayerische Herzog, vom Kaiser zu seinem Vertreter für böhmische Angelegenheiten bestimmt worden war.

Boleslav III., der selbst keinen Sohn hatte und sich auf die mächtige Familie der Wrschowitze zu stützen suchte, bemühte sich dann auf anderem Weg, jede Gefahr für seinen wankenden Herzogsthron zu bannen: Er ließ seinen Bruder Jaromir entmannen und plante angeblich auch, den in das Land zurückgekehrten Ulrich im Bad zu ermorden.[112] Jaromir und Ulrich flohen daraufhin mit Emma zu Herzog Heinrich von Bayern, der selbst nach dem Tod Ottos III. (1002) um den Königsthron kämpfte. Diese unklare Situation nutzten die Böhmen zu einem Aufstand gegen Boleslav III., der zuerst zu Markgraf Heinrich im bayerischen Nordgau floh. Dann begab er sich zu seinem polnischen Vetter Bolesław Chrobry. Die böhmischen Großen wählten sich nun einstimmig Vladivoj zum Herzog, wohl einen entfernten Verwandten der Přemysliden, der in Polen lebte. Dieser suchte schnell Kontakt zum neuen König Heinrich II. (1002–24) und wurde im November 1002 in Regensburg von ihm als Herzog eingesetzt. Dies galt der älteren vor allem deutschen Literatur als erste bezeugte ‚Belehnung' eines böhmischen Herzogs durch den König. Nach der neuen Sicht der Forschung gab es in dieser Zeit jedoch noch kein Lehenswesen im klassischen Sinn (als Verbindung von Vasalität, Lehen und Kriegsdienst).[113] Vladivoj starb jedoch bereits 1003, nach dem sächsischen Chronisten Thietmar ebenso Alkoholiker wie sein Prager Bischof Thieddag. Emma kehrte mit den beiden Söhnen nach Prag zurück und Jaromir, der zweite Sohn Boleslavs II., übernahm nun die Regierung. Allerdings nicht lange, denn Bolesław Chrobry erschien mit einem Heer in Prag und setzte wieder Boleslav III. auf den Thron; erneut wurde Emma mit den Söhnen vertrieben. Der rachedurstige Boleslav erschlug mit seinen Helfern persönlich die in sein Haus geladenen Großen, die ihn einst vertrieben hatten; das traf besonders die Familie der Wrschowitze, die, den Gerüchten (bei Cosmas) zufolge, selbst nach dem Herzogsamt strebte. Einem Hilferuf der Böhmen nach Polen folgte nun Bolesław Chrobry gern und ließ Boleslav III. bei einer Einladung in Krakau blenden. Dann übernahm er, der über seine Mutter Dobrawa přemyslidischer Abstammung war, selbst die Herrschaft über die böhmischen Länder.

König Heinrich II. hatte mit der Übernahme der Herrschaft im Reich auch die polenfreundliche Politik seines sächsischen Vorgängers revidiert; zur Haltung des einstigen bayerischen Herzogs trug gewiss die Tradition bayerisch-

---

[111] In den Jahren nach 1000. Thietmar von Merseburg VII 56.
[112] Dazu und zum Folgenden Thietmar V 23.
[113] So Thietmar von Merseburg V 23. Siehe dazu jetzt zusammenfassend Dendorfer, Der König von Böhmen als Vasall des Reiches?

böhmischer Kooperation und Freundschaft bei. Außerdem hatte ihm Bolesław Chrobry die Huldigung für Böhmen und Mähren verweigert. Mit Misstrauen sah der König die entstehende Machtfülle des Polen an der Ostgrenze des Reiches, zumal sich dieser an einem Aufstand des Markgrafen Heinrich von Schweinfurt gegen ihn beteiligte. Mit dem Feldzug von 1004 führte Heinrich II. also wieder den Přemysliden Jaromir als Herzog nach Prag zurück; bei dieser Aktion starb der letzte Slavnikide Soběslav (Soběbor?), der Bruder Adalberts. Damit und mit der weitgehenden Ausschaltung der Wrschowitze verblieben nun die Přemysliden als die alleinigen Herren des Landes. Jaromir wurde zwar 1012 mit Zustimmung des Kaisers von seinem Bruder Ulrich vom Thron vertrieben; aber auch Ulrich blieb auf Seiten Heinrichs II. und seines Nachfolgers, des ersten salischen Königs Konrad II. (1024–39), und leistete beiden wiederholt Waffenhilfe. Schon Heinrich II., noch mehr aber Konrad II. gelang es in dieser Zeit, wegen der innerpřemyslidischen Wirren großen politischen Einfluss auf die böhmischen Verhältnisse zu nehmen. Nicht nur zum Nachteil für die Přemysliden; denn Bolesław Chrobry, der immer noch Mähren beherrschte, stellte für sie nach wie vor eine größere Bedrohung dar. Dem Sohn Ulrichs, Břetislav, gelang es aber im Zusammenhang mit dem Polenfeldzug Konrads von 1029/30, auch Mähren der Oberhoheit Bolesławs zu entreißen und damit für die Přemysliden und für sich (als Unterherrschaft) zu gewinnen. Erst dadurch und mit einem weiteren Feldzug Břetislavs gegen die Ungarn wurde Mähren endgültig zu einem böhmischen Nebenland.

Nicht ganz klar sind uns die Ereignisse der nächsten Jahre. Kaiser Konrad II. unterstützte einmal Ulrich, dann wieder Jaromir als Herzog Böhmens. Ulrich wurde 1034 aus seinem bayerischen Gewahrsam wieder freigelassen und sollte dann nach dem Willen des Kaisers gemeinsam mit Jaromir über das Land herrschen; doch Ulrich ließ seinen älteren Bruder blenden und machte ihn damit regierungsunfähig. Nach Ulrichs Tod noch im selben Jahr wurde Břetislav I. (1034-55) nun zum Alleinherrscher, der alte blinde, eigentlich noch herrschaftsberechtigte Jaromir führte ihn auf den Thron. 10.000 Münzen wurden in der Menschenmenge verstreut, damit sie dem Herrscher auf dem Thron nicht zu nahe käme. „Seht, Euer Herzog!" rief Jaromir und die Menschen antworteten mit einem dreifachen „Krlessu" (Kyrieeleison). Jaromir rief also den Adel („Die Kriegstüchtigeren, Treueren, Mächtigeren, Reicheren") namentlich auf. „Wie es einem Herzog und Fürsten zusteht, sollt Ihr ihm gehorsam sein und die schuldige Treue erweisen." Damit ist wohl konkret ein Treueschwur bzw. eine Akklamation (als Wahl) zu verstehen. Den Herzog aber will er immer wieder ermahnen, er solle die adligen Herren „wie Väter ehren, wie Brüder lieben und sie in allen Geschäften als Ratgeber nehmen. Ihnen soll er die Burgen und das Volk zum Regieren übertragen, denn durch sie besteht, bestand und wird das Reich

Böhmen bestehen."[114] Hier beschreibt Cosmas also die herzogliche Herrschaft und die Machtbalance des Herrschers mit dem Adel, wie er sie als ideal ansieht.

Jaromirs unglückliches Leben endete bald danach durch seine Ermordung, wahrscheinlich durch einen Angehörigen der Familie der Wrschowitze.

3.4 Der Wiederaufstieg Böhmens mit Herzog Břetislav

Der neue Herzog Břetislav I. (1034–55) begab sich 1035 nach Bamberg, wo er von Kaiser Konrad II. als Vasall angenommen wurde und sich gleich erfolgreich an einem Feldzug des Königs gegen die Liutizen beteiligte.

Břetislav war, so Cosmas, der illegitime Sohn Ulrichs mit einer Bauerntochter namens Božena († 1052) und wurde zu einem der bedeutendsten böhmischen Herrscher; er beendete die chaotische Herrschaft der vorangegangenen Generation.[115] Mit ihm begann der endgültige Aufstieg der Přemysliden.

Schon als junger Mann hatte Břetislav Aufsehen erregt, als er in einer waghalsigen Aktion Judith, die Tochter des (Mark-)Grafen Heinrich von Schweinfurt, (1021?) aus einem dortigen Frauenkloster raubte. „Was vermögen Mauern des Klosters gegen die Liebe", so Cosmas, der diese Geschichte, den Lesern zuliebe, außerordentlich breit ausschmückte.[116] Die heimliche Gewalttat begründete der Chronist damit, dass Břetislav den Hochmut der Deutschen kannte, die stets die Slawen und ihre Sprache verachten würden. Er habe Judith in sein weit entferntes mährisches Herrschaftsgebiet gebracht, um „den Deutschen" keine Möglichkeit zu geben, die Böhmen wegen dieses Unrechts anzuklagen. Ein weiterer, von unserem Chronisten nicht genannter, wahrscheinlich entscheidender Grund war, dass Břetislav als illegitimer Sohn einer Bäuerin eine hochadlige Frau nicht gut legal heimführen konnte und deswegen zu List und Gewalt griff.[117]

Da die Chronik des im Vergleich zu Cosmas besser unterrichteten Thietmar von Merseburg schon 1018 endet, hatten wir für die letzten erwähnten Ereignisse relativ wenige Informationen zur Verfügung. Wir sind auch für die folgende Zeit vor allem auf Cosmas angewiesen. Die Nachrichten fußen also ganz auf der Perspektive des Dekans der Prager Bischofskirche. Cosmas begann sein zweites Buch (ab etwa 1110, vielleicht erst nach 1118[118]) mit der Regierungszeit Břetislavs allerdings mit der Feststellung, dass er ab jetzt über das berichten wolle, was er selbst gesehen oder von Augenzeugen erfahren habe. Über die Zeit Břetislavs hatte er offenbar bereits mehr Nachrichten zur Verfügung. Dieser war

---

[114] Cosmas I 42.
[115] Cosmas I 36.
[116] Cosmas I 40, S. 73–75.
[117] So schon Krzemienská, Břetislav I., S. 118.
[118] Cosmas II S. 81 ff.; Třeštík, Kosmova kronika, S. 50–54.

für ihn der ideale, stets siegreiche Herrscher, der in sich alle Herrschertugenden vereinte und über viel Gold und Silber verfügte. Mit der ebenfalls hoch gelobten, einst geraubten Judith hatte er fünf Söhne: Spytihněv, Vratislav, Konrad, Jaromir und Otto.

Gleich nach seinem Herrschaftsantritt nutzte Břetislav die Schwäche Polens aus, das nach dem Tod König Bolesław Chrobrys (1025) in den Dreißigerjahren einen raschen Niedergang, ähnlich wie Böhmen zuvor, erlebte: Die Auseinandersetzungen seines Nachfolgers Mieschko II. (1025–1034) mit dem Kaiser und den sächsischen Fürsten, schließlich sein Sturz 1031 durch Feldzüge Konrads II. von Westen und des Großfürsten Jaroslav des Weisen von Kiew (1019–54) vom Osten. Der Verlust von Kriegsbeute für seine Gefolgschaft, auch eine heidnische Reaktion und ein möglicher Widerstand von Eliten der alten Kleinstämme spielten dabei eine Rolle. Nach Mieschkos I. Tod scheint sich das polnische Herrschaftsgebilde fast aufgelöst zu haben. Königin Richeza und ihr Sohn Kasimir flohen in das Reich.

1039 (im Todesjahr Kaiser Konrads II.) brach Břetislav mit dem gesamten kriegerischen Aufgebot Böhmens, so Cosmas, nach Polen auf, zerstörte die ‚Metropole' Krakau und andere Siedlungen, raubte alle auch verborgenen Schätze des Landes, brannte vielleicht Posen nieder und siedelte die Besatzung und die Bewohner von Giesz (einer wichtigen polnischen Befestigung) nach Böhmen um. Dann zog er ohne Widerstand nach Gnesen, mit der Absicht, die Adalbertsreliquien nach Böhmen zu entführen. Ausführlich schildert Cosmas das Geschehen dieses Raubes, das dem Kirchenrecht natürlich glatt widersprach.[119] Der Prager Bischof Severus (1030–67), der den Feldzug begleitete, warnte zunächst davor und äußerte große Bedenken, die aber durch dreitägige Buß- und Gebetstage und einen Traum des Bischofs, in dem Adalbert die Zustimmung des himmlischen Vaters für die Translation mitteilte, überwunden wurden. Eine Kompensation für dieses schwere Vergehen sollten wohl auch die Dekrete sein, die Herzog Břetislav mit dem Bischof in Gnesen verkündete; sie stellen die erste westslawische ‚Gesetzgebung' überhaupt dar. Sie wandten sich gegen die Polygynie, gegen die Trennung einer Ehe, gegen Ehebruch und Abtreibung. Wenn Frauen in zerrütteten Ehen von ihren Männern gequält würden, sollten Gottesurteile stattfinden. Gottesurteile (mit glühendem Eisen oder durch die Wasserprobe) sollten auch bei Mordbeschuldigungen die Wahrheit erkennen lassen. Bruder-, Vater- oder Priestermörder sollten gefesselt aus dem Land gejagt und damit dem Tod ausgeliefert werden. Neue Wirtshäuser, die Ursachen alles Bösen, dürfen nicht eingerichtet werden. Jeder Wirt, der diese Bestimmung übertrete, sollte an einen Schandpfahl gebunden, gegeißelt und geschoren, sein Wein verschüttet werden; die ‚illegalen' Säufer würden solange in Haft genommen, bis sie 300 *nummi* (Münzen) in die herzogliche Kasse bezahlt hatten. Märkte an Sonn- und Festtagen, wie sie bisher häufig abgehalten wurden, wurden verbo-

---

[119] Cosmas II, Kap. 3+4, S. 84–90.

3.4 Der Wiederaufstieg Böhmens mit Herzog Břetislav

ten. Bestattungen waren nur auf den Friedhöfen der Gläubigen erlaubt, nicht auf dem Feld oder im Wald.

Wegen all dieser Untaten der Böhmen, die Adalbert einst zu bekämpfen suchte, sei er in die Fremde gegangen. Nun verpflichteten sich die anwesenden Böhmen an seinem Grab eidlich, diese Sünden nicht wieder zu begehen. So konnte nun der zuvor unzugängliche Sarg Adalberts schließlich geöffnet werden.

Die Gnesener Dekrete, deren Text dem Chronisten wohl in der Prager Kirche zur Verfügung stand, sind fast durchweg kirchlich bestimmt und wurden auch jeweils durch den angedrohten Kirchenbann des Bischofs bekräftigt; der Herzog konnte aber in vielen Fällen durch die Bußstrafen finanzieller Nutznießer sein. Von Interesse sind auch diejenigen Amtsträger in der zweiten Reihe, die mit der Sanktionierung der Dekrete beauftragt wurden: von den weltlichen Großen die *comites* (Grafen), von geistlicher Seite der Erzpriester (*archipresbiter*), der hier überhaupt zum ersten Mal genannt wird, und der Archidiakon. Die Prügelstrafe an den Wirten soll ein *preco* (etwa Büttel, Fronbote) bis zu seiner Erschöpfung vollstrecken.

Wir gewinnen durch die Dekrete also auch einige Einblicke in die gesellschaftlichen Verhältnisse der einfachen Bevölkerung. Mit Sicherheit konnten die Beschlüsse nicht überall oder gänzlich durchgesetzt werden, sie gewähren nur einen momentanen Blick auf die Absichten der führenden Personen. Weit übertrieben scheint mir die Auffassung, Břetislav habe mit den Gnesener Statuten den „konstitutiven Akt des böhmischen Staates" geleistet.[120]

Bei der Gelegenheit des Adalbertsraubes nahmen die Böhmen auch den Leib seines Bruders, des Gnesener Erzbischofs Radim-Gaudentius, sowie die Gebeine der fünf Brüder, die als Märtyrer gestorben waren, mit nach Prag. Dort zogen sie alle am 24. August 1039 mit ungeheurem Jubel in einer Prozession in die Stadt ein, nicht ohne dabei die gefesselten polnischen Adligen sowie das geraubte Gold zur Schau zu stellen.

Aber das vom Chronisten bedauerte Nachspiel folgte zwangsläufig: Papst Benedikt IX. (1033–42) erfuhr die ganze Geschichte. Die Kurie erklärte Herzog und Bischof für schuldig, die heiligen Gesetze übertreten und auch Christen in Polen gefangen und verkauft zu haben; verschiedene Strafen wurden in Rom diskutiert. Einer böhmischen Gesandtschaft gelang es allerdings, die Kardinäle heimlich durch Geld und Gold nachsichtiger zu stimmen. Herzog und Bischof wurde schließlich nur auferlegt, in Böhmen ein neues Kloster zu gründen und auszustatten; das Kollegiatstift in Altbunzlau (Stará Boleslav) an der Elbe wurde 1046 zu Ehren des hl. Wenzel (*sub honore sancti Wenceslai*) eingeweiht.

---

[120] So Charvát, Bohemian State, S. 203: „Seitdem besaßen die Böhmen einen Sozialmechanismus, der jedem Staatsbürger die Chance bot, Glück durch ein tugendhaftes Leben zu erlangen".

Aber das Gerücht über die großen Mengen des geraubten Goldes und Silbers aus Polen, so Cosmas, gelangte auch an König Heinrich III. (1039–1056), der diesen Schatz unbedingt an sich bringen wollte und dafür mit Krieg drohte. Die Antwort der „Slawen" (so nennt der Chronist jetzt ausnahmsweise die Böhmen in der Konfrontation mit dem deutschen Herrscher) lässt die Beziehungen zum Reich grundsätzlich erkennen: Seit König Karl (dem Großen) und auch bei seinen Nachfolgern seien die Böhmen dem Reich auch in Kriegen immer treu gewesen, der jährliche Tribut von 120 Ochsen und 500 Mark Silber (zu je 200 böhmischen Pfennigen) sei seit König Pippin immer entrichtet worden.[121] Aber die Böhmen würden lieber sterben, als sich zusätzliche Lasten aufbürden zu lassen.

Vom Gold abgesehen war es Heinrich III. offenbar wichtig, keine böhmisch-polnische Macht im Osten des Reiches entstehen zu lassen.[122] Zwar hatte Břetislav seinen Sohn Spytihněv als Geisel dem König gestellt, rüstete aber selbst gegen die Gefahr aus dem Westen auf und verbündete sich mit König Peter von Ungarn. Das Heer Heinrichs III., der von Cosmas als arroganter Kriegsherr den „erbärmlichen Böhmen"[123] gegenüber beschrieben wird, scheiterte an den böhmischen Verschanzungen im Grenzwald; der König verlor viele Panzerreiter, auch einige Grafen fanden den Tod. Břetislav suchte nun in Verhandlungen, vielleicht auch mit Einschaltung Markgraf Ekkehards II. von Meißen, der seine Truppen aus Nordböhmen zurückzog, sein Verhältnis zum König wieder zu bereinigen, jedoch vergeblich. Auf drei Wegen aus Norden, Westen und Süden ließ Heinrich 1041 drei Heere aufmarschieren, die nach Zerstörung einiger Befestigungen und der üblichen Verwüstung im Lande Prag erreichten. Die überlieferte Hungersnot des Jahres 1043 könnte übrigens darin ihre Erklärung finden. Böhmische Herren flohen nun zu Heinrich, den Cosmas hier ironisch den „stets großartigen Triumphator" nennt,[124] und unterwarfen sich ihm. Das tat auch Bischof Severus in der Furcht, wegen Rebellion gegen gleichsam seinen Herrn, da er von diesem in das Bischofsamt eingesetzt worden war, das Bischofsamt zu verlieren. Břetislav musste sich dem König auf Gnade und Ungnade ergeben. Auf einem Hoftag in Regensburg warf er sich ihm barfuß zu Füßen, ein Unterwerfungsritual, das wohl, wie üblich, vorher abgesprochen war. Vor allem die Fürsten am Hof setzten sich beim König für Břetislav ein; die Bedeutung der fürstlichen Netzwerke im Reich war groß und der Böhme gehörte zweifellos dazu.[125] Er erkannte also Heinrich III. als Oberherrn für Böhmen an, wurde wieder sein Vasall, gab die polnischen Gefangenen und seine polnischen Eroberungen (wohl in Schlesien) bis auf zwei Gebiete heraus und bezahlte eine beträchtliche Geld-

---

[121] Cosmas II 8, S. 93 f. nennt Pippin, den Sohn Karls, als den Urheber dieser Tributpflicht.
[122] Zu den folgenden Ereignissen Cosmas II 8–12; Annales Altahenses zu 1041.
[123] Cosmas II 9.
[124] Cosmas II 12, S. 99.
[125] Sein Schwager Markgraf Otto von Schweinfurt wurde 1048 zum Herzog von Schwaben erhoben.

summe, die Tribute der letzten drei Jahre.[126] Die Tribute bestanden seit dieser Zeit wohl nur noch aus Silber. Auch dieser Fall kann ebenso wenig wie Herzog Vladivojs Einsetzung (1002) als ‚Belehnung' im klassischen Sinn gedeutet werden, wie dies die ältere Forschung sah.

Dann kehrte Břetislav, in Gnaden aufgenommen, nach Böhmen zurück. 1042 beteiligte er sich erfolgreich an einem Feldzug Heinrichs nach Ungarn und zu Weihnachten dieses Jahres erschien er, ehrenvoll behandelt, beim König in Goslar. Kasimir, der Erbe Polens, das allmählich wieder an Macht gewonnen hatte, war auch geladen worden, schickte aber nur Gesandte. Die böhmisch-polnischen Auseinandersetzungen um die von beiden Seiten beanspruchten Gebiete schwelten weiter. Erst 1054 gelang es Heinrich III. in Quedlinburg, Břetislav und Kasimir endgültig zu befrieden. Es war im Interesse des Reiches, eine Balance der beiden östlichen Nachbarn herzustellen und zu bewahren, denn man wünschte sich nicht nur *einen* mächtigen Nachbarn im Osten. Břetislav gab seine territorialen Ansprüche auf Schlesien (vielleicht nur das Gebiet von Breslau) auf, dafür sollte er von polnischer Seite einen Jahrestribut von 500 Mark Silber und 30 Mark Gold bekommen.

Auf einem Feldzug nach Ungarn erkrankte Břetislav 1054/55 schwer. Er hatte sich stets an die chaotische Herrschaft seiner Elterngeneration erinnert und sah daher mit Sorge auf seine fünf Söhne. Er beschwor deshalb seine Großen, stets nur den Ältesten der Přemyslidenfamilie zum Herzog zu wählen und damit die Einheit seines Landes zu garantieren. Es ist aber nicht gerechtfertigt, wie dies ein Teil der bisherigen Forschung sah, diesen zweifellos gut überlegten und dringenden Wunsch als ein Gesetz (Senioratsgesetz) zu interpretieren. Břetislav starb am 10. Januar 1055.

3.5 Die feindlichen Brüder: Vratislav und Jaromir (1055-92)

Mit der Wahl seines ältesten Sohnes Spytihněv II. (1055-61) zum Herzog erfüllten die böhmischen Wähler den Wunsch seines Vaters Břetislav I.; die anderen Söhne Vratislav, Konrad und Otto erhielten Unterherrschaften in Mähren, Jaromir studierte noch und sollte als präsumptiver Nachfolger des alten Bischofs Severus die kirchliche Laufbahn einschlagen. Die Zustimmung Kaiser Heinrichs III. zu seinem Herrschaftsantritt erhielt Herzog Spytihněv auf einem Hoftag in Regensburg.

---

[126] Nach Cosmas 1500 Mark Pfennige, nach den Altaicher Annalen 8000 *semisses* (= 4000 solidi/Schillinge à 12 Denare) königlichen Gewichts.

Cosmas könnte in seiner Jugend den neuen Herzog selbst noch gesehen haben, da er sein gutes Aussehen, seine pechschwarzen Haare und seine rosigen Wangen beschreibt. Seinen langen Bart trug Spytihněv wohl, um damit sein höheres Alter und so seine höheren Ansprüche zu dokumentieren.

> „Am Tag seiner Thronsetzung vollbrachte er ein zu seinem Andenken für alle Zeiten großes und erstaunliches Werk; er befahl, alle Deutschen, ob reich, ob arm oder Pilger, innerhalb von drei Tagen aus dem Land Böhmen zu entfernen."[127]

Das ist allerdings nur die Sicht unseres Chronisten, denn nachweislich lebten auch unter Spytihněv besonders im höheren Klerus nicht wenige Deutsche im Land. Allerdings hatte der neue Herzog aus privater Rache die deutsche Äbtissin des přemyslidischen Klosters St. Georg auf der Burg vertrieben; sie hatte ihn einst beleidigt. Auch seine aus Schweinfurt stammende Mutter Judith musste das Land verlassen, die vermutlich auf Seiten seines Bruders Vratislav stand. Als Spytihněv heftig in mährische Verhältnisse eingriff und das ganze Land seiner eigenen Herrschaft unterwarf, floh Vratislav zu Judith nach Ungarn. Die anderen mährischen Brüder Konrad und Otto wurden von Spytihněv mit hohen Hofämtern in Prag abgefunden. Auch die Mönche mit slawischem Ritus im Kloster Sázava, die von Vratislav gefördert worden waren, vertrieb der Herzog; sie zogen ebenfalls nach Ungarn ab. Er ersetzte sie mit lateinischen Mönchen und einem deutschen Abt.

Als aber Vratislav nach dem Tod seiner ersten Gemahlin die Tochter des ungarischen Königs Andreas I. (1046–60), Adelheid, heiratete und der Ungar nach langen Auseinandersetzungen ein gutes Einvernehmen mit dem Reich (jetzt unter Heinrich IV.) suchte, glaubte auch Spytihněv, sich vorsichtshalber wieder mit Vratislav einigen zu müssen und gab ihm seine mährische Herrschaft zurück. Der von Cosmas als sehr fromm geschilderte Herzog stattete mehrere Klöster aus und begann 1060 eine neue große romanische Veitskirche anstelle der alten Rotunde (mit den Adalbertsreliquien) auf der Burg errichten zu lassen. Welche Bedeutung das von Papst Nikolaus II. dem Herzog verliehene Recht hatte, eine Bischofsmütze tragen zu dürfen, ist unklar.

Spytihněv, der mit der Wettinerin Hidda veheiratet war, starb am 28. Januar 1061; sein Bruder Vratislav wurde nun zum Herzog gewählt. Den nördlichen (Olmützer) Teil Mährens verlieh er Otto, den südlichen an Deutschland grenzenden Teil (um Brünn) an Konrad, weil dieser deutsch konnte, so Cosmas.

An weiteren Streitigkeiten in der Familie hatte aber Jaromir einen großen Anteil. An der geistlichen Laufbahn, für die er vorgesehen war, hatte er kein Interesse.[128] Der aristokratisch und kriegerisch Gesinnte erschien gleich nach dem Tod seines von ihm geschätzten Bruders Spytihněv im Land und verlangte einen Anteil an der přemyslidischen Herrschaft. Aber Vratislav, der in ihm einen gefährlichen Konkurrenten sah, ließ ihm mit Gewalt die Tonsur scheren und zum

---

[127] Cosmas II 14.
[128] Zum Folgenden Hilsch, Familiensinn und Politik.

3.5 Die feindlichen Brüder: Vratislav und Jaromir (1055–92)

Diakon weihen. Daraufhin floh Jaromir mit seiner kriegerischen Gefolgschaft nach Polen zu Herzog Bolesław II. Śmiały (1058–82/83).

Vratislav traf nun eine weitreichende Entscheidung im Hinblick auf den künftigen Prager Bischof: Er trennte Mähren als eigene Diözese kirchlich von Böhmen ab und setzte dort in Olmütz (Olomouc) einen eigenen Bischof, Johannes, ein. Der Prager Bischof Severus musste letztlich die Abtrennung Mährens akzeptieren, wurde allerdings mit einigen mährischen Besitzungen abgefunden. Von einer eigentlich notwendigen Teilnahme der Kurie an dieser Aufteilung erfahren wir nichts.

Severus starb 1067; daraufhin riefen die mährischen Brüder Konrad und Otto den Jaromir zurück, der nun allerdings als Geistlicher auftrat. Vratislav aber weigerte sich, ihn als Bischof zu etablieren und versuchte inmitten seines Heerlagers, seinen aus sächsischem Adel stammenden Kaplan Lanczo (bisher Propst in Leitmeritz) als Bischof durchzusetzen. Doch Konrad, Otto und der größere Teil des böhmischen Adels setzten sich für Jaromir ein, der nun gegen den Willen des Herzogs im Juni 1068 zum Prager Bischof gewählt wurde, sofort nach Mainz aufbrach, um vom dortigen Erzbischof Siegfried geweiht und von König Heinrich IV. (1065–1106) investiert zu werden. Dort nahm er den neuen Namen Gebehard an. Ebenso wie die deutschen Namen seiner Brüder Konrad und Otto geht er wohl auf Namen aus dem bedeutendsten Zweig ihrer mütterlichen Vorfahren, der Konradiner, zurück, die einst, wie man wohl wusste, schon einmal einen König im Reich gestellt hatten. Ein Vorfall, der ihn fast gleich sein Bischofsamt gekostet hätte, zeigt Gebehards ungeistlichen Übermut: Am Rhein stieß er einen seiner Ritter in den Fluss mit dem Ausruf: „Wilhelm, jetzt taufe ich dich zum zweiten Mal!"[129]

Für die Bewertung der ‚nationalen' Einstellung des Cosmas sind die Ereignisse um die Bischofswahl von großem Interesse. Dabei formuliert er seine Abneigung gegen den zwar geistlich geeigneten, aber fremden deutschen Kandidaten Lanczo deutlich. Gegen das damit angeblich von Vratislav usurpierte Investiturrecht berief er sich aber wieder auf das verletzte Recht des römisch-deutschen Königs. Dankbar gedenkt der Chronist auch des aus Deutschland stammenden Marcus, den Gebehard als seine erste Amtshandlung als Propst an die Spitze des Prager Domkapitels stellte und der eine grundlegende Organisation dieses Kollegiums durchführte: „Alles, was in der Kirche an religiösem Ernst, an kirchlichen Regeln, an Ansehen besteht, verdankt sie seiner Erziehung, seinen Anordnungen, seiner Klugheit."[130]

Jaromir-Gebehards Haupteinsatz aber galt nun der Rücknahme der Entscheidung, Mähren aus der Prager Diözese auszugliedern. Herzog Vratislav wies alle seine Bitten, Bemühungen und Vorschläge rundweg ab. In maßlosem Zorn zog der neue Prager Bischof schließlich mit militärischer Begleitung nach Ol-

---

[129] Cosmas II 25.
[130] Cosmas II 26, Zitat S. 119.

mütz, dem Sitz des mährischen Bistums, verhöhnte den Johannes und ließ ihn von seinem Gefolge verprügeln und scheren, eine schimpfliche Behandlung, die sonst nur Unfreien zuteil wurde.

Der Herzog brachte den Johannes mit militärischem Beistand nach Prag in Sicherheit und schickte sofort einen Gesandten mit Beschwerden an die Kurie; der aber wurde von einem Regensburger Bürger, der zugleich ein Vasall des Gebehard mit einem Rentenlehen von 30 Mark Silbers war, abgefangen. In Regensburg, das ein Ausgangspunkt des Böhmenhandels auch mit den deutschen Prager Kaufleuten war, besaß der ambitionierte Gebehard diesen Bürger als seinen Anhänger. Erst eine zweite Gesandtschaft Vratislavs gelangte nach Rom zu Papst Alexander II., wo auch Vertreter Gebehards bereits anwesend waren. Zur Klärung des Sachverhalts schickte der Papst zwei Legaten nach Böhmen, die zunächst Gebehard vom Bischofs- und Priesteramt suspendierten. Nach einem Aufstand der Domherren und Landpriester für ihren Bischof gaben die Legaten dem Gebehard jedoch die Priesterwürde zurück. Auch der Mainzer Metropolit Siegfried setzte sich für seinen Prager Suffragan ein. Die mährischen Teilfürsten standen ebenfalls auf Seiten Gebehards, denn sie sahen einen Olmützer Bischof als Stützpunkt des böhmischen Herzogs in ihren Gebieten äußerst ungern.

Der neue Papst Gregor VII. (1073–85) aber griff nun energisch ein und zitierte Gebehard, der einst, wie er betonte, sein Freund gewesen sei,[131] in schroffem Ton nach Rom, ebenso den Johannes. Aber als Gebehard im Frühjahr 1074 beim Papst erschien (nicht aber seine Gegner) und sich seiner Entscheidung unterwarf, erlangte er überraschenderweise wieder die volle Gunst Gregors VII. Der Papst gab ihm das Bischofsamt zurück, er forderte den Herzog sogar auf, Gebehard als Bruder zu lieben und seine Rechte auf der Prager Burg zu achten, wo die Bischofskirche lag. Cosmas schreibt die erstaunliche Begnadigung allein dem Einfluss der Markgräfin Mathilde von Tuszien (1046–1115) zu, der engen Verbündeten des Papstes, die über Gebehards Mutter Judith mit ihm entfernt verwandt war.[132]

Der Prager Bischof musste zwar das mährische Bistum weiter tolerieren, aber dieses *enfant terrible* der Familie eignete sich gleich nach seiner Rückkehr die zwischen Prag und Olmütz umstrittenen Besitzungen mit der Burg Podivin gewaltsam an und begann, Anhänger des Herzogs ohne Urteil zu exkommunizieren. Gregor VII., der inzwischen von Vratislav mit 100 Mark Silbers als Papstzins (*sub nomine census*) bedacht worden war, entschied auf einer weiteren Synode in Anwesenheit der beiden Bischöfe 1075, die umstrittenen Besitzungen zu teilen.

Doch der Machtkampf der verfeindeten Brüder schwelte weiter; Vratislav störte auch die starke Position des Bischofs auf der Prager Burg, wo der Bau des neuen Veitsdoms inzwischen weiterging. So entschloss er sich, auf dem Wy-

---

[131] Register Gregors VII., S. 28.
[132] Dazu Hilsch, Familiensinn und Politik, S. 220–224.

3.5 Die feindlichen Brüder: Vratislav und Jaromir (1055–92)

schehrad bei Prag ein Kollegiatkapitel (als Konkurrenz zum ‚feindlichen' Domkapitel) zu errichten, das direkt dem Papst und nicht dem Bischof unterstellt sein sollte, zunächst aber ganz in der Verfügung des Herzogs stand. Nach Martin Wihoda könnte damit Vratislav auch den Sitz eines künftigen Erzbischofs (ein alter Plan schon Boleslavs II.) vorbereitet haben.[133]

Nach dem Tod seiner ersten Frau Adelheid (1062) heiratete Vratislav die Schwester des Polenherrschers Bolesław II., Svatava, die mit ihm vier weitere Söhne haben sollte. Er führte auch die Mönche des slawischen Ritus wieder in das Kloster Sázava zurück, was freilich auf heftige Ablehnung Papst Gregors VII. stieß. Es war immer das einzige böhmische Kloster mit slawischer Liturgiesprache. Aber Vratislav war es auch, der den deutschen Kaufleuten in Prag ein Privileg mit besonderen Rechten ausstellte, das allerdings nur in einer späteren Bestätigung Herzog Soběslavs II. erhalten ist.[134]

Vratislav war einer der treuesten, wenn nicht der treueste Anhänger des Königs und Kaisers Heinrich IV. in seinen vielfältigen Kämpfen im sog. Investiturstreit, sowohl in den Sachsenkriegen wie auch gegen die Markgrafschaft Meißen, die Heinrich 1076 dem Vratislav zum Dank übertrug. Es kam dem böhmischen Herzog vermutlich zugute, dass sich Heinrich und die meisten deutschen Fürsten aus verschiedenen Gründen, die auch auf der Persönlichkeit des Königs und auf seinem Herrschaftsstil beruhten, gegenseitig zutiefst misstrauten. Beim Einfall Heinrichs IV. in Schwaben gegen Rudolf (den Gegenkönig) waren böhmische Truppen dabei; ebenso auch in den weiteren militärischen Auseinandersetzungen, etwa in der Schlacht von Flarchheim 1180. Nach den deutschen (dem König allerdings eher feindlichen) Quellen sollen die Böhmen bei diesen Kämpfen immer besonders gewütet haben.[135] Niemals hat sich Vratislav von Heinrich IV. losgesagt, aber trotz gelegentlicher Kontroversen auch nicht von Gregor VII. und seinen römischen Nachfolgern, zweifellos ein Zeichen für sein zurückhaltend-diplomatisches Geschick in diesen Fragen.

König Heinrich missfiel der Zwist zwischen Bischof und böhmischem Herzog, auf dessen militärische Stütze er unbedingt angewiesen war. Er entschärfte die Rivalität auf einem Hoftag in Nürnberg 1077 durch Ernennung des Prager Bischofs Gebehard-Jaromir zu seinem Kanzler. Als erster Bischof in diesem Amt wurde dieses zweifellos aufgewertet. Sein Vorgänger in diesem Amt, Adalbero, und sein Metropolit Siegfried von Mainz, der das bloße Ehrenamt eines Erzkanzlers (*archicancellarius*) bekleidet hatte, hatten sich auf die Seite des Gegenkönigs gestellt. Gebehard muss damit sicher als ein enger politischer Vertrauter des Königs gelten und hielt sich nun am wandernden Königshof auf.

Auch Wiprecht II. von Groitzsch (später Markgraf von Meißen), der mit einer weiteren Judith, der Tochter Vratislavs, verheiratet war, gehörte zu den en-

---

[133] Wihoda, Herrschaftslegitimation.
[134] CDB I, Nr. 290 (1174–78).
[135] Z. B. Berthold von Reichenau zu 1080.

gen Verbündeten des böhmischen Herzogs und Heinrichs IV. Durch seine Vermittlung übergab Vratislav 1081 dem König die Summe von 4000 Mark Silber; damit wurde offenbar die alte jährliche Tributpflicht Böhmens abgelöst, von der in Zukunft nicht mehr die Rede ist. Stattdessen scheint wohl ab jetzt von böhmischer Seite die auch deutschen Fürsten auferlegte Pflicht der militärischen Begleitung für den Romzug der Könige zur Kaiserkrönung zugesagt worden zu sein: Auf dem Romzug Heinrichs IV. 1081 beteiligten sich jedenfalls auch 300 böhmische Krieger mit Bořivoj, einem Sohn Vratislavs, an der Spitze. Sie halfen dem König, Rom zu erobern und 1084 die Kaiserkrönung zu erreichen.

Damit hing auch eine weitere offenbar damals schon geplante bedeutende Ehrung des Böhmen zusammen: Auf dem Hoftag in Mainz 1085, an dem Vratislav, Gebehard und der mährische Konrad anwesend waren, wurde der böhmische Herzog von Kaiser Heinrich zum König *ad personam* erhoben und damit im Rang über die anderen Fürsten des Reiches erhoben – für das Prestigedenken dieser Zeit eine überaus wichtige Auszeichnung. Als eine Vorbedingung dafür war gewiss die Kaiserkrönung des römisch-deutschen Herrschers abgewartet worden. Dem Gebehard, der 1084 das Kanzleramt wieder abgegeben hatte, wurde dafür zum Ausgleich die lang ersehnte kirchliche Wiedervereinigung Mährens mit der Prager Diözese zugestanden. Im Juni 1086 wurde Vratislav von Erzbischof Egilbert von Trier in Prag förmlich zum König gesalbt und gekrönt. Offenbar wurde der (königliche) Papst Clemens III. dabei nicht eingeschaltet, der wohl deswegen nun als Gegner der neuen böhmischen Königswürde auftrat. Ob Vratislav dabei auch einen Anspruch auf die polnische Königskrone erhob oder erheben sollte, wie es bei Cosmas anklingt, ist ungeklärt.[136]

Die Königserhebung des Herzogs geschah allein durch den Kaiser, kein Adliger der böhmischen Elite, der Wähler des Herzogs, war gefragt oder beteiligt gewesen. Gibt es Indizien dafür, dass sie diese Rangerhöhung ihres Herzogs nicht akzeptierten? Hatte Vratislav vor, seiner neuen Königswürde durch die bedeutende Aufwertung des Wyschehrad (schon seit 1070) mit zwei Kirchenbauten und einem Palast die alte herzogliche Tradition auf der Burg um den Steinthron (mit der Wahl des Adels!), den Veitsdom mit den Wenzels- und Adalbertsreliquien und die Georgsbasilika bewusst zu verlassen? Wollte er stattdessen eine „neue Ideologie des Königreichs Böhmen" etablieren, die erst in seiner späteren Niederlage bei der Belagerung Brünns endgültig scheiterte?[137] Diese Deutung scheint einleuchtend zu sein; die Erben Vratislavs lassen später wohl aus Rücksicht auf den Adel keine Bestrebungen erkennen, den Königstitel weiter zu führen. Ein späterer Bericht der Pegauer Annalen in der Mitte des 12. Jahrhunderts kann dieses Szenario stützen[138], aber durch die Aussagen des Zeitgenossen Cos-

---

[136] Siehe dazu Wihoda, Sizilische Goldene Bullen, S. 143–153.
[137] So die These von Martin Wihoda, Macht und Struktur, S. 341–358.
[138] Siehe H. Patze, Die Pegauer Annalen, die Königserhebung Wratislaws von Böhmen und die Anfänge der Stadt Pegau. Jb. für Gesch. Mittel- und Ostdeutschlands 12 (1963/64), S. 1–62.

3.5 Die feindlichen Brüder: Vratislav und Jaromir (1055–92)

mas lässt es sich nicht eindeutig belegen. Die Lücke in seiner Chronik (von 1075–82) könnte dabei eine Rolle spielen. Der Prager Domherr schätzte den Vratislav in der Tat nicht: Die Auseinandersetzung seines Bischofs Gebehard-Jaromir (den er allerdings auch gelegentlich kritisch sieht) mit dem Herzog kann dies ausreichend begründen. Auch die von ihm verschwiegene Gründung des Wyschehrader Kapitels, der großen Konkurrenz seines Domkapitels, natürlich auch die Wiederherstellung des Olmützer Bistums und die Erneuerung des Klosters Sázava mit der slawischen Liturgie durch den König gaben Cosmas genügend Anlass zu seiner kritischen Haltung. Dazu kommt, so sieht es Martin Wihoda, auch seine konservative fürstlich-přemyslidische Einstellung.

Nach 1085 kühlte sich das Verhältnis Vratislavs zu Heinrich IV. ab, ohne allerdings in Gegnerschaft umzuschlagen. Sein Olmützer Bistumsplan ist schließlich zunichte gemacht worden und Gebehards Position war aufgewertet worden. Er hatte zudem schon lange auf die zugesagte Erwerbung Meißens gehofft, wo er sich allerdings bisher nicht hatte durchsetzen können. Der Kaiser übertrug nun die Markgrafschaft an Ekbert II. von Braunschweig, um diesen bisherigen Gegner für sich zu gewinnen.

Schon bald aber war der Streit der beiden přemyslidischen Brüder wieder aufgeflammt. Zutreffend formuliert es Cosmas, der den Teufel zum Verantwortlichen macht:

> „Den einen plagt leerer Ruhm und Ehrgeiz, den anderen treibt Arroganz und aufgeblasener Stolz, sodass der eine dem anderen nicht vertraut, der andere jenen aber nicht überwinden kann. Dieser will seinen Bruder nicht als Gleichberechtigten ansehen, jener will dem Bruder gegenüber nicht als Geringerer erscheinen; dieser will überlegen, jener nicht unterlegen sein; dieser will als König herrschen und den Vorrang haben, jener will seinen Anordnungen nicht gehorchen, sondern verspricht seinen Dienst allein dem Kaiser, von dem er sein Bistum bekommen hatte."[139]

Gebehard weigerte sich, seinem königlichen Bruder an Festtagen die Krone aufzusetzen, Vratislav dagegen setzte ohne Rücksicht auf die Mainzer Beschlüsse wieder einen neuen mährischen Bischof ein. Daraufhin wandte sich Gebehard an Papst Clemens III., den Gegner der Königserhebung Vratislavs. Auf der Reise über Ungarn (bei seinem alten Freund, dem ungarischen König Ladislaus) starb Gebehard jedoch in Gran am 26. Juni 1090.

Cosmas, der die Herrschsucht und die Gewalttaten des offenbar charismatischen Bischofs nicht verschweigt, beschreibt aber auch seine (wohl erst spätere) Frömmigkeit und karitative Tätigkeit. Als Dekan des Prager Domkapitels würdigt er nicht nur die Hebung dieses Kollegiums durch Gebehards Propst Marcus, sondern wohl auch die Tatsache, dass durch sein Wirken die böhmische Kirche einen wichtigen Schritt zum Eigenbewusstsein und zur Emanzipation von der weltlichen Gewalt getan hatte.[140] Der Unterschied wird deutlich: Noch Severus,

---

[139] Cosmas II 41, S. 145 f.
[140] Zur Sicht des Cosmas Hilsch, Herzog, Bischof und Kaiser.

Gebehards Vorgänger, soll nach einem Bonmot Herzog Ulrichs deswegen Bischof geworden sein, weil er auf seinen Jagdausflügen einen guten Schweinebraten zubereiten konnte.[141] Auch Severus war allerdings später schon mit dem Herzog in Konflikt geraten und hatte König Heinrich III. 1046 nach Rom zur Kaiserkrönung begleitet.

Vratislav ließ nun Kosmas (nicht identisch mit dem Chronisten) zum Prager und Andreas zum Olmützer Bischof wählen, die beide vom Kaiser in Mantua trotz Widerstands einiger deutscher Bischöfe mit Rücksicht auf den böhmischen König investiert wurden. Bei der Belagerung Brünns durch den König (1091) gegen seinen Bruder Konrad und dann auch gegen seinen eigenen Sohn Břetislav scheiterte Vratislav allerdings. Es ist die Frage, ob es dabei um den Kampf zweier „Staatsideologien" ging oder nur um eine Wiederholung der sattsam bekannten innerpřemyslidischen Machtkämpfe.[142]

3.6 Kreuzzug, Judenverfolgung, Machtkämpfe

Nach dem baldigen Tod Vratislavs 1092 und der sehr kurzen Regierung des mährischen Konrad († 1092) wurde Břetislav II. von den Grafen und Herren in der alten Weise zum Herzog bestimmt.

Mit der Regierungszeit Břetislavs II. (1092–1100) begann unser Chronist Cosmas, jetzt Zeitgenosse des Geschehens, sein drittes Buch. Er wolle sich, wo es um die Beschreibung der Taten gegenwärtiger Menschen geht, sehr vorsichtig verhalten; die Wahrheit zu sagen, könne Hass und Schaden bewirken. Dennoch wolle er einiges wenigstens *summatim* berichten.[143]

Die Bischöfe Kosmas von Prag und Andreas von Olmütz, die zu seinem Vater gehalten hatten, konnte Břetislav nicht absetzen, da sie bereits vom Kaiser investiert worden waren, aber er zögerte ihre Weihe durch den Mainzer Metropoliten Ruothard bis 1094 heraus. Als die Bischöfe zu diesem Zweck schließlich an den Rhein reisten, nahm auch der Prager Dekan Cosmas an dieser Fahrt teil und berichtete von einer schweren Hungersnot in Deutschland; besonders Bedrückendes habe er im Ort Amberg gesehen.

Wie einst sein namensgleicher Großvater erließ Břetislav II. zu Beginn seiner Regierung Verordnungen gegen die noch bedeutenden heidnischen Relikte der alten Naturreligion im Land: Es waren Verordnungen gegen die Zauberer und Wahrsager, die Verehrung von Bäumen und Hainen, die Opfer an Quellen, die Begräbnisse in Wäldern, die Umzüge mit Masken und die damit verbundenen profanen Scherze, so berichtet Cosmas mit Abscheu. Auch Břetislavs Anordnun-

---

[141] Cosmas I 41, S. 77.
[142] Wihoda, Herrschaftslegitimation, S. 403 f.
[143] Cosmas in der Einleitung zu Buch III, S. 159 f.

3.6 Kreuzzug, Judenverfolgung, Machtkämpfe

gen dürften die alte Naturreligion nicht gänzlich ausgerottet haben, Cosmas berichtet schon im ersten Buch von den Dorfbewohnern, welche noch zu seiner Zeit das Wasser oder das Feuer, Bäume oder Felsen verehren, auf Bergen opfern oder auch zu Hausgöttern beten.[144]

Ganz im Sinne des lateinischen böhmischen Klerus vertrieb der neue Herzog wiederum die Mönche des slawischen Ritus aus dem Kloster Sázava. Er förderte das Wyschehrader Kapitel, das alte Kloster Ostrov bei Prag und gründete ein Benediktinerkloster in Leitomischl (Litomyšl); das alles (vielleicht mit Ausnahme der Förderung des Wyschehrad) machte ihn bei Cosmas zu einem hochgeschätzten Herrscher.

Mehrere meist erfolgreiche Feldzüge nach Schlesien führte Břetislav, um die vereinbarten Tribute einzufordern, die die Polen nach dem Tode König Vratislavs nicht mehr zahlen wollten. Bolesław (III.) Schiefmund, der Sohn des polnischen Königs Władysław Herman, wurde mit seinem schlesischen Fürstentum um Glatz von Böhmen abhängig, vielleicht bereits ein erstes Anzeichen für die allmähliche Ablösung des piastischen Schlesiens vom Königreich Polen.

Im April 1096 weihte Bischof Kosmas den (wohl noch nicht ganz fertig gestellten) romanischen Veitsdom. Im selben Jahr traf die ungeheure Welle der Kreuzzugsbewegung, die der Aufruf Papst Urbans II. in Clermont (1095) ausgelöst hatte, auch die böhmischen Länder. Zwar ergriff die Kreuzzugsbegeisterung die Bewohner Böhmens und ihre Nachbarn zunächst nicht, aber der Kreuzzugsfanatismus von außerhalb traf bereits jetzt die Juden in Prag.[145]

Die Juden waren die einzige religiöse Minderheit, die zunächst im christlichen Mittelalter geduldet worden war. Sie waren im Frühmittelalter vor allem Fernhändler, die mit ihren weiten wirtschaftlichen Kontakten seit der Spätantike eine große Rolle spielten. Ihre Handelspartner waren die fränkischen Herrscher, die Bischöfe und die Reichsaristokratie gewesen. Sie führten u. a. Gewürze, Medikamente (Drogen) und Seide aus dem Vorderen Orient ein und Waffen, Pelze, Sklaven aus dem Frankenreich und seinen östlichen Nachbargebieten aus. In der Zollordnung von Raffelstetten (904) an der Ostgrenze des fränkischen Reiches (dort galten die jüdischen Kaufleute als die wichtigste Gruppe der Fernhändler) werden aus Bayern Salz, aus Böhmen Wachs, Pferde und Sklaven als Waren genannt. Wann genau sich aber Juden als Gemeinde in Prag niedergelassen haben, ist unbekannt. Ibrahim ibn Jakub bezeichnet (zu 965/66) Prag als bedeutendes Handelszentrum, nennt aber keine jüdische Gemeinde. Dennoch ist eine solche schon im 10. Jahrhundert nicht ausgeschlossen. Für Cosmas sind die Juden schon sehr lange ansässig: Er glaubt an ihre Ansiedlung schon zu Zeiten des römischen Kaisers Vespasian! Zu 1091 nennt er die Prager Juden zum ersten Mal. Die mährische Fürstin Wirpirg lässt er sagen: In der Stadt unterhalb der Burg und im Burgweiler des Wyschehrad leben „die Juden, an Gold und Sil-

---

[144] Cosmas I 4.
[145] Dazu Hilsch, Juden in Böhmen und Mähren.

ber schwer, die unendlich reichen Kaufleute aus aller Welt, dort die üppigsten Geldhändler."[146] Ein getaufter Jude Podiva soll die nach ihm benannte Burg Podivin errichtet haben.

Ein Haufen der wilden Kreuzfahrer unter einem gewissen Folkmar (nicht eines der regulären Ritterheere) zog auf dem Weg vom Rheinland, wo in den Städten die schwersten Pogrome stattfanden, über Sachsen nach Prag, zwang die dortigen Juden zur Taufe und brachte Widerstrebende um; möglicherweise waren auch Prager Einwohner an diesen Pogromen beteiligt. Herzog Břetislav war auf einem Feldzug in Polen abwesend, Bischof Kosmas konnte oder wollte die Zwangstaufen nicht verhindern. Am schwersten aber ertrugen danach der Bischof und unser Chronist (wie der gesamte Klerus dieser Zeit) die spätere Rückkehr der zwangsgetauften Juden zu ihrer angestammten Religion. Auch nach Abzug der wilden Kreuzfahrer nach Ungarn, wo sie zerstreut und vernichtet wurden, blieb die Lage der Prager Juden sehr schwierig. Da sie offenbar weiter bedroht wurden, versuchten einige von ihnen, mit ihrem Besitz nach Ungarn oder Polen zu fliehen. Herzog Břetislav, der (als ihr Herr) an ihrem Verbleiben Interesse hatte oder dies nur als Vorwand nahm, ließ diese, vielleicht aber auch die ganze Gemeinde, daraufhin (1098) völlig ausplündern. In der Prager Synagoge wurde zudem ein christlicher Altar errichtet. Noch 1107 scheint sich die Wirtschaftskraft der Prager Juden nicht erholt zu haben, da die Prager Kirche damals mit den Regensburger Juden Geschäfte betrieb.

Nach dem Tod des Bischofs Kosmas wurde durch Vermittlung und Fürsprache des Wiprecht II. von Groitzsch (des Schwagers Břetislavs) im Februar 1099 der aus Utrecht stammende Hermann zum Bischof erhoben, der zwar schon Kaplan des Königs Vratislav und Propst von Altbunzlau (Stará Boleslav) gewesen war, aber zunächst noch nicht einmal die Priesterweihe besaß.[147] Er und der Herzog trafen den aus Italien zurückgekehrten Kaiser Heinrich IV. 1099 in Regensburg zur Investitur. Bei diesem Treffen suchte Břetislav unter Missachtung des älteren mährischen Přemysliden Ulrich mit allen Mitteln seinen jüngeren Bruder Bořivoj zu seinem Nachfolger aufzubauen. Der Kaiser gab Bořivoj im Vorgriff die Fahne als Zeichen der Vassalität, ohne dass dieser im Land gewählt worden wäre. Ist damit dem römisch-deutschen Herrscher ein größeres Gewicht bei der böhmischen Herrschernachfolge zugewachsen, was dieser in Zukunft in seinem Sinne nutzen konnte?[148] Es waren vor allem die innerpřemyslidischen Auseinandersetzungen, die ihm immer wieder ein Eingreifen ermöglichten und größeren Einfluss auf das Land verschafften. Die folgenden Jahrzehnte der böhmischen Geschichte sind durch die häufigen und nicht leicht durchschaubaren Machtkämpfe innerhalb der Přemyslidenfamilie geprägt worden, über die Cosmas nicht gern berichten wollte.

---

[146] Cosmas II 65, S. 152.
[147] Cosmas III 6–8.
[148] So schon Novotný ČD I 2, S. 390 ff.

3.6 Kreuzzug, Judenverfolgung, Machtkämpfe

Nach der Ermordung des tüchtigen Herzogs Břetislav II. im Dezember 1100, die Cosmas dem Adelsclan der Wrschowitze zuschreibt, ist der beliebte Bořivoj II. zwar im Land sofort zum Nachfolger gewählt worden. Der Kaiser aber erhob 1101 in Regensburg nun den älteren Ulrich zum Herzog, ohne damit (so betont Cosmas) den böhmischen Großen (comites), den Wählern, vorgreifen zu wollen. Ulrich hatte sich, wie es die Senioratsvorstellungen vorsahen, zum Erben erklärt und seiner Bitte mit einer Geldzuwendung an den Kaiser Nachdruck verliehen. Ein böhmisch-deutscher Feldzug des Ulrich und des Lutold, eines anderen Přemysliden, gemeinsam mit dem verwandten Bischof Heinrich von Freising gegen Bořivoj, der seinerseits vom mährischen Svatopluk aus Olmütz unterstützt wurde, scheiterte zwar, Ulrich und Lutold blieben jedoch im Besitz der anderen mährischen Teilherrschaften um Brünn (Brno) und Znaim (Znojmo).

Beim Aufstand Heinrichs V. gegen seinen Vater (seit 1104) fand der flüchtende Kaiser vorübergehenden Schutz in Böhmen und Hilfe bei Bořivoj, der ihn zu Wiprecht II. von Groitzsch weitergeleitete. Diese Krise im Reich nutzte aber jetzt der Olmützer Přemyslide Svatopluk zu einem frontalen Angriff auf den böhmischen Herzog. Gemeinsam mit Vladislav, dem Sohn Vratislavs II., und den Wrschowitzen stürzte Svatopluk mit Rückhalt bei Polen und Ungarn also den Herzog vom Thron und wurde 1107 selbst zum Herzog gewählt.

Bořivoj flieht mit seinem jüngsten Bruder Soběslav nach Polen und dann nach Merseburg zu Heinrich V. (1106–25). Der junge König blieb, gewiss auch durch 5000 Mark Silber und Gold des Bořivoj unterstützt, auf Seiten des legitimen Herzogs. Svatopluk wurde auf einen Hoftag zitiert, abgesetzt und in Goslar in Arrest genommen. Als sich jedoch Bořivoj auch mit Hilfe Wiprechts nicht wieder in Böhmen durchsetzen konnte, nahm der ‚Realpolitiker' Heinrich V. die Usurpation des im Lande anerkannten Svatopluk, der wieder aus seiner Gefangenschaft gelangte, jetzt hin; die von diesem versprochenen 10.000 Mark Silber erleichterten ihm diese Entscheidung. Dem Svatopluk aber fiel es schwer, das Geld aufzutreiben; er beraubte die Kirchen, die Kleriker, die Juden und Kaufleute und kratzte auf diese Weise 7000 Mark Silber zusammen. Bischof Hermann, der in den Kämpfen der Thronanwärter neutral geblieben war und Zuflucht bei seinem Freund, Bischof Otto von Bamberg, gefunden hatte, steuerte nun 70 Mark Gold bei und versetzte fünf Gewänder der Prager Kirche um 500 Mark Silber bei den Juden in Regensburg.

Als sich jedoch ein Bündnis des polnischen Königs Bolesław III. Krzywousty („Schiefmund", 1085–1135) mit König Koloman von Ungarn (1095–1116) abzeichnete, das sich gegen das Reich und gegen Böhmen zu richten drohte, fanden Heinrich V. und Svatopluk wieder zusammen. Der König wurde Taufpate eines Sohnes des Svatopluk und erließ dem böhmischen Herzog die fehlenden 3000 Mark Silber. Als der polnische Bolesław, begleitet von Bořivoj und einigen Wrschowitzen, schlesische Besitzungen Svatopluks angriff, richtete dieser an dem weit verzweigten Geschlecht der Wrschowitze ein Blutbad an, das auch im weiteren Reich weithin Aufsehen erregte.[149]

Ein gemeinsamer Angriff Heinrichs V. und Svatopluks auf das ungarische Pressburg (Bratislava) scheiterte zwar, aber dem böhmischen Herzog gelang es, den in Mähren eingefallenen Koloman zurückzuwerfen. Beim anschließenden Angriff Heinrichs und der Böhmen gegen Polen (1109) wurde Herzog Svatopluk, der große Krieger, ermordet, vielleicht von einem der überlebenden Wrschowitze. „Von Natur aus wild, tüchtig im Krieg, aber von nur mäßiger Zuverlässigkeit und verschlagener Sinnesart", so beschreibt der polnische Chronist Gallus Anonymus den ermordeten Herzog.[150]

Nun brachen Unruhen im Land aus: Der von Svatopluk als Nachfolger ausersehene Bruder Vladislav war bereits 1109 gegen den jungen mährischen Otto von der Mehrheit der Wähler zum Herzog gewählt worden. Aber Bořivoj kehrte nun mit Unterstützung des Wiprecht von Groitzsch in das Land zurück und besetzte die Burg und den Wyschehrad.

Heinrich V. zog nun an der Jahreswende 1109/10 nach Böhmen, um die Situation bei seinen Verbündeten, die er unbedingt benötigte, endgültig zu bereinigen, versammelte auf dem Besitz des Prager Bischofs in Rokytzan (Rokycany) bei Pilsen die Kontrahenten, den Bischof Hermann und die Großen. Vladislav I., der auch vom Bischof favorisiert wurde und der dem König 500 Mark Silber zuschob, wurde von ihm als Herzog anerkannt. Cosmas tadelt Heinrich V. nur wegen seiner Geldgier, für den bürgerlich-nationalen Historiker Václav Novotný aber war dieses Eingreifen des römisch-deutschen Königs in Böhmen „eine der tiefsten Erniedrigungen der Würde des böhmischen Fürsten".[151]

Den Bořivoj und den jungen Wiprecht ließ der König auf der Burg Hammerstein am Rhein gefangensetzen. Vladislav bestrafte nun die Anhänger Bořivojs grausam oder enteignete sie; viele flohen nach Polen, wo auch der jüngste Bruder des Herzogs, Soběslav, weilte, die zentrale Figur der nächsten Zeit. Mehrmals fiel der ehrgeizige und machthungrige Soběslav meist gemeinsam mit dem polnischen Bolesław in Böhmen ein; er wurde wohl auch von seiner Mutter und dem Bischof unterstützt. Vorübergehende Übereinkünfte folgten, aber das tiefe Misstrauen zwischen den Brüdern blieb. Vladislav musste in diesem Zusammenhang wieder auf den polnischen Tribut verzichten.

1112 schickte Herzog Vladislav seinen Neffen Břetislav (III.) mit 300 Kriegern nach Verona zu König Heinrich V., der auf dem Romzug zur Kaiserkrönung war. Bei der feierlichen Hochzeit des Kaisers mit der englischen Königstochter Mathilde im Januar 1114 trat der böhmische Herzog zum ersten Mal nachweis-

---

[149] Novotný I 2, S. 457 Anm. 2.
[150] Gallus Anonymus III 16: *natura ferox, militia strenuus, sed modicae fidei et ingenio versutus*.
[151] Novotný ČD I 2, S. 482.

3.6 Kreuzzug, Judenverfolgung, Machtkämpfe

lich als königlicher Mundschenk auf; das galt als ein fürstlicher Ehrendienst und eine besondere Auszeichnung.[152]

Unter Vladislav hat ein nach der Zwangstaufe zum Judentum zurückgekehrter Jude Jakob wohl auf Grund seines Reichtums eine einflussreiche Stellung am Hof eingenommen.[153] Er ließ 1124 den nach dem Pogrom eingebauten christlichen Altar aus der Synagoge wieder entfernen; ob dies wirklich unter solch entehrenden Umständen geschehen ist, wie es Cosmas berichtet (der zerstörte Altar sei in die Kloake geworfen worden), scheint mir unwahrscheinlich. Der Herzog ließ Jakob daraufhin in den Kerker werfen; seinen Tod konnte die jüdische Gemeinde nur mit 3000 Pfund Silber und 100 Pfund Gold verhindern. Mit dem Geld kaufte Vladislav den Juden ihre christlichen Unfreien (*mancipia*) ab und verbot den Christen für die Zukunft, in den Dienst der Juden zu treten.

Warum Vladislav im Dezember 1117 den älteren Bruder Bořivoj, der aus dem sechsjährigen Gefängnis in Hammerstein entlassen worden war, nach Böhmen auf den Thron zurückrief, ist nicht ganz klar. Dem Bořivoj, so ist zu vermuten, kam die Unterstützung des polnischen Königs, seines Schwagers Leopold III. von Österreich und eines Teils des böhmischen Adels, auch Bischof Hermanns zugute. Aber dann wurde der unglückliche Bořivoj 1120 doch wieder vertrieben und floh nach Ungarn, wo er 1124 starb. Unser Chronist, der dem Bořivoj zugetan war (dieser hatte dem Prager Domkapitel einst regelmäßige Zuschüsse zugewandt), schweigt vorsichtshalber über die näheren Umstände dieser Vorfälle. Mit Trauer berichtet er aber vom Tod des bedeutenden Bischofs Hermann (1122), der wegen der Rückkehr der (zwangs-)getauften Prager Juden zu ihrer Religion am Schluss seines Lebens an seinem Seelenheil zweifelte. Zum neu gewählten Prager Bischof Meinhard äußert sich Cosmas nur einsilbig. Er war vielleicht ein Landsmann der Frau Vladislavs, der Richenza aus der Familie der Grafen von Berg. Vladislav, nun frei vom Einfluss des alten Bischofs, entzog dem gefährlichen Soběslav 1123 Mähren wieder und überließ das Land den mährischen Přemysliden Otto und Konrad. Herzogin Richenza favorisierte Otto, der mit ihrer Schwester verehelicht war.

Soběslav suchte nun wieder Hilfe beim Kaiser in Mainz – erfolglos. Ein Heer Vladislavs und Ottos, das zur Unterstützung Heinrichs V. in Sachsen operierte, wurde vom sächsischen Herzog Lothar ausmanövriert. Soběslav beschloss nun von Polen aus, sich an diesen mächtigen Herzog zu wenden. Mit einem Gesandten des sächsischen Lothar erschien er im Mai 1124 auf dem königlichen Hoftag zu Bamberg, wo auch Vladislav anwesend war – aber wieder ohne Erfolg.

Gleich nach dem Ende des Bamberger Tages erhielten Vladislav und Bischof Meinhard einen Aufsehen erregenden Besuch. Der (im 12. Jahrhundert heilig ge-

---

[152] Der Sachsenspiegel um 1200 schreibt das Amt des Erzschenken grundsätzlich dem böhmischen Herzog zu, reichsrechtlich wird das allerdings erst in der Goldenen Bulle (1356) festgelegt. Sebastian Kreiker, Mundschenk, LexMA 6 (1993), Sp. 908.

[153] Cosmas III 57; er wird von ihm sogar *vicedominus* (Stellvertreter des Herzogs?) genannt.

sprochene) Bischof Otto von Bamberg zog auf seiner Missionsreise nach Pommern über Böhmen. Im vor kurzem von Vladislav gegründeten Kloster Kladrau (Kladruby), das von Mönchen aus dem schwäbischen Zwiefalten besiedelt worden war, und in Prag wurde er großartig empfangen.

Als Vladislav Ende 1124 schwer erkrankte, erschien Soběslav sofort im Land, um, wie er sagte, sich mit seinem Bruder zu versöhnen. Ein Teil der Großen stand auf seiner Seite, ebenso seine noch lebende alte Mutter Svatava. Aber auch der von Richenza unterstützte Otto erschien auf dem Wyschehrad. Vielleicht aber brachte erst der aus Pommern zurückkehrende Missionar Otto von Bamberg die Lösung: Er nahm dem Vladislav die letzte Beichte ab und verknüpfte seine Absolution mit dem Wunsch, der Herzog möchte sich mit seinem Bruder Soběslav versöhnen. Das geschah und Vladislav erklärte ihn sogar zu seinem Nachfolger. Der Herzog starb im April 1125.

4 Im Einfluss der Staufer

4.1 In der frühen Stauferzeit – Soběslav I., der „Vater des Vaterlandes"?

Unser wichtigster Chronist der böhmischen Frühzeit, der Prager Dekan Cosmas von Prag starb am 21. Oktober 1125. Über viele politische Ereignisse seiner letzten Lebensjahre schwieg er aus Vorsicht. Es scheint, dass er gerade die Regierungszeit Vladislavs I. negativ, ja geradezu bedrückend erlebte und diese Erlebnisse zu seinem Bild der bedrohlichen herrscherlichen Gewalt beitrugen, wie er sie am Anfang der Chronik in den Warnungen der Seherin Libuscha formuliert hatte.

Seine natur- und kulturhistorischen Informationen, die er in die politischen ‚Lücken' der letzten Jahre einfügte, sind dennoch auch für Historiker von Interesse: 1117 beklagt Cosmas den Tod seiner Ehefrau Božetěcha.[154] Der Zölibat der Priester war damals in Böhmen demnach nicht durchgesetzt und die strengeren Reformgedanken, die dem Cosmas während seiner Studienzeit in Lüttich bekannt geworden sein mussten, spielten hier noch keine Rolle. Im selben Jahr traf ein Erdbeben das Land, 1118 sorgte eine Überschwemmung der Moldau für starke Verwüstungen, 1119 stürzte ein Sturm eine Mauer auf dem Wyschehrad um, 1121 suchte eine große Trockenheit mit anschließender Überschwemmung das Land heim. Für 1122 verzeichnet unser Chronist eine Mondfinsternis und auch einmal eine gute Ernte von Honig, Wein und Getreide; der Winter war so warm, dass im Sommer das Eis fehlte, was man zum Kühlen der Getränke und zur längeren Haltbarkeit der Lebensmittel verwendete. Das Jahr 1123 war fruchtbar, nur Hagel verursachte Schäden, der folgende Winter streng und schneereich. 1124 folgte einer Sonnenfinsternis eine schwere Seuche unter Schafen und Schweinen, Winter- und Sommergetreide missrieten. Wie immer werden bei den Wetter- und Ernteberichten nur die außergewöhnlichen Phänomene berichtet.[155] 1122/1123 zogen bzw. pilgerten zahlreiche Adlige nach Jerusalem – auch bei der Elite der böhmischen Länder begann der Kreuzzugsgedanke inzwischen Fuß zu fassen.

Nach dem Tode des Cosmas gibt es für die Geschichte des 12. Jahrhunderts vier böhmische Geschichtsschreiber, die als seine Fortsetzer gelten: einen bis 1142 annalistisch (jahrweise) schreibenden Kanoniker des Wyschehrader Kollegiatsstifts, der besonders Soběslav I. bewunderte. Zweitens den für die Zeit von

---

[154] *Rerum cunctarum comes indimota mearum* (Cosmas III 43).
[155] Wozniak, Naturereignisse im frühen Mittelalter.

1140–1167 fast einzigen Chronisten, den Kanoniker und Notar der Prager Kirche Vinzenz von Prag, der sein Werk dem König Vladislav II. und seiner zweiten Gemahlin Judith von Thüringen widmete und vor allem auch die Geschichte der bedeutenden Bischöfe Heinrich Sdik von Olmütz und Daniel von Prag beschrieb. Man hat dieses Werk des tschechischen Autors auch schon als erste böhmische Memoiren bezeichnet. Ferner schrieb ein unbekannter Mönch aus dem Kloster Sázava, Anhänger Herzog Soběslavs II., eine Geschichte bis 1162. Der bedeutendste Historiograph dieser Zeit aber war der gebildete Prämonstratenser Gerlach von Mühlhausen. Vermutlich im Rheinland 1165 geboren, trat er 1177 in das böhmische Kloster Selau (Želiv) ein und wurde 1187 Abt des Prämonstratenserklosters Mühlhausen (Milevsko). Sein Werk knüpft mit dem Jahr 1147 direkt an Vinzenz von Prag an und reicht bis 1198. Es wurde zwischen 1214–1222 verfasst. In Böhmen wurde Gerlach wohl schnell heimisch, als Chronist wird er wegen seines (auch vom Hof) unabhängigen Urteils geschätzt.[156] Neben diesen wichtigen Geschichtsschreibern bekommen zu dieser Zeit auch Urkunden als Quellen zunehmende Bedeutung.[157]

Der neue Herzog Soběslav I. (1125–1140) hatte bereits, wie wir sahen, ein dramatisches Leben hinter sich. Trotz aller bisherigen heftigen Kämpfe des machthungrigen Přemysliden wird er (auch noch von Cosmas) als ein beim Volk und bei den Stadtbürgern beliebter Herrscher bezeichnet, der sich, das betont der Chronist als besonders positives Merkmal, vom Genuss des Mets fernhielt. Zunächst wandte sich Soběslav nach Mähren, um seinem alten Thronrivalen Otto Mähren oder wenigstens den Brünner Anteil abzunehmen; vielleicht nutzte er mit dieser Aktion die Schwächephase des Königtums nach dem Tode Kaiser Heinrichs V. am 23. Mai 1125 aus. Otto aber floh sofort zum neuen König Lothar III. (1125–1137) nach Regensburg, der dort im November 1125 seinen ersten Hoftag abhielt. Soběslav hatte nur Gesandte geschickt, die wohl zu spät eintrafen und in dieser Situation (auch als Niederrangige) keinen Erfolg hatten. Lothar entschloss sich, auf Otto zu setzen, wohl auch durch dessen falsche Versprechungen über seine breite Anhängerschaft im Land beeinflusst. Er suchte die böhmische Angelegenheit vor der ihm drohenden Auseinandersetzung mit den Staufern schnell zu klären. Denn er benötigte wie seine Vorgänger die militärische Unterstützung der Böhmen. Den unsteten Soběslav schätzte er offenbar

---

[156] Diese Quellen sind ediert in den Fontes rerum Bohemicarum (FRB) Bd. 2, hg. von Josef Emler, Prag 1874/75: Canonicus Wissegradensis, S. 201–237, Mönch von Sázava, S. 238–269, Vinzenz von Prag, S. 402–460, Gerlach von Mühlhausen, S. 461–516. – Dazu Bláhová, Dějepisectví v českých zemích přemyslovského období; Bláhová, Hofgeschichtsschreibung. Zu Vinzenz: Bláhová, Das Werk des Prager Domherrn Vincentius und jetzt Anna Kernbach, Der Kaiser und sein Abglanz. In: Görich/Wihoda (Hg.), Verwandtschaft, S. 15–52. Siehe zu den Quellen und ihren Autoren auch die betreffenden Artikel im Lexikon des Mittelalters (LexMA) und im Verfasserlexikon.

[157] Gustav Friedrich (Hg.), Codex diplomaticus et epistolaris regni Bohemiae, Bd. 1, Prag 1904–1907 (CDB). Es umfasst die Urkunden von 805 bis 1197.

4.1 Soběslav I., der „Vater des Vaterlandes"?

gering ein. Daher fiel er mit einem sächsischen Heer, begleitet von Otto und seinen Anhängern, im kalten schneereichen Februar 1126 über das Erzgebirge nach Böhmen ein. Ein Angebot des Soběslav, sich vor der Schlacht zu einigen, schlug er aus. Lothars Heer erlitt daraufhin eine schwere Niederlage gegen die geeinten Truppen Soběslavs, der König selbst wurde von den böhmischen Kämpfern eingeschlossen. Otto fiel und ebenso eine große Anzahl sächsischer Hochadliger; noch 30 Jahre später schrieb der Chronist Otto von Freising vom langen Hass zwischen Sachsen und Böhmen wegen dieses Verlustes.[158] Das Volk aber sah den Grund des Sieges der Böhmen im Eingreifen des hl. Wenzel, des Landespatrons, der von einigen, so heißt es, auf einem weißen Ross reitend gesehen worden war.

Nun kam es trotz der günstigen militärischen Lage für die Böhmen durch Vermittlung des Heinrich von Groitzsch (des Neffen Soběslavs) zu einer schnellen friedlichen Einigung. Der realistische Soběslav unterwarf sich dem König, leistete ihm Mannschaft[159] und den Treueid und ließ die gefangenen Sachsen frei; Lothar III. bestätigte ihm das Herzogtum Böhmen.[160] Der Herzog hatte sein Ziel erreicht und seine Herrschaft gesichert, der König hatte trotz der Niederlage sein Gesicht wahren können. Beide Seiten wollten die lange Zeit der Kooperation zweifellos weiterführen.

Im Bericht eines sächsischen Chronisten[161] treten hier alle Zutaten einer klassischen Belehnung wie Vasallität, Treueid und Lehen (*beneficium*) auf, nicht aber in den böhmischen und anderen Quellen. Der Chronist wollte mit diesen Elementen wohl die Unterwerfung Soběslavs unter seinen sächsischen König Lothar besonders deutlich machen. Es ist also durchaus fraglich, ob dieser Bericht einen Beleg für die grundsätzliche Einsetzung eines böhmischen Herzogs in lehensrechtlichen Formen darstellt.[162] Ein Zeichen für die enge Partnerschaft aber war es, dass Lothar Pate eines Sohnes Soběslavs wurde.

Dem 1126 verstorbenen Bischof von Olmütz, Johannes, folgte mit Unterstützung des böhmischen Herzogs Heinrich Sdik (1126–1150) aus einheimischem Adel, der noch im selben Jahr von Lothar III. in Worms die Investitur und die Weihe vom zuständigen Mainzer Erzbischof erhielt. Sdik identifizierte sich völlig mit der entstehenden Kirchenreform, die er im Westen kennengelernt hatte; er

---

[158] Otto von Freising I 22. Die Witwe Ottos zog sich in das heimatliche schwäbische Kloster Zwiefalten zurück.
[159] Mannschaft (*homagium*): die Erklärung, ein Mann (Vasall) des Königs zu sein.
[160] Zahlreiche Quellen zu dieser Schlacht und ihren Folgen, u. a. Mönch von Sázava, FRB II, S. 256 f., Otto von Freising Gesta I 21 f., Korveyer (Paderborner) Annalen, hg. von Paul Scheffer-Boichorst, Innsbruck 1870, S. 148 f.
[161] Annalista Saxo zu 1126.
[162] Siehe Dendorfer, Der König von Böhmen als Vasall des Reiches?, S. 240–246. Noch skeptischer zum Lehenswesen ders., Vasallen und Lehen unter Friedrich Barbarossa: Politische Bindungen durch das Lehenswesen? In: Görich/Wihoda (Hg.), Verwandtschaft, S. 69–95.

sollte zu einem der bedeutendsten geistlichen Fürsten des 12. Jahrhunderts in den böhmischen Ländern werden.[163]

Schon 1127 beteiligte sich Soběslav mit böhmischen Kriegern an der Seite Lothars gegen seine staufischen Feinde bei der allerdings vergeblichen Belagerung Nürnbergs, auch 1128 bei der ebenso vergeblichen Belagerung Speyers; 1131 aber eroberten Soběslavs Krieger mehrere staufische Burgen. 1132 war der Böhme in Bamberg bei der Vorbereitung des Romzuges zur Kaiserkrönung Lothars anwesend. 300 böhmische Ritter unter dem Přemysliden Jaromir (einem Sohn Bořivojs II.) beteiligten sich daran, die allerdings schon in Augsburg (in der Nähe der staufischen Machtbasis) in erste Kämpfe gerieten.

Mit dem ungarischen König Stephan II. (1116–1131) war es bereits nach längerer Gegnerschaft zu einer Allianz gekommen, Soběslavs Frau Adelheid stammte aus Ungarn. Dagegen fielen die Böhmen mehrere Male in das polnische Schlesien ein, wo sie ungeheure Beute gemacht haben sollen.

Im Inneren der böhmischen Länder ging Soběslav entschieden gegen die mährischen Přemysliden und andere hohe Adlige vor. Konrad von Znaim und Vratislav von Brünn, seine Vettern, wurden, wie auch schon Břetislav (der Sohn Břetislavs II.), gefangengesetzt oder vertrieben. Es war wohl zu einer Verschwörung eines Teils des Adels gekommen, dem die Tendenz Soběslavs, sich mehr auf den niederen Adel, seine Ritter, und die Stadtbevölkerung zu stützen, nicht recht war. Die Magnaten versammelten sich daher hinter den anderen Přemysliden. Ein Verdacht der Teilnahme fiel auch auf den Prager Bischof Meinhard, da er sich mit anderen Anhängern um die Befreiung des gefangen genommenen Břetislav bemüht hatte – einer Auseinandersetzung mit dem Herzog wich der Bischof durch eine Jerusalemwallfahrt aus. Da zu dieser Zeit allenfalls von Seiten der späteren Erben des polnischen Königs ein Feind in Böhmens Nachbarschaft sichtbar war, lassen sich Soběslavs Maßnahmen zur Verstärkung und zum Neubau von Burgen in Grenznähe auch als eine Maßnahme gegen den Hochadel interpretieren.

Auch der Ausbau und die Ausschmückung des Stiftskapitels auf dem Wyschehrad waren Soběslav wichtig, wo er sich gern aufhielt. Denn das Wyschehrader Kapitel blieb zweifellos eine Konkurrenz zum bischöflichen Domkapitel auf dem Hradschin, wie schon zu der Zeit Bischof Gebehards und jetzt wieder in den Spannungen mit Bischof Meinhard.

Der adlige Aufruhr gegen den Herzog lebte neu auf; Soběslav entging 1130 nur knapp einem Mordanschlag.[164] Die Täter und ihre Anhänger wurden hingerichtet, der gefangene junge Břetislav wurde geblendet und damit herrschaftsunfähig gemacht. Den 1131 aus Jerusalem zurückgekehrten Bischof Meinhard stellte Soběslav zunächst vor sein fürstliches Gericht, gab die Entscheidung dann aber an den Bamberger Bischof Otto und andere Bischöfe ab, die Meinhard frei-

---

[163] Zu ihm Hilsch, Die Bischöfe von Prag.
[164] Zum Folgenden Novotný I,2, S. 609–612.

4.1 Soběslav I., der „Vater des Vaterlandes"?

sprachen. Der Bischof wandte sich vorsichtshalber auch an die Kurie, die einen Legaten nach Böhmen schickte, der Meinhard nach Rom zitierte. Sein Mainzer Metropolit Adalbert I., der wohl damit auch seine Vorrangstellung in Jurisdiktionsfragen gegenüber der Kurie betonen wollte, reinigte ihn endgültig von allen Vorwürfen. Bischof Meinhard starb 1134, vom Wyschehrader Kanoniker und dem Mönch von Sázava als Geistlicher gerühmt. Bischof Heinrich Sdik beschwor Soběslav und seine Anhänger, dem „armen Fremdling" wenigstens am Grab zu verzeihen.[165]

An den Hoftagen Lothars in Magdeburg und dem besonders feierlichen in Merseburg (1135) beteiligten sich Soběslav, der zur Rechten des Kaisers sitzen durfte und dort die Unterwerfung des Polen Bolesław Schiefmund († 1138) unter Lothar III. miterlebte.

Bischof Heinrich Sdik von Olmütz, der Rückhalt am böhmischen Herzogshof hatte und sich mehr in Prag als in seiner Diözese aufhielt, geriet inzwischen mit seinen reformerischen Aktionen mit den mährischen Přemysliden in Konflikt. Vielleicht um diesem auszuweichen, reiste er Anfang 1137 nach Konstantinopel und ins Heilige Land, 1139 hielt er sich in Rom auf. Soběslav vertrieb daraufhin den Olmützer Přemysliden Lutold und setzte an dessen Stelle seinen eigenen Sohn, auch er mit Namen Vladislav, als mährischen Teilfürst ein.

Im selben Jahr starb Anfang Dezember Kaiser Lothar III.; nicht sein Schwiegersohn Heinrich der Stolze, Herzog von Sachsen und Bayern, sondern der Herzog von Schwaben, der Staufer Konrad III. wurde 1138 von einem Teil der Fürsten zum König gewählt.

Schon an Konrads erstem Hoftag in Bamberg erschien Soběslav mit seinem zehnjährigen Sohn Vladislav und großem Gefolge, um gleich seine Treue zu demonstrieren[166]; seine Entscheidung für den Staufer sollte sich als richtig erweisen. Er erreichte es, dass der König schon zu diesem Zeitpunkt Böhmen seinem Sohn Vladislav zu Lehen gab. Damit suchte Soběslav die übliche Herzogswahl des böhmischen Adels zur Formalie zu degradieren und damit einen Schritt zum monarchischen Erbrecht zu gehen. Bei einer Versammlung in Sadska bestätigten nur die Krieger Soběslavs seinem Sohn Vladislav ihre Treue. Die Maßnahmen des Herzogs, die eine stärkere Zentralgewalt vorsahen, waren sicher ebenfalls Schuld an den Adelsunruhen in seiner Regierungszeit. Für die frühere Herzogszeit kann man wohl ein Gleichgewicht zwischen Herzog und Hochadel (der auf etwa zwei Dutzend Familien geschätzt wird) konstatieren.[167] Dieses Machtgleichgewicht geriet jetzt von beiden Seiten in Unruhe. Denn der selbstbewusster gewordene Adel wollte sich sein Wahlrecht nicht nehmen lassen; der Weg zu einem Adelsstand, der Mitsprache erwartete, wurde sichtbar. Eine gewisse Parallele des ständischen Aufstiegs ist auch in Ungarn zu erkennen, als die un-

---

[165] Canonicus Wissegradensis, FRB II, S. 220, Mönch von Sázava, FRB II, S. 260.
[166] Novotný I 2, S. 630 ff.
[167] Wihoda, Macht und Struktur, S. 349.

garischen Großen 1123 einen Kriegszug des Königs gegen Wolhynien zu seiner Privatsache erklärten und sich zum ersten Mal gegenüber ihrem Herrscher durchsetzten.[168]

1139 brach Soběslav mit seinem Heer nach Norden auf, um die Erbschaft des Heinrich von Groitzsch anzutreten, die ihm wohl auch der König zugebilligt hatte. Auch zum Reichskrieg gegen Heinrich den Stolzen wurde der Böhme aufgeboten, der aber ohne Kampf mit einem vorübergehenden Ausgleich endete. Doch 1140 starb Soběslav I. ebenso wie seine Ehefrau Adelheid, und wurde auf dem Wyschehrad begraben.

War seine Herrschaft ein „Glück für Böhmen"?[169] Die Chronisten loben ihn, Vinzenz nennt ihn gar einen ‚Vater des Vaterlandes' (*pater patriae*). Zweifellos war er ein tüchtiger und umsichtiger Herrscher, der das Land durch die Fährnisse der Zeit steuerte, und mit den römisch-deutschen Königen (nach der erfolgreichen Abwehr Lothars III.) gut zusammenarbeitete. Bei seinen erfolgreichen Kriegern, beim Klerus (mit Ausnahme Bischof Meinhards) und auch bei der Bevölkerung der Städte, die allmählich an Bedeutung gewannen, war er beliebt. Dort suchte er offenbar Rückhalt gegen die übrigen Přemysliden und einen Teil des hohen Adels. Sein machtbewusster Umgang mit diesen und sein Versuch, das Erbrecht zu etablieren, sollten allerdings in der Zukunft negative Folgen zeitigen.

4.2 Vladislav II., die Staufer und die Kirchenreform

Die böhmischen Herren, unter ihnen wird besonders der Adlige Načerad genannt, dachten natürlich nicht daran, den Wunsch Soběslavs für seine Nachfolge und die Eventualbelehnung König Konrads III. zu beachten; sie übten ihr Wahlrecht aus und erwählten einen anderen Vladislav, den Sohn Vladislavs I. und Neffen Soběslavs zu ihrem Herzog.[170] Konrad III. übertrug ihm ohne Konflikte Böhmen 1140 in Bamberg.

Ob Vladislav II. damals bereits mit Gertrud von Babenberg, der Halbschwester des Königs, die Ehe geschlossen hatte, wissen wir nicht, aber mit dieser Ehe verband er sich eng mit den Staufern und den ebenfalls mächtigen Babenbergern.[171] Im bisher nicht bekannten Ausmaß wurde der böhmische Herzog damit in die Reichspolitik einbezogen.

---

[168] János M. Bak, Stefan II., LexMA, Bd. 8, Sp. 114.
[169] So Novotný ČD II, S. 662.
[170] Hilsch, Die Bischöfe von Prag.
[171] Die Mutter Konrads III. war in zweiter Ehe mit dem Babenberger Markgrafen Leopold III. von Österreich verheiratet.

4.2 Vladislav II., die Staufer und die Kirchenreform

Zwar gibt Vinzenz an, Vladislav II. sei mit der Zustimmung aller Adligen Böhmens gewählt worden, aber die Realität sah bald anders aus. Der Prager Bischof Silvester, noch 1139 von Soběslav installiert, resignierte und kehrte in sein Kloster zurück. Sein Nachfolger wurde Otto, bisher Propst der Prager Kirche. Einen Aufstand böhmischer Magnate suchte Vladislav 1141 durch zahlreiche Hinrichtungen zu ersticken. Doch viele Aufständische flohen nach Mähren zu Konrad II. von Znaim, zu Vratislav von Brünn, zu Otto III. von Olmütz und anderen Přemysliden. Konrad wurde von ihnen zum Thronkandidaten erkoren; an der Spitze eines Heeres brach er in Böhmen ein und schlug (nach einem vergeblichen Ausgleichsversuch) im April 1142 Vladislav in der Nähe von Tschaslau (Čáslav), bei der der adelige Načerad, der ursprünglich für die Wahl Vladislav II. stark verantwortlich war, auf Seiten der Aufständischen fiel.

Bischof Heinrich II. Sdik, der auf Seiten des Vladislav stand, wurde jetzt erst recht der Zutritt zu seiner Diözese verwehrt, er antwortete mit dem Kirchenbann und dem Interdikt für Mähren. Um persönlich der bedrückenden Situation zu entgehen, hatte er schon mehrmals vom Papst eine Erlaubnis zur Prussenmission zu erreichen gesucht. Mit Vladislav floh er jetzt zu König Konrad III. nach Frankfurt, während der mährische Konrad II. die von Diepold (Dětpolt), dem Bruder des Herzogs, verteidigte Prager Burg (vergeblich) belagerte, aber die Veitskirche und St. Georg in Brand setzte. Doch der Umschwung kam schnell: Mit König Konrad III. und einem Heer erschien Vladislav II. wieder im Land, zuerst auf dem Wyschehrad. Der bloße Eindruck des staufischen Heeres genügte; ohne einen Schwertstreich konnte Konrad III., nachdem er Pfingsten in Prag gefeiert hatte, 1142 wieder nach Frankfurt zurückkehren, vermutlich mit einer finanziellen Entschädigung versehen. Vladislavs Stellung war damit wieder befestigt und er konnte nun Rache nehmen: 1143 verwüstete er in einem Kriegszug ganz Mähren und unterwarf es seiner Oberhoheit.

Auch Sdik konnte, wenigstens in Böhmen, wieder tätig werden: Er übertrug gemeinsam mit dem Herzogspaar Vladislav und Gertrud das Kloster Strahov (bei Prag) dem Reformorden der Prämonstratenser und besiedelte es mit Mönchen aus Steinfeld (in der Eifel), das Frauenkloster Doxan (Doksany) in Nordböhmen mit Prämonstratenserinnen aus dem Kloster Dünnwald bei Köln. Aber es war ihm immer noch nicht möglich, in seine verwüstete Olmützer Diözese zurückzukehren; als Verbindungsmann und Diplomat Vladislavs wie auch Konrads III. war er stattdessen vor allem am Königshof und an anderen Fürstenhöfen in Deutschland tätig. Seine Reformbemühungen wurden schließlich durch einen päpstlichen Legaten, den Kardinaldiakon Guido de castro Ficeclo, entscheidend unterstützt.[172] In dessen Gefolge befanden sich in Böhmen zwei weitere wichtige Personen aus dem kirchlichen Reformlager: der Propst Gerhoch von Reichersberg, Theologe und Kirchenreformer († 1169), und der bereits der Ketzerei verdächtige Arnold von Brescia († 1154).

---

[172] Zu Guidos Legation Hilsch, Die Bischöfe von Prag, S. 41–52, 234–237.

Einen ersten Erfolg seiner Reise vermeldete der Legat selbst: Er habe den mährischen Fürsten wieder die Gnade des Herzogs verschafft. Die zweite Aufgabe war noch schwieriger, nämlich die „Mängel und Vergehen der Kleriker auszurotten".[173] Wie schwer dem Kirchenreformer der kirchliche Tiefstand in der böhmischen Kirche erscheinen musste, sieht man an den Maßnahmen, die Guido bei den höchsten Prälaten (im Rang gleich unter dem Bischof) vornahm: Die Pröpste des Prager Domkapitels und der Wyschehrader Stiftskirche (der Hofkapelle des Herzogs), Jurata und Hugo, wurden abgesetzt; denn beide waren Laien und wollten oder konnten sich von ihren Frauen nicht trennen. Der Dekan und Archidiakon Peter verlor sein Amt wegen ‚Trigamie und Simonie',[174] auch die Äbtissin von St. Georg und der Abt Silvester von Sázava wurden abgesetzt, der Abt des Klosters Hradisch (bei Olmütz) neu gewählt. Immer wieder ließ Guido die Satzungen des 2. Laterankonzils (1139) vorlesen, auch wollte er in jeder Pfarrei Volkskirchen (*plebales ecclesias*) einrichten lassen. Der Mönch von Sázava vermerkt lakonisch zu 1143: „Im selben Jahr trennte der Legat des Papstes die Priester von ihren Frauen." Dass es mit Guidos Legation zu einer wirksamen Durchsetzung des Zölibats und des Verbots der Simonie, des „Kaufs geistlicher Ämter", in der böhmischen Kirche kam, ist nicht anzunehmen. Dennoch wurde das Interesse des Papsttums an den böhmischen Ländern deutlich und sein Einfluss war dort zweifellos angewachsen.

Die wichtigen Propsteien sind nun durch zwei Männer der Reformrichtung besetzt worden, die vielleicht schon (durch Heinrich Sdik) an der Kurie bekannt waren und die eine große Rolle auch in der Reichspolitik spielen sollten: Alexander wurde als Propst auf dem Wyschehrad installiert und wurde der erste uns namentlich bekannte Kanzler des Herzogs. Sein Bruder Daniel wurde Propst der Prager Kirche. Sie stammten aus einer Priesterfamilie, ihr Vater Magnus war Prager Kanoniker, vielleicht waren sie auch mit Heinrich Sdik verwandt.[175] Ob die Familie aus Böhmen oder von außerhalb stammte, wie dies die damals ungewöhnlichen Namen nahelegen könnten, wissen wir nicht. Beide Pröpste dürften mit dem Legaten Guido auf seiner Rückreise nach Rom gezogen sein, um sich in ihrer neuen Eigenschaft an der Kurie vorzustellen.

Die Legation Guidos gab der Reform der böhmischen Kirche und Gesellschaft einen neuen Schwung. Aber auch Herzog Vladislav II. und seine Frau Gertrud erwiesen sich als ihre Förderer: Gewiss mit Unterstützung Heinrich Sdiks wurden von ihnen und vom Hochadel weitere Stifte und Klöster der Reformorden errichtet. Neben den schon erwähnten Strahov und Doxan wurde den Prämonstratensern das ursprünglich benediktinische Leitomischl (Litomyšl) in Mähren übertragen, die Zisterzienserklöster Sedletz (Sedlec), Plaß (Plasy), Nepomuk und

---

[173] *Ad exstirpandum clericorum vitia.*
[174] Trigamie: zum dritten Mal verheiratet oder Leben mit drei Frauen. Simonie: Kauf geistlicher Ämter.
[175] CDB I 164.

4.2 Vladislav II., die Staufer und die Kirchenreform

Münchengrätz (Mnichovo Hradiště) wurden gegründet und fast durchweg mit Mönchen aus dem benachbarten deutschen Raum besiedelt. Insgesamt ist festzustellen, dass die neue böhmische Geistlichkeit an Selbstbewusstsein gegenüber dem Adel und dem Herrscher gewann.

Inzwischen erreichte Heinrich Sdik, der enge Berater des Herzogs wie auch des Königs, von König Konrad III. ein erstaunliches Privileg: Dieser bestätigte dem mährischen Bischof, den er vor den anderen Bischöfen wegen seiner religiös-kirchlichen Tätigkeit als ‚Präzeptor' hochschätzte, den Besitz der zwischen Prag und Olmütz umstrittenen Burg Podivin und ein dortiges Münzrecht.[176] Erstaunlich ist dies deshalb, weil es ein Eingreifen des Königs in innerböhmische Konflikte war. Ging es dem Staufer nur um die Belohnung des von ihm hoch verehrten Sdik oder hielt er den Olmützer Bischof wie die deutschen Bischöfe bereits für einen vom Landesherrn mehr oder weniger unabhängigen ‚Reichsfürsten'? Das Münzrecht kann als ein fürstliches Privileg gelten. Der Herzog hat zwar (vielleicht auf Bitten Konrads) den Prager Bischof Otto mit anderem Besitz (mit dem Gut Selau/Želiv) entschädigt, selbst aber, das ist bezeichnend, die Übertragung von Podivin und das Münzrecht in einer eigenen Urkunde verfügt, ohne die königliche Schenkung zu erwähnen.

Das Einvernehmen Vladislavs, zu dem der Herzog mit seinen mährischen Vettern 1142 gekommen war, hielt jedoch nicht lange an. Heinrich Sdik wurde auf einer Reise nach Rom von Konrad II. und Vratislav von Brünn überfallen und entging nur knapp einem Mordanschlag. Nachdem Sdik doch nach Rom gelangt war, wurden daraufhin die Přemysliden Konrad, Vratislav und Diepold exkommuniziert, ebenso eine Reihe von Männern, die wegen des Entzugs ihrer Pfründen durch den Legaten Guido zweifellos erbittert waren, darunter die abgesetzten Pröpste Jurata und Hugo. Sie alle gaben dem Olmützer Bischof die Schuld an ihrer jetzigen Lage.

Heinrich Sdik, unterstützt bereits durch den Prager Propst Daniel, verhandelte nun in Fragen des Romzuges zwischen König Konrad III. und dem neuen Papst Eugen III. (1145–1153), der seine Hochschätzung des Olmützer Bischofs ebenfalls deutlich kundtat. Vladislav suchte auf diplomatischem Weg einen Kontakt zum byzantinischen Kaiser Manuel Komnenos (1118–1180) aufzunehmen, der selbst ein Schwager Konrads III. war; auf dieser Mission, die wohl den geplanten Kreuzzug betraf, starb sein Gesandter, Kanzler Alexander 1146.

Der Zisterzienserabt Bernhard von Clairvaux, der wichtigste Initiator des zweiten Kreuzzugs, hatte sich in einem glänzend formulierten Aufruf auch an Herzog Vladislav, den böhmischen Adel und alle Böhmen um Unterstützung für die ‚Sache Christi' gewandt.[177] Der Herzog und Teile des Adels nahmen das Kreuz und folgten damit dem römisch-deutschen König. Die Sachsen im Reich (aber auch die Dänen und Polen) sahen allerdings attraktivere Ziele vor Augen, als in

---

[176] CDB I 138.
[177] CDB I 150.

den fernen Orient zu ziehen. Unter dem Banner des Kreuzzugs wollten sie ihre noch heidnischen elbslawischen Nachbarn bekämpfen und damit ihre eigenen Herrschaftsgebiete befestigen und ausweiten. Sie gewannen schließlich den Papst und vor allem auch Bernhard von Clairvaux dafür, ihnen ebenfalls einen Kreuzzugsaufruf für die Missionierung der Elbslawen zu gewähren. Den Aufruf Bernhards, nicht den milderen des Papstes Eugen III., kann man vereinfacht mit dem Motto „Tod oder Taufe" für die elbslawischen Stämme bezeichnen. An diesem sog. Wendenkreuzzug beteiligte sich neben anderen Bischöfen und dem einflussreichen Abt Wibald von Stablo (1158) auch Bischof Heinrich Sdik von Olmütz. Ob er sich zunächst über die wahren Absichten der sächsischen Fürsten getäuscht hatte? Erst bei der geplanten Belagerung der bereits christlichen Stadt Stettin durch die Kreuzfahrer unter dem jungen Welfen, Heinrich dem Löwen, wurden den letzten Gutgläubigen die wahren Absichten der Fürsten deutlich. Insgesamt endete der Wendenkreuzzug ohne wesentliche Erfolge – auch was die Missionierung betraf.

Herzog Vladislav, der die Verwaltung des Landes seinem wieder aus dem Kirchenbann entlassenen Bruder Diepold anvertraut hatte, schloss sich dem Kreuzzug Konrads III. vermutlich in Österreich an. Aber nach den unglücklichen Niederlagen gegen die Seldschuken in Kleinasien kehrten die Böhmen über Konstantinopel, wo man Vladislav freundlicherweise schon den Königstitel zulegte, Mitte 1148 wieder nach Böhmen zurück, ohne Jerusalem gesehen zu haben.

Der Prager Bischof Otto starb im selben Jahr; dem Herzog war er stets untertan gewesen und stand immer im Schatten Heinrich Sdiks. Propst Daniel, schon lange weltoffener und angesehener Diplomat zwischen Böhmen, dem König und der Kurie, wurde im Juli 1148 zu seinem Nachfolger gewählt, sicher entschied auf Betreiben Sdiks der Herzog selbst. Daniel hatte in Paris studiert und konnte italienisch, wie dies sein wichtigster Chronist und Kaplan Vinzenz von Prag überliefert. Er war befreundet mit dem königlichen Kanzler Arnold von Wied (später Erzbischof von Trier), mit dem oft am Königshof tätigen Abt Wibald von Stablo, mit dem er korrespondierte, und dem Abt Hugo von Premontré. Mit seiner ersten gewaltsamen, aber uns nicht ganz durchschaubaren Aktion vertrieb der neue Bischof Daniel die Benediktiner unter dem Abt Reinhard aus dem Kloster Selau (Želiv), das im Eigentum des Prager Bistums war, und ersetzte sie durch Prämonstratenser aus Steinfeld unter Abt Gottschalk, kümmerte sich aber, soweit wir sehen, später nicht mehr um diese. Der Mönch von Sázava, ein Benediktiner, kritisierte, es sei wohl nur darum gegangen, den Ort „Klerikern des Augustinerordens aus dem Ausland"[178] zu übergeben.

Im Juni 1150 starb Heinrich Sdik. Gerlach von Mühlhausen nennt den Olmützer Bischof „eine Zierde der Bischöfe seiner Zeit, einen Gott sehr wohlgefälligen Mann, am päpstlichen wie am kaiserlichen Hof sehr bekannt, in seiner Zeit die Stütze und das Licht Böhmens und Mährens". Er ließ sich bezeichnenderweise

---

[178] Die Prämonstratenser befolgten die Augustinusregel.

4.2 Vladislav II., die Staufer und die Kirchenreform

nicht in Olmütz, sondern im Kloster Strahov bei Prag bestatten. Vor allem die Prämonstratenser weit außerhalb Böhmens betrauerten seinen Tod, aber auch Bernhard von Clairvaux nannte ihn einen „heiligen und gelehrten Mann".[179] Im selben Jahr starb auch die Herzogin Gertrud, die mit Vladislav vier Kinder hatte. Sie hatte als Babenbergerin wohl auch auf Vladislavs Politik Einfluss genommen und war den Reformorden immer gewogen gewesen. An den letzten drei Hoftagen des Staufers Konrad III. beteiligte sich nur Bischof Daniel. Vielleicht lag eine gewisse Abkühlung im Verhältnis Vladislavs zum König am Verlust des Bautzener Landes, den wir nicht datieren können.

Nach dem Tod König Konrads im Februar 1152 wurde kurz darauf sein Neffe Friedrich I. Barbarossa zum König gewählt, dessen Mutter Judith, die Welfin aus der mit den Staufern konkurrierenden Familie des sächsischen Herzogs Heinrich des Löwen stammte.[180] Vladislav selbst stand deshalb zuerst auf Seiten seines babenbergischen Vetters und bayerischen Herzogs Heinrich Jasomirgott und hielt Distanz zum neuen König; denn dieser plante, so wohl eine Wahlabsprache, das Herzogtum Bayern dem sächsischen Herzog Heinrich dem Löwen zu geben. Hierbei könnte der Verlust des Bautzener Landes (das wohl an Konrad von Wettin gegangen war), auf das die Böhmen (seit 1136) erbliche Ansprüche hatten, ebenfalls eine Rolle spielen. Obwohl geladen, beteiligte sich Vladislav also nicht am ersten Hoftag Friedrichs I. in Merseburg; von den Böhmen waren nur Bischof Daniel und einige Adlige anwesend. Bischof Daniel gelang es hier, eine drohende Thronkandidatur des Přemysliden Ulrich (eines Sohnes Soběslavs I.) bei König Friedrich I. zu verhindern. Zugleich vermittelte Daniel die zweite Ehe Herzog Vladislavs mit Judith von Thüringen.

Friedrich I. zog 1154/55 mit einem eher kleineren Aufgebot von 1800 Rittern nach Rom zur Kaiserkrönung. Der bayerische Herzog Heinrich Jasomirgott und Herzog Vladislav beteiligten sich nicht, sondern verbanden sich mit dem Erzbischof Wichmann von Bremen und dem Askanier Albrecht dem Bären (der mehrfach mit den Přemysliden versippt war) im Böhmerwald (*in saltu Boemico*) in einer Fürstenverschwörung gegen den sächsischen Herzog Heinrich den Löwen. Aber nach der Rückkehr Kaiser Friedrichs nach Regensburg trafen sich Vladislav, Heinrich Jasomirgott und Albrecht mit ihm und besprachen einen Ausgleich ihrer unterschiedlichen Interessen. Auch an der Hochzeit Friedrichs mit Beatrix von Burgund in Würzburg (1156) waren die Böhmen Vladislav, sein Bruder Diepold, Bischof Daniel und der herzogliche Kanzler Gervasius anwesend. Die Absprachen sahen vor, dass die Böhmen am nächsten Italienzug teilnehmen würden, der Kaiser versprach im Gegenzug dem Vladislav die Königskrone und sicherte die Rückgabe von Bautzen zu. Vladislav verkündete hier persönlich den

---

[179] CDB I, Nr. 150.
[180] Zu Friedrich I. jetzt Görich, Friedrich Barbarossa; Ders., Die Ehre Friedrich Barbarossas. Kommunikation, Konflikt und politisches Handeln im 12. Jahrhundert, Darmstadt 2001 (fast ohne Bezüge zu Böhmen).

Wortlaut des *Privilegium minus*, der Urkunde, mit dem ein Ausgleich zwischen dem Babenberger Heinrich Jasomirgott und dem Welfen Heinrich dem Löwen geschlossen wurde. An diesem Ausgleich war dem Böhmen als Freund des Babenbergers viel gelegen. Heinrich Jasomirgott erhielt als Entschädigung für die Aufgabe Bayerns, das an den Welfen ging, das neue Herzogtum Österreich mit besonderen und außergewöhnlichen Privilegien.

Das gute Einvernehmen mit dem Kaiser zeigte sich nicht nur an der Anwesenheit der böhmischen Přemysliden und Bischof Daniels bei den weiteren Hoftagen Friedrichs, sondern auch an der böhmischen Beteiligung mit starken Kräften an seinem Polenfeldzug 1157. Dieser endete durch die Vermittlung Vladislavs mit der Anerkennung der Oberherrschaft Friedrichs durch Polens Herzog Bolesław IV.

4.3 Mit dem Kaiser in Italien – Das Papstschisma

Auf dem viel besuchten Hoftag in Regensburg Anfang 1158 setzte Kaiser Friedrich I. selbst dem Vladislav den Kronreif auf.[181] Zweifellos sollte Vladislav II. für die bisherige und vor allem für die schon vereinbarte zukünftige Hilfe von Friedrich I. belohnt werden.

Der Königstitel war für das Rang- und Prestigebewusstsein der Zeit von größter Bedeutung. Die Übertragung des Königstitels und der Königswürde war ein Erlass aus kaiserlicher Vollmacht, der auch für Vladislavs Nachfolger gelten sollte; von einer Mitwirkung der Reichsfürsten ist nicht die Rede. Sie zeigt aber die Sonderstellung Böhmens in ihrem Kreis. An bestimmten Festtagen sollten in Zukunft die Bischöfe von Prag und Olmütz Vladislav krönen können.

Die in der Forschung vieldiskutierte Krönungsurkunde des Kaisers vom 18. Januar 1158[182] unterscheidet allerdings genau zwischen dem *circulus* des Herzogs (!) Vladislav und der *corona* bzw. dem *diadema* des Kaisers,[183] vermutlich ist diese symbolische Herabstufung Böhmens durch den Kanzler des Kaisers, Rainald von Dassel, verursacht worden. Diesem ‚Scharfmacher' der staufischen Politik ging die Königserhebung des Vladislav wohl zu weit. Keine der böhmischen und deutschen Quellen gehen allerdings auf diese Unterscheidung ein, auch in der Lombardei wird Vladislav einfach nur als König bezeichnet. Neben

---

[181] So u. a. der Mönch von Sázava, FRB II, 265 und Vinzenz von Prag, ebd. S. 427. Zum weiteren Verlauf Hilsch, Die Bischöfe von Prag, S. 83–110.

[182] MGH DF.I., Nr. 201. Dazu zuletzt Wihoda, Sizilische Goldene Bullen, S. 109–116.

[183] In der Stauferzeit entstand, freilich nur im Reich, die Auffassung, dass dem Kaiser die Bügelkrone, den übrigen Königen der Kronreif zustehe. Dazu Percy Ernst Schramm, Herrschaftszeichen und Staatssymbolik, Bd. 3, Stuttgart 1956, S. 912 f.

4.3 Mit dem Kaiser in Italien – Das Papstschisma

der Krone bestätigte Friedrich I. dem Vladislav auch seinen Anspruch auf Bautzen und den alten polnischen Tribut.

Die Geheimabsprachen schon in Würzburg (1156) hatten vorgesehen, dass sich die Böhmen unter ihrem neuen König maßgeblich am zweiten Italienzug gegen Mailand beteiligen sollten. Bischof Daniel war die Seele dieses Plans, so Vinzenz. Dem Kaiser erwies der Bischof einen weiteren Dienst, weil er in Ungarn auch den ungarischen König Geisa II. bewog, für den Italienzug 500 Ritter zu stellen. Er vermittelte auch die Ehe von Geisas Tochter Elisabeth mit Friedrich, dem ältesten Sohn Vladislavs.

Auf dem böhmischen Hoftag, den der neue König Anfang 1158 in Prag ansagte, gaben er und der Bischof ihre bisher geheime Absicht bekannt, sich mit allen Kräften am Mailandfeldzug zu beteiligen. Ein Teil des älteren bzw. einflussreicheren Adels protestierte heftig gegen diesen Plan, da er ohne ihre Zustimmung gefasst worden sei; auch das möglicherweise erbliche Königtum sahen sie als Gefahr.

Besonders wüteten die Magnaten gegen den Bischof. Vladislav nahm ihn in Schutz und versprach, die Kosten des Zuges aus eigener Kasse zu bezahlen. Aber nicht der gesamte Adel suchte sich König Vladislav zu entziehen. Er appellierte an die adlige Jugend und die Ritterschaft, die ihm und dem Feldzug begeistert zustimmte, in Hoffnung auf Beute und Abenteuer. Im Mai 1158 brach die stattliche böhmische Streitmacht zu einem der größten Feldzüge auf, die sie im Rahmen des Reiches durchführen sollte.[184] Zum ersten Mal nahm auch der böhmische Herrscher selbst daran teil, außerdem neben dem Bischof Daniel und dem Kanzler Gervasius auch der Přemyslide Diepold und unser Chronist Vinzenz, Kaplan des Bischofs. Durch diesen Augenzeugen sind wir über den Feldzug und die Rolle der Böhmen gut unterrichtet.

Das böhmische Heer zog gleichsam als Vorhut des Gesamtheeres über Regensburg, wo wohl wegen Mangels an Lebensmitteln geplündert wurde, durch das Inntal und über den Brenner nach Bozen, wo man sich endlich gut verpflegen konnte. In der Nähe des feindlichen Brescia wurde dessen Umgebung, wie bei Kriegszügen üblich, schrecklich verheert. Daniel und Vladislav vermittelten zwischen der Stadt und dem inzwischen herangerückten Kaiser einen Frieden: Die Stadt stellte nun selbst Truppen gegen Mailand. Am Fluss Adda in der Nähe von Mailand gelang es zuerst den böhmischen Rittern, eine Furt zu finden, überzusetzen und die überraschten Mailänder Kämpfer trotz bedeutender eigener Verluste zurückzuwerfen und später ein weiteres Heer der Stadt in die Flucht zu schlagen. Die Errichtung von provisorischen Brücken für das Gesamtheer erwies sich jedoch als schwierig, da sie immer wieder zusammenbrachen. Bischof Daniel scheute nicht die Lebensgefahr und spendete auf einer halbzerstörten Brücke den Verwundeten geistlichen Trost. Vinzenz bedachte die Lage sorgfältig und entschloss sich, seinem Herrn nicht in diese Gefahr zu folgen.

---

[184] Zur Rolle des Bischofs auf dem Italienzug Hilsch, Die Bischöfe von Prag, S. 83–110.

Nach der Eroberung der nahen Burg Trezzo zog das kaiserliche Heer nach Lodi, das von den Mailändern weitgehend zerstört worden war. Nach einem gescheiterten Ausgleichsversuch Mailands wurde die Stadt, die etwa 150.000 Einwohner zählte[185], ab August belagert. Ausfälle der mailändischen Truppen, die man auf etwa 3000 Ritter und fast 10.000 Fußsoldaten schätzt, und kleinere Gefechte um Mauern und Tore der stark befestigten Stadt wurden, oft mit großem Einsatz der Böhmen, meist siegreich beendet, brachten jedoch keine Entscheidung. Dasselbe galt für die Belagerungsmaschinen der mit dem Kaiser kooperierenden Städte Cremona oder Pavia. Diese Feinde Mailands verwüsteten gemeinsam mit dem kaiserlichen Heer die Umgebung der Stadt und suchten auf diese Weise ihre wirtschaftlichen Grundlagen zu vernichten. Die böhmischen Ritter raubten dabei viele hübsche junge Frauen und brachten sie in ihr Lager, die Bischof Daniel aber wieder befreite.

In der langen Belagerung wurden der böhmische König und andere Fürsten schließlich kriegsmüde. So begannen beide Seiten mit Friedensverhandlungen. Nach dem Vorbild von Brescia wandten sich auch die Mailänder vor allem an König Vladislav um Vermittlung, die Bischöfe Daniel von Prag und Eberhard von Bamberg waren mit ihren Italienischkenntnissen die eigentlichen Verhandler. Sie geleiteten den Erzbischof Obert mit der gesamten Geistlichkeit Mailands zunächst feierlich vor das große Zelt des Kaisers. Die Unterwerfung, auf der Barbarossa bestand, fand in einer für die Zeit typischen ausführlichen Inszenierung statt: Die Konsuln der Stadt mussten mit blanken Schwertern um den Hals barfuß vor ihm erscheinen, konnten aber immerhin durchsetzen, keinen Fußfall tun zu müssen. Der Kaiser, dem die Schwerter übergeben wurden, nahm die Mailänder daraufhin wieder in seine Huld auf.[186]

In Monza, der Krönungsstadt des italischen Königreichs, wurde der Sieg mit einem großen Fest begangen. Dort wurden auch die Kämpfer für ihre Dienste belohnt; König Vladislav, der wie sein Bischof schwer erkrankt war, bekam neben verschiedenen Geschenken ein Zehntel der Strafzahlung Mailands (1000 Mark Silber[187]) zugesprochen. Daraufhin kehrten mit Vladislav auch der österreichische Herzog Heinrich Jasomirgott und viele andere Fürsten mit ihren Kriegern in ihre Heimatländer zurück. Das Geld ermöglichte dem böhmischen König, in der nächsten Zeit eine Reihe von Kirchen und Klöstern mit Schenkungen zu beglücken, die man vielleicht auch als geistliche Kompensation für die blutigen Schlachten sehen kann: Die Klöster Waldsassen, Kladrau (Kladruby), Hradisch (Hradišt) in Mähren, selbst die Meißner Kirche wurden von ihm bedacht.

Bischof Daniel sollte dagegen auf Wunsch des Kaisers wegen seiner diplomatischen Fähigkeiten und seiner Sprachkenntnisse am kaiserlichen Hof verblei-

---

[185] Zum Vergleich: die damals größte deutsche Stadt Köln verfügte über etwa 40.000 Einwohner.
[186] Zu diesem Ritual des Friedensschlusses die eindrucksvolle Darstellung bei Görich, Friedrich Barbarossa, S. 296–300.
[187] Fast 250 kg.

4.3 Mit dem Kaiser in Italien – Das Papstschisma

ben, was sein Kaplan Vinzenz, von Heimweh geplagt, sehr bedauerte und König Vladislav ungern sah.[188] Der wieder genesene Daniel begab sich als Gesandter des Kaisers in zahlreiche italienische Städte, um dort Geiseln und Huldigungen entgegenzunehmen und zum geplanten Reichstag von Roncaglia (1158/59) einzuladen. Dort wurde die „grundsätzliche Ordnung der politischen Verhältnisse unter ausdrücklicher Anerkennung der königlichen Rechts- und Herrschaftsansprüche"[189] beraten und beschlossen. Die an die Städte wirklich oder angeblich verliehenen königlichen Rechte, die Regalien, sollten die ungeheure Summe von jährlich 30.000 Pfund Silber für den kaiserlichen Fiskus erbringen.

Auf dem Hoftag wurde auch beschlossen, in den lombardischen Städten kaiserliche Vertreter, sog. Podestas, einzusetzen. Vor allem die auf der Seite Mailands stehenden Städte fürchteten allerdings mit Recht die neuen ronkalischen Gesetze und die Maßnahmen des Kaisers gegen ihre Selbständigkeit. Eine kaiserliche Gesandtschaft mit Kanzler Rainald von Dassel, den Bischöfen Daniel von Prag und Hermann von Verden und zwei weltlichen Fürsten sollte die Podestas einsetzen lassen. In Mailand kam es zu einem Aufruhr. Dramatisch beschreibt Vinzenz die Situation:

> „Es erhob sich plötzlich ein Geschrei: ‚Fora! Fora! Mora! Mora!' Das heißt: ‚Man werfe sie hinaus und töte sie'. Wir schlossen unsere Türen fest, aber durch die Fenster wurden Steine in den Raum geworfen."

Die Konsuln beruhigten zwar das Volk und suchten die Gesandten mit Geld zu besänftigen; diese aber flohen in der Nacht zum Kaiser.[190] Ein weiteres Abenteuer hatte der Prager Bischof mit seinen Getreuen in der Nähe von Bologna zu bestehen: Hier gerieten seine Kapelle und sein Schlafgemach in Brand. Daniel entkam dem Feuer nur mit einem Mantel und einem Schuh bekleidet. Vinzenz war von seinem Herrn gerade nach Bologna geschickt worden, um dort Kirchenrechtstexte einzukaufen – auf diese Weise gelangten durch Bischof Daniel wohl die Dekrete Gratians,[191] die neue und wichtigste Sammlung des Kirchenrechts, nach Böhmen.

Der Bischof und seine Begleiter waren auch bei der Belagerung der Stadt Crema anwesend, denn Vinzenz schildert ausführlich die außerordentlich grausame Kriegsführung auf beiden Seiten und die Technik der Belagerungsmaschinen.

Nach dem Tod Papst Hadrian IV. im September 1159 brach das Papstschisma aus. Die kaiserfreundliche Partei im Kardinalskollegium wählte Octavian als Viktor IV. zum Papst, die gegnerische Partei Roland als Alexander III. In einer Versammlung vor Crema stellten sich die deutschen Bischöfe und auch der Prager Daniel auf die Seite Kaiser Friedrichs, der sich neutral gab. In der Gesandtschaft,

---

[188] Hilsch, Bischöfe von Prag, S. 97 f.
[189] Görich, Friedrich Barbarossa, S. 301.
[190] Vinzenz von Prag, FRB II, S. 443–445.
[191] Die *Decreta Gratiani* sind um 1140 entstanden.

die zu den beiden Gewählten aufbrach, um sie zu der Kirchenversammlung in Pavia einzuladen, befanden sich auch Daniel und sein Freund Bischof Hermann von Verden, „unsere liebsten Fürsten", wie sie der Kaiser nannte.[192] In Pavia sollte die Entscheidung zwischen den beiden Gewählten fallen. Arrogant seien die Boten vor Alexander aufgetreten, so heißt es in der Vita Alexanders, die Quellen der kaiserlichen Seite berichten freilich nur von ihrem strikt neutralen Verhalten. In Pavia, wo fast 50 Bischöfe, die meisten aus dem Reich, erschienen waren, wurde schließlich keineswegs überraschend Viktor IV. zum rechtmäßigen Papst erklärt. Daniel stimmte wie fast alle anwesenden Bischöfe zu, einige wie Eberhard von Bamberg nur unter Vorbehalt.

Friedrich I. hatte nun größtes Interesse daran, seinem Papst die Anerkennung in ganz Europa zu verschaffen. Verschiedene Bischöfe und Fürsten wurden in die unterschiedlichen Länder geschickt, Bischof Daniel nach Ungarn und Böhmen. Der Bischof wurde in Ungarn ehrenvoll aufgenommen, König Geisa II. aber entzog sich zunächst einer Entscheidung.

Schließlich betrat Bischof Daniel im Juni 1160 nach fast zweijährigem Aufenthalt am Kaiserhof wieder Prag und wurde nun mit dem Unmut König Vladislavs konfrontiert: Gegen seinen Willen sei er so lange im Dienst des Kaisers gewesen. Das gewachsene Selbstbewusstsein des Bischofs als eines der engsten Berater Barbarossas, der ihn wohl schon als Reichsfürsten (*princeps imperii*) sah und behandelte, war der Hauptgrund seines Zorns, weniger Daniels Fehlen als geistlicher Oberhirte. Doch nahm der König den Bischof, der sich zweifellos diplomatisch verhielt, wieder in Gnaden auf.[193] Vladislav sah die gemeinsamen Interessen im Zusammengehen mit dem staufischen Herrscher und akzeptierte Viktor IV. als Papst, wenn auch nicht so exponiert wie sein Bischof. Doch durch den Aufenthalt des Přemysliden Ulrich, eines Sohnes Soběslavs I., der in Urkunden sogar Herzog Böhmens genannt wurde, am Hof des Kaisers, konnte sich Friedrich I. mit diesem möglichen Kandidaten in der Hinterhand der Unterstützung Vladislavs sicherer sein.

Schon im April 1161 brach ein Kontingent von mehr als 300 böhmischen Rittern unter Diepold, Vladislavs Bruder, und Friedrich, seinem Sohn, mit anderen deutschen Truppen wieder nach Italien auf, ebenso 1162 eine weitere böhmische Hilfstruppe. Vom Fall Mailands berichtet Vinzenz recht ausführlich, wohl auf Grund von Augenzeugenberichten. Diepold, der offenbar jetzt statt Daniels die Interessen Vladislavs vertreten sollte, warf nach dem Urteil über die Verbrennung Mailands als erster eine Fackel in die Stadt. Ein Teil der ungeheuren Beute kam wohl auch nach Böhmen. Diepold und Daniel nahmen an der wichtigen Fürstenversammlung in St. Jean de Losne in Burgund im August 1162 teil, wo der Kaiser mit dem französischen König über das Schisma verhandeln wollte.

---

[192] Bei Rahewin, Gesta Friderici IV 65.
[193] Zum Folgenden Hilsch, Die Bischöfe von Prag, S. 83–138.

4.3 Mit dem Kaiser in Italien – Das Papstschisma

Zugleich ließ König Vladislav einen weiteren möglichen Konkurrenten, Soběslav, den Bruder Ulrichs, im Prager bischöflichen Palast ergreifen und auf der Burg Pfraumberg (Přimda) festsetzen. Im ungarischen Thronfolgestreit nach dem Tod Geisas II., in den sich auch der byzantinische Kaiser Manuel einmischte, wurden Vladislav und die Herzöge von Österreich und der Steiermark beauftragt, die Rechte des Reiches zu wahren und den Streit zu beenden; sie entschieden sich gegen den byzantinischen Kaiser Manuel für Stephan III. (1162–72). Ein Teil des böhmischen Adels protestierte gegen diesen Feldzug: Seit wann dürfe denn ein König von Böhmen den König von Ungarn einsetzen? Der offenbar schreckliche Ruf des starken böhmischen Heeres bewog die Byzantiner, Frieden zu schließen und an die alte Freundschaft mit Vladislav aus Kreuzzugszeiten zu erinnern. Daraufhin wurde in einer selbständigen Aktion des böhmischen Königs eine Enkelin Vladislavs mit einem Enkel Kaiser Manuels verlobt.

Währenddessen ist die Position Barbarossas im Schisma vor allem nach dem Tod Viktors IV. (April 1164) durch die schnelle Neuwahl von Papst Paschalis III. (1164–68) geschwächt worden. England, Frankreich, Ungarn und vor allem die Reformorden der Zisterzienser und Prämonstratenser traten auf die Seite Alexanders III., neben anderen hohen deutschen Kirchenfürsten auch der Mainzer Erzbischof Konrad I., der Metropolit des Prager Bischofs. Geriet auch Daniel in Zweifel? Sein Briefwechsel mit der Visionärin und prophetischen Mystikerin Hildegard von Bingen († 1179) aus der Mitte der 1160er Jahre könnte dafür sprechen.[194] Hildegards Brief warnt den Bischof mit seiner „Vielseitigkeit in weltlichen Geschäften" vor Ungerechtigkeit, Leichtfertigkeit und Wankelmut. Doch in Daniels konkretem Verhalten an der Seite des kaiserlichen Papstes können wir kein Schwanken beobachten. Gegen seine frühere Haltung förderte er jetzt im Land nicht mehr die Reformorden, sondern wiederum die Benediktiner (so gründete er das Frauenkloster Teplitz (Teplice) gemeinsam mit der Königin Judith). Er setzte für die Gliederung seiner Diözese nun auch Archidiakonate ein, vielleicht gehen auch die Anfänge der Dekanate auf ihn zurück. Nach dem Vorbild Heinrich Sdiks unternahm Daniel einen ersten Schritt zur bischöflichen Urkundentätigkeit, auch für ein eigenes Siegel auf den Urkunden.[195] Ungewöhnlich für böhmische Urkunden ist im Datum die Nennung der kaiserlichen Regierungszeit vor der königlich-böhmischen, bezeichnend für die politische Einstellung Daniels.

Auf einem Altenburger Hoftag im Februar 1165 versicherte sich der Kaiser der Unterstützung seines Papstes Paschalis bei den Přemysliden und beim Bischof. Im Herbst 1166 brach wieder ein böhmisches Kontingent unter Diepold und Bischof Daniel, der vom Kaiser angefordert worden war, mit seinen Rittern und auch dem Chronisten Vinzenz nach Italien auf. Daniel und sein Freund

---

[194] Dazu Hilsch, Die Bischöfe von Prag, S. 238–244.
[195] Eine eigentliche Urkunde ist nicht erhalten, aber vier sog. Reliquienauthentiken, welche die Niederlegung von Reliquien durch den Bischof in einzelnen Kirchen bezeugen.

Bischof Hermann von Verden wurden zu kaiserlichen Richtern für Italien ernannt. In Imola weihte der Prager Bischof im März mit anderen Bischöfen den neuen Erzbischof Christian von Mainz, einen unbedingten Anhänger des Kaisers.

Anfang 1167 brach das kaiserliche Heer nach Rom auf. Schon Anfang August aber kündigte sich die Katastrophe für das Heer vor der Stadt an: Eine Seuche brach aus. Unter den Tausenden Toten starben binnen weniger Tage auch viele Fürsten, darunter der Kölner Erzbischof Rainald von Dassel, Bischof Daniel von Prag und der Přemyslide Diepold. Die Anhänger Alexanders III. sahen darin ein Gottesurteil. Der Kaiser, der dem Tod entronnen war, zog sich schnell nach Deutschland zurück. Die überlebenden Böhmen, unter ihnen Vinzenz, kamen niedergeschlagen in Prag an. Zahlreich sind die Quellen im Reich, die vom Tod Bischof Daniels berichten. In den böhmischen Gottesdiensten wurde seiner jedoch nicht mehr gedacht, denn die böhmische Kirche war nun überwiegend alexandrinisch gesinnt. Erst später erreichte es der angesehene Abt Gottschalk von Selau, dass dem Gründer seines Klosters auch in Gebeten wieder gedacht wurde.[196]

4.4 Herrscher und Bischöfe Böhmens im Einfluss der Staufer

Nach dem Tode Daniels von Prag und des Přemysliden Diepold wurde deutlich, welch bedeutende und oft entscheidende Rolle sie als Berater in der Politik König Vladislavs gespielt hatten. Es dauerte fast eineinhalb Jahre, bis Vladislav, wohl auch durch den Kaiser gedrängt, endlich einen neuen Bischof einsetzen ließ. Dies gestaltete sich schwierig: Er musste einerseits die weit überwiegende Stimmung der böhmischen Kirche für Papst Alexander berücksichtigen, der er vermutlich selbst zuneigte; andererseits wollte er das Verhältnis zum Kaiser nicht beschädigen. Drittens wollte er nach den Erfahrungen mit Bischof Daniel keine bedeutende oder im Land vernetzte Persönlichkeit auf dem Bischofsstuhl sehen. Bei der neuen Besetzung des Bischofsstuhls setzte sich offenbar der Einfluss Judiths, der Ehefrau des Königs aus der thüringischen Landgrafenfamilie durch. Sie schlug erst den Abt Gotpold aus dem böhmischen Zisterzienserkloster Sedletz (Sedlec) zum Bischof vor, nach dessen frühem Tod den Magdeburger Kanoniker Friedrich von Putelendorf, beide aus ihrer Thüringer Verwandtschaft bzw. Vasallenschaft.[197] Sie neigten zwar der alexandrinischen Seite zu, betonten

---

[196] Eine Gesamtwürdigung der Person Daniels bei Hilsch, Die Bischöfe von Prag, S. 133–138.
[197] Über die beiden Bischöfe ausführlich Hilsch, Die Bischöfe von Prag S. 138–165. Gotpold stammte aus der Familie der Burggrafen von Neuenburg, Vasallen der Landgrafen. Friedrich war entfernt auch mit Barbarossa verwandt.

4.4 Herrscher und Bischöfe Böhmens im Einfluss der Staufer

das allerdings nicht. Die erforderliche kaiserliche Investitur und die Weihe durch den kaisertreuen Mainzer Erzbischof Christian sind sicher erfolgt, unser Chronist Gerlach schwieg darüber, da er ebenfalls gegen den Kaiser auf Alexanders Seite stand. Eine politische Rolle hat Bischof Friedrich von Prag, der als Landesfremder ohne slawische Sprachkenntnisse im böhmischen Klerus unbeliebt war, nicht gespielt.

Zu Konflikten mit dem Kaiser aber gab noch eine andere Personalie Anlass: Der jüngste Sohn Vladislavs, Adalbert (Vojtěch) aus seiner ersten Ehe mit Gertrud von Babenberg wurde im September 1168 in Salzburg zum Erzbischof gewählt. In Strahov bei den Prämonstratensern erzogen, stand er ebenso wie seine Salzburger Wähler auf Seiten Papst Alexanders. Vladislav setzte sich auf dem Nürnberger Hoftag im Februar 1169 bei Barbarossa für seinen Sohn ein. Aber der Kaiser vertrieb Adalbert aus Salzburg, der sich daraufhin in die böhmische Heimat an den Hof seines Vaters zurückzog. Dieser bemühte sich weiter, den Kaiser zum Einlenken zu bewegen und versprach sogar, das von Alexander zugesandte Pallium (das Zeichen der erzbischöflichen Würde) in Gegenwart des Staufers zu verbrennen. Er beteiligte sich mit böhmischen Truppen auch an einem Feldzug Barbarossas nach Polen 1172. Adalbert blieb aber als Erzbischof suspendiert.

Wie sehr ein Lotse in der Politik König Vladislavs fehlte, wurde in seiner letzten Handlung als König deutlich: „Ohne Zustimmung der Böhmen und nicht aus der Hand des Kaisers"[198] setzte er seinen Sohn Friedrich zu seinem Nachfolger ein und entsagte selbst der Herrschaft. Offenbar wollte er ihm auch die Königswürde vererben. Da schlug die Stunde des Přemysliden Ulrich, der am Kaiserhof seit fast zwanzig Jahren vielfache und treue Dienste geleistet hatte und nun vor allem die Freilassung seines Bruders Soběslav verlangte, den Vladislav in der Burg Pfraumberg (Přimda) festgesetzt hatte.[199] Verhandlungen Herzog Friedrichs mit dem Kaiser blieben ergebnislos; so wurde also Soběslav nach 13-jährigem böhmischem Gefängnis schließlich freigelassen, er floh sofort an den Kaiserhof. Auf einem Hoftag bei Gera (September 1173) wurde Friedrich die Herrschaft aberkannt, Ulrich wurde durch Überreichung von fünf Fahnen, der jetzt üblichen symbolischen Einsetzung, mit Böhmen investiert, trat aber mit Einverständnis des Kaisers die Herrschaft an den älteren Soběslav ab.

Aus Sicht des Kaisers waren es wohl die Spannungen, die sich in den letzten Jahren im Verhältnis zum böhmischen König und seinem Sohn Adalbert in Salzburg entwickelten, die ihn bewogen, in die Erbfolgefrage einzugreifen und jetzt die andere, die Soběslavsche Přemyslidenlinie zu bevorzugen. Das war aussichtsreich, denn Soběslav hatte einen beträchtlichen Anhang im Land und der Hochadel war über die eigenmächtige Aktion Vladislavs empört, hatte er doch das Wahlrecht der Großen missachtet und den Weg zur Erbmonarchie angebahnt. Zweifellos benutzte Barbarossa die günstige Gelegenheit, auch zu seinem Vorteil

---

[198] Gerlach, FRB II S. 466.
[199] Soběslav und Ulrich Söhne Soběslavs I.

in die böhmische Nachfolgefrage einzugreifen. Die Ansicht Novotnýs, es habe sich dabei um das „düstere Bild böhmischer/tschechischer Erniedrigung"[200] gehandelt, geht an der damaligen Realität vorbei, denn man dachte damals nicht in den nationalen und verfassungsrechtlichen Vorstellungen des 20. Jahrhunderts. Vladislav, eng verwandt mit den bedeutendsten Familien des Reiches, war wie die deutschen Fürsten völlig in das System der ‚konsensualen' Herrschaft einbezogen, wie man heute die Praxis der Herrschaftsausübung des römischdeutschen Königs und Kaisers nennt. Auch ein vergleichsweise mächtiger Herrscher wie Friedrich Barbarossa musste seine politischen und militärischen Ziele mit den Fürsten aushandeln und in ständigen Beratungen den Konsens suchen.

Der alte böhmische König Vladislav zog sich nun auf eine Besitzung seiner Frau Judith in Thüringen (eventuell Meerane) zurück, wo er bereits Anfang 1174 starb. Sein Sohn Friedrich hielt sich zeitweise in Ungarn und am Kaiserhof in der Verbannung auf. Königin Judith starb später am 9. September eines unbekannten Jahres. Ihr größtes, von Vinzenz von Prag gefeiertes „kaiserliches Werk",[201] war die Errichtung der ersten steinernen Brücke über die Moldau (um 1169), die für den Fernhandel der entstehenden Stadt von unschätzbarem Wert war. Die Regensburger Steinbrücke über die Donau, wohl das Vorbild, war nur wenig älter (1145).

Die Aufstieg Soběslavs II. (1173–1178) auf den Thron wird in vielen Quellen erwähnt, nur in einer aber die Aberkennung des Königstitels durch den Kaiser.[202] Soběslav führte, sicher aus Rücksicht auf den Hochadel, nur den Herzogstitel. Nach seinem Regierungsantritt ließ er den Kastellan Konrad Sturm hinrichten, der ihn während seiner Gefangenschaft auf Pfraumberg hart behandelt hatte, wofür er später öffentlich Buße tat. Nach diesem ersten Vorfall wird Soběslav von Gerlach als kirchenfreundlicher und gerechter Herrscher geschildert, der auch durch den Schutz armer und einfacher Leute einige adlige Herren vor den Kopf stieß; er wurde daher allgemein „Bauernfürst" (*princeps rusticorum*) genannt, was sicher nicht von allen positiv gemeint war.

Wie dies schon bei der Investitur ausgemacht worden war, schickte der Herzog 1174 seinen Bruder Ulrich (jetzt auch Teilfürst von Olmütz) mit böhmischen Truppen zum Kaiser in die Lombardei; den Bischof Friedrich hinderte er aber an einer Teilnahme, obwohl dieser von Barbarossa dazu aufgefordert worden war. Schon in Deutschland plündernd, gelangten die Böhmen nach Ulm, wo es wegen eines Raubes zu einem blutigen Zusammenstoß kam: 250 Böhmen sollen durch die Bürger und das Landvolk getötet worden sein. Diese undisziplinierte Truppe war dem Kaiser in Italien diesmal keine große Hilfe. Auch litt das ganze Heer unter Hunger und Mangel, und viele böhmische Krieger wurden an Weihnachten 1174 fahnenflüchtig.

---

[200] Novotný, ČD II, S. 1005, 1118 u. a.
[201] Vinzenz von Prag, FRB II, S. 408 f.
[202] Contin. Claustroneoburgensis tertia, MGH SS IX, 630.

4.4 Herrscher und Bischöfe Böhmens im Einfluss der Staufer

Es ist uns, das ist ein sehr seltener Fall, ein Brief des Kaisers an Herzog Soběslav in diesem Zusammenhang (Ende 1174/Anfang 1175) erhalten:

„Wir wundern uns, dass Du dem Prager Bischof F(riedrich), unserem Verwandten, nicht erlaubt hast, auf unsere Bitte hin zu uns zu kommen. Deswegen denken wir, dein Wohlwollen uns gegenüber sei nicht vollkommen, vor allem auch, weil du unserem Verwandten H(ieronymus) die Kapelle, die er vom König bekommen hat, entzogen hast. Damit du uns des Anstoßes vergessen machest, sollst du ihm die Propstei in Melnik (Mělník) verleihen, damit der Bischof erkennt, dass du ihm wohl gesonnen bist [...] Du sollst deine Ritter, die du uns geschickt hast, ermahnen, ihren Feldzug engagiert durchzuführen, da sie von uns mit Gütern und Ehren erhöht werden. Den Fahnenflüchtigen sollst du den Zugang zu deinem ganzen Herrschaftsbereich gänzlich verwehren. Leb wohl."[203]

Es war nicht üblich, dass sich der Kaiser in innerböhmische Angelegenheiten wie die Besetzung einer Melniker Propstei einmischte; erklärbar ist dies vermutlich nicht nur durch seine (uns unbekannte) Verwandtschaft mit Hieronymus, sondern vor allem dadurch, dass er sich als eigentlicher Oberherr des Prager Bischofs ansah, dessen Stellung und Kompetenz durch den Herzog angegriffen worden war.

Wegen Grenzstreitigkeiten zwischen Böhmen und Österreich kam es 1175 zu einer sich schnell ausweitenden heftigen kriegerischen Fehde Soběslavs mit Heinrich Jasomirgott, dem Schwager des verstorbenen Vladislav und Vetters des Kaisers. Auf Seiten des Böhmen stand der ungarische König Bela III. und der steirische Markgraf Ottokar, auf Seiten des Österreichers Herzog Hermann von Kärnten. Als der siegreiche Soběslav große Gebiete vor allem Österreichs völlig verwüstet hatte, geriet er beim Kaiser immer mehr in Ungnade und soll deswegen auch von Papst Alexander gebannt worden sein. Ein weiterer Affront war es, als Soběslav seinen kaisertreuen Bruder Ulrich, der einst zu seinen Gunsten auf den Herzogstuhl verzichtet hatte, gefangen nahm. Ulrich starb bald im Kerker. Außerdem lieferte Soběslav Geisa, den Bruder des ungarischen Königs, der über ihn Unterstützung bei Barbarossa gesucht hatte, gegen des Kaisers Wunsch an den ungarischen Bela III. (1173–1196) aus. An Barbarossas Hoftagen nahm der Herzog nicht mehr teil, obwohl er geladen war.

Kaiser Friedrich I. hatte schließlich durch Friedensverhandlungen mit Papst Alexander III. in Venedig im Juli 1177 das langjährige Schisma beendet und damit auch die Hände frei für neue Handlungsspielräume. In der böhmischen Frage hatte er inzwischen wieder einen Thronprätendenten zur Hand: Friedrich (Bedřich), den Sohn Vladislavs. Die Vladislavsche Linie der Přemysliden hatte in der Nachfolge des alten Königs durch doppelte Verwandtschaften wiederum eine enge Verbindung zum jungen österreichischen Herzog Leopold V. (1174–1194) aufgebaut.

---

[203] DDF. I., Nr. 636 = CDB I, Nr. 277. Hieronymus wurde noch 1169 als Magister und Propst von Melnik erwähnt.

Im Sommer 1178 wurde Friedrich durch Fahnenübergabe vom Kaiser als böhmischer Herzog investiert; dafür wurde dem Kaiser, wie üblich, eine Geldsumme versprochen. Alle Gegner Soběslavs, der mährische Fürst Konrad-Otto und Leopold V. von Österreich griffen daraufhin den Herzog an, Friedrich erschien mit einem böhmisch-deutschen Heer im Land und besetzte Prag, wurde in Strahov, einer Gründung seines Vaters, begeistert begrüßt. Der Bauernfürst Soběslav hatte zwar noch einen bedeutenden Anhang im Land, wurde aber nach längeren blutigen Kämpfen in bitterer Winterkälte schließlich im Januar 1179 vor Prag endgültig geschlagen. Er starb 1180 und wurde auf dem Wyschehrad ehrenvoll bestattet.

Auf einem Hoftag des Kaisers in Eger, das zum staufischen Reichsgut gehörte, fanden sich im Juni 1179 auch der neue Herzog Friedrich, sein Bruder Přemysl[204] und der mährische Přemyslide Konrad-Otto ein. Hier schlichtete Barbarossa die böhmisch-österreichischen Grenzstreitigkeiten und legte die neuen Grenzen detailliert in einer Urkunde fest.[205] Warum waren diese Grenzprobleme entstanden? Schuld war die in dieser Zeit entstehende Rodungs- und Siedlungstätigkeit, die sowohl von Böhmen wie von Österreich aus in den bisher unbesiedelten Grenzraum vorgetragen wurde, was die Beteiligten zur Festlegung einer festen Grenzlinie zwang.

Bei einem Aufstand der Adligen gegen den unbeliebten Herzog Friedrich wurde dieser kurzerhand aus dem Land vertrieben. Die Herren wählten sich den mährischen Přemysliden Konrad-Otto zum Herzog, der mit Heeresmacht Prag belagerte und eroberte. Friedrich hatte sich natürlich zum Kaiser begeben, der ihn eingesetzt hatte, ihn jetzt nicht fallen lassen wollte und, in der Fülle seiner jetzigen Macht, das Erscheinen der Aufständischen nach Regensburg anordnete, die dem Ruf schließlich folgten. Barbarossa entschied, dass Friedrich als Herzog nach Böhmen zurückkehren sollte, den fähigen Mährer Konrad-Otto aber verwies er nach Mähren. Damit hatte der Kaiser den innerpřemyslidischen Konflikt entschärft und sich sowohl Friedrich wie auch Konrad-Otto verpflichtet. Konrad-Otto, der sich schon seit 1186 als Markgraf bezeichnete, hatte die mährische Gesamtherrschaft schon länger angestrebt, die er etwa 1182 erreicht hatte. Bis dahin hatte Přemysl Otakar, der sich bereits 1178 schon Markgraf genannt hatte, noch den Olmützer Anteil regiert.

Sowohl beim Abschluss des Konstanzer Friedens mit den lombardischen Städten (1183) wie auch beim feierlichen Mainzer Hoffest Kaisers Friedrichs I. im Juni 1184 war Herzog Friedrich anwesend, in Mainz mit einem Aufsehen erregend großem Gefolge von 2000 Rittern, wo er vermutlich sein Amt als Erzmundschenk des Reiches versah. Während seiner Abwesenheit brach aber wieder ein Aufstand in Böhmen aus, an seiner Spitze der Přemyslide Wenzel (Václav) aus

---

[204] Er ist der erste Přemyslide, der wieder diesen alten Namen trägt. Erstaunlich ist auch sein bisher unbekannter Titel als Markgraf von Mähren (*marggravius de Moravia*).
[205] MGH DDF. I., Nr. 782.

der anderen, der Soběslavschen Linie. Herzogin Elisabeth, die Ehefrau Herzog Friedrichs, konnte jedoch die Prager Burg halten. Als dann der Salzburger Erzbischof und die mit dem Herzog verschwägerten österreichischen Herzöge mit ihren Truppen zu Hilfe kamen, brach der Aufstand wieder zusammen und der Adel entzog Wenzel seine Unterstützung.

Kaum hielt sich Barbarossa, diesmal ohne Truppen, wieder in Italien auf, sah Herzog Friedrich die Gelegenheit, Rache an Konrad-Otto zu nehmen. Seinen Bruder, Přemysl Otakar, schickte er 1185 mit einem Heer nach Mähren, das große Teile des Landes verheerte. In einer blutigen Schlacht bei Znaim (Znojmo) siegte er zwar gegen Konrad-Otto mit seinen mährischen und deutschen Rittern, zog sich aber wegen der schweren eigenen, auch adligen Verluste nach Böhmen zurück. 1186 kamen Konrad-Otto und Friedrich bei einem Treffen im böhmischen Knin (Knín) wieder zu einem Ausgleich, diese Übereinkunft hielt fortan. Ob der Markgraf dabei in irgendeiner Weise eine Oberhoheit des böhmischen Herrschers, vielleicht im Sinne des Seniorats, akzeptierte, ist unklar. Bei der Neuwahl des Olmützer Bischofs 1186 z. B. setzte er gegen das bisherige Recht des Prager Herzogs und Bischofs seinen eigenen Kandidaten Kaim durch.

4.5   Der Prager Bischof Heinrich als Reichsfürst

Nach dem Tod des Prager Bischofs Friedrich im Januar 1179 hatte auch Herzog Friedrich wie sein Vorgänger Vladislav die Wiederbesetzung des Bischofsstuhles hinausgezögert; wieder entschied eine Frau, seine energische Ehefrau Elisabeth (Tochter des ungarischen Königs Geisa II.). „Sie herrschte mehr als ihr Gemahl über Böhmen", so schreibt Gerlach. Einer ihrer Kapläne, ein weithin unbekannter Valentin (Wolis), ein Mann ohne Lateinkenntnisse, wurde auf Druck der Herzogin gegen den heftigen Widerstand des Domkapitels Bischof.

Nach dem baldigen Tod Bischof Valentins (Anfang 1182) bot sich ein Vetter des Herzogs als Nachfolger an: Heinrich Břetislav (1182–1197),[206] Propst vom Wyschehrad, aber erst Subdiakon, der eine bedeutende Bildung beim Studium in Paris erworben hatte. Nach schneller Diakonsweihe wurde er, wie es die kirchlichen Vorschriften erfordern, durch „Klerus und Volk" zum Bischof gewählt. Ein großer Teil des höheren böhmischen Klerus beteiligte sich an der Wahl, auch Erzbischof Adalbert, der Bruder Herzog Friedrichs und 1183 wieder vom Kaiser in Salzburg als Erzbischof eingesetzt, war anwesend. Man kann sich kaum vorstellen, dass Herzog Friedrich, der zweifellos Interesse an einem schwachen Bischof hatte, trotz seiner Zustimmung von der Bischofswahl seines Verwandten begeistert war. Aber er konnte sich offenbar dieser Entscheidung der selbstbe-

---

[206]   Hilsch, Die Bischöfe von Prag, Kap. 6, S. 168–205. Der slawische Namensbestandteil Břetislav taucht erst im 13. Jahrhundert in Urkundenfälschungen auf.

wussten böhmischen Kirche, die vor allem gemeinsam mit seinen přemyslidischen Verwandten handelte, nicht entziehen. Nach der Investitur und der Priester- und Bischofsweihe in Mainz kehrte Bischof Heinrich unter dem „Jubel ganz Böhmens" nach Prag zurück.

Die Persönlichkeit des neuen Prager Bischofs Heinrich wird vom Chronisten Gerlach[207] ausführlich geschildert: Wohltätig und gnädig habe er sich gegen Jedermann, auch die Armen verhalten, betrunken sei er niemals gesehen worden, aber er war zurückhaltend und zu sparsam, was wir ohne weiteres als Geiz deuten können. Das war ein Vorwurf, der bei einem Fürsten, dessen wichtige Tugend nach Meinung dieser Zeit Freigebigkeit war, zweifellos schwer wog. Ferner habe der Bischof den Zölibat nicht nur versprochen, sondern sein ganzes Leben immer gehalten, besonders zu Zeiten Herzog Friedrichs. Dass Gerlach dies (in wohl unfreiwilliger Komik) für berichtenswert hielt, wirft ein Licht auf die Verhältnisse der böhmischen Kirche noch in dieser Zeit. Heinrichs fürstliches Selbstbewusstsein auch in dieser Hinsicht zeigte sich wohl erst später.

Herzog Friedrich und Herzogin Elisabeth haben die Kirche durchaus gefördert; ihre Zuwendungen galten besonders den Zisterzienserklöstern und dem neuen Spital- und Ritterorden der Johanniter, der im Zusammenhang der Kreuzzüge in Jerusalem gegründet worden war. Aber die Eingriffe weltlicher Gewalten in die Kirche, des Adels und auch des Přemysliden Diepold II., Vetter des Herzogs, bekämpfte Heinrich mit dem Kirchenbann oder mit den Waffen „wie ein Machthaber und Fürst"[208]. Die Spannungen mit Herzog und Herzogin, die den Bischof nicht als gleichberechtigten Fürsten akzeptierten, schwelten zunächst nur. Von 1185 bis zum Frühjahr 1187 ist Heinrich in den Zeugenlisten der herzoglichen Urkunden nicht mehr zu finden, ein untrügliches Zeichen für die wachsende Distanz. Wieder wird von gewalttätigen Eingriffen herzoglicher Amtleute berichtet, die sich falsche Rechte in der Kirche anmaßten. Einzelheiten erfahren wir von Gerlach allerdings nicht.

Kaum war der Kaiser Ende August 1186 wieder in Deutschland eingetroffen, brach Bischof Heinrich mit einem großen Gefolge von 70 Rittern zu ihm auf. Barbarossa nahm ihn sehr freundlich auf, finanzierte die Hälfte der Ausgaben für Mannschaft und Pferde und lud den sparsamen Bischof öfters zum Essen ein. Offenbar war man sich über das weitere Vorgehen gegen Herzog Friedrich einig: Auf einem Regensburger Hoftag (Februar/März 1187), zu dem auch der Herzog, der hohe böhmische Adel (*primates terrae*) und der dortige hohe Klerus geladen wurde, sollte die landrechtliche Klage Heinrichs gegen Herzog Friedrich wegen seiner Gewalttaten entschieden werden. Zahlreiche Bischöfe und hohe Fürsten aus dem Reich waren anwesend. Der wichtigere Rechtsstreit zwischen Herzog Friedrich und Bischof Heinrich über die Selbständigkeit und Reichsfürsteneigenschaft des Prager Bischofs sollte in einem förmlichen Rechtsverfahren

---

[207] Gerlach, FRB II, S. 478 f.
[208] Gerlach: *tanquam potens et princeps* (FRB II, S. 479).

4.5 Der Prager Bischof Heinrich als Reichsfürst

entschieden werden. Das Gericht bestand aus den anwesenden geistlichen und weltlichen Fürsten unter Vorsitz des Kaisers; damit war eigentlich schon die Reichsfürsteneigenschaft des Prager Bischofs vorausgesetzt. Der Herzog selbst bestritt dem Bischof überhaupt das Recht, gegen ihn zu klagen, da er (wie seine Vorgänger) nur sein Kaplan sei. Gerlach berichtet:

> „Dieser Aussage wurde sofort und von allen, besonders den Erzbischöfen und Bischöfen widersprochen, da der Prager Bischof wie die deutschen Bischöfe von jeder Unterstellung unter den Herzog völlig frei sein müsse, nur dem Kaiser unterworfen und schuldig, dessen Reichsfürst (*imperii princeps*) er ist, dessen Hoftage er besucht und von dem er Szepter und Investitur erhält."[209]

Dieses Feststellungsurteil (es war rechtlich gesehen keine Erhebung in den Reichsfürstenstand) wurde in einer Urkunde vom März 1187 niedergelegt, deren Goldsiegel die Bedeutung der Rechtssache unterstreicht.[210] Herzog Friedrich wurde auch wegen seiner Angriffe auf die Kirche gemaßregelt und reiste mit dem Bischof, gewiss nur äußerlich versöhnt, nach Böhmen zurück.

Dieses Urteil ist auch für die Verfassungsgeschichte des Reiches von Bedeutung; denn bis in die 1180er Jahre hatte sich die Vorstellung von den „Reichsfürsten" (*principes imperii*) entwickelt. Seit dieser Zeit gab es einen geschlossenen Reichsfürstenstand, zu dem etwa 90 geistliche (darunter fast alle Bischöfe) und 16 weltliche Fürsten gehörten: Diese bekamen ihr Amt (früher: Lehen) unmittelbar vom König, waren nur ihm verpflichtet und waren auf dem Weg zur Landesherrschaft. Ob die Investitur der Bischöfe in ihr (weltliches) Amt schon in diesem Fall als Belehnung aufgefasst wurde, wie dies später der Fall war, ist unsicher.

Für die Bischöfe von Prag aber war dieses Urteil ein großer Erfolg und ein gewisser Abschluss ihrer langen Bestrebungen. Immer wieder, wohl schon seit dem zweiten Prager Bischof Adalbert, haben diejenigen von ihnen, die einen größeren Rückhalt in Böhmen selbst hatten oder Persönlichkeiten der Kirchenreform waren, mehr Selbständigkeit von der herzoglichen Herrschaft zu erringen gesucht. Schließlich hatten sie die größere und selbstbewusste Eigenständigkeit ihrer Kollegen im Reich bei zahlreichen Gelegenheiten als Vorbild gesehen und erlebt.

Der Kaiser selbst hatte mit dieser Entscheidung den Prager Bischof Heinrich (wie schon die Bischöfe Heinrich Sdik und Daniel) als Stützpunkt und Druckmittel seiner Politik in den böhmischen Ländern bestätigt, die für ihn bisher, wie wir gesehen haben, besonders militärisch außerordentlich wichtig waren. Nationale oder staatsrechtliche Gesichtspunkte im modernen Sinne, wie man dies früher gemeint hatte, spielten dabei keine Rolle. Der Olmützer Bischof wurde

---

[209] Gerlach, FRB II, S. 480.
[210] Sie ist nicht erhalten, lag aber dem Chronisten Gerlach wahrscheinlich vor. Dazu Hilsch, Die Bischöfe von Prag, S. 181–188 und auch Martin Wihoda, In zweierlei Diensten. Die Bischöfe von Prag zwischen Friedrich Barbarossa und den Böhmischen Herzögen. In: Görich/Wihoda (Hg.), Verwandtschaft, S. 221–246.

allerdings, soweit wir wissen, trotz kaiserlicher Investitur nicht als Reichsfürst angesehen.

4.6 Konrad-Otto und Bischof-Herzog Heinrich

Zum Hoftag Jesu Christi im März 1188, der zur Vorbereitung des Kreuzzugs Barbarossas dienen sollte, erschien Herzog Friedrich, wahrscheinlich auch Markgraf Konrad-Otto, die beide das Kreuz nahmen. Bischof Heinrich Břetislav hatte (aus unbekanntem Grund) nur einen Vertreter gesandt. Im März 1189 starb Herzog Friedrich allerdings: Nach dem Ende seiner insgesamt unglücklichen Regierungszeit wurde der mährische Konrad-Otto, ein ungleich fähigerer Herrscher, ohne Kampf sein Nachfolger; möglicherweise ist dies bereits beim oben erwähnten Treffen in Knin (1186) abgesprochen worden. Konrad-Otto war schon vorher immer als Markgraf von Mähren aufgetreten. Der 30 Jahre später schreibende Gerlach[211] deutet an, dass der Kaiser Konrad-Otto Mähren übertragen hätte, so scheint es zumindest der mährische Fürst selbst gesehen zu haben,[212] auch wenn die Erhebung Mährens zur Markgrafschaft durch Barbarossa mit keiner weiteren Quelle zu belegen ist. Konrad-Otto hatte etwa gegen die Tradition der Investitur des böhmischen Herzogs selbst einen eigenen Bischof Kaim in das Bistum Olmütz eingesetzt. Er hatte sich damit in einem längeren Streit mit Friedrich durchgesetzt.

Man hat öfters vermutet, dass sich die in der nationalen tschechischen Geschichtsschreibung beklagte Ablösung Mährens mit der Abtrennung Österreichs von Bayern (im *Privilegium minus*) und der Auflösung des Herzogtums Sachsen nach dem Sturz Heinrichs des Löwen (1180/81) in eine Gesamtpolitik Barbarossas einfügte, der damit die mächtigen großen Herzogtümer systematisch aufspalten und damit schwächen wollte. Das ist mehr als fraglich, denn diese Einzelfälle sind ohne weiteres auch durch die jeweils unterschiedlichen Umstände zu erklären, ohne dass es eines bewussten Gesamtprogramms bedurft hätte.

Verheiratet war Konrad-Otto mit der Wittelsbacherin Helicha. Auf dem letzten Hoftag Kaiser Friedrichs im Mai 1189 in Regensburg wurde er von Barbarossa als böhmischer Herzog investiert; die Markgrafschaft Mähren behielt der neue Herzog wohl ohne weiteres. Er ist, wenn wir einer polnischen Quelle folgen, sogar für den jungen König Heinrich VI., Sohn Friedrich Barbarossas, zum unterstützenden Mitregenten[213] ernannt worden. Wahrscheinlich erließ man ihm des-

---

[211] Gerlach, FRB II, S. 481 und 506.
[212] Zum Folgenden Wihoda, Sizilische Goldene Bullen, S. 194–199.
[213] *Coadiutor imperialis celsitudinis* (Vincentius Kadłubek, Chronica Polonorum, hg. von Marian Plezia, Krakau 1994, S. 161 f. = Eduard Mühle (Hg.), Die Chronik der Polen des Magisters Vincentius (Frh. v. Stein-Ausgabe 48, 2014), S. 352 f.

4.6 Konrad-Otto und Bischof-Herzog Heinrich

wegen die Teilnahme am Kreuzzug, was allerdings auch zeitgenössische Kritik hervorrief. Nur den přemyslidischen Vetter Diepold II. (Dětpolt), den er aus dem Exil zurückgeholt hatte, schickte Konrad-Otto mit böhmischen Rittern auf den Kreuzzug. Auf Bitte König Heinrichs VI. griff er auch militärisch in eine Erbschafts-Fehde um Meißen ein.

Im Inneren ist besonders Konrad-Ottos großes Interesse an einer besseren Verwaltung seiner Länder bemerkenswert: In zwei großen Landtagen 1189 in Prag und am Fürstenhof in Sadska mit allen wichtigen Geistlichen und weltlichen Magnaten aus Böhmen und Mähren wurden seine Statuten (*statuta Conradi*), die erste böhmische Gesetzessammlung, diskutiert und verkündet.[214] Die Statuten beschäftigen sich vor allem mit dem Erbrecht und dem Gerichtsverfahren: Der gesamte Erbbesitz, den der höhere und niedere Adel in der Zeit Konrad-Ottos innehatte, sollte auch in Zukunft in seinem ungestörten Eigentum verbleiben. Das Verfahren vor Gericht bedurfte offenbar einer gründlichen Klärung: die Anklageerhebung, die Vorladung vor Gericht durch einen Kammerboten (*camerarius*), das Verfahren selbst, in dem nach wie vor auch Gottesurteile einen wichtigen Raum einnehmen. So beispielsweise die Wasserprobe, bei welcher nur der Priester (und sein Gehilfe) den Angeklagten in das Wasser tauchen dürfen. Wenn Gott ihn akzeptiert (d. h., wenn das Element Wasser ihn aufnimmt), hat er dem Richter zwei Denare, dem Priester 14 Denare zu bezahlen. Wird ein Adliger angeklagt, darf er einen seiner Knechte für sich die Probe bestehen lassen; wenn dieser die Probe nicht besteht, hat sein Herr 180 Denare zu bezahlen. Beim Raub von Zugtieren oder von Bienen hat der Angeklagte sich der Feuerprobe zu unterziehen: Er muss über eine glühende Pflugschar laufen. Der gute Heilungsprozess der Brandverletzung galt als Zeichen seiner Unschuld.[215]

Diebstahl, Raub und Totschlag als Delikte nehmen einen großen Raum in den Statuta ein. Meist wird dabei zwischen Adligen (*nobiles*), ihren Knechten (*druho, pueri*) und den einfachen Leuten, Armen bzw. Bauern (*pauperes, rustici*) unterschieden. Oft werden Geldbußen an das Gericht oder (häufiger) an den Fürsten erwähnt: 180 (in der späteren Fassung 200) Denare.

Bei Totschlag wird zwischen Adel und Bauern nicht unterschieden: beide haben 180 (bzw. 200) Denare an das Gericht als Buße zu zahlen, was für einen Bauern allerdings wohl nicht leicht aufzubringen war.

Es scheint sich bei den in den Statuten erwähnten Gerichten um zwei Formen zu handeln: ein Gericht auf dem Land, das bei geringfügigen Rechtssachen entscheidet, an dessen Spitze ein Verwalter oder Stellvertreter (*villicus*) eines Übergeordneten, eines Adligen oder des Herrschers vorsitzt, der aber immer gemeinsam mit Rittern (*milites*), die man als niederen Adel bezeichnen könnte,

---

[214] Im Original sind sie nicht erhalten, sondern in Bestätigungen König Otakar Přemysls von 1222 für die Ritter der Znaimer Provinz (CDB II Nr. 234) und für den Brünner Teil von 1229 (ebd. Nr. 325), die wohl auch bearbeitet und erweitert worden sind. Im Kern gelten diese Bestimmungen aber als die Statuten Konrads.

[215] Wolfgang Schild, Gottesurteil in: HRG², Bd. 2, S. 482–491.

urteilen soll. Das andere und wichtigere Gericht wird von einem Richter (*iudex*) in Anwesenheit eines Kastellans (*castellanus*) und von Adligen (*nobiles*) gebildet. Die Statuten beziehen sich, das wird am Schluss betont, nicht auf die Privilegien der Mönche und die Rechte der Kleriker, die nach dem eigenen Kirchenrecht (*ius canonicum*) leben.

Mit seinem Vetter Bischof Heinrich hielt Konrad-Otto Frieden, beide waren an Hoftagen König Heinrichs VI. anwesend. Nach dem weithin beklagten Tod Friedrich Barbarossas auf dem Kreuzzug im Juni 1190 beteiligte sich der Herzog mit einer ungewöhnlich starken Mannschaft persönlich am Romzug König Heinrichs VI. (1190–97) und an seiner Kaiserkrönung im April 1191. Die Heldentaten der Böhmen werden auch bei diesem Feldzug gerühmt. Im September 1191 allerdings starb neben Erzbischof Philipp von Köln auch der böhmische Herzog Konrad-Otto vor Neapel an einer Seuche. „Auf den Wink dieses großen und tüchtigen Fürsten hin drehte sich das römische Reich immer in seinen Angeln", so der polnische Chronist Vincentius Kadłubek.[216] Der Verlust der beiden Fürsten mit ihren starken Heeresabteilungen, Hauptstützen des Zuges, wog für den jungen Kaiser schwer. Noch schlimmer traf der Tod des beliebten, fähigen und gebildeten Konrad-Otto die böhmischen Länder. Vermutlich hatte er vor seiner Abreise noch seine Stellvertretung und eine mögliche Nachfolgeregelung in die Wege geleitet. Wenzel, der Bruder Soběslavs II., wurde zunächst Herzog, geriet aber bald in heftigen Kampf mit Přemysl Otakar, dem Vertreter der Vladislavschen Linie, der auch der Prager Bischof Heinrich angehörte. Anfang 1182 begab dieser sich zu Kaiser Heinrich und klagte den noch nicht investierten Wenzel an. Er erreichte, nicht zuletzt mit einem Handgeld von 6000 Mark Silbers (für das sich der Bischof selbst verbürgte), dass Přemysl Otakar mit Böhmen und dessen Bruder Vladislav Heinrich als Markgraf von Mähren investiert wurden. Möglicherweise brachte der Bischof mit einem Abgesandten des Kaisers selbst die Fahnen nach Prag, wo Wenzel schnell resignierte. Doch die Brüder Přemysl Otakar und Vladislav weigerten sich nun, das dem Kaiser versprochene Geld zu bezahlen. Auch andere Indizien deuten auf neu entstehende Spannungen zwischen dem Bischof und dem neuen Herzog hin; vielleicht ist daher der Entschluss des Bischofs zu verstehen, 1192 eine Wallfahrt nach Santiago de Compostela anzutreten. Auf der Reise wurde er allerdings, vermutlich in Aachen, vom Kaiser aufgehalten und angeblich gehindert, weiter zu ziehen. Er sollte offenbar am Hof dem unter Geldnot leidenden Herrscher zu Diensten sein, bis das versprochene Geld bezahlt würde. Bischof Heinrich, Herzog Přemysl Otakar und Markgraf Vladislav wurden auf einen Hoftag nach Altenburg Ende 1192 geladen; gelöst wurde das finanzielle Problem bei diesem Treffen allerdings nicht. Ob der Bischof weiterhin und ständig am Kaiserhof verblieb, wo er eine ehrenvolle Behandlung erfuhr, oder auch wieder in seine Diözese gelangte, wissen wir nicht.

---

[216] Vincentius Kadłubek, hg., übers. und komm. von Eduard Mühle, Darmstadt 2014 (Frh. v. Stein-Ausgabe 48), S. 352/54.

4.6 Konrad-Otto und Bischof-Herzog Heinrich

Der energische und selbstbewusste Přemysl Otakar, der von „bellenden Hunden"[217] zum Hass gegen den Bischof angestiftet worden war, schloss sich inzwischen der niederrheinisch-welfischen Fürstenopposition gegen den Kaiser an; mit den sächsischen und thüringischen Fürsten war er eng verwandt. Hier sah der ehrgeizige Bischof Heinrich seine große Chance: Er teilte den Abfall Otakars im März 1193 dem Kaiser mit. Dieser hatte gerade den englischen König Richard Löwenherz (1189–1199) in seine Hand bekommen, der auf dem Rückweg vom dritten Kreuzzug in Österreich gefasst worden war. Offenbar hatte Richard vorgehabt, über die ihm freundlich gesinnten Länder Böhmen und Sachsen in sein Land zurückzukehren. Eine hohe Lösegeldsumme und die Lehensnahme Englands stärkten die Position Heinrichs VI. ungemein. Damit erreichte er zwar den Ausgleich mit der Fürstenopposition, nicht aber mit Herzog Přemysl Otakar. Dafür sorgte vor allem Bischof Heinrich, dessen Worten, so Gerlach, der Kaiser allzu leichtgläubig folgte. Im Juni 1193 wurde in Worms dem (natürlich nicht erschienenen) Přemysl Otakar der Prozess gemacht. Des Majestätsverbrechens schuldig gesprochen wurde er als böhmischer Herzog abgesetzt, Bischof Heinrich selbst durch Überreichung der Fahnen als Herzog von Böhmen investiert.[218] Die Schuld von 6000 Mark wurde ihm erlassen. Bischof-Herzog Heinrich sammelte Truppen und zog nach Böhmen, der hohe Adel, der dem Otakar gerade noch seine Treue geschworen hatte, lief zu Heinrich über, der auch über eigene Anhänger im Land verfügte. Die Prager Burg musste er allerdings noch vier Monate belagern, bis sie in seine Hand fiel.

Bischof-Herzog Heinrich blieb weiter auf Seiten Heinrichs VI., wie es seine Anwesenheit auf mehreren Hoftagen bezeugt; ihm verdankte er schließlich seinen Aufstieg. Ein böhmisches Kontingent begleitete den Kaiser nach Sizilien, der Bischof-Herzog zog mit böhmisch-mährischen Truppen nach Meißen, um auf Wunsch des Kaisers gegen den Markgrafen Albrecht vorzugehen. Kirchen und Klöster erlitten dabei schwere Schäden, die Heinrich später unter Tränen bereut haben soll. Hat er einen Zwiespalt zwischen den Anforderungen seiner beiden Ämter empfunden, wie es Gerlach berichtet? 1194 fiel er mit Heeresmacht in Mähren ein und eroberte es schnell, der bisherige Markgraf Vladislav Heinrich und andere Přemysliden mussten ihren Aufenthalt in Prag nehmen. Zwei davon versorgte er nun mit mährischen Teilfürstentümern in Olmütz und Brünn. Das bedeutete aber nicht die Abschaffung der Markgrafschaft selbst, denn als Markgraf bezeichnete sich Heinrich bei seinem Aufenthalt in Mähren auch. Mit all diesen Maßnahmen suchte der Bischof-Herzog den als gefährlich eingeschätzten Otakar Přemysl zu isolieren. Auf dem Hoftag des Kaisers in Worms zur Vorbereitung des neuen Kreuzzugs Ende 1195 nahm auch der Bischof-Herzog teil und nahm dort das Kreuz.

---

[217] Gerlach, FRB II S. 509.
[218] Gerlach, FRB II, S. 510.

Manche geistliche Funktionen ließ Heinrich, für den das Herzogsamt allmählich das Übergewicht bekam (wohl auch bei der Nichtbeachtung des Zölibats), nun den Olmützer Mitbischof Kaim und dessen Nachfolger Engelbert (der aus dem Olmützer Domkapitel stammte) durchführen. In seinen Urkunden allerdings benutzte Heinrich beide Fürstentitel und verwendete auch beide Siegel. Schenkungen an Klöster und bedeutende adlige Anhänger wie den berühmten Grafen (*illustris comes*) Milhost sind ihr Inhalt. Ähnlich wie Konrad-Otto hielt Heinrich auch Landesversammlungen ab. Ein Legat Papst Coelestins III., Kardinal Peter von Capua, erschien im März 1197 in Böhmen. Über politische Absichten der Legation, wie eine Werbung für den nächsten Kreuzzug und/oder antikaiserliche Propaganda, erfahren wir nichts. Während seines zweimonatigen Aufenthalts übte Peter Kritik an den Weihehandlungen Bischof Kaims und forderte das Gelübde der Keuschheit von den neu zu weihenden Landpriestern. Dagegen erhob sich ein Aufruhr von diesen – der Legat wäre schier erschlagen worden. Noch immer lebten die meisten böhmischen Priester offenbar gegen die kanonischen Vorschriften mit Frauen zusammen.

Kaum war der Bischof-Herzog noch während der Legation Peters schwer erkrankt, griff Přemysl Otakar zu den Waffen; der militärische Angriff schlug allerdings fehl, da der Adel noch zu Heinrich hielt. Dieser zog sich jedoch nun in das sichere staufische Eger zurück, wo er im Juni 1197 starb. Vom Chronisten Gerlach wird der Bischof-Herzog gerühmt: Nach dem hl. Adalbert kam kein zweiter in diesem Land ihm gleich. Gerlach betonte allerdings auch, dass Heinrich in seiner Herzogszeit Schaden an seiner Seele genommen hätte.[219] Vom bürgerlich-nationalen Historiker Václav Novotný, der sonst klug abzuwägen vermochte, wird Heinrich allerdings in den dunkelsten Farben gemalt: Ein schlechter unbedeutender Herrscher sei er gewesen, ein schlechter Bischof, ein Verderber der staatlichen böhmischen Einheit, ohne persönliche Qualitäten, nur gesteuert von Habsucht, Eitelkeit und Ehrgeiz.[220] Ehrgeiz und Machthunger verbanden den Bischof-Herzog allerdings mit den meisten přemyslidischen und nichtpřemyslidischen Fürsten des Mittelalters. Novotnýs Band II (1913) ist noch vor dem ersten Weltkrieg erarbeitet worden, die damals ersehnte und bedrohte staatliche Einheit wurde in das 12. Jahrhundert projiziert und führte hier zu dieser historischen Fehldeutung.

Die böhmischen Großen hatten bereits im Juni 1197 den jüngeren Vladislav Heinrich zum Herzog gewählt, da sie vor kurzem noch seinen älteren Bruder Otakar vertrieben hatten und wohl auch einen Einwand des nicht beachteten Kaisers fürchteten. Seinen Kaplan Milik-Daniel von niedriger Herkunft machte Vladislav Heinrich zum Bischof von Prag und investierte ihn, was bisher nur das Recht des Königs bzw. Kaisers gewesen war. Von Milik musste der Herzog zweifellos keine reichsfürstlichen Ambitionen fürchten. Bitter beklagte Gerlach als

---

[219] Gerlach, FRB II, S. 512 f.
[220] Novotný ČD I 2, S. 1143 f., 1148 u. a.

4.6 Konrad-Otto und Bischof-Herzog Heinrich

Augenzeuge der ‚Wahl' Daniels II. den Verlust der ‚alten Freiheit' und der kaiserlichen Privilegien, wonach die Investitur der Prager und Olmützer Bischöfe dem Kaiser zustehe und der Prager Bischof ein Reichsfürst sei.[221]

Mit dem Tod Bischof-Herzogs Heinrich und mit dem Tod Kaiser Heinrichs VI. im September desselben Jahres 1197 war, wie sich zeigen sollte, eine Epoche in den Beziehungen der Prager Bischöfe, aber in gewisser Weise auch der böhmischen Herrscher zu den römisch-deutschen Königen und Kaisern zu Ende gegangen.

Otakar Přemysl, der sich im Exil bei seinem Schwager Markgraf Albrecht von Meißen oder seinem Verwandten Graf Albrecht von Bogen aufgehalten hatte, gab sein Ziel des böhmischen Herzogtums nicht auf. Mit Heeresmacht zog er gen Prag, Vladislav Heinrich kam ihm mit seinen Truppen und den Bischöfen entgegen. Aber es kam nicht zum Kampf, sondern zu einer Einigung zwischen den Brüdern: Otakar wurde Herzog von Böhmen, Vladislav Heinrich begnügte sich mit der Markgrafschaft Mähren. Allerdings behielt der böhmische Herrscher auch den Olmützer Teil Mährens mit der Herrschaft über den Bischof zunächst noch für sich. Dieser Kompromiss, der so gar nicht den üblichen innerpřemyslidischen Machtkämpfen entsprach, war, wie sich später zeigte, eine kluge, ja geradezu weise Entscheidung. Sie ermöglichte in den folgenden Thronwirren im Reich eine machtpolitische Entfaltung der böhmischen Länder.

---

[221] Gerlach, FRB II, S. 513 f.

5 Die přemyslidischen Könige Otakar I. und Wenzel I.

5.1 König Otakar Přemysl I. und Markgraf Vladislav Heinrich

Bei der Wahl Philipps von Schwaben[222] zum deutschen König im März 1198 in Mühlhausen waren Otakar und Vladislav Heinrich wahrscheinlich nicht anwesend, aber bei seiner Mainzer Krönung im September dieses Jahres standen sie bereits auf seiner Seite.[223] Herzog Otakar führte den feierlichen Umzug des Königs mit dem Reichsschwert an; Philipp hatte ihm vermutlich bereits den Königstitel als Gegenleistung versprochen und dies sehr wahrscheinlich bald darauf eingelöst, wie es die Kölner Königschronik und die Marbacher Annalen berichten.[224] Aber Philipp war schon von Papst Innozenz III. (1198–1216) gebannt worden, der den böhmischen Herrscher als Anhänger des gebannten Staufers weiterhin nur Herzog nannte. Noch 1201 war Markgraf Vladislav Heinrich auf dem Bamberger Hoftag Philipps anwesend. Doch der Papst griff nun massiv in den deutschen Thronstreit ein und setzte sich für den Welfen Otto IV. ein, der am 9. Juli 1198 als deutscher König gewählt und gekrönt wurde. Der Kardinallegat des Papstes, Guido von Praeneste, erschien im Herbst 1202 mit eindeutigen päpstlichen Wünschen beim böhmischen König Otakar in Prag, der wie andere Fürsten nun auf die Seite des Welfen übertrat. In Merseburg wurde er wiederum, nun von der welfischen Seite, am 24. August 1203 zum König Böhmens gekrönt. 1202–1204 standen die böhmisch-mährischen Brüder also auf Seiten des neuen Königs Otto. Philipp hatte inzwischen 1203 einen Neffen des Otakar, Diepold III., mit Böhmen belehnt und als der Staufer militärisch erfolgreich nach Thüringen vorstieß und der Landgraf, ein Verbündeter Otakars, kapitulierte, kehrte auch der böhmische König (wegen des Verrats mit einer Strafzahlung von 7000 Mark Silbers belegt) an die Seite der Staufer zurück, mit denen er sich wahrscheinlich ohnehin traditionell verbundener fühlte. Philipp hatte sich durchgesetzt und wurde jetzt in Aachen, am richtigen Krönungsort, zum zweiten Mal zum König gekrönt. Das Bündnis mit Otakar wurde 1207 mit der Verlobung der Tochter Phi-

---

[222] Wihoda, Ein schwieriges Bündnis.
[223] Für die folgenden Ereignisse zuletzt Wihoda, Sizilische Goldene Bullen, S. 13–39, dem ich hier weitgehend folge. Dazu auch Hruza, Karel, Die drei „Sizilischen Goldenen Bullen" Friedrichs II. für die Přemysliden. Zu einem neuen Buch, diplomatischen Fragen und einer „Historikerdebatte" in der tschechischen Forschung, AfD 53(2007).
[224] Chronica regia Coloniensis I, MGH SRG 18, 164; Annales Marbacenses MGH SRG 9, 74. Auch Otakar zählte sein Königtum von 1198 an.

5.1 König Otakar Přemysl I. und Markgraf Vladislav Heinrich

lipps, Kunigunde, mit dem Sohn Otakars, Wenzel (Václav), bekräftigt. Als König Philipp im Juni 1208 in Bamberg ermordet wurde, war es vor allem Otakar, der dessen (vermutlichen) Mörder, den Pfalzgrafen Otto von Wittelsbach, sofort verfolgte. Aber den beiden böhmischen Fürsten, deren prostaufische Politik gescheitert war, blieb nun offenbar nichts anderes übrig, als wieder auf die Seite König Ottos zu wechseln, der sich im Reich erneut durchsetzte.

Es sei nicht vergessen: Die militärischen Auseinandersetzungen im deutschen Thronstreit, an welchen auch die böhmisch-mährischen Krieger beteiligt waren, führten nach unseren Quellen immer wieder zu Gewalt an den einfachen Landleuten, zu Raub und Brand, zu Plünderungen und Verwüstungen ganzer Landschaften. Denn es ging den verschiedenen Parteien immer auch darum, die wirtschaftlichen Grundlagen des Gegners zu schädigen.

Als Otto IV. in Würzburg seine Romfahrt ankündigte, waren die beiden Přemysliden wohl anwesend; sie beteiligten sich allerdings nicht an diesem Italienzug. Aber Otto IV., nun zum Kaiser gekrönt, schwenkte in Italien (gegen seine eigenen Versprechungen an den Papst) selbst in die Bahnen staufischer Politik ein und marschierte in das Königreich Sizilien ein. Von Innozenz III. wurde er daraufhin im November 1210 exkommuniziert. Nichts fürchtete der Papst mehr, als wieder mit seinem Kirchenstaat zwischen dem sizilischen Königreich und Reichsitalien in die Zange genommen zu werden. Nur ein Ass hatte er noch im Ärmel: Er forderte die Fürsten des Reiches auf, einen neuen König, den siebzehnjährigen staufischen ‚Sizilianer' Friedrich, zu wählen. Dies geschah; vor allem die alten staufischen Anhänger Philipps, darunter besonders der böhmische König, wählten im September 1211 in Nürnberg den sizilischen König Friedrich zwar nicht zum deutschen König (den gab es noch in Gestalt Ottos), sondern zum „künftigen Kaiser".

Otto IV., der schnell nach Deutschland zurückgekehrt war, setzte auf dem Nürnberger Hoftag im Mai 1212 Otakar ab und investierte dessen Sohn Vratislav (aus seiner ersten Ehe mit Adelheid von Meißen) mit Böhmen. Neben einigen böhmischen Adligen war auch Markgraf Vladislav Heinrich als Beobachter angereist, aber gewiss bei dieser Aktion, die ohnehin keine Folgen zeitigte, nicht beteiligt. Nur die Aufsehen erregende Vertreibung des engsten Vertrauten Otakars, des Kammerdieners Černín, durch den böhmischen König zur selben Zeit könnte damit in Zusammenhang stehen. Vielleicht wurde Černín verdächtigt, sich auf die Seite Vratislavs geschlagen zu haben.

Friedrich II. erschien nun nach einer dramatischen Reise über Genua und die Lombardei im Reich nördlich der Alpen und ließ am 26. September 1212 in Basel die drei bekannten „Sizilischen Goldbullen" für seine přemyslidischen Verbündeten ausstellen.[225] Zwei dieser Privilegien waren an König Otakar Přemysl, eine an den mährischen Markgrafen Vladislav Heinrich gerichtet.

---

[225] DF. II Nr. 171–173. Sizilisch werden sie genannt, da sie mit sizilischen Goldsiegeln versehen sind; andere besaß Friedrich noch nicht.

Zweifellos hatten Kenner der böhmischen Verhältnisse den Kanzler des auf diesem Gebiet wohl recht ahnungslosen sizilischen Staufers beraten oder sogar die Vorlagen für die Urkunden geliefert. In der ersten Urkunde bestätigte Friedrich II. die Königserhebung Otakars durch König Philipp. Sie sollte auch für seine durch Wahl des böhmischen Adels erhobenen Nachfolger gelten, die allerdings zur Investitur mit den Regalien zu ihm bzw. seinen Nachfolgern zu kommen gehalten sind. Alles sollte ohne irgendeine Tributleistung geschehen. Die Grenzen seines Herrschaftsbereichs garantierte ihm der Staufer und gewährte die Investitur der künftigen dortigen Bischöfe. Nur an Hoftagen in Bamberg, Nürnberg und Merseburg war demnach der böhmische König verpflichtet zu erscheinen; wenn der polnische Herzog dort erscheine und belehnt würde, sollte der böhmische König immer anwesend sein. Beim Romzug zur Kaiserkrönung sollte er 300 Ritter stellen oder 300 Mark Silbers zahlen.

Zweitens schenkte Friedrich II. dem böhmischen König, sicher auf dessen Wunsch, die Burg Floss, die Burg Schwarzenberg und verschiedene andere kleine Güter im Raum der heutigen Oberpfalz und im nordwestlichen Erzgebirge, jeweils auch mit allen Ministerialen und Unfreien, teilweise auch nur als Lehen. Ob sie überhaupt je in die Hand Otakar Přemysls gekommen sind, ist unsicher. Er scheint das Interesse an diesen Besitzungen im Vorfeld seines Landes bald verloren zu haben; sie sollten aber später, in der Zeit Otakar Přemysl II. und besonders in der Regierungszeit Karls IV. im 14. Jahrhundert wieder eine gewisse Rolle spielen.[226]

Das dritte Privileg für den mährischen Markgrafen Vladislav Heinrich bestätigte ihm die rätselhaften Besitzungen „Mocran und Mocran", auf welchen auch Lehenspflichten gegenüber dem Reich bestehen bleiben. Hat der Schreiber die Vorlage falsch verstanden? War damit etwa ein Reichslehen Mockern bei Altenburg (und/oder Möckern bei Magdeburg?) gemeint, das dem Markgrafen übergeben werden sollte?[227] Damit wäre er, ebenso wie sein Bruder, mit Besitz (oder Lehen) außerhalb seines Landes ausgestattet worden. Die zuletzt wieder von Martin Wihoda[228] bekräftigte These leuchtet am meisten als Lösung für dieses in der Forschungsgeschichte höchst umstrittene Rätsel ein: dass es sich bei dem verballhornten „Mocran und Mocran" nur um zwei Teile Mährens gehandelt hat. Konrad-Otto hatte kurz nach 1182 zwar alle Gebiete Mährens als Markgraf beherrscht, aber Otakar Přemysl hatte nach dem Aussterben der dortigen Přemysliden (um 1200) den Olmützer Teil zunächst unter seiner Herrschaft gehalten und damit auch Einfluss auf den dortigen Bischof gewahrt, Vladislav Heinrich besaß wahrscheinlich nur den Brünner und Znaimer Teil. Zu einer Ver-

---

[226] Dazu Wihoda, Sizilische Goldene Bullen, S. 228–239.
[227] So schon Novotný I 3, S. 307. Zuletzt Žemlička, Die dritte Basler Urkunde.
[228] Wihoda, Sizilische Goldene Bullen, S. 158–216 nach Vorarbeiten von Berthold Bretholz und Rudolf Koss.

5.1 König Otakar Přemysl I. und Markgraf Vladislav Heinrich

einigung beider Teile Mährens unter dem Markgrafen kam es wohl erst kurz vor 1213. Das würde zeitlich zu Friedrichs Privileg passen.

Vladislav Heinrich hatte Znaim zu seiner Residenz ausgebaut. In seiner etwa 25-jährigen Regierungszeit in Mähren sind Fürstenämter und Hofkapläne am markgräflichen Hof festzustellen, auch Anfänge einer Kanzleitätigkeit, zunächst in Zusammenarbeit mit dem Olmützer Bischof Robert (1202–1240). Wir können also von einer zunehmenden Selbstverwaltung des Landes ausgehen. 1213 war sogar der Dichter Walter von der Vogelweide am mährischen Hof anwesend. Offenbar begann sich unter Vladislav Heinrich allmählich ein mährisches Landesbewusstsein zu entwickeln.

Wie war das Verhältnis der Markgrafschaft Mähren zum böhmischen Königtum? Zweifellos wurde Vladislav Heinrich zum engsten Verbündeten seines älteren Bruders Otakar Přemysl, erscheint aber dennoch in manchen Fällen als ein selbständig handelnder Fürst, der auch Ansehen bei den anderen Reichsfürsten genoss. Können wir ihn selbst als Reichsfürsten bezeichnen? Gerlach berichtet zwar, dass Konrad-Otto Mähren vom Kaiser verliehen bekommen habe, schreibt aber erst 20 bis 30 Jahre nach diesem Vorfall.[229] Eine Begründung der Markgrafschaft als königliches Lehen durch Barbarossa ist, wie schon oben erwähnt, sonst nicht überliefert. Wahrscheinlich übernahm Vladislav den markgräflichen Titel einfach aus Gründen einer schon bestehenden Tradition. Was die innere Politik der beiden Brüder in den böhmischen Ländern anging, wird man eine Mitregentschaft Vladislavs konstatieren können, auch wenn der böhmische König unbestritten Vorrang genoss.[230] Als ein Grund für seine stete brüderliche Treue wird oft insbesondere die Kinderlosigkeit der Ehe des Markgrafen angesehen.

Es ist erstaunlich: Das erste Privileg Friedrichs II. für den böhmischen König, das „zu einem festen Pfeiler des tschechischen Nationalbewusstseins und der tschechischen Staatlichkeit stilisiert wurde",[231] ist von den Přemysliden des 13. Jahrhunderts überhaupt nicht beachtet worden und im Kronarchiv verschwunden; erst Karl IV. bestätigte das Privileg 1348. Nach einer weiteren Phase der Vergessenheit (seit 1627) bekam es erst im 20. Jahrhundert seine erwähnte zentrale wissenschaftliche und politische Rolle für das Verhältnis der böhmischen Länder zum römisch-deutschen Reich, zweifellos befördert von den zeitgenössischen historischen Ereignissen und Problemen, dem ersten Weltkrieg und der folgenden Gründung der Tschechoslowakei (1918).

Bei den Hoftagen Friedrichs II. in Regensburg und Eger 1213 war Otakar anwesend, ohne dass wir über Details der Beratungen etwas erfahren. Kaiser Otto IV. hatte inzwischen auf Seiten der Engländer in der Schlacht von Bouvines 1214 gegen die Franzosen, die mit Friedrich II. verbündet waren, eine Niederlage

---

[229] Gerlach, FRB II, S. 506.
[230] So Wihoda, Sizilische Goldene Bullen, vor allem gegen Žemlička, Počátky Čech královských.
[231] Wihoda, Sizilische Goldene Bullen, S. 9.

erlitten. Der Staufer eilte daraufhin, wahrscheinlich mit dem böhmischen König, in das Rheinland, um die dortigen Fürsten und die reichen Kölner Bürger zu gewinnen. An der Krönung Friedrichs in Aachen 1215 nahmen die Brüder dagegen nicht teil. Das Einvernehmen beider Seiten war jedoch nicht getrübt, wie dies bei einem weiteren Vorhaben des böhmischen Herrschers zu erkennen ist.

Denn König Otakar Přemysl war nun gewillt, sein Königtum erblich zu machen und suchte daher seinen Sohn Wenzel noch zu seinen Lebzeiten zum König zu erheben, ein Verfahren, das man auch von den römisch-deutschen und anderen Königen kennt. Seinen ältesten Sohn Vratislav aus seiner ersten Ehe mit Adelheid von Meißen berücksichtige Otakar dabei nicht. Denn er hatte nach fast 20-jähriger Ehe mit der Wettinerin die Scheidung gesucht, die ihm, wegen sehr plötzlich erkannter zu naher Verwandtschaft, vom gehorsamen Prager Bischof Daniel II. auch gewährt wurde. Das brachte dem König allerdings die Feindschaft der Wettiner ein. Als der Böhme auf die Seite Ottos IV. getreten war, erklärte der Papst, der Förderer Ottos, die erste Ehe für illegitim. Mitte 1199 heiratete Otakar die junge Konstanze, Schwester der (miteinander zerstrittenen) ungarischen Könige Emmerich und Andreas II.. Wollte er jetzt als König unbedingt eine Frau aus einem Königsgeschlecht haben? Das ist durchaus wahrscheinlich. Aber auch private Lust und Laune spielten dabei wohl eine Rolle. Nach seiner Rückkehr zu den Staufern musste Otakar zwar die Rückkehr der Adelheid akzeptieren, behielt jedoch offenbar auch Konstanze am Hof. Um 1205 vertrieb er Adelheid trotz der drohenden politischen Probleme erneut und König Philipp erkannte nun stillschweigend seine zweite Ehe an, indem er, wie schon oben erwähnt, eine eigene Tochter mit Wenzel, dem Sohn aus der zweiten Ehe Otakars, verlobte. Für den Staufer waren die Böhmen wichtiger, die Wettiner aber fielen nun zu dem allerdings längst geschwächten Otto IV. ab. Das Ehedrama schwelte noch weiter; Dietrich von Meißen, der Bruder der Adelheid, wandte sich an den Papst, der die Beteiligten zu Gerichtsterminen einlud. Im Februar 1211 aber verschied die unglückliche Adelheid, bevor es zu einer Entscheidung kam.

Mit der Wahl Wenzels setzte der böhmische König die alte přemyslidische Tradition des Seniorats außer Kraft; denn Wenzel war jünger als mehrere andere Přemysliden, darunter auch Vladislav Heinrich. Otakar suchte nun die Zustimmung Friedrichs II., die ihm dieser in einem in Ulm 1216 ausgestellten Privileg auch erteilte.[232] Danach erklärten der mährische Markgraf und die böhmischen Magnaten, Wenzel zum König gewählt zu haben. Damit wahrten sie ihr Wahlrecht, bezeugten aber das Ende der Senioratsvorstellungen. Der Přemyslidenzweig der Diepoldinger, der durch das Ende des Seniorats vom Herzogtum ausgeschlossen wurde, war allerdings bei der Wahl nicht beteiligt gewesen.

Das sog. dritte böhmische Königtum blieb somit ein Wahlkönigtum. Otakar Přemysl scheint aber die Rituale geändert zu haben: Keinen Hinweis gibt es mehr auf den steinernen Thron auf dem Hradschin und statt dem alten přemyslidi-

---

[232] MGH DFII. Nr. 377 vom 26. Juni 1216.

schen Adler (der später an die Landstände ging und bei Mähren verblieb) wurde der Löwe zum Wappentier des Herrschers, vielleicht aber schon unter Vladislav II.

5.2 Der Kirchenkampf mit Bischof Andreas und die letzten Jahre Otakars I.

Auch der Kampf mit der selbstbewusster gewordenen böhmischen Kirche prägte viele Jahre der Regierung Otakars. Das Investiturrecht des römisch-deutschen Königs für den Prager Bischof, das der Staufer dem böhmischen König überlassen hatte, war ihm wahrscheinlich schon von Philipp von Schwaben übertragen worden. Die Reformer in der böhmischen Kirche waren damit gewiss nicht einverstanden, denn das bedeutete eine stärkere Abhängigkeit vom böhmischen Herrscher. Sie hatten schon 1197 versucht, sich gegen die Einsetzung Bischof Daniels II. 1197 zu wehren. Der Prager Kanoniker Arnold hatte sich sogar an Papst Innozenz III. gewandt: Der Bischof sei ohne Wahl des Domkapitels der Kirche durch Laiengewalt aufgezwungen worden, außerdem sei er Sohn eines Priesters, habe Frau und Kinder, habe bei einer Schlägerei einen Menschen umgebracht. Ob die Anschuldigungen berechtigt waren, wissen wir nicht. Der Papst war zunächst geneigt, auf die Anklage einzugehen, er hatte damit ein Druckmittel gegen den (zu der Zeit) staufisch gesinnten Otakar Přemysl und zitierte Daniel II. nach Rom, der dieser Vorladung erst 1202 nach angedrohter und vollstreckter Exkommunikation durch den Papst folgte. Aber als König Otakar auf die Seite Ottos IV. trat, wurde auch Daniel volle Genugtuung zuteil. „Seine übrigen Taten und Tage brauche ich nicht zu beschreiben, Gott möge ihn nur schonen und er möge in Frieden ruhen", so Gerlach.[233]

Nach dem Tod Bischof Daniels II. im April 1204 wurde der Prager Propst Andreas sein Nachfolger, über seine Wahl bzw. Einsetzung erfahren wir nichts. Zweifellos bestimmte ihn der böhmische König zum Bischof, denn Andreas war seit 1211 sein Kanzler gewesen. Aber gerade der königliche Kanzler Andreas wurde als Bischof zu einem entschlossenen und kompromisslosen Kämpfer für die ‚Freiheit' der Kirche.[234]

Wahrscheinlich hatte Andreas die große macht- und glanzvolle Heerschau der Kirche 1215 beim vierten Laterankonzil Papst Innozenz III. stark beeinflusst. Das ist die psychologisch einleuchtende Erklärung, zumal ihn dort der Papst so-

---

[233] Gerlach, FRB II S. 514.
[234] Zum Folgenden Hilsch, Der Kampf um die Libertas ecclesiae. Wir denken dabei an den bekannten und auch literarisch verarbeiteten Kampf zwischen dem englischen Erzbischof Thomas Becket und seinem König Heinrich II. wenige Jahrzehnte zuvor!

gar persönlich zum Bischof geweiht hatte. Noch auf dem Konzil versuchte Andreas, freilich vergeblich, die Erhöhung des Prager Bistums zu einem Metropolitansitz zu erreichen, um damit in Zukunft nur noch direkt dem Papst und nicht dem Mainzer Erzbischof, seinem Metropoliten, unterstellt zu sein.

In seiner Diözese begann er daraufhin heftigen Streit mit säumigen Zahlern des Zehnten: Die Zahlung des Vollzehnts, die er forderte, war für Böhmen allerdings eine unerhörte Neuerung, die heftigen Widerstand im Volk, aber auch bei Adel und König verursachte. Papst Honorius III. (1216–27) unterstützte Andreas (zumindest zeitweise) gegen die Laien, welche nach Meinung des Bischofs die Kleriker drangsalierten. Schließlich verließ der Bischof seine Diözese und verhängte das Interdikt über sie. Dieses Verbot aller gottesdienstlichen Handlungen verursachte in Böhmen einen ungeheuren Aufruhr, der auch den König in Bedrängnis brachte; er bat Honorius III. dringend, das Interdikt wieder aufzuheben. Aber Andreas, der in Rom erschienen war, verhinderte dies. Die Erzbischöfe von Salzburg und Gran und mehrere Nachbarbischöfe wurden beauftragt, strikt über die Einhaltung des Interdikts im Land zu wachen. In einem Brief zählte der Papst die Vorwürfe des Bischofs auf: Kleriker würden vor weltliche Gerichte gezogen und von Laien sogar zum Tod verurteilt, der König achte das Interdikt nicht, übergehe das bischöfliche Investiturrecht, lege Geistlichen Steuern auf, leiste als schlechtes Beispiel von seinem Grundbesitz den Zehnt nicht und so werde die kirchliche Freiheit am Boden zertreten. Der König solle wegen dieser Vorfälle eine feierliche Gesandtschaft mit seinen Prokuratoren (Rechtsvertretern) an die Kurie senden.[235]

König Otakar bewog in der Zwischenzeit seinen politischen Freund, den Metropoliten Erzbischof Siegfried von Mainz, dazu, das Interdikt aufzuheben. Der Papst wandte sich scharf dagegen, was wiederum die Partei des Bischofs im böhmischen Klerus und die Wirkung des Interdikts stärkte. Der König zeigte Kompromissbereitschaft und musste einlenken; er gab später sogar zu, auf Geistliche Druck ausgeübt zu haben, um das Interdikt zu umgehen. Gesprächsbereitschaft zeigte nun auch die Kurie, nach längeren Verhandlungen trafen sich päpstliche Bevollmächtigte mit dem König und den böhmischen Magnaten im Januar 1219 in Kladrau (Kladruby). Sie handelten einen Vertrag aus, der in vielen Punkten den kirchlichen Wünschen entsprach und schließlich auch bei Andreas Zustimmung fand. Wir wissen allerdings nicht, ob dieser nach Böhmen zurückkehrte. Wieder entwarf er, wohl nicht ganz zu Unrecht, vor dem Papst das Bild einer nach wie vor repressiv behandelten und ausgebeuteten Kirche und verhängte zum zweiten Mal das Interdikt. Zwei weitere Treffen beider Seiten in Wien und an der mährisch-österreichischen Grenze blieben ohne Erfolg, die Verhandlungen liefen aber weiter. Papst und König machten Zugeständnisse und im April/Mai 1221 bestätigten der König und die Barone Böhmens die Ab-

---

[235] CDB II Nr. 143 vom 22. Juni 1217.

5.2 Kirchenkampf mit Bischof Andreas un die letzten Jahre Otakars I.

machungen mit Andreas und verbürgten sich für sie vor dem päpstlichen Legaten Gregor de Crescentio.[236]

Das entscheidende Treffen der beiden Parteien fand im Juni 1221 auf dem Schatzberg in Mähren in Anwesenheit des päpstlichen Legaten statt, der Sympathien für den König erkennen ließ. Otakar versprach seinerseits, den Forderungen des Bischofs und der Kirche nachzugeben: Freiheit für die Kirche, Verzicht auf finanzielle und andere Dienstleistungen der Kirche, weltliche Gerichtsbarkeit ausschließlich durch den König, das Investiturrecht von Geistlichen durch den Bischof (mit dem Vorbehalt des adligen Patronatsrechts), volle Zehnten von den Gütern des Königs und des Adels (nicht jedoch des Volkes). Trotz Verzögerungsversuchen des misstrauischen Andreas löste der Legat Gregor schließlich das Interdikt.

Das Ergebnis des Streits kann als ein Sieg kirchlicher Vorstellungen und als eine wichtige Etappe kirchlicher Emanzipation von der weltlichen Macht gewertet werden. Von einem Sieg des Bischofs Andreas kann man aber nicht sprechen, in seine Diözese ist er offenbar nie mehr zurückgekehrt. Seine Sicherheit war nicht mehr gewährleistet, er hatte sich zu viele Feinde gemacht: beim König, beim Adel und auch bei einem Teil der Geistlichen. Andreas starb im Juli 1223 in Cassamare, wo er auch bestattet wurde. Sein Haupt wurde später als Reliquie in die Mauer der Wenzelskapelle im Veitsdom eingefügt. Im 14. Jahrhundert tauchten Legenden über das heilige Leben und die Wundertätigkeit des Mannes auf, „der wegen der Freiheit der Prager Kirche, die er verteidigte, in die Verbannung getrieben worden war".[237]

Es sollte aber noch lange (teilweise bis in das 14. Jahrhundert) dauern, bis die erkämpften formalen Privilegien der Kirche in die immer noch stark vom Eigenkirchenwesen dominierte Realität umgesetzt werden konnten.

Ein weiteres Ergebnis dieses böhmischen Kirchenkampfes war zweifellos der gestiegene Einfluss der Kurie auf die Bischofswahlen in Böhmen. Noch Honorius III. setzte Bischof Pilgrim, den Nachfolger des Andreas, 1226 ab. Die beiden folgenden Bischöfe wurden durch den Papst nominiert; das prinzipielle Ernennungsrecht durch die Kurie wurde allerdings erst im 14. Jahrhundert durchgesetzt.

Der Verlauf des Kirchenkampfes hatte es König Otakar nicht erlaubt, seine ganze Aufmerksamkeit den Verhältnissen im Reich zu widmen. Er war während dieses Kampfes viel in seinen Ländern tätig und oft auch in Mähren bei seinem Bruder Vladislav anwesend. 1219 erschien Otakar auf dem Nürnberger Hoftag, wo er vermutlich schon der Krönung Heinrichs (VII.), Sohn des Kaisers, zum deutschen König im folgenden Jahr zustimmte; möglicherweise ist auch seine Tochter Agnes schon damals mit dem achtjährigen Heinrich verlobt worden.

---

[236] CDB II, Nr. 212.
[237] Benesch von Weitmühl, FRB IV, S. 539.

Auf dem letzten Augsburger Hoftag Friedrichs II. vor dem Aufbruch zur Kaiserkrönung waren die Böhmen nicht anwesend, ihre Romzugspflicht haben sie wohl durch die Geldzahlung abgelöst. Nach dem Tod des Markgrafen Vladislav Heinrich im August 1222 übernahm der böhmische König auch Mähren, auf das sich der Přemyslide Diepold III. Hoffnungen gemacht hatte. Es kam zu kriegerischen Auseinandersetzungen; Diepold starb bei der Belagerung seiner Burg Kouřim durch Otakar. Damit war auch diese Linie der Přemysliden endgültig ausgeschaltet. 1224 übertrug der König die Markgrafschaft Mähren an seinen jungen Sohn Vladislav Heinrich II.

Ein Zeichen für die andauernde enge Beziehung zu Friedrich II. war das große Privileg Otakars für den Hochmeister des Deutschen Ordens, Hermann von Salza (1210–1239), der ein Freund des Staufers war, aber auch von den Päpsten geschätzt wurde und mit ihnen enge Beziehungen unterhielt – der beste Vermittler zwischen beiden Seiten. Der böhmische König nahm den Orden in seinen Schutz und bestätigte ihm in Olmütz 1222 alle Besitzungen und Freiheiten im Land. Das verwendete Goldsiegel zeigt die große Bedeutung des Privilegs, das auch von Papst Honorius III. bestätigt wurde.[238] Obwohl der Orden im Prinzip national organisiert war, öffnete er sich auch böhmischen Mitgliedern. Die Nationalität der meisten Deutschordensritter spielte offenbar (noch) keine Rolle. Der Orden ging zunächst vom überwiegend deutschen Stadtteil Prags (St. Peter am Poříč) aus. Aber auch der Johanniterorden war im Land schon längst präsent.

Gegen die böhmischen Interessen drohte sich jedoch ein neues Eheprojekt zu entwickeln: Der knapp 14-jährige König Heinrich (VII.) sollte heiraten.[239] Auf dem Hoftag in Ulm 1225 bot Otakar dem Kaiser die große Summe von 30.000 Mark Silber für die Eheschließung mit seiner Tochter Agnes,[240] die sein Verwandter und politischer Freund, Herzog Ludwig I. von Bayern, noch um 15.000 Mark erhöhte. Aber auch die französischen Kapetinger und die englischen Plantagenets boten für die Ehe mit dem jungen Heinrich eigene Prinzessinnen an; ebenso auch König Andreas II. von Ungarn eine Tochter mit beträchtlicher Mitgift. Auf dem Hoftag zu Ulm im Januar 1225 verhandelten die Fürsten darüber, etwas später wohl wurde in Frankfurt, vermutlich in Anwesenheit des jungen Königs Wenzel (des Bruders der Agnes) und des Landgrafen Ludwig von Thüringen auf Betreiben des böhmenfreundlichen Erzbischofs Siegfried von Mainz und des Herzogs Ludwig von Bayern die Eheschließung Heinrichs (VII.) mit Agnes in Aussicht genommen, die auf Rat der Fürsten bis zur Hochzeit dem Herzog von Österreich übergeben wurde. Dies vielleicht deswegen, weil man den Österreicher damit von seiner Unterstützung für das englische Heiratsprojekt abhalten wollte. Erzbischof Engelbert von Köln aber, Beschützer und Reichsverweser des noch unmündigen Königs, berichtete den englischen Brautwerbern, dass der

---

[238] CDB II, Nr. 239, 242.
[239] Zum Folgenden Thorau, König Heinrich (VII.), S. 227–245, 253–258.
[240] Felskau, Agnes von Böhmen, S. 67–84; Soukupová, Svatá Anežka Česká.

5.2 Kirchenkampf mit Bischof Andreas un die letzten Jahre Otakars I. 105

junge König seine böhmische Verlobte schroff abgelehnt habe. Das ist nicht sehr glaubwürdig, aber Engelbert favorisierte eine Verbindung mit einer englischen Prinzessin, um wohl den englisch-kölnischen Handel zu sichern, vielleicht auch aus Sorge um den Expansionsdrang Frankreichs. Damit wandte er sich auch gegen den französisch orientierten Kaiser, der gerade mit König Ludwig VIII. einen neuen Bündnisvertrag (1223 in Catania) geschlossen hatte.

Landgraf Ludwig von Thüringen und Herzog Leopold VI. von Österreich, die beide vermutlich zunächst noch Agnes als Kandidatin unterstützt hatten, reisten aber nun zu Friedrich II. nach Italien, der endgültig über die Ehe seines Sohnes entscheiden sollte. Beide schlugen ihm nun ein ganz anderes Eheprojekt vor. Es gelang ihnen, Kaiser Friedrich zu bewegen, die Verlobung mit der böhmischen Agnes aufzulösen und seinen Sohn mit der sieben Jahre älteren Tochter Margarete des österreichischen Herzogs Leopold VI. zu verheiraten. Als Gegenleistung boten sie ihm ihre Teilnahme am geplanten Kreuzzug an. Friedrich II. stimmte zu, denn ihm lag sehr viel an dem schon lang zugesagten Kreuzzug.[241] Vielleicht schienen ihm die mächtigen Babenberger mit den von ihnen beherrschten Alpenübergängen auch für seine territorialen Pläne wichtig zu sein.

Der böhmische König musste dies als Niederlage empfinden, einen Abfall von Friedrich II. zog er aber nicht in Betracht. Denn die Schuld sah er beim ‚Verräter' Leopold VI. Während sich dieser noch in Italien aufhielt, fiel Otakar rachedurstig in Österreich ein; das Land wurde allerdings von dem mächtigen Ministerialen Heinrich von Kuenring erfolgreich verteidigt. Auf englische Initiative hin verhandelte Otakar 1226 wegen einer Ehe der Agnes auch mit dem englischen König, ebenso förderte sein Freund Ludwig I. von Bayern, nach der Ermordung Erzbischof Engelberts nun Reichsregent, diese englische Verbindung. Allerdings stellte Otakar bei der wohl nur demonstrativen Aktion gegen kaiserliche Interessen seine Verhandlungen mit England bald wieder ein.

1227 musste er den Tod des Markgrafen Vladislav Heinrich II., seines Sohnes, betrauern; sein jüngster Sohn Přemysl wurde danach in Mähren als Markgraf eingesetzt. Der böhmische König, der sein Ende nahen fühlte, ließ im Februar 1228 seinen Nachfolger, den bereits gewählten Wenzel, in Prag vom Mainzer Erzbischof Siegfried zum König salben und krönen; als Gegenleistung erklärten beide Könige (Vater und Sohn), dass auch ihre Nachfolger in Zukunft nur von ihm, dem Mainzer Metropoliten Böhmens, gesalbt und gekrönt werden sollten.[242]

Am Kreuzzug Friedrichs II. in das Heilige Land beteiligten sich auch (für 1227 belegt) viele böhmische Kreuzfahrer ohne fürstliche Führer; die Kreuzzugsbewegung hatte Adel und Ritter der böhmischen Länder längst erreicht. Der Kaiser suchte nach seiner Bannung durch den Papst nun Verbündete unter den Fürs-

---

[241] Ich folge hier der überzeugenden Rekonstruktion der Ehegeschichte durch Gramsch, Das Reich als Netzwerk, S. 98–113.
[242] 2. Forts. des Cosmas, FRB II, S.284; CDB II, Nr. 309, 324.

ten: Selbst Ludwig I. von Bayern, den der inzwischen mündig gewordene König Heinrich (VII.) vom Hof vertrieben hatte, stand nun auf päpstlicher Seite, nicht jedoch König Otakar. Doch die Feindschaft zu Österreich wegen der verhinderten Ehe der Agnes war nicht vergessen: Nach dem Tod Herzog Leopolds VI. (1230) fiel König Wenzel in Österreich ein und verwüstete das Land in der üblichen Weise mit Raub und Brand.

Am 15. Dezember desselben Jahres 1230 starb König Otakar Přemysl I. Der politisch gewandte, fähige und oft auch vom Glück begünstigte Herrscher hatte den Aufstieg der böhmischen Länder im 13. Jahrhundert begonnen und begleitet. Auch in der Intensivierung der Herrschaft sind bedeutende Fortschritte zu erkennen: Zwar liegen die Anfänge der königlichen Kanzlei und Hofkapelle schon vor Otakar, die Verwaltung innerhalb und außerhalb des Hofes aber ist unter ihm weiterverbreitet worden. So existierten zur Zeit Otakars die fürstlichen Hofämter Marschall, Truchsess, Schenk und der wichtigste Kämmerer, der Schwertträger und der Jägermeister. Burggrafen saßen auf der Prager Burg, auf dem Wyschehrad, in Bilin und anderwärts, Kastellane auf den kleineren Befestigungen, ebenso Richter (*iudices*). Zahlreiche Namen dieser Amtsträger sind uns bekannt. Auch die Bischöfe verfügten über fürstliche Hofämter.[243]

5.3 König Wenzel I. und der Mongolensturm

Beim Tode Otakar Přemysls I. war Wenzel (1230–1253), schon zum König gewählt, etwa 25 Jahre alt. Verheiratet war er mit Kunigunde, einer Tochter Philipps von Schwaben, die einen beträchtlichen Hofstaat nach Prag mitgebracht hatte. Mit ihm wird die entstehende Vorliebe des Hofes und ihm folgend des Adels für die westlichen Ideen und Lebensformen des Rittertums, und für die deutschen Sitten und Gewohnheiten verbunden.

In Böhmen führte Wenzel die väterliche Politik weiter, der Kaiser bestätigte ihm im Juli 1231 von Melfi aus sein böhmisches Königtum.[244] Inzwischen plante der deutsche König Heinrich (VII.), sich von der österreichischen Margarete zu trennen; als Grund gab er an, er sei doch einst mit der böhmischen Agnes verlobt gewesen. Doch der Kaiser brachte ihn auf dem Treffen in Aquileia (1232), wo sich sein Sohn ihm wieder unterwarf, von dieser Idee ab. Die von mehreren vergeblichen Heiratsprojekten vermutlich enttäuschte Agnes begann nun selbst aktiv ein neues Leben: Sie trat 1233 in den gerade entstandenen Klarissenorden ein und gründete das Klarissenkloster in Prag, in das sie selbst eintrat und 1234 Äbtissin wurde. Das Kloster sollte die Grablege der Přemysliden und das erste goti-

---

[243] Novotný ČD I 3, S. 592–611.
[244] MGH Constit. 2, Nr. 154: Der Ausdruck *recepto [...] homagio* ist wohl so zu verstehen, dass Wenzel zuerst in der Form eines Rituals die Oberhoheit des Kaisers anerkannt hatte.

sche Bauwerk Böhmens werden. Auch weiterhin war Agnes in geistlichen und weltlichen Belangen tätig, besonders in den engen Beziehungen zum Papsttum.

Der Streit mit Österreich ging weiter; der neue Babenberger Herzog Friedrich II. (1230–1246), ein energischer, aber rücksichts- und hemmungsloser Fürst, fiel mit starken Kräften in Mähren ein und eroberte die bedeutende Burg Vöttau (Bítov). Wenzel wagte keine Schlacht, nur eine Krankheit zwang den Österreicher zum Rückzug. Den mährischen Přemysl, seinen jüngeren Bruder, der zu Friedrich gehalten hatte, zwang Wenzel jedoch nach der Eroberung von Brünn wieder zur Unterwerfung.

Die insgesamt schwache Reichsregierung unter dem jungen Heinrich (VII.) ermöglichte den Reichsfürsten einen immer größeren Gestaltungsspielraum. In dieses Netzwerk war Wenzel voll eingebunden. Während Heinrich (VII.) kriegerisch in Bayern einfiel, traf sich Wenzel mit Reichsfürsten des Nordens, dem Herzog Albrecht von Sachsen, dem Grafen von Anhalt, dem Markgrafen von Brandenburg und anderen; das Thema dieses Treffens ist nicht bekannt. Nach dem Krieg des streitbaren Friedrich von Österreich mit Ungarn schlossen beide Kontrahenten Frieden. Im Mai 1234 waren König Wenzel und der mährische Přemysl bei der Hochzeit der Konstanze, der Schwester des Babenberger Friedrichs II., mit Heinrich von Meißen anwesend, wohl selbst auch wieder mit Friedrich dem Streitbaren verglichen. Wie eine Quelle berichtet, soll der österreichische Herzog in das Hochzeitslager der neuen Eheleute eingedrungen sein und dort seinen Meißner Schwager mit Drohungen gezwungen haben, auf die Mitgift zu verzichten. Den aus Italien kommenden Kaiser brüskierte Friedrich mit der Forderung, er solle ihm 2000 Pfund Silber wegen der Kriege mit Ungarn und Böhmen zahlen; nach der zu erwartenden Ablehnung des Kaisers gingen beide in Unfrieden auseinander. Ein neuer Krieg des österreichischen Raufbolds mit dem ungarischen König Andreas, dem sich unser Wenzel angeschlossen hatte, folgte.

Inzwischen befand sich Kaiser Friedrich II., der seinen Sohn Heinrich (VII.) wegen seiner fürstenfeindlichen Politik und seines Aufstands als deutschen König abgesetzt und nach Apulien verbannt hatte, auf dem Höhepunkt seiner Macht in Deutschland. Am 15. Juli 1235 feierte er in Worms seine dritte Hochzeit mit Isabella, der Schwester des englischen Königs. Noch war er in gutem Einvernehmen mit König Wenzel, den er zu einem Vermittler in den Friedensverhandlungen mit dem Welfen Otto von Lüneburg ernannte. Außerdem zahlte der Staufer seine bisher geschuldete Mitgift für Wenzels Gemahlin Kunigunde auf dem Augsburger Hoftag im September 1235 mit 10.000 Pfund Silbers aus.

Friedrich der Streitbare unternahm inzwischen weitere teilweise erfolglose militärische Aktionen gegen Böhmen und Ungarn und glänzte an allen kaiserlichen Hoftagen durch trotzige Abwesenheit.[245] Klagen und Vorwürfe von König Wenzel, König Andreas II. von Ungarn, Herzog Otto II. von Bayern, vom Salzburger Erzbischof und den Bischöfen von Bamberg, Freising, Passau und Regensburg

---

[245] MGH Constit. 2, Nr. 201.

beim Kaiser folgten, der 1236 schließlich die Reichsacht über Friedrich aussprach. Wenzel und die anderen Gegner des Österreichers fielen nun in dessen Land ein. Auch der österreichische und steirische Adel erhob sich gegen den Herzog, Wien öffnete die Tore und das ganze Land war nun in der Hand des Kaisers. In Anwesenheit des böhmischen Königs hielt dieser im Januar 1237 einen feierlichen Hoftag in Wien ab, auf dem sein neunjähriger Sohn Konrad zum zukünftigen römisch-deutschen König gewählt wurde. Die Steiermark wurde selbständig, Wien wurde Reichsstadt und Österreich fiel an das Reich; Bischof Ekbert von Bamberg sollte der kaiserliche Verwalter sein.

Konrad IV. wurde von den Erzbischöfen von Mainz und Trier, und von den weltlichen Fürsten König Wenzel und Herzog Otto II. von Bayern, zugleich Pfalzgraf bei Rhein, zum römisch-deutschen König gewählt. Andere Fürsten haben ihm offenbar nur akklamiert, ihm also ihre Zustimmung zugerufen. Diese Wahl gilt als ein Schritt auf dem Weg in das Kurfürstenkolleg, das in Zukunft allein bestimmende Wahlgremium.[246] Für eine zeitgenössische Diskussion könnte die Ablehnung des böhmischen Königs als Wähler durch den Sachsenspiegel sprechen, „weil er nicht deutsch sei".[247] War dies der Grund für den Ausschluss? Vielleicht hat der Autor des Rechtsbuches, Eike von Repgow, bei seiner eher stauferfreundlichen Tendenz den Ausschluss der Böhmen nur deswegen behauptet, weil sich diese gerade zur welfischen bzw. päpstlichen Seite bekannten.[248] Zweifellos hatte Wenzel als Hauptgegner Friedrichs des Streitbaren mehr als dieses Wiener Ergebnis, vielleicht einen Teil Österreichs, für sich erwartet. Das Verhältnis zum Kaiser begann sich abzukühlen, vor allem, weil dieser nun sein direkter territorialer Nachbar zu werden drohte.

Zunächst aber beschäftigte Wenzel ein weiterer Aufstand seines jüngeren Bruders Přemysl, der zum neuen König Bela IV. von Ungarn (1235–1270) floh; Bela vermittelte vermutlich zwischen den beiden Přemysliden. Přemysl, dem wohl nur noch ein Teil Mährens verblieb, starb im September 1239.

Mit der wachsenden Distanz zum Kaiser näherte sich Wenzel der päpstlichen Seite, für die auch seine ehrgeizige Schwester Agnes eintrat. Hochgeschätzt wurde sie von Papst Gregor IX. (1227–1241), der insgesamt 20 Schutz- und Schenkungsurkunden für die böhmischen Franziskaner ausstellte. Ob sich Agnes die 1231 gestorbene hochgelobte Elisabeth von Thüringen zum Vorbild genommen hatte, deren Gebeine in Marburg in Anwesenheit des Kaisers 1236 erhoben wurden und damit innerhalb der Kirche verlegt wurden? Sie hatte zwar ihr Äbtissinnenamt 1238 wieder aufgegeben, war aber zweifellos nicht so asketisch ge-

---

[246] Begert, Entstehung und Entwicklung des Kurkollegs, S. 33–47, zu 1237 S. 43 f. Begert S. 43 geht wohl zu Recht von einem steten Bemühen des böhmischen Königs aus, zum Wahlkollegium zu gehören.

[247] Landrecht III 57 § 2 Satz 3. Dazu Heiner Lück, Der Sachsenspiegel. Das berühmteste deutsche Rechtsbuch des Mittelalters, Darmstadt 2017.

[248] Lück, Sachsenspiegel, S. 20.

5.3 König Wenzel I. und der Mongolensturm

sinnt wie Elisabeth.[249] Eine große Rolle bei der Vertretung des päpstlichen Standpunkts in den böhmischen Ländern spielte auch der Passauer Domdekan und Agitator Albert Behaim, der Bevollmächtigte Gregors IX. und ein fanatischer Gegner des Kaisers. Beharrlich versuchte er auch, die Reichsfürsten zur Wahl eines neuen römisch-deutschen Königs zu bewegen.

Friedrich der Streitbare bemühte sich währenddessen, sein Land wieder zu gewinnen: Er stellte sich auf die päpstliche Seite und verband sich auch mit Herzog Otto II. von Bayern. Der Papst forderte König Wenzel auf, sich mit Friedrich zu vergleichen und ihm zur Rückkehr zu verhelfen. Inzwischen war der offene Kampf zwischen Papst und Kaiser ausgebrochen und 1239 wurde Friedrich II. zum zweiten Mal mit dem Kirchenbann belegt. Auf einem vom Kaiser angesetzten Hoftag in Eger (in der Nachbarschaft Böhmens) im Juni 1239 trafen sich vor allem Reichsfürsten, die sich um einen Vergleich zwischen beiden Seiten bemühten. Wenzel nahm daran nicht teil, sondern traf sich mit seinen Verbündeten demonstrativ im nahe gelegenen böhmischen Elbogen (Loket). Er war mit dem Plan des Papstes einverstanden und versprach dem geächteten Friedrich Hilfe zur Wiedergewinnung seiner Herrschaft. Sollte dies gelingen, forderte er als Gegenleistung die Abtretung eines Teils von Österreich links der Donau, er besetzte auch gleich die dortige Stadt Laa. Gertrud, die Nichte des söhnelosen Babenbergers, sollte Vladislav, den ältesten Sohn Wenzels ehelichen. Friedrich der Streitbare gewann daraufhin mit Hilfe Wenzels große Teile seines Landes wieder und war Ende 1239 erneut Herr in Wien.

Aber nun unternahm er wieder eine Kehrtwendung: durch Einschalten bischöflicher Vermittler (besonders des Erzbischofs Eberhard von Salzburg) suchte er wieder mit dem Kaiser zu verhandeln, um die Acht zu lösen. Dies gelang wohl im Dezember 1239, denn der Kaiser war mit dem Kampf gegen den Papst in Italien überaus beschäftigt. Wenzel blieb jedoch auf päpstlicher Seite, der Agitator Albert Behaim verlegte nun sogar seinen Sitz nach Böhmen: Der Erzbischof von Salzburg und andere Bischöfe wurden gebannt und allen Anhängern des Kaisers wurde der Kirchenbann angedroht. Der deutsche Sangspruchdichter Reinmar von Zweter hielt sich einige Jahre bis 1241 am Prager Hof auf und polemisierte mit seinen Sangsprüchen gegen den Kaiser, in dessen Dienst er vorher gewesen war.[250] Was blieb dem fahrenden Berufsdichter auch übrig, der nun auf Wenzels Gunst angewiesen war?

Die meisten Anhänger des Staufers kümmerten sich wenig um die Tätigkeiten Alberts und den angedrohten Kirchenbann. Auch Wenzel schwankte wieder, selbst die kaiserliche Seite bemühte sich um Vermittlung des mächtigen Böhmen in drohenden Kriegen. Die vom Papst gewünschte Neuwahl eines deutschen Königs unterstützte Wenzel offenbar nicht. Er suchte nun, gegen seine Ratgeber und gegen einen Teil des Adels, wieder die Verständigung mit dem Kaiser. Sein

---

[249] Felskau, Agnes von Böhmen; Soukupová, Svatá Anežka Česká.
[250] Horst Brunner, Reinmar von Zweter in: Verfasserlexikon Bd. 7 (1989), Sp. 1198–1207.

Fernziel war es aber, doch wenigstens einen Teil des babenbergischen Herzogtums an sich zu bringen. Mit der möglichen Ehe seines Sohnes Vladislav mit einer Babenbergerin winkte sogar die Gewinnung ganz Österreichs. Der Babenberger Friedrich erfüllte dieses Eheversprechen aber nicht und Wenzel fiel militärisch mit den üblichen Verheerungen in Österreich ein; nur der große Frost und die Klagen der Armen sollen den König zum Rückzug bewogen haben.[251] Wieder wurde ein Frieden geschlossen: Der böhmische König verzichtete auf seine Ansprüche auf Österreich links der Donau, Friedrich andererseits verpflichtete sich zur Ehe seiner Nichte Gertrud mit Vladislav.

Ein erschreckendes Ereignis, der Einfall der Mongolen (Tataren werden sie bei den Zeitgenossen meist genannt) aus dem Osten ließ die inneren Streitereien eine Zeit lang verstummen.[252] Ab 1206 hatte Dschingis Khan († 1227), der Herrscher dieses zentralasiatischen Volkes, mit einem starken Heer Nordchina, das westliche Zentralasien und Nordpersien erobert. Der Großkhan Ögödei, Sohn des Dschingis Khan, hatte Kaiser Friedrich II. und den ungarischen König Bela IV. 1237 in einem Schreiben schon zur Unterwerfung aufgefordert. In dem darauffolgenden umfassenden Westfeldzug (1237–1242) bezwang Batu, ein Enkel Dschingis Khans, alle russischen Fürstentümer, die von den Kumanen, einem anderen reiternomadischen Turkvolk, unterstützt worden waren, mit Ausnahme von Nowgorod. Der Fall Kiews im Dezember 1240 verursachte auch in Böhmen Schrecken und Angst. Polen wurde vom Mongolenheer durchzogen und verwüstet, König Wenzel rüstete ein Heer aus, um seinem Schwager, Herzog Heinrich II. von Schlesien, beizustehen. Aber die böhmische Streitmacht kam zu spät. Die Mongolen schlugen am 9. April 1241 die deutschen und polnischen Ritter bei Liegnitz vernichtend. Herzog Heinrich (der Fromme) fand auf dem Schlachtfeld den Tod. Nach der vergeblichen Belagerung der Stadt Liegnitz zogen die Mongolen aber nach Süden ab; Glatz (Kladsko), das damals zu Böhmen gehörte, wurde erfolgreich verteidigt. Dann aber fiel dieser Teil der mongolischen Streitmacht durch die Mährische Pforte in Mähren ein, durchzog es schnell unter Verheerung des Landes (mit Ausnahme der festen Orte, die sie nicht erobern konnten oder wollten) ohne Widerstand, um sich dem Hauptheer unter Batu in Ungarn, das ihr Hauptziel war, anzuschließen. Dorthin war auch ein Großteil seiner kumanischen Feinde geflüchtet.

König Wenzel war den Mongolen in Mähren, wo das Volk auf dem Land schwer gelitten hatte, nicht entgegengetreten. Am 7. Mai 1241 befand er sich im Norden auf seiner Burg Königstein, vielleicht, weil auch das nahe Meißen von einem kleineren Mongolentrupp angegriffen worden war; die dortigen Fürsten fürchteten offenbar einen Angriff auf Deutschland aus dieser Richtung.

---

[251] Novotný, ČD I 3, S. 714.
[252] Zum folgenden Weiers, Mongolen; aus der Sicht des Reiches Stürner, Friedrich II., S. 502–506.

Als vom Papst ein Kreuzzug gegen die Tartaren ausgerufen wurde, nahm auch der junge König Konrad das Kreuz (in Esslingen im Mai 1241). Batu indessen war schon seit März in Ungarn, die Geschwindigkeit seiner mobilen Heere erschreckte die Zeitgenossen zutiefst. König Bela, ohnehin unbeliebt beim Adel Ungarns wegen der Aufnahme der Kumanen, verlor die Schlacht bei Mohi (im April 1241), sein Land war nun den Mongolen auf Gnade und Ungnade ausgeliefert. Die Hälfte der ungarischen Bevölkerung soll nach einer Schätzung das Leben verloren haben. Bela floh nach Österreich, wo ihn der Babenberger Friedrich, der ihn gegen die Mongolen nur schwach unterstützt hatte, in dieser Situation um Geld und um drei ungarische Komitate (Grafschaften) an der österreichischen Grenze erpresste.

König Wenzel hatte inzwischen mit Unterstützung des Thüringer Landgrafen Heinrich Raspe ein starkes Heer aufgestellt und war in Mähren eingetroffen, wo man kleinere mongolische Einfälle aufhalten konnte. König Bela soll ihn allerdings davor gewarnt haben, nach Ungarn vorzustoßen, man solle doch den Kreuzzug abwarten – doch kam es nie zu diesem. Zwar gelang es Friedrich von Österreich und König Wenzel, die Mongolen aus der Nähe von Wien abzudrängen, aber Anfang 1242 verschwanden sie plötzlich genauso rasch, wie sie gekommen waren. Denn ihr Großkhan Ögödei war am 11. Dezember 1241 gestorben, daher wandten sie sich wieder nach Asien.

5.4 Der Kampf um Österreich und die Anfänge Otakar Přemysls II.

Nach dem Mongoleneinfall standen die einheimischen Ereignisse und Probleme wieder im Vordergrund. Der Olmützer Bischof Robert hatte 1239 nach fast 40 Jahren im Amt nach einer Visitation (Überprüfung) durch den Metropoliten, den Erzbischof Siegfried von Mainz, resigniert und war im Oktober 1240 gestorben. Obwohl der Papstthron nach dem Tod Gregors IX. im August 1241 vakant war, trat der bisher auf Seiten des Kaisers stehende Erzbischof Siegfried von Mainz jetzt gemeinsam mit dem Kölner Erzbischof Konrad auf die Seite des Papsttums. Daraufhin wurde er von Kaiser Friedrich II. als Vormund und Reichsverweser abgesetzt; stattdessen wurden Heinrich Raspe von Thüringen und König Wenzel im Juni 1242 als Prokuratoren des Reiches in Deutschland nominiert. Friedrich von Österreich fiel daraufhin (nach einem weiteren ergebnislosen Krieg mit Ungarn) in Mähren ein, aber seine Truppen verließen ihn, als Wenzel mit seinem Heer erschien. Dieser vertrieb als Prokurator des Reiches Albert Behaim aus dem Land und ließ seine Krieger gegen den Erzbischof von Mainz ziehen. Dennoch blieb er politisch schwankend; schon 1245 erschienen der Mainzer Erzbischof und kurze Zeit später auch Albert Behaim wieder in Böhmen. Entscheidend für die Haltung Wenzels war offenbar die österreichische Frage.[253] Denn der Kaiser hatte auf einem Hoftag in Verona im Juni 1245 den Plan gefasst, Österreich und die Steiermark zu einem Königreich zu erheben und selbst die künftige Erbin Friedrichs, seine Nichte Gertrud, zu heiraten.

Der neue Bischof von Prag, Nikolaus, der im Mai 1240 in Rom die Bischofsweihe empfangen hatte, beteiligte sich 1245 sicher mit Zustimmung König Wenzels auch am Konzil von Lyon unter Papst Innozenz IV. (1243–54). Dort erklärte der Papst Kaiser Friedrich II. zum Ketzer und setzte ihn als Herrscher ab. Das Gegenmanifest des Kaisers vom 5. August wurde ebenfalls an Wenzel geschickt. Der Papst berichtete daraufhin „seinem liebsten Sohn" Wenzel, er habe Bischof Konrad von Olmütz, den Anhänger des Kaisers, abgesetzt und Bruno von Schauenburg, den Propst von Lübeck, als Nachfolger nominiert. Erst 1247 allerdings konnte dieser sein Amt antreten; er sollte in Zukunft eine große Rolle in den böhmischen Ländern spielen.[254] An der Wahl des Gegenkönigs Heinrich Raspe hatte sich Wenzel allerdings nicht beteiligt, ebenso wenig an der Wahl des nächsten Gegenkönigs Wilhelm von Holland. Nach einer weiteren militärischen Auseinandersetzung Wenzels mit dem Babenberger Friedrich II. in Österreich kam es schließlich im Mai 1246 tatsächlich zu der von den Böhmen ersehnten Ehe Vladislavs mit Friedrichs Nichte Gertrud. Als Friedrich der Streitbare in der an sich siegreichen Schlacht gegen Bela IV. von Ungarn an der Leitha im Juni 1246 sein Leben verlor, zog Vladislav als Erbe sofort nach Österreich. Zur selben Zeit rief ihn der Adel der Herrschaft Oppeln (in Schlesien), die schon in engen Beziehungen zu den Přemysliden stand, nach dem Tod des dortigen Herrschers zum Nachfolger aus. Aber der junge Vladislav starb schon im Januar 1247 – Österreich und Oppeln waren für die Přemysliden verloren, vor allem auch, weil Wenzel keine Anstalten machte, einzugreifen.

Der Papst suchte zunächst auch bei König Wenzel und Bischof Bruno von Schauenburg Hilfe für seinen Plan, Gertrud, die Herzogin Österreichs (*ducissa Austriae*, wie sie sich nannte[255]) mit Wilhelm von Holland zu verheiraten, war aber schließlich auch mit ihrer Ehe mit dem Markgrafen Hermann von Baden (einem Neffen des bayerischen Herzogs Otto II.) Mitte 1248 einverstanden. Diesem bestätigte der Papst den Besitz Österreichs, den Gegenkönig Wilhelm von Holland beauftragte er, ihm Österreich als Lehen zu geben. Dagegen zog Kaiser Friedrich II., der Truppen unter Otto von Eberstein in das verwaiste Land geschickt hatte, Österreich und die Steiermark als erledigte Reichslehen (die nicht mehr vom Reich als Lehen ausgegeben werden sollten) ein.

---

[253] Zum folgenden Thema Österreich auch Roman Zehetmayer, Das sogenannte „Österreichische Interregnum": Von den Babenbergern zu den Habsburgern. In: Kersken/Tebruck, Interregna, S. 45–73.

[254] Zu Bruno Jan Bistřický in: Erwin Gatz (Hg.), Die Bischöfe des Heiligen Römischen Reiches 1198–1446, Berlin 2001; Jan, Věrně po boku svého krále.

[255] Hoensch, Přemysl Otakar II, S. 38.

5.4 Der Kampf um Österreich und die Anfänge Otakar Přemysls II.

1248 aber wurde König Wenzel von einem Aufstand des böhmischen Adels überrascht, dem sich auch sein zweiter, 14-jähriger Sohn Přemysl nach einigem Zögern anschloss, der seit 1247 als Markgraf Mährens genannt wird. Der einflussreiche Herr Ctibor und sein Sohn Jarosch (Jaroš) waren die Initiatoren der Revolte, an der sich offenbar die Mehrheit des Adels beteiligte. Was waren die Gründe für den Aufstand? War es die grundsätzliche Frage der Ausbalancierung der Macht zwischen dem Herrscher und den Magnaten, die sich zunehmend als Stand sahen? Eher war es die unsichere politische Haltung Wenzels zwischen Kaiser und Papst, seine Tatenlosigkeit und besonders seine fehlende Energie in der Lösung der Frage um Österreich, an der auch der Adel Interesse hatte. Der Aufstand wird in einer besonderen Quelle dargestellt, die zur sog. Zweiten Fortsetzung der Cosmaschronik zählt.[256]

Die aufständischen adligen Herren wählten Ende Juli 1247 den Přemysl zum ‚jüngeren König' und damit zum Mitregenten Wenzels. Das geschah in der Kreuzkapelle des Veitsdomes, d. h. wohl auch mit Zustimmung des Bischofs Nikolaus. Dem alten König blieb zunächst nichts anderes übrig, als sich der neuen Situation anzupassen. Man teilte die Machtsphären auf: Wenzel blieb der Wyschehrad, Přemysl fiel die ganze Stadt Prag und wohl auch das Gebiet um Saaz (Žatec) zu. Doch Wenzel sann auf Rache, versammelte Kreuzfahrer, Österreicher und Ungarn in einem Heer, belagerte Prag vergeblich und musste sich in den Nordwesten seines Landes zurückziehen, wo seine adligen Unterstützer eine stärkere Position hatten, insbesondere der mächtige Magnat Boresch von Riesenburg.

Přemysl suchte währenddessen die Verbindung mit den Stauferanhängern in Deutschland. Auch der Prager Bischof Nikolaus bekannte sich zu ihm. Zunächst setzte sich der Sohn im Land durch und nannte sich böhmischer König ohne eine Nennung seines Vaters. Diesem blieben nur Teile des Nordwestens mit den drei festen Burgen Klingenberg (Zvíkov), Elbogen (Loket) und Brüx (Most). Doch Přemysls Krieger erlitten vor Brüx eine schwere Niederlage gegen den talentierten Strategen Boresch von Riesenburg, der nun zu seinem Amt des Kämmerers auch noch zum Marschall des Königreichs aufstieg. Es kam zu einer erneuten Aufteilung der Macht zwischen Wenzel und dem ‚jüngeren König'. Doch König Wenzel gab sich nicht zufrieden. In Mähren wurde er vom Olmützer Bischof Bruno von Schauenburg tatkräftig unterstützt; die Gesandten Přemysls, darunter Bischof Nikolaus, ließ Wenzel ins Gefängnis werfen. Nikolaus wurde im März freigelassen und schloss sich Wenzel an; dieser sammelte nun Truppen auch außerhalb Böhmens im Bautzener Land, marschierte in Böhmen ein und gelangte unter der üblichen Verwüstung des offenen Landes über Leitmeritz (Litoměřice) und Sadska nach Prag, das er mit Hilfe einiger Bürger am 5. August 1249 gewann. Unterstützung fand er auch in Papst Innozenz IV., der Přemysl ex-

---

[256] Unter dem nicht ganz passenden Titel Historia Wenceslai regis – Příběhy krála Václava [Die Geschichte des Königs Wenzel]. FRB II, S. 303–308.

kommunizierte – die Anhänger Přemysls brannten daraufhin den Bischofspalast des ‚Verräters' Nikolaus auf der Prager Burg nieder.

Der Sohn unterwarf sich schließlich am 16. August seinem Vater und wurde wieder als Markgraf nach Mähren geschickt; die reiche Silberstadt Iglau (Jihlava) wurde zwischen beiden aufgeteilt. Doch statt der vom Sohn gewünschten und abgesprochenen Verhandlungen ließ Wenzel Přemysl mitsamt seinem Gefolge auf der Burg Týřov gefangensetzen und auf die Grenzburg Pfraumberg (Přimda) bringen. Dadurch war König Wenzel wieder unumschränkter Herrscher in Böhmen. Bald darauf kam Přemysl wieder frei – der folgende Vergleich mit seinem Vater wurde zur endgültigen Übereinkunft zwischen den Kontrahenten. Die Auslöser der Revolte, Ctibor und Jarosch, flohen nun zu den Stauferanhängern nach Deutschland, wurden aber dann nach ihrer Rückkehr in Prag hingerichtet.

Auch wenn Přemysl selbst noch nicht ganz auf die Seite der Guelfen trat, lässt sich hier in einem größeren Zusammenhang mit Wenzel ein Sieg der päpstlichen Anhänger (Guelfen) über die Stauferfreunde (Ghibellinen) sehen.

Während sich sein Vater, wieder ohne politische Tatkraft, mehr auf seine Burgen zurückzog, gewann sein Sohn immer stärker die Initiative in den böhmischen Ländern. Beide allerdings setzten nun wieder große Hoffnungen auf die Gewinnung Österreichs.[257] Die schwache Position des Herzogs Hermann von Baden in Österreich verlockte den ungarischen König Bela 1250 wieder zu einem Einfall, den die Böhmen allerdings stoppen konnten. Nach dem plötzlichen Tod Hermanns im Oktober 1250 (man sprach von Gift[258]) und dem Tod des Kaisers Friedrich II. im Dezember 1250 schickte Herzog Otto II. von Bayern, der inzwischen zum kaiserlichen Statthalter in Österreich ernannt worden war, seinen Sohn Ludwig in das Land, um wenigstens den westlichen Teil Österreichs an sich zu bringen. Wenzel und Přemysl fielen 1251 daraufhin, auch mit angeworbenen deutschen Rittern, in Bayern ein und verwüsteten dort und in Österreich weite Landschaften.

Hilfreich wurde es für beide böhmischen Könige, dass sie bereits Kontakte zu österreichischen Adligen und Ministerialen aufgebaut hatten; diese hatten sich schon beim böhmischen Adelsaufstand auf beiden Seiten beteiligt. Verhandlungen der maßgeblichen österreichischen Herren mit den böhmischen Königen folgten nun und Přemysl nannte sich schon Ende 1251 Herzog Österreichs (*dux Austrie*). Begleitet von den Bischöfen von Salzburg, Passau und Freising, den Grafen von Hardegg, dem Marschall Albero V. von Kuenring und anderen österreichischen Herren schlug er in Wien seinen Sitz auf. Mit großen Privilegien und Geschenken gelang es ihm, fast den gesamten Adel und die Städte Wien und Wiener Neustadt zur Anerkennung seiner Herrschaft zu bewegen. Mit die-

---

[257] Dazu und zum Folgenden der Sammelband: Weltin/Kusternig (Hg.), Ottokar-Forschungen. Eine neue Darstellung von Reinhard Härtel, Böhmens Ausgriff nach Süden, S. 203–245.

[258] Hoensch, Přemysl Otakar II., S. 39.

5.4 Der Kampf um Österreich und die Anfänge Otakar Přemysls II.

ser Übernahme der österreichischen Herrschaft nahm er den deutschen Namen Otakar an, den er später oft allein führte.

In ebenso großer Eile heiratete Otakar Přemysl im Februar 1252 die Schwester und Erbin des letzten Babenbergers, Margarete, die fast 25 Jahre ältere Witwe des ehemaligen deutschen Königs Heinrich (VII.). Mit dieser Ehe verschaffte Otakar Přemysl sich eine wichtige Herrschaftslegitimation seiner neuen Stellung, musste allerdings zunächst den Dispens des Papstes wegen zu naher Verwandtschaft einholen.

Als der junge König Konrad IV., schon auf dem Sprung nach Italien, in Cham nahe der böhmischen Grenze einen Hoftag abhielt, um damit vielleicht den böhmischen König für die staufische Seite und damit für sich zu gewinnen, beteiligte sich König Wenzel nicht. Er traf sich erneut fast zur selben Zeit mit seinen Anhängern wieder im nahen Elbogen (Loket). Auch der Papst bemühte sich weiter um ihn. Die Lieblingsschwester Wenzels, Agnes, suchte er dadurch zu gewinnen, dass er den böhmischen Franziskanern das Recht zusprach, ein rotes Kreuz mit Stern als Abzeichen zu tragen und damit ihrem Wunsch nach einer besonderen Regel zumindest symbolisch entgegenzukommen. Auch wertvolle Reliquien schickte er nach Prag. Vom böhmischen Klerus forderte er andererseits die Summe von 1000 Pfund Silber.

Bei der Nachwahl Wilhelms von Holland zum König im März 1252 in Braunschweig bekannte sich schließlich auch König Wenzel zu ihm, ohne persönlich für ihn gestimmt zu haben. Diese Nachwahl gilt als ein weiterer Schritt zur Ausbildung des Kurfürstenkollegs.[259]

König Bela von Ungarn, der sich als Schutzherr der zweiten babenbergischen Erbin Österreichs Gertrud ansah, die sich bei ihm aufhielt, fiel im Juni 1252 in Österreich ein und stand bald vor den Mauern Wiens. Otakar war zunächst durch einen wohl mit Bela koordinierten Einfall der Kumanen, die Mähren mit Raub und Brand überzogen, beschäftigt. König Wenzel half ihm in dieser Situation offensichtlich nicht, er begann aber, Prag zu befestigen. Auf dem Georgskloster auf der Prager Burg ließ er große Lebensmittelvorräte anlegen und zwang die dortigen Nonnen, in die Stadt umzuziehen. Ein großes Treffen zahlreicher Bischöfe von Salzburg, Passau, Regensburg, Bamberg, Meißen und Freising am Prager Hof diente vermutlich der Planung einer (auch militärischen Unterstützung) für Otakar Přemysl.

Die heftigen Kämpfe mit den Ungarn, auf deren Seite auch schlesische Fürsten und der bayerische Herzog Otto II. standen, dauerten in Mähren und Österreich fort. Der Papst, der auch König Bela zu seinen Anhängern zählte, suchte zu vermitteln und schickte zu diesem Zweck den päpstlichen Nuntius Velascus

---

[259] Begert, Entstehung und Entwicklung des Kurkollegs, S. 43–47 betont das ‚Bemühen' des Böhmen um die Zugehörigkeit zum Hauptwählergremium; sie waren aber als fürstliche Teilnehmer des Reichsregiments vor allem vom staufischen Königtum durchaus erwünscht. Das hatte ihnen die Königswürde und damit eine besondere Stellung innerhalb der Reichsfürsten eingebracht.

nach Mähren. Dieser erteilte auch den erwünschten Dispens für die Ehe Otakar Přemysls mit Margarete. Als Gegenleistung musste der neue Herzog sich verpflichten, der römischen Kirche jederzeit beizustehen und sein Land von König Wilhelm von Holland zu Lehen zu nehmen.[260] Die Lehensnahme aber unterließ Otakar. In dieser unentschiedenen Situation starb sein Vater, der erst 48-jährige König Wenzel, am 22. September 1253 wohl an den Folgen eines Jagdunfalls auf einer seiner Burgen in der Nähe des jetzigen Königinhof (Dvůr Králové) an der Elbe.

5.5 Kirche und Kultur in der Zeit Wenzels I. – das Silber in Iglau

In Wenzels Regierungszeit wird der Aufschwung der böhmischen Länder auf politischem und kulturellem Gebiet deutlich sichtbar; begonnen hatte er allerdings bereits unter seinem Vater.[261]

Der Prager Königshof selbst war längst nach westlichem Vorbild ausgestaltet worden: Es gab die gut dotierten fürstlichen Hofämter des Kämmerers (mit den wichtigen Finanzaufgaben), des Schenken (Aufsicht über Brauwesen und die Weinversorgung), des Truchsessen (Aufsicht über die Lebensmittelversorgung des Hofes und die Mühlen) und des Marschalls (militärische Aufgaben), natürlich jeweils mit den entsprechenden Untergebenen, welche die konkreten Arbeiten ausführten. 1232 wird ein Oberstkämmerer Bohuslav genannt, vermutlich der wichtigste (wohl adlige) Amtsträger. Vererbbar waren diese Ämter wahrscheinlich noch nicht. Es gab daneben auch Hofrichter mit unterschiedlichen Aufgaben, die königlichen Münzmeister (mit durchweg deutschen Namen), den obersten königlichen Jäger oder den Vorsteher der königlichen Küche, auch jeweils mit Untergebenen. Auch Ärzte, Schneider, Musiker und Gaukler (*ioculatores*) werden am Hof genannt.

Zahlreich waren die königlichen Kapläne, die, wie üblich, auch die Funktion der Kanzlei übernahmen, welche den Schriftverkehr (besonders die Urkundenausstellung) für den König führten und damit wohl auch einen gewissen Einfluss auf seine Politik nehmen konnten. Die böhmischen Kanzler waren meist zugleich Pröpste auf dem königsnahen Kollegiatkapitel Wyschehrad, z. B. der Propst Arnold, der bis 1236/37 als Kanzler amtete.

Zu den königlichen Amtsträgern werden auch die Burggrafen (ursprünglich *comites* genannt) gezählt, die am Hof nicht ständig anwesend waren, also die Herren auf der Prager Burg oder dem Wyschehrad, die Burggrafen auf den Burgen

---

[260] RBM II, Nr. 1345.
[261] Novotný ČD I, 3, S. 855–1001.

5.5 Kirche und Kultur in der Zeit Wenzels I. – das Silber von Iglau

in Bilin, Tetschen (Děčín), in Bautzen, auf dem Königstein und anderswo. Diese Kastellaneien bildeten schon seit dem 11. und 12. Jahrhundert eine innere Verwaltungsorganisation des Landes.

Der Glanz des Königshofes zog auch mehrere deutsche Minnesänger nach Prag: die fahrenden Berufsdichter Reinmar von Zweter, Friedrich von Sonnenburg oder Meister Sigeher, die Lieder und Sangsprüche vortrugen, freilich immer im Sinne der politischen Ausrichtung des Herrschers und zu seinem Lobe.[262] Auch die Mitglieder des Hofes der Königin Kunigunde, der Ehefrau Wenzels aus staufischem Haus, trugen zweifellos zur Verbreitung der deutschen Sprache am Hof bei. Auch Adlige aus Deutschland und anderen Ländern sind dort nachweisbar: etwa Andreas von Friedberg, den Wenzel als seinen Freund bezeichnete, Heinrich von Kuenring oder der Kämmerer der Königin, Champonois, der später zum Prager Bürger wurde. Auf die Übernahme des Lebensstils des westlichen Rittertums gehen auch die Turniere und Ritterspiele am Hof zurück, beteiligt waren dabei besonders Andreas von Friedberg und der steirische Adlige Ulrich von Lichtenstein mit anderen Rittern. Zusammenfassend kann festgestellt werden, dass der Hof Wenzels sich von den Höfen der anderen großen Reichsfürsten nicht oder kaum unterschied.

Auch die mährischen Fürsten in Olmütz, Brünn und Znaim, die Bischöfe von Prag und Olmütz, und wohl auch die Königinnen verfügten über eigene fürstliche Höfe mit den entsprechenden Hofämtern, über die wir nicht so gut wie die in Prag unterrichtet sind. Als mährischer Kanzler amtete der Bischof von Olmütz. Die Bischöfe bauten in ihren Diözesen eine Verwaltungsstruktur durch Einrichtung von Archidiakonaten und Einsetzung von Dekanen aus, wie dies schon bei Bischof Daniel I. im 12. Jahrhundert begonnen hatte. Selbstverständlich verfügten auch sie über eigene Dienstmannschaften und Ritter (*milites*). An den bischöflichen Domkapiteln und anderen Kollegiatkapiteln (wie auf dem Wyschehrad) gab es Schulen für den geistlichen Nachwuchs, an deren Spitze ein *scholasticus* stand.

Die Klöster der Zeit Wenzels I. standen in voller Blüte.[263] Die angesehensten Benediktinerklöster aus älterer Zeit waren wohl Břevnov, Kladrau (Kladruby) und das mährische Trebitsch (Třebíč); das Kloster Sázava besaß zeitweise eine slawischsprachige Liturgie. Dann aber fanden im 12. Jahrhundert die neuen Reformorden der Prämonstratenser und Zisterzienser bei den Herrschern, den Bischöfen und beim Hochadel eine bedeutende Förderung: die Prämonstratenserstifte Strahov bei Prag, Mühlhausen (Milevsko), Tepl (Teplá), das mährische Hradisch (bei Olmütz), das Frauenkloster Doxan (Doksany) und andere. In Selau (Želiv) und Leitomischl (Litomyšl) wurden sogar die Benediktiner, zum Teil ge-

---

[262] Behr, Literatur als Machtlegitimation; Bok, Dichterischen Aufgaben und Intentionen. Zu den einzelnen Autoren die einschlägigen Artikel im Verfasserlexikon², Die deutsche Literatur des Mittelalters, 12 Bände 1978–2006.

[263] Dazu neben Novotný I 3, S. 891–938 zusammenfassend Machilek, Klöster und Stifte in Böhmen und Mähren.

waltsam, durch Prämonstratenser ersetzt. Aber auch klassische Benediktinerklöster wurden weiter gefördert: etwa das Benediktinerinnenkloster Teplitz (Teplice) 1158–64 durch Königin Judith, die Ehefrau von König Vladislav II. Eine schnelle Zunahme der Konvente ist auch bei den Zisterziensern zu beobachten: Sedletz (Sedlec), Plaß (Plasy), Pomuk, Ossek, Saar (Žďár nad Sázavou), Welehrad in Mähren, um nur einige zu nennen. Während nach 1200 keine Prämonstratenserstifte mehr gegründet wurden, gingen die Zisterziensergründungen, wie wir später noch sehen werden, weiter. In den meisten Fällen kamen die Gründungskonvente aus dem westlichen Deutschland.

In der Zeit König Wenzels existierten in Böhmen und Mähren 35 Klöster; 18 von ihnen sind von den Přemysliden bzw. ihren Frauen gegründet worden, 13 von adligen Herren, in vier Fällen sind die Gründer unbekannt. Der Gesamtbesitz der Kirche in der Mitte des 13. Jahrhunderts wird auf rund 1000 Dörfer, 600 Maierhöfe und weiteren Grundbesitz geschätzt.[264]

Neben den Prämonstratensern, die im Gegensatz zu den Zisterziensermönchen Weltkleriker waren, sind bedeutende selbständige Kollegiatkapitel (Klerikergemeinschaften) gegründet worden, die den Domkapiteln entsprachen: auf dem Wyschehrad (um 1070), in Altbunzlau (Stará Boleslav), Leitmeritz (Litoměřice), in Melnik (Mělník) oder in Sadska.

Auch die Ritterorden, die in der Kreuzzugsepoche in Palästina entstanden waren, wurden bald in den böhmischen Ländern ansässig: Vladislav II. förderte die Johanniter (zuerst 1159 auf der Kleinseite), Otakar Přemysl I., Wenzel I., Otakar Přemysl II. und Bischof Bruno von Olmütz besonders den Deutschen Orden, der zunächst in Prag bei St. Peter am Poříč (1203/04), später bei St. Benedikt seinen Sitz hatte. Die böhmischen Besitzungen des Templerordens, der 1312 durch Papst Clemens V. aufgelöst worden war, fielen dann an den Deutschen Orden.

Mit dem Aufblühen des Städtewesens (▶ Kap. 6.4) kamen auch rasch und zahlreich die typisch städtischen Bettelorden in das Land: die Franziskaner (Minoriten) mit Unterstützung König Wenzels in Prag (seit 1228 St. Clemens am Poříč) und ihr weiblicher Zweig, die Klarissen durch Agnes, die Schwester Wenzels (1234). Die 1254 eingerichtete böhmische Minoritenprovinz verfügte 30 Jahre später bereits über 31 Konvente. Der Predigerorden der Dominikaner (seit 1226 im deutschen Viertel am Poříč) wurde besonders von Otakar Přemysl II. gefördert. Auch ein Laienorden gründete sich als Spitalgemeinschaft bei St. Franziskus in Prag, der sich im Spätmittelalter zum Priester- und Ritterorden der Kreuzherren mit dem roten Stern entwickeln sollte – der einzige im Land entstandene Orden.

Es lag nicht nur an der allmählichen Hinwendung König Wenzels zur päpstlichen (guelfischen) Seite, dass der Papst einen immer größeren Einfluss auf die böhmische Kirche nehmen konnte. Zahlreicher sind nun die päpstlichen Privi-

---

[264] Graus, Dějiny venkovského lidu, S. 229.

5.5 Kirche und Kultur in der Zeit Wenzels I. – das Silber von Iglau

legien für Klöster, oft Besitz- oder Zehntbestätigungen, die Entscheidungen in Konfliktfällen, ebenso die häufigen politischen Kontakte durch päpstliche Gesandtschaften, die der böhmischen Kirche auch einige Kosten verursachten. Mehrmals riefen die Päpste Gregor IX. (1227–1241) und Innozenz IV. (1243–1254) auch die Böhmen zu Kreuzzügen in das hl. Land oder nach Preußen bzw. Livland zur Unterstützung des Deutschen Ordens auf. Insgesamt profitierte die Kirche der böhmischen Länder wohl vom kurialen Interesse. Die Versuche, in die Besetzung der Bischofsstühle in Prag und Olmütz einzugreifen, wurden allerdings bei den Domkapiteln, die das Wahlrecht beanspruchten, nicht gern gesehen.

Einfluss und Macht König Wenzels und seines Reiches wuchsen auch durch die Silbergewinnung im Bergbau beträchtlich.[265] Silber war seit der Münzreform Karls des Großen bis in das spätere Mittelalter das einzige Währungsmetall, ausgeprägt zunächst ausschließlich in den Denaren (Pfennigen) aus etwa 1,7 g Silber. Im mährischen Iglau (Jihlava), eng an der böhmischen Grenze gelegen, wurde das Silber um 1240 fündig, besonders im Altenberg (Staré hory), um 1250 auch im nahe gelegenen Deutschbrod (Havlíčkův Brod). Die Silbervorkommen in Humpoletz (Humpolec) auf dem Weg von Prag nach Iglau könnten schon in den 1220er Jahren entdeckt worden sein. Überhaupt gibt es auch in den böhmischen Ländern archäologische und andere Hinweise, dass Bergbau in vielen Fällen schon vor der schriftlichen Ersterwähnung betrieben worden ist, z. B. in Mies (Stříbro = Silber) schon in der Regierungszeit Vladislavs II. vor 1174.

Im Bergbau mussten für den Tiefbau grundsätzlich zuerst Fachleute gewonnen werden, so auch in Iglau: Diese kamen aus benachbarten Revieren in Sachsen (Harz, Erzgebirge) oder Tirol, die dazu zahlreich benötigten Handwerker auch aus der bayerischen Nachbarschaft; sie lebten in der neuen Bergstadt Iglau, die seit 1245 errichtet wurde. Dies war der Anfang der deutschen Iglauer Sprachinsel, die bis 1945 existierte. König Wenzel I. und sein Sohn Otakar Přemysl II. erließen ein ausführliches Stadt- und Bergwerksprivileg für die Bürger und Bergleute von Iglau, das auf 1249 datiert ist.[266] Dieses auf Latein verfasste Iglauer Bergrecht galt auch für die anderen böhmischen Reviere und enthält zahlreiche deutschsprachige Fachbegriffe. In den oben erwähnten strittigen Teilungsprojekten der beiden Přemysliden spielte Iglau immer eine besondere Rolle. Sie sahen sich als die Inhaber des Bergregals, das eine Beteiligung am Gewinn des Bergbaus bedeutete. Das Regal war zwar von den frühen staufischen Herrschern (besonders von Heinrich VI.) als königliches Recht angesehen worden, aber geriet praktisch schon vielfach und stillschweigend an die Landesherren.

Das Bergrecht hatte sich allmählich aus den älteren Berggewohnheiten der Bergleute entwickelt; es betraf vor allem die Rechte der Regalherren und die Rechte der abbauberechtigten Bergleute und Bergbauunternehmer gegenüber den Grundeigentümern. Das Iglauer Bergrecht wurde 1294 auch vom sächsi-

---

[265] Janáček, Stříbro a ekonomika; Majer, Der böhmische Erzbergbau.
[266] CDB IV, Nr. 177, S. 290–328.

schen Freiberg übernommen, kurz danach auch vom ungarischen Schemnitz (Banská Štiavnica). 1345 wurde der Iglauer Oberhof zur höchsten Entscheidungsinstanz in Bergrechtsfragen.[267]

Da Silber fast durchweg in polymetallischen Erzen vorkommt, war auch das (viel häufiger auftretende) Kupfer oder Blei für das Mittelalter ein wertvolles Produkt. Selbst Golderzreviere gab es in Eule (Jílové) und in Bergreichenstein (Kašperské Hory) bei Klattau, die allerdings nur relativ geringe Goldanteile im Schmelzprodukt aufwiesen. Goldwäsche wurde seit langem in einigen Flüssen, u. a. auch an der oberen Moldau betrieben.

---

[267] Zycha, Das böhmische Bergrecht; Raimund Willecke, Die deutsche Berggesetzgebung von den Anfängen bis zur Gegenwart, Essen 1977; Heiner Lück, Bergrecht, Bergregal in: HRG² Bd. 1, 2008, Sp. 527–533.

6 Der goldene König Otakar II.

6.1 Otakar Přemysl II.

Das ganze 13. Jahrhundert und besonders die Regierungszeit dieses bedeutenden Přemyslidenkönigs Otakar Přemysl II. waren für die Geschichte Böhmens und Mährens von zentraler Bedeutung.[268] Leider aber fanden sie keinen einheimischen Historiographen von gleichem Rang, wie es Cosmas für die Frühzeit war.[269] Kurze, selten detaillierte Berichte vor allem von Prager Domherren werden in einer Kompilation zusammengefasst, die man als die Zweite Fortsetzung des Cosmas bezeichnet.[270] Bei dem zunehmenden politischen und militärischen Ausgreifen der böhmischen Könige in die Geschichte des Reiches und der östlichen Nachbarländer werden die dortigen historiographischen Quellen und natürlich die immer reichhaltigeren Urkundenbestände von wachsender Bedeutung. Für die Rolle und das dramatische Leben des Königs sind auch etwas spätere Darstellungen, auch über das historische Nachleben, wichtig, etwa die ersten nicht immer zuverlässigen volkssprachlichen Reimchroniken: die tschechische Reimchronik des sog. Dalimil und die Steirische Reimchronik des Ottokar van der Geul.[271] Selbst die bedeutende Königsaaler Chronik aus dem 14. Jahrhundert beginnt ihre Darstellung mit einer Geschichte Otakar Přemysl II.[272]

Nach der Nachricht vom Tod des Vaters begab sich der 20-jährige Otakar schnell nach Prag; ein päpstlicher Nuntius und die Bischöfe von Prag, Olmütz und Freising waren bei ihm. In Prag war die Todesnachricht bis dahin geheim gehalten worden. Am 8. November 1253 lieferte Otakar in Prag dem Papst ein Treueversprechen, auch dem König Wilhelm von Holland, allerdings nur, solange dieser auch papsttreu sein würde. Lebenslang verblieb Otakar auf der

---

[268] Neben Novotný ČD Bd. I 4, Prag 1937 ist die neuere Arbeit Hoensch, Přemysl Otakar II. wichtig. Zu den Reichsangelegenheiten im Interregnum den Überblick bei Wolfgang Stürner, 13. Jahrhundert 1198-1273 und Kaufhold, Interregnum.

[269] Dazu Marie Bláhová, Das Bild Přemysl Ottokars II. in der böhmischen Geschichtsschreibung des Mittelalters, in: Bláhová/Hlaváček (Hg.), Böhmisch-österreichische Beziehungen, S. 163–183.

[270] Rudolf Köpcke hat sie in den MGH SS 9, S. 163–209, Josef Emler in den Fontes rerum Bohemicarum Bd. 2, S. 270-370 ediert, mit unterschiedlichen, nicht immer korrekten Untergliederungen. Dort auch die erstmalige Bezeichnung „goldener König" (rex aureus), S. 320.

[271] Jiří Daňhelka u. a. (Hg.), Staročeská kronika tak řečeného Dalimila [Die alttschechische Chronik des sog. Dalimil], 2 Bde., Prag 1988; dazu der Kommentarband von Marie Bláhová; Die fast 100.000 Verse umfassende Steirische Reimchronik, hg. von Joseph Seemüller (MGH Deutsche Chroniken V, 1+2, 1890/93, ND 1974).

[272] Josef Emler (Hg.), Chronicon Aulae regiae, Prag 1884 (FRB IV, S. 3–337).

päpstlichen, der guelfischen Seite, von der er sich die Förderung seiner Pläne versprach.[273]

Die meisten Anhänger seines Vaters verblieben in ihren Ämtern, nur der Oberstkämmerer Boresch wurde vorübergehend eingekerkert. Die ungarische Gefahr zwang Otakar, schnell wieder nach Österreich zurückzukehren. Im Juni 1254 traf er sich mit König Bela IV. in Pressburg; sie schlossen einen Frieden, wobei ein großer Teil der Steiermark bei Ungarn verblieb. Für beide, besonders für Otakar, galt diese Übereinkunft wohl nur als Mittel zur momentanen Beruhigung der Lage, die der Böhme zur Festigung seiner neuen Herrschaft benötigte. Die nun in der ungarischen Steiermark lebende Babenbergerin Gertrud hatte wie auch ihr Sohn Friedrich von Baden den Anspruch auf Österreich nicht aufgegeben.

Zweifellos trug Otakars staufische Abkunft zu seinem königlichen Selbstbewusstsein und zu seinen politischen Ambitionen bei; den přemyslidischen Adler als Wappentier ersetzte er durch den zweischwänzigen silbernen Löwen. Damit könnte er sich dem staufischen Familienwappentier des Löwen angepasst haben. Im mährischen Wappen blieb der schwarz-rot gewürfelte Adler allerdings erhalten.[274]

Auf Wunsch des Papstes unternahm Otakar, begleitet von seinem wichtigsten Ratgeber, Bischof Bruno von Olmütz, und vielen Adligen aus seinen Ländern und aus Deutschland, im Dezember 1254 einen Kreuzzug zur Unterstützung des Deutschen Ordens. Schon 1226 war dieser von Herzog Konrad von Masowien zum Kampf gegen die räuberischen heidnischen Prussen in das Kulmer Land geholt worden. Auch Otakars Schwager Otto III. von Brandenburg und Markgraf Heinrich von Meißen beteiligten sich am Kreuzzug. Der Spruchdichter Meister Sigeher, der auch anwesend war, pries die Kreuzfahrt des böhmischen Königs, der beim Bau einer Befestigung beteiligt war, die später nach ihm Königsberg genannt wurde. Doch schon im Februar 1255 war Otakar nach Mähren zurückgekehrt, vielleicht fühlte er sich durch die Nachricht vom Tod Papst Innozenz IV. vom Kreuzzugsgelübde befreit.

Die Herrschaft von König Wilhelm von Holland im Reich war recht glücklos; er hatte sich insbesondere mit den rheinischen Kurfürsten zerstritten. Viele glaubten an seine bevorstehende Resignation und so stand eine neue Königswahl im Raum. Die Stauferanhänger besonders in Süddeutschland, aber auch der Erzbischof Konrad von Köln dachten nun offenbar an den Staufersspross Otakar als Kandidaten. Dieser konnte seine staufische Abkunft allerdings gerade gegenüber dem äußerst einflussreichen Papsttum nicht als Argument vorbringen. Otakar verhandelte mit Rücksicht auf die Kurie und vielleicht auch wegen seines Eides mit König Wilhelm, um nach dessen erwartetem Rücktritt selbst kandidie-

---

[273] Novotný I 4, S. 30 sieht es als „tragische Schuld" Otakars an, dass er sich stets auf den Papst verließ.
[274] Hoensch, Přemysl Otakar II., S. 49.

6.1 Otakar Přemysl II.

ren zu können. Oder er dachte an das Kaisertum, falls Wilhelm deutscher König bleiben wollte. Papst Innozenz IV. aber unterstützte Otakars Kandidatur nicht; er und sein Nachfolger Alexander IV. (1254–1261) hielten an Wilhelm bis zu dessen Tod im Januar 1256 fest.

Nun musste allerdings eine Neuwahl stattfinden: Die Kandidatur des etwa zehnjährigen Staufers Konradin, Sohn des 1254 in Italien gestorbenen Konrad IV., lehnte der Papst sofort ab. Konradin lebte bei seinem Onkel, dem Herzog Ludwig II. von Oberbayern und Pfalzgraf bei Rhein, und wurde von ihm, zum Unwillen Otakars, in den Vordergrund geschoben. Herzog Otto III. von Brandenburg, der Schwager Otakars, war ein weiterer kurzfristiger Kandidat, zu dessen Gunsten Otakar vielleicht zurücktrat. Den anderen Wählern aber erschien der böhmische König offensichtlich als zu mächtig. Kein Kandidat innerhalb des Reiches fand also genügend Unterstützung.

Es folgte die Doppelwahl des Jahres 1257 mit ausländischen Kandidaten. Am 1. April wurde Alfons von Kastilien (auch er staufischer Abstammung und damit mit Otakar verwandt) von Erzbischof Arnold von Trier im Namen Otakars, des Herzogs von Sachsen und des Markgrafen von Brandenburg (diese drei waren nur durch Gesandte vertreten) in Frankfurt in der Stadt zum König gewählt; vor der Stadt wählte der Erzbischof von Köln im Namen des Mainzer Erzbischofs und mit Pfalzgraf Ludwig II. den finanzkräftigen Richard von Cornwall, Bruder des englischen Königs Heinrich III., zum König, der seine Wahl mit beträchtlichen Geldmitteln förderte. Etwas später entschied sich Otakar, seine Stimme ebenfalls Richard zu geben. Er wollte er bei der völlig ungeklärten Lage auf jeden Fall ein Wähler des künftigen Königs sein und damit zu den Königswählern (den Kurfürsten) gehören.[275] Die Doppelwahl von 1257 war in der Tat die erste Wahl mit sieben kurfürstlichen Stimmen, aber die Mehrheit dieser Stimmen war noch nicht ausschlaggebend. Der Papst blieb gegenüber den Gewählten bis zum Tod Richards (1272) mehr oder weniger neutral; beide konnten ihn nicht bedrohen. Während Alfons nie das Reich betrat, fand Richard bei seinen eher kurzen Besuchen allenfalls Anerkennung im Westen.

Neben der weiter bestehenden ungarischen Gefahr waren es die benachbarten bayerischen Wittelsbacher, die für den böhmischen König und seine territorialen Pläne in und um Österreich eine Bedrohung darstellten. Herzog Otto II. von Bayern war im November 1253 gestorben. Die beiden Söhne Heinrich und Ludwig teilten sich die Herrschaft, Heinrich XIII. erbte Niederbayern, der in Heidelberg geborene Ludwig II. die Pfalzgrafschaft bei Rhein und Oberbayern.

Doch ergaben sich neue Spannungen zu Otakar aus der Salzburger Frage: Denn der immer noch ungekrönte böhmische König unterstützte seinen Vetter Erzbischof Philipp von Salzburg, der sich beharrlich weigerte, sich als Priester weihen zu lassen und deswegen vom Domkapitel mit Unterstützung Papst Alexanders IV. abgesetzt wurde. Ein neu eingesetzter Erzbischof, Ulrich von Seckau,

---

[275] Das betont als sein entscheidendes Motiv besonders Kaufhold, Interregnum, S. 50–67.

Kandidat auch Heinrichs von Niederbayern, konnte sich jedoch nicht durchsetzen. Die Spannungen zu Bayern wuchsen. Otakar verbündete sich mit Bischof Otto von Passau, der in heftigem Streit mit Herzog Heinrich XIII. lebte, und fiel schließlich mit einem böhmisch-mährisch-österreichisch-passauischen Heer plündernd in Bayern ein. Herzog Heinrich aber, der Rückhalt auch bei Bela von Ungarn suchte, war gut vorbereitet, bestens gerüstet und fügte den Kriegern Otakars bei Mühldorf schwere Verluste zu. Die Quellen sprechen von jugendlichem Leichtsinn des Böhmen und fehlender Vorbereitung dieses Feldzugs, unter dem, wie immer, neben den 400 gefallenen Rittern das Landvolk am meisten zu leiden hatte.[276] Im November 1257 wurde in Cham Frieden geschlossen; kleine Gebiete wurden an die Bayern abgetreten. Otakar versuchte das Verhältnis zu Pfalzgraf-Herzog Ludwig II. zu verbessern, der nicht immer mit seinem Bruder Heinrich einig war, um sich damit den Rücken für den bevorstehenden Kampf mit Bela frei zu halten.

Der zweite Salzburger Erzbischof Ulrich wurde bei einem Einfall der Ungarn in Salzburg und Kärnten von Otakar gefangen genommen. Die Mehrheit des steirischen Adels, die mit der ungarischen Herrschaft unzufrieden war, bot nun dem böhmischen König das Herzogtum Steiermark an. Otakars Truppen vertrieben die Ungarn fast gänzlich aus dem Land. Ein offener Krieg mit König Bela war nun unausweichlich. Der böhmische König hatte jetzt allerdings aus seinem misslungenen Kriegszug gegen Bayern gelernt und bereitete sich sorgfältig vor. Zur Sicherung Mährens erbaute er an der Ostgrenze die Festung Ungarisch Hradisch (Uherské Hradiště). Im Heer Otakar Přemysls befanden sich nicht nur die Ritter seiner Länder und die steirischen Adligen, sondern auch die Abteilungen seiner schlesischen Verbündeten, des Otto von Brandenburg, des Ulrich von Kärnten und des Erzbischofs Philipp. Auch weitere Kämpfer aus Deutschland warb er an, wohl auch Ritter des bedeutenden schwäbischen Grafen Ulrich von Württemberg, dem er dafür eine schlesisch-piastische Herzogstochter als Ehefrau vermittelte.[277] König Bela fand Unterstützung beim russisch-orthodoxen Fürsten Daniel Romanowič von Halitsch-Wolhynien (dessen Sohn Roman vorübergehend der dritte Ehemann der Babenbergerin Gertrud geworden war), bei Bolesław von Krakau, den Kumanen und sogar bei tatarischen Hilfstruppen.

Die Schlacht fand am 13. Juni 1260 bei Groissenbrunn statt; sie wurde durch die schwergepanzerten Ritter Otakars unter dem fähigen böhmischen Marschall Wok von Rosenberg gegen die leichte vor allem kumanische Reiterei Belas siegreich entschieden. Der nun hilflose Bela bot dem Böhmen die Steiermark für den Frieden an. Er hätte jetzt auch ganz Ungarn unterwerfen können, so schreibt Otakar an den Papst;[278] das plane er jedoch nicht und suche wieder zu einem

---

[276] Vor allem Hermann von Niederaltaich MGH SS 17, S. 399.
[277] Hilsch, Gräfin Agnes.
[278] RBM II, Nr. 271 vom 8. Oktober 1260.

6.1 Otakar Přemysl II.

friedlichen Ausgleich mit Bela zu kommen.[279] Denn die Gunst des Papstes suchte er sich zu erhalten, auch Ungarn gehörte schon lange zu den papsttreuen Ländern. In der Steiermark übernahm Otakar die Herrschaft ohne ernsthafte Probleme, der Marschall Wok wurde zum Landeshauptmann in Graz ernannt.[280]

Herzog-Pfalzgraf Ludwig II. von Bayern bewog inzwischen die Stauferanhänger im Südwesten, seinen Neffen Konradin als Herzog von Schwaben anzuerkennen, der in Ulm 1262 einen ersten Hoftag abhielt.[281] Wieder tauchten Pläne bei den rheinischen Erzbischöfen und dem Pfalzgrafen auf, den jungen Staufer zum König zu wählen; der Erzbischof von Mainz lud schon die Kurfürsten zur Wahl ein.

Otakar informierte daraufhin Papst Urban IV. (1261–64) über diesen Plan, der als Oberhaupt der Kirche die Wahl eines Staufers den rheinischen Erzbischöfen unter Androhung der Exkommunikation verbot. Richard von Cornwall erschien nun, von Otakar aufgefordert, im Juni 1261 wieder im Reich, um seine geschwächte Position zu retten. Er ernannte den Böhmen zum Schützer der Reichsgüter östlich des Rheins und belehnte ihn nicht nur mit Böhmen und Mähren, sondern auch mit Österreich und der Steiermark. Das festigte Otakars Legitimation für diese Länder, denn die hätte durch seine Scheidung von der Babenbergerin Margarete im Jahr 1261 wieder bedroht sein können. Mit der 20 Jahre älteren Gemahlin hatte er keine Kinder bekommen und sein Versuch, seine nichtehelichen Nachkommen mit Anna von Kuenring (ministerialischer Herkunft) zu legitimieren, scheiterte an der Kurie. Die Ehe mit Margarete wurde schließlich durch Otakars einheimische Bischöfe für ungültig erklärt. Der neue Papst Urban IV. (1261–1264) akzeptierte dies später und erteilte Dispens auch für eine neue Ehe. In diesem Sinne war der gewandte Diplomat Bischof Bruno von Olmütz bei den Verhandlungen erfolgreich. Schließlich ehelichte Otakar in Pressburg die etwa 15 Jahre alte Enkelin Belas, Kunigunde, die ihn wegen ihrer in den Quellen gerühmten Schönheit[282] sehr beeindruckt hatte. Der Friedensschluss mit Bela Anfang 1261 wurde durch dieses Ehebündnis bekräftigt.[283] Die „verwitwete deutsche Königin", so nannte sich jetzt Margarete, zog sich auf ihr Witwengut bei Krems zurück, blieb aber bis zu ihrem Tod 1267 auch in Böhmen immer wieder präsent. Die ‚legitimen' Babenbergerinnen Margarete und Gertrud verfügten immer noch über eine gewisse Anhängerschaft in Österreich.

Im selben Jahr, zu Weihnachten 1261, wurde Otakar in Prag endlich vom Mainzer Erzbischof Werner (dem üblichen Koronator) zum böhmischen König

---

[279] RBM II, Nr. 271.
[280] Gerhard Pferschy, König Otakar II. Přemysl, Ungarn und die Steiermark, in: Weltin/Kusternig, Ottokar-Forschungen, S. 73–91.
[281] Konradin (1252–1268) – der letzte Staufer (Schriften zur staufischen Geschichte und Kunst Band 37), Göppingen 2018, mit Beiträgen von Oliver Auge, Christof Paulus und Romedio Schmitz-Esser.
[282] Die zahlreichen Quellen erwähnt von Novotný ČD I 4, S. 104, 106.
[251] Hoensch, Přemysl Otakar II, S. 124–128.

gekrönt, ebenso seine junge Frau zur Königin. An diesem großen Fest kam eine bedeutende Gesellschaft zusammen: der neue Prager Bischof Johann III. (1258–78)[284], weitere fünf Bischöfe, der Markgraf von Brandenburg, die schlesischen Fürsten. Otakar präsentierte sich als mächtiger, reicher und großzügiger König. Weitere Feierlichkeiten anlässlich einer weiteren Eheverbindung mit den Ungarn (eine Nichte Otakars mit einem Sohn Belas) in der Nähe Pressburgs, an der nach der Steirischen Reimchronik sechs Könige und viele deutsche Ritter teilnahmen, bekräftigten die ‚ewige' Freundschaft mit Bela, die auch eine Demonstration gegen Bayern sein sollte. Deswegen versuchte Otakar auch, die bayerischen Bischöfe (Bamberg, Freising, Regensburg, Passau) auf seine Seite zu ziehen, größtenteils mit Erfolg. Die großartigen Feste verbreiteten den Ruhm des „goldenen Königs" im Reich und darüber hinaus.

Vladislav, ein Vetter Otakars[285], zuletzt Propst vom Wyschehrad und böhmischer Kanzler, wurde 1265 zum Salzburger Erzbischof gewählt und auch vom Papst akzeptiert, eine schwere Niederlage für Heinrich von Bayern, der Anhänger des zunächst dort gewählten Erzbischofs Philipp war. Wieder wurde ein Krieg gegen Bayern vorbereitet, die ersten Angriffe der böhmisch-mährischen Streitkräfte mit zwei Heeresabteilungen führten zu Plünderung und Verwüstung vor allem von Kirchenbesitz. Der Einfall in Bayern blieb jedoch erfolglos, denn der Böhme und seine Krieger mussten sich wegen Mangels an Lebensmitteln über die Reichsstadt Eger zurückziehen. Herzog Heinrich gewann dagegen Passau, wo er auch Anhänger hatte, was Otakar wieder mit eigenen Angriffen in die Umgebung der Stadt beantwortete.

Im November 1266 bestellte Otakar den Adel nach Prag, wo über weiteren Krieg und einen neuen Kreuzzug beraten wurde. Schon 1257 hatte der böhmische König zwar das Kreuz genommen, jetzt aber sicherte ihm Papst Urban IV. als Anreiz zu, er dürfe (ohne Schaden für den Deutschen Orden) die selbst eroberten Gebiete für sich behalten: etwa Litauen, das allerdings auch vom Orden und von Polen beansprucht worden war und wo bereits ein von der Kurie gekrönter König Mindaugas (1253–63) existierte. Otakar dachte wohl sogar daran, die eroberten und dann dem Christentum neu gewonnenen Gebiete einer neuen Kirchenprovinz Olmütz zu unterstellen. Doch diese Pläne scheiterten, da der neue Papst Clemens IV. (1265–68) die Angebote seines Vorgängers weitgehend zurückzog. Nach Absprachen mit dem Deutschen Orden fand der Kreuzzug Ende 1266/Anfang 1167 statt, mitten im Winter, um besser über vom Eis bedeckte Moore, Flüsse und Seen vorrücken zu können. Aber schon Mitte Februar war Otakar wieder in Prag.

Mit den schlesischen Fürsten hielt Otakar auch nach dem Tod Heinrichs III. von Breslau (1266) weiter Freundschaft. Beim Begräbnis der 1267 heilig gespro-

---

[284] Zdeňka Hledíková, Johann in: Erwin Gatz (Hg.), Die Bischöfe des Heiligen Römischen Reiches 1198–1448. Ein biographisches Lexikon. Berlin 2001, S. 583.
[285] Sohn Heinrichs II. von Schlesien und der böhmischen Anna.

6.1 Otakar Přemysl II.

chenen schlesischen Hedwig († 1243), Großmutter Heinrichs III., im Kloster Trebnitz (Trzebnica) waren er und der Salzburger Erzbischof Vladislav anwesend. Otakars Aufmerksamkeit galt daneben auch der weiten Reichspolitik. Nach dem Tod des sizilianischen Stauferkönigs Manfred (1266) setzten sich die Ghibellinen und die beiden bayerischen Brüder für Konradin als Nachfolger ein, der 1267 nach Italien aufbrach, bei ihm Friedrich von Baden, der sich nach wie vor Herzog von Österreich nannte. Eine von Herzog-Pfalzgraf Ludwig geplante Übereinkunft mit Otakar kam nicht zustande und Papst Clemens IV. drohte dem Bayer mit Exkommunikation. Der nun vom Papst favorisierte Karl von Anjou, Bruder des französischen Königs, suchte mit päpstlicher Unterstützung die Annäherung an Otakar, ein Beweis für dessen bedeutende Machtposition. Nach der militärischen Niederlage Konradins und Friedrichs von Baden gegen Karl im August 1268 und ihrer Hinrichtung jubelte der Papst. Auch Otakar kam diese Entwicklung wohl zupass; die Nachricht, er habe dem Anjou sogar zu dieser Hinrichtung geraten, dürfte aber ein böses Gerücht gewesen sein.

Eine von Karl gewünschte Eheverbindung mit den Přemysliden kam nicht zustande. Für seine dreijährige Tochter Kunigunde, sein bisher einziges Kind, hatte Otakar andere Pläne. Er verlobte sie mit Friedrich, dem Sohn des thüringischen Landgrafen Albrecht und der staufischen Margarete; der Thüringer Friedrich (der Freidige) war nun der letzte männliche Enkel Kaiser Friedrichs II. und somit ein möglicher Thronkandidat. Die eindrucksvolle Gestalt Kaiser Friedrichs II., des großen Gegners des Papstes, das „Staunen der Welt"[286], lebte nach seinem Tod bei den italienischen Ghibellinen in Weissagungen von einem wiederkommenden Friedens- und Reformkaiser weiter und wurde auch nach Deutschland übertragen. Der Name Friedrich war in diesem Sinne bereits magisch; mehrere falsche ‚Friedriche' erschienen, die sich als der überlebende Friedrich II. bezeichneten. Als der Kardinal und ‚Prophet' Johannes von Toledo sogar von einem „östlichen Friedrich" sprach, wurde dies auf den Thüringer übertragen; die Ghibellinen boten ihm bereits die sizilische Krone an. Er begann sich selbst schon „Friedrich III." und König von Jerusalem zu nennen und bezeichnete seinen künftigen Schwiegervater Otakar als seinen Unterstützer.

Wieder gab es also Neuwahlpläne, an welchen Erzbischof Werner von Mainz und wohl auch der böhmische König beteiligt waren. Doch aus dem Vorhaben wurde nichts, denn innerhalb der Reichsfürsten gab es Streit. Zudem verbot der Papst jede Wahl und im August 1268 erschien wieder König Richard im Reich. Der Thronkandidat Friedrich von Meißen hatte sich im Herbst 1269 zwar für einen Italienzug gerüstet, den auch Otakar unterstützte, bis ihn ein weiterer möglicher territorialer Gewinn ablenkte.

Der kinderlose Herzog Ulrich von Kärnten, mit dem er schon lange in bestem Einvernehmen lebte, schloss mit ihm im Dezember 1268 einen Erbvertrag: Seine

---

[286] So der englische Chronist Mettheus Paris, Chronica maiora in seiner Nachricht vom Tod des Kaisers.

Ländereien sollten nach seinem Tod an Otakar fallen. Nicht erwähnt wurden dabei die Erbansprüche seines Bruders Philipp, des ehemaligen Salzburger Erzbischofs; denn König Wilhelm hatte das Herzogtum einst beiden Brüdern verliehen. Ulrich und Otakar versuchten diesem Mann, der als Kleriker völlig ungeeignet war, als Ausgleich das gerade freigewordene Patriarchat von Aquileia zuzuwenden. Dort wurde Philipp auch gewählt, verzichtete aber nicht auf das Kärntner Erbe – hier konnte er sich allerdings nur im Nebenland Krain behaupten.[287]

Den böhmischen König Otakar trafen allerdings 1270 zwei schwere Verluste: der Tod des Erzbischofs Vladislav von Salzburg und der Tod des ungarischen Königs Bela IV. Belas ehrgeiziger Sohn Stephan V. (1270–72) hatte die Ansprüche auf die Steiermark nie aufgegeben. Sein Bündnis mit Karl von Anjou richtete sich gegen die „Deutschen", wobei hier vermutlich auch Otakar gemeint war.

Zwar schoben die Könige bei einem Treffen im September 1270 in Hainburg und Pressburg den drohenden Krieg noch einmal auf. Aber als Otakar in seinem Triumphzug, bei dem er seine Herrschaft in Kärnten erfolgreich antrat und auch Stadt und Festung Laibach (Ljubljana) in Krain eroberte, fielen die Ungarn gemeinsam mit den Kumanen in Österreich und der Steiermark ein, verwüsteten die Umgebung der Wiener Neustadt und suchten den zurückkehrenden König am Semmering zu ergreifen, der jedoch dem Anschlag entkam.

Otakar meldete den Bruch des Waffenstillstands durch Stephan umgehend den Kardinälen (noch war Sedisvakanz) und stellte für Ostern 1271 ein großes Heer auf, an dem auch seine fürstlichen Freunde aus dem Norden und aus Schlesien, und viele deutsche Ritter teilnahmen. Im April 1271 fiel das Heer in Ungarn ein. Auf der linken Donauseite wurden Devín, Pressburg, Neutra und weitere Städte erobert und fast die ganze heutige Slowakei besetzt. Ging es dabei um die gemeinsame slawische Verwandtschaft oder erinnerte sich Otakar sogar an das altmährische Reich? Das meinten einige tschechische Historiker nach der Gründung der Tschechoslowakei 1918 – in den Quellen findet sich dazu allerdings keine Spur.

In der auf beiden Seiten verlustreichen Schlacht an der Raab siegten zwar Otakars Ritter über die Ungarn. Dennoch musste sich der böhmische König zurückziehen und seine Krieger entlassen, denn sie waren erschöpft und litten in der verwüsteten Landschaft an Hunger. Der noch keineswegs geschlagene Stephan fiel nun in Österreich und Mähren ein, seine kumanischen Reiter drangen bis Brünn vor und verwüsteten große Teile des Landes. In einer mit Stephan wohl abgesprochenen Aktion fiel auch Heinrich von Niederbayern in das heutige Oberösterreich ein.

Friedensverhandlungen wurden unvermeidlich; auf böhmischer Seite wurden sie von Bischof Bruno von Olmütz geführt, den die Erzbischöfe und Bischöfe

---

[287] Alfred Ogris, Der Kampf König Ottokars II. um das Herzogtum Kärnten, in: Weltin/Kusternig, Ottokar-Forschungen, S. 92–141.

6.1 Otakar Přemysl II.

Ungarns und des Otakarreiches auch mit Androhung von Exkommunikationen unterstützten; denn auch die Besitzungen der geistlichen Fürsten litten schwer unter den ungeheuren Schäden der Kriegsunternehmen. Der Friedenschluss erfolgte im Juli 1271 in Pressburg und Prag. Die außerordentlich detaillierte Vertragsurkunde Otakars, die auch zahlreiche ihm gewogene Reichsfürsten, unter anderem den Pfalzgrafen Ludwig, einbezieht, erweckt den Eindruck, es sei damit eine grundsätzliche und endgültige Bereinigung der Verhältnisse angestrebt worden.[288] Das Ergebnis für den böhmischen König war nicht ungünstig: Zwar musste er seine aktuellen Eroberungen wieder an Ungarn ausliefern, behielt aber alle seine einst babenbergischen Länder und das Herzogtum Kärnten mit Krain. Doch eine Belehnung dieses Landes durch das Reich besaß er nicht, was sich später als Schaden erweisen sollte.

Seine Interessen und Ansprüche reichten nun von Meer zu Meer (von der Ostsee zur Adria), wie es der Chronist Johann von Viktring ausdrückte.[289] Seit 1270 nennt er sich regelmäßig *Quintus rex Boemie, dux Austrie, Styrie et Karinthie, marchio Moravie, dominus Karniole, Marchie, Egre et Portus Naonis* („Der fünfte König Böhmens, Herzog von Österreich, der Steiermark und Kärntens, Markgraf von Mähren, Herr von Krain, der Mark, von Eger und der Burg Pordenone"). Dazu kam sein Einfluss im Patriarchat von Aquileia, wo er seinen přemyslidischen Vetter Philipp als Patriarchen unterstützte; sein Einfluss strahlte damit auch auf Friaul und Norditalien aus.

Otakar fühlte sich nun auf dem Höhepunkt seiner Macht, auch das familiäre Glück war ihm hold: Am Vorabend des Wenzelsfestes, am 27. September 1271 gebar seine Frau Kunigunde einen Sohn, den späteren Wenzel II. Im selben Monat war endlich nach langer Sedisvakanz auch ein neuer Papst, Gregor X. (1271–1276), gewählt worden, der im Mai 1272 den Frieden zwischen Otakar und dem ungarischen Stephan bestätigte.

Am 2. April 1272 war König Richard von Cornwall gestorben und eine Neuwahl wurde jetzt unabdingbar. Die bayerischen Brüder Herzog Heinrich XIII. und Herzog-Pfalzgraf Ludwig II. suchten nun im Vorfeld der Verhandlungen im Januar 1273 in Prag auch einen Ausgleich mit dem mächtigen Otakar sowie den bayerischen Bischöfen, und es wurde – wieder einmal – nun ein ‚ewiger Frieden' geschlossen.

Aber Otakar war zu dieser Zeit wieder durch die ungarische Herrschaftsfrage ungemein in Anspruch genommen. Denn auch König Stephan war im August 1272 gestorben, sein Sohn Ladislav war erst zehn Jahre alt. Heftige Machtkämpfe brachen zwischen den ungarischen Magnaten aus; da einige von ihnen zu Otakar geflohen waren, wurde dieser sofort in den Kampf einbezogen. Der

---

[288] RBM II, Nr. 753.
[289] Johann von Viktring, Liber certarum historiarum I, MGH SS in us. schol., S. 209. Ein bewusst darauf zielendes ‚Expansionsprogramm' Otakars hat es wohl nicht gegeben (Härtel, Böhmens Ausgriff nach Süden, S. 222–225).

folgende verheerende Einfall der schnellen Kumanen in fast alle Länder des Otakarreiches mit ungeheurer Beute wurde durch einen Feldzug des Böhmen erwidert, der zur Eroberung Pressburgs und fast ganz Nordungarns und etlicher Städte und Burgen südlich der Donau führte. Bei der Belagerung Ödenburgs (Sopron) erfuhr König Otakar von der Wahl Rudolfs von Habsburg zum römisch-deutschen König am 29. September 1273.

6.2   Abstieg und Fall des „goldenen Königs"

1273 wurde Graf Rudolf von Habsburg, ohne Einwirkung des Papstes, zum römisch-deutschen König gewählt.[290] Er war nicht einmal ein Reichsfürst, allerdings ein erfolgreicher und tüchtiger, oft auch rücksichtsloser Territorialpolitiker im Südwesten des Reiches, auch militärisch begabt. Den Kurfürsten schien es offensichtlich nach den Erfahrungen des Interregnums sinnvoll zu sein, wenigstens wieder eine königliche Legitimationsinstanz zu haben, die auch in Streitigkeiten vermitteln und sich für Frieden und Ordnung im Reich einsetzen konnte. Die neun Kinder Rudolfs mit Gertrud (Anna) von Hohenberg boten den Kurfürsten auch vielfältige Chancen für künftige Eheverbindungen. Doch sollte der neue König in ihren Augen nicht über eine Machtfülle wie Otakar Přemysl II. verfügen.

Das böhmische Stimmrecht wurde bei der Wahl nicht beachtet, auch wenn Erzbischof Engelbert II. von Köln König Otakar wohl zur Mitwirkung eingeladen hatte.[291] Dieser hatte den neuen Einigungswillen der Kurfürsten sträflich unterschätzt und nur den Bischof von Bamberg als seinen Vertreter zur Wahl geschickt. Allerdings hatte er schon Ende 1272 und Mitte 1273 zwei Gesandtschaften an Papst Gregor X. (1271–1276) gesandt, um dessen Zustimmung für seine eigene Kandidatur zu bekommen. Er bot nicht nur einen vom Papst dringend geforderten Kreuzzug in das hl. Land an, sondern wollte auch das Verlöbnis seiner Tochter Kunigunde mit Friedrich dem Freidigen von Meißen lösen und eine Verbindung mit der Familie Karls von Anjou ins Auge fassen. Karl allerdings, der seinen Neffen, König Philipp III. von Frankreich, als Kandidaten vorschlug, war in Rom inzwischen auch nicht mehr hoch angesehen. Otakars Gesandter Heinrich von Isernia[292] glaubte zwar, dass er an der Kurie Erfolg haben könnte, doch war die Mühe vergeblich; Gregor X. sah in dem Halbstaufer Otakar, dessen Machtbereich bis an die Adria reichte, nicht seinen idealen Kandidaten. Auch die

---

[290]   Dazu Krieger, Rudolf von Habsburg.
[291]   Überliefert allerdings nur in den Annales Otakariani zu 1271 (MGH SS 9), S. 189 f.
[292]   Karl Hampe, Beiträge zur Geschichte der letzten Staufer: ungedruckte Briefe aus der Sammlung des Magisters Heinrich von Isernia. Leipzig 1910. Siehe auch Brigitte Schaller, Der Traktat des Heinrich von Isernia De coloribus rhetoricis. DA 49 (1993), S. 113–153.

6.2 Abstieg und Fall des „goldenen Königs"

Wähler Rudolfs suchten natürlich die Zustimmung des Papstes zu gewinnen, auch Rudolf versprach den Kreuzzug in das hl. Land.

Otakar verließ jetzt Ungarn schnell, ohne seine Besatzungen überall abzuziehen. Sicher war er enttäuscht und erbittert, dass seine Kurstimme nicht beachtet, sondern sogar auf Heinrich von Niederbayern übertragen worden war, mit dem er doch gerade Frieden geschlossen hatte. Die einst guten Beziehungen zu den beiden Kurfürsten im Norden, den Markgrafen von Brandenburg und zu Herzog Albrecht von Sachsen hatten sich ebenfalls gelockert. Denn Otakar hatte die Kandidatur des Stauferenkels Friedrich von Meißen nicht mehr unterstützt, nachdem sein Sohn Wenzel geboren worden war. Auch Erzbischof Werner von Mainz war wegen seiner Pläne, eine eigene böhmische, von Mainz unabhängige Kirchenprovinz zu schaffen, zu seinem Gegner geworden.

Nach der Krönung Rudolfs in Aachen (Oktober 1273) suchte Otakar durch eine weitere Gesandtschaft den Papst zu veranlassen, die Wahl für ungültig zu erklären: Der Gewählte sei „ungeeignet, unbekannt, machtlos und arm", die böhmische Kurstimme sei nicht beachtet worden.[293] Doch König Otakar unterschätzte den „armen Grafen".

Otakars rechte Hand, Bischof Bruno von Olmütz, war vom Papst, der ein Konzil in Lyon (1274) plante, beauftragt worden, ihm einen Bericht über die Zustände im deutschen Reich zu schicken.[294] Bruno stellt darin Rudolf in die Reihe der machtlosen Könige Alfons von Kastilien und Richard von Cornwall. Dann entwirft er ein Schreckensbild der bedrohlichen östlichen Nachbarschaft: Die Ungarn haben eine eigene kumanische Königin aus einem Volk, welches die ungarischen Christen und ihre Nachbarn bedrohe, dann die schismatischen und ketzerischen Ruthenen (die orthodoxen Russen), die den schrecklichen Tataren unterworfen sind, auch die noch heidnischen Litauer und Prussen. Die zerstrittenen deutschen Fürsten, die keinen wirklichen Oberherrn haben wollen, seien zur Verteidigung des Christentums unfähig. Allein das Königreich Böhmen könne den christlichen Glauben verteidigen. Der größte Teil des Berichts beschäftigt sich allerdings mit innerkirchlichen Problemen Böhmens.

Im April 1274 reiste Bischof Bruno selbst nach Lyon, um auf dem Konzil den böhmischen Standpunkt zu vertreten. Aber ändern konnte er den Lauf der Dinge nicht mehr; vor allem die geistlichen Fürsten aus Deutschland stellten sich auf die Seite Rudolfs, der nun alle Wünsche des Papstes zu erfüllen bereit war. Am 26. September 1274 erkannte Gregor X. Rudolf als König an. Die Kurie suchte jetzt nur noch die Könige Alfons und Otakar zu bewegen, Rudolf als römisch-deutschen König zu akzeptieren, bot aber an, im Falle der Reichslehen Otakars zu vermitteln. Denn Rudolf hatte vermutlich wohl gleich die Herausgabe der entfremdeten Länder des Reiches (Österreich, Steiermark, Kärnten, Krain, die Windische Mark und das Egerland) verlangt; die nur schriftliche Belehnung

---

[293] MGH Constitutiones III, Nr. 16.
[294] MGH Constitutiones III, Nr. 619/620 (1273/1274).

Otakars mit Österreich und der Steiermark durch König Richard beachtete er nicht.

Der böhmische König begab sich sofort in die beiden Herzogtümer, wo sich seit einiger Zeit bei einem größeren Teil der Landherren schon eine zunehmende Ablehnung der böhmischen Herrschaft angebahnt hatte, wie zumindest die auf Seiten Rudolfs stehende Colmarer Chronik berichtet.[295] Denn Otakar hatte begonnen, zentralistischer zu regieren und hatte zunehmend eigene landfremde Verwalter in Österreich und der Steiermark eingesetzt. Er legte nun vorsichtshalber böhmische Besatzungen in die österreichischen Städte ein.[296]

Trotz weiterer päpstlicher Vermittlungsversuche verhärteten sich die Fronten auf beiden Seiten. Otakar, der sich militärisch stark fühlte, war an Verhandlungen nicht interessiert, vermutlich zum Unwillen seines klugen Bischofs Bruno von Olmütz, den er zunächst durch den ebenfalls gebildeten energischen Bischof Wernhard von Seckau als Diplomaten ersetzte. Otakar nahm Kontakt zu Alfons von Kastilien auf, den er jetzt als noch bestehenden römischen König betrachtete, und suchte die ungarischen Magnaten und auch den bayerischen Herzog Heinrich wieder auf seine Seite zu ziehen; denn dieser störte sich an der engen Verbindung des Salzburger Erzbischofs Friedrich mit Rudolf. Otakar hatte das Kirchengut der Salzburger Kirche in seinen Gebieten besetzen lassen. Der neue König aber versuchte weiter, den Hochadel in den Herzogtümern gegen den böhmischen König aufzubringen.

Auf dem Nürnberger Hoftag im November 1274 wurde Rudolf ermächtigt, die entfremdeten Territorien des Reiches notfalls mit Gewalt zurückzugewinnen. Otakar, der eine Huldigung Rudolfs bisher abgelehnt hatte, sollte sich dafür in Würzburg wegen Ungehorsams im Januar 1275 rechtfertigen. Verhandlungen scheiterten, weder er noch Heinrich von Niederbayern erschienen in Würzburg. In Österreich und der Steiermark schlug Otakar einen Aufstand mit Gewalt nieder. Auf dem Augsburger Hoftag (Mai 1275) soll der böhmische Gesandte Wernhard von Seckau nach dem Bericht der Steirischen Reimchronik die des Lateinischen unkundigen Reichsfürsten provoziert haben, indem er nur lateinisch sprach; er musste fliehen. Der Beschluss des Hoftags lautete: Böhmen und Mähren werden dem Otakar als Lehen abgesprochen, die anderen Länder werden als heimgefallene Lehen eingezogen. Selbst das Schenkenamt wurde ihm entzogen. Die Reichsacht folgte im Juni. Die denkbare Legitimität der Position Otakars verschwand endgültig, als Alfons von Kastilien zur selben Zeit auf die deutsche Krone verzichtete.

Sowohl Rudolf als auch Otakar suchten nach Verbündeten: in Ungarn, wo gerade zwei Adelsgruppen um die Macht bzw. die Vormundschaft für den kleinen König Ladislaus IV. rangen, auch bei Heinrich von Niederbayern. Erfolg

---

[295] MGH SS 17, 245.
[296] Dazu Max Weltin, Landesherr und Landherren. Zur Herrschaft Ottokars II. Přemysl in Österreich, in: Weltin/Kusternig, Ottokar-Forschungen, Wien 1979, S. 159–225.

6.2 Abstieg und Fall des „goldenen Königs"

hatte Rudolf bei Meinhard II. von Tirol und dem Patriarchen Raimund von Aquileia sowie bei den Fürsten von Görz. Nach dem Tod Papst Gregors X. (am 10. Januar 1276) fiel die Kurie als Akteur fast aus, da seine drei Nachfolger zusammen nur knapp ein Jahr regierten. Der nun wieder reaktivierte Bischof Bruno konnte wenigstens die schlesischen Fürsten einigermaßen an der Seite Otakars halten.

Nach der vermutlich verhängten verschärften Ober-Acht im Juni 1276 plante Rudolf drei militärische Vorstöße: über die Egerer Pforte nach Böhmen, in die Steiermark bzw. nach Kärnten und drittens nach Österreich. Der Adel in Kärnten/Krain und ihm folgend der Adel in der Steiermark fielen schnell von Otakar ab. Das böhmische Heer hatte zunächst den Angriff Rudolfs über Eger erwartet; dieser jedoch hatte seine Krieger auf der Donau schnell nach Österreich transportiert. Heinrich von Niederbayern, Herr der Donau, trat nun mit seinen Rittern auch auf Rudolfs Seite. Fast ganz Österreich konnte Rudolf inzwischen besetzen; Otakars Heer kam auf dem Landweg zu spät. Selbst Wernhard von Seckau wechselte nun in Rudolfs Lager. Auch ein feindliches ungarisches Heer unter König Ladislaus IV. (1272–1290) näherte sich. Nur Wien blieb auf Otakars Seite, obwohl Rudolf die Stadt im Oktober zu belagern begann. Noch schlimmer war es für König Otakar, dass sich wichtige böhmisch-mährische Magnaten auf die Seite Rudolfs schlugen: besonders die Witigonen in Südböhmen (der Krumauer Zawisch von Falkenstein), deren Bestreben, selbst ein Territorium auszubilden, Otakar durch die Gründung der Stadt Budweis (České Budějovice) zu verhindern gesucht hatte. Boresch von Riesenburg war ein weiterer Anführer mährischer Unruhen. Der übrige nichtböhmische Adel verließ das Heer Otakars.

Nun musste sich der böhmische König auf dringenden Rat Brunos auf Friedensverhandlungen mit den Reichsfürsten einlassen. Ein Schiedsgericht von Fürsten beider Seiten sollte entscheiden. Am 25. November 1276 huldigte Otakar schließlich dem römisch-deutschen König Rudolf mit gebeugten Knien. Ob der Böhme, königlich gekleidet, bei diesem Akt von Rudolf im Alltagskleid bewusst gedemütigt worden ist, wie spätere Erzählungen verbreiten, ist unwahrscheinlich.[297] Allerdings verhielt sich Rudolf keineswegs großzügig und entgegenkommend, sondern suchte seine Oberhoheit mit Härte durchzusetzen. Er griff auch indirekt in Böhmen ein, als sich 16 Hochadelsfamilien seinem Schutz unterstellten. Dies von tschechischen Historikern als ‚Hochverrat' zu interpretieren, ist wohl eine Fehleinschätzung aus neuzeitlichem Staatsverständnis.

Der Besitz Böhmens und Mährens, zunächst auch des Gebiets nördlich der Donau wurden Otakar bestätigt, alle anderen nach 1250 eroberten Länder, um die sein Vater und er lange Jahre erbittert gekämpft hatten, musste er aufgeben. Zur Bekräftigung des Friedens wurde auch eine Doppelheirat zwischen den verfeindeten Familien vorgesehen. Zwei weitere Friedensabkommen wurden 1277 geschlossen.[298] Aber das Misstrauen blieb, bald entstanden wieder Streitigkeiten

---

[297] So die Colmarer Chronik 248 f.
[298] Der wichtigste Vertragstext wohl MGH Constitutiones III, Nr. 139.

und kriegerische Scharmützel. Die für eine Ehe mit dem Sohn Rudolfs vorgesehene Tochter ließ Otakar in das Prager Klarissenkloster seiner Tante Agnes eintreten. In den Kämpfen zwischen den schlesischen Fürsten suchte er in seinem Interesse zu vermitteln.

Der stolze böhmische König, im Feld unbesiegt, war zweifellos durch das Ergebnis der Verhandlungen schwer getroffen und sann auf Vergeltung. Er sah eine Chance, da sich auch die Situation Rudolfs verschlechtert hatte; denn die Kurfürsten sahen seine neue Machtstellung mit Argwohn und wollten ihn militärisch nicht mehr weiter unterstützen. Erzbischof Siegfried II. von Köln nahm Kontakt mit Otakar auf; die Brandenburger Markgrafen, auch die Meißner und Thüringer Fürsten und die schlesischen und polnischen Piasten schlossen Bündnisse mit ihm. Es ist ein Brief Otakars an die Herzöge Polens überliefert, der schon heftige Kontroversen nicht nur in der Wissenschaft aufgelöst hat.[299] Darin erinnert Otakar die polnische *natio* an die gemeinsame Sprache, die geographische Nähe und die Blutsverwandtschaft. Dagegen bedrohe der römische König Rudolf „mit dem unersättlichen Rachen der Deutschen" auch die Polen, ihre Länder und ihren Besitz; nur er könne sie davor beschützen. Rudolf versuche sie von der Freundschaft mit Otakar abzubringen. Seinen Einflüsterungen (die es also offenbar gab) sollten sie jedoch nicht nachgeben. Er appelliere an ihre Hilfe. In propagandistischer Absicht wird die slawische Verwandtschaft beschworen, um die polnischen und schlesischen Fürsten an der Seite Otakars zu halten.

Ob dieser Appell wirklich verschickt worden ist oder nur eine Stilübung am Hofe war, ist unklar; überliefert ist der in seinem schwülstigen Kanzleistil gehaltene Brief nur im Formelbuch des königlichen Notars Heinrich von Isernia. Vielleicht gab es am Hof solche Vorstellungen um die Königin Kunigunde von Černigov, die sich einmal (auch nur in ihrem Formelbuch erhalten) über die Slawenfeindlichkeit der deutschen Franziskaner beklagte. Es ist aber nicht anzunehmen, dass Otakar selbst irgendeine gemeinslawische Einstellung besaß.

Heinrich von Niederbayern, bewogen durch viel böhmisches Silber, verpflichtete sich zur freundlichen Neutralität. Otakar hielt auch zu seinen alten Anhängern, den österreichischen Kuenringern (Heinrich von Kuenring war sein Schwiegersohn)[300] und zu den Patriziern in Wien Kontakt. Die Landherren in Österreich und der Adel in der Steiermark, aber auch Klerus und Bürger sahen den sich abzeichnenden Versuch Rudolfs, die Herzogtümer an seine Söhne zu verleihen und damit letztlich zu seiner Hausmacht zu machen, mit Sorge, denn sie wollten lieber reichsunmittelbar und damit frei bleiben, nicht einer fürstlichen Zwischeninstanz unterstellt werden.

---

[299] RBM II, Nr. 1106, mit Ergänzungen in den Scriptores rerum Polonicarum XII, Nr. 9. Dazu Graus, Přemysl Otakar II.; Graus, Nationenbildung der Westslawen, S. 130–137.

[300] Joachim Rössl, Böhmen, Ottokar II. Přemysl und die Herren von Kuenring, in: Weltin/Kusternig, Ottokar-Forschungen, S. 380–404.

6.2 Abstieg und Fall des „goldenen Königs"

Die Aufrührer in seinen Ländern konnte Otakar gefangen nehmen oder zur Flucht zwingen. Ein beträchtliches Heer hatte er schon aufgeboten; er hätte vielleicht durch einen schnellen Vorstoß nach Wien schon eine Entscheidung für sich erzwingen können – warum er diese Chance nicht nutzte, wissen wir nicht.

Inzwischen hatte Rudolf ein festes Waffenbündnis mit den Ungarn unter König Ladislaus geschlossen. Es gelang ihm, seine Truppen mit den ungarischen Kriegern zu vereinigen. Auf dem Marchfeld beim Dorf Dürnkrut kam es am 26. August 1278 zur Entscheidungsschlacht zwischen den etwa gleichstarken Heeren.[301] Während Otakar auf mehr schwerbewaffnete Ritter zählen konnte, verfügte Rudolf über eine leichtbewaffnete sehr bewegliche kumanische Hilfstruppe. Der genaue Verlauf des Schlachtgeschehens lässt sich wegen unterschiedlicher Quellenberichte nicht eindeutig rekonstruieren. Entscheidend war wohl der völlig unerwartete Flankenangriff einer relativ kleinen Gruppe schwerer Panzerreiter, die Rudolf in einem Seitental in Reserve gehalten hatte. In der Panik kam es zu einer Massenflucht der böhmischen Kämpfer zum Fluss March hin, in dem viele ertranken. Man schätzt die Zahl der Toten auf Otakars Seite auf 10.000 Personen. Sowohl Rudolf wie Otakar kämpften selbst in der Schlacht mit; nach dem Tod seiner Begleiter wurde der böhmische König auf der Flucht vom Pferd gerissen und aus blinder Rache von österreichischen Adligen umgebracht; einen ihrer Verwandten hatte Otakar einst hinrichten lassen. Erst im 14. Jahrhundert wurde vom Chronisten Matthias von Neuenburg behauptet, ein böhmischer Adliger habe den König getötet.[302]

Die Tötung des wehr- und waffenlosen Königs entsprach keineswegs den ritterlichen Ehrvorstellungen der Zeit, genauso wenig der Einsatz der zurückgehaltenen Reserve. Das haben die Zeitgenossen sehr kritisiert; es gab sogar Ritter auf Seiten Rudolfs, die sich weigerten, im Hinterhalt abzuwarten. Die Taktik der zurückgehaltenen Reserve hatte schon Simon von Montfort in der Schlacht gegen die albigensischen ‚Ketzer' ausgeübt und dann auch Karl von Anjou in der Schlacht bei Tagliacozzo gegen Konradin erfolgreich angewandt.

Bei diesen Kriegen der Könige und Fürsten um Macht und Besitz dürfen nicht die Opfer vergessen werden. Ein recht zuverlässiger böhmischer Chronist, wahrscheinlich ein Prager Domherr, beschreibt nicht nur die Leiden der Krieger, ihre Angst oder das Fehlen von Lebensmitteln und Pferdefutter, das schlachtentscheidend sein konnte. Da die logistische Versorgung der relativ großen Heere auch unter Otakar nicht gelang, versuchte man den Mangel durch Beraubung der Klöster und der Landbevölkerung, die als Arme (*pauperes*) und damit als Machtlose bezeichnet werden, auch schon im eigenen Land zu beheben. Die

---

[301] Dazu vor allem Andreas Kusternig, Probleme um die Kämpfe zwischen Rudolf und Ottokar und die Schlacht bei Dürnkrut und Jedenspeigen am 26. August 1278, in: Weltin/Kusternig, Ottokar-Forschungen, S. 226–311.
[302] Matthias von Neuenburg 32, 8 f.

kriegsgefangenen reicheren Adligen wurden (von beiden Seiten) in Kerker gesteckt, um hohe Lösegelder verlangen zu können.[303]

König Rudolf zollte nach seinem Sieg seinem Gegner hohes Lob für seinen Mut und seine Tapferkeit. Der einbalsamierte Leichnam des „goldenen Königs" aber wurde zum Beweis seines Todes für mehrere Wochen in Wien öffentlich aufgebahrt, um den möglichen Verdacht einer ‚Rückkehr' auszuschließen. Erst 1297 konnte ihn sein Sohn Wenzel II. im Prager Veitsdom feierlich bestatten lassen. Besonders die böhmischen, aber auch einzelne österreichische Quellen beklagten den Tod des ritterlich tapferen und großzügigen Königs, der sich besonders auch für die Armen eingesetzt habe.[304]

Die ersten ‚nationalen' Anklänge in der leidenschaftlichen Auseinandersetzung beider Seiten wurden in der nationalen Geschichtsschreibung des 19. und 20. Jahrhunderts begierig aufgegriffen und die Schlacht zur slawisch-deutschen Konfrontation und Entscheidungsschlacht stilisiert.[305] Mit der Realität hatte dies nichts zu tun: Im Heer Otakars kämpften zahlreiche deutsche Ritter aus Thüringen, Meissen, Brandenburg, Bayern und Schlesien mit, auf Seiten Rudolfs die ungarischen Truppen und die berittenen kumanischen Bogenschützen. Auch die überlieferten Schlachtrufe, auf Otakars Seite „Prag", auf Rudolfs Seite „Rom-Christus" waren ganz traditionell. Eine gewisse Agitation auf Seiten des Habsburgers war im Vorfeld allerdings wirksam, die vor allem von der Mehrheit der Bettelorden getragen wurde: Otakar sei vom Papst exkommuniziert (in Wahrheit nur vom Mainzer Erzbischof); von Prophezeiungen auf Rudolf war die Rede. Der Verweis auf den Sachsenspiegel, der dem böhmischen König als Nichtdeutschem das Kurrecht abgesprochen hatte, hatte allerdings keine Wirkung, Rudolf selbst bestätigte 1289/90 das böhmische Kurrecht.

Der Sieg König Rudolfs beendete das otakarianische Großreich, das später in etwas anderer Form als Habsburgerreich wieder entstehen sollte.

6.3 Modernisierung im 13. Jahrhundert: Bauern, Bürger, Juden

Wichtiger als die oft hektischen politischen Aktionen und die häufigen Kriege in der Regierungszeit der letzten vier přemyslidischen Könige, besonders Otakars II., war die große wirtschaftliche und soziale Umwälzung und Moderni-

---

[303] Dazu die Annales Otakariani (Příběhy krále Přemysla Otakara II.) in: FRB II, S. 331 f.
[304] Die ausführlichste Würdigung des reichen, großzügigen und frommen Königs ebd. S. 334 f. Eine positive Würdigung aus Österreich in den Klosterneuburger Annalen zu 1278 (MGH SS 9), S. 648. Dazu und zum Folgenden vor allem Graus, Přemysl Otakar II.
[305] Begonnen wird die Deutung der Schlacht als Kampf der Böhmen (Slawen) mit den Deutschen schon in der Colmarer Chronik (MGH SS 17, S. 249, 251).

6.3 Modernisierung im 13. Jh.: Bauern, Bürger, Juden

sierung der böhmischen Länder, die auch zu einem neuen ethnischen Bild führte. Der Reichtum der böhmischen Herrscher beruhte vor allem auf diesen Entwicklungen und machte Otakar zu dem „goldenen König", ermöglichte damit erst seine expansive Politik.

Auch unter Otakar II. blieb das Iglauer Silber von großer Bedeutung (▶ Kap. 5.5). Die neuen noch größeren Silberfunde in Kuttenberg (Kutná hora) um 1260 auf dem Gebiet des Klosters Sedletz wirkten sich allerdings erst unter seinem Sohn Wenzel II. aus.

Die grundlegenden Entwicklungen beruhten zum einen auf der ländlichen Kolonisation, und zum anderen ganz wesentlich auf dem aufblühenden Städtewesen, bei dem auch auf die Rolle der jüdischen Minderheit hinzuweisen ist. Besonders charakteristisch ist die Verbindung ländlicher Siedlungen mit den neu entstehenden Städten.

Die ländliche ‚deutsche Ostsiedlung' ist seit dem 19. Jahrhundert nicht nur in der politischen Publizistik, sondern auch in der Wissenschaft nicht nur zu einem Zankapfel zwischen deutschen und tschechischen Forschern geworden. Auf der einen Seite wurde sie als „kolonisatorische Großtat des deutschen Volkes im Mittelalter"[306] gefeiert, auf der anderen sah man darin den ewig aggressiven Drang der Deutschen nach Osten und die deutsche Kolonisation als *den* (negativen) Wendepunkt der böhmischen Geschichte (František Palacký in seiner *Böhmischen Geschichte* bzw. den *Dějiny národa českého*).[307]

Auf den ersten Blick ist es erstaunlich, dass dieser Vorgang bei den böhmischen Chronisten kaum Beachtung gefunden hat, allerdings informieren zahlreiche zeitgenössische Urkunden darüber.

Selbstverständlich war die Ostsiedlung keine bewusste Aktion von Völkern. Es waren aber auch keine wilden Siedlertrecks unterwegs wie oft in der ‚Westsiedlung' der USA. Zwar war die intensive ländliche Kolonisation nicht zentral von den přemyslidischen Königen gelenkt worden, aber im Einzelnen war sie von den Fürsten, den großen adligen Magnaten und besonders von den Klöstern (mit ihrem großen Grundbesitz) sehr wohl organisiert worden. Sie alle wollten aus wirtschaftlichem Eigeninteresse neue, vor allem deutsche Bauern und Arbeitskräfte für die noch wenig oder noch gar nicht landwirtschaftlich genutzten Ländereien am Rande des tschechischen Altsiedellandes anwerben. Ganz besonders ist dabei auch die große Rolle des Olmützer Bischofs Bruno von Schauenburg (1247–1281) zu betonen.

Landesausbau ist allerdings schon vor dieser Hochphase der Kolonisation mit einheimischen, tschechischen Bauern betrieben worden. Die neu gekommenen deutschen Bauern stammten wohl fast immer aus der unmittelbaren Nach-

---

[306] Karl Hampe, Der Zug nach dem Osten: die kolonisatorische Großtat des deutschen Volkes im Mittelalter, Leipzig 1921.
[307] Wichtig dazu vor allem Graus, Die Problematik der deutschen Ostsiedlung. Dort auch weitere wichtige Beiträge; Higounet, Die deutsche Ostsiedlung.

barschaft der böhmischen Länder: aus Österreich, Bayern und Franken, aus der Lausitz und aus Schlesien. Schon in der ersten Hälfte des 12. Jahrhunderts hatte sich im Westen des Reiches ein Siedlerrecht mit besonderen Privilegien entwickelt, das zuerst bei den holländischen Siedlern und Entwässerungsspezialisten auf dem Land des Erzbischofs von Hamburg/Bremen nachzuweisen ist. Aber auch den Bauern im Wald musste man wegen der überaus harten Rodungsarbeit entsprechende Anreize bieten. Trotz mancher Abweichungen im Detail sind im Siedlerrecht fast immer gewisse Grundbausteine vorhanden: die persönliche Freiheit und Befreiung der Siedler aus der alten engen Grundherrschaft und die Ausstattung mit dem wichtigen Erbzinsrecht. Statt der älteren Zweifelderwirtschaft (Anbau und Brache wechselten) nutzten die Siedler oft (natürlich je nach Bodenqualität) schon die ertragreichere Dreifelderwirtschaft mit starkem Getreideanteil, verwendeten wohl statt des Hakenpflugs schon meist den Wendepflug, setzten die langstielige Sense ein. Sie siedelten sich in der Regel auf genau vermessenen gleichgroßen ‚Hufen' (Hofstellen mit Wirtschaftsland) an, die Bemessungsgrundlagen für feste einheitliche Abgaben waren, die aber erst nach einigen Freijahren verlangt wurden. Die sog. flämische Hufe im Flachland umfasste etwa 16 ha, die fränkische Hufe in den weniger ertragreichen Tälern der Bergländer 24 ha. Auch die Dorfformen unterschieden sich, im ersten Fall waren es systematisch angelegte Straßen- und Angerdörfer, in den Bergtälern an den Bächen entlang entstanden die langgestreckten Waldhufendörfer. Manchmal besaßen die entstehenden Dorfgemeinschaften auch das Recht, sich eigene Pfarrer und Richter zu wählen. Dieses neue Siedlerrecht wurde in Böhmen, in Abgrenzung zu den einheimischen Verhältnissen „deutsches Recht" (*ius teutonicum*) genannt.

Sog. Lokatoren aus dem niederen Adel und aus dem Rittertum, auch Stadtbürger, sogar wohlhabende Bauern übernahmen die Anwerbung der Siedler, die Organisation und die Vermessung der Hufen. Zum Beispiel wird in einer Urkunde Bischof Brunos die Lokation des Ortes Hermannsdorf an den Lokator Ulrich übertragen:[308] 40 Hufen mit dem Angebot von 13 Freijahren will der Bischof dort anlegen lassen; sollten noch mehr möglich sein, will er dafür sogar 20 Freijahre anbieten. Danach soll jede Hufe zu Martini eine ½ Mark Silber (etwa 100 g) bei ihm abliefern, der sonst übliche Kirchenzehnt wird dagegen nicht verlangt. Der Geldzins weist darauf hin, dass die Bauern neben dem Eigenverbrauch auch für den Markt (einer Stadt) produzieren sollten. Als Gegenleistung soll Ulrich jede zehnte Hufe im Dorf bekommen; er soll der Dorfrichter sein und aus den Gerichtsgebühren jeden dritten Denar (Pfennig) erhalten, auch soll er die Mühle betreiben (falls eine angelegt werden kann); das alles zu Erbrecht – aus diesen sog. Dorfschulzen sollten sich im Verlauf des Spätmittelalters oft Dorfherren entwickeln, im 16. Jahrhundert konnte daraus die sog. zweite Leibeigenschaft entstehen.

[308] RBM II, Nr. 517 vom 26. Mai 1266.

6.3 Modernisierung im 13. Jh.: Bauern, Bürger, Juden

Es gab rein deutsche Neugründungen in den neuen Rodegebieten, aber auch wachsender Zuzug in ursprünglich von tschechischen Siedlern angelegte Ortschaften. Über die Verhältnisse in den gemischtsprachigen ländlichen Gebieten haben wir fast keine Quellenzeugnisse; meist setzte sich wohl im Laufe der Zeit die jeweilige Mehrheit sprachlich und sozial durch.[309] Das vorteilhaftere Siedlerrecht der Deutschen konnte auf die Dauer auch den tschechischen Bauern nicht vorenthalten werden. Vielfach wurden ihre Dörfer nach ‚deutschem Recht' umgesetzt, neu vermessen usw.; oft mussten sie ihre bessere Rechtsstellung dann ihren alten adligen Grundherren bezahlen.

Die Ausweitung der Siedlungen in ganz Europa im hohen Mittelalter durch Rodung und Entwässerung resultiert vor allem aus dem stärksten Bevölkerungswachstum des Mittelalters vom 11. bis zum 13. Jahrhundert. Dies schritt von Westen nach Osten voran und hing wohl unter anderem mit dem Klimaoptimum in dieser Zeit zusammen. Als Ursache der Ostsiedlung ist sicher auch ein kulturelles West-Ost-Gefälle anzunehmen, obwohl es, auch wegen der archäologischen Befunde und Funde, bei weitem nicht so ausgeprägt war, wie es von der deutschen Kulturträgertheorie einst behauptet worden ist.

Die ländlichen Siedlungen sind meist auf die Märkte bzw. die neu entstehenden Städte bezogen.[310] Allerdings existierten schon vor der Kolonisationsepoche bedeutende überwiegend slawische präurbane Zentren an den fürstlichen Residenzen mit bedeutender Handelstätigkeit: Prag, Olmütz und Brünn; in der Nachbarschaft etwa Krakau und Breslau. In Prag sind uns jüdische, deutsche und romanische Ansiedlungen von Fernhändlern und Kaufleuten schon im 11. Jahrhundert bekannt.[311]

Die neu ausgebildete Stadt des hohen Mittelalters definieren wir durch eine Reihe von Kriterien: Nah- oder Fernhandel, unterschiedlichstes Handwerk und Gewerbe mit einer differenzierten Sozialstruktur. Das ökonomische Zentrum der Stadt war der Markt, wo ländliche und städtische Produkte gehandelt wurden; dazu in der Regel (im Vergleich zum Dorf) die höhere Bevölkerungszahl, eine Stadtbefestigung mit daraus resultierender enger Bebauung. Vor allem war die

---

[309] Über die regionalen und lokalen nationalen Verhältnisse bis 1945 die grundlegenden Werke von Šimák, Středověká kolonisace sowie Schwarz, Volkstumsgeschichte der Sudetenländer. Die ethnischen Verhältnisse im 14. Jahrhundert und in der Hussitenzeit gut zusammengefasst bei Šmahel, Die Hussitische Revolution, Bd. 1, S. 297–327; Skála, Ortsnamen.

[310] Zu Ostmitteleuropa Heinz Stoob, Die Ausbreitung der abendländischen Stadt im östlichen Mitteleuropa, ZfO 10 (1961), S. 25–84; František Kavka, Die Städte Böhmens und Mährens zur Zeit des Přemyslidenstaates, in: Wilhelm Rausch (Hg.), Die Städte Mitteleuropas im 12. und 13. Jahrhundert, Linz 1963, S. 137–153; Heinz Stoob, Bruno von Olmütz, das mährische Städtenetz und die europäische Politik von 1245–1281, in: Stoob. (Hg.), Die mittelalterliche Städtebildung; Brachmann (Hg.), Burg – Burgstadt – Stadt, darin Beiträge von Jan Klápště, Petr Sommer, Dušan Třeštík, Tomáš Velímský, Josef Žemlička und Tatiana Štefaničová; stark rechtshistorisch Kejř, Die mittelalterlichen Städte.

[311] Cosmas II 45.

Stadt gekennzeichnet durch die persönliche Freiheit der Stadtbürger mit Erbrecht, eine bürgerliche Selbstverwaltung (Stadtrat) und das Stadtrecht selbst; alles Phänomene, die in den Vorstellungen und im Selbstbewusstsein der Zuwanderer aus dem Westen schon vorhanden waren. Die Herkunftsgebiete der deutschen Kaufleute und Handwerker aber waren nicht so begrenzt wie bei den Bauern; sie kamen oft aus weiter entfernten Städten und Regionen. Der Stadtrichter (Schultheiß) in den böhmisch-mährischen Städten wurde im 13. Jahrhundert vom König eingesetzt, Ende des 13. Jahrhunderts tauchten zuerst in Leitmeritz und Znaim gewählte Bürgermeister auf. 1296 beschloss der Prager Richter mit den Schöffen, ein Rathaus zu errichten, in dem auch der Stadtschreiber wirken sollte. Die ältesten erhaltenen Stadtbücher stammen aus der Prager Altstadt (1310) und aus Neubydschow (Nový Bydžov, 1311).

Nur in seltenen Fällen haben wir eine regelrechte Gründungsurkunde mit Verleihung des Stadtrechts; die Stadtentstehung ist ohnehin als ein längerer Prozess zu sehen. Fast alle Städte des neuen institutionellen Typs waren zunächst auf Initiative oder unter Einfluss der přemyslidischen Könige und mährischen Markgrafen entstanden, besonders festzustellen ist eine vermutlich planvolle Entwicklung der ‚Städtenetze' in Nordmähren, Südmähren und Nordwestböhmen. Der Rechtshistoriker Jiří Kejř hält bis 1253 den ‚Stadtstatus' für folgende Städte gegeben: in Mähren Freudenthal (Bruntál), Mährisch Neustadt (Uničov), Troppau (Opava), Znaim (Znojmo), Brünn (Brno), Göding (Hodonín), Olmütz (Olomouc), Leobschütz (Hlubčice, heute Polen), Iglau (Jihlava), Benisch (Horní Benešov); in Böhmen Königgraetz (Hradec Králové), Leitmeritz (Litoměřice), Königsberg a. d. Eger (Kynšberk nad Ohří), Saaz (Žatec), Aussig (Ústí nad Labem), Kladrau (Kladruby), Eger (Cheb, gehörte damals aber noch nicht zu Böhmen), Prag Altstadt und Prag Kleinseite (St. Gallus-Stadt).[312] Während die Altstadt ein süddeutsches Stadtrecht hatte, übernahm die Gallus-Stadt Magdeburger Stadtrecht.

Meist entwickelten sich, ähnlich wie im Westen, die neuen Städte aus älteren herrschaftlichen Burgen oder Burgsiedlungen. Nur sehr wenige Städte sind ganz aus ‚wilder Wurzel' gegründet worden: 1265 Politschka (Polička) und Budweis (České Budějovice) durch Otakar II., 1348 die Prager Neustadt unter Karl IV. Mies (Stříbro), Iglau und Deutschbrod (Havlíčkův Brod) waren typische Bergstädte; die wichtigste Silberbergstadt Kuttenberg (Kutná hora) entstand erst um 1300. Das 13. Jahrhundert, besonders die Jahre von 1250 bis 1270 unter Otakar Přemysl II., waren der Höhepunkt der Urbanisierung in den böhmischen Ländern, zeitlich phasenverschoben zu den Entwicklungen im Reich. Im 14. Jahrhundert endeten mit wenigen Ausnahmen die Stadtgründungen.

Zur Förderung der Städte gehörte für den Fürsten auch die Förderung der dortigen Judengemeinden.[313] Nach den oben (▶ Kap. 3.6) berichteten Ereignis-

---

[312] Dazu und zum Folgenden Kejř, Die mittelalterlichen Städte, S. 155–159.
[313] Hilsch, Juden in Böhmen und Mähren.

6.3 Modernisierung im 13. Jh.: Bauern, Bürger, Juden

sen des späten 11. und frühen 12. Jahrhundert haben wir für die böhmisch-mährischen Juden lange keine Nachrichten; spektakuläre Vorfälle scheint es nicht gegeben zu haben. Die Fortsetzer des Cosmas zeigten kein Interesse an ihnen. Im europäischen Umfeld hatten sich allerdings inzwischen wichtige Entwicklungen für den späteren Status der Juden ergeben. Es war vor allem das vierte Laterankonzil von Papst Innozenz III. von 1215: Obwohl der Papst Angriffe auf jüdische Gottesdienste, Friedhöfe, Leib, Leben und Besitz verbot, ist in den *Canones* des Konzils ein Ämterverbot für Juden, ein Verbot unmäßiger Wucherzinsen, ein Verbot öffentlichen Auftretens während der christlichen Feiertage und vor allem eine erste Kleidervorschrift enthalten. Diese Vorschriften sind nur allmählich und nicht überall in gleicher Weise in Europa durchgesetzt worden, aber bildeten doch den ideologischen Rahmen für das jüdisch-christliche Verhältnis, in dem die Vorstellung einer jüdischen Knechtschaft (*servitus Iudeorum*) immer mehr betont wurde.

Die Fürsten jedoch waren an der wirtschaftlichen Funktion ‚ihrer' Juden sehr interessiert und nahmen daher meist eine eher schützende und privilegierende Haltung ein. So wandte sich Kaiser Friedrich II. 1236 entschieden gegen eine erste Blutbeschuldigung gegen Juden in Fulda. In seinem Privileg werden die Juden zum ersten Mal als königliche Kammerknechte (*servi camere nostre*) bezeichnet. Für die Wiener Juden erließ der Kaiser zwei weitere Privilegien. Eine ‚Begleiterscheinung' vieler Privilegien waren wohl immer auch jüdische Geldzahlungen. Als der letzte Babenberger Herzog Friedrich der Streitbare Österreich wiedergewonnen hatte, erließ er 1244, in bewusster Konkurrenz zur kaiserlichen Gesetzgebung, ein großes Judenprivileg für Österreich, das zum entscheidenden Vorbild für König Otakar wurde.

Zwar hatte er schon als mährischer Markgraf mit seinem Vater Wenzel I. im Iglauer Bergrecht einige Bestimmungen erlassen, die, vermutlich auf Wunsch der Kirche, vor allem ein Verbot sexueller Gemeinschaft mit Juden zum Inhalt hatten. Als er selbst König wurde, erließ er auf Bitten der böhmischen Juden (sicher mit ihrer finanziellen ‚Unterstützung') ein Schutzprivileg, das eigentlich nur aus zwei Schutzbriefen Papst Innozenz IV. bestand, der kein Judenfeind war.[314] Es gab offensichtlich im Land noch keine Vorlagen für eine Judenschutzpolitik.

Nach der Gewinnung der babenbergischen Länder erließ Otakar 1255 nun das große Judenprivileg mit 32 Paragraphen,[315] das mit nur wenigen Änderungen das „Fridericianum" von 1244 übernahm und das man schon als die *Magna Charta libertatum* der Juden bezeichnet hat; denn es ist auch in Ungarn, Polen, Schlesien und Litauen mit geringen Modifikationen übernommen worden und wirkte bis in die Neuzeit weiter. Zwei Punkte sind dabei besonders bemerkenswert: Es enthält erstens keine diskriminierenden Bestimmungen gegen Juden,

---

[314] CDB 5, Nr. 36.
[315] CDB 5, Nr. 41 (lateinische und deutschsprachige Fassung).

auch nichts über den „Judeneid", der oft zum entwürdigsten Verfahren ihnen gegenüber gehörte.[316] Es wird ihnen ein eigener Richter zugestanden, und in Konflikten mit Christen eine Entscheidung durch den König bzw. seinen Oberstkämmerer und nicht durch den Stadtrichter. Ihre Synagogen werden gegen Angreifer geschützt und sie dürfen ihre Leichen zollfrei transportieren, denn im 13. Jahrhundert gab es nur den Prager Judenfriedhof. Zweitens äußern sich elf Paragraphen über Darlehensgeschäfte, nur ein Paragraph über den Handel; die Juden sind jetzt offenbar vor allem Kreditgeber, nicht mehr Fernhändler. Im Gegensatz zu den Christen (denen das die Kirche verbot) durften und sollten sie also Zins nehmen. Das Pfandnehmen war damals die einzige Sicherung für den Kreditgeber; so durften sie selbst Immobilien von Adligen als Pfand annehmen. Die erlaubte Zinshöhe war gewaltig, aus § 31 ergibt sich ein jährlicher Wucherzins von 173 1/3 %. Der Hass der Schuldner musste sich gegen die Juden (und indirekt auch gegen den König) richten. So strich König Otakar 1362 in seiner Bestätigung des Privilegs jede Festlegung des Zinssatzes und überließ dieses heikle Thema den Juden selbst.

Wir haben über die regelmäßigen Einkünfte des Königs als Schutzherrn der jüdischen Kammerknechte erst aus den Dreißigerjahren des 14. Jahrhunderts genaue Informationen: Jährlich und kollektiv zahlten die Juden damals einen Königszins von 400 Mark Silber in Prag. Wahrscheinlich noch wichtiger waren günstige Kredite für den König und Sonderzahlungen für den Schutz des Herrschers in besonderen Krisensituationen. Nicht Otakar II., aber sein Sohn, König Wenzel II., sollte die böhmisch-mährischen Juden 1298 sogar direkt erpressen und um große Summen berauben.

Die Kirche aber sah die Juden von vornherein anders: Bischof Bruno von Olmütz berichtete dem Papst in seiner *Relatio* anklagend über sie: Sie halten christliche Ammen, bedrängen mit Wucherzinsen die Kreditnehmer, sind öffentliche Zöllner und Münzmeister und sind auch da untreu, sind ferner Hehler von gestohlenen Kelchen, kirchlichen Gewändern und Büchern, die sie (wie das Otakarianum es zuließ) nicht herausgeben müssen.

---

[316] Sie mussten z. B. Eide auf einer blutigen Schweinshaut stehend ableisten.

7 Die letzten Přemysliden-Herrscher

7.1 Der Aufstieg des Adels und die Zeit der Brandenburger

Die Kolonisationsbewegung des 13. Jahrhunderts hatte große Auswirkungen auch auf die Rolle und Struktur des Adels in den böhmischen Ländern.[317] Von einem adligen Großgrundbesitz wird man vorher, im 11./12. Jahrhundert, wohl noch nicht sprechen können; die Entstehung der frühen Führungsschicht und ihrer Grundherrschaften ist eine offene Frage, die Quellen lassen uns darüber weitgehend im Stich. Eine direkte Linie von der Cosmasschen Elite zur Elite des 13. Jahrhunderts ist quellenmäßig jedenfalls nicht nachzuweisen; dies gilt auch für die Sonderentwicklung des mährischen Adels, bei dem der böhmische Einfluss nicht dominierend war. Immerhin sind am Anfang des 12. Jahrhunderts schon einige wichtige Adelssippen in Böhmen bekannt: die Witigonen, die Markwartinger, die Drslavici, die Herren von Ronow, von Budweis (České Budějovice) und von Strakonitz (Strakonice). Sie besaßen einen beachtlichen allodialen (vererbbaren) Streubesitz im Altsiedelland (mit extensiver Viehzucht) und besetzten in der Regel auch die hohen Ämter am Königshof oder waren Burggrafen. Die Elite des 12. Jahrhunderts hatte enge Beziehungen zum Reich und zum westlichen Rittertum (durch die Kreuzzüge und die staufischen Italienzüge). Sie baute sich nach dem Vorbild des Königs eigene waffentragende Gefolgschaften (als schwere Reiterei) auf, übernahm rasch auch die Wappen als Familienabzeichen. Für die neue Verfasstheit des Adels spricht die aus dem Deutschen stammende neue Bezeichnung des Adels als šlechta („Geschlecht").

Der adlige Großgrundbesitz des späteren 13. Jahrhunderts aber entstammt fast ausnahmslos der neuen Siedelbewegung außerhalb des Altsiedellandes. Vor allem in den Grenzgebieten erwarb der Hochadel große geschlossene Besitzkomplexe, wohin er auch bald seine Residenzen verlegte: So zogen z. B. die Witigonen aus dem Altsiedelland nach Neuhaus (Jindřichův Hradec), nach Rosenberg (Rožmberk) oder Böhmisch Krumau (Český Krumlov). Nicht nur die neuen ländlichen Siedlungen, auch eigene Stadtgründungen und der Bergbau trugen zum Reichtum des Hochadels bei. Später, in der zweiten Hälfte des 14. Jahrhunderts, verfügten die Rosenberger schließlich über 28 Städte und 390 Dörfer – sicher der

---

[317] Zum Folgenden Marcin R. Pauk, Der böhmische Adel im 13. Jahrhundert: Zwischen Herrschaftsbildung und Gemeinschaftsgefühl, in: Hlaváček/Patschovsky (Hg.), Böhmen und seine Nachbarn in der Přemyslidenzeit, S. 247–287. Dazu auch das wichtige Buch von Libor Jan, Václav II. struktury.

extremste Fall eigener ‚Territorialisierung'. Die Elite des 13. Jahrhunderts wird auf 40 bis 50 Adelsfamilien geschätzt.

Auch mit Gründungen von Hausklöstern suchte sich der Adel geistliche und wirtschaftliche Mittelpunkte der Familien zu schaffen. Ungefähr 40 Klöster vor allem des Zisterzienser- und Prämonstratenserordens hat er bis 1300 (im 12. Jahrhundert oft noch in Zusammenarbeit mit der Fürstenfamilie) errichten lassen. Obwohl es keine klassische Klostervogtei wie im Westen gab, haben die Stifter meist noch lange Einfluss ausgeübt, wie dies z. B. gut im Fall des Klosters Saar (Žďár) der Herren von Obersess-Obřan zu erkennen ist.[318]

Noch eindrucksvoller ist im 13. Jahrhundert wohl der Burgenbau[319] gewesen, ein Zeichen nicht nur für die auch topographische Entfernung der Herren von ihren Untertanen, sondern auch für das Prestige und die Repräsentation des Adels. Wo die Adelssitze vorher lagen, ist selten überliefert, z. B. wird bei den Witigonen einmal Prčice (als einer ihrer Sitze) genannt. Wahrscheinlich bestanden diese Sitze aus allenfalls leicht befestigten Herrenhöfen in der Nähe ihrer verstreuten Besitzungen.

Zweifellos dienten die Burgen auch der Sicherung vor den nicht seltenen feindlichen Einfällen; es ist wohl kein Zufall, dass die erste Burgenbauwelle in den 1250er Jahren nach den Mongoleneinfällen zu beobachten ist. Im Prinzip beanspruchte der König im 13. Jahrhundert das Befestigungsrecht und konnte natürlich Burgenbau-Lizenzen an seine Anhänger vergeben, aber ein Monopol konnte er durchwegs nicht behaupten. Im Fall der Abwehr äußerer Feinde wie der Mongolen hatte er mit dem Hochadel allerdings durchaus gemeinsame Interessen, dennoch konnte der Burgen- und Städtebau der großen Herren auch ihre Eigenständigkeit gegenüber dem přemyslidischen König betonen. König Otakar Přemysl II. war es letzten Endes nicht gelungen, den Aufstieg des Hochadels zu unterbinden, auch wenn etwa seine Gründung des königlichen Klosters Goldenkron (Zlatá koruna) und der Stadt Budweis (České Budějovice) mitten im Einflussbereich der Witigonen ihre Bemühungen um ein eigenes Territorium zu hindern suchte.

In der tschechischen Burgenforschung der letzten Jahrzehnte herrschte lange Zeit die ‚kastellologische Schule'[320] vor, die auf Grund der Bauformen und Befestigungsanlagen eine Unterscheidung zwischen königlichen und adligen Burgen des 13. Jahrhunderts festzustellen glaubte und die bedeutenden Burgen

---

[318] Peter Hilsch, Heinrich von Saar, in: Verfasserlexikon Bd. 3, Sp. 874–876.
[319] Zum adligen Burgenbau zusammenfassend Pauk, Der böhmische Adel, S. 272–275. Das alte grundlegende Werk von Sedláček, Hrady, zámky a tvrze.
[320] Besonders in den zahlreichen Beiträgen von Tomáš Durdík, z. B. Kastellburgen. Wien 1994; Durdík, Adelsburgen im Rahmen des böhmischen Burgenbaus im 13. Jahrhundert, in: Castrum bene 1 (1979), S. 247–262; zur Frage der demonstrativen Architektur der böhmischen Burgen, ebd. Bd. 8, S. 3–17 u. a.; Tomáš Durdík/Jan Klápště, Dva pohledy na počátky hradu Riesenburku (Zwei Blicke auf die Anfänge der Riesenburg). Archeologické rozhledy 44 (1992), S. 266–275.

7.1 Der Aufstieg des Adels und die Zeit der Brandenburger

des Hochadels oft als später übernommene ursprüngliche Königsburgen deutete. Zu Recht ist dies in jüngster Zeit kritisiert worden; die jüngeren Autoren haben auch die Siedlungsgeschichte, die schriftlichen Quellen und als Hintergrund natürlich den Aufstieg der großen Magnatenfamilien in dieser Zeit berücksichtigt. Einige große, den königlichen Burgen nahekommenden Anlagen wie z. B. die Riesenburg (1250 zuerst genannt), Neuhaus (Jindřichův Hradec, 1220 belegt), Lichtenburg (Lichnice), Říčan, Wiesenburg (Vízmburk) und Krašov (erst 1283 genannt) sind von Anfang an von der adligen Elite des Landes errichtet worden.[321]

Die Magnaten gaben ihren neuen Burgen, besonders in Westböhmen, oft deutsche Namen, z. B. eben Riesenburg, Wiesenburg, Lichtenburg, Klingenberg, Frimberg. Es ist zwar nicht ausgeschlossen, dass sie nach dem Vorbild des Königshofes über gute deutsche Sprachkenntnisse verfügten. Aber es war dies vor allem eine prestigehaltige Namensmode, denn die Burgen hatten ihre Vorbilder, was Entstehung, Bauformen und Funktionen angeht, im benachbarten deutschen Westen, den der Hochadel selbstverständlich kannte. Eheverbindungen mit Frauen aus deutschem Adel waren, soweit wir wissen, nicht selten.

Die böhmischen Länder waren im 13. Jahrhundert zu einem zweisprachigen Land geworden; die Zahl der Deutschen kann man auf etwa ein Fünftel der Gesamtbevölkerung schätzen. Im Bergbau und in den Städten, wo sie (auch im tschechischen Umland) fast immer die Oberschicht bildeten, spielten sie eine erheblich größere Rolle.

Über sprachnationale Spannungen auf dem Land schon in der Regierungszeit Otakar Přemysl II. ist nichts bekannt. Die unruhigen Jahre nach dem Tod Otakars 1278 aber haben in der Tat für beginnende auch ‚nationale' Spannungen gesorgt. Der Thronerbe Wenzel war erst sieben Jahre alt. Der siegreiche König Rudolf rückte mit schwachen Kräften zunächst in Mähren ein, wo er den nördlichen Teil dem Bischof Bruno von Olmütz, den Südteil dem Bischof Heinrich von Basel zur Verwaltung übertrug. Den Städten Znaim, Brünn und Iglau wurden kurzfristig sogar die Rechte der deutschen Reichsstädte übertragen. Die Einkünfte Rudolfs aus Mähren sollten seine Kriegskosten von angeblich 40.000 Mark Silber ersetzen. Ob er Mähren als verwirktes Reichslehen ganz an sich ziehen wollte, wissen wir nicht, aber es ist wenig wahrscheinlich.

Vor allem die Witigonen, die schon auf Seiten Rudolfs gewechselt waren, besetzten nun königliche Güter und wandte sich gegen die Klöster und Städte, die ihrer eigenen Territorialpolitik im Wege standen; so zerstörten sie das Königskloster Goldenkron (Zlatá koruna) und bedrohten auch die königliche Stadt Budweis.

Markgraf Otto V. von Brandenburg war von Otakar, seinem Onkel, im Falle seines Todes zum Vormund für Wenzel bestimmt worden, und wurde auch zu-

---

[321] Klápště, Poznámky und Vladimír Razím, Nad počátky hradů české šlechty [Über die Anfänge der böhmischen Adelsburgen], AR 56 (2004), S. 176–214.

nächst von der Königinwitwe Kunigunde unterstützt, die ihm die Prager Burg öffnete. Auch Herzog Heinrich IV. von Breslau, der behauptete, Wenzel sei ihm zum Schutz anvertraut worden, erschien mit seinen Kriegern vor Prag. Beide gewannen jeweils einen Teil des böhmischen Adels für sich. Das deutsche Patriziat Prags öffnete Otto die Stadt. König Rudolf mit seinen Streitkräften wich aber Kämpfen in Böhmen aus und einigte sich im Kloster Sedletz (bei der Silberstadt Kuttenberg) am 16. Oktober 1279 schließlich mit Kunigunde, der Bezüge von jährlich 3000 Pfund Silber (als Witwengut) aus dem Troppauer Land zugesichert wurden. Auch přemyslidisch-habsburgische Wechselheiraten wurden in Iglau wieder geschlossen; die Tochter Rudolfs, Guta, sollten den Thronerben Wenzel heiraten. Dem Brandenburger wurde die Vormundschaft über Wenzel für fünf Jahre zugesichert, der Schlesier Heinrich bekam Glatz (Kladsko) übertragen. König Rudolf hatte dies alles ohne Krieg erreicht und begab sich unverzüglich über Mähren nach Wien.

Doch Ruhe trat in Böhmen nicht ein, der Adel baute seine Machtpositionen weiter aus, Otto von Brandenburg konnte sich in Böhmen gegen die Adelsparteien nicht wirklich durchsetzen. Ein anonymer Prager Domherr beschreibt ausführlich das Eindringen Brandenburger Krieger in die Prager Kirche. Die Ritter waren auf Anweisung Ottos auf der Suche nach Urkunden und Privilegien Otakars, aber zeigten wesentlich mehr Interesse an Gold und Silber, Geld, geistlichen Gewändern, Büchern und Leuchtern.[322] Auf der Suche danach stürmten sie die Veitskirche, den Altarraum, die Wenzelskapelle und die Krypta. Es wurde Geld geraubt, die Domherren wurden beschimpft und geschlagen.

Der persönlich betroffene Autor malt nun „die schlimmen Jahre" nach 1278 in den schwärzesten Farben aus. Das Verhalten des Brandenburgers und die Übergriffe seiner Söldner führten bei ihm wie auch beim tschechischen Klerus überhaupt zu heftigen Antipathien gegenüber der „grausam wütenden Natur der Deutschen" (*saevissima natura Teutonicorum*); damit begründeten sie die negative böhmische Tradition slawisch-deutscher Konfrontationen. In sein vernichtendes Urteil über die Fremden bezog der Domherr aber nicht die zahlreichen ansässigen Deutschen in den Städten und im Mönchtum ein.

Der neugewählte Bischof Tobias (aus der Adelsfamilie der Beneschowitze) und Burkard von Janowitz (einst Otakars Verwalter in der Steiermark) waren mit ihrer Adelspartei die Hauptgegner Ottos. Der Brandenburger Paul Beruth besetzte gegen sie im September 1279 die bischöfliche Stadt und Burg Raudnitz (Roudnice nad Labem) und raubte dort die Vorräte an Getreide, Wein und Käse. Auch das Haus des Bischofs auf der Kleinseite wurde ein Opfer der Flammen. Raub und Brand trafen auch viele der wenig befestigten Klöster und Kirchen des Landes, daran war allerdings der böhmische Adel führend beteiligt. Denn nicht alles geschah in der Verantwortung Ottos, der häufig nicht in Böhmen anwesend war; die aus den Nachbarländern zum Beutemachen in das Land strömenden

---

[322] Zlá Léta, FRB II, S. 335–368 = Annales Pragenses III, MGH SS 9 (1851), S. 198–209.

7.1 Der Aufstieg des Adels und die Zeit der Brandenburger

Deutschen, nach unserer Quelle äußerst zahlreich, vertrieb Markgraf Otto gemeinsam mit dem Adel wieder.

Ausführlich beschreibt der Autor die schreckliche Lage der Bauern zum Hungerjahr 1282, die anders als die Bürger hinter den Stadtmauern den Räubern vollständig ausgeliefert waren und meist vergeblich versuchten, ihren Besitz zu verstecken. Viele der Armen wurden ermordet und ertränkt, als man sie um Geld erpresste. Auch ein großer Teil der Ernte wurde dabei vernichtet. Die völlig Verarmten suchten in Prag nach Almosen, was man zunächst duldete; aber als sich Bettler und Diebe in den Häusern breitmachten, verbot der Stadtrichter das Übernachten in der Stadt und erließ Hausverbote. In den Dörfern, Plätzen und Stallungen außerhalb Prags verhungerten danach Tausende. Acht große Massengräber für je 1000 Leichen sollen schließlich in Prag ausgehoben worden sein, so berichtet unser Autor.[323]

Die Königinwitwe Kunigunde hielt sich mit ihrem Sohn Wenzel eine Zeitlang in der Burg Bösig (Bezděz) auf, die in der Hand des Markgrafen Otto war. Sie hatte den Leichnam Otakars, der nachträglich von einem päpstlichen Legaten vom Kirchenbann befreit worden war, schließlich in Znaim entgegengenommen; er wurde zunächst im dortigen Minoritenkloster bestattet. In ihrem Witwensitz Troppau (Opava) baute Kunigunde einen kleinen Königinnenhof mit Unterstützung mährischer Adliger neu auf. Dort hatten sie und der mächtige südböhmische Witigone Zawisch (Záviš) von Falkenstein, beide nun Gegner des Markgrafen, 1281 zueinander gefunden. Über diese Liaison und die mächtige Position Zawischs war nun der übrige Adel allerdings wenig erbaut. Eigentlich hatte Fürst Nikolaus, der nichteheliche Sohn Otakars, ältere Ansprüche auf das Troppauerland, war aber in ungarische Gefangenschaft geraten.[324] 1281 war er, wohl mit habsburgischer Unterstützung, wieder frei gekommen und trat als Herzog von Troppau auf.

Gegen Otto, aber natürlich nur in eigenem witigonischen Familieninteresse, hatte Zawisch inzwischen die Stadt Budweis zerstört. Den achtjährigen Wenzel aber hatte Otto seiner Mutter entzogen und im Dezember 1279 in seine Burg Spandau in Brandenburg gebracht.

Kunigunde suchte nun über Bischof Bruno von Olmütz Hilfe bei König Rudolf. Dieser war zwar mit der Neuorganisation seiner neugewonnenen Länder außerordentlich beschäftigt, entschloss sich aber doch wieder zum Eingreifen in den böhmischen ‚Bürgerkrieg'. Er erschien 1280 mit Truppen in Böhmen und forderte von der Bergbaustadt Deutschbrod aus, Otto solle der Königin ihre Kinder zurückgeben, von Unrecht absehen, selbst das Land verlassen und seine Verwaltung der Königin und dem böhmischen Adel übergeben.[325] Der Markgraf aber

---

[323] Zlá Léta, S. 361.
[324] Martin Wihoda, Mikuláš I. Opavský mezi Přemyslovci a Habsburky [Nikolaus I. von Troppau zwischen Přemysliden und Habsburgern], ČČH 99 (2000), S. 209–230.
[325] Sein Manifest in RBM II, Nr. 1215.

weigerte sich, die Vormundschaft zu beenden und Rudolf zog schließlich ohne Kampf wieder ab.

Die Berichte der Königsaaler Chronik über die furchtbaren Leiden des kleinen Wenzel in der Fremde sind wohl ihrer hagiographischen Absicht geschuldet. Denn wahrscheinlich war er in den brandenburgischen Burgen und Höfen gut aufgehoben,[326] hatte die dortige ritterliche Hofkultur und vielleicht auch den Minnesänger Heinrich von Meissen (Frauenlob) kennengelernt, der sich später an seinem Prager Hof aufhielt. Auch seine geistigen Interessen in Theologie, Recht und Medizin wurden dort wohl gefördert, er konnte Latein und sprach deutsch, wahrscheinlich (!) auch tschechisch. Wenzel blieb auch später mit Otto verbündet und befreundet.

Aber die Adelsgruppe mit Bischof Tobias von Prag (1278–1296) und Burkard von Janowitz suchte gemeinsam mit den Bürgern die Vormundschaft Ottos und damit die unsichere und umkämpfte Situation zu beenden und das Königtum wieder zu etablieren. Zwei Landesversammlungen boten dem Brandenburger schließlich 20.000 Mark Silber für die Freilassung Wenzels an, die er wohl als Schadensersatz für seine Vormundschaft forderte. Dies ist wohl eher als Lösegeld zu verstehen. Im Mai 1283, vor Ende seiner fünfjährigen Vormundschaft, führte Otto den zwölfjährigen Wenzel zurück nach Böhmen.

7.2 Die großen Chroniken – König Wenzel II. (1283–1305)[327]

Für die Zeit von 1253 bis 1337 verfügen wir nach Langem wieder über eine umfangreiche erzählende Quelle: das nach Cosmas bedeutendste böhmische Geschichtswerk des Mittelalters, die Königsaaler Chronik (*Chronicon Aulae regiae/ Zbraslavská kronika*).[328] Das Zisterzienserkloster Königsaal (heute in Prag) ist von Wenzel II. 1292 als Königskloster und přemyslidische Grablege errichtet worden. Nach dem Tod des Königs 1305 begann der zweite Abt des Klosters, Otto von Thüringen, mit der Abfassung der Chronik, die mit der Vorgeschichte, der Zeit Otakar Přemysl II. beginnt; dafür hatte Otto als Vorlage vor allem die Zweite Fortsetzung des Cosmas und weitere unbekannte Quellen genutzt. Er schrieb eine Vita, geradezu ein Heiligenleben des hoch gelobten Klostergründers und zeigt Wenzel darin als ideal frommen Herrscher mit moralischer Größe.

---

[326] Dvořáčková-Malá (Hg.), Dvory a residence.
[327] Zu Wenzel Šusta, Soumrak Přemyslovců, S. 320–687; Jan, Václav II. struktury; Charvátová, Václav II.; Jan, Václav II.: Král.
[328] Hg. von Josef Emler, Prag 1884 (FRB IV), S. 3–337.

7.2 Die großen Chroniken – König Wenzel II. (1283–1305)

Abt Peter von Zittau (Petr Žitavský) führte den Hauptteil der Chronik (vier Fünftel) nun zeitgenössisch, von 1314 bis 1337 fort. Er weitete den historischen Blick weit über das Leben König Wenzels in politische Ereignisse und Zusammenhänge hinaus, für welche die Chronik oft die einzige Quelle ist. Vieles hatte Peter selbst gesehen und erlebt, in vielen anderen Fällen gibt er sorgfältig seine Gewährsleute an. Neben Wenzel II. stehen drei weitere Personen im Zentrum seiner Darstellung: Wenzels Tochter Elisabeth (1292–1330), ihr Ehemann, der böhmische König Johann von Luxemburg (1310–1346) sowie ihr Schwiegervater Kaiser Heinrich VII. (1308–1313). Ein starker König lag immer im Interesse der Äbte und ihres Klosters, den oft gefährlichen Adel und die Stadtbürger stellten sie dagegen eher vorsichtig, nicht immer positiv dar. Beide Autoren waren deutscher Herkunft, sahen sich aber als echte Böhmen, ohne die (sprach-)nationalen Differenzen im Land ganz auszublenden.[329] Von der kirchlichen Sicht der Äbte abgesehen, gilt die Königsaaler Chronik als zuverlässige und glaubwürdige Quelle. Sie ist in ihrem Wechsel von Prosa und metrischen Passagen das bedeutendste Prosimetrum des Spätmittelalters.

Das überhaupt am weitesten verbreitete Werk war die beliebte lateinische Papst- und Kaiser-Chronik des Martin von Troppau († 1278), das zahlreiche Übersetzungen erlebte. Martin hatte zwar einst im Prager Dominikanerkloster gelebt, doch liefert seine Chronik keine Informationen für die Geschichte der böhmischen Länder.

Auch die entstehenden volkssprachlichen Reimchroniken sind jetzt zu beachten. Geschichte wurde zunächst überall den Hörern, die nicht lesen konnten, in Reimen nähergebracht. Zu erwähnen ist hier die fast 100.000 Verse umfassende mittelhochdeutsche Steirische Reimchronik des Ottokar van der Geul, die er vermutlich in den ersten beiden Jahrzehnten des 14. Jahrhunderts niedergeschrieben hat.[330] Er bietet eine Geschichte des römisch-deutschen Reiches von 1250 bis 1309 vor allem aus steirisch-österreichischer Sicht, liefert aber auch zahlreiche Informationen zu den Nachbarn Böhmen und Mähren, Salzburg und Ungarn. Ottokar stammte wahrscheinlich aus der ministerialischen Ritterschaft, hatte in Bologna Recht studiert und hatte in dem steirischen Landherrn Otto II. von Lichtenstein einen Mäzen und Gönner. Seine oft anekdotenreichen Nachrichten sind nicht immer zuverlässig, aber für die Mentalität seines Publikums sehr aufschlussreich, denn er schreibt „Zeitgeschichte aus der Sicht steirischer Landherren"[331]. Im Kampf Otakars II. mit Rudolf steht Ottokar auf der Seite des Habsburgers, der idealisiert wird; der böhmische König wird von ihm (nicht ganz einheitlich) einmal als guter Ritter und trefflicher König bezeichnet, anderer-

---

[329] Hilsch, Weltbild; Bela Marani-Moravová, Peter von Zittau. Abt, Diplomat und Chronist der Luxemburger, Ostfildern 2019 (Vorträge und Forschungen, Sonderband 60).
[330] Ediert von Josef Seemüller in den MGH Deutsche Chroniken Bd. V, 1/2, Hannover 1890/93. Dazu besonders Liebertz-Grün, Das andere Mittelalter, S. 101–167; Helmut Weinacht im Verfasserlexikon Bd. 7 (1989), Sp. 238–245.
[331] Liebertz-Grün, Das andere Mittelalter, S. 115.

seits werden ihm alle schweren Sünden als eidbrüchiger Lügner, als Mörder und Ehebrecher zugeschrieben.

Fast zeitgleich ist die berühmt-berüchtigte Tschechische Reimchronik des sog. Dalimil von etwa 1308 bis 1312 verfasst worden, das erste historische Werk in tschechischer Sprache.[332] Es ist eine anonyme Arbeit und der Forschung ist es nicht gelungen, den Autor zu bestimmen.[333] Der sog. Dalimil ist in der Zeit Otakars II. aufgewachsen, schreibt aber als älterer Mann aus der Sicht und für den böhmischen (tschechischen) Adel, war aber vermutlich nicht selbst ein Angehöriger dieser Schicht. Einen adligen Auftraggeber konnte man ebenso wenig dingfest machen. Böhmen und Prag stehen im Mittelpunkt seines Interesses, am häufigsten nennt er die Familien der Ronovci, der Markwartinger und der Witigonen.

Obwohl der sog. Dalimil für den Adel schreibt und großes Interesse an den adligen Wappen zeigt, kritisiert er scharf die adligen Unsitten und die ‚moderne' Ritterkultur. Er dürfte eine Kleriker-Ausbildung erfahren haben, da er Latein, die Bibel und das Kirchenrecht kannte. Seine wichtigsten Quellen waren Cosmas und seine Fortsetzer, die er wohl nur in Bibliotheken kirchlicher Institutionen finden konnte. Dennoch spielt die Kirche in seinem Werk keine besondere Rolle.

Der Grundzug des Werkes ist seine fremdenfeindliche und das heißt vor allem deutschfeindliche Tendenz, die sich besonders gegen die deutschen Bürger richtete. Sie spiegelt die Situation und Mentalität des Adels (oder eines Teils von ihm) im frühen 14. Jahrhundert wider, die der Autor dann unbesehen auf die ganze böhmische Geschichte übertragen hat. Jeder böhmische König wird danach bewertet, wie er zu den Deutschen stand. So wird Otakar Přemysl II. zu Beginn seiner Regierung von ihm hoch gelobt, dann jedoch als zu deutschfreundlich heftig kritisiert.[334] Ein weiteres Beispiel: Er ‚nationalisiert' den Bericht des Cosmas über die zweite Ehe Herzog Ulrichs mit der Bäuerin Božena und lässt den Herzog gegenüber seinen adligen Kritikern erklären, er wolle lieber eine tschechische Bäuerin als eine deutsche Königstochter ehelichen, womit er in diesem Fall sogar die für das Mittelalter entscheidenden ständischen Schranken überschritt.[335] Ein zentraler Begriff ist für ihn die Sprachgemeinschaft (*jazyk český*, die tschechische „Zunge"). Um die wirkliche Ereignisgeschichte ging es ihm weniger, er war kein ‚professioneller' Geschichtsschreiber, sondern mehr an den moralisch-nationalen Aspekten interessiert. Somit ist er ein wichtiger Zeuge für die

---

[332] Zu Dalimil: Staročeská kronika tak řečeného Dalimila, Bd. 1 und 2 hg. von Jiří Daňhelka u. a.; dazu der wichtige (3.) Kommentarband von Marie Bláhová. Siehe auch Graus, Nationenbildung der Westslawen, S. 219 f.; Zur Sprachenproblematik in den böhmischen Ländern im 14. Jahrhundert Vlastimil Brom, Die Sprachen in den böhmischen Ländern, in: Bömelburg/Kersken (Hg.), Mehrsprachigkeit, S. 25–45.

[333] Für das Folgende Dalimil, Bd. 3, S. 280–303.

[334] Dalimil Kap. 80–88.

[335] Dalimil Kap. 42, S. 493.

7.2 Die großen Chroniken – König Wenzel II. (1283–1305)

Mentalität und die Ideologie des böhmischen Adels im frühen 14. Jahrhundert, deren Partikularinteressen er vertrat.

Der sog. Dalimil sollte allerdings für die tschechische historische Tradition eine große Rolle spielen. Die Reimchronik stand literarisch durchaus auf der Höhe ihrer Zeit und fand sogar einen deutschböhmischen Übersetzer, der allerdings die deutschfeindlichen Äußerungen abschwächte oder sogar umschrieb.[336]

Die ersten Jahre des jungen Wenzel bis 1290 standen zunächst unter dem Einfluss mächtiger Adelsparteien, vor allem der Witigonen mit dem charismatischen Zawisch (Záviš) von Falkenstein an der Spitze, der seine Mutter Kunigunde heimlich geehelicht hatte; sicher für die Witwe eines Königs nach zeitgenössischen Vorstellungen eine Mesalliance.[337] Die andere rivalisierende Adelsgruppe um Bischof Tobias (aus der Familie der Beneschowitze) wurde zunächst weitgehend ausgeschaltet.

Im Januar 1285 wurde in Eger in Anwesenheit König Rudolfs, weiterer Reichsfürsten und etlicher Bischöfe feierlich die Ehe Wenzels mit der Tochter Rudolfs, Guta, geschlossen und Wenzel mit Böhmen und Mähren belehnt. Jetzt begann sich Wenzel selbst, vor der eigentlichen Krönung, als König Böhmens und Markgraf Mährens (*rex Boemiae et marchio Moraviae*) zu bezeichnen. Guta aber blieb zunächst weiter bei ihrem Vater, vermutlich, weil Rudolf die Machtposition des Witigonen Zawisch auf der Prager Burg mit Misstrauen sah, der während der Egerer Feierlichkeiten vor den Stadtmauern geblieben war oder bleiben musste. Auch mit dem Troppauer Přemysliden Nikolaus, dem unehelichen Sohn Otakars II. und einem Feind des Zawisch, näherte sich Rudolf an.

Im selben Jahr 1285 starb Kunigunde, aber Zawisch hielt Wenzel weiter unter seinem Einfluss. Gemeinsam zogen sie mit Heeresmacht nach Mähren, wo der dortige Adel dem jungen Herrscher huldigte. 1287 schließlich betrat nach Absprachen König Rudolfs mit dem Adel Wenzels Frau Guta, begleitet von Bischof Tobias, Prag. Ihre große deutsche Begleitmannschaft wurde dort zunächst mit Misstrauen aufgenommen. Guta aber erwies sich als eine tüchtige und einflussreiche Frau, reorganisierte den Königshof und sollte ihrem Mann schon 1288 einen Sohn namens Přemysl Otakar bescheren. König Rudolf stellte sich nun immer deutlicher ganz auf die Seite der Adelsgruppe um den Bischof. Die Stellung Zawischs, der wegen Anbahnung seiner zweiten Ehe mit der Schwester des ungarischen Königs längere Zeit in Ungarn weilte, wurde auch dadurch geschwächt. Seine Gegner, die den Machtzuwachs der Witigonen ohnehin mit höchstem Misstrauen sahen, gewannen die Oberhand. Dem Wenzel suchte man einzureden, dass ihm von Seiten seines Stiefvaters Lebensgefahr drohe, sicher zu Unrecht. Aber der inzwischen selbständigere Wenzel, gestützt von den Habs-

---

[336] Hilsch, Di tutsch kronik. Ein zweiter späterer deutscher Prosaübersetzer des sog. Dalimil hielt sich stärker an die Vorlage.
[337] Ihr gemeinsamer Sohn Jan sollte später in den Deutschen Orden eintreten und Landkomtur Böhmens werden.

burgern und den böhmischen Zawisch-Gegnern, fiel schließlich von seinem Mentor und Freund ab. Zawisch wurde, wohl im Herbst 1288, in eine Falle gelockt und auf der Prager Burg festgesetzt. Auch einige seiner Anhänger traten nun auf die Seite des Königs. Zawisch wurde verurteilt, da er die königlichen Burgen und den Kronschatz nicht herausgeben wollte. Ob es ein ernsthaftes Bündnis der Witigonen mit dem ungarischen König und mit Herzog Heinrich IV. von Breslau gab, dem man sogar die böhmische Krone angeboten haben soll, ist umstritten. Heinrich war am Prager Hof erzogen worden, Přemysl Otakar war sein Vormund gewesen. Ein Aufstand der Witigonen aber wurde 1289 von Herzog Nikolaus schließlich niedergeschlagen und Zawisch wurde 1290 vor der witigonischen Burg Frauenberg (Hluboká nad Vltavou) mit dem Schwert hingerichtet.

Mit der Ausschaltung des Witigonen begann erst die selbständige Regierung Wenzels II., der im Gegensatz zu seinem Vater als eher sensibel, beeinflussbar und friedliebend geschildert wird. Aber er handelte politisch ausgesprochen klug; in Anbetracht der Verhältnisse unterließ er es, die mächtigen Magnaten zur Herausgabe der in der wilden Zeit entfremdeten Königsgüter aufzufordern oder gar zu zwingen, und konnte damit ein verträgliches Verhältnis zu ihnen etablieren. Die alten witigonischen Amtsträger ersetzte er allerdings durch eigene adlige Anhänger. Den Königshof umgab er mit neuen Beratern und Verwaltern, die eine Art intellektueller Elite bildeten: der erfahrene Bischof Arnold von Bamberg (1290–92), der Schlesier Bernhard von Kamenz (1292–96), als Kanzler Peter von Aspelt (1296–1304), der später Erzbischof von Mainz werden sollte. Nach dem Tod des Prager Bischofs Tobias (1296) gewannen seine Nachfolger Gregor von Waldeck (1296–1301) und Johann IV. von Draschitz (Dražice, 1301–1343) nicht mehr so viel Einfluss wie Tobias. Der Deutschordenspriester Hermann, später Bischof von Chelm in Polen (eine Empfehlung Gutas), war bis zu seinem Tod der Beichtvater des Königs. Auch die Zisterzienseräbte Heidenreich von Sedletz, Dietrich von Waldsassen und Konrad von Königsaal waren geschätzte Ratgeber am Hof. Ebenso spielten wohlhabende deutsche Prager Bürger und italienische Finanzfachleute eine bedeutende Rolle.

Wenzels glänzender Hof hatte also internationalen Charakter;[338] er glänzte durch zahlreiche Feste, Musik, Hoftanz und Minnesang. Die mittelhochdeutschen Dichter Ulrich von Etzenbach, Heinrich von Freiberg, Heinrich der Klausner und Frauenlob traten wohl auf der Prager Burg auf. König Wenzel verfasste selbst drei Minnelieder.[339] Die deutsche Sprache wog vor, vielleicht auch bei einem Teil des Adels. Seine Unzufriedenheit mit der großen Rolle der deutschen Fremden wird aber bei dem sog. Dalimil deutlich. Die Grundlagen für eine blühende tschechischsprachige Literatur wurden ebenfalls im 13. Jahrhundert ge-

---

[338] Dvořáčková-Malá/Zelenka, Na dvoře; Dies., Der Herrscherhof in Böhmen am Ende der Přemyslidenzeit und zu Beginn der Epoche der Luxemburger, in: Pauly (Hg.), Die Erbtochter, S. 75–81.
[339] Burghart Wachinger, König Wenzel von Böhmen, Verfasserlexikon² Bd. 10 (1999), Sp. 862–866.

7.2 Die großen Chroniken – König Wenzel II. (1283–1305)

legt. Nach dem Alexanderroman des Ulrich von Etzenbach aus den 1270er Jahren wurde um 1306 auch eine alttschechische Alexandreis und ein Tristan-Epos verfasst.[340]

Beim zweiten Treffen Wenzels mit König Rudolf in der Reichsstadt Eger 1289 bestätigte ihm dieser das kurfürstliche Wahlrecht und das Reichsschenkenamt. Dagegen sicherte der Böhme dem Habsburger zu, bei der geplanten deutschen Königswahl, wie von Rudolf gewünscht, seine Stimme dem gleichnamigen zweiten Sohn des Königs zu geben, der aber kurz darauf im Mai 1290 in Prag starb.[341]

Nach dem Tode König Rudolfs im Juli 1291 setzte sich Wenzel trotz seiner habsburgischen Ehefrau nicht für die Wahl ihres Bruders Albrecht zum römisch-deutschen König ein, ebenso wenig taten dies die geistlichen Kurfürsten. Die Kurfürsten Sachsens und Brandenburgs hatten sich von vornherein der böhmischen Stimme angeschlossen. So war vor allem Wenzel derjenige, der die Kandidatur Albrechts verhinderte. Eigene Ambitionen auf die römisch-deutsche Krone verfolgte er offensichtlich nicht, denn einen Konsens der Kurfürsten für seine Wahl konnte er nicht erwarten. Eine erblich werdende habsburgische Herrschaft aber war bei den Fürsten ebenso wenig erwünscht. So fiel die Wahl schließlich auf einen Favoriten des Erzbischofs Siegfried von Köln, den wenig bekannten und wenig begüterten Grafen Adolf von Nassau (1292–98). Ein Versuch Albrechts und des Pfalzgrafen Ludwig, dagegen den habsburgfreundlichen Herzog Konrad von Teck als König zu installieren, scheiterte schon durch dessen Tod am zweiten Tag nach seiner Einsetzung.

Auch König Wenzel hatte sich in Frankfurt durch eine feierliche Gesandtschaft mit Bernhard von Kamenz, seinem wichtigsten Diplomaten, an der Spitze an der Wahl Adolfs beteiligt; eine Ehe mit Ruprecht, dem Sohn Adolfs, und der přemyslidischen Prinzessin Anna wurde sogleich abgesprochen, Wenzel versprach als Mitgift 10.000 Pfund Silber. Dafür sollte Adolf ihm das Egerland zum Pfand geben. Auch der Habsburger Albrecht akzeptierte schließlich den neuen König, lieferte ihm die Reichsinsignien aus und wurde daraufhin mit den Herzogtümern Österreich und Steiermark belehnt; mögliche böhmische Ansprüche waren damit endgültig abgetan. Wenzel konzentrierte sich jetzt ohnehin im Norden auf die Gewinnung Meißens und Polens. Um die wettinischen Länder Thüringen und das silberreiche Meißen bemühte sich bald allerdings auch König Adolf; auch war er vom englischen König Edward I. (1272–1307) für ein Bündnis gegen Frankreich mit beträchtlichen Geldsummen versehen worden. Damit suchte Adolf gegen den heftigen Widerstand der Landgrafensöhne Thüringen und Meißen zu gewinnen. So begann sich Wenzel wieder, unterstützt von Guta, dem Lager des Habsburgers Albrecht anzunähern. Da Adolf militärische Erfolge

---

[340] Baumann, Literatur, besonders S. 148–156.
[341] MGH Constitutiones 3, Nr. 415. Das Treffen ausgeschmückt in der Königsaaler Chronik, FRB IV, S. 35 f.

erzielte und die Machtbalance im Reich mit seinem rücksichtslosen Vorgehen störte, wurde auch er wieder für die meisten Fürsten untragbar.

Zu Pfingsten 1297 feierte das Königspaar Wenzel und Guta in Prag in der Veitskirche endlich seine Krönung, nachdem Papst Bonifaz VIII. (1294–1303) sein Einverständnis gegeben hatte. Anwesend waren bei diesen Feierlichkeiten nicht nur der zuständige Koronator Erzbischof Gerhard von Mainz, sondern auch Herzog Albrecht von Österreich, Herzog Albrecht II. von Sachsen, Markgraf Hermann von Brandenburg und weitere Fürsten aus Meißen und Schlesien. Fast alle waren Gegner König Adolfs, dessen Sturz hier wohl vorbereitet wurde. Von den Geistlichen waren noch der Erzbischof von Magdeburg, insgesamt zehn Bischöfe aus den böhmischen Ländern, aus Schlesien, Polen und Ungarn, und zahlreiche Äbte anwesend. Vor dieser Öffentlichkeit wollte Wenzel seine Macht, seinen Reichtum und den Wiederaufstieg des böhmischen Königreichs demonstrieren. Der Glanz und die Pracht der Krönung und der Krone selbst werden vom Augenzeugen Peter von Zittau und vom steirischen Ottokar ausführlich beschrieben. Besonderen Schmuck ließ Wenzel von seinen Goldschmieden eigens aus Italien besorgen. Aus einem Prager Brunnen floss Wein für alle, Ritterturniere und Hoftänze wurden veranstaltet und Minnesänger traten auf. Dennoch nahm das Fest für Wenzel ein trauriges Ende, denn siebzehn Tage nach dem Fest starb seine Ehefrau Guta im Alter von 26 Jahren an den Folgen einer Geburt – zehn Kinder hatte sie ihm geboren. Die Königsaaler Chronik lobt ihre kirchen- und klosterfreundliche Haltung in hohen Tönen und preist sie unter anderem deswegen, weil sie die Tschechen und die Deutschen im Lande in gleichem Maße freundlich und ausgleichend behandelt habe.

Auf einem Hoftag in Mainz 1298 setzte die Mehrheit der Kurfürsten (außer Pfalz und Trier) aus eigener Macht König Adolf ab. Das Heer des Habsburgers Albrecht mit einigen beteiligten böhmischen Rittern schlug daraufhin bei Göllheim die Truppen Adolfs, der dabei sein Leben verlor. Im Juli desselben Jahres wurde Albrecht in Frankfurt auch mit der böhmischen Stimme zum römisch-deutschen König gewählt; Wenzel war aber nicht persönlich anwesend.

7.3 Wenzel II. und Wenzel III.: die letzten Přemysliden

Die enge Verbindung des Přemysliden mit den Habsburgern hatte dazu geführt, dass sich nun das Ziel böhmischer Expansion nicht mehr nach Süden, sondern nach Norden und Osten richtete.[342] Der oberschlesische Kasimir von Beuthen

---

[342] Einen guten Überblick auf die böhmisch-polnischen Beziehungen nicht nur im 13. Jahrhundert liefert Tomasz Jurek, Der Einfluss Böhmens auf das geteilte Polen im 13. Jahrhundert, in: Hlaváček/Patschovsky (Hg.), Böhmen und seine Nachbarn in der Přemyslidenzeit, S. 161–201.

7.3 Wenzel II. und Wenzel III.: die letzten Přemysliden

(Bytom) nahm sein Fürstentum von Wenzel zu Lehen, ebenso Bolko von Oppeln (Opole) und Mieschko von Teschen (Těšín). Bei den verwirrenden piastischen Streitigkeiten nach dem Tod Heinrichs von Breslau (1290) war dem böhmischen König der Schlesier Bernhard von Kamenz ein entscheidender Helfer; er war schon lang in die dortigen Netzwerke eingebunden. Herzog Heinrich von Breslau, der auf Betreiben der dortigen deutschen bürgerlichen Oberschicht für kurze Zeit Krakau erworben hatte, hatte mit Wenzel einen Erbvertrag über diese Stadt geschlossen, der sich nach Heinrichs Tod auszahlen sollte. Wenzel erwarb also Kleinpolen mit Krakau, der polnischen Königsresidenz, auch mit Hilfe böhmischen Silbers. Doch bevor er die Stadt fest in die Hand bekommen konnte, besetzte der großpolnische Herzog Przemysł II. Krakau für kurze Zeit, entführte die polnischen Krönungsinsignien und ließ sich 1295 in Gnesen zum polnischen König wählen und krönen. Wenzel protestierte in Rom gegen die Wahl Przemysłs, da sie nicht in der Krönungsstadt Krakau stattgefunden habe; er drohte dem Polen mit Krieg. Der polnische König aber wurde schon 1296 ermordet und hinterließ von seiner schwedischen Ehefrau nur eine Tochter Richenza.

Als Herr Krakaus hielt Wenzel II. sich für den einzig rechtmäßigen Kandidaten auf den polnischen Königsthron. Er verhandelte zunächst mit den einflussreichsten piastischen Fürsten Władysław Łokietek von Großpolen und Heinrich III. von Glogau (Głogów), zog dann aber mit Heeresmacht nach Großpolen, wo die weltlichen und geistlichen Großen Anfang 1300 Władysław absetzten und Wenzel zum polnischen König wählten. Erzbischof Jakób Świnka von Gnesen krönte ihn. Die Gründe für die Wahl des Böhmen durch die polnische Elite sind unklar, denn sie verließen damit schließlich auch die alte piastische Dynastie. Zur Bekräftigung seiner Stellung verlobte sich der neue König mit Richenza Elisabeth (Rejčka Eliška), der Tochter König Przemysłs. Seinen Bruder Nikolaus setzte Wenzel als Hauptmann (*starosta*) in Polen ein. Ende 1300 kehrte der nun doppelte König Wenzel nach Prag zurück, Großpolen aber sah er nie wieder.

Zwar gelten die wenigen Jahre der Herrschaft Wenzels in Polen (mit der Etablierung der Hauptmänner und dem Landesgericht) als ein Schritt zur Vereinheitlichung des Landes, aber schon 1305 brachen Aufstände in allen Landesteilen gegen die fremde böhmische Herrschaft aus.

Der rasche Wiederaufstieg Böhmens unter Wenzel II. beruhte zweifellos auch oder vor allem auf dem Silberreichtum des Landes. Die Gruben in Iglau und Deutschbrod stagnierten zwar nun, aber es waren neue Silberfunde gemacht worden, z. B. 1266/67 bei Pilgram (Pelhřimov) mit der Grube Cvilínek und vor allem am Ende des 13. Jahrhunderts die sehr silberreichen Erze in Kuttenberg (Kutná hora) auf dem Gebiet des Klosters Sedletz.[343] Man schätzt, dass Kuttenberg schließlich 90 % des böhmischen und 41 % des gesamten europäischen Sil-

---

[343] Ein knapper Überblick von Petr Hrubý und Filip Velimský, Als in Böhmen das Silberfieber ausbrach (Archäologie in Deutschland 4, 2013), S. 34–38.

bers lieferte.³⁴⁴ Der Beginn der dortigen Förderung lässt sich allerdings nicht genau datieren. Die jährlich gewonnene Menge des Silbers betrug im Durchschnitt 20 Tonnen. Obwohl der König das Bergbauregal beanspruchte, war es kein Bergbau in königlicher Regie. In der Praxis fiel etwa ein Achtel des Ertrags an den Herrscher. Die Expansion der böhmischen Macht und das Fehlen einer durchdachten Haushaltspolitik bewirkten dennoch, dass auch Wenzel II. nicht selten hoch verschuldet war.

Der König erließ zwischen 1300 und 1305 ein einheitliches bedeutendes böhmisch-mährisches Landesbergrecht (*Ius regale montanorum*); es bezog sich besonders auf Kuttenberg, obwohl nach wie vor Iglau Oberhof in Rechtssachen des Bergbaus blieb.³⁴⁵ Es war eine Überarbeitung des Iglauer Bergrechts durch Gozzo von Orvieto, einen italienischen Juristen.³⁴⁶ Dieser hatte zweifellos die bergmännische Praxis der inzwischen in Kuttenberg ansässigen Bergleute kennen gelernt. Unter dem königlichen Bergmeister (*magister montium*) waren es vor allem die sog. Urbarer als wichtigste leitende Amtsträger vor Ort, die oft zugleich Münzmeister waren. Zahlreiche deutsche bergbauliche Fachbegriffe werden im lateinischen Original genannt, das 1406/07 ins Deutsche, 1460 ins Tschechische übersetzt worden ist. Neben dem Wunsch, bisherige Unklarheiten und Missstände im Bergbau zu beseitigen, hatte Wenzel mit dem *Ius regale montanorum* wohl auch das Ziel, damit seinen Anspruch auf das Bergregal zu untermauern. Dieser prinzipielle Anspruch des Königtums auf den Silber- und Goldbergbau ist im Reich klar erst am Ende des 12. Jahrhunderts von Kaiser Heinrich VI. formuliert, aber gegen die Landesherren wohl nie ganz durchgesetzt worden. Rezipiert wurde das offenbar vorbildliche böhmische Bergrecht später auch in Schlesien, Franken und Ungarn.

Die Bergbaustadt Kuttenberg wurde im 14. Jahrhundert nach Prag zur zweitgrößten Stadt des Landes; die Bevölkerung wird auf 10.000 bis 15.000 Personen geschätzt. Dort hatte Wenzel die neue und ab jetzt einzige böhmische Münzstätte errichtet; vorher hatte es mindestens 17 Münzstätten im Land gegeben. Damit hatte er das königliche Münzregal durchgesetzt. Für die Vorbereitung einer geplanten Münzreform ließ er sich Finanzfachleute aus Florenz kommen, die vielleicht Peter von Aspelt, böhmischer Kanzler und Bischof von Basel, auf seiner Italienreise 1299 vermittelt hatte. Von diesen Fachleuten leitet sich der Name Welschenhof für die neue Münzstätte her. Sie spielten auch in anderen Ämtern unter Wenzel eine bedeutende Rolle.

Die Münzreform wurde im Jahr 1300 erlassen.³⁴⁷ Der Silbergehalt der bisherigen uneinheitlichen Denare (Pfennige) war ständig gesunken – das war eine

---

³⁴⁴ Majer, Der böhmische Erzbergbau.
³⁴⁵ Zycha, Das böhmische Bergrecht, Bd. 1. Dazu zuletzt Guido Christian Pfeifer, Ius regale montanorum. Ein Beitrag zur spätmittelalterlichen Rezeptionsgeschichte des römischen Rechts in Mitteleuropa, Ebelsbach/Main 2002.
³⁴⁶ Peter von Zittau Kap. 51.
³⁴⁷ Peter von Zittau Kap. 66. Dazu Jan, Václav II. a struktury, S. 79–160.

7.3 Wenzel II. und Wenzel III.: die letzten Přemysliden

Form der mittelalterlichen Inflation. Unter den Münzverschlechterungen und den damit verbundenen Betrügereien litten vor allem die Armen, die Landleute auf dem Markt, wie Peter von Zittau beklagt. Eine neue qualitativere Münze, der einheitliche Prager Groschen („großer Pfennig" im Wert von 12 kleinen Pfennigen) mit höherem Silbergehalt von 3,7 g und einem Durchmesser von 28 mm wurde nun geprägt. „Der Übergang von der leichten Denar- zur Großsilbermünze war die folgenreichste Veränderung des europäischen Silbergeldsystems".[348] Der Prager Groschen hatte eine ähnliche Bedeutung wie die italienischen *grossi* und die französischen Turnosen (*gros tournois*) im Westen und war bald als neue Leitmünze nicht nur in Böhmen und Mähren, sondern in ganz Mitteleuropa sehr gefragt. Der Groschen wurde durch die hohe Silberausbeute ermöglicht, aber er wurde bei der zunehmenden Handels- und Geldwirtschaft auch benötigt. Er blieb für längere Zeit eine feste Währung, auch wenn nach dem Tod Wenzels II. der Silbergehalt allmählich wieder sank. Die Verwendung ungemünzten Silbers im Handel wurde von diesem König verboten. Die Münzmeister stammten vor allem aus den reichen städtischen Unternehmern des deutschen Patriziats.

Selbstverständlich besaß Wenzel II. auch Einkünfte aus der allgemeinen Landessteuer (*berna generalis*), die seit dem 13. Jahrhundert bezeugt ist, sowie aus der *berna specialis* aus dem eigenen Königsgut, aus der königlichen Domäne, die seit der 2. Hälfte des 12. Jahrhundert ähnlich wie im Westen entstanden war. Sie bestand aber nicht nur aus dem landwirtschaftlich bebauten Land mit seinen Verwaltern (*villici*), die auch die niederen Richter auf dem Land waren, sondern jetzt vor allem aus den königlichen Städten (mit vom König eingesetzten Stadtrichtern) und den dort bestehenden Judengemeinden, auch aus seinen Klöstern. Die königlichen Burgen gehörten in dieser Zeit streng genommen nicht zur königlichen Domäne, da das Amt der Burggrafen fast durchweg in den Händen des Hochadels lag, der damit in einem lehensähnlichen Verhältnis zum König stand. Das neue Bild der königlichen Domäne ist vor allem vom Brünner Historiker Libor Jan[349] entworfen worden; im Ganzen ist es überzeugend, fand aber bei anderen tschechischen Historikern zum Teil heftigen Widerspruch.

Mit zwei anderen großen Plänen scheiterte Wenzel allerdings am Widerstand des Hochadels:[350] Ein von ihm geplantes allgemeines Gesetzbuch hätte dem Land zu mehr Frieden und Sicherheit verholfen, damit aber auch seine monarchische Stellung verstärkt. Das hätte für die Hochadligen den Verlust ihrer Privilegien bedeutet, also rieten sie dem König dringend von diesem Vorhaben ab. Die Gründung einer Universität (eines *studium generale*), der zweite Plan, brachten dem König wohl die Kapläne und Kleriker am Hof nahe, die in Bologna Kir-

---

[348] Winfried Reichert, Oberitalienische Kaufleute und Montanunternehmer in Ostmitteleuropa während des 14. Jahrhunderts, in: Bestmann u. a., Hochfinanz, S. 260–356, hier S. 271.
[349] Jan, Václav II. a struktury, S. 13–75 (Panovnická doména – die Domäne des Herrschers).
[350] Otto von Thüringen/Peter von Zittau Kap. 51 und 52.

chenrecht oder in Paris Theologie studiert hatten. Dies lehnten die Magnaten ebenfalls ab, weil sie eine weitere Stärkung der kirchlichen Position in Prag zu ihrem Nachteil sahen und einen weiteren Zustrom von Fremden befürchteten.

Im Januar 1301 starb der ungarische König Andreas III.; damit endete die Familie der Arpaden in männlicher Linie. Als ein Kandidat für die Nachfolge trat Karl Robert von Anjou, ein Urenkel König Stephans V., auf. Aber ein Teil der mächtigen ungarischen Magnaten bot Wenzel, dem Sohn König Wenzels II., der von seiner Mutterseite ebenfalls arpadische Vorfahren hatte, die Stephanskrone an. Das geschah im Mai 1301 gewiss auch mit Hilfe böhmischen Silbers. Im August wurde der junge Wenzel, der sich jetzt Ladislav (László) V. nannte, in Stuhlweißenburg zum König Ungarns gekrönt. Somit waren nun drei Kronen im Haus der Přemysliden. Diese Machtzusammenballung entfachte schnell eine feindliche Koalition.

Karl Robert von Anjou, der inzwischen von einer anderen ungarischen Adelspartei zum König gewählt worden war, fand Unterstützung bei Papst Bonifaz VIII. (1294–1303), der die Oberlehenshoheit über Polen und Ungarn beanspruchte. Er erklärte 1302, wohl unter Einfluss polnischer Gegner des Böhmen in Rom, Wenzel II. dürfe den Titel eines polnischen Königs nicht führen. Der römisch-deutsche König Albrecht I. (1298–1308)[351] hatte sich gegen Frankreich und gegen König Wenzel ebenfalls mit dem Papst verbunden, der den Anjou zum rechtmäßigen ungarischen König erklärte (Mai 1303). Zwar wurde Bonifaz VIII. im selben Jahr durch das von den Franzosen geführte Attentat von Anagni ausgeschaltet und starb kurz danach; Karl Robert aber gewann 1304 mit Hilfe König Albrechts das Übergewicht in Ungarn. Ein Versuch des böhmischen König, nun wieder eine Übereinkunft mit Albrecht zu erzielen, scheiterte an dessen unerfüllbaren Forderungen: Verzicht auf die Kronen Polens und Ungarns, das Pleißenland und Meissen und Aufgabe der Ansprüche auf das Egerland; sogar einen Anteil an den Einnahmen des Kuttenberger Silbers forderte der Habsburger. Möglicherweise sah er sich damit als römisch-deutscher König im Besitz des Bergregals auch in Böhmen, denn reichsrechtlich ist das Bergregal in der Tat erst in der Goldenen Bulle (1356) den Kurfürsten übertragen worden.

Da König Wenzel Albrechts Forderungen ablehnte, wurde auf dem Reichstag in Frankfurt Ende Juni 1304 die Reichsacht über ihn ausgesprochen; Wenzel und Albrecht begannen Verbündete zu suchen und zu rüsten. Damit könnte die Eheschließung Wenzels im Mai 1303 mit seiner Verlobten, der Tochter des ehemaligen polnischen Königs, Richenza, die sich jetzt Elisabeth nannte, auf der Prager Burg zusammenhängen. Für mittelalterliche Verhältnisse ist es erstaunlich, dass Wenzel nach dem Tod Gutas sechs Jahre als Witwer gelebt hatte; es ist allerdings auch von einer geliebten Konkubine Anna die Rede. Wirren in Schlesien und Aufstände in Polen drohten. Noch bedrohlicher entwickelte sich die Lage in Ungarn,

---

[351] Zu Albrecht Krieger, Die Habsburger, S. 75–109; Michael Menzel, Die Zeit der Entwürfe 1273–1347 (Gebhardt Handbuch 10. A. Bd. 7 a), Stuttgart 2012, S. 121–134.

wo die přemyslidische Herrschaft faktisch zu Ende war. Ladislav V. saß wie ein Gefangener in der königlichen Stadt Buda fest.

Wenzel II. drang nun im Mai 1304 mit Heeresmacht in Ungarn ein und eroberte Gran (Esztergom), wo er sich angeblich selbst an der Beraubung der erzbischöflichen Kirche beteiligte. In Buda traf er seinen Sohn, den ungarischen König, und nahm ihn unter Mitnahme der Stephanskrone und anderer ungarischer Kroninsignien wieder zurück nach Prag.

König Albrechts Truppen mit rheinischen und schwäbischen Rittern (unter ihnen wird besonders der kriegerische Eberhard von Württemberg genannt), aber auch mit den Ungarn Karl Roberts und mit Kumanen waren nun in Südböhmen und Mähren eingedrungen. Dort wüteten die Kumanen auf dem Land und nahmen viele Landleute gefangen, bis Albrecht selbst gegen seine Verbündeten vorgehen musste. Wenzel II. wich in Anbetracht der Kräfteverhältnisse einer Schlacht aus. Doch ganz Böhmen und Mähren, auch die Städte, verblieben auf seiner Seite, die askanischen Fürsten Otto IV. und Hermann von Brandenburg leisteten dem König mit ihren Burgbesatzungen militärische Unterstützung. Peter von Zittau allerdings beklagte, dass der böhmische Adel selbst in diesen kriegerischen Unruhen räuberisch Klostereigentum angriff. Albrecht selbst stieß zwar bis zum Kloster Sedletz bei Kuttenberg vor, aber auch die deutschen Bürger und Bergleute der Stadt dachten nicht daran, ihm entgegenzukommen und die wohl gerade im Bau befindlichen Stadttore zu öffnen. Auch Wenzel näherte sich mit einem neuen Aufgebot, in dem sich vor allem zum ersten Mal der Hochadlige Heinrich von Leipa (nach Böhmisch Leipa/Česká Lípa) hervortat. Ein schwerer Wintereinbruch, Geldmangel und böhmische Angriffe zwangen König Albrecht, sich mit schweren Schäden zurückzuziehen.

Ein Versuch Wenzels, sich in der Auseinandersetzung mit Albrecht Frankreich anzunähern, scheiterte wahrscheinlich schon dadurch, dass sein heimlich abgesandter Peter von Aspelt, Bischof von Basel, von den Habsburgern auf seinem Weg in Schwaben abgefangen wurde. Es gelang Wenzel aber, gegen die Habsburger die niederbairischen und die Kärntner Herzöge für sich zu gewinnen.

Alle Pläne jedoch beendete sein Tod am 21. Juni 1305. Der Minnesänger Frauenlob soll nach der Steirischen Reimchronik die Totenklage für ihn verfasst haben.[352]

Noch zu Lebzeiten hatte er die Herrschaft (und seine großen Schulden) seinem 16-jährigen Sohn Wenzel III. übertragen. Albrechts Zustimmung zu dieser Übertragung hatte er durch Vermittlung der Brandenburger Markgrafen und des Grafen Berthold VII. von Henneberg und durch seinen Verzicht auf das Egerland und Meißen erreicht.

König Wenzel II. war ein glanzvoller, fähiger, vorausschauender, und wenn man so will, fortschrittlicher Monarch für seine böhmischen Länder, wie seine

---

[352] Steirische Reimchronik V. 86550–86560.

Münzreform und das Bergrecht bezeugen; das allgemeine Gesetzbuch und die Universität hatte er zumindest geplant. Die Machtexpansion und der Territorialgewinn seines Reiches waren aber am Schluss trotz hoher finanzieller und menschlicher Kosten bescheiden: Die Königreiche Polen und Ungarn, das Egerland und Meißen waren verloren. Wenigstens Schlesien war enger an die böhmische Krone gezogen worden.

Wenzel III., der einzige Sohn Wenzels II. und der Guta, schloss Frieden mit König Albrecht und verzichtete auf die ungarische Krone. Am 4. August 1306 wurde er bei einem Feldzug gegen Władysław Łokietek auf dem Weg in Olmütz ermordet, vermutlich von böhmischen Adligen.

8 Die Luxemburger gewinnen die böhmischen Länder

8.1 Der Kampf um die Krone und der Anfang Johanns von Luxemburg

Der Verlust der viele Jahrhunderte langen přemyslidischen Herrschaft durch das Aussterben der legitimen männlichen Erben und das Fehlen einer königlichen Zentralgewalt traf sicher die adlige Elite, die Kirche, die königlichen Städte und Klöster, die damalige ‚Öffentlichkeit‘, in verschiedener Weise. Auch der zeitgenössische Chronist Peter von Zittau erkannte, wie fragil die Grundlagen des so mächtig erscheinenden böhmischen Reiches in Wahrheit waren.[353] Ein Teil des Adels nahm seine Raubzüge wieder auf.

Zwei Kandidaten meldeten ihr Interesse auf den verwaisten Thron Böhmens: Eine große Gruppe der in Prag versammelten Magnaten und Prager Patrizier sprach sich für den mit der Tochter Wenzels II. Anna verehelichten Herzog Heinrich von Kärnten aus, der ohnehin gerade im Land war. Andere favorisierten den Habsburger Rudolf von Österreich, Sohn König Albrechts, der Böhmen als heimgefallenes Reichslehen betrachtete und die Rolle der Wähler nicht beachtete. Militärisch setzten sich Albrecht und Rudolf, die nach Laun (Louny) und Iglau vorgestoßen waren, durch; die Zustimmung des Adels wurde mit etlichen schnell erteilten Privilegien erreicht.

Die Regierung des ersten Habsburgers in Böhmen wurde jedoch bald unbeliebt; nicht allerdings bei den einflussreichen Zisterzienseräbten von Sedletz und Königsaal, die ihn unterstützten. Der tatkräftige, ehrgeizige und notwendigerweise äußerst sparsame Herrscher führte keinen großen Hof; dort dominierten nun Ratgeber aus Österreich. Ein Teil der Magnaten im Südwesten Böhmens in der Nähe des habsburgfeindlichen Niederbayerns, u. a. Wilhelm Hase (Vilém Zajíc) von Waldeck, setzte sich für die Nachfolge der Přemyslidin Anna ein und stand daher auf Kärntner Seite, wohl auch, weil er sich von einem nichthabsburgischen, schwächeren König mehr eigene Vorteile erhoffte. Zwar konnte Rudolf den Aufstand noch niederschlagen, starb jedoch am 3. Juli 1307. Sofort stieß sein Bruder Friedrich, Herzog von Österreich, nach Mähren vor; auch er war bereits gemeinsam mit seinen Brüdern von König Albrecht mit der böhmischen Herr-

---

[353] Peter von Zittau I 84. Zu den folgenden Ereignissen Šusta, Soumrak Přemyslovců; dazu kritisch Martin Wihoda, Dynastiewechsel in Böhmen. Zwischen den althergebrachten Gewohnheiten und einem neuen Anfang, in: Kersken/Tebruck, Interregna, S. 121–130; er betont die entscheidende Rolle des Adels.

schaft belehnt worden. Die Mehrheit des Adels, Bischof Jan von Draschitz und ein Teil der Prager Bürger aber riefen wieder Heinrich von Kärnten als König nach Prag, wo dieser mit großem Jubel (noch ohne seine schwangere Frau Anna) am 15. August 1307 empfangen wurde. Sofort brach er in die Silberstadt Kuttenberg auf, wo sich wie in Prag erst eine städtische Partei gegen eine andere durchsetzen musste, die beide aus vor allem deutschen Bürgern und Bergleuten bestanden.

Der thüringische Landgraf Friedrich der Freidige, Graf Eberhard von Württemberg und die Bayern unterstützten den böhmischen König Heinrich, allerdings nur gegen große Mengen Silbers. König Albrecht aber rüstete gegen Thüringen, zog dann nach Eger und vereinigte sich schließlich mit seinem Sohn Friedrich, der aus Mähren vorstieß, bei Kuttenberg; Altkönigin Elisabeth, die Witwe Wenzels II., floh zu ihm, so blieb auch ihr ostböhmisches Wittum mit den Städten um Königgraetz (Hradec Králové) habsburgisch; die wichtigsten anderen Städte aber verblieben trotz „täglichen Kriegs" im Widerstand gegen die Habsburger. Dennoch blieb König Heinrich ein machtloser Herrscher; der Prager Bischof Jan von Draschitz, der mächtige Oberstmarschall Heinrich von Leipa und andere Adlige forderten als Gegenleistung für ihre Unterstützung immer mehr königlichen Besitz und Einkünfte auch aus Kuttenberg. Die königliche Domäne begann zu zerfallen, der König war in Händen seiner städtischen Gläubiger, alle seine Einkünfte aus Kuttenberg verbrauchte er für die Schuldentilgung. Um Geld in die Hand zu bekommen, suchte er dann die königlichen Klöster heim. Aber nicht nur in der Königsaaler Klosterchronik, sondern auch in anderen Quellen wird Heinrichs Herrschaft negativ dargestellt.

Alles wurde durch die Ermordung des römisch-deutschen Königs Albrecht in Schwaben am 1. Mai 1308 durch die Hand seines Neffen Johann geändert. Dieser hatte bis 1304 als Sohn des böhmischen Königs Rudolf am Prager Hof gelebt. Das wichtigste Motiv des 18-jährigen Mörders, der sich als Erbe des Königreichs Böhmen sah, war die Tatsache, dass er von Albrecht an den habsburgischen Erfolgen und Gewinnen nicht beteiligt worden war. Von den meisten Reichsfürsten wurde allerdings das Ende des energischen und oft schroff und rücksichtslos nur auf seine eigene Hausmacht bedachten Königs Albrecht nicht betrauert, seine Gegner indessen triumphierten.

Zu seinem Nachfolger wurde am 27. November 1308 Heinrich, der Graf von Luxemburg, in Frankfurt einstimmig zum römisch-deutschen König Heinrich VII. gewählt; der böhmische König war nicht anwesend. In den Vorverhandlungen zu dieser Wahl spielte der Mainzer Erzbischof Peter von Aspelt, ehemals böhmischer Kanzler, eine bedeutende Rolle. Kurz zuvor war auch der Bruder Heinrichs VII., Balduin, mit französischer Unterstützung zum Erzbischof von Trier (1308–1354) erhoben worden.

Auf Betreiben des Adels zogen nach dem Tod Albrechts die letzten habsburgischen Besatzungen aus den böhmischen Ländern ab; der mächtige Oberstmarschall Heinrich von Leipa übernahm auch das finanziell entscheidende Amt

8.1 Der Kampf um die Krone und der Anfang Johanns von Luxemburg 163

des Unterkämmerers. Die Söhne Albrechts, Friedrich der Schöne und Leopold, schlossen schließlich in Znaim mit König Heinrich und *den lantherren* im August 1308 Frieden über die böhmischen und Kärntner Länder.[354] Die Aufgabe ihres Anspruchs auf die Krone wurde mit Silber, mit Burgen, Städten und Pfandschaften abgegolten. Der böhmische Hochadel sah sich als Sieger. Zu nennen sind hier vor allem Wilhelm Hase (Zajíc) von Waldeck, Johann von Wartenberg (ein Markwartitzer), Heinrich von Leipa und Raimund von Lichtenburg (beide aus der Ronov-Familie); dem Letzteren hatte der Sänger Heinrich von Freiberg[355] rühmend seine Tristanfortsetzung gewidmet. Sie verfügten über militärisch bedeutende Gefolgschaften und oft auch bezahlte Söldner. Es gab in dieser Zeit keine andere hochadlige Partei, die auf Seiten des Königs als Gegengewicht hätte dienen können.

Erschüttert wurde ihre Position aber durch andere, neue Machtfaktoren: die Bürgerschaften Prags und Kuttenbergs, die durch Bergbauunternehmungen und durch Fernhandel überaus reich geworden waren.[356] Bezeichnend für ihre Stellung war, dass König Wenzel II. nicht auf der Burg, sondern im Haus eines reichen Prager Bürgers gestorben war. Das deutsche Patriziat dieser Städte war ähnlich vernetzt wie der Adel und vertrieb zunächst noch Gegner in den eigenen Reihen aus Prag (wie die habsburgfreundliche Partei des Wolfram) und Kuttenberg. Am 15. Februar 1309 überfielen die Kuttenberger Rutharde und Peregrin Pusch im nahegelegenen Kloster Sedletz die Hochadligen Heinrich von Leipa, Johann von Wartenberg und Johann von Klingenberg (ein Mährer schwäbischer Herkunft) und nahmen sie in einer ihrer Burgen in Gewahrsam, in Prag überfielen Jakob Wolflin und Nikolaus Thusintmark die Burg und nahmen den Kanzler und Wyschehrader Probst Peter Angela, Raimund von Lichtenburg und den Burggrafen Heinmann von Dauba (Jan Hynek Žák) fest.

Die Empörung der Verwandten der Festgenommenen war ungeheuer, aber auch der konservative Abt Peter, kein Freund des Adels, hielt die Aktion für eine Anmaßung, für eine Verletzung der Standesgrenzen, für ein ruchloses Vorhaben.[357] Im Reich nördlich der Alpen wird man kaum ähnliche Aktionen der Bürgerschaften finden, sehr wohl aber in der Lombardei und der Toskana, wo die Bürger der mächtigen Stadtrepubliken schon seit dem 12. Jahrhundert die feudalen Gewalten weitgehend ausschalteten.

Das Ziel dieser böhmischen Bürgerrevolte war gewiss nicht die Abschaffung der feudalen Strukturen, sondern der Versuch, bei der Schwäche des Königs selbst einen gerechten Anteil an der Regierung des Landes zu bekommen und den Bedrückungen etwa durch Magnaten wie Heinrich von Leipa ein Ende zu

---

[354] Die umfangreiche deutschsprachige Urkunde in RBM II, Nr. 2183.
[355] Hans-Hugo Steinhoff, Heinrich von Freiberg, in: Verfasserlexikon Bd. 3 (1981), Sp. 723–730.
[356] Über das Patriziat der böhmischen Städte vor allem in rechtlicher Hinsicht Kejř, Die mittelalterlichen Städte, Kap. X: Das Bürgertum, besonders S. 383–388, 395–398.
[357] Peter von Zittau I Kap. 87 und 93.

bereiten. Adel und Bürger wandten sich nun an den ebenso überraschten König, um ihn auf ihre Seite zu ziehen, aber Heinrich schwankte unentschieden zwischen beiden Parteien hin und her. Schließlich einigten sich Hochadel und Bürger ohne Vermittlung des Königs, um die Freilassung der Gefangenen zu erreichen; sogar Eheverbindungen der reichsten Patrizierfamilien mit dem Adel waren nun vorgesehen.

Lange konnten sich die Bürger über ihren Sieg jedoch nicht freuen. Heinrich von Leipa besetzte Prag mit seinen Kriegern und mit Hilfe seiner städtischen Anhänger; die bisher siegreichen Akteure flohen, die Partei des zurückgekehrten Wolfram setzte sich wieder durch. Der Kleinseitner Brückenturm wurde nun zu Leipas befestigtem Stützpunkt in Prag, Wolframs Leute befestigten auf der Altstädter Seite das dortige Hospital.

Diese Attacke der Bürger auf den Adel vom Februar 1309 könnte einen Anlass für den sog. Dalimil zur Abfassung seiner tschechischsprachigen Reimchronik mit ihrem Hass auf die deutschen Bürger gebildet haben. Sowohl bei einem Teil des Adels wie auch des hohen Klerus ist zweifellos das Anwachsen eines slawischsprachigen Selbstbewusstseins und einer Fremdenfeindlichkeit gegenüber dem jetzt dominierenden deutschen Einfluss am Königshof und in den Städten festzustellen. Wurde dem tschechischen Adel jetzt bewusst, dass die erlittene Wunde ein „mächtiger Anlass zur Entwicklung des tschechischen Nationalismus" war?[358] Ein großer Teil der auf das ‚Nationale' fixierten Geschichtswissenschaft des 19. und 20. Jahrhunderts hat diese Tatsache aus ihrer damaligen Sicht überbetont, ja oft zum eigentlichen ideologischen Beweggrund des Geschehens erklärt. Die ‚nationale' Argumentation der Zeitgenossen diente wie beim sog. Dalimil oft ganz partikularen (adligen) Interessen. Die machtpolitischen und wirtschaftlich-sozialen Hintergründe der nationalen Positionen waren dabei letzten Endes fast immer ausschlaggebend.

Die unfähige und chaotische Herrschaft König Heinrichs, die durch marodierende Kärntner Söldner und Aufgebote aus Meissen noch verschlimmert wurde, veranlassten schließlich vor allem die Kirche und die führenden städtischen Patrizier, einen neuen König zu fordern. Die Hauptgegner des Königs Heinrich, die Äbte Heidenreich von Sedletz und Konrad von Königsaal, knüpften auf ihrer Reise zum zisterziensischen Generalkapitel in Citeaux im August 1309 in Heilbronn erste Kontakte zu König Heinrich VII., Abt Konrad überzeugte auch die zögernde přemyslidische Elisabeth, die letzte erwachsene unverheiratete Tochter Wenzels II., eine Ehe mit einem neuen Thronkandidaten einzugehen. Da der Kärntner und seine Anhänger noch im Lande waren, floh Elisabeth heimlich aus Prag in das befestigte Nimburg. Es gibt zwar keine Belege für ein böhmisches Erbrecht in weiblicher Linie, aber die přemyslidische Abkunft spielte dennoch für viele Böhmen nach wie vor eine große Rolle.

---

[358] So Šusta, Král cizinec, S. 42.

8.1 Der Kampf um die Krone und der Anfang Johanns von Luxemburg

Der große Plan König Heinrichs VII., der sich mit dem Osten des Reiches wenig auskannte, bezog sich auf Italien, wo er die Herrschaft des Reiches wie einst die Staufer wieder aufrichten wollte. Es eilte ihm mit dem Italienzug und so wurde die Eheverbindung mit dem reichen Böhmen, die für die Luxemburger in der Zukunft von größter Bedeutung werden sollte, rasch vorangetrieben. Durch den Kenner Böhmens, den Mainzer Erzbischof Peter von Aspelt, wurde Heinrich VII. beraten. Im Januar 1310 bestätigte der König die alten böhmischen Privilegien in die Hände des Hochadels, vertreten durch Heinrich von Rosenberg (Rožmberk) und Albert von Seeburg (Žeberk), die Verhandlungspartner auf böhmischer Seite.[359] Die Reichsfürsten stimmten der Absetzung Heinrichs von Kärnten, der weder gekrönt noch vom römischen König anerkannt und außerdem im Kirchenbann und in der Acht war, zu. Im Juni erklärten sich der böhmische Hochadel und die Vertreter des städtischen Patriziats der königlichen Städte mit einem luxemburgischen Kandidaten auf den Thron einverstanden, das sahen sie als die Ausübung ihres Wahlrechts an. Heinrich VII. hatte sich vorsichtshalber auch einige böhmische Geiseln stellen lassen. Auf dem Frankfurter Hoftag im Juli 1310 setzte die böhmische Seite den 14-jährigen Sohn Johann als Ehemann der Elisabeth durch, obwohl der König zunächst seinen jüngeren Bruder Walram dafür vorgesehen hatte. Der Jüngere galt den Böhmen wohl als leichter lenk- und beeinflussbar. Schon 1309 war Johann auch mit der Grafschaft Luxemburg belehnt worden und bekam danach auch die Funktion eines Reichsvikars übertragen.

Am 1. September schloss der 14-jährige und damit volljährige Johann, der nun von seinem Vater auch mit dem Königreich Böhmen und der Markgrafschaft Mähren belehnt wurde, mit der eilends herbeigeführten Elisabeth in Speyer die Ehe.[360] Die Hochzeitsfeierlichkeiten werden von dem anwesenden begeisterten Chronisten Peter von Zittau begeistert und ausführlich beschrieben.[361]

In Begleitung Peters von Aspelt und Bertholds VII. von Henneberg mit ihren Rittern zog nun Johann von Nürnberg aus nach Böhmen, wo sich ihm weitere böhmische Adlige mit ihren Aufgeboten anschlossen. Die Prager Bürger öffneten ihm schließlich die Stadt. Mit dem jungen Meißner Markgrafen Friedrich VII., dessen Krieger Prag inzwischen besetzt hatten, fand er einen Ausgleich. Die Prager Burg war fast eine Ruine; daher wohnte das Ehepaar auf dem Marktplatz der Altstadt (dem Ring), vielleicht im bekannten Haus an der Glocke. Das höfische Leben mitten in der Stadt sollte allerdings auch manchen Ärger bei den Bürgern

---

[359] Robert Antonín, Der Weg nach Osten. Heinrich VII. und der Erwerb Böhmens für die Luxemburger, in: Penth/Thorau, Rom 1312, S. 9–21. Antonín hält einen gewissen Abstand zur ‚Meistererzählung' Peters von Zittau.

[360] Zur Ehe Lenka Bobková, Das Königspaar Johann und Elisabeth. Die Träume von der Herrlichkeit in den Wirren der Realität, in: Pauly (Hg.), Die Erbtochter, S. 47–73.

[361] Peter von Zittau I Kap. 101 und 102.

verursachen. Erfolg hatte Johann auch vor Kuttenberg; in dieser aussichtslosen Lage verließ der Kärntner eilends das Land.

Begeistert pries Abt Peter von Zittau den Anfang des jungen Königs, in dessen Erscheinung sich die böhmische und deutsche Schönheit zu verbinden schien. Der sog. Dalimil aber warnte am Schluss seiner Reimchronik Johann: Niemals würde er eine starke Herrschaft im Land begründen, wenn er nicht die fremden Berater und Amtsträger vertriebe und nur mit den tschechischen Herren regierte, die allerdings dem König helfen müssten, den Landfrieden zu bewahren.[362]

8.2 Johann von Luxemburg – in Böhmen und im Reich[363]

Am 11. Februar 1311 wurden Johann und Elisabeth vom Mainzer Erzbischof Peter von Aspelt, dem zuständigen Koronator, im Veitsdom auf der Burg feierlich gekrönt. Die Feier freilich war wesentlich bescheidener als etwa bei der Krönung Wenzels II. Johann nannte sich jetzt auch König von Polen. Bevor ihm die Böhmen Treue schworen, hatte der König in zwei sog. Inaugurationsdiplomen[364] alle ihre Privilegien und Rechte bestätigt. Die Einforderung der Berna-Steuer wurde auf Eheschließungen in der königlichen Familie begrenzt; die ländlichen Suppane (Verwalter, *villici*) mussten Landeskinder, durften also keine Auswärtigen sein; der Adel war zur Landesverteidigung verpflichtet, nicht aber zu Kriegszügen außerhalb der Grenzen des Königreichs und der Markgrafschaft. Für die Kosten der Krönung forderte der König eine Berna von höchstens ¼ Mark pro Bauernhufe.

Die wichtigsten Berater und Hauptvertreter des jungen Königs waren jetzt Peter von Aspelt, Erzbischof von Mainz, der auch im Westen eng mit der luxemburgischen Familie verbunden war, und Berthold von Henneberg. Es gelang ihnen, zunächst die Wettiner (in Thüringen und Meißen) mit Böhmen zu ver-

---

[362] Dalimil II, Kap. 103, S. 541.
[363] Zu Johann: Nicolas Van Werveke, Mélanges historiques. Révision des regestes de M. Würth-Paquet pour les années 1196–1346, Public de la section hist de l'Instit. Gr.-Ducal 52, 1903; Šusta, Karel IV. Otec a syn; Ferdinand Seibt, Die Zeit der Luxemburger und der hussitischen Revolution, in: Handbuch der Geschichte der böhmischen Länder I, S. 351–536. Ders., Johann von Böhmen, NDB 10 (1974), S. 469 f.; Ivan Hlaváček, Johann der Blinde, König von Böhmen und Graf von Luxemburg, in: Heyen (Hg.), Balduin von Luxemburg, S. 151–173; Spěváček, Jan Lucemburský; Un Itinéraire européen. Jean L'Aveugle; Pauly (Hg.), Johann der Blinde; Hoensch, Die Luxemburger; Bobková, Jan Lucemburský. Zu Mähren die grundlegende Arbeit von Mezník, Lucemburská Morava.
[364] Nur das Exemplar für Mähren ist im Original erhalten (CDM Bd. 6, Nr. 49, S. 37 f.)

8.2 Johann von Luxemburg – in Böhmen und im Reich

söhnen. Nach langen Verhandlungen wurde im März 1311 Mähren aus der österreichischen Pfandschaft ausgelöst, doch andere Wirren dauerten an. Johann zog mit einem bedeutenden Heer nach Olmütz und Brünn, wo ihm von den Mährern gehuldigt wurde. Heinrich von Leipa blieb Oberstmarschall, verlor aber das Unterkämmereramt, das jetzt an Graf Walter von Castell ging. Zahlreiche deutsche Adlige wirkten am Hof und in den wichtigen Landesämtern. Der König suchte verlorene königliche Güter wiederzugewinnen und zerstörte im Osten Mährens einige Burgen, die den Landfrieden bedrohten.

Seit Januar 1313 aber hielt sich Johann im Reich auf, wo er zunächst rüstete, um seinem Vater in Italien zu Hilfe zu kommen. Bei der Nachricht von Kaiser Heinrichs VII. Tod (24. August 1313) löste sich sein böhmisches Heer jedoch schnell auf. Johann sah sich sofort als Kandidat für den römisch-deutschen Thron, aber auch der Habsburger Friedrich der Schöne warf seinen Handschuh in den Ring. Diesem hing der Kärntner Herzog Heinrich an, der sich nach wie vor als böhmischer König und Inhaber dieser Kurstimme bezeichnete. Unter den Kurfürsten traten nur Peter und Balduin, die Erzbischöfe von Mainz und Trier, für Johann ein, die ihn aber angesichts der Aussichtslosigkeit zur Aufgabe der eigenen Kandidatur bewogen.[365] Johann trat nun für Ludwig IV. von Bayern ein, der ihm als Wittelsbacher ungefährlicher schien. Erst im Oktober 1314 kam es zur Doppelwahl von Ludwig dem Bayern und Friedrich dem Schönen, Ludwig wurde am seit jeher richtigen Krönungsort Aachen gekrönt, Friedrich dafür mit den echten Krönungsinsignien in Bonn. Ludwig sagte dem hilfreichen böhmischen König alle alten Privilegien zu, Hilfe zur Gewinnung Polens und Meißens sowie für die Grafschaft Luxemburg mit den Anwartschaften auf Limburg, Brabant und Lothringen.

Erst im Frühjahr 1315 kehrte Johann in sein Königreich zurück. Er wurde jetzt von den adligen Herren gezwungen, die auswärtigen Räte zu entlassen und Heinrich von Leipa wieder zum Unterkämmerer zu machen. Diesen entließ Johann aber wieder und setzte Wilhelm Hase (Zajíc) von Waldeck ein, der zu einer anderen böhmischen Adelsfraktion gehörte. Jetzt brachen Kämpfe im Land aus, Johann suchte Hilfe bei Ludwig dem Bayern sowie bei Peter von Aspelt und Balduin, die Ende März 1316 wieder in Prag erschienen. Trotz Verhandlungen und einem Vergleich kam es zu keiner wirklichen Aussöhnung mit der Adelsmehrheit. Doch konnte Johann sich wenigstens über die Geburt seines Sohnes Wenzel (des späteren Karl IV.) am 14. Mai 1316 freuen. Sein Name wurde sicher aus Rücksicht auf die Böhmen gewählt, man hätte auch den Namen des kaiserlichen Großvaters Heinrich erwarten können. Peter von Aspelt wurde von Johann zum böhmischen Landeshauptmann ernannt. Er selbst zog mit Balduin seinem Verbündeten Ludwig dem Bayern gegen Friedrich den Schönen zu Hilfe; in dem Gefecht von Esslingen (September 1316) wurde er wegen seiner Tapferkeit zum Ritter geschlagen.

---

[365] Neben der oben genannten Literatur Gerlich, König Johann, S. 131–146.

Im April 1317 gab Peter von Aspelt wegen der mächtigen böhmischen Adelsopposition frustriert sein Amt auf, während Heinrich von Leipa Kontakt mit den Habsburgern suchte. Auch deswegen erschien nun König Ludwig im März 1318 in Eger und setzte neue Ausgleichsverhandlungen Johanns mit dem Hochadel durch. Am entscheidenden Landtag in Taus (Domažlice) im April musste Johann seine Bemühungen um eine starke Königsherrschaft praktisch aufgeben: Die Landesämter durften nur noch an Einheimische vergeben werden, die fremden Truppen mussten das Land verlassen. Heinrich von Leipa, der inzwischen ein Verhältnis mit der Königinwitwe Wenzels, Richenza Elisabeth, begonnen hatte, wurde erneut Unterkämmerer.

Der König hatte sich nicht genügend bemüht, in den böhmischen Ländern wirklich persönlich Fuß zu fassen und heimisch zu werden, obwohl er nach dem Bericht des Heinrich von Diessenhofen neben deutsch und französisch auch tschechisch lernte und beherrschte.[366] Es half ihm zum Heimischwerden allerdings auch keine böhmische Partei. Immerhin wurden ihm nun regelmäßige jährliche finanzielle Zuwendungen zugesichert. Ein Plan der Luxemburger und auch Johanns, das Königreich Böhmen gegen die Pfalzgrafschaft am Rhein zu tauschen, kam zwar nicht zustande, zeigt aber, wie wenig Interesse der enttäuschte Johann nun an Böhmen hatte.

Nicht nur deswegen geriet zur gleichen Zeit auch seine Ehe in eine schwere Krise, war fast zerrüttet. Elisabeth – ihren mächtigen Vater und seinen glänzenden Hof stets vor Augen – blieb weiterhin wie auch ihre Freunde, die Äbte von Sedletz und Königsaal, Vertreterin eines starken Königtums, schloss sich, so lauteten zumindest die Gerüchte, sogar einer adligen und patrizischen Partei in den königlichen Städten an, die Johann stürzen wollte, was allerdings scheiterte. Sie zog sich nach Elbogen (Loket) zurück, dann auf Anweisung Johanns nach Melnik (Mělník) in ihr Wittum. Der kleine Wenzel wurde dem Burggrafen von Pürglitz (Křivoklát) übergeben. Nach einer Versöhnung (Elisabeth gebar ihrem Mann noch weitere drei Kinder) war die Ehe Ende 1322 aber endgültig gescheitert. 1323 schickte der König seinen Sohn Wenzel zur Ausbildung nach Paris an den französischen Hof, wo er bei seiner Firmung den Namen Karl nach seinem Firmpaten, König Karl IV. von Frankreich (1322–1328) erhielt. Der französische König war seit 1322 mit Maria, der Schwester Johanns, verheiratet. Seine erste (Kinder-)Ehe schloss der junge Karl mit Blanca aus dem Haus Valois.

Im Königsschisma brachte erst die Schlacht von Mühldorf im September 1922 eine vorläufige Entscheidung. Ludwig der Bayer siegte auch mit Hilfe der böhmischen Truppen Johanns über den Habsburger Friedrich, der sogar in Gefangenschaft geriet. Johann erlangte zum Dank die Herrschaft über die Altmark, die Länder Bautzen und Görlitz und das Egerland als Pfandbesitz. Doch seinen weitergehenden Wunsch, Brandenburg und dessen Kurstimme an sich zu brin-

---

[366] Heinrich von Diessenhofen in: Böhmers Fontes rerum Germanicarum 4, hg. von A. Huber, Stuttgart 1868 (Neudruck 1969), S. 52.

8.2 Johann von Luxemburg – in Böhmen und im Reich

gen, verhinderte Ludwig, denn er wollte die Position des Luxemburgers nicht noch weiter stärken. Eine allmähliche Entfremdung zwischen Johann und Ludwig war die Folge. Der böhmische König knüpfte nun mit den Habsburgern neue Verbindungen an und sprach sich für eine Neuwahl des Königs und eine französische Kandidatur aus.

Aber nun setzte Papst Johannes XXII. (1316–1334) in Avignon König Ludwig ab und exkommunizierte ihn. Die Appellationen König Ludwigs, der schon längst einen Italienzug geplant hatte, beachtete er nicht. Doch die Mehrheit der Kurfürsten blieb auf Ludwigs Seite, da sie ihr Wahlrecht durch den Papst nicht beschneiden lassen wollten. Nur die Dominikaner hielten sich streng an den päpstlichen Bann, die anderen Kleriker und Mönche aber gaben dem Volk, welches das verhängte Interdikt nicht beachten wollte, größtenteils nach. Ludwig der Bayer fand schließlich 1325 einen klugen Ausgleich mit den Habsburgern: Das „Doppelkönigtum" mit Friedrich dem Schönen wurde installiert, bei dem der böhmische König allerdings leer ausging.

Das Mitkönigtum des Habsburgers Friedrich sollte Ludwig dem Bayern vor allem seinen Italienzug zur Kaiserkrönung erleichtern. Im Januar 1327 brach er auf; nach Erringung der lombardischen Krone erreichte er im Januar 1328 Rom und empfing die Kaiserkrönung nicht durch päpstliche Legaten, sondern gegen den Papst durch den römischen Stadtadel und den Bischof von Venedig, der mit Avignon im Streit lag. Er enthob sogar vor der Peterskirche Johannes XXII. (1316–34) seines Amtes und ließ einen neuen Papst wählen – was folgenlos blieb. Der avignonesische Papst erklärte die Kaiserkrönung für nichtig und sprach schließlich auch das Interdikt über das gesamte Reich aus.

Als Ludwig erst 1330 wieder Deutschland erreichte, war gerade Friedrich der Schöne gestorben. König Johann schloss mit dessen Söhnen Albrecht II. und Otto Frieden, vermittelte sogar zwischen den Habsburgern und Ludwig dem Bayern. Der Kaiser war zunächst politisch gefestigt und fand die Zustimmung der Laienfürsten im Reich.

Im selben Jahr starb Johanns Frau Elisabeth, die Přemyslidin, in Prag. Seinen Sohn Karl informierte er über den Tod seiner Mutter angeblich erst drei Jahre später. Ihren Mann hatte Elisabeth wohl zuletzt bei seinem flüchtigen Besuch im Juni 1329 gesehen. Im Herbst dieses Jahres war auch der adlige Hauptgegner einer starken Königsherrschaft Heinrich von Leipa gestorben.

Ein Blick auf die Karte der Aufenthalte König Johanns zeigt das europäische Ausmaß seines Itinerars und seines Aktionsrahmens:[367] von Königsberg bis Toulouse, vom Ärmelkanal bis nach Lucca. Mehr als 10 seiner Aufenthalte sind jeweils in Prag, Brünn und Breslau nachgewiesen, im Westen in Trier, Luxemburg, Arlon und Paris, 4 bis 10 Aufenthalte in Kuttenberg, Olmütz, Znaim, Taus, Wien, Eger, Cham, Regensburg, Landshut, Nürnberg, im Westen in Frankfurt, Köln, Brüssel, Lüttich, Metz, Echternach und in weiteren Orten. Er war ständig

---

[367] Itinéraire, S. 12–15.

auf neue Projekte aus, mit Politik, Diplomatie und kriegerischen Fehden als „Hansdampf in allen Gassen"[368] beschäftigt und als ritterlicher Turnierkämpfer berühmt. Er betrachtete sein böhmisches Königreich vor allem als finanzielle Quelle für seine weit gespannten Aktivitäten. So erpresste er z. B. bei seinem Prager Aufenthalt von 1325 zur Finanzierung seines Krieges gegen die Stadt Metz durch unterschiedliche Steuerarten 95.000 Mark Silber.[369] Freigebigkeit und Prachtentfaltung als feste Bestandteile der Herrschaftspraxis und sein gesteigertes Repräsentationsbedürfnis als Kaisersohn sollten gewiss nicht übersehen werden.[370] Das gilt auch für die Prägung von Goldmünzen (im Wert von zunächst etwa 14 Groschen), die er im selben Jahr als erster Reichsfürst nach dem Vorbild des florentinischen Guldens begann, auch wieder mit Hilfe lombardischer Fachleute.[371] Gewiss geschah dies aus Prestigegründen nicht zuletzt in Konkurrenz zu Karl Robert, dem ungarischen König, der über beträchtliche Gold- und Silbervorkommen um Kremnitz (Kremnica im heute slowakischen Erzgebirge) verfügte. Auf der anderen Seite traf die bedeutende Verschlechterung der böhmischen Denare, des Kleingelds für den täglichen Bedarf, besonders die ärmere Bevölkerung.[372]

8.3 König Johann – Pläne und Reisen

Die Böhmen am wenigsten tangierende Herrschertätigkeit Johanns (vom Geld abgesehen) betraf vor allem die Grafschaft Luxemburg und den Raum an Rhein und Maas:[373] Viele diplomatisch-politische Aktionen und mitunter heftige blutige Fehden und Kriege vor allem um das Herzogtum Brabant und die Grafschaft Bar, aber auch die Gewinnung von Pfandschaften und der Kauf von Herrschaften führten zur territorialen Erweiterung der Grafschaft. Die Verbindung zu seinem Onkel Balduin, Erzbischof von Trier, war hilfreich, soweit es nicht Trierer Territorialpolitik betraf. Aber auch Johanns wirtschaftliche und Verwaltungsmaßnahmen, seine Münzpolitik, die Förderung der Märkte, Messen, Zollstätten, Geleitrechte und des Landfriedens dienten dem steigenden Warenhandel und

---

[368] So Heinz Thomas, Deutsche Geschichte des Spätmittelalters, Stuttgart 1983, S. 186.
[369] Peter von Zittau II 19. Zu Johanns böhmischer Münz- und Geldpolitik Reichert, Landesherrschaft, Bd. 1, S. 294–300.
[370] Johannes Abdullahi, Der Kaisersohn und das Geld. Freigebigkeit und Prachtentfaltung König Johanns von Böhmen (1296–1346), Luxemburg 2019.
[371] Peter von Zittau II 14; Franz Irsigler, Kuttenberger Silber, böhmische Groschen, Prager Gulden. Zur Münz- und Geldpolitik König Johanns von Böhmen, in: Pauly (Hg.), Die Erbtochter, S. 95–107.
[372] Peter von Zittau II 19.
[373] Reichert, Landesherrschaft; Kurzfassung in ders., Johann der Blinde als Graf von Luxemburg, in: Pauly (Hg.), Johann der Blinde, S. 169–196.

8.3 König Johann – Pläne und Reisen

seinem eigenen finanziellen Gewinn. Die Bilanz seiner fast 40-jährigen Herrschaft in Luxemburg, die er als seine eigentliche Heimat ansah, gilt als durchaus positiv, Luxemburg hatte in seiner Zeit eine starke Position im lothringischen Raum.

Fast in jedem Jahr verbrachte Johann einige Wochen in Paris, wo er an Hoffesten und Turnieren als beliebter ritterlicher Kämpfer teilnahm. Zum neuen französischen König Philipp VI. (1328–1350) aus der Linie Valois unterhielt er ein gutes Verhältnis und der französische König unterstützte mehrfach Johanns Aktivitäten im Nordwesten. 1332 wurde Johanns Tochter Guta/Bonne mit dem französischen Thronfolger Jean vermählt. Johann versprach Frankreich ein Kontingent von 400 Rittern, wann immer gewünscht, zur Verfügung zu stellen (außer gegen den römisch-deutschen König und Kaiser). Eine mögliche Kandidatur Johanns für die römische Krone wurde wohl auch angesprochen. Er bekam in Paris ein Palais geschenkt, das später Hôtel de Bohême hieß.

Näher an den böhmischen Ländern lagen die polnischen Ambitionen und Aktionen König Johanns. Der Kriegszug des letzten Přemysliden Wenzels III., in dessen Verlauf er ermordet worden war, hatte sich bereits gegen den piastischen Fürsten Władysław Łokietek (Ellenlang) gerichtet. Dieser hatte begonnen, mit Unterstützung des ungarischen Königs Karl II. Robert von Anjou, Großpolen und Kleinpolen unter seiner Herrschaft zu versammeln; einen Aufstand proböhmischer Krakauer und Posener Patrizier schlug er nieder. Die Weichselmündung hatte er allerdings an den Deutschen Orden verloren. Nun versuchte Władysław Łokietek bei der Kurie die Zustimmung zur polnischen Königskrone zu gewinnen; er bekam sie, gegen den Protest König Johanns. Der Pole wurde im Januar 1320 in Krakau also zum „König ganz Polens" (1320–33) gekrönt;[374] Krakau blieb seitdem polnische Krönungsstadt. Schlesien aber wurde nicht Teil des neuen Königreichs, denn fast alle schlesischen Herzöge huldigten seit 1327 Johann als Lehensherrn, wegen der alten Beziehungen zu Böhmen oder weil sie vom König mit Silber gelockt oder anderweitig unter Druck gesetzt wurden. Einen Kreuzzug mit böhmischen und deutschen Adligen gegen die heidnischen Prussen und Litauer 1328/29, den er als christlicher Ritter versprochen hatte, nutzte Johann auch, um Władysław Łokietek unter Druck zu setzen. Den masowischen Fürsten Wacław zwang er zur Leistung des Lehenseides. Weitere Gefechte in Großpolen folgten. Ein handstreichartiger Angriff Johanns auf Krakau scheiterte allerdings.

Mit dem Sohn Władysławs, Kasimir III. dem Großen (Kazimierz Wielki 1333–70) schloss Johann, hierbei schon unterstützt von seinem Sohn Karl, dem Markgrafen von Mähren, schließlich im November 1335 in Visegrád und Trentschin (Trenčín) durch Vermittlung des ungarischen Königs einen Vergleich:[375] Er verzichtete gegen 20.000 Schock Prager Groschen auf die polnische Krone, Kasimir erkannte (etwas später) die böhmische Lehens-Oberhoheit über Schlesien auch

---

[374] Mühle, Piasten, bes. S. 90–119.
[375] RBM IV, Nr. 195 und 221.

de iure an. Die östliche Lausitz mit Görlitz konnte Johann käuflich erwerben. Zwar gab es auch später noch Auseinandersetzungen (etwa um das Herzogtum Liegnitz), dennoch war der Grenzverlauf zwischen Polen und Schlesien damit im Großen und Ganzen für Jahrhunderte festgelegt. Die drei ostmitteleuropäischen Großmächte Polen, Böhmen und Ungarn fanden durch die Trentschiner Abkommen einen stabileren Ausgleich ihrer Interessen.

König Johanns Aktionen in Oberitalien hängen stärker mit der Reichspolitik zusammen und müssen auch in diesem Zusammenhang gesehen werden: Als Kaiser Ludwig im Jahr 1330 aus Italien zurückkehrte, verfolgte Johann neue Pläne. Im September schloss er in Absprache mit den Österreichern einen Ehevertrag für seinen kleinen Sohn Johann Heinrich mit der künftigen Erbtochter des Herzogtums Kärnten und der Grafschaft Tirol, Margarete (Maultasch). Johann erschien in Trient und hatte schon ein Eingreifen in Oberitalien im Sinn. Kaiser Ludwig war über den drohenden beträchtlichen Machtzuwachs des Luxemburgers alarmiert und schloss noch 1330 mit den Habsburgern ein Geheimabkommen, das nach dem Tod Herzog Heinrichs von Kärnten eine Teilung der beiden Länder zwischen Habsburgern und Wittelsbachern vorsah.

Als sich König Johann entschloss, im September 1330 in Reichsitalien einzugreifen, geschah dies vielleicht zunächst noch mit Billigung des Kaisers oder nur unter dem Vorwand, als seine Vorhut und in seinem Amt als Reichsvikar einzugreifen. Er gewann nach Brescia, das ihn zu Hilfe rief, 1331 eine beträchtliche Anzahl von lombardischen Städten für sich, deren vor allem einfache Bevölkerung sich bessere Tage unter Johann, dem Sohn des ehemaligen Kaisers erhoffte. Oft wurde der böhmische König begeistert begrüßt, auch vom großen Dichter Dante Alighieri. Papst Johannes XXII., der Legaten aus Avignon zu ihm schickte, verhielt sich, trotz territorialer Bedenken wegen der Nähe des Kirchenstaates, eher neutral, denn eine mit Johanns Handlungen verbundene Schwächung des Kaisers erschien ihm vorteilhaft.

In Parma traf sich Johann mit seinem etwa 14-jährigen Sohn Karl, den er mit einer Reihe rheinischer Adliger aus Luxemburg herbeigerufen hatte, da er selbst in das Reich zurückkehren wollte.[376] In Pavia hatten Feinde den jungen Prinzen und sein Gefolge zu vergiften versucht, wie Karl selbst in seiner Lebensbeschreibung mitteilt.[377]

Misstrauisch hatte der Kaiser die Taten Johanns in Italien beobachtet. Der diplomatisch gewandte Johann traf sich aber 1331 mit ihm in Regensburg und schloss nach langen Verhandlungen einen Vergleich; auch Balduin scheint sich beim Kaiser für seinen Neffen eingesetzt zu haben. Johann durfte, gegen beträchtliche finanzielle Vergütungen, fast alle seine italienischen Gewinne behal-

---

[376] Heinz Thomas, Vater und Sohn. König Johann und Karl IV, in: Pauly (Hg.), Johann der Blinde, S. 445–482; zu Karls Aktivitäten in Italien auch Widder, Itinerar und Politik.
[377] Vita Caroli Quarti. Kap. 4. In den folgenden Kapiteln berichtet Karl ausführlich über die Kämpfe in Oberitalien und um Tirol.

ten, allerdings nur als Pfandschaften des Reiches oder im Falle Brescias und Luccas als Erblehen des Reiches. Eine dritte Machtposition neben Böhmen und Luxemburg schien sich für Johann nun zu eröffnen.

Eigentlich drängte es den König, nach Frankreich zu gehen. Aber nach über zwei Jahren Abwesenheit hatte er doch böhmische Angelegenheiten zu regeln. Noch in Regensburg musste er den klagenden Prager Bürgern die gleichen Handelserleichterungen zubilligen, die er bereits den Regensburgern gewährt hatte. Mitte August berief Johann einen Hoftag nach Taus an der böhmischen Grenze ein – ein Ort, der sich noch im niederbayerischen Pfandbesitz befand –, an dem sich auch Reichsfürsten beteiligten. Erneut ging es dem König vor allem um Geld für den Italienfeldzug; er versprach nun aber, keine neue öffentliche Berna von den Böhmen zu fordern, die er bisher angeblich nur „aus Wohlwollen" bekommen habe. Nur bei Eheschließungen seiner Töchter und bei der Krönung seines Sohnes werde er eine Viertel Mark pro Hufe (*fertonem de laneo*) von Bischof, Klerus, Mönchsorden, Baronen, Adligen und Bürgern einfordern.[378]

Das Gerücht von einem drohenden Einfall der Ungarn und Österreicher in Mähren zwang ihn nun doch, nach Prag zu kommen, zu einem Krieg kam es aber nicht. Ein Zug über Breslau und Glogau zur Unterstützung des Deutschen Ordens gegen Polen folgte; Gnesen wurde niedergebrannt. Vom 6. bis 13. Dezember aber war Johann wieder in Prag und übergab die Verwaltung des Landes dem Unterkämmerer Ulrich Pflug (Oldřich Pluh) von Rabstein; am 15. Dezember befand er sich in Neustadt/Naab, am 19. dann in Frankfurt, Weihnachten wollte er in Paris feiern – dies ist nur *ein* Beispiel für seine hektisch erscheinende Aktivität.

Im September 1332 hielt sich Johann wieder kurz in Prag auf, um erneut Geld für seinen Italienzug zu sammeln. Die militärische Lage Karls zwischen guelfischen und ghibellinischen Städten wurde trotz eines verlustreichen Sieges bei Modena im November 1332 sehr kritisch: Mächtige Städte wie Mailand unter den Visconti, Florenz und andere, aber auch König Robert von Neapel hatten sich zu einer Liga gegen die böhmische Herrschaft zusammengeschlossen. Im Dezember 1332 erschien Johann gemeinsam mit einem beträchtlichen französischen Aufgebot wieder in der Lombardei. Denn neben dem Papst war auch der französische König an Oberitalien höchst interessiert, die französische Nebenlinie der Anjou regierte bereits in Neapel. Nach einer vernichtenden Niederlage der französischen Ritter bei Ferrara und dem Waffenstillstand von Castelnuovo verließ Johann fast fluchtartig die Lombardei im Oktober 1333. Sein Thronerbe Karl begab sich nach Böhmen, wo er im Januar 1334 den Titel eines Markgrafen von Mähren annahm.

Im Dezember 1334 verband sich Johann durch seine zweite Ehe mit Beatrix von Bourbon erneut mit dem französischen Königshaus; sie war eine Cousine des Königs. Es war offensichtlich eine gute Ehe, beide stammten aus dem gleichen kulturellen Umfeld.

---

[378] RBM III, Nr. 1807.

Nach dem Scheitern seiner Italienpläne, die er jedoch nicht gänzlich aufgab, versuchte der Böhme zwischen dem immer noch gebannten Kaiser Ludwig und der Kurie zu vermitteln. Nach seinem Vorschlag sollte Kaiser Ludwig als römisch-deutscher König zurücktreten und dafür die erwünschte päpstliche Absolution erhalten; als sein Nachfolger im deutschen Reichsteil sollte Johanns Schwiegersohn Heinrich XIV. von Niederbayern auftreten. Aber er scheiterte auch mit diesem Plan, denn die anderen Kurfürsten wollten auf ihrer einstigen Wahl Ludwigs bestehen und der Papst sprach die Absolution für Ludwig nicht aus.

Als der Kärntner Herzog Heinrich (einst böhmischer König) im April 1335 starb, belehnte der Kaiser nach seinem Geheimabkommen die Habsburger mit Kärnten und Südtirol, Nordtirol wollte er selbst behalten. Die Habsburger marschierten in Kärnten ein, doch Karl, der sich auf Wunsch König Johanns seit Januar 1336 inzwischen in Tirol als Statthalter für seinen Bruder Johann Heinrich (der als Fünfjähriger mit der Tiroler Erbin Margarete verlobt worden war) einsetzte, verteidigte mit dem Tiroler Adel dieses Land. Auf einem Reichstag in Regensburg im September 1335 erschien Johann zwar noch, von Balduin gedrängt, aber der Streit mit dem Kaiser setzte sich fort. König Johann begann in Prag, wohin er nach drei Jahren Abwesenheit zurückgekehrt war, zu rüsten, um seine Ansprüche wegen des Heiratsvertrags mit Margarete gegen den wittelsbachischen Kaiser und die österreichischen Habsburger durchzusetzen. Johann benötigte wiederum viel Geld, worunter 1336 auch die böhmischen Juden leiden mussten. Als dem König entsprechende Gerüchte zugetragen wurden, ließ er unter der Synagoge graben und erbeutete dort 2000 Mark Silber. Dann ließ er die Juden gefangen nehmen und erzwang eine große Summe als Lösegeld. Auch um das Grab des hl. Adalbert auf der Prager Burg ließ er nach Gold und Silber graben, hier allerdings vergeblich. Seinen Städten und Märkten legte er eine Ertragssteuer (*ungelt*) auf, was zu Unruhen in der Bevölkerung führte. Dem Kloster Königsaal nahm er ohne Zustimmung des Abtes und Konvents die Burg Landsberg mit allem zugehörigen Landbesitz ab.[379] Schließlich begann er, mit Söldnertruppen in Österreich einzufallen, einigte sich dann aber doch mit den Habsburgern im Oktober 1336: Sie verblieben im Besitz Kärntens, Tirol im Besitz der Luxemburger.

Zu Weihnachten brach Johann mit Sohn Karl und seinem Schwiegersohn Heinrich von Bayern zu seinem zweiten Kreuzzug auf, dabei bestätigte er dem Deutschen Orden den umstrittenen Besitz Pomerellens. Im April 1337 war er wieder in Prag, wo er zum ersten Mal seinen jüngsten Sohn Wenzel aus seiner zweiten Ehe sah; dieser altböhmische Name wurde ihm sicher mit Rücksicht auf die Böhmen gegeben. Im Mai wurde Beatrix im Veitsdom zur Königin gekrönt. Die Königin, die nur französisch sprach, erregte offensichtlich bei den Böhmen

---

[379] Peter von Zittau III 12.

wenig Begeisterung. So schickte Johann Ehefrau und Sohn nach Luxemburg, wohin er auch selbst bald entschwand.

In dieser Zeit begann sich die große Konfrontation zwischen den französischen und englischen Königen (der Hundertjährige Krieg) anzubahnen. Der Kaiser und viele deutsche Fürsten näherten sich den Engländern, die ihnen für Kriegshilfe reiche englische Subsidien versprachen. Überhaupt war in Deutschland zu dieser Zeit eine deutlich antifranzösische und antipäpstliche Stimmung verbreitet. Auch Balduin, als trierischer Territorialherr und Kurfürst des Reiches wegen der häufigen französischen Grenzverletzungen beunruhigt, stellte den Engländern 500 Ritter zur Verfügung. Wohl auch wegen der Gefahr, dass sich Johanns 500 luxemburgische Ritter mit denen seines Onkels Balduin in der Schlacht gegenüberstehen könnten, ließ sich Johann vom französischen König zum Statthalter in der entfernten Gascogne ernennen, wo er bis zum Frühjahr 1339 erfolgreich waltete.

So konnte Johann auch nicht am berühmten „Kurverein von Rhens" im Juli 1338 teilnehmen, wo die Kurfürsten das Mehrheitsrecht bei der Königswahl ohne Erwähnung der päpstlichen Approbation festlegten. Balduin von Trier war es wohl, der die Grundgedanken zu diesem Entschluss geliefert hatte. Auf einem Frankfurter Hoftag im März 1339 schloss sich aber auch der böhmische König, zweifellos von Balduin bewogen oder unter Druck gesetzt, der Position der anderen Fürsten an und ließ sich von Kaiser Ludwig endlich für seine Länder belehnen. Ludwig der Bayer stand nun auf der Höhe seiner Macht. Doch Johanns Sohn Karl behauptete, Ludwig habe seinen Vater mit Lug und Trug getäuscht und ihm sein, Karls, Einverständnis nur vorgegaukelt. Alles, was in Frankfurt beschlossen wurde, erklärte er für null und nichtig.[380]

8.4 Johann und Karl – der Kampf um die römisch-deutsche Krone[381]

Im Jahre 1337 endete die für lange Zeit wichtigste erzählende böhmische Quelle, die Königsaaler Chronik des Peter von Zittau. Für die letzten Jahre König Johanns und für Karls Leben in Paris und seine Anfänge in Luxemburg, Oberitalien, Tirol und Böhmen ist jetzt die einzige Selbstbiographie eines mittelalterlichen Königs und Kaisers, nämlich Karls IV. selbst, zu nennen, der sie seinen Nachfolgern auf

---

[380] Vita Caroli Quarti IV., Kap. 14.
[381] Heinz Thomas, Vater und Sohn. König Johann und Karl IV, in: Pauly (Hg.), Johann der Blinde, S. 445–482.

seinen zwei Thronen widmet.[382] Wahrscheinlich hat Karl die Vita Caroli IV. 1350 während einer längeren Krankheit verfasst, um sich als von Gott von Anfang an auserwählter römisch-deutscher König zu präsentieren. Die 20 Kapitel enden mit seiner Königswahl 1346, aber nur die ersten 14 Kapitel stammen von Karl selbst, die letzten 6 Kapitel hat ein anderer Autor im Sinne des Königs fortgeführt.

Als eine moderne Autobiographie wird man sie nicht bezeichnen können, wie dies schon aus seinen ersten Kapiteln zu ersehen ist, die das christlich fromme Leben zum Thema haben. Neben geistlichen Meditationen, Warnungen und Wünschen an seine Nachfolger berichtet Karl auch über seine Träume, Visionen und Prophezeiungen, die sich stets bewahrheiteten.[383] Dann beschreibt der König seine Kindheit und Jugend in Paris und in Luxemburg, ausführlich seine politischen und vor allem militärischen Auseinandersetzungen in der zerklüfteten Städtelandschaft Oberitaliens und als Beschützer seines kleinen Bruders Johann Heinrich in und um Tirol.

König Johann hatte inzwischen persönliche Schicksalsschläge zu ertragen. 1337 erblindete er auf dem rechten Auge; in Breslau ließ er einen französischen Arzt, dessen Behandlung daran schuld gewesen sein soll, in der Oder ertränken.[384] Als seinem linken Auge die gleiche Gefahr drohte, begab er sich 1340 heimlich nach Montpellier zur dortigen medizinischen Hochschule, aber auch hier misslang eine Operation. Johann der Blinde, wie der König in Luxemburg und im Westen Europas bis heute genannt wird, ließ dennoch mit seinen Plänen und Aktionen nicht nach. Der Zisterzienserabt Johann von Viktring, der den König kannte, berichtet von einem tragikomischen Treffen des blinden Johann mit dem lahmen Herzog Albrecht II. von Österreich: Johann wollte den Raum verlassen und beide mussten lachen, als der eine die Tür nicht sehen, der andere ihn den Weg nicht führen konnte.[385]

Als Johanns Schwiegersohn Heinrich von Niederbayern 1339 starb, beanspruchte der Kaiser sofort die Vormundschaft über dessen unmündigen Sohn Johann, konnte schließlich Niederbayern mit Oberbayern unter der wittelsbachischen Herrschaft verbinden und damit den Weg Böhmens nach Tirol weiter erschweren.

---

[382] Vita Caroli Quarti. Eugen Hillenbrand, Karl IV. Verfasserlexikon Bd. 4 (1983), Sp. 994–999 nennt auch weitere von Karl verfasste bzw. ihm zugeschriebenen Texte: die Moralitates und eine Wenzelslegende; den Fürstenspiegel hält nur Jiří Spěváček für authentisch.

[383] In den Kapiteln 1, 2, 11–13. Neue Zusammenhänge sieht auch Pierre Monnet, Zwischen Autobiographie und Gesetzgebung. Karl IV. und die luxemburgische Großpolitik seiner Zeit 1346–1356, in: Penth/Thorau, Rom 1312, S. 409–425.

[384] So Peter von Zittau III 14. Liliane Bellwald, Das Augenleiden Johanns des Blinden aus medizinischer und medizinhistorischer Sicht, in: Pauly (Hg.), Johann der Blinde S. 545–566.

[385] Johann von Viktring, Liber certarum historiarum, 2 Bde., MGH SS in us. schol. 36, hg. von Fedorus Schneider 1909/10, S. 225.

8.4 Johann und Karl – der Kampf um die römisch-deutsche Krone

1340/41 ging auch Tirol den Luxemburgern verloren; die Ehe Johann Heinrichs, dessen Vormund und Beschützer sein Bruder Karl war, ist mit der Erbtochter Tirols, Margarete Maultasch vielleicht gar nicht vollzogen worden. Im November 1341 wurde Johann Heinrich vom Adel, dessen Widerstand auch von Ludwig geschürt wurde, und von seiner offiziellen Ehefrau aus dem Land vertrieben. Der Kaiser griff nun massiv ein, verheiratete Margarete (ohne eine kirchliche Scheidung abzuwarten) mit seinem Sohn Ludwig, Markgraf von Brandenburg, der gerade Witwer geworden war, und belehnte diesen auch mit dem bisher habsburgischen Kärnten. Die Habsburger schlossen daraufhin Ende 1341 ein Defensivbündnis mit den Luxemburgern gegen den Wittelsbacher. Viele Fürsten waren über die rücksichtslose Hausmachtspolitik Ludwigs empört. Stimmen nach einer Neuwahl wurden laut und Johann versuchte nun seinen Sohn Karl zum wichtigsten Thronkandidaten aufzubauen.

Inzwischen spitzten sich die Spannungen zwischen England und Frankreich zu, ein Krieg drohte. Vielleicht entschloss sich König Johann deswegen im September 1340, ein Testament zu verfassen: Seinem Sohn Karl übertrug er das Königreich Böhmen, Schlesien und die Lausitz, dem jüngeren Sohn Johann Heinrich die Markgrafschaft Mähren und seinem jüngsten Sohn Wenzel die luxemburgischen Lande.[386] Für ein Jahr hielt er sich 1341/42 in Prag auf, wo Beratungen über die Nachfolge Karls anstanden. Im Juni 1341 wurde Karl auf Betreiben Johanns von den böhmischen Ständen zu seinem Nachfolger gewählt;[387] im Februar 1342 übernahm er zunächst für zwei Jahre die faktische Regierungsgewalt. Karl suchte für seine böhmische Zukunft auch die Kontakte zu Polen und Ungarn zu festigen; die Könige Kasimir III. von Polen und Ludwig I. von Ungarn (1342–82) erschienen 1341 und 1343 in Prag.

Zwar bemühte der Kaiser sich wieder um einen Ausgleich mit den Luxemburgern, wandte sich daher vom englischen König Edward III. (1327–77) ab und schloss ein Bündnis mit König Philipp VI. (1328–50), der daraufhin nicht mehr offen für Karls Thronkandidatur eintrat. Anfang 1345 brachen Vater und Sohn von Breslau aus zu einem weiteren Litauenkreuzzug auf, begleitet von anderen Fürsten wie dem ungarischen König und dem Grafen von Holland; der Zug hatte keinen Erfolg, da man wegen des milden Wetters nicht über vereiste Sümpfe und Gewässer vorrücken konnte. Die Kreuzzüge gegen die noch heidnischen Litauer waren damals für den ritterlichen Adel ganz Europas eine prestigeträchtige, beliebte Beschäftigung. Für Karl war dieser Zug aber auch eine Möglichkeit, nebenher den Polen Kasimir III. militärisch zu beunruhigen, denn dieser hatte sich mit Kaiser Ludwig im Januar 1345 verbündet. Durch Vermittlung des Papstes aber wurden die Kämpfe (um Schweidnitz und Troppau) wieder beendet.

---

[386] Jean Bertholet (Hg.), Histoire écclésiastique et civile du duché de Luxembourg et comté de Chiny, Bd. 6, Luxemburg 1743, preuves S. 38 f. RBM IV, Nr. 819. Böhmers RI Nr. 280.
[387] RBM IV, Nr. 935.

In der Frage der Thronkandidatur setzten Johann und Karl nun ganz auf den französischen Papst Clemens VI. (1342–52) in Avignon, der sich wie seine Vorgänger die Entmachtung des immer noch gebannten Ludwigs wünschte. Persönliche Beziehungen waren entscheidend: Karl kannte den Clemens als gebildeten Lehrer Pierre Roger seit seiner Zeit in Paris sehr gut. Mehrmals besuchten Johann und Karl die Papstresidenz in Avignon.

Ein großer Erfolg glückte den böhmischen Luxemburgern, vor allem Karl, bereits am 30. April 1344: Das Bistum Prag wurde aus der Mainzer Kirchenprovinz herausgelöst und vom Papst zu einem eigenen erzbischöflichen Metropolitansitz mit den Suffraganbistümern Olmütz und Leitomischl (Litomyšl) erklärt. Die kirchenpolitische Selbständigkeit war auch von früheren přemyslidischen Herrschern immer wieder vergeblich angestrebt worden. Zum ersten Erzbischof wurde der Prager Bischof Ernst von Pardubitz (Arnošt z Pardubic 1343–64).[388]

Um den noch zögernden überaus wichtigen Balduin von Trier für sich zu gewinnen, übertrug ihm Karl wohl ohne Rücksicht auf seinen Vater schließlich Teile der Grafschaft Luxemburg als Pfandbesitz. Karl erklärte sich selbst gegen das Testament des Vaters anstatt des unmündigen Wenzels zum künftigen Erben der Grafschaft. Johann und Beatrix wurden mehr oder weniger gezwungen, einige Burgen und Städte zu verkaufen, um Balduin, der nun im Mai 1346 endgültig von Ludwig abfiel, genügend Geld zur Gewinnung der Kölner Kurstimme zuzuwenden. Als Kaiser Ludwig nach dem Tod Graf Wilhelms IV. von Holland-Hennegau, auch die Grafschaften Seeland und Friesland (über dessen wittelsbachische Witwe) in die Hand bekam und damit noch mächtiger zu werden drohte, waren die Kurfürsten zur Neuwahl fest entschlossen.

Nach längeren Verhandlungen in Avignon verfluchte Papst Clemens im April 1346 Kaiser Ludwig und forderte schließlich die Kurfürsten zur Wahl eines neuen Königs auf. Im Juli des Jahres sprachen die Erzbischöfe von Mainz, Köln und Trier, der Herzog von Sachsen und der böhmische König die Absetzung Ludwigs des Bayern aus und wählten den Markgrafen Karl zum römisch-deutschen König. Der Wahlort Rhens war ohne Zweifel mit Absicht gewählt worden und die Mitteilung an den Papst, die von Balduin formuliert wurde, erwähnt dementsprechend keine päpstliche Approbation; der Papst lieferte sie dennoch.

Kurz nach der Wahl Karls wurden er und sein Vater vom französischen König ersucht, ihm gegen das englische Heer Edwards III. (1327–77) zu Hilfe zu kommen. Die Schlacht bei Crécy (Dép. Somme) am 26. August 1346 gilt als erste große Schlacht des Hundertjährigen Krieges. Die bessere strategische Position der Engländer und vor allem ihre Langbogenschützen führten zur katastrophalen Niederlage der französischen Ritter. Der blinde König Johann, der mit Böh-

---

[388] Jaroslav Polc, Ernst von Pardubitz, in: Lebensbilder zur Geschichte der böhmischen Länder 3, München/Wien 1978, S. 25–42; Zdeňka Hledíková, Arnošt z Pardubic, Vyšehrad 2008; über die Prager Synoden seit seinem Regierungsantritt Jaroslav V. Polc/Zdeňka Hledíková, Pražské synody a koncily předhusitské doby [Prager Synoden und Konzile der vorhussitischen Zeit], Prag 2002.

8.4 Johann und Karl – der Kampf um die römisch-deutsche Krone

men und Rheinländern im ersten Treffen des Heeres stand, wurde von zwei Rittern, dem Basler Heinrich Münch und Heinrich von Klingenberg in die Schlacht geführt und fand dort den Tod.[389] Dass er sich einen Tod in einer offenen Schlacht „in Treue und mit der geschuldeten Ehre" gewünscht hatte,[390] bedeutet nicht, dass er einen Selbstmord (in unserem Sinne) angestrebt hätte; damals kam ein solcher Gedanke offenbar keinem Zeitgenossen in den Sinn. Dass der Leichnam des tapferen böhmischen Königs vom englischen Kronprinzen Edward von Woodstock gefunden wurde, der daraufhin den Wahlspruch Johanns ‚Ich dien" in das Wappen des Prinzen von Wales übernahm, ist wahrscheinlich nur eine Legende. Die italienischen, englischen und vor allem französischen Quellen (Jean le Bel und Froissart) bauten die Gestalt des tapferen und todesmutigen Johann in Crécy zu einer fast mythischen königlichen Rittergestalt aus.[391]

Johanns durch einen Schwerthieb am Gesicht verletzter Sohn Karl war mit seinen luxemburgischen Kämpfern ebenso wie König Philipp VI. geflohen, als sich die Niederlage abzeichnete, wie deutsche und französische Quellen berichten oder andeuten. Karls Leben wurde durch seine Flucht wohl gerettet; seinen Leibwächter Johann von Rodemacher, der dabei eine große Rolle spielte, hat er dafür später fürstlich belohnt. Die Berichte von Karls Flucht dürften auch nach Böhmen gelangt sein und veranlassten die böhmischen Chroniken aus dem Umkreis Karls, Benesch von Weitmühl und Franz von Prag, dazu, die gewaltige tapfere Rolle des Kämpfers Karl apologetisch zu betonen, der nur durch das heftige Drängen seiner Leute, die ihren künftigen König nicht verlieren wollten, zum Abzug gedrängt worden sein soll.

Karl brachte den Leichnam seines Vaters über die Zisterzienserabtei Ourscamps am 7. September nach Luxemburg, wo er zunächst bestattet wurde. Die verschiedenen späteren Begräbnisorte Johanns muten wie eine Fortsetzung seines unsteten Lebens an; erst im August 1946 kamen seine Gebeine endgültig wieder nach Luxemburg.

Die Quellen unterscheiden sich in ihren Aussagen erheblich und wirken auch auf die spätere Historiographie. Die negative böhmische Sicht ist der Königsaaler Chronik geschuldet: Peter von Zittau ist vom König, den er zunächst begeistert begrüßt hatte, tief enttäuscht; er ist kein würdiger Herrscher wie einst der Klostergründer Wenzel II. Er kommt selten in sein Königreich und nur, um Geld für seine Fehden und Turniere aus dem Land zu pressen; gerade seine Königsklöster hatten darunter in der Tat schwer zu leiden. Reste der Begeisterung Peters zeigen sich allerdings beim Bericht über erfolgreiche militärische

---

[389] Heinz Thomas in: Pauly (Hg.), Johann der Blinde, S. 478–482; Alain Atten, Die Luxemburger in der Schlacht von Crécy, ebd. S. 567–596.

[390] Heinrich von Diessenhofen (Böhmers Fontes rerum Germanicarum Bd. 4), S. 52 f.

[391] Zu den Quellen Peter Hilsch, Johann der Blinde in der deutschen und böhmischen Chronistik seiner Zeit; Ernst Voltmer, Johann der Blinde in der italienischen und französischen Chronistik seiner Zeit; Geoffrey H. Martin, John the Blind: The English Narrative Sources. Alle diese Beiträge in: Pauly (Hg.), Johann der Blinde, S. 21–92.

Aktionen des Königs außerhalb Böhmens. Auch in Karls Selbstbiographie ist eine wenig positive Sicht zu greifen: die von Johann verantwortete Verwahrlosung des Königreiches und die unterschiedlichen politischen Positionen. Natürlich spielt auch der übliche Generationenkonflikt eine Rolle, aber Johanns zeitweise abweichende Einstellung gegenüber Kaiser und Reich ist auch auf den Einfluss Erzbischof Balduins, seines Onkels, zurückzuführen, der neben seiner eigenen Territorialpolitik auch das Gesamtinteresse des Reiches im Blick behielt. Es ist kein Zufall, dass Karl in seiner Lebensbeschreibung nirgends seinen Großonkel mit Namen nennt.

Aber selbst in Böhmen gab es positive Sichtweisen auf Johann. Ein deutscher Übersetzer des sog. Dalimil, wahrscheinlich Angehöriger des Kreuzordens mit dem roten Stern, der ein Hospital an der Altstadtseite der gerade 1342 eingestürzten Judithbrücke unterhielt, war ein unbedingter Anhänger König Johanns.[392] Hier übernahm er nicht die Warnungen und Drohungen des sog. Dalimil. Mehrmals wünscht der Autor aus dem Hospitalorden dem König eine gute Gesundheit. Der Kreuzorden hatte in Johann allerdings einen besonderen Förderer, der ihm etwa 1332 den Brückenzoll bestätigte. Johann hatte nicht nur in Luxemburg und in der Lausitz, sondern auch in Böhmen und Mähren für Städte immer wieder die Wirtschaft fördernde Privilegien ausgestellt, die damit auch ihm selbst zugute kommen sollten. Den größeren königlichen Städten ging es nicht schlecht, wie man an den häufigen neuen gotischen Steinbauten der Zeit Johanns sehen kann.[393] Eine politische Rolle wünschte er ihnen allerdings keineswegs, denn er war selbst viel mehr mit dem Adel verbunden.

Es waren zwei Ziele, die letztlich seinen unstet und hektisch anmutenden politischen, wirtschaftlichen und kriegerischen Aktionen zugrunde lagen: Es war der Kampf um die Festigung und Vergrößerung der luxemburgischen Hausmacht, wie dies selbstverständlich auch die Wittelsbacher und Habsburger für sich versuchten. Es gelang ihm (von Luxemburg sehen wir hier ab), Schlesien und die Länder Bautzen und Görlitz (erst später Oberlausitz genannt) für das böhmische Königreich zu gewinnen, ebenso das Egerland 1322 als ständige Reichspfandschaft. Mit dem Trentschiner Vertrag hat er das Verhältnis Böhmens zu den anderen großen Mächten in Ostmitteleuropa, Polen und Ungarn, auf eine neue Basis gestellt und für lange Zeit geklärt.

Das zweite damit zusammenhängende Ziel war der Traum von der römischdeutschen Krone, wie sie einem Kaisersohn zuzustehen schien; sein Aktionsradius und sein Einfluss hatten ihm, mehr als einst dem offiziellen Mitkönig Friedrich dem Schönen, schon eine quasikönigliche Stellung verschafft. Nichts Wich-

---

[392] Peter Hilsch, Di tutsch kronik.
[393] Josef Žemlička, Die Städtepolitik Johanns von Luxemburg im Königreich Böhmen, in: Pauly (Hg.), Johann der Blinde, S. 255–262. Übergreifend Ellen Widder, Die Luxemburger und die Städte. Königtum und Kommunen im Spätmittelalter, in: Penth/Thorau, Rom 1312, S. 221–258.

8.4 Johann und Karl – der Kampf um die römisch-deutsche Krone

tiges konnte ohne ihn im Reich geschehen.[394] Nach dem Scheitern seiner eigenen Ambitionen auf das Königtum oder Kaisertum war er es, der oft auf Seiten der Habsburger und in der Zusammenarbeit mit Frankreich und dem Papst schließlich seinem Sohn Karl erfolgreich zum römisch-deutschen Königsthron verhalf.

---

[394] Peter von Zittau, FRB IV, S. 306.

9 König und Kaiser Karl IV.

9.1 Der neue König Karl IV.[395]

Die im böhmischen Umkreis entstandenen Chroniken der Zeit Karls IV. sind, was Quellenwert und historiographische Qualität betrifft, mit Cosmas von Prag, Gerlach von Mühlhausen oder der Königsaaler Chronik nicht zu vergleichen, ebenso wenig mit dem Sonderfall der schon genannten Vita Caroli IV., die nur bis zur Königswahl 1346 reicht.

Für seine eigentliche Regierungszeit von 1346 bis 1378 hat dieser bedeutendste böhmische und römisch-deutsche König des Spätmittelalters keinen ähnlich bedeutenden zeitgenössischen Historiographen gefunden.[396] Der Kleriker, Kaplan und Pönitentiar des Prager Bischofs Franz von Prag (František Pražský) hat die Königsaaler Chronik gekürzt und ohne Zusammenhänge verarbeitet und rühmt vor allem seinen Bischof Johann IV. von Draschitz. Nur in einigen eigenen Kapiteln überliefert er sonst unbekannte Einzelheiten. Verfasst hat er seine Chronik wohl vor der Kaiserkrönung Karls 1355. Wichtiger ist die Chronik der Prager Kirche (in vier Büchern) des Benesch von Weitmühl (Beneš z Weitmile) aus einer ritterlicher Familie, die enge Beziehungen zu den Luxemburgern hatte. Benesch, ein Altersgenosse Karls, war nach verschiedenen kirchlichen Ämtern Prager Kanoniker und für die Bauten am Veitsdom verantwortlich. Er knüpft an die Zweite Fortsetzung des Cosmas an, die auch im Domkapitel entstanden war. Die Königsaaler Chronik kennt er nur über Franz von Prag und mildert die dortige Kritik an Johann deutlich ab. Er benutzt aber Karls Selbstbiographie. Das wichtigste zeitgenössische Buch 4, ab 1372 fast annalistisch geschrieben, umfasst die Regierungszeit Karls IV. bis 1374. Von großer Politik hatte Benesch allerdings wenig Ahnung.[397]

Karl wollte sich aber auch in welthistorischem Zusammenhang sehen und beauftragte den Florentiner Dominikaner Giovanni de Marignolli († 1358/59), eine Weltchronik von Adam bis zu seiner Zeit zu schreiben. Der hochgebildete Rechtskenner hatte im Auftrag des Papstes eine Reise bis zum Großkhan der Ta-

---

[395] Aus der fast unübersehbaren Fülle an Literatur zu Karl IV. können nur einige wichtige Werke genannt werden: Werunsky, Geschichte Kaiser Karls IV.; Šusta, Karel IV. Za císařskou korunou; Seibt (Hg.), Kaiser Karl IV.; Ferdinand Seibt, Karl IV. Ein Kaiser in Europa, München 1978; Engel (Hg.), Karl IV.; Vaněček (Hg.), Karolus Quartus; Reinhard Schneider, Karl IV, in: Beumann (Hg.), Kaisergestalten, S. 257–277; Kavka, Vláda Karla IV., Bd. 1; Fajt/Hörsch, Kaiser Karl IV.; Ferdinand Seibt (Hg.), Karl IV. und sein Kreis, in: Lebensbilder zur Geschichte der böhmischen Länder 3, München/Wien 1978.
[396] Bláhová, Kroniky.
[397] Franz von Prag und Benesch von Weitmühl, hg. von Josef Emler, FRB IV, S. 347–548.

9.1 Der neue König Karl IV.

taren und nach China unternommen und war zwischen 1353 und 1359 (eventuell mehrmals) nach Prag gekommen. Die Chronik verfasste er zwischen 1355 und 1358. Die böhmischen Verhältnisse blieben ihm fremd, als Quelle für die böhmische Geschichte ist sie ohne Wert.[398]

Zu erwähnen ist ferner Pulkava (Přibík), ein Kleinadliger aus Radenín, der als Verfasser einer Böhmischen Chronik gilt, die wohl auf Anregung Karls am Hof entstanden ist und vom Turmbau von Babel bis etwa 1320 reicht. Sie beruht auf Cosmas und dem sog. Dalimil und war, wie dies zahlreiche lateinische, tschechische und deutsche Handschriften bezeugen, weit verbreitet.[399] Auch der Abt Neplach von Opatowitz (Opatovice /† 1371) schrieb zwischen 1355 und 1362 eine knappe römische und böhmische Chronik, oft annalistisch aufgebaut. Er hatte in Bologna studiert und war auch gelegentlich in Gesandtschaftsdiensten Karls und des Prager Erzbischofs in Avignon tätig. Die Grundlage seiner Schrift bis 1268 war die Weltchronik des Martin von Troppau, in die er Daten der böhmischen Geschichte einbaute, die er im Wesentlichen aus Cosmas, seinen Fortsetzern und aus dem sog. Dalimil entnahm. Trotz seiner Nähe zu Karl war auch seine Chronik keine eigentliche Hofgeschichtsschreibung. Leider fehlt gerade ein Teil der Geschichte Karls in den lückenhaften Handschriften.[400] Sein Werk fand keine weite Verbreitung.

In Karls Zeit lebte aber auch der in Böhmen geborene mittelhochdeutsche Autor Johannes von Tepl (oder: von Saaz, † 1414 in Prag), der vermutlich an der dortigen Universität studiert hatte und 1401 in „Der Ackermann aus Böhmen" das berühmte Streitgespräch mit dem Tod führte.[401] Das ebenso bekannte alttschechische Streitgespräch des Tkadleček, das nach 1406 entstand, lehnt sich teilweise an den „Ackermann" an oder schöpft aus einer gemeinsamen Vorlage. Es ist ein Beweis für das Niveau der tschechischsprachigen Prager Intellektuellen vor der Hussitenzeit.

Karl hatte sich vom April 1323 bis 1330 am Pariser Königshof aufgehalten, wo er erzogen wurde, wie sein Vater und Großvater auch. Dort lernte er eine moderne Monarchie und eine glänzende Hofhaltung kennen, auch eine Stätte der Bildung an der Pariser Universität. Diese Erfahrungen blieben für seine böhmische Politik von großer Bedeutung. Von Paris kam er in die Grafschaft Luxemburg zu seinem Vater Johann, von dort in die Lombardei, wo sich der knapp 15-Jährige bald allein in den zunächst fremden und komplizierten politischen Verhältnissen und den ständig wechselnden Städtefehden zu behaupten versuchte – für ihn eine dramatische Schule, aber auch eine eindrückliche Warnung für sein künftiges Herrscherleben.

---

[398] Hg. von Josef Emler, FRB III, S. 485–604.
[399] Hg. von Josef Emler, FRB V, S. 3–207.
[400] Hg. von Josef Emler, FRB III, S. 451–484.
[401] Baumann, Literatur, S. 100–111; Gerhard Hahn, Johannes von Tepl, Verfasserlexikon Bd. 4 (1983), Sp. 763–774.

Im Oktober 1333 erschien er nach elf Jahren zum ersten Mal wieder in Böhmen, wo er keine einzigen Verwandten oder Bekannten antraf, wie er selbst schreibt.[402] Schnell lernte er wieder Böhmisch (Tschechisch); Französisch, Italienisch, Deutsch und Latein konnte er ohnehin schon. Sein Vater in Luxemburg hatte ihm nun, das betont er wie immer korrekt, die Herrschergewalt im Königreich mit dem Titel eines Markgrafen von Mähren übertragen. Karl klagte über die vorgefundenen böhmischen Verhältnisse: Alle königlichen Burgen waren verpfändet. Er selbst musste (wie sein Vater) wie ein Bürger zunächst in der Stadt wohnen, denn die Prager Burg war verfallen. Damit war er nicht zufrieden, er wollte auch topographisch und symbolisch über den Bürgern stehen. So zog er bald mit Zustimmung des Burggrafen in dessen Haus auf der Burg und ließ dort dann unter hohen Kosten einen neuen bedeutenden Palast errichten. Ebenso erwarb er mit viel Geld zehn böhmische und sechs mährische Burgen wieder zurück, die er alle einzeln nennt, daneben auch andere königliche Güter. Seine Herkunft aus der alten přemyslidischen Königsfamilie, deren er sich zweifellos sehr bewusst war oder bewusst wurde, half ihm im Land, größere Zustimmung zu erreichen, auch bei den Baronen, die inzwischen zum Teil, wie Karl betonte, ohne Beachtung des Königs zu Tyrannen geworden seien. Seine Maßnahmen aber hätten das Königreich wieder erblühen lassen. Wie er die Kosten dafür aufbrachte, berichtet er nicht. Jedenfalls wollte Karl Prag und die silberreichen böhmischen Länder, seine eigentliche Hausmacht, anders als sein Vater, unbedingt in das Zentrum seiner Politik stellen. Seine dortigen Erfolge machten König Johann offenbar misstrauisch, als er im Juli 1335 mit seiner zweiten Ehefrau Beatrix in Prag erschien. Er war schließlich der König, nahm die Burgen wieder in seine Hand und entband seinen Sohn von der Verwaltung des Königreichs, die er dem Berthold von Leipa übertrug. Karl erklärt den Verdacht seines Vaters mit dessen falschen und bösartigen luxemburgischen und böhmischen Ratgebern. Zu einem Bruch zwischen Vater und Sohn kam es jedoch nicht, beide Luxemburger hatten gemeinsame Interessen und wirkten in der endgültigen Gewinnung Schlesiens und bei dem böhmisch-polnischen Ausgleich in Trentschin zusammen. Anfang 1336 schickte Johann Karl nach Tirol zur Unterstützung seines kleinen Bruders und für weitere Kämpfe in Oberitalien.

Ende 1337/Anfang 1338 kam er vorübergehend wieder nach Böhmen und erlebte die schwere Heuschreckenplage im folgenden Sommer mit. 1342 übertrug Johann seinem Sohn schließlich erneut die Verwaltung des Königreichs für zwei Jahre, gegen eine sofort zahlbare Summe von 5000 Mark Silber. Karl gelang es, seine Stellung im Land weiter zu konsolidieren, dafür zerstörte er u. a. die räuberischen Burgen der Herren von Pottenstein (Potštejn).

Nach der Wahl Karls zum Gegenkönig am 11. Juli 1346 war Kaiser Ludwig noch keineswegs geschlagen. Viele Fürsten und die Reichsstädte hielten weiter zu ihm. Auch die Krönungsstadt Aachen verweigerte sich Karl; nach der Notkrö-

---

[402] Vita Caroli Quarti, Kap. 8.

9.1 Der neue König Karl IV.

nung in Bonn im November 1346 durch den Erzbischof von Köln musste er in Verkleidung im Januar 1347 nach Prag zurückkehren. Einen Thronstreit und Thronkämpfe gab es nicht. Zwar rüstete der neue König gegen den Wittelsbacher, doch dann starb der 64-jährige Kaiser standesgemäß bei einer Bärenjagd in der Nähe von Fürstenfeldbruck am 11. Oktober 1347.

Kurz davor war Karl IV. am 2. September 1347 feierlich zum böhmischen König gekrönt worden, zum ersten Mal durch den neuen Koronator, den Prager Erzbischof Ernst von Pardubitz, unter Anwesenheit vieler weltlicher und geistlicher Fürsten. Schon als Markgraf von Mähren hatte er wohl 1341 aus Verehrung zum hl. Wenzel eine neue Krone (die Wenzelskrone) anfertigen lassen; die alte Krone der Přemysliden dürfte in der Zeit König Johanns verloren gegangen sein. Die Wenzelskrone durfte nur bei Krönungen und großen Festen vom Kopfreliquiar des hl. Wenzel in der Prager Kirche abgenommen werden; sogar den päpstlichen Schutz erbat Karl dafür.[403] Er hatte für seine Krönung selbst eine neue Fassung des böhmischen Krönungszeremoniells verfasst, das über den (nicht erhaltenen) přemyslidischen Krönungsordo auf die älteren Krönungsordines des Reiches zurückgeht.[404]

Kronen und Krönungen dienten Karl zeitlebens nicht nur als Symbole seiner Frömmigkeit; sie galten ihm auch und vor allem als göttliche Sanktion für seine Herrschermacht und sollten seine höchste Stellung innerhalb der feudalen Hierarchie repräsentieren. Sechsmal hat sich Karl krönen lassen: zweimal zum römisch-deutschen König (1346 und 1349), zum böhmischen König (1347), zum König Italiens (1355), zum Kaiser in Rom (1355) und zum burgundischen König in Arles (1365).

In zwei Urkunden Karls IV. vom 7. April 1348 taucht zum ersten Mal der Begriff *Corona regni Bohemiae* auf.[405] Mit der „Krone des Königreichs Böhmen" wollte und sollte der König im Laufe seiner Regierungszeit alle Länder, Lehen und Güter unter seiner Herrschaft zusammenfassen: das Königreich Böhmen, die Markgrafschaft Mähren mit Olmütz und Troppau, die 13 schlesischen Herzogtümer, die Marken Bautzen und Görlitz, die Niederlausitz, die Herrschaft Pirna, das Egerland als Reichspfandschaft und das später Neuböhmen genannte Gebiet in der heutigen Oberpfalz. Diese Konstruktion, die eine Bevölkerung von etwa 3 Millionen Menschen von slawischer (tschechischer) und deutscher Sprache umfasste, sollte auch den Einfluss der Stände auf die böhmischen Länder (im engeren Sinn) begrenzen.

Nach dem Ende Kaiser Ludwigs fand Karl im Reich zunehmend Anerkennung; über Regensburg zog er nach Nürnberg, wo ihm im November 1347 zahlreiche fränkische und schwäbische Fürsten wie die Grafen von Württemberg und die Abgesandten der süddeutschen Reichsstädte huldigten; mit Privilegien

---

[403] Peter Hilsch, Die Krönungen Karls IV., in: Seibt (Hg.), Kaiser Karl IV., S. 108–111.
[404] Cibulka, Český korunovačný řád.
[405] RBM V, Nr. 338 und 339.

und Bestätigungen alter Rechte zeigte er sich großzügig. Pläne seiner wittelsbachischen Gegner, den englischen König Edward III. zur Kandidatur für das Königtum zu gewinnen, blieben erfolglos. Karl schloss ein (folgenloses) Bündnis mit diesem; dieses zeigt immerhin eine gewisse Distanz zu Frankreich an. Insgesamt hielt sich der pragmatische Karl im Hundertjährigen Krieg neutral.

Bei verschiedenen Reichsfürsten und Nachbarn suchte Karl 1348 die Anerkennung als König zu bekommen, meist mit starker Unterstützung seines Großonkels, des Erzbischofs Balduin. Er gewann die Zustimmung Herzog Albrechts II. von Österreich und eine Ehe zwischen beiden Familien wurde abgesprochen, eine Aussöhnung mit den Wittelsbachern in Passau scheiterte indes. In Norddeutschland suchte Karl die Stellung des wittelsbachischen Markgrafen Ludwig von Brandenburg zu erschüttern; sein treuester hilfreicher Anhänger war dort Herzog Rudolf von Sachsen, dem er u. a. einen Hof und den Kleinseitner Brückenturm in Prag schenkte. Einen „falschen Woldemar", der sich als der 1319 gestorbene und jetzt wiedergekommene askanische Markgraf dieses Namens bezeichnete und teilweise im Lande anerkannt wurde, belehnte Karl mit Brandenburg, um den Markgrafen Ludwig weiter in die Enge zu treiben. Es lässt sich nicht belegen, dass Karl selbst an dieser falschen Inszenierung beteiligt war, aber er erschien zur Unterstützung Woldemars sogar mit einem Heer und zahlreichen böhmischen Baronen. Ein großer Erfolg war es, nicht ohne Einsatz finanzieller Mittel den Markgrafen Friedrich von Meißen für sich zu gewinnen, dem die Erbschaft des kinderlosen Woldemar winken sollte. Auch ihm schenkte Karl ein Haus in Prag, das auf diese Weise vielleicht den Charakter einer Hauptstadt (wie Paris) bekommen sollte. Auf der Rückreise von Norddeutschland besuchte Karl zum ersten Mal als doppelter König Breslau, wo er das konservative Patriziat gegen die aufständischen Handwerkerzünfte unterstützte, ebenso tat er dies später in Brünn. Die Unterstützung der konservativen Kreise der Patrizier blieb ein Grundzug seiner Politik gegenüber allen Städten. Mit König Kasimir III. (dem Großen) erneuerte er in Schlesien das alte Bündnis; der Pole war zu dieser Zeit mehr im Osten seines Reiches engagiert.

Auch der von den Wittelsbachern zum Gegenkönig gewählte thüringische Graf Günther von Schwarzburg ließ sich nach einigen Gefechten für 20.000 Mark böhmischen Geldes 1349 seine Würde abkaufen und starb kurz danach; erstaunlich, dass sich Karl an seinem Begräbnis in Frankfurt persönlich beteiligte.

Im August 1348 war Karls erste Gemahlin Blanca gestorben. Zwar war eine zweite Ehe mit einer Frau aus dem englischen Königshaus im Gespräch, aber im März 1349 vermählte er sich mit Anna, Tochter des söhnelosen wittelsbachischen Pfalzgrafen Rudolf, der ihm einen entscheidenden Einfluss in der Oberpfalz einräumte. Damit spaltete der geniale Politiker die wittelsbachische Partei und gewann die Möglichkeit einer territorialen Ausdehnung Böhmens nach Westen. Mit den Wittelsbachern insgesamt fand er später gegen die Anerkennung seines Königtums schließlich doch einen Ausgleich und belehnte sie wieder mit Brandenburg. Den falschen Woldemar ließ er allerdings nicht ausdrücklich fallen und hielt sich beim dann ausbrechenden Kampf um Brandenburg neutral. Die Länder Bautzen und Görlitz (erst später Oberlausitz genannt), wo 1346 der Sechsstädtebund mit dem bisher böhmischen Zittau gegründet wurde, verblieben bei der Krone Böhmens.

Als Karl endgültig im Reich anerkannt war, ließ er sich am 17. Juni 1349 noch einmal und jetzt einstimmig in Frankfurt zum König wählen und daraufhin am richtigen Ort, in Aachen, krönen. Der Koronator war sein Großonkel Balduin von Trier und Herr von Luxemburg, dessen politischer Erfahrung er seinen Erfolg zum großen Teil zu verdanken hatte. Ihm übertrug er sofort auch seine Vertretung im Reich.

9.2 Krisen und Erfolge – Prag als Residenz

Die ersten Jahre der Regierung Karls waren durch krisenhafte Erscheinungen und Vorgänge überschattet: durch die Pestepidemie, die Judenverfolgungen und die Geißlerzüge.[406] Die Beulen- und Lungenpest, die in Europa zum ersten Mal seit der Zeit Kaiser Justinians auftrat, wurde mit genuesischen Handelsschiffen aus dem Schwarzen Meer in die Mittelmeerhäfen gebracht, von wo sie sich von 1348 bis 1353 in ganz Europa ausbreitete und bei starken regionalen Unterschieden etwa ein Drittel der Bevölkerung dahinraffte. In Böhmen trat die Pest etwas später auf als im restlichen Reich. Die Übertragungswege (durch Rattenflöhe) erkannte man damals nicht. Viele Menschen in ihrer Hilflosigkeit und Angst sahen in ihr Gottes Strafe und versuchten, sie durch Bußfahrten und Bußleistungen 1349 in den sog. Geißlerzügen abzuwenden: Paarweise zogen (zunächst) nur Männer in großen Zahlen mit Fahnen und Gesang durch das Land; in den Städten oder vor ihren Mauern geißelten sie sich mit bestimmten Ritualen unter Glockenläuten bis auf das Blut. Schließlich verboten die Bischöfe, besonders auch Erzbischof Ernst von Pardubitz wohl mit Unterstützung Karls IV. dieses von ihnen nicht mehr kontrollierbare Treiben der Laienbewegung, um für Ruhe und Ordnung zu sorgen.

Auch wenn einige Intellektuellen der Zeit die Ursache der Pest auch in bestimmten Sternkonstellationen sahen, fand man allgemein noch einen anderen passenden ‚Sündenbock': die Juden, denen man systematische Brunnenvergiftung vorwarf. Es folgten in Europa die schwersten Judenverfolgungen des Mittelalters, die manchmal Vertreibungen, oft aber die Ermordung ganzer Judengemeinden bedeuteten. Es ist ersichtlich, dass dahinter ganz andere Motive

---

[406] Ruth Bork, Zur Politik der Zentralgewalt gegenüber den Juden im Kampf Ludwig des Bayern um das Reichsrecht und Karls IV. um die Durchsetzung seines Königtums bis 1349, in: Engel (Hg.), Karl IV., S. 30–73; vor allem Graus, Pest – Geißler – Judenmorde, zu Karl IV. S. 227–240.

standen; fast immer fanden die Pogrome vor dem Ausbruch der Pest statt. Man wollte die Schulden bei den jüdischen Kreditgebern loswerden oder einfach an ihren Besitz kommen.

König Karl blieb auch hier nicht untätig. Auch wenn keine persönliche judenfeindliche Äußerung Karls bekannt ist und er die Juden auch einmal der vorgeworfenen Verbrechen für unschuldig erklärte, so steht fest, dass er, obwohl eigentlich Schutzherr seiner jüdischen Kammerknechte, ihre Gefährdung finanziell rücksichtslos ausnutzte. Schon am 14.6.1349 verpfändete der König seine dortigen Juden an die Reichsstadt Frankfurt; für den Fall eines Pogroms ließen sich die Frankfurter bereits Absolution erteilen. In den Städten hing das Verhalten gegenüber den Juden vielfach auch mit innerstädtischen Bürgerkämpfen zusammen. Der krasseste Fall: So schützte ein neuer Stadtrat in Nürnberg zwar die Juden, der alte Rat, der sich dann erneut durchsetzte, betrieb aber wieder die antijüdische Agitation. In diesem Zusammenhang versprach Karl IV. fünf Monate vor dem Pogrom dem Markgrafen Ludwig von Brandenburg drei der besten Judenhäuser in Nürnberg, *wann die Juden da selbes nu nehst werden geslagen*.[407] Um dabei auch selbst nicht zu kurz zu kommen, forderte er schon am nächsten Tag von der Nürnberger Judengemeinde eine außerordentliche Steuer von 1500 Mark Silber.[408] Später sicherte er den Nürnbergern für den künftigen Mord an der Judengemeinde Straffreiheit zu.

Gewiss hätte der König die vielen Pogrome im Reich nicht wirklich verhindern können, zumal er gerade in den Städten noch um seine Anerkennung kämpfen und werben musste. Eine wirksame ‚Zentralgewalt' konnte ein römisch-deutscher König damals kaum ausüben. Gelegentlich suchte Karl IV. seine Juden auch zu schützen, wofür ihm seine Kammerknechte zweifellos mit ‚Geldgeschenken' dankten. Vor allem die zahlreichen Verpfändungen der Judengemeinden und ihrer Einkünfte an Städte und Fürsten waren für den König finanziell lukrativ. Aber auch das Erbe der getöteten Juden suchte sich Karl im Streit mit den Städten zu sichern, nicht immer mit Erfolg. Auch mit den (bei ihm zu bezahlenden) Amnestien konnte er an städtisches Geld kommen, das letztlich aber ebenfalls von den Juden stammte.

Für die Stadt Prag wurde ebenfalls eine solche Amnestie ausgesprochen, auch wenn dort kein Pogrom stattfand. Außerhalb der großen und bedeutendsten Prager Gemeinde waren in der Mitte des 14. Jahrhunderts Judengemeinden in zahlreichen anderen böhmisch-mährischen Städten entstanden, z. B. in Leitmeritz (Litoměřice), Kaaden (Kadaň), Saaz (Žatec), Příbram, Taus (Domažlice), Pilsen, Klattau (Klatovy), Čáslau, Böhmisch Krumau (Český Krumlov), Budweis und Hohenmauth (Vysoké Mýto), in Mähren in Brünn, Troppau, Zwittau (Svitavy), Znaim (Znojmo), Kremsier (Kroměříž), Nikolsburg (Mikulov), Prossnitz (Prostějov), Ungarisch Brod (Uherský Brod). Außer in der (an Böhmen verpfän-

---

[407] MGH Constit. 9, Nr. 402.
[408] MGH Constit. 9, Nr. 392.

9.2 Krisen und Erfolge – Prag als Residenz

deten) Reichsstadt Eger, wo Juden vertrieben wurden, sind in dieser Zeit in Böhmen keine Judenverfolgungen bekannt.[409] Das dürfte am Einfluss Karls IV. gelegen haben, der die Pogrome in seinen Ländern (seiner Hausmacht) erfolgreich verhindern konnte. Es ist auch bezeichnend, dass eine seiner wenigen Schutzprivilegien außerhalb Böhmens den Luxemburger Juden gegeben wurde.[410]

Das Verhalten gegenüber den Juden und auch die Konzentration auf die Hausmacht ist für fast alle römisch-deutschen Herrscher dieser Zeit aus unserer Sicht nicht zu billigen, aber zu erklären, wenn man sich einerseits ihren ungeheuren Geldbedarf und andererseits das Fehlen von Reichssteuern vor Augen hält; es gab für sie nur die Abgaben der Reichsstädte und ihrer Judengemeinden.

Die Krise wirkte sich zunächst für die böhmischen Länder kaum aus. Dort hielt sich Karl nach seiner Aachener Krönung längere Zeit auf. Seine zweite Gemahlin Anna wurde in St. Veit am 1. November 1349 gekrönt und gebar im Januar 1350 seinen lang erwarteten Sohn Wenzel, der allerdings schon 1351 starb. Seinen Bruder Johann Heinrich, der seit 1342 in Böhmen seinen Vater Johann und Karl auch militärisch vertrat, belehnte er zu Weihnachten 1349 mit der Markgrafschaft Mähren, ebenso den Olmützer Bischof mit dem Bistum und den Troppauer Fürsten mit seinem Fürstentum – alles böhmische Lehen, nicht des Reiches.[411] Johann Heinrich blieb weiter unter Einfluss seines Bruders, mit dem er harmonisch zusammenarbeitete.

Die ersten Jahre des Königtums waren für den Aufstieg Prags zu Karls römisch-deutschem und böhmischem Herrschaftszentrum von entscheidender Bedeutung. Im Jahr der Erhebung des Prager Bischofs zum Erzbischof (1344) ließ Karl IV. noch gemeinsam mit seinem Vater den Grundstein für den gotischen Neubau der Veitskirche legen. Als Nachfolger des ersten nordfranzösischen Baumeisters Matthias von Arras holte Karl wohl 1356 aus der schwäbischen Reichsstadt Gmünd Peter Parler als Baumeister nach Prag, der fast 40 Jahre am Veitsdom arbeitete und auf der Burg nach dem Vorbild der Pariser Sainte-Chapelle die Allerheiligenkapelle errichtete.

Am 7. April 1348 gründete Karl als römisch-deutscher und böhmischer König die Universität Prag für die Bewohner des Königreichs und für die Auswärtigen;[412] schon 1347 hatte er das unerlässliche päpstliche Privileg Clemens VI. für das *studium universale*, besonders auch für die Theologie, erwirkt. Prag war die erste Universität im Reich nördlich der Alpen, sogar die erste Universität außerhalb der Grenzen des alten Römischen Reiches, während bereits 17 funktionierende Universitäten in Europa bestanden. Die Prager Hochschule entstand nach dem Pariser Vorbild als Drei- bzw. Vierfakultätenuniversität: mit den drei oberen Fakultäten der Theologie, der Iurisprudenz und der Medizin; die vierte sog.

---

[409] Maria Tischler, Böhmische Judengemeinden 1348–1519, in: Seibt (Hg.), Juden, S. 37–56.
[410] Germania Judaica II 1, S. 502.
[411] Archivum Coronae regni Bohemiae II, Nr. 124
[412] Archivum Coronae regni Bohemiae II, Nr. 62 / RBM V, Nr. 340. Zur Universität Prag Moraw, Universitätsgeschichte, S. 79–158; Šmahel, Prager Universität.

Artistenfakultät behandelte den alten Bildungskanon der sieben freien Künste (*artes liberales*) und bildete das Grundstudium für alle Studenten. Für die Iurisprudenz galt allerdings die berühmte Rechtsschule in Bologna als Vorbild. Die ersten wirtschaftlichen Grundlagen für zehn Magister schuf Erzbischof Ernst, der zugleich der erste Kanzler der Universität war, 1352 durch eine Sondersteuer für die böhmischen Kirchen. Die in Prag längst florierenden Ordensschulen (der Zisterzienser, Dominikaner, Franziskaner, Augustinereremiten, Karmeliten) stellten Magister der Theologie, andere Professoren wurden aus Bologna, Erfurt und anderen Orten außerhalb des Landes rekrutiert.

Der Lehrbetrieb begann erst einige Jahre nach der Gründung. 1360 werden die Universitätsnationen (*nationes*) zum ersten Mal genannt, die sich wie in Paris als wichtiger denn die Fakultäten erweisen sollten: landsmannschaftliche Zusammenschlüsse der Professoren und Studenten, die man in Prag den Himmelsrichtungen zuordnen konnte. Wer von Norden kam (auch die Skandinavier), gehörte zur sächsischen Nation, die Studenten aus dem Osten (meist Schlesier) gehörten zur polnischen Nation, die vom Westen zur bayerischen Nation (auch die Österreicher, Schwaben und Rheinländer), die aus dem Land und vom Süden zur böhmischen Nation (auch die Ungarn). Eine wirkliche Nationalisierung dieser Gruppen entwickelte sich erst nach der Zeit Karls IV. 1366 errichtete der König das Karls- und das Allerheiligenkolleg mit insgesamt 23 Magisterstellen; diese Professoren wurden in diesen Häusern wirtschaftlich versorgt, sie wohnten und lehrten dort.

> „Es ist in der Stadt Prag ein solches Studium eingerichtet worden, dass ihm kein anderes in allen Gebieten Deutschlands gleichkam, und es strömten dorthin Studenten, Söhne von Adligen und Fürsten, kirchliche Prälaten aus verschiedenen Teilen der Welt, aus England, Frankreich, aus der Lombardei, aus Ungarn, Polen und allen angrenzenden Ländern. Und die Stadt Prag wurde auf Grund dieses Studiums im Ausland sehr berühmt und gefeiert, und wegen der Menge der Studenten wurden die Zeiten etwas teurer."[413]

Der Streit bei Historikern und in der Öffentlichkeit des 19. und 20. Jahrhunderts, ob diese Universität die erste tschechische oder die erste deutsche gewesen sei, ist für das 14. Jahrhundert eine unpassende Frage. Denn der König wollte zweifellos eine universale Hochschule nach dem Pariser Vorbild schaffen.

Ebenfalls 1348 begann der König mit der Gründung der Prager Neustadt eine mächtige Erweiterung der Hauptstadt, die er auch mit dem künftigen Zustrom zur Universität begründete.[414] Sie sollte im Anschluss zur Altstadt und in Verbindung zum ebenfalls erneuerten Wyschehrad, der zweiten Prager Burg, als eigene Stadt errichtet werden. Sie umfasste eine über dreimal so große Fläche wie die Altstadt; die 3,5 km lange Stadtmauer wurde dennoch bereits nach zwei Jahren fertiggestellt. Die geplante wirtschaftliche Zukunft der Neustadt wird durch groß angelegte Marktplätze (z. B. der Rossmarkt, der heutige Wenzelsplatz, mit

---

[413] Benesch von Weitmühl, FRB IV, S. 518.
[414] Zum Folgenden František Graus, Prag als Mitte Böhmens 1346–1421, S. 22–47.

9.2 Krisen und Erfolge – Prag als Residenz

60 mal 680 m) deutlich. Die Gründungsurkunde vom 8. März verleiht der Neugründung die gleichen Rechte und Privilegien, wie sie die Altstadt genoss, auch das Recht, unter königlichem Schutz Juden anzusiedeln.[415] Karl selbst stiftete im neuen Stadtteil sieben neue Klöster und Kirchen, darunter das sog. Emauskloster der Benediktiner mit slawischer Sprache. In der Forschung wurden dazu zahlreiche Hypothesen aufgestellt.[416] Dem König ging es wohl vor allem darum, seine Stadt zu einem vielfältigen kultischen Zentrum zu machen; dazu etablierte er auch dieses Kloster mit seinen Patronen Cyril und Method aus Altmähren, den alten böhmischen Heiligen Prokop und Adalbert sowie dem Hauptheiligen Hieronymus, dem man Übersetzungen sakraler Texte in das Slawische zuschrieb, der aber bisher in Böhmen nicht verehrt wurde.

Die Bevölkerungszahl der Prager Städte mit der rechts der Moldau gelegenen St. Gallus-Stadt (Kleinseite) und der auch jetzt entstehenden Hradschin-Vorstadt wird in Karls Zeit auf mehr als 40.000 Personen geschätzt und war nach damaligen Vorstellungen eine glänzende gotische Großstadt.

1342 war die alte Moldaubrücke, die sog. Judithbrücke, eingestürzt. Nach einer hölzernen Notbrücke ließ der König seit 1357 eine neue Steinbrücke erbauen (erst seit dem 19. Jahrhundert wird sie Karlsbrücke genannt), auch hier war als Baumeister Peter Parler beteiligt. Sie war über 16 Steinbögen errichtet, erstaunliche 520 m lang, 10 m breit und als für Jahrhunderte einzige befestigte Brücke über die Moldau von größter wirtschaftlicher Bedeutung für die Stadt. Diese besaß zwar das Monopol für den böhmischen Außenhandel, verfügte aber im Vergleich zu ihrer Größe nur über einen vergleichsweise bescheidenen Handel; das galt auch für ihr Gewerbe.[417]

Schließlich veranlasste Karl auch den Bau der Burg Karlstein. Der Grundstein dieser bedeutenden Burg, etwa 25 km von Prag entfernt, wurde 1348 durch Erzbischof Ernst gelegt. Sie sollte vor allem die Reichsinsignien, die böhmischen Insignien sowie andere Reliquien aufnehmen und ein frommer Rückzugsort für König Karl werden. Sie hatte ursprünglich keine militärstrategische Bedeutung, aber ist selbst in der späteren Hussitenzeit nicht erobert worden.

In Prag und auf der erneuerten Prager Burg suchte Karl an die glanzvollen Höfe der letzten Přemysliden anzuknüpfen, ohne sie allerdings kulturell ganz zu erreichen. Bedeutende Dichter wie Heinrich von Mügeln (bis 1358), einer der 12 Meistersinger, und Maler wie Theoderich von Prag waren immerhin anwe-

---

[415] RBM V, Nr. 297.
[416] In der Forschung wurden zur Begründung der slawischen Liturgiesprache zahlreiche Hypothesen aufgestellt. Siehe etwa Julia Verkholantsev, St. Jerome, Apostle to the Slavs, and the Roman Slavonic Rite. Speculum 87 (2012), zu Karl IV. S. 12 ff.
[417] Bernd Fuhrmann, Wirtschaftliche Entwicklungen im 14. Jahrhundert in: Penth/Thorau (Hg.), Rom 1312, S. 187–206; Weiss, Karl IV. und das Geld; František Graus, Prag als Mitte Böhmens, in: Meynen, Emil (Hg.), Zentralität als Problem der mittelalterlichen Stadtgeschichtsforschung, Köln/Wien 1979, S. 22–47.

send.[418] Obwohl die kaiserlichen Notare wohl über einen höheren Bildungsgrad verfügten als Mitglieder anderer Höfe, ist die Rolle der Kanzlei Karls für die Entstehung des Neuhochdeutschen früher überschätzt worden; auch auf anderen Höfen oder in den Reichsstädten Eger und Nürnberg sind ähnliche moderne sprachliche Strukturen entstanden.[419] Die schon etablierte tschechische Schriftsprache entwickelte sich weiter. Während im 13. Jahrhundert Deutsch die vorwiegende Sprache an den Höfen war und auch der tschechische Hochadel die deutsche Literatur pflegte, wurde unter Karl IV. auch das Tschechische zur anerkannten Landessprache.

9.3 Kaiserkrönung, Maiestas Carolina und die Goldene Bulle

Im Herbst 1350 erkrankte Karl IV. ernsthaft für fast ein Jahr; in dieser Zeit dürfte er seine Vita abgefasst haben. Seine großen Pläne aber verfolgte er weiter. Nach dem Tod seiner Ehefrau Anna von der Pfalz (1353) vermählte er sich mit der gleichnamigen Anna von Schweidnitz. Das war eine wichtige Hausmacht-Ehe; denn sie brachte ihm die Anwartschaft auf das letzte noch nicht zur Krone Böhmens gehörende schlesische Herzogtum Schweidnitz-Jauer ein. Aber als Nichte des ungarischen Königs konnte Anna auch das Bündnis mit Ungarn bekräftigen.

Für sein Herrschaftsbewusstsein war jedoch vor allem die Gewinnung der Kaiserkrone unabdingbar. Seit 1350 beschäftigte er sich mit diesem Plan. 1354 schloss sich Karl dem Bündnis Venedigs und Florenz' gegen die Mailänder Visconti an und Papst Innozenz VI. (1352–1362) akzeptierte den Romzug Karls, der nach Beratungen mit den Fürsten mit nur 300 Rittern nach Italien aufbrach. Nach einer Vereinbarung mit den Visconti (gegen seine bisherigen Bundesgenossen) wurde er im Januar 1355 in Mailand mit der ‚Eisernen Krone' der Lombarden gekrönt. Es gelang dem König mit seiner diplomatischen Gewandtheit, Waffenstillstände in den oberitalienischen Krisengebieten zu vermitteln, sogar längst fällige Reichssteuern und Subsidien für den Romzug zu bekommen. Er schaffte es durch seine geschickte Diplomatie, sich nicht auf die Seite *einer* Mächtegruppe stellen zu müssen. In Pisa stießen seine Ehefrau und böhmische Barone mit stärkeren Truppen zu ihm. Vor Rom angekommen, begab sich Karl in die Stadt, um die heiligen Stätten aufzusuchen und zu beten, allerdings als Pilger verkleidet; denn er hatte dem Papst zugesagt, nur am Krönungstag die Stadt zu

---

[418] Heinrich Steckmann, Heinrich von Mügeln, in: Verfasserlexikon Bd. 3 (1981), Sp. 815–827; Fajt/Royt, Magister Theodoricus.

[419] Wolfgang Haubrichs, Die sprachhistorische Bedeutung des Prager Hofs und der Prager Kanzlei für das frühe Neuhochdeutsche, in: Penth/Thorau (Hg.), Rom 1312, S. 331–347.

9.3 Kaiserkrönung, Maiestas Carolina und die Goldene Bulle

betreten. Am 5. April 1355 also zog er mit großem Gefolge feierlich in Rom ein und wurde (ganz anders als einst sein Großvater) in Frieden und Eintracht nach dem alten Herkommen zum Kaiser gekrönt, ebenso seine Ehefrau zur Kaiserin. Er hatte sein Ziel erreicht und war nun im Besitz von vier Kronen. Er zog rasch nach Norden, ohne noch wesentlich in die oberitalienischen Belange einzugreifen, im Juli 1355 war er wieder in Nürnberg, Mitte August in Prag. Der enttäuschte Humanist Petrarca erklärte in einem Brief an Karl, „dass du durch diesen überstürzten Abzug oder eher, wie ich glaube, einer Flucht niemanden so traurig gemacht hast wie mich, [...] du, Herr des Römischen Reiches, sehnst dich nur nach Böhmen".[420] Der Wunsch Petrarcas und anderer Zeitgenossen nach einem Ordnungsfaktor in den italienischen Wirren, Kämpfen und Gewalttaten ist von dem italienerfahrenen Karl nicht erfüllt worden.

Als Kaiser sah er sich nun ganz besonders zur Gesetzgebung befugt.[421] Er hatte wohl schon (zwischen 1348 und 1355) einen zentralen Landrechtsentwurf für das Königreich Böhmen erstellen lassen, den er aber wahrscheinlich erst nach seiner Kaiserkrönung dem Adel präsentierte. Diese sog. *Maiestas Carolina* umfasste fast alle Bereiche des spätmittelalterlichen Landrechts und betonte vor allem die königlichen Rechtspositionen.[422] Die Vorrede fußt auf den Konstitutionen Siziliens von Kaiser Friedrich II.; auch sieht man heute Zusammenhänge mit dem Iglauer Bergrecht. Während einige tschechische Forscher die *Maiestas Carolina* als eine „Mischung von fast irrealen Wünschen, herrscherlichen Ansprüchen, die [...] unerfüllt bleiben mussten"[423] für einen radikalen utopischen Entwurf halten, ist Hergemöller der Auffassung, dass sie eine umfassende zukunftsweisende Arbeit der Kanzlei Karls IV. unter dem bedeutenden Kanzler Johann von Neumarkt (Jan ze Středy) war.[424] Dieser aus schlesischem Stadtpatriziat stammende Frühhumanist, der mit Petrarca und Cola di Rienzo korrespondierte und beide auch persönlich kennen gelernt hatte, wurde neben und nach seiner Kanzleitätigkeit (seit 1453) auch Bischof von Leitomischl (seit 1453) und Olmütz (seit 1364). Er reformierte die Kanzlei, übersetzte lateinische Texte ins Deutsche, etwa das Buch der Liebkosung (*Soliloquia animae ad deum*) auch für den König selbst, verfasste lateinische Mustersammlungen für Briefe sowie Gebete. Eine umfassende Würdigung dieser Persönlichkeit fehlt bisher.

---

[420] Paul Piur, Petrarcas Briefwechsel mit deutschen Zeitgenossen, Berlin 1933, Brief 1; F. J. Worstbrock, Petrarca Francesco, in: Verfasserlexikon ²Bd. 7 (1989), Sp. 471–490.

[421] Über die Regierungszeit Karls als Kaiser auch Kavka, Vláda Karla IV. Zur Gesetzgebung Václav Vaněček, Die gesetzgeberische Tätigkeit Karls IV. im böhmischen Staat, in: Engel (Hg.), Karl IV., S. 121–149.

[422] Heiner Lück, Maiestas Carolina, in: Verfasserlexikon ²Bd. 3 (1981), Sp. 1171–1174; Kejř, Maiestas Carolina; Hergemöller, Maiestas Carolina; Nodl (Hg.), Moc, S. 93–102.

[423] Kejř, Maiestas Carolina, S. 85.

[424] Hergemöller, Maiestas Carolina; zu Johann Ernst Schwarz, Johann von Neumarkt, in: Lebensbilder zur Geschichte der böhmischen Länder 1, München/Wien 1974, S. 27–47; Werner Höver, Johann von Neumarkt. Verfasserlexikon², Bd. 4 (1983), Sp. 686–695.

Es gibt leider keine erzählende Quelle zum Ablauf des Geschehens, aber der Widerstand der Barone war dazu zweifellos groß: gegen jede schriftliche Rechtssetzung, besonders gegen die Besetzung der Landesämter durch den König, gegen das Veräußerungsverbot königlicher Güter, gegen die rechtlichen Beschränkungen des Adels gegenüber ihren Untertanen, gegen die alleinige Kompetenz der Rechtsfindung durch das Landgericht. Der König scheiterte also mit seinem Vorhaben eines Landrechtsentwurfs und erklärte, um sein Gesicht zu wahren, am 6. Oktober 1355 den Text für verbrannt und damit nichtig,[425] widerrief ihn allerdings nicht ausdrücklich, vielleicht mit der Hoffnung, ihn bei besserer Gelegenheit wieder vorzulegen. Die *Maiestas Carolina* verschwand zwar zunächst aus der Diskussion, im 15. Jahrhundert war der Text aber bekannt und wurde teilweise in das Rechtsleben integriert.

Bei der *Maiestas* stieß der in vieler Hinsicht erfolgreiche und anerkannte König also an seine Grenzen. Die Machtposition der böhmisch-mährischen Hochadligen, die sich allmählich als ein Stand verstanden, musste der pragmatische Karl anerkennen.[426] Es ist in diesem Zusammenhang bemerkenswert, dass die meisten weltlichen Herren in seiner Umgebung nicht aus den böhmischen Ländern, sondern aus dem schlesischen Adel stammten. Für die obersten Landesämter versuchte der König, königstreue Barone heranzuziehen, die er auch mit der Möglichkeit der Vererbung dieser Ämter zu ködern suchte.

Der Hochadel blieb Gerichtsherr für seine Untertanen. Dennoch gab es Fortschritte in den Fragen des Landrechts: Königliche Landfriedensrichter für die einzelnen Kreise, die der König auswählte, konnten den Landfrieden besser sichern. Die Städte suchten sich allerdings dem Einfluss des Unterkämmerers und des königlichen Richters allmählich zu entziehen.

Einen Erfolg konnte der Kaiser aber mit einem anderen Gesetzbuch für das ganze Reich erreichen, mit der sog. Goldenen Bulle von 1356, die in zwei Etappen in Nürnberg und Metz beschlossen wurde.[427] Zu einem ‚Reichsgrundgesetz' wurde die Urkunde erst später und blieb bis zum Ende des Alten Reiches 1806 in Kraft. In der Goldenen Bulle wird vor allem der Verlauf der Königswahl in Frankfurt genau festgelegt, zum ersten Mal auch die Mehrheitsentscheidung der Kurfürsten; über das päpstliche Approbationsrecht fällt kein Wort. Der größte Teil der Goldenen Bulle gilt der Festlegung der Rechte der Kurfürsten, besonders der

---

[425] RBM VI, Nr. 143, S. 82 f. Der königliche Text, den auch der mährische Markgraf Johann Heinrich bestätigte, ist in 12 Ausfertigungen vorhanden.

[426] Uwe Tresp, Karl IV. und der Adel der Wenzelskrone., in: Doležalová/Šimůnek (Hg.), Ecclesia, S. 81–117.

[427] Die spätere Benennung nach dem Goldsiegel der Urkunde. Die Goldene Bulle Kaiser Karls IV. vom Jahre 1356, bearb. von Wolfgang D. Fritz 1972 (MGH Fontes iuris germanici antiqui, Bd. 11, böhmische Ausfertigung); eine deutsche Übersetzung bei Wolfgang D. Fritz/Eckhard Müller-Mertens, Die Goldene Bulle, Weimar 1978; Ulrike Hohensee u. a. (Hg.), Die Goldene Bulle. Politik-Wahrnehmung-Rezeption, Berlin 2009; Adolf Laufs, Goldene Bulle, in: HRG², Bd. 2 (2012), Sp. 448–457.

9.3 Kaiserkrönung, Maiestas Carolina und die Goldene Bulle

Unteilbarkeit der Kurfürstentümer und der Erbfolge. Bei der Erbfolge im Königreich Böhmen wird als Besonderheit die Wahl des Herrschers durch die Landesbewohner genannt; keiner seiner Bewohner darf vor ein Gericht außerhalb des Landes gehen oder gezogen werden. Das gilt auch für die übrigen Kurfürstentümer. Allen Kurfürsten werden das Bergbaurecht, das Judenregal und das Münzrecht verliehen. Ihre Kinder sollen neben der deutschen Muttersprache vom 7. bis zum 14. Lebensjahr Latein, Italienisch und Slawisch (Tschechisch) lernen, zum Sprachenlernen können sie deshalb auch in die entsprechenden Gebiete des Reiches geschickt werden. Besondere Bedeutung wird in der Goldenen Bulle den für die Zeit überaus wichtigen Fragen der Rangordnung bei Wahl, Krönung, Hoftagen und Prozessionen zugemessen, bis zur genauen Sitzordnung. Vor allem die seit Jahrhunderten bekannten heftigen Auseinandersetzungen der drei rheinischen Erzbischöfe um ihren Rang sollten in Zukunft verhindert werden. Der böhmische Kurfürst als einziger König unter den weltlichen Kurfürsten genießt überall den nicht nur protokollarischen Vorrang. Schließlich wird der Entzug des Lehens bei Verletzung der Pflichten des Lehensmannes angedroht und Städtebündnisse verboten.

In Metz bekräftigte Kaiser Karl auch die Position des Reiches an den Grenzen nach Frankreich, das durch die Gefangennahme seines Königs Johann II. (1350–64) durch die Engländer geschwächt worden war. Karl hatte sogar die Lehenshuldigung des Dauphins Karls (V.) erreicht, dem er dann ein Hilfsgeld von 50.000 Gulden zur Wiedergewinnung König Johanns versprach. Auch vermittelte der Kaiser zwischen den Bischöfen und Papst Innozenz VI., der für die geplante Rückkehr der Kurie nach Rom einen Sonderzehnt von allen kirchlichen Einkünften gefordert hatte. Als Karl IV. kurz nach dem Metzer Weihnachtsfest in Aachen auf dem Thron Karls des Großen Platz nahm, hatte er gewiss einen Höhepunkt seiner Machtstellung erreicht.

Andere Fürsten wie die Wittelsbacher und vor allem die Habsburger, die keine Kurfürsten waren, fühlten sich freilich durch die Verfügungen der Goldenen Bulle diskriminiert; es kam 1357 zu Kämpfen mit den Wittelsbachern in Mähren und Niederösterreich, die erst durch eine ungarische Vermittlung beendet werden konnten. Karls Schwiegersohn Rudolf IV. von Österreich ließ das sog. *Privilegium maius*[428] fabrizieren, in dem den Habsburgern in jeder Hinsicht, sogar mit beigefügten Briefen der römischen Kaiser Caesar und Nero, eine den Kurfürsten gleiche Position zugemessen wurde; sie ist schon von Petrarca schnell als Fälschung erkannt worden, spielte aber bis in das 19. Jahrhundert im Reich der Habsburger eine besondere Rolle. Zwar belehnte Karl IV. die Habsburger 1360 wieder mit ihren Ländereien, ohne das *Privilegium maius* anzuerkennen, Rudolf IV. suchte jedoch weiter Widerstand zu leisten, indem er sich immer wie-

---

[428] In Bezug auf das *Privilegium minus* Kaiser Friedrichs I. von 1156 für die österreichischen Herzöge.

der, allerdings ohne dauernden Erfolg, mit anderen Gegnern des Kaisers verbündete.

Mit seiner Politik der Friedenswahrung, mit Verhandlungen, Zugeständnissen und militärischen Drohungen befriedete Karl auch die mächtigen Witigonen in Südböhmen. Seit 1356 hatte er in den böhmischen Ländern keine offenen Widersacher mehr.

Im Februar 1361 wurde in Nürnberg der lange erwünschte Sohn des kaiserlichen Ehepaares, Wenzel, geboren. Auf einem feierlichen Hoftag mit vielen fürstlichen Gästen wurde die Taufe in St. Sebald gefeiert, an dem allerdings der Habsburger Rudolf nicht teilnahm. Das Gewicht des Säuglings in Gold wurde in die Aachener Schatzkammer zu Ehren Karls des Großen gesandt. Diese Geburt änderte vieles. Denn mit allen Mitteln suchte der Kaiser den kleinen Wenzel sowohl in Böhmen wie im Reich zu seinem Nachfolger aufzubauen. Weder der polnische König Kasimir III. noch der ungarische Ludwig, auch er wie Rudolf ein Schwiegersohn Karls, hatten bisher einen (legitimen) Sohn; vermutlich mit Neid und Besorgnis beobachteten sie nun den Böhmen, der vielleicht in Zukunft Ansprüche auf ihre Länder anmelden könnte. Um eine Abwehrfront zu bilden, verließ der Ungar die bisherige Allianz mit Karl und verbündete sich im Januar 1362 in Wien mit dem Habsburger Rudolf. Auch der polnische König versprach ihnen Hilfe, da er sich um das deutliche Interesse des Luxemburgers am Nordosten sorgte. Beide Seiten suchten Verbündete und bereiteten den Krieg vor. Aber die Situation änderte sich schnell wieder. Nach dem Tod des oberbayerischen Herzogs und Tiroler Grafen Menhart entstand ein neuer Zwist zwischen den Wittelsbachern und Habsburgern, und der Kaiser verständigte sich wieder mit den brandenburgischen Wittelsbachern.

1361 verlobte Karl den halbjährigen Wenzel mit Elisabeth, einer Tochter des bisher söhnelosen Nürnberger Burggrafen Friedrich V.; damit winkte eine mögliche Erbschaft der einflussreichen Hohenzollern für die Luxemburger. In diesen Jahren suchte Karl vor allem seine Positionen im Reich zu stärken. Die Grafen von Montfort, von Württemberg und die Hohenloher übertrugen ihm als Lehen verschiedene Besitzungen am Bodensee und in Schwaben mit der Verpflichtung zu militärischen Hilfen, die Gewinnung von Burg und Stadt Wertheim sicherte den geplanten Ausbau seines Wegs von Nürnberg zur Wahlstadt Frankfurt. In Franken und der Oberpfalz um Sulzbach (erst im 20. Jahrhundert „Neuböhmen" genannt) verdichtete Karl seine Präsenz mit weiteren Erwerbungen.[429]

Nach dem Tod seiner dritten Ehefrau Anna 1362 im Kindbett bahnte Karl IV. rasch seine vierte Ehe mit einer Enkelin des Polenkönigs, Elisabeth von Pommern, an. Diese für Karl sicher politischste Ehe wurde im Mai 1363 in Krakau geschlossen. Durch die Vermittlung Kasimirs III., der eigentlich keinen Krieg wünschte, ergab sich dabei auch eine Annäherung Karls zu Rudolf IV. und dem Ungarnkönig. Um das Verhältnis mit den Habsburgern endgültig zu bereinigen,

---

[429] Heribert Sturm, Des Kaisers Land in Bayern, in: Seibt (Hg.), Kaiser Karl IV., S. 208–212.

belehnte der Kaiser Rudolf mit Tirol und schloss im Februar 1364 mit ihm in Brünn einen Erbvertrag, wonach beim Aussterben der Habsburger bzw. der Luxemburger der gesamte Besitz der Länder an das überlebende Haus fallen sollte.[430] Die Folgen dieses Vertrags waren natürlich nicht abzusehen; er sollte mit dem Tod des jüngsten Karlssohns, Siegmund, 1437 in Kraft treten und bildete die Grundlage für die Entstehung des habsburgischen Großreiches (bis 1918). Da Rudolf bereits 1365 starb, verheiratete Karl seine Witwe Katharina mit Markgraf Otto V. von Brandenburg und gewann dadurch in diesem Land weiteren Einfluss.

Nach dem Tod von Papst Innozenz VI. wurde Urban V. (1362–1370) sein Nachfolger. Auch er plante, aus dem von Räuberbanden mehrmals verwüsteten Avignon nach Rom zurückzukehren, wobei er die Hilfe des Kaisers unbedingt benötigte. Dieser war dazu gern bereit, denn eine Rückkehr der Kurie nach Rom würde den französischen Einfluss auf sie verringern. Die Fürsten stimmten dem Italienzug zwar zu; wegen der hohen Kosten und einer neuen Pestwelle waren aber die Städte nicht bereit, mehr Truppen zu stellen. Auf dem Weg nach Italien ließ sich Karl in Arles auch mit der burgundischen (seiner fünften) Krone krönen, als der erste römisch-deutsche Herrscher seit Friedrich Barbarossa. Damit bekräftigte er seine Herrschaftsrechte im Arelat, das unter immer stärkerem französischem Druck stand.

Im April 1368 brach Karl trotz aller Probleme mit einem beachtlichen Heer (vor allem Söldner) nach Italien auf. Den Mailänder Bernabo Visconti erklärte er zum Reichsvikar, der ihm dafür 1000 Ritter zur Verfügung stellen wollte. Nach Kämpfen mit Florenz zog der Kaiser mit dem Papst am 21. Oktober 1368 in Rom ein. Dort wurde Karls Gemahlin Elisabeth feierlich zur Kaiserin gekrönt. Dann begab sich der Kaiser über Siena nach Lucca, wo er sich fast ein halbes Jahr aufhielt, etliche lombardische Städte mit militärischer Gewalt seinen Anordnungen unterwarf und damit zumindest nominell die Herrschaft über Reichsitalien eine Zeit lang behauptete. Der lange Aufenthalt hing wohl mit den 100.000 Gulden zusammen, die ihm Lucca für die Befreiung von Pisa bot. Über Bologna und Udine kam Karl im August 1369 wieder nach Deutschland. Um Italien kümmerte er sich in Zukunft kaum noch. Papst Urban V. konnte sich in Rom nicht lange halten und kehrte, vom Kaiser zutiefst enttäuscht, nach Avignon zurück.

9.4 Verwaltung, Politik und Wirtschaft[431]

Das einzige Zentrum der Regierung und Verwaltung Karls IV. war der Hof: nicht nur der geographische Ort in Prag, sondern der mit dem König/Kaiser wan-

---

[430] Codex iuris Bohemici II 1, Nr.531.
[431] Peter Moraw, Räte und Kanzlei, in: Seibt (Hg.), Kaiser Karl IV., S. 285–292; Kavka, Am Hofe Karls IV.

dernde Hof. Er bestand aus dem Hofrat mit der Kanzlei. Für das Reich und die böhmische Hausmacht gab es nur einen Hof ohne Unterscheidung. Überhaupt müssen wir uns völlig freimachen von modernen Vorstellungen über Organisationen, strenge Hierarchien und Zuständigkeiten. Entscheidend waren die persönlichen Beziehungen des Kaisers zu den Räten, die ihn (in wechselnder Zusammensetzung) umgaben, darunter waren oft auch Verwandte. Die Räte selbst waren jeweils meist ein Teil von (ständischen, kirchlichen, wirtschaftlichen) Führungsgruppen außerhalb des Hofes. Die Vertrauten bekamen Ämter und Titel vom Herrscher verliehen, Leistungen und Qualifikationen waren weniger wichtig.

Von den 182 bekannten Räten Karls stellten die geistlichen Räte die Mehrheit, davon waren die meisten aus der Hausmacht: die Erzbischöfe Ernst von Pardubitz und nach ihm Johann I. von Vlašim, alle Prager, Olmützer, Leitomischler und Breslauer Bischöfe sowie andere hohe Prälaten. Aus dem Reich fungierten als Räte oft die königsnahen Bischöfe von Bamberg, Augsburg, Eichstätt, Speyer und Worms; auch drei Deutschmeister: Der wichtigste von ihnen war der böhmische Landkomtur Rudolf von Homburg aus einer Konstanzer Ministerialenfamilie. Der Deutsche Orden ist bereits von den Přemyslidenfürsten als Stütze der Dynastie angesehen und behandelt worden. Der wichtigste geistliche Rat, der nicht aus der Hausmacht kam, war der Zisterzienser und spätere Erzbischof von Magdeburg, Dietrich von Portitz, der aus der Stadt Stendal stammte, daneben sind Burchard von Magdeburg und Thimo von Kolditz zu nennen.

Von den 88 weltlichen Räten des Kaisers stammten etwa drei Fünftel aus der nichtbürgerlichen Hausmacht. Der böhmische Hochadel war dabei nur schwach vertreten, denn seine Mehrheit lehnte eine zu starke Stellung des Monarchen grundsätzlich ab. Die přemyslidischen Herzöge von Troppau und die piastischen Herzöge Schlesiens dienten Karl vor allem als Amtsträger, besonders als Hofrichter. Zwei Fünftel der Weltlichen stammten aus den königsnahen Gebieten des Reichs, wozu traditionell (schon bei früheren Königen) die Familien der Burggrafen von Nürnberg, der Hohenloher, von Leuchtenberg und Henneberg zählten.

Die Hofkanzlei, auch sie für Hausmacht und Reich ungeteilt, war die wichtigste Institution, die das Schriftgut des Königs produzierte und stets mit dem wandernden Hof verbunden war. Das Urkundenwesen war nur ein Teil ihrer Aufgaben, die Kanzler waren auch, natürlich immer in Abhängigkeit vom König, als Diplomaten und Politiker tätig und konnten damit auch Einfluss auf die politischen Inhalte nehmen. Die meisten Kanzler waren zugleich auch wichtige Räte des Kaisers. Eng verbunden war das Kanzleipersonal, das weitgehend aus schriftkundigen Klerikern bestand, auch mit der päpstlichen Hierarchie; denn diese spielte eine entscheidende Rolle für die Gewinnung von kirchlichen Pfründen. Viele der führenden Kanzleibeamten waren studierte Juristen.

Unter dem jungen Karl war der Brünner Nikolaus d. Ä. Eberhardi Kanzler, aus dessen schlesischer Verwandtschaft stammte auch Johann von Neumarkt

9.4 Verwaltung, Politik und Wirtschaft

(Jan ze Středy), der von etwa 1353 bis 1374 als der überragende Kanzler tätig war. Die schrift- und lesekundigen Amtsträger der Kanzlei lassen sich als die Intellektuellen der Zeit bezeichnen.

> „Karls Zeitalter stellt den Höhepunkt der Verfassungsgeschichte der deutschen Zentralgewalt im Spätmittelalter dar […] es gab niemals im deutschen Mittelalter einen hoffnungsvolleren Ansatz für ein wirkliches, tendenziell Paris oder London vergleichbares Zentrum als im Zeitalter Karls IV. am Prager Hof."[432]

Virtuos handhabte Karl IV. für seine luxemburgische (Bündnis-)Politik die Ehen und Verlöbnisse der Nachkommen aus seinen vier Ehen: Seine Tochter Margarete war mit König Ludwig I. (dem Großen) von Ungarn verheiratet, die Tochter Katharina in erster Ehe mit dem Habsburger Herzog Rudolf IV. von Österreich, in zweiter Ehe mit dem wittelsbachischen Herzog Otto V. von Brandenburg, die Tochter Elisabeth mit Herzog Albrecht III. von Österreich, aus seiner vierten Ehe mit Elisabeth von Pommern war die Tochter Anna mit König Richard II. von England vermählt, sein Sohn Siegmund in erster Ehe mit Maria von Ungarn, sein Sohn Johann von Görlitz mit Richardis von Schweden, eine weitere Margarethe mit dem hohenzollerischen Burggrafen Johann III. von Nürnberg. Auch die Verlöbnisse und Ehen der Kinder seines Bruders Johann Heinrich aus dessen drei Ehen mit Margarete von Troppau, Margarete von Österreich und Elisabeth von Öttingen (Jost, Katharina, Prokop, Johann Sobieslav, Elisabeth und Anna) dienten in gleicher Weise seinen politischen Zwecken.[433]

Auch die Anbahnung vielversprechender genealogischer Verbindungen kostete den Kaiser meist viel Geld.[434] Er war allerdings noch nicht in der Lage, einen Haushalt oder Bilanzen für seine Reiche oder Länder erstellen zu lassen; dazu fehlen uns auch die Quellen. Aus den böhmischen Ländern standen dem böhmischen König die allgemeine Landessteuer, die Berna (von tsch. *bráti* – „nehmen") zu. Sie wurde durch die *Berna specialis* aus dem Königsgut, d. h. vor allem aus den königlichen Städten und Klöstern ergänzt, die allerdings auch oft durch besonderen Druck zustande kam. Nicht zuletzt ist der Silberbergbau zu erwähnen, dessen Einnahmen zu einem Achtel an ihn kamen; seit 1350 aber waren die Erträge des Bergbaus stark rückläufig. Eine Zentralfigur des böhmischen Finanzwesens war der Niederadlige Paul von Jenzenstein (Pavel z Jenštejna) von 1351–1375, der selbst mit dem zweiten, dem dritten und dem vierten Prager Erzbischof verwandt war. Dieser Personenverband hatte auch Verbindungen zu Brünn und Breslau.

Aus dem Reich hatte Karl als römisch-deutscher König fast nur die gewohnten Steuern der Reichsstädte und ihrer Judengemeinden zur Verfügung, die er freilich ebenfalls durch Druck und durch Erpressung vergrößern konnte. Eine

---

[432] Peter Moraw ebd. S. 292.
[433] Zu den mährischen Luxemburgern grundlegend Mezník, Lucemburská Morava.
[434] Wolfgang von Stromer, Der kaiserliche Kaufmann – Wirtschaftspolitik unter Karl IV., in: Seibt (Hg.), Kaiser Karl IV., S. 63–73.1

weitere oft lukrative Einnahmequelle waren die massenhaften Verpfändungen der Reichsstädte.[435] Von Ludwig dem Bayern sind über 110, von Karl IV. 90 Pfandbriefe bekannt. Die Herrscher wandten die Verpfändungen an, um an Geld zu kommen, um politische Anhänger zu gewinnen oder zu belohnen, fast immer gegen den Willen der Städte, die reichsunmittelbar bleiben wollten. Die wichtigsten Pfandnehmer waren die Fürsten, die immer bestrebt waren, die verpfändeten Städte zu behalten. Damit konnten sie ihre Territorien arrondieren, vergrößern oder ihren Wert steigern, fast immer auf Kosten der verpfändeten Städte und ihrer Bevölkerung. Auch durch Unverpfändbarkeitsprivilegien, die der Kaiser einigen Städten ausstellte, an die er sich freilich nicht immer hielt, konnte er Gewinn machen. Nach der Rechnung Landwehrs beliefen sich die Pfandsummen, die Karl insgesamt erhielt, auf 258.000 Mark Silber, 117.000 Pfund Heller und 312.000 Gulden.[436] Da wegen der riesigen Summen die Reichsstädte vom König oft nicht wieder ausgelöst werden konnten, verloren einige dadurch ihre Reichsunmittelbarkeit. Um dieser Gefahr zu entgehen, lösten sich einige finanziell potente Reichsstädte sogar durch eigene Mittel wieder aus. Das beste Beispiel eines Verlustes ist für uns die schon von Ludwig dem Bayern 1322 an König Johann verpfändete Reichsstadt Eger (Cheb), die dann (in diesem Fall aber mit städtischer Zustimmung) eine königlich-böhmische Stadt wurde und blieb, wenn auch mit einer besonderen Rechtsstellung. Solange die Luxemburger im Reich herrschten, wurden bis 1437 noch Reichstage in Eger abgehalten.[437]

Karl IV. war an der wirtschaftlichen Entwicklung der Städte durchaus gelegen, die ihm selbst nützlich sein konnte. Es waren vor allem Prag, Brünn, Breslau und Nürnberg, deren Handel er durch zahlreiche Privilegien förderte. Das Zentrum seiner Beziehung zu den Städten war zweifellos das Geld, so unterstützte er in der Regel das Großbürgertum, das Patriziat. Vor allem die großen Städte boten dem Kaiser sehr willkommene Kredite. Seine außergewöhnliche Unterstützung der Zünfte in Prag (1350) war nur eine vorübergehende Sache.

Man kann außer dem finanziellen Interesse keine grundsätzlichen Tendenzen in der Städtepolitik Karls IV. feststellen, man muss das Verhältnis zu jeder Stadt einzeln betrachten. Der Kaiser übernachtete und gastete nur noch selten auf Burgen oder gar in ländlichen Pfalzen, sondern wohnte (außer in Prag) in den wesentlich bequemeren und wohlhabenden Städten. Im Hofrat des Kaisers waren die Großbürger zwar nur selten vertreten, wohl aber in der Territorialverwaltung. Aus Prag werden oft die Wölfin genannt, aus Brünn die Eberharder, aus Nürnberg die Stromer; ein Friedrich Stromer war Steuereinnehmer in der Burg Karlstein. Überhaupt war Nürnberg mit seinen fränkischen, verwandtschaftlich verbundenen Fachleuten die Drehscheibe aller finanziellen Aktivitä-

---

[435] Landwehr, Verpfändung.
[436] Die Mark war keine Münze, sondern ein Silbergewicht von etwa 210 g; die Heller (Haller Pfennige) waren seit der Stauferzeit eine in Süddeutschland herrschende Silbermünze.
[437] Sturm, Eger; Karl-Otto Ambronn/Ivan Hlaváček, Eger, Egerland, LexMA Bd. 3 (1986), Sp. 1604–1606.

9.4 Verwaltung, Politik und Wirtschaft

ten und eine Sammelstelle für Steuern. In zweiter Linie ist auch das Rhein-Main-Gebiet mit Frankfurt zu nennen, das als Ende einer von Karl geplanten luxemburgischen ‚Landbrücke' von Böhmen über die Oberpfalz und Nürnberg gelten kann. Sie hätte möglicherweise sogar einen Anschluss an die luxemburgischen Besitzungen im Westen bieten können. Auch Mainz mit seinem Kurfürsten war deshalb für den Kaiser stets eine wichtige Station.

Eine politische Rolle der Städte und besonders der Städtebünde allerdings lehnte Karl IV. ab. Dennoch nahm er in seinen letzten Regierungsjahren Kontakt zur Hanse auf und besuchte 1375 als römisch-deutscher Herrscher zum ersten Mal nach Friedrich Barbarossa den Hansehauptort Lübeck. Auch mit dem Lausitzer Sechs-Städtebund (Bautzen, Görlitz, Löbau, Laubahn, Kamenz und Zittau) rechnete er als Landesherr. Den Schwäbischen Städtebund löste er 1350 dagegen auf und versuchte ihn durch ständeübergreifende Landfriedensbündnisse zu ersetzen, mit einem gewissen Erfolg bis etwa 1372/73.

Karl IV. dachte aber auch an weitgespannte Wirtschaftsprojekte. Nur eine Quelle berichtet über ein venetianisch-böhmisch-flandrisches Verkehrsprojekt: der Gesandtschaftsauftrag des Dogen von Venedig für einen venetianischen Bürger.[438] Dieser Lodovicus Contareno solle in Prag den Vorschlag Karls IV. prüfen, den Handel von Venedig unter Umgehung der problematischen Alpenpässe über Prag, Moldau und Elbe und dann auf dem Meer in das große Zentrum Brügge zu führen, was laut dem Kaiser billiger und schneller sei. So sollte der Gesandte genau überprüfen, wie viele Tage der Weg von Venedig nach Prag dauere, welche Privilegien der Kaiser für die venetianischen Kaufleute zur Verfügung stelle, ob sie ein Handelshaus (einen *fondaco*) in Prag hätten und ob sie sicher und durch welche Herrschaftsterritorien reisen könnten. Der Gesandte sollte sich schließlich auch an das Meer begeben.

Wie diese Erkundungsreise ausging, wissen wir nicht. Ein Blick auf die Karte macht aber deutlich, dass diese Route einen großen Umweg für den Handel bedeutet hätte. Dennoch war Venedig ursprünglich an diesem Plan möglicherweise interessiert, da die beiden kontinentalen Fernwege (über Basel und über Nürnberg) ihm einige Jahre lang ganz versperrt waren und der Seeweg um Gibraltar einen noch größeren und wegen der Seeräuber gefährlichen Umweg bedeutete. Nach der Wiedereröffnung des Basler Weges verloren sie aber das Interesse am Handel über Ostmitteleuropa. Karl hatte allerdings schon in Prag vorsorglich einen Hafen und einen *fondaco* errichten und Schiffe bauen lassen.

Mit Venedig hatte Karl wohl auch über einen Kreuzzug Gespräche geführt. Die türkischen Osmanen griffen schon seit 1352 auf den Balkan über. Die Venezianer, die an ihrer Bekämpfung großes Interesse hatten, boten dem Kaiser 1359 20 bewaffnete Schiffe (Galeeren) an, wenn er sich persönlich an diesem Kreuzzug beteiligen sollte.[439] An einem kriegerischen Kreuzzug mit ungewissem Aus-

---

[438] Hg. von O. Scholz in MVGDB 52 (1914), S. 420–422.
[439] Die Urkunde im venezianischen Archivio di Stato. Secreta Collegio I, fol. 54 r/v.

gang hatte Karl aber kein Interesse, so löblich dieser für einen christlichen Fürsten auch gewesen wäre.

Die andere Seite des „kaiserlichen Kaufmanns" Karl IV. sei nicht vergessen. Eine große, natürlich auch politische Bedeutung hatte für den zutiefst religiösen Kaiser nicht nur seine Sammelleidenschaft zahlreicher Reliquien, sondern vor allem der Kult des böhmischen Landesheiligen Wenzel. Er benannte seine beiden ersten Söhne nach diesem und verfasste selbst eine Wenzelslegende, wahrscheinlich 1358;[440] alle älteren Wenzelslegenden, Cosmas und auch der sog. Dalimil waren dafür seine Quellen. Das Leben und die Translatio des Heiligen sind nach den sechs kanonischen Stundengebeten aufgebaut, die er, so heißt es, selbst stets wie ein Geistlicher feierte.[441] Karl sah sich darin als Vollender alles dessen, was sein Vorfahre (angeblich) begonnen hatte. Im selben Jahr ließ er auch das Grab des Heiligen im Veitsdom kostbar ausschmücken.[442]

9.5 Die Gewinnung Brandenburgs, die Wahl Wenzels und der Städtekrieg

Während der Abwesenheit Karls IV. in Italien hatte sich wieder eine gegnerische Allianz gebildet.[443] Die Einsetzung seines Halbbruders Wenzel von Luxemburg als Reichsvikar und als Inhaber süddeutscher Landvogteien und die massiven Bemühungen, seinen Sohn Wenzel zum Nachfolger aufzubauen (er hatte ihn schon am 20. Juni 1363 im Alter von zwei Jahren zum böhmischen König gemacht), erzürnten die Kurfürsten: den Pfalzgrafen Ruprecht I. und die drei rheinischen Erzbischöfe. Ihnen schlossen sich wieder die bayerischen Herzöge, der ungarische und der polnische König an. Erneut gelang es dem Kaiser, die Front der Gegner aufzulösen: Die Habsburger besänftigte er zunächst 1369 durch Belehnung Rudolfs IV. mit dem wichtigen Tirol.

Am Dreikönigstag 1370 war der Kaiser wieder feierlich nach Prag zurückgekehrt. Dort traf er den Herzog Rudolf II. von Sachsen, den brandenburgischen Markgrafen Otto, die Familie seines Bruders, des Markgrafen von Mähren, die schlesischen Herzöge, die kirchliche Hierarchie der böhmischen Länder und alle böhmischen Amtsträger, auch einen päpstlichen Legaten. Danach regelte er

---

[440] St. Wenzelslegende Kaiser Karls IV. Einleitung/Texte/Kommentar, hg. von Anton Blaschka, Prag 1934; Eugen Hillenbrand, Karl IV., Verfasserlexikon ²Bd. 4 (1983), zur Legende Sp. 997 f.
[441] Aus den Trauerreden, FRB III, S. 429.
[442] Über die Wenzelskrone als Symbol für die *Corona regni Bohemiae* war bereits oben die Rede.
[443] Zum Folgenden Kavka, Vláda Karla IV., Bd. 2 (1364–1378); ein Überblick über die Reichsangelegenheiten bei Christian Hesse, Synthese und Aufbruch 1346–1410 (Gebhardt-Handbuch der deutschen Geschichte 7 b), Stuttgart 2017.

9.5 Die Gewinnung Brandenburgs, die Wahl Wenzels und der Städtekrieg

zahlreiche Angelegenheiten seiner Hausmacht. Im Juli 1370 verlobte er seinen Sohn Wenzel mit Johanna, einer Tochter des Wittelsbachers Albrecht I. von Niederbayern und Holland-Hennegau. Damit war Albrecht auf die luxemburgische Seite gezogen. Und da König Ludwig I. von Ungarn (der Große) inzwischen mit der Erringung seiner Herrschaft in Polen (nach dem Tod Kasimirs III. im November 1370) beschäftigt war, gab es keine gegnerische Allianz mehr.

Inzwischen folgte nach dem Tod Urbans V. Gregor XI. (1370–1378) auf dem Papstthron, ein Neffe Clemens' VI. Er war dem Kaiser gewogen, von dem er sich Hilfe für die geplante Rückkehr nach Rom erhoffte, und setzte nach langen Querelen einen Kandidaten Karls, den aus dem Meißner Markgrafenhaus stammenden Ludwig, Bischof von Bamberg, gegen den Wunsch des Mainzer Kapitels und seines Kandidaten Adolf von Nassau auf dem Mainzer Kurstuhl durch. Einen Rückschlag aber erlitten die luxemburgischen Interessen durch die Gefangennahme Herzog Wenzels in einer Fehde mit Herzog Wilhelm von Jülich, der ein Lehensmann des Pfalzgrafen und Verbündeter des Erzbischofs von Köln war. Wenzel musste das Reichsvikariat aufgeben und dem Wilhelm ein (freilich anders genanntes) Lösegeld von 50.000 Gulden bezahlen, das vor allem seine Untertanen stark belastete. Eine weitere Ausweitung luxemburgischer Besitzungen im Westen war damit zu Ende.

An einer Erwerbung Brandenburgs und damit einer zweiten Kurstimme hatte Karl IV. spätestens seit 1349 Interesse gehabt.[444] Dies hatte sich schon in seiner Unterstützung des falschen Woldemar gezeigt. Zwar hatte er zu den seit 1351 regierenden wittelsbachischen Brüdern Ludwig (dem Römer) und Otto V. ein gutes Verhältnis. Das Land war von engen Freunden des Kaisers umgeben: den Mecklenburgern, dem Herzog von Sachsen, den Markgrafen von Meißen und seit 1361 auch von Erzbischof Dietrich von Magdeburg, der vorher als Dietrich von Portitz ein enger Rat des Kaisers gewesen war. Der Erzbischof wurde von den Brüdern als Verwalter der Mark bestellt. Dem Kaiser gelang es schließlich unter Ausnutzung innerwittelsbachischer Streitigkeiten 1363, mit Ludwig dem Römer einen Erbvertrag abzuschließen: Wenn die brandenburgischen Wittelsbacher ohne legitime männliche Erben blieben, sollte das Land an Karl und seine männlichen Nachkommen fallen. Mit einem böhmischen Heer erschien der Kaiser daraufhin 1363 in Brandenburg, um eine Huldigung der Stände für den Fall einer Übernahme des Landes zu erwirken, zugleich bestätigte er die Privilegien für Adel und Städte. Nach dem Tod Ludwigs des Römers (1365) wurde der leicht beeinflussbare Otto V. mit Karls Tochter Katharina verheiratet; diese Witwe Rudolfs IV., so kalkulierte wohl der Kaiser mit klarem Blick, hatte diesem keine Kinder gebären können, sodass auch die Aussichten für einen Sohn Ottos geringer waren. Karl etablierte auch bereits eine Landesverwaltung mit seinen Vertrauten. Mit dem endgültigen Erwerb der Mark Lausitz (Niederlausitz), die

---

[444] Richter u. a. (Hg.), Karl IV., besonders die dortigen Beiträge von Heinz-Dieter Heimann und Uwe Tresp.

1370 in die Krone Böhmens eingefügt wurde, grenzte Karls Territorium nun an Brandenburg.

Aber während der Kaiser in Italien war, begehrten 1368 die brandenburgischen Stände gegen den böhmischen Einfluss auf. Die Karl zugeneigten Herren wurden entlassen, Markgraf Otto IV. gewann an Selbstbewusstsein und verließ einseitig die Erbverbrüderung von 1363. Karl IV. verlor jetzt die Geduld; er drohte mit Krieg. Seine Alliierten fielen in das Land ein, aber Otto fand Unterstützung bei den anderen Wittelsbachern und bei den Königen Ungarns und Polens, sogar bei den Markgrafen von Meißen und dem Landgrafen von Thüringen. Aber Karl gelang es wiederum schnell, seine Gegner auszumanövrieren: Mit Polen und Ungarn schloss er 1372 ein neues Bündnis, sein Sohn Siegmund sollte Maria, die Tochter König Ludwigs heiraten – was sich als eine folgenreiche Aktion herausstellen sollte. Mit den Meißner Markgrafen, seinen alten Anhängern, erneuerte er sein Bündnis. Karl IV. fiel mit einem Heer in Brandenburg ein, der Bischofssitz Lebus wurde niedergebrannt. In den folgenden Verhandlungen blieb dem erneut isolierten Otto V. keine Wahl mehr, er musste die – allerdings großzügigen – Bedingungen des Kaisers akzeptieren.

Otto sollte Titel und Rechte eines Kurfürsten behalten. Neben einer Jahresrente von 3000 Mark Silber bekam er Besitzungen um Sulzbach in der Oberpfalz als Pfandbesitz. Dem Kaiser war Brandenburg nun offenbar wichtiger als die neuböhmische Eisenindustrie. Weitere vereinbarte Gegenleistungen für die Wittelsbacher beliefen sich auf 300.000 Gulden. Dafür wurden besonders die schwäbischen Reichsstädte von Karl um hohe Summen erpresst.

Am 2. Oktober 1373 wurden nun Wenzel gemeinsam mit seinen Brüdern Johann und Siegmund vom Kaiser auf einem Prager Hoftag mit der Mark Brandenburg belehnt.[445] Die neue luxemburgische Mark Brandenburg wurde aber nicht formell in die Krone Böhmens inkorporiert, sondern blieb in Personalunion mit dem Königreich Böhmen verbunden.[446] Denn es war und sollte ein eigenständiges Kurfürstentum im Sinne der Goldenen Bulle bleiben. Damit und mit dem Mainzer Kurfürsten besaßen die Luxemburger schon einmal drei Kurstimmen, mit dem befreundeten sächsischen Kurfürsten die Mehrheit im Kollegium.

Von Februar bis zum August 1374 hielt sich Karl mit seinen Söhnen und dem Hof in der Mark Brandenburg auf, auch in Berlin und Stendal. Kanzler Johann von Neumarkt, der wichtigste Ratgeber des Königs, zog sich im Laufe dieses Jahres, vielleicht wegen seines Alters, in sein Bistum Olmütz zurück. Der bevorzugte Aufenthaltsort Karls wurde aber nun die neue Residenz in der Burg Tangermünde (an der Elbe), die er zu einem Hauptwohnsitz (*domicilium principale*) ausbauen ließ; dort hielt er im Juni einen gut besuchten Hoftag ab. Die Verwaltung in Brandenburg baute er nach böhmischem Vorbild aus, ließ hier auch ein Landbuch zusammenstellen. In seine Nordpolitik zog er mit Verhandlungen auch die

---

[445] RI VIII, Nr. 5263.
[446] RI VIII, Nr. 5361.

9.5 Die Gewinnung Brandenburgs, die Wahl Wenzels und der Städtekrieg

Hanse, die mecklenburgischen und pommerschen Herzöge ein, immer auch mit einem Blick auf Dänemark, auf das Albrecht IV. von Mecklenburg einen Anspruch erhob. Den Plan einer neuen großen Handelsstraße über Prag und auf der Elbe nach Norden (Hamburg und Lübeck) hatte er nicht aufgegeben.

Am 12. November 1375 starb Karls treuer Bruder Johann Heinrich, der Markgraf von Mähren. Da sich Karl, wohl wegen einer Erkrankung, mehrere Monate bei den warmen Quellen von Karlsbad aufhielt, ließ er dort Wenzel den ältesten Sohn Johann Heinrichs, Jost, mit der Markgrafschaft belehnen. Jost geriet allerdings sofort mit seinem Bruder Johann Sobieslav wegen der Aufteilung des Erbes in Streit.

Des Kaisers letztes großes Projekt war es seit 1374, zu seinen Lebzeiten seinen Sohn Wenzel zum römisch-deutschen König wählen zu lassen. Diesem Plan unterwarf er nun alles.[447] Seit der Stauferzeit hatte es keinen Sohn als Nachfolger im Königtum mehr gegeben. Auf mehreren Hoftagen in Nürnberg, Eger und Prag beriet er sich mit den Kurfürsten und anderen Fürsten. Die rheinischen Kurfürsten gewann er mit Privilegien und Geld, den letzten Rest des Reichsgutes gab er deswegen auf. Natürlich entsprachen die offenbar notwendigen Bestechungssummen nicht den Bestimmungen der Goldenen Bulle; vor allem in den städtischen Chroniken wurden kritische Stimmen über diese Korruption laut.

Aber auch mit dem Papst musste verhandelt werden, der eine Approbation der Wahl beanspruchte. Einen von Gregor XI. geforderten Besuch Karls und Wenzels in Avignon vor der Wahl sagte der Kaiser wegen Krankheit und mit Verweis auf die zur Wahl längst bereiten Kurfürsten ab, die die geforderte Approbation als Eingriff in ihr Wahlrecht vehement ablehnten. Der Papst gab schließlich seine Zustimmung zur Wahl, forderte aber die Approbation wenigstens vor der Krönung. Wenzel versprach zwar daraufhin, dem Papst nach seiner Wahl die gleichen Eide wie sein Vater und Großvater zu leisten, von der Reise nach Avignon und der Approbation sprach er aber nicht. Nach seiner Wahl sagte er dem Papst immerhin die Approbation für die Kaiserkrönung zu; auch verspreche er, dass er selbst als Kaiser (*vivente imperatore*) keinen Sohn zum römisch-deutschen König wählen lassen würde.

Schließlich wurde der böhmische König Wenzel am 10. Juni 1376 in Frankfurt einstimmig zum römisch-deutschen König gewählt und am 6. Juli in Aachen mit großem Pomp gekrönt. Von einer päpstlichen Approbation war nicht die Rede. Karl suchte daraufhin den erzürnten Papst Gregor XI. mit verschiedenen Ausreden und Geld zu beschwichtigen. Ohne Zweifel wollte der Papst keinen endgültigen Bruch mit dem Kaiser riskieren, den er für seine römischen Pläne brauchte; Gregor XI. starb allerdings im März 1378.

Ein letztes Problem für Karl war nun das angespannte Verhältnis zu den Reichsstädten. Die finanzielle Erpressung vor allem der schwäbischen Reichsstädte und die ständige Gefahr von Verpfändungen führte im Juli 1376 zur Ent-

---

[447] Kavka, Vláda Karla IV., Bd. 2, S. 163–198.

stehung des schwäbischen Städtebundes unter Führung der größten Stadt Ulm. Vor allem die Verpfändung der Reichsstadt Donauwörth an den Wittelsbacher Otto trotz eines Nichtverpfändungsprivilegs erregte Furore. Die Städte weigerten sich, dem neuen König zu huldigen. So wurde die Reichsacht über den Städtebund ausgesprochen, die mit Hilfe Bayerns, Württembergs, anderer Fürsten, der Bischöfe und böhmischer Herren, auch der Stadt Eger, militärisch entschieden werden sollte. Die Verwüstung des Landes war beträchtlich, aber die erfolglose Belagerung Ulms und die Niederlage des Grafen Ulrich von Württemberg gegen die Städte bei Reutlingen im Mai 1377 zwangen auch König Wenzel, wieder auf die Städte zuzugehen und die Reichsacht im Juli des Jahres aufzuheben. Auch versprach er, in Zukunft keine Verpfändungen mehr vorzunehmen. Jetzt wurde von den Städten zum ersten Mal der Begriff ‚Reichsstadt' verwendet, während Karl und später auch Wenzel jeweils stets von „meinen Städten" sprachen.

Zu Weihnachten 1376 (mit einer kleinen späteren Korrektur 1378) entschied der Kaiser Karl IV. über die Nachfolge seiner drei Söhne in der Hausmacht: Der böhmische König Wenzel sollte Herr auch über Teile Schlesiens, die Niederlausitz und Bautzen sein, Lehensherr für die Markgrafschaft Mähren, das Bistum Olmütz und die Herzogtümer Troppau und Görlitz werden. Der erst zehnjährige Johann bekam 1377 das neu geschaffene Herzogtum Görlitz mit Geldzuwendungen übertragen, Siegmund allein die Markgrafschaft Brandenburg.

Karl zog im März 1377 nach Tangermünde, das er nun vielleicht als Ort seines Ruhestands ansah. Die dortige Burgkapelle ließ er wie die Wenzelskapelle in Prag und die Katharinenkapelle auf der Burg Karlstein ausschmücken und gründete dafür ein Augustinerstift mit zwölf Klerikern. Um die an Mecklenburg verpfändeten Ländereien wieder auszulösen, legte er seinen brandenburgischen Untertanen und besonders den Städten eine Sondersteuer auf, die in den Chroniken des Landes als Ausplünderung bezeichnet wurde. Wenzel bekam indessen freie Hand in den Reichsangelegenheiten. Nur bei der Entstehung des Landfriedensbündnisses in Rothenburg (Tauber) im Mai 1377 mischte sich der Kaiser wieder ein.

9.6 Parisreise, Ausbruch des kirchlichen Schismas und Karls Tod

Am 11. November 1377 brach der 62-jährige Kaiser von Brandenburg aus zu seiner großen und anstrengenden Parisreise auf, die als Pilgerreise bezeichnet oder getarnt wurde.[448] Über Lüneburg, Minden, Herford und Bielefeld reiste er durch

---

[448] Neben Kavka, Vláda Karla IV., Bd. 2 Heinz Thomas, Frankreich, Karl IV. und das Große Schisma, in: Moraw (Hg.), Bündnissysteme, S. 69–104; Gerald Schwedler, Herrschertreffen

9.6 Parisreise, Ausbruch des kirchlichen Schismas und Karls Tod

Westfalen, wo er in Enger geschichtsbewusst sogar das Grab des Widukind besuchte, nach Aachen und dann nach Brüssel, wo er zusammen mit König Wenzel den luxemburgischen Herzog Wenzel, seinen Bruder, antraf. Nach eigenen Worten wollte der Kaiser Stätten der heiligen Reliquien aufsuchen und seinen Neffen, den französischen König Karl V. besuchen und mit ihm Gespräche führen. Dabei, so ist anzunehmen, wollte er dessen Einverständnis zur Verlegung der Kurie von Avignon nach Rom gewinnen (wo sich Papst Gregor XI. seit Anfang 1377 bereits befand), die ungeklärten Verhältnisse im Arelat erörtern, auf das Frankreich seit dem 13. Jahrhundert Ansprüche erhob. Vor allem aber wollte er die luxemburgischen Absichten und Pläne bei der künftigen Erbfolge des söhnelosen ungarisch-polnischen Doppelkönigs Ludwig I. († 1382) vorantreiben, das hieß konkret, seinem Sohn Siegmund das Königreich Polen verschaffen, der Maria, die Tochter Ludwigs heiraten sollte. Absprachen waren nötig, denn mit einem Sohn des französischen Königs, Ludwig, war ebenfalls eine Ehe mit der anderen Tochter Ludwigs I., Katharina, vereinbart worden. Der französische König erhoffte sich die Hilfe des Kaisers in seinem Kampf mit England, aber auch Unterstützung für die Anjou-Königin Johanna von Neapel bei der Erbfolge König Ludwigs.

Das zweiwöchige Treffen des Kaisers (Ende 1377 bis Anfang 1378) mit Karl V. (1364–80) ist ausführlich in den französischen *Grandes Chroniques* dokumentiert,[449] die zweifellos die Rolle und Bedeutung des französischen Königs stark betonen. Es kam Karl V. vor allem darauf an, in den zahlreichen zeremoniellen Akten des Besuchs seine gleichrangige Stellung zum Kaiser peinlich genau zum Ausdruck zu bringen; im Land selbst seine Überordnung über diesen, nach dem schon aus dem 13. Jahrhundert stammenden französischen Motto „Der König ist in seinem Reich der Kaiser" (*rex est imperator in regno suo*). Da der Kaiser Weihnachten auf französischem Boden, wie geplant, nicht mit den Abzeichen seiner kaiserlichen Würde feiern durfte, beging er das Fest in Cambrai noch auf Reichsboden. In Frankreich durfte nur der französische König auf einem weißen Ross reiten, während der Kaiser und König Wenzel mit braunen Pferden Vorlieb nehmen mussten. In der Dreierreihe der reitenden Monarchen hatte der französische König in der Mitte den ranghöchsten Platz. Den Gästen wurden das prächtige Seine-Schiff des Königs und seine neuen Bauten als Zeichen seiner überragenden königlichen Herrschaft gezeigt. Zwar gab der Kaiser seine ständige Unterstützung für König Karl zu erkennen und erwähnte die engen verwandtschaftlichen Beziehungen der Valois und der Luxemburger. Ihre Verbundenheit wurden durch gemeinsame Umarmungen und Tränen dokumentiert und zahlreiche wertvolle Geschenke wurden ausgetauscht. Ein formelles Bünd-

---

des Spätmittelalters. Formen-Rituale-Wirkungen, Ostfildern 2008, bes. S. 297–317; Umfassend Šmahel, The Parisian Summit.

[449] Chronique des règnes de Jean II et de Charles V, ed. Delachenal, Bd. 2, S. 193–277 auf über 80 Seiten.

nis mit Karl V. gegen England schloss Karl IV. jedoch nicht. Den Dauphin, den zehnjährigen Sohn des Königs (später Karl VI.), ernannte der Kaiser auf Lebenszeit zu seinem Stellvertreter im Königreich Arelat, gab dabei die dort ohnehin schwachen Positionen des Reiches teilweise auf. Als Gegenleistung erwartete er vermutlich die Zustimmung des französischen Königs für die Nachfolge Siegmunds in Polen. Karl IV. traf sich auch mit Vertretern der Stadt Paris und der Universität. Der durch Gichtanfälle schwer behinderte Kaiser konnte die Stationen seines Besuchs oft nicht zu Pferd, sondern nur in einer Sänfte sitzend absolvieren.

Zurück in Luxemburg erholte sich Karl IV. für einen Monat bei seinem Bruder, der im Falle seines Todes in seinem Testament die Nachfolge König Wenzels in Luxemburg bestätigte. Über Trier, Aachen und das Rheinland kamen Vater und Sohn nach Nürnberg zu einem Hoftag, wo sie vom Bündnis des schwäbischen Städtebundes mit Herzog Leopold III. von Österreich erfuhren. Dann folgte die Rückfahrt nach Prag, wo im April die Nachricht vom Tod Papst Gregors XI. an den Hof kam; für Karl IV. gewiss ein Verlust. Die Wahl des Italieners Urbans VI., des letzten Nichtkardinals auf dem Papstthron, im Konklave am 7. April dürfte in Prag erst Ende Mai bekannt geworden sein. Obwohl er zunächst von den Kardinälen anerkannt wurde, geriet Urban durch heftige Angriffe auf Habgier und Moral der Kardinäle und durch rücksichtsloses, geradezu tyrannisches Auftreten schnell in die Isolation. Zu den von ihm schnell neu berufenen 29 meist italienischen Kardinälen gehörte auch der Prager Erzbischof Johann Očko von Vlašim, der erste böhmische (tschechische) Kardinal. An seine Stelle in Prag sollte sein Neffe, Johann VI. von Jenstein (Jan z Jenštejna, 1378–1396), bisher Bischof von Meißen, auf den erzbischöflichen Stuhl folgen. Die überwiegend französischen Kardinäle setzten sich nach Fondi, einen Ort im Königreich Neapel, ab, erklärten den Usurpator Urban für unfähig, seine Wahl für ungültig und wählten stattdessen am 20. September den Kardinal Robert von Genf als Clemens VII. (1378–94), der ein Verwandter des französischen Königs Karl V. war. Zunächst amtierte er im Königreich Neapel, konnte sich in Rom aber nicht durchsetzen und kehrte dann nach Avignon zurück.

Das war der Beginn des Großen Abendländischen Schismas, das fast 40 Jahre dauern sollte.[450] Schnell wurden in dieser schweren Krise der Kirche Auswege gesucht: Die beiden Päpste, die sich zunächst gegenseitig verfluchten, suchten sowohl durch Verhandlungen als auch militärisch den Gegner auszuschalten – vergeblich. Andere, wie die Universität Paris, schlugen den Weg des Verzichts einer Seite vor (*via cessionis*), auch der Plan eines Konzils zur Beendigung der Spaltung wurde schon von einigen Kardinälen und Professoren wie dem Gelehrten Heinrich von Langenstein († 1397) ins Spiel gebracht.

Sicher konnten dem alten Kaiser die weitreichenden Folgen dieser Vorgänge noch nicht bekannt sein. Beide Päpste suchten ihn auf ihre Seite zu ziehen.

---

[450] Müller, Die kirchliche Krise.

9.6 Parisreise, Ausbruch des kirchlichen Schismas und Karls Tod

Die Approbation der Wahl König Wenzels sagte zuerst Urban, später auch Clemens zu. Urban erhob den von Karl unterstützten Meißner Ludwig, der immer noch mit Adolf von Nassau um den Mainzer Erzstuhl rang, zum Patriarchen von Jerusalem und übergab ihm auch das Bistum Cambrai. Die undurchsichtigen Verhandlungen der kaiserlichen Gesandtschaft (unter Konrad von Geisenheim und dem Wyschehrader Dekan Konrad von Veselé) über die Anerkennung des Papstes und die Approbation Wenzels durch den wieder schwankenden Urban zogen sich hin.

Nach einer Phase der Unsicherheit entschied sich Karl mit seinem Sohn Wenzel im September für Urban VI. Die meisten deutschen Fürsten folgten. Der Kaiser betonte in einem Memorandum Ende Oktober, dass Urbans Wahl schließlich einstimmig, regelkonform und rechtlich einwandfrei gewesen sei. Er hatte auch erfahren, dass neben Rom auch England, Polen und Ungarn sowie Portugal für Urban VI. eintraten. Mit einer Reihe von Briefen versuchte er, alle Machthaber Europas für seinen Kandidaten zu gewinnen, bei dem Franzosen Karl V. blieb das allerdings vergeblich. Unausgesprochen gab den Ausschlag für den Kaiser, dass er einen römischen Papst lieber sah als einen avignonesischen, der fast immer vom nahen Frankreich dominiert worden war; auch stammte die weit überwiegende Zahl der Kardinäle aus diesem Land. Wichtig erschien ihm wohl aus luxemburgischer Sicht, dass die ungarisch-polnische Erbangelegenheit nach dem zukünftigen Tod Ludwigs I. mit einem Papst in Rom besser zu bewerkstelligen sei.

Auf einem letzten Hoftag in Nürnberg im September 1378 wurde der Krieg mit den Städten beendet. Der rheinische und der reorganisierte fränkisch-bayerische Landfrieden wurden beschlossen; das war der letzte kaiserlich-königliche ‚Staatsakt' Karls IV. Eine für November geplante wichtige Münzreform, die den Wertverfall des böhmischen Silbergroschens hätte stoppen sollen, kam nicht mehr zustande.

Der bis zuletzt aktive und mit Plänen beschäftigte Karl IV. starb am 29. November 1378 an der Folge eines Sturzes in seinem Prager Palast auf dem Hradschin. Wohl nur eine Stunde nach seinem Tod brach im Konvent und Hospital der Kreuzherren mit dem roten Stern in der Altstadt an der Moldaubrücke ein Großbrand aus und so erfuhren die zahlreich Zusammenlaufenden schnell vom Ende ihres Königs und Kaisers.

Die Begräbnisfeierlichkeiten dauerten 17 Tage, über die wir von einem anwesenden Augsburger Bürger in allen Einzelheiten informiert werden.[451] Im Audienzsaal des königlichen Palastes wurde Karl 11 Tage aufgebahrt. In der Trauerrede des Erzbischofs Jan Očko wurde er als „zweiter Konstantin",[452] von einem anderen Trauerredner mit dem altrömischen Begriff „Vater des Vaterlan-

---

[451] Ferdinand Frensdorf (Hg.), Die Chroniken der schwäbischen Städte. Augsburg, Leipzig 1865, S. 59–63.
[452] FRB III, S. 429.

des" bezeichnet. In einem schlichten Sarg wurde Karl im Habitus der Minoriten mit einer hölzernen Krone beigesetzt, das war das Zeichen seiner religiösen Demut. Aber er fand an der zentralen Stelle in der Mitte des Chores des Veitsdoms seine letzte Ruhe.[453] Sicher hat Karl am Ende seines Lebens auch dafür Sorge getragen, dass ihm eine dauerhafte Memoria bewahrt würde. Zum Herrscherkult gehören die berühmten Porträtbüsten im Triforium des Veitsdoms: Karl, seine vier Ehefrauen, seine Eltern und sein Sohn Wenzel mit Gemahlin sind abgebildet, aber auch die engsten kirchlichen Herren des Doms, die drei Erzbischofe seiner Zeit, danach auch die Baurektoren, darunter Benesch von Weitmühl, sowie die Architekten Matthias von Arras und Peter Parler. Vom Kirchenschiff sind sie nicht gut zu sehen, aber man war sich sicher, dass Gott sie erblicken könne.

Öffentlich sichtbar war und ist bis heute die Ostseite des neu erbauten Altstädter Brückenturms, ursprünglich auf dem ersten Brückenbogen der Steinbrücke gelegen, ebenso wie der seit 1357 begonnene Brückenbau wohl auch ein letztes Werk Peter Parlers und seiner Bauhütte. Der Turm ist erst später vollendet worden, aber es kann keinen Zweifel geben, dass Karl den Bau mit der Präsentation seiner Herrschaft initiiert hatte. Er liegt an einer zentralen Stelle des Königswegs. Der Blick geht von hier über die Moldaubrücke zum Veitsdom und zum königlichen Palast auf der Burg. So steht auch das Standbild des hl. Veit, des Landespatrons, über dem sitzenden Karl mit der Kaiserkrone und dem Reichswappen links und dem ebenfalls sitzenden König Wenzel mit der Königskrone und dem böhmischen Wappen des zweischwänzigen Löwen rechts. In den Arkaden darunter sind die Wappen aller Länder der böhmischen Krone abgebildet. Es wird vermutet, dass für die Darstellung auch Triumphtore spätantiker Kaiser ein Vorbild gewesen sein könnten. Zu den architektonischen Präsentationen seines Herrschertums gehört auch die Burg Karlstein, die etwa einen Tagesritt von Prag entfernt ist.

War Karl IV. ein großer Herrscher? Das Epitheton „der Große" ist ihm im Gegensatz zu seinen beiden Zeitgenossen, dem polnischen Kasimir III. und dem ungarischen Ludwig I. nicht gegeben worden. Es passte wohl zu seinen vielen Kronen und unterschiedlichsten Herrschaftsaufgaben nicht. Der zweite Grund dürfte sein, dass er auch keine großen erfolgreichen Schlachten und entsprechenden militärischen Eroberungen aufzuweisen hatte; er wurde etwa in Italien nicht als machtvoller Kaiser gesehen, sondern teilweise als Kaufmann und Krämer verspottet. Für uns sind seine realistische Einschätzung kriegerischer Gewalt und die Friedenszeit, die er vor allem den böhmischen Ländern und seiner Hausmacht verschaffte, ein durchweg positiver Zug. Die Sorge um die Hausmacht war sein Hauptziel, wie es bei jedem spätmittelalterlichen König notwendig war; er vermehrte sie erfolgreich. Karl betrieb dazu eine geniale Ehepolitik, die ihm seine vier Ehen und seine und seines Bruders zahlreiche Nachkommen

---

[453] Dazu Jaromír Homolka, Zu den ikonographischen Programmen Karls IV. in: Legner, Anton (Hg.), Die Parler und der Schöne Stil 1350–1400, Bd. 2, Köln 1978, S. 607–618.

ermöglichten. Mit seinem diplomatischen Geschick und wohl auch mit seinem Charisma vermochte er in den häufigen Zusammentreffen mit den Reichsfürsten, besonders den Kurfürsten, und den auswärtigen Machthabern zu überzeugen und auch zu überreden. Seit Langem war er der erste römisch-deutsche König und Kaiser, der dem Papst und dem französischen König in jeder Beziehung politisch gewachsen war.

In den böhmischen Ländern hat Karl IV. immerhin ein Machtgleichgewicht mit dem Hochadel herstellen können, mehr allerdings nicht. Die (sprach-)nationalen Differenzen im Land waren ihm bewusst. Er selbst lässt sich national nicht einordnen, das ist in dieser Zeit noch nicht von Bedeutung gewesen und hätte seiner Politik nur geschadet. Er förderte allerdings im Hinblick auf Kirche und Adel die slawische/tschechische Sprache und gründete ein Kloster mit slawischer (kroatischer!) Sprache in der Neustadt (Emaus). Aber er war vor allem um einen Ausgleich der beiden Bevölkerungsgruppen bemüht. Dennoch gelang es ihm nicht, einen auf ihn als dem König zentrierten ‚Landespatriotismus' (um hier einen modernen Begriff zu verwenden) dauerhaft zu schaffen.

Ohne das entsprechende Geld wären seine Ziele und Erfolge nicht zu erreichen gewesen. Der Bedeutung der Finanzen und des Rechnungswesens war sich Karl sicher bewusst. Aus Quellenmangel können wir leider seine Finanzplanung für Reich und Hausmacht (mit Ausnahme Tirols) nicht erkennen.[454] Die Gewinnung der Kurfürsten für die Königswahl Wenzels war nur mit der finanziellen Erpressung vor allem der schwäbischen Reichsstädte zu leisten, was – auch wegen der zahlreichen Verpfändungen – zu ihrem Aufstand führte. Seinem Sohn Wenzel vererbte Karl IV. diesen Konflikt und eine schwere Schuldenlast.

---

[454] Mark Mersiowsky, Das Finanzwesen der Luxemburger und seine Vorbilder: ein Blick auf die Rechnungen, in: Penth/Thorau (Hg.), Rom 1312, S. 149–185. Dazu auch Weiss, Karl IV. und das Geld.

10 König Wenzel (IV.)

10.1 Die ersten Jahre König Wenzels[455]

Der böhmische und römisch-deutsche König Wenzel war ein Sohn der schönen Anna von Schweidnitz, der dritten Ehefrau Karls IV. Der bei seinem Regierungsantritt Siebzehnjährige hatte eine gute Erziehung erfahren und war von seinem Vater Schritt für Schritt in die politischen Geschäfte eines Kaisers eingeführt worden, allerdings zunächst immer unter seiner Aufsicht. Die alten Räte Karls blieben in Wenzels ersten Jahren nach wie vor am Hof tätig und sorgten für eine gewisse Kontinuität. Seine wichtigsten Berater waren Johann von Leuchtenberg, Herzog Wenzel von Troppau (Opava) und einige schlesische Fürsten. Wenzel zählte sich, anders als sein Vater, nach den böhmischen Herrschern dieses Namens als Wenzel IV. Noch von seinem Vater war Wenzel mit der Wittelsbacherin Johanna verheiratet worden, nach ihrem Tod folgte eine Ehe mit Sophie, auch von Wittelsbach.[456] Beide Ehen sollten kinderlos bleiben.

König Wenzel stand im Reich vor außerordentlich großen Herausforderungen: der Frage des kirchlichen Schismas, den Kämpfen zwischen den Wittelsbachern und Habsburgern, dem Konflikt zwischen Fürsten und Städten und der Entstehung der neuen Rittergesellschaften.

Das kirchliche Schisma war die zentrale Frage, welche die ganze europäische Gesellschaft teilen sollte. Sicher war besonders der römisch-deutsche König und künftige Kaiser aufgerufen, eine Lösung anzubahnen; er verfügte mit Böhmen, Brandenburg und dem befreundeten Sachsen auch über drei Kurstimmen. Doch sein erster Hoftag in Nürnberg 1379 in Erwartung des päpstlichen Legaten Pileus de Prata, der aber nicht erschien, blieb praktisch ergebnislos. Er scheiterte mit dem Plan eines allgemeinen Landfriedens vor allem wegen des Misstrauens der Reichsstädte. Denn die Fürsten hatten den König gezwungen, den Schwäbischen Städtebund nicht anzuerkennen.

Es waren der Pfalzgraf und die rheinischen Kurfürsten im Februar 1379, welche in Fragen des Schismas in Frankfurt die Initiative ergriffen und zur Unterstützung des römischen Papstes den sog. Urbansbund gründeten, an dem sich Wenzel nicht persönlich, sondern nur durch Gesandte beteiligte. Zwar entschloss er sich im April 1379, von Erzbischof Johann VI. von Jenstein, Kardinal

---

[455] Zu Wenzel Bartoš, Čechy v době Husově; Spěváček, Václav IV.; Hlaváček, Das Urkunden- und Kanzleiwesen; Bobková/Bartlová, Velké dějiny; Martin Kintzinger, Wenzel in: Schneidmüller, Bernd/Weinfurter, Stefan, Die deutschen Herrscher des Mittelalters, München 2003, S. 433–445; zur Reichspolitik Christian Hesse im Handbuch der dtsch. Geschichte 7 b (2017), S. 71–90.

[456] Zu Sophie jetzt Kopičková, Česká královna Žofie.

10.1 Die ersten Jahre König Wenzels

Jan Očko und Pileus de Prata gedrängt, jetzt eindeutig auf die Karte Urbans zu setzen. Aber da er im Reich auf dem Hoftag in Frankfurt im September, soweit wir wissen, nicht erschien und sich jedenfalls nicht als entscheidungsfreudiger Souverän zeigte, kam es zu keiner gemeinsamen Haltung des Reiches. So konnte auch der avignonesische Papst, heftig von französischen Gesandtschaften unterstützt, Anhänger im Reich gewinnen, den Herzog Leopold III. von Österreich, sogar Herzog Wenzel von Luxemburg und Prokop von Mähren, die Verwandten König Wenzels. Leopold allerdings fiel in der Schlacht seines Ritterheeres gegen das eidgenössische Fußvolk bei Sempach (1386).

Schon 1380 wurde der König aufgefordert, wegen der Not des Reiches an den Rhein zu kommen oder wenigstens einen Reichsvikar zu ernennen. Vom König erwartete man Friedenssicherung und wenigstens gewisse Richtlinien in der ‚Außenpolitik'. Auf dem Nürnberger Hoftag im April 1380 fand sich Wenzel schließlich ein und blieb bis in den Herbst am Rhein, wo er sich im Interesse der Städte und ihrer Kaufleute gegen Zollerhöhungen wandte.

Wenzels geplantes Bündnis mit den Valois (1380) endete schnell mit dem Tod König Karls V. im selben Jahr. Im ausbrechenden französischen Machtkampf verließen etliche deutsche und böhmische Professoren, die Clemens VII. nicht anerkennen wollten, die Pariser Universität und wandten sich an die neuen Hochschulen im Reich, nach Prag, Wien oder Heidelberg.

Nun schloss Wenzel spontan ein Bündnis mit dem englischen König Richard II., der seine Halbschwester Anna 1382 heiratete. Obwohl Papst Urban VI. König Wenzel zum Romzug und zur Hilfe gegen die in Italien einmarschierenden Franzosen rief, kam dieser ihm nicht zu Hilfe. Fehlte dem König der Mut zu einer entschlossenen Italienpolitik oder wartete er auf bessere Gelegenheiten? Sie sollten nie kommen. Seinen Vetter Jost ernannte Wenzel nun zum Reichsvikar in Italien; dieser ist aber selbst nie in diesem Land erschienen. Der ehrgeizige mährische Markgraf war jetzt der älteste der lebenden Luxemburger, was er stets durch seinen langen Vollbart zum Ausdruck brachte. Die Zusammenarbeit mit Wenzel nutzte er fast immer zu eigenen Zwecken.

Nach 1383 zog sich König Wenzel immer mehr zurück, vor allem auf seine Burgen Bettlern (Žebrák), Pürglitz (Křivoklát) und das repräsentativere Točník (oberhalb von Bettlern) westlich von Prag. Zwar wurde auch am königlichen Palast auf der Burg weitergebaut, aber Wenzel residierte in Prag jetzt seit 1383 im befestigten Königshof in der Altstadt, der für 100 Jahre zum Sitz der böhmischen Könige wurde. Das zeigte auch seine politische, vor allem aber finanzielle Hinwendung zu den Städten. Den Welschenhof in Kuttenberg, eigentlich die Münzstätte, ließ er ebenfalls zu einer prächtigen königlichen Residenz umbauen, als letztes errichtete er seit 1411 die Burg Wenzelstein (Neuhaus/Nový hrad) bei Prag. Während die Burgen Karls IV. die Machtambitionen und das Bedürfnis nach Repräsentation widerspiegeln, zeigen die Wenzelsburgen einen eher privaten Charakter und dienten besonders der Jagd.

Änderungen gab es auch beim Hofpersonal: Wenzel von Troppau war 1381 an der Pest gestorben und mit Ausnahme des Herzogs Primislaus von Teschen (Přemek Těšínský) traten nun weniger geeignete Räte aus weniger bekannten Familien auf. Aus dem Reich waren nur noch Johann von Leuchtenberg und Bischof Lamprecht von Bamberg oft präsent. Ein wichtiger Berater und Vertreter des Königs wurde der Ritter Bořivoj von Svinaře, der vor allem im Reich als sein Diplomat und Vertreter tätig wurde.[457] Überhaupt setzte der König jetzt stärker auf Männer des niederen Adels oder des Rittertums, was zu entsprechendem Widerstand im Hochadel führte.

Seit dem Jahr 1384 kursierten bereits Absetzungspläne im Reich oder die Forderung, der König solle wenigstens den Pfalzgrafen Rupert I. oder dessen Sohn zum Vikar im Reich ernennen. Als der Zwist zwischen Fürsten und Städtebünden immer mehr eskalierte, trafen sich ohne Wenzels Wissen mehrere Fürsten in Mergentheim, die Städte in Speyer. Nun war der König beunruhigt und erschien im Juni 1384 in Nürnberg, dann in Heidelberg am Hofe Ruperts. Er erzielte überraschenderweise eine Einigung in der sog. Heidelberger Stallung, die den Frieden zwischen dem Nürnberger Fürstenbund und den schwäbischen und rheinischen Städtebünden bis 1388 sichern sollte.

Dann reiste der König mit Jost weiter nach Luxemburg, wo sein Onkel, Herzog Wenzel, im Dezember 1383 gestorben war. Der böhmische König als sein Nachfolger ließ sich dort huldigen, besuchte das Grab seines Großvaters, aber auch die Reichsstadt Metz und zweimal Aachen. 1388 jedoch verpfändete er das Land ebenso wie die elsässische Reichsvogtei aus Geldnot an seinen Vetter Jost, der allerdings kein besonderes Interesse an den westlichen Besitzungen der Familie zeigte. Nach 1402 sollte Luxemburg erst dem Herzog Ludwig von Orléans übertragen werden, bis es 1411 noch einmal eine Luxemburgerin, Elisabeth von Görlitz, die Nichte Wenzels, als Pfand erhielt.

Der Frieden im Reich dauerte nicht lange an, doch Wenzel bemühte sich nach seinem aktiven Besuch im Reich drei Jahre lang nicht mehr um einen Ausgleich der Parteien. Erst 1387 erschien er wieder in Nürnberg, wo er sich mit den Städten einigte; diese sprachen sich gegen seine Absetzung aus. Danach verließ er fast 10 Jahre nicht mehr Böhmen. Die großen Ereignisse fanden ohne den König statt. So besiegte Graf Eberhard II. von Württemberg den Schwäbischen Städtebund bei Döffingen 1388, Kurfürst Rupert II. den Rheinischen Städtebund bei Worms im selben Jahr. In beiden Schlachten erwiesen sich die Fürsten gegenüber den Städten als militärisch überlegen. Immerhin (das war ein letzter Erfolg des Königs) konnte er nun in der an Böhmen verpfändeten Reichsstadt Eger am 5. Mai 1389 den Egerer Landfrieden für Fürsten und Städte abschließen; er war für das ganze Reich gedacht und schrieb auch eine Auflösung der Städtebünde vor. Aber auch für Wenzel waren die schönen Tage von Eger schnell vor-

---

[457] Hilsch, Bořivoj von Svinaře; Ivan Hlaváček, Bořivoj von Svinaře, in: Fränkische Lebensbilder 6 (Würzburg 1975), S. 865–882.

10.1 Die ersten Jahre König Wenzels

bei. Schon sein eigener Konflikt mit dem Meißner Markgrafen 1391 brach den Landfrieden.

Es ist ein bemerkenswerter Zufall, dass ebenso wie Wenzel auch Karl VI. von Frankreich und Richard II. von England als Könige scheiterten,[458] ein erstaunlicher Unterschied zur Zeit Karls IV., als neben dem Kaiser die bedeutenden Könige (die „Großen") Kasimir III. von Polen und Ludwig I. von Ungarn regierten.

Zu Ostern 1389 war es in der Prager Altstadt zu einem heftigen Pogrom gekommen: Die Juden hatten angeblich einen Priester, der eine Hostie trug, mit Steinen beworfen. Die Prager Unterschichten beteiligten sich an der Beraubung und Ermordung der Juden gegen den Willen des Rates, der mit den Juden wirtschaftlich verbunden war und den König als Herrn der Kammerknechte fürchtete. Aber auch Wenzel, der nicht einschritt, profitierte schließlich an den konfiszierten Besitzungen der getöteten Juden. Nach dem Pogrom hatte die Prager Judengemeinde 20.000 Schock Groschen als Entschädigung für die entgangenen Einnahmen der königlichen Kammer zu zahlen. Zu den Vorwürfen gegen den König gehörte auch, dass er die Juden zu sehr begünstigt habe – kaum zu Recht.[459]

Im Oktober 1389 war Papst Urban VI. gestorben. Sein Nachfolger Bonifaz IX. (1389–1404), der von Clemens VII. in Avignon natürlich nicht anerkannt wurde, forderte wiederum vergeblich den König zum Romzug auf. Auch der erst 1386 in Frankreich auf den Thron gekommene Karl VI. (1380–1422) wollte das alte Bündnis mit Wenzel erneuern, was allerdings im Reich auf Widerstand stieß. König Wenzel ratifizierte erst 1395 dieses Bündnis, während der französische König schon ab 1392 dem Wahnsinn verfiel.

Im Königreich Böhmen stand Wenzel vor drei Problemen, die miteinander zusammenhingen: dem Konflikt mit dem Erzbischof Johann von Jenstein, dem Kampf mit dem Hochadel und dem Streit unter den Luxemburgern selbst. Der an den Universitäten Bologna, Padua und Paris hochgebildete, aber der Jagd und dem Luxus zuneigende Jenstein, ursprünglich Bischof von Meißen und als Kanzler Schüler des Johann von Neumarkt, trat außerordentlich selbstbewusst, ja exzentrisch auf und betonte die Selbständigkeit der Prager Kirche über die Maßen. Das Verhältnis zu Wenzel, der ihn nicht mehr im Rat haben wollte, wandelte sich von Abneigung zu offener Feindschaft. Auch Papst Urban VI. wurde in den Streit einbezogen, der Jenstein wegen nicht abgeführter Papst-Zehnten sogar in den Kirchenbann legte. Wenzels neue Räte aus niederem Adel zeigten gegenüber dem Erzbischof keine Hochachtung. Der Unterkämmerer Sigmund Huler ließ sogar einen noch studierenden Kleriker wegen angeblichen Raubes enthaupten, was ein massiver Bruch des Kirchenrechts war. Jenstein exkommunizierte den arrogant auftretenden Huler daraufhin und forderte ihn auf, vor dem erzbi-

---

[458] František Graus, Das Scheitern von Königen: Karl VI., Richard II., Wenzel IV., in: Schneider (Hg.), Das spätmittelalterliche Königtum, S. 17–39.

[459] Germania Iudaica Bd. III 2, Tübingen 1995, S. 1116–1151; Graus, Struktur und Geschichte, S. 48–60.

schöflichen Gericht, und zwar auch wegen Ketzerei, zu erscheinen. Der König ließ Huler jedoch nicht fallen und die Macht Jensteins schwand, als seine Unterstützerin, die Kaiserinwitwe Elisabeth, 1393 starb. Wenzel plante nun, um Jensteins Position zu schwächen, ein neues böhmisches Bistum im Westen um das gerade vakante Kloster Kladrau (Kladruby) und seine reichen Besitzungen zu gründen; das scheiterte, da dort von der Prager Kirche schnell ein neuer Abt eingesetzt wurde. Wutentbrannt kam Wenzel von Bettlern nach Prag, Jenstein war zunächst auf sein Eigengut Raudnitz (Roudnice nad Labem) geflohen. Zwar sollten in Prag Verhandlungen stattfinden, aber der betrunkene König ließ die hohen Prälaten auf die Burg bringen, der Erzbischof wurde durch seine Bewaffneten zwar in seinem Haus auf der Kleinseite verborgen. Den Dekan des Domkapitels verletzte Wenzel mit dem Schwert bis aufs Blut. Mit dem Los bestimmte er den Generalvikar Johann von Pomuk und den Nikolaus Puchník zur Folter auf dem Altstädter Gericht. Welches Geständnis er genau damit erpressen wollte, ist unklar. Johann von Pomuk überlebte die Folter nicht; seine Leiche ließ der König in die Moldau werfen. Ob das anonyme Flugblatt „Die Klage des Klerus" (*Planctus cleri*)[460] nach oder vor diesen Ereignissen verfasst wurde, ist umstritten. Darin werden die Leute um Wenzel als gottlose Dienstleute des Tyrannen Nero bezeichnet, aber auch die Prälaten aus Jensteins Umgebung werden für ihre Simonie, ihre Geldgier und ihre Verantwortungslosigkeit getadelt.

Zwar bezeichnete Jenstein in seinem Bericht an den Papst seinen Generalvikar schon als heiligen Märtyrer, der tatsächlich im Land bald auch schon verehrt wurde. Johannes von Nepomuk[461] wurde aber erst 1729 heiliggesprochen und dann zum weit bekannten und beliebten barocken Brückenheiligen in Mitteleuropa, mit der verbreiteten Legende, er habe als Beichtvater der Königin sein Beichtgeheimnis dem König gegenüber bewahrt. Jenstein aber trat von seinem Amt nach erfolglosen Verhandlungen beim Papst in Rom zurück. Denn der Papst war mehr an der Unterstützung des Königs interessiert. Jenstein starb am 17. Juni 1400 in Rom. Sein Prager Nachfolger wurde sein Neffe Wolfram (Olbram) von Škvorec (1396–1402).

10.2 König Wenzel bis zu seiner Absetzung als römisch-deutscher König

Bis zum Ende der 1380er-Jahre herrschten innerhalb der Familie der Luxemburger im Großen und Ganzen stabile Verhältnisse. Der ehrgeizige Siegmund, von den Söhnen Karls IV. der wohl politisch Fähigste, war nach dem Tod Ludwigs

---

[460] Dazu Bobková/Bartlová, Velké dějiny, S. 337, Anm. 71.
[461] Die Stadt Pomuk begann sich erst nach 1400 als Nepomuk zu bezeichnen.

10.2 König Wenzel bis zu seiner Absetzung als römisch-deutscher König

von Ungarn (1382), seines Schwiegervaters, mit der Erringung der Macht im Königreich Ungarn beschäftigt. Mit finanzieller und militärischer Unterstützung Josts, teilweise auch Wenzels, gelang es ihm nach langwierigen Kämpfen, am 31. Juli 1387 in Stuhlweißenburg zum ungarischen König gekrönt zu werden. Selbstverständlich erwartete Jost Gegenleistungen: Siegmund opferte große Teile Brandenburgs, die er Jost für die hohe Summe von 565.263 Gulden als Pfand übertrug. Außerdem verlor Siegmund seine Anwartschaft auf die Nachfolge Wenzels nach dessen Tod zu Gunsten seines Bruders Johann von Görlitz. Dennoch gab Siegmund sein Interesse am Königreich Böhmen und am Reich auch weiterhin keineswegs auf.

Im September 1388 erkrankte der König schwer, Jost als sein möglicher Nachfolger war im Gespräch. Johann von Görlitz aber vertrat Wenzel in Böhmen mit Entschiedenheit, er sah sich vermutlich ebenfalls als möglichen Nachfolger im böhmischen Königreich. Aber Wenzel genas und schloss 1389 seine zweite Ehe, erneut mit einer Wittelsbacherin, Sophie von Bayern-München.[462] Sein Wunsch nach einem Erben sollte aber wiederum unerfüllt bleiben. Zwar ernannte der König noch einmal Jost zum Reichsvikar in Italien. Doch der Markgraf verhielt sich immer souveräner, errichtete einen mährischen Landfrieden mit schlesischen Nachbarn und verband sich besonders mit den Habsburgern und dem Markgrafen Wilhelm I. von Meißen. Mit diesen und mit König Siegmund schloss er im Juni 1390 den Vertrag von Pressburg (Bratislava), der sich noch nicht direkt gegen Wenzel richtete; das Bündnis wurde 1392 erneuert. Die Entfremdung und Abneigung zwischen Jost und Wenzel nahmen jedoch zu. Der böhmische König, der im Einvernehmen mit dem neuen polnischen König Władysław Jagiełło (1386–1436) stand, ließ den Markgrafen Prokop und die Troppauer Herzöge, die auf seiner Seite standen, in Oppeln einfallen, das sich auf Josts Seite hielt. Jost erschien nicht mehr am Prager Hof, stattdessen sein Bruder Prokop, den er aus Mähren vertrieben hatte. Josts zweiter Bruder Johann Sobieslav war schon 1387 zum Patriarchen von Aquileia erhoben worden und hätte eine luxemburgische Präsenz an der Adria aufbauen können. Aber er hatte mit heftigen internen Widerständen zu kämpfen und wurde 1394 von Bürgern aus Udine ermordet.

Ende 1393 wurde ein Giftanschlag auf den König selbst verübt; er überlebte, aber sein Gast Herzog Friedrich von Bayern starb. Versuche, die Luxemburger in Prag wieder friedlich zu einigen, scheiterten. Nun trat auch der böhmische Hochadel massiv auf den Plan, der sich als Vertreter des Landes gegenüber dem schwachen und unentschiedenen Herrscher und besonders gegenüber den ihrer Meinung nach inkompetenten Räten des Königs aus niederem Adel oder Bürgertum positionierte. Zum Hochadel gehörten in Böhmen etwa 90 Familien, in Mähren etwa 15. Die Barone verlangten eine Begrenzung der Kompetenzen der königlichen Hofämter, um Freiheit über die Verfügung ihrer Güter und selbst

---

[462] Dazu jetzt Kopičková, Česká královna Žofie.

Zugang zu den höchsten Landes- und wichtigsten Hofämtern zu gewinnen. Auch hatten einige Adelsfamilien, etwa die Bibersteiner, die Herren von Pardubitz, die Landsteiner und die Wartemberger negative Erfahrungen mit dem König und dem Landgericht gemacht, was vor allem ihre Lehen und das königliche Heimfallrecht betraf, das der König durchzusetzen suchte. Ihr Einfluss und ihre Möglichkeiten stiegen, als sich Jost auf ihre Seite, auf die Seite der Adelsfronde (Panská jednota) stellte, die besonders von Heinrich von Rosenberg (Jindřich z Rožmberka), Heinrich von Neuhaus (Jindřich z Hradce) und Wilhelm III. von Landstein (Vilém z Landštejna), den Vertretern der wichtigsten Hochadelsfamilien, geführt wurde.

Verhandlungen zwischen Jost und der Adelsfronde auf der einen und dem König auf der anderen Seite wurden angesetzt. Über die folgenden Ereignisse berichten zwei Quellen: eine im Sinn der Adelsfronde in lateinischer und tschechischer Fassung,[463] eine zweite, genauer berichtende im Sinne des Königs, die erst vor wenigen Jahrzehnten im Stadtarchiv Aachen aufgefunden wurde.[464] Dieser im elsässischen Deutsch verfasste anonyme Bericht geht vermutlich auf einen Mann am Hof Wenzels zurück.[465] Den zunächst recht arglosen König, der die Verhandlungen mit der Gegenpartei vergeblich erst auf seiner Burg Bettlern und dann am Königshof in der Stadt Prag führen wollte, nahmen sie in Beraun (Beroun) am 8. Mai 1394 gefangen und brachten ihn auf die Burg. Nun waren Jost und die adlige Jednota an der Macht, aber nach außen führten sie die Regierung weiter im Namen des Königs. Johann von Görlitz, dem man freies Geleit zugesichert hatte, durfte in Prag Wenzel kurz sehen, erkannte aber schnell den Sachverhalt. Dass der Eid, den man dem Jost geschworen habe „*des vorgenanten unsers herren des kuniges und des landes und der kronen ere, nucz und fromen und armen und reichen recht und gerechtikeit sey*", das glaube er nicht, wie er das in seinem Kuttenberger Manifest kundtat.[466] Von dieser Silberstadt aus rief er zur Befreiung des Königs auf und begann zu rüsten.

Keineswegs alle im Königreich wollten den König verlassen. Die Aufständischen brachten daher Wenzel vorsichtshalber zuerst nach Böhmisch Krumau (Český Krumlov) in den Machtbereich der Rosenberger und dann auf die Burg Wildberg bei Linz unter den Schutz des Habsburgers Albrecht III. Johann besetzte indessen die Prager Städte, die ihn gern aufnahmen und durchaus am eher städtefreundlichen König festhalten wollten. Auf einem Hoftag im Reich wurde inzwischen Pfalzgraf Rupert II. zum Reichsvikar gewählt; er stellte eine Truppe mit seinem Sohn Rupert III. für Herzog Johann bereit, um den römisch-deut-

---

[463] Dazu Hlaváček, König Wenzel (IV.); Winfried Eberhard, Gewalt gegen den König im spätmittelalterlichen Böhmen, in: Kintzinger/Rogge (Hg.), Königliche Gewalt, S. 101–118.

[464] Thomas R. Kraus, Eine unbekannte Quelle zur ersten Gefangenschaft König Wenzels im Jahre 1394., in: DA 43 (1987), S. 135–159.

[465] Der Hof hatte enge Beziehungen zum Elsass. Bořivoj von Svinaře, engster kompetenter Berater des Königs, war dort Herr der Landvogtei.

[466] CDM 12, Nr. 202.

10.2 König Wenzel bis zu seiner Absetzung als römisch-deutscher König

schen König zu unterstützen, wie es seine Aufgabe als Reichsvikar war.[467] An einem Krieg hatte aber letztlich niemand Interesse und so konnte der Pfalzgraf zwischen beiden Seiten vermitteln. Der freigelassene König musste allerdings eine Reihe von Burgen pfandweise an die Jednota übergeben, die sich inzwischen durch weitere Hochadlige verstärkt hatte.

Aus diesem ganzen Geschehen lernte Wenzel jedoch nichts, sondern glaubte, er könne so weitermachen wie bisher. Sein Argwohn richtete sich allerdings jetzt auch gegen seinen tüchtigsten Helfer und Retter, Johann von Görlitz, dem er keinen Dank zollte. Dagegen einigte er sich wieder mit Jost, der sofort in Prag auftrat, während Prokop und Johann von Görlitz auf Distanz gingen. Langdauernde und unterschiedlichste Verhandlungen des Königs mit dem Hochadel, der sich immer mehr als Stand sah und an der Regierung des Landes beteiligt werden wollte, brachten im Mai 1395 ein keineswegs endgültiges Ergebnis.

Bei Wenzel tauchte immer wieder der Plan eines Romzugs und einer Kaiserkrönung auf; so hielt er Kontakt zu Italien. Jost als italienischer Generalvikar (seit 1383) kam nie in das Land, der König verließ sich auch hier wieder auf andere Gesandte, auch auf seinen engen Vertrauten Bořivoj von Svinaře. Freundlich waren meist die Beziehungen zu den Visconti, die er 1395 eigenmächtig zu Herzögen von Mailand und damit in den Reichsfürstenstand erhob.[468] Für diese Rangerhöhung bekam Wenzel von Giangaleazzo Visconti 100.000 Gulden. Das führte allerdings zur heftigen Kritik der Kurfürsten, da sie nicht in die Entscheidung einbezogen worden waren – die Position Wenzels im Reich wurde weiter geschwächt.

Inzwischen brach in Böhmen der Konflikt mit Jost wieder aus. Wenzel ließ den Markgrafen und sein Gefolge im Juni 1395 bei einem Besuch auf dem Karlstein gefangen nehmen, um jetzt wieder Prokop zum Herrn in Mähren zu machen. Vergeblich, denn Jost kam rasch wieder frei und der Krieg zwischen den markgräflichen Brüdern ging weiter. Nun änderte der König erneut seine Haltung und rief Jost wieder nach Prag, der diesem Ruf aber nicht folgte. Wenzel geriet, für uns unerklärlich, in heftigen Zorn gegen Johann von Görlitz, der Böhmen verließ und im Kloster Neuzelle in der Lausitz im Alter von nur 26 Jahren am 1. März 1396 unerwartet starb; keineswegs unglaubwürdige Gerüchte sprachen von seiner Vergiftung.

Nun suchte der ratlose Wenzel im weiterschwelenden Konflikt mit der Adelsfronde Hilfe bei seinem Bruder Siegmund, dem König von Ungarn, der sich gemeinsam mit Jost nun zum Schiedsrichter in der Auseinandersetzung erklärte. Die Jednota stimmte den Schiedsrichtern zu, und Wenzel musste weitere ihrer Bedingungen akzeptieren: die Besetzung der höchsten Landesämter nur aus dem

---

[467] Über die folgenden Kämpfe um die Krone detailliert schon Gerlich, Habsburg – Luxemburg – Wittelsbach.
[468] Ivan Hlaváček, Wenzel (IV.) und Giangaleazzo Visconti, in: Heinig, u. a. (Hg.), Reich, Regionen und Europa, S. 203–226; ein Überblick bei Favreau-Lilie, König Wenzel.

Kreis des Hochadels, die Ernennung der Schöffen bei Gericht und die Erhaltung der Qualität der Münze, des Prager Groschens, was allerdings auch in seinem Sinne war. Die Einigung wurde am Ostersonntag 1396 feierlich verkündet. Die Spitzen der Jednota übernahmen daraufhin die Ämter des Oberstburggrafen, des Oberstkämmerers und der anderen obersten Ämter und wurden dadurch sofort zu Mitgliedern des königlichen Rates.[469] Doch da es sich um eher nominelle Ämter handelte, spielten die alten Räte des Königs am Hof faktisch weiterhin die entscheidende Rolle.

Nach Erneuerung der gegenseitigen Erbvereinigung wurde Siegmund von Wenzel das Reichsvikariat auf Lebenszeit übertragen; dies wurde allerdings von den rheinischen Kurfürsten nicht akzeptiert, da er, so ihr Argument, als ungarischer König gar kein Reichsfürst sei. Allerdings wurden Siegmunds Aussichten auf die römisch-deutsche Krone, die mit dem Reichsvikariat verbunden waren, ohnehin gegenstandslos: Ein von ihm als König Ungarns geführtes europäisches Kreuzzugsheer erlitt gegen den osmanischen Sultan Bayezid I. am 25. September 1396 bei Nikopolis eine katastrophale Niederlage.

Endlich plante König Wenzel, dem die große Gefährdung seiner Stellung im Reich bewusst wurde, eine Reise in das Reich außerhalb der Krone Böhmens und nach Frankreich. Sein in Nürnberg angesagter Reichstag wurde von den rheinischen Kurfürsten jedoch nicht besucht, die sich im Mai 1397 in Frankfurt mit Vertretern von 19 Reichsstädten und französischen Gesandten trafen. Dorthin hatte der König nur seinen treuen Abgesandten Bořivoj entsandt, der rangmäßig überhaupt nicht als Verhandlungspartner angesehen werden konnte. Nochmals forderten die Kurfürsten den König auf, einen Stellvertreter im Reich zu ernennen. In Mainz war gegen Wenzels Willen Johann von Nassau zum Erzbischof gewählt worden, ein entschiedener Gegner der Luxemburger. Die Wenzel-feindliche Stimmung am Rhein wuchs an.

Bořivoj von Svinaře berichtete nun in Böhmen im Juni 1397 von diesem Frankfurter Hoftag, besonders von dem erneuten dringenden Ruf nach dem König, der zehn Jahre nicht mehr außerhalb seiner Erbländer im Reich erschienen war. Der königliche Rat traf sich daraufhin auf dem Karlstein zur Beratung, Wenzel war allerdings nicht anwesend. Zum einflussreichsten Mann am Hof war inzwischen Herzog Johann II. von Troppau-Ratibor (1365–1424) aufgestiegen, der auf přemyslidische Abstammung verweisen konnte. Der ehrgeizige und rücksichtslose Herzog ließ bei dieser Gelegenheit, so jedenfalls die alten böhmischen Annalen, vier enge königliche Anhänger töten. Dem König wurde hinterbracht, diese hätten ihm selbst nach dem Leben getrachtet. Wenzel scheint das geglaubt zu haben und amnestierte die Mörder. Die Hintergründe dieses blutigen Vorfalls sind bei den unterschiedlichen Deutungen der späteren Quellen nicht eindeutig

---

[469] Hlaváček, K organizaci.

10.2 König Wenzel bis zu seiner Absetzung als römisch-deutscher König

zu klären.[470] Möglicherweise wollte der Troppauer Herzog damit die Rolle der Adelsfronde am Hofe stärken.

Mitte 1397 brach der König über Elbogen nach Nürnberg auf, wo er sich bis Dezember aufhielt; er erneuerte den Landfrieden für Franken und Bayern. In Frankfurt bekam er ebenfalls im Dezember heftige Klagen der Kurfürsten zu hören.[471] Trotz ihrer Skepsis und ihrer Klagen über sein Verhalten im Reich brach er, offenbar wieder in einer entschlossenen Phase, mit Königin Sophie und einem großen Gefolge meist böhmischer Herkunft über Mainz, Trier und Aachen nach Luxemburg auf; nur der Bischof von Bamberg war als Reichsfürst dabei. Über das Schisma fand man mit den Valois in Reims und Paris 1398 letztlich keine Einigung, obwohl Wenzel gegen seine bisherige römische Option ihrer Forderung zustimmte, beide Päpste zum Rücktritt zu bewegen. Auch bei diesen Verhandlungen war Wenzel durch seine Trunkenheit beeinträchtigt. Außer einem gegenseitigen substanzlosen Hilfeversprechen gab es kein Ergebnis. Enttäuscht kehrte der König über Koblenz nach Böhmen zurück, wo er daraufhin erkrankte und den Markgrafen Prokop zu seinem Stellvertreter im Königreich erklärte. Damit vertrieb er Jost wieder aus Prag und setzte dessen Bruder an seine Stelle. Weiter setzte der König auf seine alten Räte, doch seine politische Strategie war weder durchdacht noch konsequent.

Jost und Siegmund waren natürlich nicht mit der Beförderung des jüngeren mährischen Markgrafen einverstanden und so kam es gegen Prokop, der die Oberlausitz besaß und mit dem Meißner Markgrafen Wilhelm I. verbündet war, in der Lausitz und in Brandenburg wieder zu heftigen Kämpfen. Bei dieser Gelegenheit besuchte Siegmund auch die neue Wallfahrtsstätte Wilsnack.[472] Auch die Jednota suchte den Einfluss Prokops am Hof zu beenden. Der König ließ ihn wieder fallen und suchte das Einvernehmen mit Jost. Dieser nahm mit Siegmund an der feierlichen Königskrönung der Sophie im März 1400 in Prag teil. Kein Fürst aus dem Reich nahm daran teil und auch der (vielleicht noch kranke) König nicht.

Zwar hatte der junge Kurfürst Rupert III. noch 1398 den König in Koblenz seiner Treue versichert, doch war er es, der die Amtsenthebung Wenzels gemeinsam mit dem Mainzer Erzbischof Johann von Nassau in erster Linie betrieb. Im Kurverein von Boppard im April 1399 schlossen fünf Kurfürsten ein Bündnis, in Oberlahnstein am 20. August 1400 aber verkündeten nur die rheinischen Kurfürsten die Absetzung Wenzels als römisch-deutscher König. In der Frage des Schismas habe er versagt, gegen das Interesse des Reiches den Visconti zum Herzog erhoben, eine Reihe von Reichsstädten dem Reich entfremdet, Blankette (leere Urkunden mit königlicher Intitulatio) habe er seinen Freunden gegeben,

---

[470] Näheres dazu bei Bobková/Bartlovà, Velké dějiny, S. 367–370.
[471] RTA Bd. 3 (1877) Nr. 9.
[472] Siehe unten S. 237.

er selbst habe Menschen ertränkt und ermordet. Seinen Landfrieden achte niemand mehr, Raub und Plünderung breiteten sich im Reich aus.[473]

Am Tag darauf wählten die rheinischen Kurfürsten in Rhens den Pfalzgrafen Rupert III. zum König.[474] Sie glaubten, aus ihrer Kompetenz, den König zu wählen, auch das Recht seiner Absetzung folgern zu können. So offensichtlich die Defizite des römisch-deutschen Königs Wenzel auch waren, dieser Schritt war doch ein Bruch des dem König geleisteten Eides – so sahen es zunächst vor allem die Reichsstädte. Aber die meisten zeitgenössischen Chronisten in Deutschland begrüßten die Absetzung. In der Forschung wird sie unterschiedlich bewertet, von einer „Aktion frondierender Fürsten" und einer „antiluxemburgischen Verschwörung der Kurfürsten" bis zur Meinung, sie sei Ausdruck kurfürstlichen Verantwortungsbewusstseins dem Reich gegenüber gewesen.[475]

10.3 Die zweite Gefangenschaft des Königs – Gegen Siegmund – Lage im Land

Für König Wenzel waren Absetzung und Neuwahl, die er nie anerkannte, ein Majestätsverbrechen. Er schwor Rache, aber er kämpfte nicht um das Reich, er blieb wie üblich passiv. Er ertränkte seinen Zorn wohl im Wein auf der Burg Točník. Auch die anderen Luxemburger äußerten sich empört über die Absetzung, Jost erklärte zwar *wir wollen daz rechen oder ich enwil nirgend ein har in mine barte behalden!*[476] Aber keiner von ihnen rührte eine Hand zu einer konkreten Unterstützung des Königs; jeder hatte eigene Pläne, die ihm wichtiger waren. Besonders Siegmund stellte im Oktober 1400 bei einem Treffen im Zisterzienserkloster Sedletz unerfüllbare Bedingungen für seine Hilfe: Er wollte Schlesien, die Lausitzen und die Nachfolge Wenzels in Böhmen haben, angeblich sogar Mähren, wo Jost als Markgraf herrschte. Das konnte der König nicht hinnehmen, wollte er nicht endgültig entmachtet werden. Immerhin weigerten sich die Kurfürsten Jost von Brandenburg und Rudolf III. von Sachsen, den neuen König Rupert anzuerkennen.

Sympathien besaß Wenzel bei den Reichsstädten, besonders bei Nürnberg und Frankfurt, doch gingen auch sie in den folgenden Jahren mit den anderen Städten wegen der Untätigkeit Wenzels und unter dem Druck des neuen Königs auf die Seite Ruperts über; ebenso die hohenzollerischen Burggrafen und die Bi-

---

[473] RTA Bd. 3 (1877), Nr. 204, 205.
[474] Der andere ambitionierte Thronkandidat, der Habsburger Albrecht III., war bereits 1395 gestorben.
[475] Gerlich, Habsburg – Luxemburg – Wittelsbach, S. 336, 371; Schubert, Königsabsetzung, S. 362–420.
[476] CDM 13, Nr. 50.

10.3 Zweite Gefangenschaft – Gegen Siegmund – Lage im Land

schöfe von Würzburg und Bamberg. Der Gegenkönig forderte aber vergeblich die Huldigung Wenzels und die Herausgabe der Kroninsignien. Auch Jost und Prokop konnte der neue König nicht für sich gewinnen. Seine Herrschaft litt von Anfang an vor allem unter Geldmangel.

Aber Rupert beauftragte den Markgrafen Wilhelm I. von Meißen, mit Jost und dem böhmischen Hochadel ein Bündnis einzugehen. Jost einigte sich in Brandenburg mit Wilhelm, der daraufhin plündernd in Böhmen einfiel und sogar mit seinem Heer im Juli 1401 bis Prag vorstieß. Der Hochadel, der sich zunächst am Plündern selbst beteiligte, schloss schließlich einen Friedenspakt mit den Luxemburgern. Siegmund, der gerade einen Aufstand des ungarischen Adels und eine eigene Gefangennahme überstanden hatte, erschien mit seinem Heer in Kuttenberg und Anfang 1402 in Prag. Dort begann er gemeinsam mit der Adelsfronde, seine Vertrauten an die Stelle der Räte Wenzels einzusetzen. Otto von Bercow, einem Führer der Jednota, gab er das wichtigste Amt des Unterkämmerers. Den König, der ihm in seiner politischen Naivität noch am 4. Februar 1402 die böhmische Regentschaft übertragen hatte, nahm er am 6. März 1402 fest und auf dem Hradschin ‚in Obhut'. Angeblich um Wenzel auf einem Romzug zur Kaiserkrönung zu begleiten, ließ Siegmund ihn in Wien unter den ‚Schutz' des mit ihm verbündeten Habsburgers Albrecht IV. festsetzen.[477] Der Italienzug König Ruperts 1402 scheiterte vor allem an den mächtigen Visconti, die Verbündete Wenzels waren; der Gedanke an eine Kaiserkrönung Wenzels tauchte daher wieder auf.

Auch den Markgrafen Prokop nahm Siegmund unter Bruch seines Versprechens auf freies Geleit gefangen und ließ ihn später in Pressburg (Bratislava) in Haft nehmen. Erst nach fast zwei Jahren gelang es Jost, ihn zu befreien; Prokop verbrachte dann den Rest seines Lebens in einem Kartäuserkloster bei Brünn bis zu seinem Tod am 24. September 1405. Zwar stand Prokop meist auf Seiten des Königs, was er sich gut bezahlen ließ, war aber auch ein unermüdlicher Krieger und Unruhestifter in Mähren, sodass eher den kritischen Betrachtern seiner Person Recht gegeben werden muss.[478] Jost wurde nun zum alleinigen Herrn in Mähren.

Da Siegmund in Böhmen allzu selbstherrlich zu herrschen begann, empörte sich ein großer Teil des böhmischen und schlesischen Adels. Darauf erschien auch Jost wieder im Land und stellte sich an die Spitze des Widerstands gegen seinen Vetter. Finanziell stand Jost nun nach der Weitergabe seiner Pfandrechte am Herzogtum Luxemburg im August 1402 an den Herzog Ludwig von Orléans gut da. Ein heftiger Bürgerkrieg entbrannte in Böhmen. Nach einem Waffenstillstand im April 1403 wurde Siegmund jedoch aufgrund von Unruhen in seinem ungarischen Königreich gezwungen, abzuziehen.

---

[477] Zur Wiener Gefangennahme Hlaváček, König Wenzel (IV.), S. 115–149.
[478] Mezník, Lucemburská Morava, S. 284–286.

Wenzels Haft in Wien war nicht allzu streng; der König konnte wieder königliche Urkunden ausstellen lassen. Er schloss mit dem österreichischen Herzog Albrecht sogar eine Bündnisabsprache. Eine Klageschrift gegen Siegmund verschickte er nach Böhmen und in die Nachbarländer. Schließlich flüchtete er mit seinen Vertrauten im November 1403 aus Wien und gelangte über Brünn und Kuttenberg nach Prag, wo er mit großem Jubel begrüßt wurde – denn nach den kriegerischen Unruhen hoffte man jetzt auf Frieden. Der König setzte Siegmund als seinen Statthalter ab und strich dessen Verfügungen, vor allem seine Steuererhöhungen. Mit dem mährischen Markgrafen söhnte er sich aus. Jost verblieb im Besitz Mährens, Brandenburgs und der Lausitz nun an der Seite seines königlichen Vetters. Wenzel und sein Hof hofften auf einem Treffen in Breslau vergeblich, Rückhalt auch beim polnischen König gegen Siegmund zu gewinnen; aber Władysław Jagiełło forderte als Gegenleistung Schlesien für sich, was Wenzel nicht akzeptieren konnte.

Im Konflikt Polens mit dem Deutschen Orden war Wenzel zwar offiziell mit dem Orden verbündet, engagierte sich aber weder militärisch noch politisch. In der Schlacht von Tannenberg 1410, in der die Polen gegen den Orden siegten, kämpften böhmische und mährische Adlige auf beiden Seiten.

Ein folgender Heeresangriff Siegmunds gelangte allerdings nur bis Znaim in Mähren und scheiterte vor allem wegen einer Ruhrepidemie, an der auch der ungarische König erkrankte und der österreichische Herzog Albrecht IV. starb. Siegmund gab nun vorerst seinen Plan auf, die Macht in den böhmischen Ländern militärisch zu übernehmen und bemühte sich mit einigem Erfolg um die Festigung seiner Position in Ungarn.

Die zweite Gefangennahme in Wien hatte Wenzels Stellung auch in Böhmen weiter geschwächt. Um nach eineinhalb Jahren seiner Abwesenheit und der Herrschaft Siegmunds wieder vom Hochadel als böhmischer König anerkannt zu werden, musste er sich mit dessen Machtzuwachs abfinden. Auf dem Landtag vom 5. Februar 1405, als man den Frieden feierte, wurde dem Hochadel weitgehend die Landfriedenswahrung übertragen, welche eigentlich eine zentrale Aufgabe eines Königs war. Unbeschränkte Herrschaft konnte Wenzel nur noch auf seinen eigenen Königsgütern ausüben. Die großen Städte Böhmens sowie Breslau und der Lausitzer Sechsstädtebund standen allerdings auf seiner Seite. Immerhin galt auch der neue Erzbischof von Prag Sbinko (Zbyněk) Zajíc von Hasenburg (1402–1411) als königstreu. Auch mit Bischof Johann IV. von Leitomischl (später als Johann XII. von Olmütz „der Eiserne" genannt, 1388–1418) fand der König eine Übereinkunft.

Die ständigen Kämpfe zwischen den luxemburgischen Fürsten in den böhmischen Ländern hatten den Landfrieden ständig bedroht oder lahm gelegt. Aus dem detaillierten Halsgerichtsbuch der Stadt Iglau von 1405 bis 1419 über Urteile und Todesstrafen ergibt sich, dass nicht nur die kriegerischen Aktionen der Fürsten, sondern auch die des niederen Adels und des Rittertums zu Raub und

10.3 Zweite Gefangenschaft – Gegen Siegmund – Lage im Land

Brand vor allem auf dem flachen Land führten:[479] Es beteiligten sich daran nicht nur die Besatzungen von Burgen, die oft im Besitz des Hochadels waren, sondern auch eigenständige bewaffnete Gruppen, die man getrost fast immer als Räuberbanden bezeichnen kann. Oft waren Niederadlige oder Ritter ihre Anführer, die vorgaben, nur ihrem von ihnen beanspruchten Fehderecht zu folgen. Ihre Raubzüge richteten sich gegen weitgehend wehrlose ländliche Siedlungen, aber auch gegen Klöster, kleine Burgen und Städte; selbst die reiche Stadt Iglau ist 1402 von räuberischen Rittern (der Begriff Raubritter stammt erst aus der Neuzeit) angegriffen worden, allerdings vergeblich; die Stadt führte 1408 bis 1414 weitere Fehden mit dem Adel. Das Hauptziel waren allerdings, so sehen es die städtischen Quellen, vor allem reisende Kaufleute. Als Beute waren besonders Pferde, Waffen, Tuche und natürlich Geld begehrt. Beim Überfall auf den Iglauer Kaufmann Heschel war sogar seine Ermordung von vornherein geplant gewesen. Mord und Totschlag waren aber meist nicht das Ziel, denn man wollte durch Gefangennahme wohlhabender Bürger vor allem Lösegeld erpressen. Ob die An- und Übergriffe in der Zeit Wenzels zugenommen haben, lässt sich wegen fehlender Vergleichsquellen nicht eindeutig nachweisen, ist aber zu vermuten. Als Gründe für die Zunahme gewalttätiger Aktionen, die auch in der Nachbarschaft der böhmischen Länder beobachtet werden kann, vermutet die Forschung neben der Schwäche des Königtums soziale Ursachen: Einnahmeverluste des niederen Adels wegen bäuerlicher Landflucht und gesunkener Getreidepreise, da die Bevölkerungszahl unter anderem durch die Auswirkungen der böhmischen Pest von 1380 gesunken war. Versuche der Könige, Fürsten und Städte, den Landfrieden gegen das Fehderecht des niederen Adels und Rittertums effektiver durchzusetzen, hatte meistens nur eine geringe Wirkung.[480]

Eine schwere Belastung musste die ländliche und städtische Bevölkerung durch Steuererhöhungen erleiden. Die allgemeine Berna ist unter Wenzel wohl nur dreimal ausgeschrieben worden.[481] Aber die Sondersteuer (*Berna specialis*), die ursprünglich nur zu eher seltenen Gelegenheiten wie Krönungen oder Geburten im Königshaus von den königlichen Städten und Klöstern gefordert wurde, änderte Wenzel schon zu Beginn seiner Regierung in eine jährliche Abgabe, die vor allem die Klosteruntertanen schwer traf.

Ein Blick auf die wirtschaftlichen Grundlagen König Wenzels zeigt dennoch leere Kassen, wie schon bei seinem Vater Karl IV. Zwar hat er weniger Städte als sein Vater verpfändet, wollte aber 1383 eine Sondersteuer für die städtischen Judengemeinden im Reich erheben. Das scheiterte zwar zunächst am Widerstand der Reichsstädte, aber schon 1385 setzte der Schwäbische Städtebund selbst die Juden fest und konfiszierte ihr Eigentum. Gegen 40.000 Gulden billigte der König als Herr der jüdischen Kammerknechte diesen Vorgang nachträglich.

---

[479] Hoffmann, Bojové družiny, S. 47–144; Rösener, Raubrittertum.
[480] Rösener, Raubrittertum; Horst Carl, Landfrieden, in: HRG², Bd. III, Berlin 2016.
[481] Zur wirtschaftlichen Situation Šmahel, Hussitische Revolution I, S. 122–146.

Auch der Wert des Prager Groschens fiel in der Zeit Wenzels, vor allem durch den schon erwähnten Rückgang des Kuttenberger Silberertrags seit Mitte des 14. Jahrhunderts um etwa zwei Drittel. Der Wertverfall traf vor allem die Menschen auf dem Land und in der Stadt, aber auch die finanziellen Einkünfte des Hochadels.

Die königlichen Baumaßnahmen (mit Ausnahme der Burg Točník) wurden immer seltener, die königliche Bauhütte begann sich aufzulösen. Von Bedeutung blieben aber die Buch-Illuminatoren. Die ‚Bibliothek' des Königs zeigt uns ein ganz anderes Interesse Wenzels: In ihr sind Handschriften von Ritterepen und vor allem die von ihm bestellte, zwischen 1389 und 1395 in Prag hergestellte Wenzelsbibel vorhanden, die zahlreiche Embleme des Königs zeigt. Sie ist die zweitälteste deutsche Bibelübersetzung des Alten Testaments in einer einmaligen illustrierten Prachthandschrift mit 654 Miniaturen, die heute in Wien aufbewahrt wird.[482] Auch kulturgeschichtlich interessante, eher intime Szenen, wie der König im Bade, sind in der Bibel abgebildet. Eine Luxusausfertigung der Goldenen Bulle von 1400 diente aber wohl eher politischen Zwecken in seiner prekären politischen Situation.

10.4 Die Kirche und die Ketzer im 14. Jahrhundert

Das kirchliche Schisma wirkte sich nicht nur in der politischen Geschichte und bei den großen Staatsaktionen aus, sondern erschütterte die ganze christliche Gesellschaft. Auch wenn der römisch-deutsche und böhmische König Wenzel trotz manchen Schwankens auf Seiten des römischen Papstes blieb, ebenso wie die obersten Repräsentanten der böhmischen Kirche, so dürfte der überwiegende Teil der Kleriker, der Intellektuellen dieser Zeit, schon von der allgemeinen Unruhe in der Kirche erfasst worden sein. Dies war auch bei den Städten und vor allem in der großen Stadt Prag so, die damals über 30.000 Einwohner zählte und dadurch vielfache Kommunikation ermöglichte.

Zum zunehmenden Krisengefühl auf religiösem und sozialem Gebiet, das wir seit der Mitte des 14. Jahrhunderts beobachten, gehört zweifellos auch die Erfahrung der Pest, die in den böhmischen Ländern allerdings massiv erst 1379/80 und 1390 auftrat. Damit zusammenhängend erfolgte wohl im Jahre 1389 ein schweres Judenpogrom, im Zuge dessen das erst 1382 vom König errichtete Prager Ghetto vernichtet wurde.

---

[482] Eine Faksimile-Ausgabe von Franz Unterkircher 1981 (Codices selecti LXX) mit zwei (späteren) Kommentarbänden; Gerhard Schmidt, Die Illuminatoren König Wenzels und ihre Werke, in: Swoboda (Hg.), Gotik in Böhmen, S. 230–240; Katharina Hranitzky, Wenzelsbibel, LexMA 8 (1997), Sp. 2193 f.

10.4 Die Kirche und die Ketzer im 14. Jh.

Um die folgenden Ereignisse zu verstehen, müssen wir zunächst einen Blick auf das Aufkommen der ‚Ketzer' und auf das Verhalten der Kirche, der zentralen ideologischen Institution des Mittelalters, richten. Daraus ergibt sich ein anderes Bild von den Schicksalen der Bevölkerung als aus der Darstellung politischer Aktionen.

Als „Ketzer" bezeichnete die Kirche Angehörige religiöser Minderheiten, die von ihr als häretisch verurteilt wurden und deren Anschauungen sich dann auch historisch nicht durchsetzten.[483] Wir übernehmen mit diesem Begriff also die Urteile der Kirche – die Ketzer selbst hielten sich fast durchweg für die ‚wahren' und ‚guten' Christen und setzten sich damit entschieden von der in ihren Augen verdorbenen offiziellen Kirche ab.

Zwar gab es Kirchenkritik, seitdem die Kirche existierte, aber erst im 12. Jahrhundert traten mit dem Wachsen des kirchlichen Einflusses und im Zuge der entstehenden weitverbreiteten Armutsbewegung zwei große Ketzergruppen auf, die sich am Widerspruch der christlichen Lehre mit dem realen kirchlichen Leben, mit seiner Habgier und Korruption, die man Simonie nannte, störten: die Katharer und die Waldenser. Sie breiteten sich in Frankreich, Italien und auch im Reich aus; besonders die entschiedenen Katharer, die sich eine eigene Hierarchie aufbauten, wurden zu einer wirklichen Gefahr für die Kirche. Diese fand aber zunächst keine klare Antwort, wie man gegen die Ketzer vorgehen sollte. Erst Papst Innozenz III. (1198-1216) entschloss sich, integrierbare Gruppen der Abweichler wieder in die Kirche aufzunehmen: So entstanden schließlich die wichtigsten Bettelorden der Franziskaner und Dominikaner, die auch in den böhmischen Ländern im Gegensatz zu den alten Reformorden der Zisterzienser und Prämonstratenser ausschließlich städtische Konvente gründeten. Sie waren (zunächst) arme und deswegen glaubwürdige Vertreter der Kirche und halfen ihr entscheidend, die Krise zu überwinden.

Die seiner Meinung nach Nichtintegrierbaren aber bekämpfte Innozenz mit allen Mitteln: Gegen die Katharer (in Südfrankreich Albigenser genannt) rief er zum ersten Kreuzzug innerhalb des Christentums auf, der sich aber schnell zu einem grausamen weltlichen Krieg des französischen Königs gegen den Grafen von Toulouse wandelte, zum Machtkampf der Nordfranzosen gegen die Okzitanier. Zu diesen inneren Kreuzzügen und zu den Predigten der Bettelordensmönche trat vor allem die Inquisition (= Befragung) zur Ketzerbekämpfung hinzu; ein ursprünglich rationales Gerichtsverfahren, das die bisherigen Gottesurteile ersetzen und Vergehen der Kleriker ‚von Amtswegen' ahnden sollte. Papst Gregor IX. (1227-1241) setzte besondere Inquisitoren (Ketzeraufspürer) ein, meist Mitglieder der Bettelorden, die zunehmend selbständiger und ohne große Rücksicht auf die kirchliche Hierarchie, die Bischöfe und den Weltklerus, handelten. Gregor hatte den Feuertod auf dem Scheiterhaufen für hartnäckige Ketzer über-

---

[483] Herbert Grundmann, Religiöse Bewegungen im Mittelalter, Berlin 1935; Alfred Schindler, Häresie II. TRE Bd.14 (1985), S.318-341; Auffahrt, Die Ketzer; Oberste, Ketzerei.

nommen, der von Kaiser Friedrich II. schon 1224 in seinem lombardischen Ketzergesetz eingeführt worden war. Die Inquisition wurde zu einem unerbittlichen und für die Angeklagten meist ausweglosen Verfahren. Um Geständnisse zu erzwingen, wurde seit der Mitte des 13. Jahrhunderts auch die Folter angewandt. Die Inquisition vernichtete schließlich die Katharer, wurde aber auch gegen die Waldenser eingesetzt.

Diese werden nach einem Kaufmann aus Lyon, Petrus Waldes, benannt und überlebten bis heute als einzige der mittelalterlichen Ketzergruppen.[484] Waldes und seine Anhänger waren keine Kleriker, sondern Laien, darunter auch Frauen. Sie wollten dem Armutsideal folgend unbedingt predigen, um der Kirche unter anderem gegen die Katharer zu helfen. Da sie als Laien nicht predigen durften, wurden sie von der Hierarchie, vor allem vom Erzbischof von Lyon, abgewiesen. Papst Lucius III. (1181–1185) schließlich erklärte die „Armen von Lyon" 1184 endgültig zu Ketzern. Sie begannen daraufhin, sich allmählich von der Kirche zu lösen. Sie bauten auf die Heilige Schrift, lehnten Heiligen- und Reliquienverehrung, die Mönchsorden und die Vorstellung vom Fegefeuer ab, besonders aber das Töten und das Schwören. Die Ablehnung eines Eides galt daher den Inquisitoren als eindeutiges Anzeichen der waldensischen Ketzer. Diese überlebten jedoch, da sie auf dem Land eher verborgen lebten und sich auch vorsichtig nach außen der Kirche anzupassen suchten, obwohl sie kirchliche Amtshandlungen für nutzlos hielten.

Der kurzen und heftigen Inquisition des bald ermordeten Konrad von Marburg (1231–1234) im Reich war es nicht gelungen, die Ausbreitung der Waldenser in den östlichen Teilen des Reiches zu verhindern. Im Zuge der Ostsiedlung im 12., 13. und 14. Jahrhundert sind sie zahlreich in die böhmischen Länder eingewandert.[485] Auch wenn sie in den Quellen nur „Ketzer" genannt werden, handelte es sich zweifellos weit überwiegend um Waldenser. Wie aus den erhaltenen Inquisitionsakten zu erkennen ist, waren sie schon um 1300 in Böhmen und Mähren weit verbreitet. Ganze Dörfer und Städte scheinen ketzerisch gesinnt gewesen zu sein. Schon die Einsetzung böhmischer Inquisitoren durch Papst Alexander IV. 1257, wahrscheinlich auf die Initiative des Königs Otakar Přemysl II. hin, scheint die erste Reaktion auf die Wirksamkeit der Waldenser gewesen zu sein. Wie sich aus ihrem Namensmaterial bei den Verhören und ihrer geographischen Herkunft ergibt, waren es fast ausnahmslos Deutsche; das gilt auch für die städtischen Ketzergruppen der häretischen Beginen und Begarden. In diesem ‚nationalen' Unterschied hatte das angeblich alte Sprichwort, das dem Husfreund Hieronymus von Prag (Jeroným Pražský) 1409 zugeschrieben wird, „nie-

---

[484] Molnár, Die Waldenser; Pavel Soukup, Die Waldenser in Böhmen und Mähren im 14. Jahrhundert, in: De Lange/Utz Tremp (Hg.), Friedrich Reiser, S. 131–160.

[485] Dazu vor allem die Arbeiten von Alexander Patschovsky, Zur Ketzerverfolgung Konrads von Marburg. DA 37 (1981), S. 641–693; Patschovsky, Anfänge; Patschovsky, Quellen; Ders., Über die politische Bedeutung von Häresie und Häresieverfolgung im mittelalterlichen Böhmen, in: Peter Segl (Hg.), Die Anfänge der Inquisition im Mittelalter, 1993, S. 235–251.

10.4 Die Kirche und die Ketzer im 14. Jh.

mals könne ein echter Böhme (d. h. ein Tscheche nach Vater und Mutter) Ketzer werden", seinen Ursprung.

In der Mitte des 14. Jahrhunderts wurde die böhmische Inquisition zur festen Dauereinrichtung mit eigenem Haus, das ununterbrochen bis zum Ausbruch der hussitischen Revolution (1419) tätig war. Sie weitete ihre gerichtlichen Kompetenzen gegen den Widerstand der regulären kirchlichen und städtischen Gerichte immer mehr aus. Die Prozesszahlen der böhmischen Inquisition des Dominikaners Gallus von Neuhaus von 1335–1355 ergeben mehrere tausend Fälle in 20 Jahren. Zwei Attentate wurden auf diesen Inquisitor versucht; ein Aufruhr in der Herrschaft des südböhmischen Barons Ulrich von Neuhaus, den man den Ketzern zuschrieb, konnte nur durch einen regelrecht ausgerufenen Kreuzzug niedergeschlagen werden.

> „Man wird ohne Übertreibung sagen können, dass neben Hunger und Pest die Inquisition als Geißel der Menschheit durch die böhmischen Lande zog und in der ersten Hälfte des 14. Jahrhunderts ein wahres Schreckensregiment ausübte."[486]

Die böhmischen und die römisch-deutschen Könige wie Karl IV. und die Erzbischöfe von Prag haben sich zweifellos immer für die Ketzerverfolgung und die Inquisition ausgesprochen, aber die Reformbedürftigkeit der Kirche war ihnen nicht verborgen geblieben. Sie ließen im 14. Jahrhundert in Prag eine Reihe von teilweise radikalen Kirchenkritikern und Reformpredigern gewähren[487]: den aus dem österreichischen Mühlviertel stammenden Konrad von Waldhausen († 1369) holte Karl selbst nach Prag. Seine Predigten in der Prager Altstadt gegen das weltliche Leben der Kleriker und die Simonie fanden ungeheuren Zulauf, machten ihn aber vor allem bei den Bettelorden verhasst, die ihr bisheriges Predigtmonopol bedroht sahen und ihn an der Kurie wegen Ketzerei anklagten. Konrad predigte an der Teynkirche in der Altstadt deutsch, sein Schüler und Freund Johann Militsch von Kremsier (Jan Milíč z Kroměříže), der sein Werk fortsetzte, meist tschechisch; er wurde vom Erzbischof aber auch zu lateinischen Synodalpredigten eingeladen. Militsch verzichtete unter dem Einfluss seines Lehrers auf seine kirchlichen Ämter und lebte fortan in asketischer Armut. Seine glaubwürdigen Predigten gegen die Korruption in der Kirche begeisterten die Menge; sie waren von eschatologischen (Endzeit-)Gedanken erfüllt: Er erwartete den ‚Antichrist', einen satanischen Menschen, dessen Erscheinen das Weltgericht ankündigen würde. In einer Predigt bezeichnete er mit seinem Finger den anwesenden Kaiser Karl IV. als einen Antichristen, wurde daraufhin eine Zeitlang eingesperrt, scheint aber die Gunst Karls nicht ganz verloren zu haben. Die Stadt Prag sah Militsch als sittlich verdorbenes ‚Babylon' an und gründete als Gegenentwurf 1372 das ‚Neue Jerusalem', einen Häuserkomplex mit eigener Schule und Kirche in Prag, wo er 300 ‚bekehrte' Prostituierte mit Hilfe von Spendern unterbrachte. Nach seinem Tod 1374 schloss der Kaiser allerdings diese An-

---

[486] Patschovsky, Quellen, S. 122.
[487] Dazu Šmahel, Die Hussitische Revolution Bd. I, S. 318–320; Hilsch, Johannes Hus, S. 15–27.

stalt und übergab sie den Zisterziensern als Studienkolleg. Natürlich war auch Militsch selbst schon in Ketzerverdacht geraten.

Ein begeisterter Anhänger Militschs war Matthias von Janov (Matěj z Janova, † 1394), der anders als Militsch eine Klerikerkarriere anstrebte und in Paris und Prag Theologie studiert hatte, sich gegen Heiligen- und Reliquienkult und die Bettelorden wandte und deswegen ein halbes Jahr Predigtverbot erhielt. Über das richtige Handeln der Christen verfasste er eine große Schrift *De regulis Veteris et Novi Testamenti*.

Zu diesen Reformern gehörte auch Thomas von Stitna (Tomáš ze Štítného, † 1401), der kein Kleriker, sondern ein südböhmischer Adliger war. Zwar hatte auch er eine Zeit lang an der Universität studiert, aber als Nichtkleriker durfte er nicht predigen. Er hatte in Prag als Schriftsteller Predigten, Traktate und theologische Schriften ins Tschechische übersetzt. Auch an der Übersetzung der Bibel in das Alttschechische war er beteiligt. Angriffe der Kirche, die auf dem Lateinischen als einziger legitimer Sprache der Theologie beharrten, ließen den wirtschaftlich unabhängigen Adligen unbeeindruckt.

Die genannten Reformer werden in der Regel auch in der Wissenschaft als ‚Vorläufer Hussens' interpretiert und bezeichnet; sie sollten damit aber keinesfalls in ihrem Eigenwert reduziert werden. Ihre Reformbemühungen hatten vielleicht auch deswegen nur geringen Erfolg, weil man allgemein in der Zeit des Terrors der Inquisition Angst vor abweichenden Vorstellungen hatte. Die Reformer hatten zwar mannigfache Beziehungen zur Prager Universität, ihr Wirkungsfeld war aber vor allem die Volkspredigt unter der deutschen und tschechischen Bevölkerung in der Stadt Prag und in anderen Städten. An der Universität aber spielte das erste Kapitel der folgenden dramatischen Entwicklung.

11 Hus, die Universität und das Konstanzer Konzil

11.1 Johannes (Jan) Hus an der Universität Prag[488]

Im 14. Jahrhundert ist ein weiterer Aufstieg der tschechischen Sprache und des Selbstbewusstseins der tschechischen Bevölkerung in den böhmischen Ländern zu beobachten.[489] Neben dem oben genannten sog. Dalimil vom Anfang des 14. Jahrhunderts ist allerdings nur eine schriftliche Quelle vorhanden, welche die antideutsche Tendenz, ja den Hass gegen die Deutschen in den Städten deutlich macht: der „Gute Aufsatz über die Deutschen" (*De Theutonicis bonum dictamen*), wohl zwischen 1380 und 1393 verfasst.[490] Der anonyme Autor nimmt in seinem Pamphlet allerdings die einheimischen Deutschen aus. Der Text entstand wahrscheinlich nicht in Prag, sondern in einer anderen böhmischen Stadt. Schon seinem ähnlich gesinnten Zeitgenossen und Prager Bischof Johann IV. von Draschitz reichte 1333 nicht die Sprache zur ethnischen Kennzeichnung; in der Neugründung eines Augustinerchorherrenklosters in seiner Stadt Raudnitz (Roudnice nad Labem) sollten nur tschechische Chorherren leben, und ein wahrer Tscheche musste einen tschechischen Vater und eine tschechische Mutter haben.[491] Ethnische (aber nie ausgesprochene) Zuordnungen gab es auch anderswo: bis in die Zeit Karls IV. lebten bei den böhmisch-mährischen Zisterziensern nur deutsche Mönche.

Die älteste erhaltene tschechischsprachige Urkunde ist auf den 27. Dezember 1370 datiert und stammt bezeichnenderweise aus dem Bereich des Hochadels, der allmählich und zunehmend die tschechische Sprache als ein Kennzeichen seines Standes ansah. Die Barone waren aber dennoch vielfach bilingual. Lateinisch und Deutsch waren je zur Hälfte die Urkundensprachen der Kanzlei Karls IV., ebenso war dies bei Wenzel; erst in seinen letzten zehn Jahren, vermutlich von der mährischen Kanzlei Josts inspiriert, tauchen Herrscherurkunden für seine böhmischen Hof- und Landesbeamten in tschechischer Sprache

---

[488] Von der gewaltigen Menge der Fachliteratur nennen wir nur die Allerwichtigsten: Die nach wie vor bemerkenswerte Darstellung von Von Bezold, König Sigmund; Seibt, Hussitica; Grundlegend jetzt Šmahel, Die Hussitische Revolution; Machilek (Hg.), Die hussitische Revolution.

[489] Über die ethnisch-nationalen Verhältnisse zusammenfassend Šmahel, Hussitische Revolution, Bd. 1, S. 297–327.

[490] Ediert und übersetzt von Wilhelm Wostry, Ein deutschfeindliches Pamphlet aus Böhmen aus dem 14. Jahrhundert. MVGDB 53 (1915), S. 193–238.

[491] In der Gründungsurkunde des Augustinerchorherrenstifts Raudnitz (Roudnice nad Labem), RBM III, Nr. 2008, S. 782.

auf.⁴⁹² Meist war die Urkundensprache allerdings von den jeweiligen Empfängern abhängig, sodass fürstliche Urkunden für die Städte in der Regel deutsch, für die Geistlichkeit lateinisch blieben.

Für Prag ist die zahlenmäßige und soziale Entwicklung am besten durch das von Jaroslav Mezník entworfene Schema deutlich zu machen.

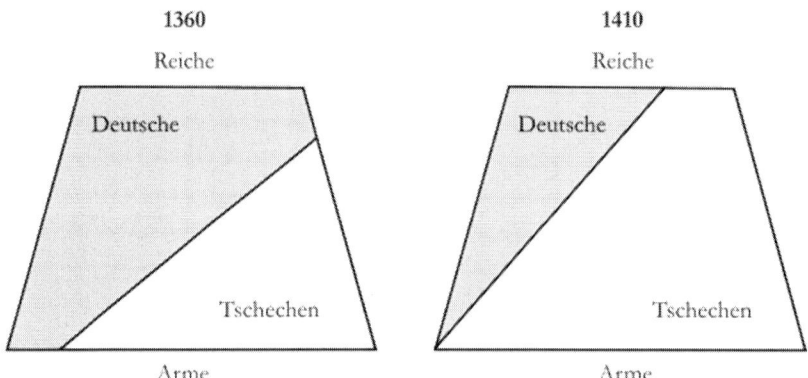

Abb. 1: Nationale und soziale Entwicklung der Einwohnerschaft Prags (Grafik nach Mezník, Národnostní složení, S. 24).

Das lag am Aufstieg der überwiegend tschechischen städtischen Mittelschicht und am Zuzug aus dem tschechischen Umland und ist auch in anderen böhmischen, etwas weniger in mährischen Städten zu beobachten. Die ethnisch oder sprachnational formulierten Gegensätze sind meist nur die Außenseite sozialer Konflikte, denn die Deutschen und das Deutsche waren an den Höfen dominant und sie bildeten die Oberschicht in fast allen böhmisch-mährischen Städten. Wir dürfen uns das Verhältnis der tschechischen und deutschen Bevölkerung aber keineswegs als ‚Volkstumskampf' im Sinne des 19./20. Jahrhunderts vorstellen.

In den ersten zehn Jahren der Regierungszeit Wenzels stand die Universität Prag in der höchsten Blüte; sie hatte etwa 2000 Mitglieder, davon 200 Magister, davon wieder 50 führende Magister (heute etwa ‚ordentliche Professoren'). Keine der damaligen bis 1400 im deutschen Reichsteil gegründeten Universitäten (Wien, Heidelberg, Köln) waren eine ernste Konkurrenz. Besonders Theologen und Artisten (Magister der *artes liberales*), auch Mediziner, waren in Prag von großer Bedeutung. Dazu trug vor allem die Einrichtung der Kollegien bei: zuerst das durch Karl IV. 1366 errichtete Karlskolleg (*Collegium Carolinum*) mit zwölf Pfründen (= Planstellen) für die Versorgung von zwölf Magistern (Professoren) der Artistenfakultät, Häuser also, wo die Magister lebten, versorgt waren und lehren konnten.

---

⁴⁴⁸ Zur Kanzleisprache Hlaváček, Das Urkunden- und Kanzleiwesen, S. 87–93.

11.1 Johannes (Jan) Hus an der Universität Prag

Einen ersten schweren Konflikt zwischen den Universitätsnationes, den landesmannschaftlichen Zusammenschlüssen der Professoren und Studenten, die den Himmelsrichtungen zugeordnet werden können (▶ Kap. 9.2), gab es bereits 1384: Es ging um die Pfründen vor allem am Karlskolleg. Die böhmische Natio beklagte sich heftig beim Erzbischof, der zugleich Kanzler der Universität war, dass so viele böhmische Mittel für nichtböhmische (sprich deutsche) Magister ausgegeben würden: Drei Viertel der Pfründen im Kolleg waren von Nichtböhmen besetzt. Das Kolleg und der deutsche Rektor Konrad von Soltau aber wollten keine Änderungen. Es kam zu bewaffneten Auseinandersetzungen, der Rektor ließ Ruhestörer einkerkern, er selbst wurde von vermummten Angehörigen der böhmischen Natio überfallen. Man fand schließlich einen Kompromiss, der den Böhmen, die vom Erzbischof gefördert wurden, entgegenkam: Sie bekamen fünf der zwölf Pfründen, die Nichtböhmen sechs, die zwölfte sollte zwischen den Nationes abwechseln. Es ging bei diesem Streit nicht etwa um Kirchenreform, sondern allein um einen Kampf um ‚Planstellen'. Die Heftigkeit des Streits erklärt sich auch aus der Tatsache, dass es eine Überproduktion von Magistern der Artistenfakultät gab, die keine Versorgung hatten. Zumindest die böhmische Natio hatte sich allmählich ‚nationalisiert' und kämpfte um mehr Stellen und Einfluss an der Universität.

Als Kirchenreformer und Kirchenkritiker aber traten an der Universität zunächst eher die deutschen weltgeistlichen Theologen und Philosophen auf: Heinrich Totting (der noch von Karl IV. gefördert worden war), Matthäus von Krakau, Konrad von Soltau und der Dominikaner Heinrich von Bitterfeld, die sich gegen unwürdige Priester und ihre Sittenlosigkeit und gegen den Ablasshandel wandten. Matthäus verfasste anonym sogar eine Schrift „Über den Sumpf an der römischen Kurie" mit der Aussage, dass nicht der Papst, sondern Christus das Haupt der Kirche sei.[493]

Der römische Papst Bonifaz IX. hatte 1393 auf Bitte König Wenzels den Ablass für ein ‚Jubeljahr' verkündet für die Besucher von vier Prager Kirchen. Kirche und Stadt und auch der König erwarteten beträchtliche Einkünfte von Tausenden von Besuchern. Auch Johannes Hus war von den Ablasspredigern überzeugt worden und investierte seine letzten vier Groschen für einen Ablassbrief; noch stand er im Bann der herkömmlichen kirchlichen Vorstellungen.

Johannes Hus[494] ist um 1370 im Dorf Husinec nahe der südböhmischen Stadt Prachatitz (Prachatice) geboren worden; seine Eltern waren bescheidene Leute. Er wollte, auch auf Wunsch seiner Mutter, Priester werden. Deswegen lernte er in der Prachatitzer Lateinschule schreiben, lesen und auch Latein. Noch hatte die Stadt wohl eine deutsche Mehrheit im Rat, die dortige Oberschicht bestand aus deutschen Kaufleuten; ob Hus dort ihre Sprache und seine Abneigung gegen

---

[493] Hilsch, Johannes Hus, S. 35 f.
[494] Zu Hus Sedlák, M. Jan Hus; Novotný, M. Jan Hus; Seibt u. a. (Hg.), Jan Hus; Hilsch, Johannes Hus; Kejř, české reformace; Soukup, Jan Hus; Machilek, Jan Hus.

die Deutschen erwarb, wissen wir nicht. Um 1390 kam er an die Universität nach Prag, gefördert von seinem Landsmann Christian von Prachatitz.

Voraussetzungen des Zugangs zum Studium waren eheliche Abstammung und Kenntnisse des Lateinischen, Frauen und Juden war es selbstverständlich verwehrt. Hus trat in die böhmische Natio ein, in der neben den deutschböhmischen und ungarischen die tschechischen Magister und Studenten weit überwogen.[495] Es ist anzunehmen, dass Hus sehr schnell in die Frontstellung der böhmischen Natio gegen die deutschen Nationes einbezogen wurde, möglicherweise auch als Famulus, eine Hilfskraft am Karlskolleg.

Als armer Student hatte Hus auch an Hunger zu leiden, wie er selbst angibt. Erst 1393 hatte er die Bakkalarsprüfung in der Artistenfakultät bestanden, schneller aber wurde er im Januar 1396 zum Magister artium promoviert; damit war er auch zur Lehrtätigkeit verpflichtet und musste von den kümmerlichen Kolleggeldern leben. Zugleich begann er Theologie an der oberen Fakultät zu studieren. Möglicherweise war Hus als Vertreter der Universität an der letzten Reise König Wenzels in den Westen 1397/98 beteiligt; das wäre dann seine einzige Reise an den Rhein vor der Fahrt zum Konzil von Konstanz gewesen und ein erster Beweis für sein Ansehen an der Hochschule.

11.2 John Wyclif und der Kampf an der Universität

Es war 1398, als sich Hus Werke des englischen Magisters aus Oxford John Wyclif (um 1330–1384) abschrieb:[496] *De tempore, De ydeis, De materia et forma, De veris universalibus*. Der große Kirchenkritiker John Wyclif war als Vorsteher des Canterbury College an der Universität Oxford von den dortigen Mönchen abgesetzt und vertrieben worden; das dürfte seine Abneigung gegen Papsttum, Hierarchie und Mönchtum befördert haben. 1372/73 war er zum Doktor der Theologie promoviert worden und stand in königlichen Diensten. Die Königsfamilie schützte ihn eine Zeit lang, obwohl 1377 18 seiner Artikel von Papst Gregor XI. offiziell verurteilt worden waren. Seit 1378 begann er sich von der Kirche zu entfremden, musste Oxford verlassen und zog sich in seine Pfarrei Lutterworth zurück. Nach Verurteilung weiterer seiner Thesen im Jahre 1382 durch den Erzbischof von Canterbury radikalisierte er sich zunehmend.[497]

Hus war von Wyclif begeistert. An den Rand einer erhaltenen Handschrift schrieb er auf Tschechisch: „Lieber Wyclif, Gott gebe dir das himmlische König-

---

[495] Zur Universität Moraw, Die Universität Prag; Šmahel, Prager Universität.
[496] Herold, Pražská Univerzita (mit dtsch. Zusammenfassung); Hilsch, Johannes Hus, Kap. 4, und 5, S. 45–75; Soukup, Jan Hus, Kap. 4 und 5, S. 24–61.
[497] Kenny (Hg.), Wyclif; Köpf (Hg.), Theologen (Artikel Wyclif); Umfassend Van Dussen, From England to Bohemia.

11.2 John Wyclif und der Kampf an der Universität

reich". Er lernte zuerst nur die Traktate Wyclifs zum großen philosophischen Universalienstreit des Mittelalters kennen, der letztlich auf Platon zurückgeht. Hier geht es um die Universalien, die Allgemeinbegriffe, die Ideen, die Archetypen: Für die ‚Nominalisten' sind diese nur Namen (lateinisch *nomina*), die wir (und die modernen Wissenschaften allgemein) zusammenfassend einer Gruppe von Einzelnen, von Individuen geben. Für die ‚Realisten' existieren aber diese Allgemeinbegriffe ‚real' und unabhängig, Wyclif verortet sie bei Gott selbst. Die ungenügende Wertschätzung der Universalien sei, so meinte er, der Grund für den allgemeinen moralischen Verfall.

In der mittelalterlichen Philosophie gab es Nominalismus und Realismus in verschiedensten Ausprägungen; beide Richtungen waren in ihrem Verhältnis zur Kirche keineswegs festgelegt. Der Nominalismus setzte sich im Lauf des 14. Jahrhunderts in Paris und Oxford und an den meisten Universitäten Europas durch; auch die deutschen und die älteren böhmischen Magister in Prag waren zu Hussens Zeiten (gemäßigte) Nominalisten. Mit dem Wyclifschen Realismus fanden seit Mitte der 1390er-Jahre aber die jüngeren böhmischen Magister, unter ihnen Hus, eine eigene philosophische Position und Identität gegenüber den bisher weit überlegenen deutschen Magistern der Artistenfakultät. Der führende erste Wyclifanhänger (Wyclifit) war Magister Stanislaus von Znaim (Stanislav ze Znojma), seine wichtigsten Schüler waren neben Hus Stefan Paletsch (Štěpán z Pálče) und Hieronymus von Prag.[498] Ob die Universalien für Hus letzten Endes eine ebenso große Bedeutung hatten wie für den englischen Magister, ist zu bezweifeln.

Schon ein anonymer Zeitgenosse und Wyclifgegner sah die Zusammenhänge:

> „Seit Beginn der Universität Prag [...] führten die Böhmen immer etwas gegen die anderen Nationes im Schilde und suchten deswegen immer nach Besonderheiten, um sich von den anderen abzusetzen. Deswegen ging ein gewisser Mauricius nach Oxford und brachte zuerst von dort die Schriften des Häretikers Wyclif; dieser Spaltung und diesem Hass stimmten die Böhmen zu und akzeptierten diese Bücher."[499]

Die theologischen und radikal kirchenkritischen Traktate Wyclifs (*Trialogus, Dialogus, De corpore Christi*) wurden in Böhmen erst etwas später bekannt. Er griff darin nicht nur den Missbrauch in der Kirche an, sondern im Namen der Bibel, der einzigen Quelle der Wahrheit, immer radikaler werdend die gesamte Autorität und Herrschaft der kirchlichen Hierarchie. Die Kirche ist für Wyclif nicht die existierende Institution, sondern die Gemeinschaft der von Gott Erwählten, der Prädestinierten. Das gilt für alle drei Arten kirchlicher Existenz: die triumphierende Kirche im Himmel, die schlafende Kirche im Fegefeuer, die kämpfende Kirche auf Erden. Niemand auf Erden weiß allerdings, wer erwählt oder

---

[498] Šmahel, Magistri Hieronymi, S. XI-CLX.
[499] Zitiert von Bartoš, Husitství, S. 255. Zu den englisch-böhmischen Kontakten Van Dussen, From England to Bohemia.

verdammt ist. Könnte das nicht auch den Papst betreffen? Gab es dann überhaupt noch einen Grund, kirchliche Autorität anzuerkennen? Dagegen erkannte Wyclif die Oberherrschaft des Königs auch über die Kirche an; er nennt ihn sogar einmal ‚Vikar Gottes'. Sicher ist das eine Erklärung für den zeitweiligen Schutz des Magisters durch die Königsfamilie. Um diese zu retten, forderte Wyclif schließlich sogar die Enteignung der Kirche.

Fast alle kirchenreformerischen Vorstellungen der jungen böhmischen Magister und des Johannes Hus fußen auf John Wyclif; doch gibt es keinen Grund, Hus mangelnde Originalität vorzuwerfen.[500] Denn ‚Originalität', ‚geistiges Eigentum' oder ‚Plagiat' sind keine mittelalterlichen Kategorien. Jedermann, auch Wyclif selbst, schrieb, übernahm oder zitierte ohne Bedenken und straflos aus älteren Werken. Bedeutende heimisch-böhmische Traditionen, wie dies einige tschechische Autoren meinten, sind bei Hus aber nicht festzustellen. Denn er hat seine sog. Vorläufer (▶ Kap. 11.1) so gut wie nie erwähnt, obwohl er ihre Schriften oder Predigten hätte kennen können.[501]

Die böhmischen Reformer haben also ihre Position vor allem mit Wyclif neu begründet. Einen ersten Höhepunkt des Streits um den englischen Reformer bedeutete der Beschluss der Mehrheit der Universität 1403/04, dass niemand (die jetzt 45) Thesen John Wyclifs lehren, predigen oder ihnen zustimmen dürfe. Die meisten dieser Artikel dürften, wenn auch oft verkürzt und vergröbert, die Meinung Wyclifs wiedergeben: Sie richten sich vor allem gegen das übliche Verständnis der Eucharistie (▶ Kap. 11.3), gegen den Besitz der Kirche, gegen das Mönchtum, besonders die Bettelorden, gegen Kleriker, die unwürdig Sakramente austeilen, gegen Ablässe und Simonie, gegen den Primat des Papstes und das Papsttum überhaupt, und für freies Predigen. Die Prädestination ist nur in einem Artikel angesprochen, die Frage der Universalien selbst wird nicht erwähnt. Der Wyclifanhänger Magister Stanislaus und seine Schüler bezweifelten sofort, dass alle 45 Artikel wirklich authentisch von Wyclif abstammten.

Johannes Hus wurde wahrscheinlich im Jahr 1400 zum Priester geweiht; eine Pfarrstelle strebte er zwar nicht an, aber predigen wollte er unbedingt. Überall in Europa, besonders in den Städten, war im Spätmittelalter das Bedürfnis nach Predigten angewachsen. Da der Pfarrklerus mehr auf Sakramentenspendung und Liturgie ausgerichtet war, hatten vor allem die Bettelordensmönche mit Unterstützung des Papstes seit dem 13. Jahrhundert die jetzt sehr gewünschten Predigten übernommen. Um dieser Konkurrenz (mit großem Verlust an Einnahmen) zu entgegnen, gründete nun im 15. Jahrhundert auch der Weltklerus besondere Predigt-Pfründen. Dazu gehörte in Prag die Stelle des Predigers in der sog. Bethlehemkapelle, die allerdings außerdem noch einen sprachnationalen Charakter hatte.

---

[500] So allerdings Loserth, Hus und Wyclif.
[501] Die Editionen der zahlreichen lateinischen und tschechischen Werke des Hus sind zusammengestellt bei Soukup, Jan Hus, S. 223–225 und bei Machilek, Jan Hus, S. 218–223.

Denn diese Kapelle wurde von tschechischen Anhängern Militschs und des Matthias von Janov sowie einem reichen Kaufmann Kříž (Kreuz) 1391 auch mit Unterstützung des Johann von Mühlheim, eines aus Breslau stammenden Mannes am Hof, in der Prager Altstadt gegründet und erbaut, um dem dortigen Mangel an tschechischen Predigten abzuhelfen. Im März 1402 wurde Hus vom erzbischöflichen Generalvikar als Rektor mit der Kapelle investiert, die immer in Verbindung zur böhmischen Natio an der Universität blieb. Auch Hus blieb der Universität verbunden und predigte dort lateinisch. Die Predigt in tschechischer Sprache an der Bethlehemkapelle aber wurde nun zu seinem wichtigsten Wirkungsfeld. Jährlich hatte er etwa 200 Predigten zu halten, die zahlreich in seinen Predigtsammlungen erhalten sind. Oft sind seine tschechischen Predigten, für uns erstaunlich, von den gebildeten Zuhörern in der Bildungssprache Latein mit- und aufgeschrieben worden. Seine frühen durchaus kirchenkritischen Predigten unterschieden sich zwar von den bisherigen Reformpredigern nur wenig, doch war er ein außerordentlich beliebter Redner, was er zweifellos auch genoss. Selbst Königin Sophie, die Wittelsbacherin, soll ihn gelegentlich gehört haben.

Der neue Erzbischof Sbinko von Hasenburg (Zbynko Zajíc, 1402–1411), mit geringen theologischen Kenntnissen, aber reformgeneigt, ließ sich von den Reformern für seine geistlichen Aufgaben unterstützen. Mit Stanislaus wurde Hus in eine dreiköpfige Kommission berufen, um das ‚Blutwunder von Wilsnack' in Brandenburg zu untersuchen; sie entlarvten es als einen Betrug und Sbinko verbot daraufhin die Wallfahrt nach Wilsnack (die freilich aus finanziellem Interesse der dortigen Bischöfe weiter blühte). Stanislaus und Hus wurden 1405 und 1407 sogar zu Synodalpredigern bestellt, eine besondere Auszeichnung.[502]

Auch König Wenzel beschäftigten immer wieder die Querelen an der Prager Universität. Er konnte aber nicht voraussehen, dass sie schließlich zur Revolution führen und zu seinem Tod beitragen würden.

11.3 Der Erzbischof gegen die Wyclifanhänger – Das Kuttenberger Dekret

Trotz der zunächst guten Zusammenarbeit mit dem Erzbischof verfinsterte sich bald das Umfeld um die böhmischen Reformer.[503] Wie einst bei Wyclif entwickelte sich zunächst die Frage der Eucharistie (des Abendmahls) zum entscheidenden Streitpunkt. Hierbei ging es um die Bedeutung von Brot und Wein. Stanislaus verteidigte zunächst heftig die Position Wyclifs, dass der Leib und das

---

[502] Die Synoden waren die wichtigsten Zusammenkünfte der Geistlichen in einer Diözese. Dazu Hledíková, Synody.
[503] Hilsch, Johannes Hus, Kap. 6 und 7, S. 76–102; Soukup, Jan Hus, Kap. 8, S. 93–103.

Blut Christi dem Brot bzw. dem Wein nur hinzugefügt werden. Dies nannte man die „Remanenz", das Verbleiben der sichtbaren Gestalten Brot und Wein. Doch musste er diese Position bald aufgeben, weil sie ihm als Ketzerei vorgeworfen wurde. Auch Hus könnte der Remanenzlehre zugeneigt gewesen sein, hat sie aber, soweit wir sehen, schriftlich nie vertreten, sondern bis zum Konzil von Konstanz an der kirchlichen Doktrin festgehalten. Jetzt wollte er sein gutes Verhältnis zum Erzbischof nicht aufs Spiel setzen.

Wahrscheinlich begann Hus 1400/01 mit dem Studium an der oberen Fakultät der Theologie. Hussens größtes und bestes theologisches Buch ist dabei entstanden: sein Kommentar zu den damals grundlegenden Sentenzen des Petrus Lombardus, in der gedruckten Fassung 744 Seiten lang. Damit wurde er Ende 1404 zum Bakkalar der heiligen Theologie promoviert.

Der Streit um Wyclif und die Remanenz in Prag und der sich darauf beziehende Ketzerverdacht auf seine Diözese beängstigten den Erzbischof zutiefst. Er forderte die Magister der böhmischen Nation 1408 auf, dem Wyclif abzusagen. Er begnügte sich jedoch wegen des heftigen Widerstands zunächst mit einem Kompromiss: Niemand dürfe die 45 Artikel „in ihrem ketzerischen, irrigen oder Ärgernis erregenden Sinn"[504] verteidigen. Aber er verbot auf der Junisynode 1408 die These der Remanenz und das heftige Predigen in der Volkssprache gegen den Stand der Prälaten und Kleriker. Hus war alarmiert, da er um seine geliebten Predigten fürchtete, setzte sich offen für einen Priester ein, dem Predigtverbot drohte und der vermutlich von waldensischen Vorstellungen beeinflusst war. Auch bemühte sich Hus, den Erzbischof davon zu überzeugen, dass man die von Christus angeordnete Predigtarbeit auf keinen Fall hindern dürfe.

Großes Interesse, jeden Ketzerverdacht gegen Böhmen auszuräumen, hatten auch König Wenzel und sein Hof. Unter ihrem Druck erklärte Erzbischof Sbinko nach einer angeblichen Untersuchung, dass in der Stadt, der Diözese und der Kirchenprovinz kein Häretiker aufgefunden wurde. Der König versicherte sogar in einem Brief an die Kardinäle, nur „verbrecherische Verleumder"[505] hätten behauptet, in Böhmen sei die Remanenz oder die Thesen Wyclifs vertreten worden. In Wahrheit nahmen die konfliktreichen Diskussionen in Böhmen und Mähren um Wyclifs Thesen an Schärfe zu; dies galt auch für die immer kritischeren Predigten des Hus.

Im August 1408 kam es zum ersten direkten schriftlichen Angriff auf den Bethlehemprediger. Der Prager Pfarrklerus klagte ihn beim Erzbischof an: Die böhmische Natio sei ohnehin schon an der Kurie als häretisch bekannt und seine Predigten machten den ganzen Klerus, nicht nur die schlechten Pfarrer, beim Volk verhasst, obwohl diese gerade in den Synodalstatuten verboten worden seien. Hus war empört und bestritt die Anklagen; sein Antwort- und Rechtferti-

---

[504] Zu diesem Treffen der böhmischen Natio am 24. Juni 1408 Novotný, M. Jan Hus, S. 221 f. mit den Quellen.
[505] RTA 6, Nr. 310, 311.

11.3 Der Erzbischof gegen die Wyclifanhänger – Das Kuttenberger Dekret

gungsschreiben an den Erzbischof ist voller gelehrter Argumente und viermal so lang wie die Anklageschrift. Aber er erkannte, dass seine Stellung als Prediger jetzt auch von kirchlicher Seite bedroht war. Nach dem Rückzug des Stanislaus in der Remanenzfrage rückte er allmählich immer mehr an die Spitze der Reformbewegung.

Aber die böhmischen Wyclifanhänger wurden nun in dieser prekären Situation durch eine neue kirchenpolitische Entwicklung gerettet. Immer noch lastete das große Schisma auf allen lateinischen Christen, da es der Kirche immer mehr Glaubwürdigkeit kostete. Da die beiden Päpste sich jedoch als unfähig erwiesen, das Schisma gemeinsam zu beenden, breitete sich der Wunsch nach einem allgemeinen Konzil, das das Schisma beenden sollte, immer mehr aus. Schließlich forderte auch die Mehrheit der Kardinäle ein Konzil und lud für den März 1409 nach Pisa ein.[506] Sie fanden Unterstützung beim französischen König, der auch Wenzel mit einer Gesandtschaft in Prag im Frühsommer 1408 für eine neutrale Haltung im Schisma gewinnen wollte.

Aber Wenzel fiel noch nicht gleich von der römischen Obedienz (Anhängerschaft) ab und schickte deswegen die Magister Stanislaus von Znaim und Stefan Paletsch nach Rom. Sie sind aber auf der Reise von einem von Rom abgefallenen Kardinal in Bologna gefasst und eingekerkert worden. Es war das letzte Mal, dass sich daraufhin die gesamte Universität Prag, Böhmen und Nichtböhmen, unter dem sächsischen Rektor Henning Baltenhagen an die Kardinäle wandte, um die Befreiung der beiden Magister zu erreichen. Sie kehrten allerdings erst im Juni 1409 nach Prag zurück.

Schließlich verließ der König doch den bisher von ihm anerkannten römischen Papst, denn er sah jetzt eine Chance, die römisch-deutsche Krone wiederzugewinnen: dem kirchlichen Schisma stellt er sein königliches Schisma zur Seite. Seine Abwahl durch die Kurfürsten sei eine Rebellion gewesen, so schrieb er an die Kardinäle; er werde einen neu in Pisa gewählten Papst anerkennen, wenn er selbst vom Konzil als römisch-deutscher König anerkannt würde.[507]

Aber der Erzbischof und die hohen Prälaten Böhmens wollten auf jeden Fall beim römischen Papst verbleiben, nicht zuletzt wegen ihrer Pfründen und Einkünfte, die ihnen dieser verschafft oder bestätigt hatte. Sie stellten sich damit gegen den König, der gerade in Schlesien weilte, und griffen Hus als ungehorsamen Sohn der Kirche an. Dieser verteidigte sich zwar bei Sbinko: „Ich bitte Eure Väterlichkeit bei Gott inständig, nicht allen Glauben zu schenken und mich nicht vom Predigtamt zu suspendieren."[508] Aber ihm und den papstkritischen Prager Wyclif-Anhängern musste der Konzilsplan durchaus gelegen erscheinen, vor al-

---

[506] Dieter Girgensohn, Von der konziliaren Theorie des späteren Mittelalters zur Praxis: Pisa 1409, in: Müller/Helmrath (Hg.), Konzilien, S. 61–94.
[507] RTA 6, Nr. 315, 316.
[508] Hussens Brief in: M. Jana Husi korespondence, hg. von Novotný, Nr. 13.

lem weil sie hofften, im König einen Unterstützer gegen die Angriffe der böhmischen Kirche zu finden.

Der König aber hoffte jetzt auf die Universität, da er für seinen Plan nicht auf die wichtige Unterstützung der böhmischen Kirche zählen konnte. Aber nur die böhmische Natio, die damals wohl nur 16,5 % der Angehörigen der Universität umfasste, stellte sich vorbehaltlos auf seine Seite, die nichtböhmischen Nationes wollten in großer Mehrheit auf der römischen Seite verbleiben. In einer großen Disputation (dem *Quodlibet*) Anfang Januar 1409 prallten die Gegensätze erneut heftig aufeinander. Hier hielt Hieronymus von Prag, Freund des Hus, eine mitreißende Rede, die Empfehlung der freien Künste (*Recommendatio arcium liberalium*), in der er zur geistigen Selbständigkeit aufrief.[509] Der unruhige, aber überaus gescheite Intellektuelle, der sich als Missionar Wyclifscher Ideen sah, hatte, ganz anders als Hus, viele Reisen unternommen, z. B. nach Oxford, woher er Schriften Wyclifs mitbrachte, oder nach Jerusalem. 1405/06 wirkte er als Magister artium an der Universität Paris, ebenso dann in Köln und in Heidelberg, wo er sich vermutlich an einem Studentenaufstand beteiligte. Überall musste er als Unruhestifter fliehen, vor allem wegen seiner Wyclifschen Realismus-Position. Erst 1407 wurde er in Prag unter die Magister aufgenommen; er blieb bewusst ein Laie.

Der Aufruf zur geistigen Selbständigkeit war für das mittelalterliche Bildungssystem geradezu revolutionär, in dem sonst nur die für wahr gehaltenen Inhalte eingeübt werden sollten. Oft sprach Hieronymus dabei von der „heiligen Stadt Prag" und der „heiligen tschechischen Nation"; mit seinen fast nationalistischen Aussagen überschritt er damit sogar die ständischen Schranken der mittelalterlichen Gesellschaft, betonte aber den stets häresiefreien Glauben der tschechischen Böhmen. Im Vergleich zu dem ungeheuren Eindruck, den Hieronymus' Rednertalent machte, blieb Hussens Auftreten eher bedächtig. Auch der spätere Helfer des Hus, der Jurist Johann von Jessenitz, machte bei dieser großen Disputation seine Nähe zu Wyclif deutlich.

Zur selben Zeit kam der König aus Schlesien wieder nach Böhmen zurück, zunächst in die Silberstadt Kuttenberg. Die Zeit drängte, Doch als die Gesandtschaft nach Pisa aufbrechen musste, fehlte die Zustimmung der Universität immer noch. Es scheint, die böhmische Natio habe mit Hilfe geneigter Leute am Hof den Vorschlag lanciert, den Widerstand der nichtböhmischen Nationes durch eine Veränderung der Stimmenverhältnisse zu überwinden (und damit auch die Macht selbst zu übernehmen). Das entsprechende Dekret dürfte von der böhmischen Natio schon vorformuliert worden sein. Darin sollte der König die sächsischen, bayerischen und polnischen Nationes zu *einer* deutschen Natio (*nacio Theutonica*) mit nur einer Stimme vereinigen und der böhmischen Natio drei

---

[509] Dazu Šmahel, Magistri Hieronymi.

11.3 Der Erzbischof gegen die Wyclifanhänger – Das Kuttenberger Dekret 241

Stimmen „bei allen Beratungen, Urteilen, Examina, Wahlen"[510] geben. Als das Dekret an der Universität bekannt wurde, empörten sich die Nichtböhmen, da sie ihre Stimmenverteilung seit den Zeiten Karls IV. besäßen; sie warnten den König, die Durchsetzung des Dekrets bedeute die Zerstörung der Universität. Denn sie drohten mit ihrem Abzug, zu dem sie sich gegenseitig durch einen Eid verpflichteten. Abzugsdrohungen waren in vielen frühen europäischen Universitäten nicht selten das einzige Druckmittel der Universitätsangehörigen.

Die Nichtböhmen boten als Kompromiss aber an, sich auch an der Gesandtschaft nach Pisa zu beteiligen. Wenzel versprach, ihren Wünschen zu entsprechen; als Hus ihn wieder umzustimmen suchte, fuhr ihn der König an:

> „Du machst mir mit Hieronymus ständig Schwierigkeiten und Probleme! Und wenn jene das nicht besorgen, deren Aufgabe es ist, werde ich euch ins Feuer werfen lassen."[511]

Dabei spielte er auf den Ketzerverdacht der Wyclif-Anhänger an. Kompromisse des Königs wurden diskutiert, aber auch die Deutschen ließen sich darauf nicht mehr ein. Die Universität war geradezu gelähmt, bis der Hof schließlich eingriff und dem deutschen Rektor das Universitätssiegel abnahm, obwohl das Kuttenberger Dekret damit noch nicht förmlich bestätigt wurde.[512] Daraufhin zogen die deutschen Magister und viele Studenten ab, insgesamt etwa 700–800 Personen. Viele gingen nach Leipzig, vom Markgrafen Friedrich von Meißen freudig begrüßt, der damit dort 1410 seine Universität gründete. In der Folgezeit haben diese Magister in Deutschland den Ketzerverdacht gegenüber Böhmen, das ihnen so böse mitgespielt hatte, genährt.

Hus und die radikale Reformgruppe waren über den Abzug der deutschen Magister, ihres Feindbildes, begeistert. Aber die Universität Prag bestand jetzt nur noch aus der böhmischen Natio und verlor außerhalb des Landes schnell und völlig an Attraktivität und Ansehen. Hus, der gleich im folgenden Wintersemester zum Rektor der geschrumpften Hochschule gewählt wurde, sah dies sehr wohl und suchte in seiner Rede die böhmischen Magister wieder aufzubauen. Nicht nur die Universität schrumpfte; die Prager Städte verloren Einwohner und besonders die deutschen Kaufleute und Handwerker ihre Kunden; das beschleunigte das Vordringen des tschechischen Bevölkerungsanteils.

Auf dem Pisaner Konzil sind nach einem Prozess sowohl der römische wie der avignonesische Papst abgesetzt worden, beide weigerten sich, abzutreten. Ein neuer Papst Alexander V. wurde in Pisa gewählt, dem nach seinem frühen Tod Papst Johannes XXIII. (1410–1415) folgte. Jetzt gab es also drei rivalisierende

---

[510] Das Kuttenberger Dekret, hg. von Gustav Friedrich, ČČH 15 (1909). Dazu auch überzeugend Jiří Kejř, Sporné otázky v bádání o dekretu Kutnohorském [Umstrittene Fragen bei der Erforschung des Kuttenberger Dekrets], AUC-HUCP 3(1962), S. 83–121; Hilsch, Johannes Hus, S. 87–102.

[511] Peter von Mladoniowitz, FRB VIII, S. 79 f.

[512] Zum Hussitismus an der Universität und zum Kuttenberger Dekret bei Šmahel, Prager Universität, Kap. 5 und 6.

Päpste. Auch der Wunsch König Wenzels nach Anerkennung seines römisch-deutschen Königtums hatte sich nicht erfüllt.

11.4 *Prager Unruhen – Der Prozess an der Kurie*[513]

Der Prager Erzbischof Sbinko, der mit der Absicht des Königs, dem Pisaner Papst zu folgen, nicht einverstanden war, hatte nicht nur Abgesandte um Hilfe an den römischen Papst geschickt, sondern sogar das Interdikt (das Verbot aller gottesdienstlichen Handlungen) über Prag ausgesprochen. Ein Interdikt traf das kirchlich bestimmte Volk des Spätmittelalters stets schwer. Hus wütete an der Bethlehemkapelle dagegen, sodass eine erregte Menschenmenge über die Moldau vor den erzbischöflichen Palast auf der Kleinseite zog und heftig gegen das Interdikt protestierte. Dem Erzbischof treue Priester wurden mit Gewalt angegriffen, das Interdikt konnte nicht durchgesetzt werden, Sbinko floh in seine Stadt Raudnitz (Roudnice nad Labem).

Der König griff nicht ein und blieb auf seinen Burgen sitzen; die Reformer sahen ihn auf ihrer Seite. Die Folge der dramatischen Ereignisse war ein weiterer Verfall kirchlicher und weltlicher Autorität. Es scheint, dass sich die bisher führenden Wyclifiten Stanislaus von Znaim und Stefan Paletsch, schließlich aus Bologna zurückgekehrt, auch wegen der Gewalttaten und Unruhen aus der Front der Wyclifanhänger zurückzogen und Hieronymus, Hus, Jessenitz und dem kleinen Jakobellus von Mies (Stříbro) das Feld überließen.

Die Angriffe des Erzbischofs galten nun vor allem Hus, der, so der Vorwurf, Wyclif verteidige, das Volk gegen die Kirche aufhetze und den Streit zwischen Tschechen und Deutschen anfache. Aber Sbinkos Macht reichte nicht mehr, den Bethlehemprediger zu gefährden. Die Unruhen in Prag endeten erst, als der Erzbischof sich doch schließlich auf die Seite des Pisaner Papstes Alexander V. (1409–10) stellte, der sich inzwischen auch in Rom durchgesetzt hatte. Es gelang dem Prager Erzbischof offenbar schnell, diesen Papst in seinem Streit mit den Wyclifiten ganz auf seine Seite zu ziehen. Das ‚häresieverdächtige Gift Wyclifs', so der Papst, sei durch Volkspredigten verbreitet worden, die er nun in irregulären Kirchen verbot. Dies zielte natürlich auf den Prediger der Bethlehemkapelle, die keine Kirche war.

Diese päpstliche Bulle wurde in Prag um den 9. März 1410 bekannt. Dadurch war Hus nun im Kern seiner Wirksamkeit getroffen; er appellierte sofort an den Papst, um ihn besser zu informieren. Über das Predigtverbot setzte er sich jedoch hinweg. Der Erzbischof setzte auf Wunsch des Papstes eine Untersuchungskommission ein, an der allerdings nur Wyclifgegner beteiligt waren. Das Ergeb-

---

[513] Dazu Hilsch, Johannes Hus, Kap. 8 und 9, S. 103–146.

11.4 Prager Unruhen – Der Prozess an der Kurie

nis: 18 Traktate Wyclifs sollten dem Erzbischof ausgeliefert und dann verbrannt werden. Die Universität lehnte das ab, fünf ihrer Mitglieder, darunter Hus, appellierten nun mit einem wohl vom Juristen Jessenitz formulierten Schriftstück gegen die Bücherverbrennung an den inzwischen neuen Papst Johannes XXIII. (1410–1415). Als wichtiges Argument wurde angeführt: Habe nicht der Erzbischof 1408 selbst erklärt, in den böhmischen Ländern keine Ketzer zu kennen?

Noch hoffte Hus in der Appellation von Papst Johannes Gerechtigkeit zu bekommen. Er trat nun als wirklicher Führer der Bewegung auf und wurde bei seinen Predigten, die zweifellos polemischer und radikaler waren als seine Schriften, von seinen weit überwiegend tschechischen Zuhörern begeistert unterstützt. Die möglichen Konsequenzen waren Hus bewusst, in einer Predigt sprach er auch zum ersten Mal von der Bedrohung seines Lebens.

Als König Wenzel, dem die Sache längst lästig war, die Beilegung des Streits dem mährischen Markgrafen Jost zuschob, der aber in Prag nicht erschien, ließ der Erzbischof die Bücher Wyclifs beim Läuten der Totenglocken in seinem Hof auf der Kleinseite verbrennen, floh wieder nach Raudnitz und schleuderte von dort den Bannstrahl gegen den ‚ungehorsamen Rebellen' Hus und seine Anhänger. Ein Teil des Prager Volkes aber verhinderte die Ausrufung der Exkommunikation und die Reformer an der Universität mit Hus an der Spitze verteidigten heftig die Wycliftexte; die angebotenen Streitgespräche boykottierten jetzt die Wyclifgegner. Noch radikaler als Hus äußerten sich dabei Jakobellus von Mies und Simon von Tischnow (Tišnov). Hieronymus von Prag hielt sich inzwischen am ungarischen Königshof in Buda auf, wo er in Anwesenheit König Siegmunds Wyclifs Thesen verteidigte, dann in Wien auftrat, wo er gefangen genommen wurde, aber dem Gefängnis wieder entfliehen konnte.

Erzbischof Sbinko, der sich in Böhmen nicht mehr durchsetzen konnte, betrieb jetzt seinen Kampf gegen Wyclif und die böhmischen Reformer an der Kurie weiter. Der Papst übergab die Sache dem Kardinal Oddo Colonna (dem späteren Papst Martin V.). Im Herbst 1410 wurde Hus von Oddo als Verführer des Volkes und Förderer der Ketzerei an die Kurie zitiert, um sich dort zu verantworten.

Das Interesse Wenzels an der Angelegenheit wurde erst wieder durch das Ableben seines Konkurrenten und Nachfolgers, König Ruprechts, am 18. Mai 1410 geweckt. Die drei überlebenden Luxemburger rivalisierten nun um die Nachfolge auf dem römisch-deutschen Thron: Wenzel selbst, der nie den betreffenden Königstitel abgelegt hatte, sein Halbbruder König Siegmund von Ungarn und sein Vetter Markgraf Jost von Mähren, der älteste der Familie. Außerhalb der Luxemburger boten sich keine aussichtsreichen Kandidaten für das Königtum an.

Jost scheint Wenzel die Aussicht auf die Kaiserkrone versprochen zu haben, wenn dieser auf die römisch-deutsche Krone zu seinen Gunsten verzichten würde. Für die Gewinnung der Königs- oder der Kaiserkrone aber war ein Ketzerverdacht auf dem Land Böhmen jetzt untragbar.

Eine Gesandtschaft von König und Königin, der Barone, der Universität und der beiden Prager Städte wandte sich also an den Papst, um die Vorladung Hussens an die Kurie rückgängig zu machen. Die ältere Forschung berief sich dabei auf Briefe der böhmischen Gesandtschaft, die sich beim Papst besonders für die Bethlehemkapelle und den Prediger Hus verwandten. Daraus schloss man auf eine enge Verbindung des Königshofes zu dem Bethlehemprediger. Genaue Untersuchungen ergaben jedoch, dass diese Briefe (datiert vom September 1410–12) nicht authentisch sind, sondern fiktive Schriftstücke darstellen, die später wohl durch Studenten der Artistenfakultät im Sinne der Reformer an der Universität hergestellt worden sind.[514] Auch wenn Teile des Königshofes zweifellos den Reformern nahe standen und dem König die These Wyclifs, notfalls eine Enteignung der Kirche durch den Herrscher vorzusehen, willkommen sein musste, lässt sich das Bild Wenzels als unbedingtem Reformfreund und auch als bewusst tschechischem König durch die Quellen nicht belegen.

Hus dachte nicht daran, der Vorladung an die Kurie zu folgen. Einige Abgesandte wie der Jurist Jessenitz und andere Magister sollten ihn als Prokuratoren beim Prozess in Rom vertreten. In ihrem Gepäck befanden sich 1100 florentinische Gulden, die für die üblichen Handsalben an der Kurie gedacht waren und die von wohlhabenden Freunden im Land gesammelt worden waren. Die Prokuratoren forderten an der Kurie zunächst eine Abberufung Oddos. Jessenitz gewann auch weitere Magister aus Bologna, Paris und Oxford, die sich gegen eine Verbrennung der Wyclifbücher aussprachen. Dennoch wurde Hus von Kardinal Oddo wegen Nichterscheinens mit dem Kirchenbann belegt. Außerdem klagten die Vertreter des Erzbischofs Hus aber auch wegen Ketzerei an.

Auf der Bühne des Reiches war es inzwischen zu einer Doppelwahl des Königs gekommen: Siegmund bekam drei der sieben Kurstimmen, mit vier wurde der mährische und brandenburgische Markgraf Jost am 1. Oktober 1410, also gültig, zum König gewählt. Eine königliche Wirksamkeit konnte er jedoch nicht mehr entfalten; er starb am 10. Januar 1411 in Brünn ohne legitime Nachkommen. Gerüchte sprachen von seiner Vergiftung. Nach der skrupellos-kämpferischen Phase seiner frühen Politik war der kunstsinnige und an Gelehrsamkeit interessierte Fürst in seinen letzten Jahren auf Seiten Wenzels geblieben.[515]

Nun einigten sich am 21. Juli 1411 alle Kurfürsten, auch der böhmische König, auf Siegmund als römisch-deutschen König[516]. Auch Siegmund hatte wie Jost dem Wenzel zugesagt, ihm bei der Gewinnung der Kaiserkrone behilflich zu sein. Die Reichsinsignien und ein Teil der Reichseinkünfte sollten dem Böhmen verbleiben. Aus der Erbschaft Josts fiel die Markgrafschaft Mähren und die Niederlausitz an Wenzel, und Brandenburg an Siegmund, der es aus finanziellen Grün-

---

[514] Kopičková/Vidmanová, Listy. Etwas skeptischer dazu die Rezension von Karel Hruza in Bohemia 43 (2002), S. 265–267.
[515] Eine Würdigung des Jost bei Mezník, Lucemburská Morava, S. 302–308. Siehe auch Václav Štěpán, Moravský markrabě Jošt [Der mährische Markgraf Jost] 1354–1411. Brno 2002.
[516] Zu Siegmund vor allem Hoensch, Kaiser Sigismund; Hruza/Kaar (Hg.), Kaiser Sigismund.

11.4 Prager Unruhen – Der Prozess an der Kurie

den schnell an den Nürnberger Burggrafen Friedrich V. von Zollern, seinen eifrigen Anhänger, verpfändete.

Im März 1411 wurde auf Anweisung Sbinkos die Bannung des Hus wegen Nichterscheinens an der Kurie in den meisten böhmischen Kirchen verkündet. Die böhmische Kirche hatte allerdings noch andere Probleme: König Wenzel, nun mit Siegmund verbündet, hatte nach langer passiver Phase in einem Anfall von Aktionismus im April bei der jährlichen Weisung der Reichsreliquien die Konfiskation aller Güter und Einkünfte der Prager Kanoniker und aller anderen Kleriker verkündet, die das Königreich als häretisch verleumdet hatten. Sein Zorn über diese Verleumdung war ein Motiv der Aktion gewesen, ein zweites Motiv wohl auch seine Habgier. Im Veitsdom, der Kirche des Erzbischofs, ließ der König persönlich alle Schätze und Reliquien auf Wagen laden und auf den Karlstein bringen. Eine Visitation brachte auch viele Pfarrer in Bedrängnis; einige von ihnen wurden mit ihren Konkubinen in der Stadt an den Pranger gestellt. Das Vorgehen des Königs kam den Reformern gelegen, zumal es dem Wyclif-Artikel einer für die Rettung der Kirche notwendigen Enteignung entsprach.

Der Besitz von Grund und Boden der Kirchen gilt als eine entscheidende Wurzel der späteren hussitischen Revolution. Während man in den Nachbarkönigreichen Polen und Ungarn mit 10–12 % kirchlichem Besitz rechnet, verfügte die böhmische Kirche über ein Drittel des gesamten Landes. Diese einstige Schätzung des Hus wurde durch neuere Untersuchungen bestätigt.[517]

Die königliche Gewalttat gegen die Prager Kleriker, die straflos blieb, ließ das Ansehen der böhmischen Kirche, die durch das Schisma, ihren Reichtum und die moralischen Defizite ohnehin schon betroffen war, weiter absinken. Zwar hoffte der selbst aus dem Hochadel stammende Erzbischof auf eine Hilfe des Adels; aber dieser, der schon lange mit Interesse auf das große Eigentum der Kirche blickte, stellte sich dem König diesmal nicht in den Weg. Sbinko drohte mit Exkommunikation, verhängte erneut das Interdikt über Prag, aber vergeblich. Verhandlungen und ein Schiedsspruch dreier Personen, des zufällig anwesenden Herzogs Rudolf III. von Sachsen, eines siebenbürgischen Grafen (des Abgesandten Siegmunds) und des königlichen Hofmeisters Lacek von Krawarn (Kravaře) führten zur völligen Niederlage Sbinkos. In einem selbstbewussten Brief vom 1. September 1411 an Papst Johannes, der von der Universität beglaubigt wurde, suchte Hus seine Position erneut zu rechtfertigen und die Verleumdungen seiner Gegner an der Kurie zu widerlegen. Der Erzbischof zog zwar das ohnehin nicht durchsetzbare Interdikt zurück, beschwerte sich aber mit bitteren Worten über den König. Er wollte sich um Hilfe zum ungarischen König Siegmund begeben, starb aber auf dem Weg dorthin in Pressburg am 18. September 1411.

Wie wenig es Wenzel um die Reform der Kirche ging, sieht man aus seiner Auswahl des Nachfolgers: Auf seinen Wunsch hin wählte das Domkapitel seinen

---

[517] Šmahel, Die Hussitische Revolution, Bd. 1, S. 147–167.

Leibarzt, den Deutschmährer Albik (1411–12), einen Witwer mit mindestens einer Tochter, zum Nachfolger Sbinkos. Der Jurist und Mediziner hatte das Vertrauen des Königs, besaß aber nicht einmal eine Priesterweihe. Die Zustimmung des Papstes erkaufte man sich mit 3600 Gulden. Auf den kurialen Prozess gegen Hus nahm Albik, soweit wir wissen, keinen Einfluss.

11.5 Der Kampf um den Ablass

Die Frage des Ablasses beendete die stillschweigende Duldung des Hus und der Kirchenreformer durch König Wenzel.[518]

Der kirchliche Ablass, der im 11. und 12. Jahrhundert entstand, ist ein vielschichtiges Phänomen. Zunächst bezog sich ein Ablass auf die Tilgung einer kirchlichen Strafe durch eine fromme Handlung; so konnte man für einen Besuch der Apostelkirchen in Rom einen Ablass bekommen. Für die Teilnahme an einem Kreuzzug bekam man einen bedeutenden Ablass, später auch nur für die Finanzierung eines solchen Kriegszuges. Zu den von der Kirche verhängten Strafen kamen seit dem 13. und 14. Jahrhundert aber auch Gottes ‚zeitliche Strafen' im ‚Fegefeuer' hinzu. Diese Vorstellung einer Läuterungsphase der Seele nach dem Tod wurde von der Kirche entwickelt und überall verkündet und propagiert. Damit konnte man sogar noch für Verstorbene einen Ablass gewinnen. Das Fegefeuer ängstigte die Menschen dieser Zeit außerordentlich. Einige meinten sogar, theologisch natürlich zu Unrecht, dass mit einem vollständigen Ablass alle Sünden insgesamt vergeben würden. Dazu bedurfte es eigentlich der Beichte und der Absolution des Priesters.[519]

Ablässe konnten von Kardinälen und Bischöfen verkündet werden, ein vollständiger Ablass (Plenarablass) nur vom Papst. Das Ablasswesen wurde im 14. Jahrhundert für die Kurie zu einem einträglichen Finanzinstrument. Allerdings begleitete auch die Kritik den Ablass von Anfang an, besonders betraf sie den Missbrauch bei der Finanzierung fast beliebiger kirchlicher Zwecke. Unter den Kritikern waren auch John Wyclif, die Prager Volksprediger und seit 1403 auch Hus in seinen Predigten. Die sichtbaren Missbräuche der Ablasspraxis empörten ihn, der noch als Student seine letzten Denare für einen Ablassbrief ausgegeben hatte, zutiefst.

1411 exkommunizierte Papst Johannes XXIII. König Ladislaus von Neapel (1393–1414) und verkündete im September einen Ablass für jeden Mitkämpfer (oder bloßen Financier) für einen Kreuzzug gegen diesen „blasphemischen,

---

[518] Zum Folgenden Hilsch, Johannes Hus, S. 160–175; Čornej, Velké dějiny; Machilek, Jan Hus, S. 132–136.
[519] Ludwig Hödl, Ablaß, in: LexMA Bd. 1(1980), Sp. 43–46.

11.5 Der Kampf um den Ablass

schismatischen, häretischen und meineidigen Majestätsverbrecher"[520]. Der wahre Grund für sein Vorgehen war, dass Ladislaus einen der anderen Päpste (nämlich Gregor XII.) unterstützte. Johannes XXIII. ernannte auch für die Prager Kirchenprovinz Kreuzzugsprediger und wandte sich an die dortigen Bischöfe (der erzbischöfliche Sitz war noch unbesetzt), an das Domkapitel und den mächtigen Baron Heinrich von Rosenberg. Die Ablässe wurden im Mai 1412 in Prag feierlich verkündet. Ohne Unterstützung König Wenzels kann dies nicht geschehen sein; es war wohl wieder die große Politik, die ihn zur Unterstützung des päpstlichen Anliegens bewog. Denn Wenzel scheint jetzt in Absprache mit seinem Halbbruder Siegmund (dessen ungarischer Thronrivale einst Ladislaus gewesen war) erneut den Romzug zur Kaiserkrönung geplant zu haben. Auch den polnischen König forderte er zur Unterstützung des päpstlichen Ablasses auf. Ob ihm von den Kreuzzugspredigern auch ein Teil der Ablasseinnahmen versprochen worden war? Das entscheidende Motiv war dies sicher nicht. Es gibt allerdings Indizien dafür, dass die Eintreibung der Gelder und der bald einsetzende Missbrauch auch am Königshof nicht nur Billigung fand, wo nach wie vor Anhänger der Reformer vorhanden waren.

Die wegen der Geldforderungen entstehende Unruhe in der Prager Bevölkerung wurde besonders von Hieronymus mit spektakulären Aktionen gegen die päpstlichen Ablass-Kommissare geschürt. Hus suchte einen Protest der Universität gegen den Ablass zu erwirken, was vor allem wegen des Widerstands der Theologen nicht gelang. Aber in einer großen Disputation an der Universität legte Hus seine ausführlichen Thesen gegen den Ablass vor, die meist aus Wyclifs Schriften entnommen sind. Die Mehrheit der Anwesenden stimmte zu, dass man dem Papst kein Geld geben dürfe, um den Christen Ladislaus zu bekämpfen. Tief enttäuscht war Hus, als sich in einer gegen ihn erhobenen Klage der Theologen auch die alten Wycliſiten, der Dekan Paletsch, sein Freund, und Stanislaus von Znaim, sein einstiger Lehrer, gegen ihn aussprachen und in einem Akt intellektueller Selbstverleugnung anfingen, Wyclif anzugreifen. Hus glaubte, die Angst vor dem König und ihre Erfahrungen im päpstlichen Kerker in Bologna seien ihre Motive gewesen.[521] Vermutlich haben Stanislaus und Paletsch aber auch realistisch erkannt, dass ohne Unterstützung des Königs eine Reform nicht durchgesetzt werden konnte. Doch Hus wollte und konnte nicht mehr zurück; unablässig predigte er gegen die Ablass-Briefe des Papstes.

König Wenzel ergriff im Streit der Theologen mit Hus nicht Partei, aber ein Vergleichsversuch des Hofes unterhalb der königlichen Burg Bettlern im Juni 1412 brachte keine Lösung. Doch Störungen der Ablässe wollte Wenzel nicht mehr dulden und sah in Hus schließlich das entscheidende Hindernis. Daher beauftragte er die Theologen, ein Memorandum für eine weitere Verhandlungsrunde zu erstellen.

---

[520] Hilsch, Johannes Hus, S. 163.
[521] Dazu Hilsch, Johannes Hus, S. 169 f.

Nach dem Eingreifen des Königs in den Ablassstreit begann die Reformpartei an der Universität zu zerfallen. Am Königshof wie im Rat der Altstadt gerieten ihre Anhänger in die Minderheit, nicht aber in der breiten Bevölkerung. Selbst an der Universität tauchten Prager Handwerker als erklärte Reformanhänger auf. Unter den Artisten hatte Hus wohl nach wie vor eine Mehrheit. Die Theologen, besonders Paletsch und Stanislaus, wandten sich deshalb nicht an der Universität, sondern in der städtischen Teynkirche vor Klerus und Magistern, jedoch nicht vor dem Volk in heftigen Predigten gegen Wyclif. In seinen Traktaten (u. a. in der *Defensio articulorum Wyclif*) betonte dagegen Hus, dass die Aussagen des Engländers sehr wohl auch im guten, katholischen Sinn verstanden werden können. Davon war er überzeugt, ebenso wie sein radikaler Mitkämpfer Jakobellus von Mies, der, anders als Hus, eschatologische (auf die Endzeit bezogene) Vorstellungen hegte. Auch der radikale Magister Friedrich Eppinge war wie sein Kollege Peter mit anderen Deutschen, die von den böhmischen Reformern und Reformen überzeugt waren, von Dresden 1411/12 nach Prag gekommen und hatte dort im Haus zur Schwarzen Rose, das der böhmischen Natio gehörte, Unterkunft gefunden.[522]

Hieronymus suchte den Ablass in seinen teilweise gewalttätigen Widerstandsaktionen in Prag, aber auch auf dem Land zu bekämpfen; so drang er in Klöster ein und ohrfeigte einen franziskanischen Prediger. Hus dagegen argumentierte auch im eigenen Interesse besonders für die Freiheit der Predigt, aber deutete auch, taktisch klug, im Sinne Wyclifs die Möglichkeit der Säkularisation des Kirchengutes an, um die Kirche zu retten. Damit wollte er vielleicht den König erreichen, aber vor allem auch den Hochadel, der schon lange mit Begehren auf den großen geistlichen Besitz blickte. Die Reformpartei besaß bereits auch deswegen engere Kontakte zu mehreren Baronen.

Schließlich bekam die Reformbewegung ihre ersten Märtyrer. Drei junge Männer, die am 10. Juli in drei Kirchen gegen die ‚verlogenen und falschen' Ablässe protestiert hatten, wurden vom gemischtsprachigen, dem König loyalen Altstädter Stadtrat festgenommen und trotz des persönlichen Eingreifens des Hus nach widersprüchlichen, nicht ganz durchsichtigen Vorgängen im Rat hingerichtet.[523] Der König hatte verboten, die Ablass-Kampagne zu stören, und soll sich, so der königsnahe Jurist Johannes Naso, zur Hinrichtung sehr zustimmend geäußert haben. Hus bestritt dies noch in Konstanz.

Magister und Studenten brachten die Leichen in die Bethlehemkapelle, in deren Nähe sie auch in Anwesenheit einer großen Menschenmenge feierlich bestattet wurden. Hus war über das Geschehene zutiefst bestürzt, hatte sich am Leichenzug nicht beteiligt und hielt sich in seinen folgenden, eher konventionellen Predigten sehr zurück. Vielleicht hatte er aber Prag schon am 15. Juli vo-

---

[522] Petra Mutlová, Die Dresdner Schule in Prag: eine waldensische „Connection"?, in: de Lange/Utz Tremp (Hg.), Friedrich Reiser, S. 261–276.
[523] Soukup, 11.7.1412, besonders S. 106–114.

rübergehend verlassen und sich zu Nikolaus Augustini, seinem Anhänger am Königshof, in dessen Burg Egerberg begeben.

Für den 16. Juli hatte der König auf dem Altstädter Rathaus eine Versammlung einberufen, auf der das Memorandum der Theologen für eine weitere Verhandlungsrunde im Streit der Theologen mit Hus verkündet wurde. Jetzt wollte Wenzel damit den guten Ruf des Landes wiederherstellen. Dort traten Leute des königlichen Rates, der Bischof von Olmütz (Johannes der Eiserne) und die Vertreter der Prager Städte auf, aber nicht die Husfreunde am Hof. Reformgeneigte Prager Ratsherren setzte der König ab; im Rat tauchten jetzt wieder mehr deutsche Namen auf. Im Memorandum der Theologen stand jetzt nicht die (weithin umstrittene) Ablassfrage im Mittelpunkt, sondern wieder die Person und die Anschauungen Wyclifs, der schon mehrmals von der Kirche verdammt worden war. Wer sich weiterhin zu den schon verurteilten Artikeln Wyclifs bekannte, sollte als Häretiker aus dem Land vertrieben werden. Für Hus kam es aber nicht in Frage, seinen Wyclif aufzugeben.

Inzwischen war sein Prozess an der Kurie zu einem vorläufigen Ende gekommen. Hussens Prokurator Jessenitz war unter Ketzerverdacht gefangen genommen worden, konnte aber entfliehen und wurde daraufhin exkommuniziert. Die Gegner Hussens hatten nun freie Bahn und brachten weitere Klagen gegen ihn und seine Genossen vor. Eine verschärfte Bannung und das Interdikt an allen Orten, in welchen sich Hus aufhalte, wurden nun angedroht. Die verschärfte Bannsentenz wurde am 12. Oktober 1412 in Prag feierlich verkündet. Hus wusste sich nun nicht anders zu helfen als mit einer Appellation an Gott und Jesus Christus. Warum er zu diesem in seiner Sicht wohl letzten Mittel griff, ist unklar; eine solche Appellation gab es im kanonischen Recht nicht und er wurde noch in Konstanz deswegen verlacht. Sein Plan, Prag zu verlassen, wurde offenbar auch durch einen Angriff von bewaffneten deutschen Bürgern auf die Bethlehemkapelle beschleunigt. Ihr Führer Bernhard Chotek war der Patron einer benachbarten deutschen Kirche, die durch die Bethlehempredigten schwere finanzielle Einbußen erlitten hatte. Hus befürchtete einen Mordanschlag, zu dem es allerdings nicht kam. Es plagte ihn die Frage, ob er die ihm anvertraute Herde verlassen dürfte. Aber wohl im Laufe des Oktobers 1412 verließ er seine geliebte Bethlehemkapelle und die Stadt Prag.

11.6 Hus im Exil – Gesellschaft und Kirche aus seiner Sicht

Wohin sich Hus begeben hat, wissen wir nicht, da er seinen Aufenthaltsort geheim hielt; auch in seinen tschechischen Briefen, die er an seine Anhänger richtete, gibt es keine Hinweise.[524] Da die Auseinandersetzung mit den Theologen noch nicht beendet war, kam er noch mehrmals kurz nach Prag zurück und predigte sogar gegen das Interdikt. Einige gemäßigte Reformer wie sein alter Förderer und Freund Christian von Prachatitz suchten weiterhin nach einem Vergleich. Aber weder die Theologen noch die Seite des Hus gaben bei Verhandlungen in Christians Pfarrhaus im April 1413 ihre Standpunkte auf, im Gegenteil: Sie verhärteten sich. Da dem König berichtet wurde, dass sich die Theologen einer möglichen Kompromissformel widersetzt hätten, verbannte er im Zorn die vier wichtigsten Theologen, darunter Paletsch und Stanislaus, aus dem Land, das sie bis zum Tod Wenzels nicht mehr betreten sollten. Ihre Pfründen wurden Christian und anderen Magistern übertragen. Der König verbot auch dem Hus den Aufenthalt in Prag und das Predigen, aber der genaue Zeitpunkt für dieses Verbot ist uns nicht bekannt.

Vielleicht auch durch Äußerungen des Jessenitz angeregt, forderte der König vom böhmischen Klerus eine vorzeitige besondere Abgabe, angeblich, um eine Reise zur Kurie finanzieren zu können. Die königlichen Beamten gingen zum Teil mit Gewalt gegen den erzürnten Klerus vor, der sich mit dem Interdikt wehrte (da Hus noch in der Stadt war). Das führte erneut zu Unruhen in der Bevölkerung.

Im Juni 1413 war Hus in Prag, vielleicht um wieder (auch gegen den Willen des Königs) zu predigen. Hier beendete er die tschechische Fassung seines Traktats „Von den sechs Irrtümern" (O šesti bludiech), den er in lateinischer Sprache schon an die Wände der Bethlehemkapelle hatte schreiben lassen. Ein Weiterpredigen war ihm vom Hof erneut untersagt worden. Es ist zu vermuten, dass er deswegen Anfang Juli 1413 die Stadt verließ und nun über ein Jahr ohne Unterbrechung im ländlichen Exil verblieb.

Zunächst war wohl die kleine Ziegenburg (Kozí hrádek) beim Städtchen Sezimovo Ústí sein Aufenthaltsort. Sie lag am Rand des rosenbergischen Machtbereichs, zu dem der König so gut wie keinen Zugriff hatte, obwohl er sich gerade in einer innerböhmischen Fehde auch mit Truppen vergeblich auf die Seite einer Adelsgruppe gegen die Rosenberger gestellt hatte. Dort war nach dem Tod Heinrichs von Rosenberg der mächtige Baron Čeněk von Wartenberg, ein Förderer des Hus, als Verwalter für den unmündigen Sohn Heinrichs bestellt worden. Čeněk bewog den König, spätestens im Februar 1414, ihn selbst sogar zum Prager Oberstburggrafen zu ernennen.

Der Wartenberger hatte dem Hus die Ziegenburg als Zufluchtsort verschafft. Hus betonte mehrmals, dass er auch in seinem Exil zum einfachen Volk predigen konnte: *Zuerst habe ich in Städten und auf Straßen gepredigt, aber jetzt predige ich zwischen den Zäunen unter der Ziegenburg und auf den Wegen [...] im Wald unter der Linde.*[525] Hus, selbst aus bescheidenen sozialen Verhältnissen, war dem einfachen

---

[524] Zum Folgenden Hilsch, Johannes Hus, Kap. 13 und 14, S. 189–221.
[525] Hilsch, Johannes Hus S. 209 f.

11.6 Hus im Exil – Gesellschaft und Kirche aus seiner Sicht

Landvolk immer zugeneigt gewesen. Schon in Prag hatte er seit 1412 begonnen, in tschechischer Sprache zu schreiben. Ein knappes Viertel seines Gesamtwerks ist in Tschechisch verfasst, wobei er gewiss an die tschechischen Bürger und den Adel als Leser denken konnte. Den leseunkundigen Bauern sollten die Texte vorgelesen werden. So polemisch und scharf Hus in seinen lateinischen Traktaten gegen seine Feinde argumentieren konnte, so pädagogisch-freundlich sind seine tschechischen Texte an das Volk gerichtet. Zu erwähnen sind vor allem die *Výklady* (Auslegungen) der zentralen Texte der Kirche (Glaubensbekenntnis, Zehn Gebote, Vaterunser), eine Sammlung tschechischer Sonntagspredigten für das Kirchenjahr (sein wohl persönlichstes Werk) sowie eine Schrift gegen die Simonie, die Korruption in der Kirche. So brachte Hus auch viele Vorstellungen des Wyclif (ohne ihn in diesen Texten einmal zu nennen) in die breitere Bevölkerung.

Sicher akzeptierte Hus die herkömmliche feudale Gesellschaftsordnung, aber kritisierte deutlich die Ausbeutung der Armen durch die Adligen und die reichen Stadtbürger. Er schuf keine Sozialtheorie, aber die christliche Verbesserung aller gesellschaftlichen Schichten lag ihm sehr am Herzen. Einen grundsätzlichen moralischen Unterschied zwischen Frauen und Männern sehen wir in seinen Schriften nicht, obwohl er die üblichen klerikalen Ängste vor Frauen teilte. In seiner Schrift *Dcerka* (Töchterchen) wendet er sich sehr freundlich einer Gemeinschaft jungfräulich lebender Frauen zu. Niemals konnte ihm selbst von seinen Feinden vorgeworfen werden, er habe seine priesterlichen Grenzen überschritten. Das war nicht selbstverständlich: In den Vorwürfen der einzigen erhaltenen Visitationsakten aus der vorhussitischen Zeit (1379–1382) spielt der Konkubinat der Pfarrer (das Leben mit Frauen) eine zentrale Rolle.[526]

In der vergangenen tschechischen und deutschen Wissenschaft ist die nationale Einstellung Hussens immer wieder heftig diskutiert worden.[527] Die Urteile gingen je nach Einstellung vom ‚Deutschenhasser' bis zum ‚Vorkämpfer und Helden der nationalen tschechischen Wiedergeburt'. Hus hatte gegen die deutschen Magister an der Universität gekämpft und hatte ihren Auszug nach dem Kuttenberger Dekret begeistert kommentiert. Das Wir-Bewusstsein des Tschechen Hus gründete auf der Sprache, dem einzigen Unterscheidungsmerkmal beider Ethnien. Er polemisierte mit dem auch uns bekannten Sprachnationalismus gegen die Prager Tschechen, die „hantuch" (Handtuch) statt „obrusec" oder „trepky" (Treppen) statt „schody" sagten. Die Kinder aus den offenbar häufigen ‚Mischehen' sollten seiner Meinung nach nur tschechisch lernen und reden. Aber Hus, der seinen Landsleuten zweifellos mehr zugetan war, sah auch, dass unter seinen Gegnern Tschechen wie Deutsche waren. So konnte Hus einmal sagen: „Mir ist

---

[526] Hilsch, Johannes Hus, S. 73–75, 217–219; Soukup, Jan Hus, S. 159–174.
[527] Hilsch, Johannes Hus, S. 219–221.

ein guter Deutscher lieber als ein schlechter Bruder!"[528] Seine Brüder waren die Deutschen freilich nicht. Aber die Fülle seiner Äußerungen zu religiös-christlichen und kirchlichen Belangen in seinem großen Werk zeigt, dass seine wenigen Aussagen zu ‚nationalen' Fragen eher gefühlsmäßige Bedeutung für ihn hatten. Das sollte sich bei den späteren Hussiten teilweise ändern.

Die dramatischen Jahre 1412 und 1413 waren für Hus die literarisch fruchtbarste Zeit, womit er wohl auch seine eingeschränkte Predigttätigkeit kompensierte. Neben den tschechischen Schriften entstand bis Mai 1413 sein bedeutendstes Werk „Über die Kirche" (De ecclesia), das als eine gewandte und selbständige Kompilation von Wyclifs eher weitschweifigem Werk De ecclesia gilt.[529] Es ist das wichtigste Dokument der böhmischen Reformbewegung vor dem Konstanzer Konzil. Das Kirchenbild des Hus ist von drei Quellen bestimmt: erstens von Wyclifs Thesen von der Kirche als Gemeinschaft der Prädestinierten und Christus (nicht Papst) als Haupt der Kirche. Das erlaubte Hus eine Distanzierung von der damaligen realen Kirche. Dazu kam zweitens Hussens Empörung über die Sündhaftigkeit des Klerus und die fehlende Glaubwürdigkeit der Kirche im Schisma, die schon lange auch vor Hus immer wieder beklagt worden war. Als dritte Quelle seines Kirchenbildes gilt für uns sein eigenes Lebensschicksal: das Predigtverbot, die Prozesse in Prag und an der Kurie, die Vorladung nach Rom und das Problem des Gehorsams, die Exkommunikation und der Verlust seiner alten Freunde.

Der wichtigste Vorwurf der Konservativen, wie dies besonders Paletsch formulierte, war im Kern: Hus und seine Anhänger erkennen die Autorität der realen Kirche nicht mehr an und sie verteidigen die längst schon von der Kirche verurteilten Lehren des Häretikers John Wyclif.

In Prag war inzwischen keine Ruhe eingekehrt. Der König setzte einen neuen Stadtrat ein, in dem die deutschen Namen überwogen. Denn Wenzel hatte wohl ein finanzielles Interesse an den reichen deutschen Bürgern, die keine Freunde Hussens waren. Die Hintergründe für weitere Vorkommnisse sind ebenfalls unklar. Zwei Hinrichtungen durch den Stadtrat und der Aufstand der alten Räte bewogen Wenzel Ende 1413, wiederum einen anderen Stadtrat mit überwiegend tschechischen Namen einzusetzen.

Der tatendurstige ungarische und seit 1411 römisch-deutsche König Siegmund konnte allerdings erst drei Jahre nach seiner Wahl nach Deutschland kommen, denn die Regierung Ungarns, die Einigung mit dem polnischen König Władisław Jagiełło, die Kämpfe mit Venedig und die Auseinandersetzung des Deutschen Ordens mit Polen beschäftigten ihn.[530] Er hatte keine Hausmacht im deutschen Reichsteil und besaß nach eigenen Angaben nur kümmerliche jährli-

---

[528] So in seinen Výklady [Auslegungen], hg. von Jiří Daňhelka, in: Magistri Johannis Hus Opera omnia (Corpus Christianorum, Continuatio mediaevalis), Prag 1975, S. 210.

[529] Tractatus de ecclesia, hg. von Samuel Harrison Thomson, 1956; Hilsch, Johannes Hus, S. 222–234. Dazu Sedlák, Studie a texty, S. 527.

[530] Hoensch, Kaiser Sigismund, S. 148–190; Hilsch, Johannes Hus, S. 235–247.

che Einkünfte von 13.000 Gulden aus den oft noch verpfändeten Reichsstädten. Er war ständig in Geldnot und suchte das durch seine großen diplomatischen Fähigkeiten, die glänzenden Selbstinszenierungen bei seinen trotz allem großzügigen Festivitäten auszugleichen.

Nach wie vor drängte die Frage des großen dreifachen Schismas die Christenheit und besonders das Reich. Siegmund verhielt sich in dieser Frage ganz anders als der gänzlich untätige böhmische König. Eine Überwindung des Schismas und damit die Gewinnung der kirchlichen Einheit wäre für ihn ein sehr großer Prestigeerfolg; sie war auch für einen von ihm erwünschten Kreuzzug gegen die auf dem Balkan vordringenden Osmanen sehr erwünscht. Er ergriff also die Initiative für ein neues Konzil, suchte dazu Bündnisse mit dem französischen und englischen König zustande zu bringen, näherte sich dem Pisaner Papst Johannes XXIII. in Rom an, den er für die Ausrufung des Konzils benötigte. Dieser Papst, der gerade von König Ladislaus von Neapel militärisch bedrängt wurde, aber die größte Obedienz (Anhängerschaft) der drei Oberhirten hatte, rechnete offenbar damit, dass er auf dem Konzil zum unbestrittenen alleinigen Papst gemacht werden würde und stimmte daher den Plänen des Königs zu, auch was den Konzilsort, die Reichsstadt Konstanz, betraf.

An den Verhältnissen in Böhmen war Siegmund, der schon 1394 einen Erbvertrag mit König Wenzel geschlossen hatte, sehr interessiert und hatte gewiss auch den Fall Hus und den Einfluss seiner Anhänger auf den Hochadel und das tschechische Bürgertum im Blick. Selbst in seinen Diensten standen reformgeneigte Ritter, die im Frühjahr 1414 die Nachricht nach Böhmen brachten, dass König Siegmund die Anwesenheit Hussens auf dem Konzil wünsche.

11.7 Das Konzil von Konstanz

Hus hatte inzwischen die Ziegenburg verlassen und war auf Einladung der Adligen Anna (einer später eifrigen Hussitin) in ihre Stadt Sezimovo Ústí umgezogen.[531] Eine ganze Reihe weiterer tschechischer Werke entstanden hier, nirgends ist allerdings dabei ein Hinweis auf einen möglichen Konzilsbesuch zu finden. In Prag war die päpstliche Einladungsbulle im Februar 1414 angekommen. Die Wyclifgegner entfalteten sofort heftige Aktivitäten, besonders Bischof Johannes (‚der Eiserne') von Leitomischl schickte Briefe mit Anklagen gegen Hus an den Papst und mögliche Konzilsteilnehmer in Frankreich und Italien. Papst Johannes XXIII. stimmte diesen Anklagen sofort zu und drohte dem Hus mit allen Konsequenzen. Trotz einer päpstlichen Aufforderung äußerten sich König Wenzel

---

[531] Zu Hus vor und auf dem Konzil Hilsch, Johannes Hus, S. 235–283; Soukup, Jan Hus, S. 189–208; Machilek, Jan Hus, S. 175–200.

und sein (aus Deutschland stammender) neuer Prager Erzbischof Konrad von Vechta (1412–21), soweit wir wissen, nicht dazu.

Hus war Mitte Juli auf Einladung des Heinrich Leffl von Lažany, eines Sympathisanten der Reformer, auf dessen Burg Rothschloss (Krakovec) gekommen, wo er sich offenbar besser mit seinen Freunden über den Konzilsplan beraten konnte. Dem Leffl scheint König Wenzel die ganze *Causa Hus* übertragen zu haben, mit der er offenbar nichts mehr zu tun haben wollte. Hus verhandelte aber auch mit Abgesandten Siegmunds. Manche seiner Freunde rieten ihm ab, nach Konstanz zu gehen, er selbst hatte gelegentlich Todesahnungen und deutete mehrmals an, dass er für seine Wahrheit als Märtyrer in den Tod gehen würde.[532] Aber dann entschloss er sich doch zu dieser Reise. Glaubte er, das Konzil von seiner Rechtgläubigkeit überzeugen zu können? Wollte er einfach eine Lösung in seiner festgefahrenen Situation erreichen? Er vertraute aber auch dem versprochenen Geleitbrief König Siegmunds. Von seinem Freund, dem Juristen Jessenitz, wurde er bei allen möglicherweise in Konstanz auftauchenden Fragen beraten; dieser konnte als Gebannter selbst nicht zum Konzil kommen.

Am 26. August, dem Tag vor der Synode des Erzbischofs zur Vorbereitung des Konzils, ließ Hus in der Stadt einen Aufruf in lateinischer, tschechischer und deutscher Sprache anschlagen. Er wolle auf der Synode und auf dem Konzil *antworten [...], dem rehten sten und bey der heylgen Schrift ordenung sein unschult in gotes namen do erczeigen und bewisen*.[533] Von der Synode bekam er keine Bestätigung seiner Rechtgläubigkeit, aber er bekam diese vermutlich ganz im Sinne und unter dem Druck Wenzels und Siegmunds sogar vom Prager Inquisitor Nikolaus. Ebenso erklärte der Erzbischof, er wisse nichts von Irrtum und Häresie bei Hus.

Am 11. Oktober brach Hus in Begleitung einer größeren Gesellschaft (mit 30 Pferden) auf. Dazu gehörten auch die beiden Ritter Siegmunds Wenzel von Dauba und Johannes von Chlum, Magister Reinstein als offizieller Vertreter der Prager Universität und sein späterer Chronist und Freund Peter von Mladoniowitz (Petr z Mladoňovic). Über Sulzbach und Lauf kamen sie nach Nürnberg und dann durch Schwaben über Biberach am 3. November 1414 nach Konstanz, noch ohne Geleitbrief. Überall wurde Hus freundlich und zu interessierten Gesprächen empfangen, in Nürnberg ließ er seinen Aufruf ebenfalls anschlagen; seine Angst vor den Deutschen bestätigte sich nicht. Mit den kirchlich interessierten Rittern Siegmunds freundete er sich an.

Am 5. November 1414 eröffnete Papst Johannes XXIII. das Konzil, aber erst 1415 strömte die Masse der Konzilsteilnehmer in die etwa 6000–8000 Menschen umfassende Stadt. Das Konzil setzte sich vor allem drei Ziele: die Einheit der Kir-

---

[532] Dazu Hilsch, Johannes Hus, S. 241 f.
[533] Korespondence Nr. 77.

11.7 Das Konzil von Konstanz

che wiederherzustellen, die Kirche zu reformieren und die Frage des Glaubens (*causa unionis, reformationis, fidei*).[534]

König Siegmund war währenddessen auf dem Weg nach Aachen zur Krönung. Denn die Kurfürsten und seine Berater hatten ihn dazu gedrängt, als gekrönter und damit erst vollgültiger König auf dem Konzil zu erscheinen. Auf dem Weg erfuhr er, dass Hus nach Konstanz kommen würde. In Speyer wurde im Oktober der Geleitbrief ausgestellt, der ihn als gerichtliches Geleit auch vor Verhaftung schützen und seine freie Rückkehr gewähren sollte. König Siegmund wollte Hus nicht von vornherein in betrügerischer Absicht nach Konstanz in den Tod schicken, wie es später Hus sah und wie es auch von einigen Historikern gesehen wurde.

In Konstanz nahm Hus bei der Witwe Fida (in der heutigen Husgasse) Quartier, und wurde von Papst Johannes XXIII. wegen des Konzils aus dem Kirchenbann und die Konzilsstadt aus dem wegen Hussens Anwesenheit drohenden Interdikt genommen. Doch lange konnte sich Hus der relativen Freiheit nicht erfreuen. Seine böhmischen Feinde, besonders Stefan Paletsch und Michael de Causis setzten alle Hebel gegen ihn in Bewegung, so verbreiteten sie etwa das Gerücht, Hus sei bei einem Fluchtversuch ergriffen worden. Dann wurde er zu einem Gespräch mit den Kardinälen in die Bischofspfalz eingeladen. Trotz heftigen Widerstands des Ritters Johannes von Chlum, der mit dem Geleit des Königs und dessen Ankunft drohte, wurde Hus schließlich im Konstanzer Dominikanerkloster in einem finsteren Kerker festgesetzt.

Der Ritter benachrichtigte den König sofort von der Einkerkerung des Hus, worauf Siegmund, in seiner Ehre durch die Verletzung seines königlichen Geleits schwer getroffen, voller Zorn erklärte, er würde Hus befreien und wenn er selbst die Kerkertür aufbrechen müsste.[535] Am Heiligabend 1414 traf er in der Nacht mit Schiffen aus Überlingen in Konstanz ein, wobei er sich christusähnlich zum ‚kommenden König' stilisierte. Er wollte Hus freilassen, aber die Kardinäle und die Gelehrten erklärten, für einen Ketzer gäbe es kein freies Geleit und *do er iren ernst herrt, do ließ er es gut sin*.[536] Der bedenkenlose Realpolitiker, der damit sein Geleitsversprechen brach, wollte vor allem auf keinen Fall das Konzil gefährden. Aber er musste auch auf Böhmen Rücksicht nehmen, denn er wurde während des Konzils immer wieder vom böhmischen Hochadel gedrängt, Hus freizulassen oder sich sonst für ihn einzusetzen. Der König setzte also durch, dass Hus in ein angenehmeres Gefängnis versetzt wurde, wo er Besuch empfangen und schreiben konnte. Die lateinischen und tschechischen Briefe, die er aus dem Gefängnis heraußchmuggelte, sind eine wichtige und oft berührende Quelle für seine Sicht

---

[534] Müller, Die kirchliche Krise; Frenken, Das Konstanzer Konzil; Köhler, Das Konstanzer Konzil. Zur Rolle Siegmunds auf dem Konzil Hoensch, Kaiser Sigismund, S. 162–278.
[535] Von der Hardt 4, 27 f.
[536] Ulrich Richental, S. 78.

des Konzils. Mit den päpstlichen Aufsehern und den schwäbischen Wärtern verstand er sich offenbar gut.

Von Böhmen erreichten ihn Nachrichten über die Verbreitung der Kommunion in beiderlei Gestalt (Brot und Wein auch für Laien), die vor allem von Jakobellus von Mies und Nikolaus von Dresden in der Stadt weitgehend durchgesetzt wurde. Obwohl sich Hus noch in Prag in dieser Frage sehr zurückhaltend geäußert hatte, warf man ihm nun in Konstanz auch die Einführung der Kelchkommunion vor. In Böhmen aber wurde der Kelch zum wichtigsten Symbol der Bewegung.

Schon zu Beginn hatte das Konzil eine Kommission zur Behandlung der Ketzerei eingesetzt. Die unterschiedlichsten Mitglieder der Kommission besuchten Hus im Kerker, nur einer von ihnen, ein Magister, dessen Namen wir leider nicht kennen, verhielt sich zu Hus entgegenkommend und freundlich.

Der weitere Verlauf des Konzils wurde dramatisch. Dem Papst Johannes XXIII. entglitt das Konzilsgeschehen. Vor allem durch den Einfluss der Kardinäle Fillastre und d'Ailly und des Königs setzte sich die Meinung durch, das Schisma sollte durch Abdankung aller drei Päpste beendet werden. Daraufhin floh der Papst als Page verkleidet aus der Stadt, um damit, so ist anzunehmen, das Konzil aufzulösen – die zahlreichen italienischen Konzilsteilnehmer drohten nun, ihm zu folgen. Der König ließ daraufhin die Stadttore schließen, er wollte das Konzil unbedingt fortsetzen. Wie konnte sich das Konzil ohne Papst nun besser legitimieren als mit der Behandlung der Häresie? So wurde die große Hoffnung des Hus, nun nach der Flucht seines Hauptfeindes durch den König befreit zu werden, zunichte. Jetzt brach der König sein Geleit endgültig. Die warnenden Stimmen des böhmischen und mährischen Adels, die in dieser Situation auf der Freilassung Hussens bestanden, hielt der König jetzt für zweitrangig. Bischof Otto III. von Konstanz ließ den Hus gefesselt auf seine Burg Gottlieben wieder in strenge Haft bringen.

Die verschärfte Kerkerhaft brachte nicht nur die adligen und ritterlichen Herren im Gefolge Siegmunds auf, sondern empörten noch stärker den Adel in den böhmischen Ländern. Am 12. Mai wurde von einer großen feierlichen Adelsversammlung in Prag eine an König Siegmund gerichtete Erklärung verfasst und mit 250 Siegeln der Adelsfamilien besiegelt. Schuldlos sei der treue Prediger Hus und mit ihm die Krone Böhmens und die ‚tschechische Zunge' verleumdet worden, nationale Töne wurden in den tschechischen Adelsbriefen laut.[537] Deutlich kritisch gegenüber dem König wurde vom Adel erklärt, man müsse sich wohl vor einem Geleit des Königs fürchten. Erneut wurde die Freilassung des Predigers gefordert.

Aus Rücksicht auf den Adel in seinem Erbland ließ Siegmund Hus doch von Gottlieben in das Franziskanerkloster in die Stadt bringen, wo es ihm besser erging. Auch setzte der König die von Hus stets geforderten Audienzen vor dem

---

[537] Z. B. bei Mladoniowitz, FRB VIII, S. 54–57.

11.7 Das Konzil von Konstanz

Konzil durch. Dort suchte er bei allen Angriffen in den 20 vor allem aus *De ecclesia* zusammengestellten ‚verdammenswerten' Artikeln nun vorsichtiger zu argumentieren und erklärte stets, sich dem Urteil des Konzils unterwerfen zu wollen, wenn man ihm seinen Irrtum nachweise. Eine faire Behandlung wurde ihm in den Anhörungen freilich nicht zuteil, oft ließ man ihn nicht ausreden, oft wurde er verlacht. Das Konzil und auch der König wünschten sich vor allem, dass er seine als ketzerisch verurteilten Thesen widerrufe und damit ihr Problem schnell löse. Denn man wollte der böhmischen Reformbewegung keinen Märtyrer liefern. Aber Hus war nicht mehr bereit, von seiner Wahrheit und von Wyclif zurückzuweichen; er wollte auch seine Anhänger in der Heimat nicht im Stich lassen, die ihn immer wieder zur Standhaftigkeit ermahnten. Sein Lebenswerk konnte er nicht aufgeben. Bei einem Widerruf hätte er zwar sein Leben gerettet, aber er hätte gewiss nicht mehr nach Hause zurückkehren und nicht mehr predigen dürfen.

Der König selbst stellte ihn schließlich in der zweiten Audienz[538] vor die Wahl:

> „Ich rate auch dir, nichts hartnäckig zu behaupten [...] und dich total in die Gnade des heiligen Konzils zu begeben und sie werden dir unseretwegen, wegen unseres und unseres Bruders Ansehen [...] Gnade erweisen und du musst eine Buße für die Artikel auf dich nehmen. Wenn du aber an ihnen hartnäckig festhalten willst, dann [...] will ich keinen Häretiker verteidigen, im Gegenteil, einen hartnäckigen Ketzer würde ich selbst anzünden und verbrennen!"

Der von diesen Worten zutiefst erschrockene Hus war nun gänzlich überzeugt, dass ihn der König, auf den er in einer gewissen Naivität noch immer gehofft hatte, von Anfang an hatte betrügen und opfern wollen. Es gab noch mehr Versuche, Hus zu einem Widerruf zu bewegen, diesen etwa offener zu formulieren, aber ohne Erfolg.

Am 6. Juli 1415 wurde Hus von einem Erzbischof in das Konstanzer Münster geleitet. König Siegmund unter der Krone und mehrere Reichsfürsten mit den Reichsinsignien saßen der feierlichen 15. Konzilssession vor. Nach Verlesung der Anklagen wurde das Urteil über Hus verkündet: Er sei ein wirklicher und offenbarer Ketzer, besonders seine hartnäckige Verachtung des Kirchenbanns, die Appellation an Christus ohne Beachtung der kirchlichen Mittlerfunktion und die Verführung des christlichen Volkes in Böhmen werden genannt.[539] Das feierliche Ritual der öffentlichen Session sollte die Vollmacht des Konzils und die Macht des Königs darstellen und alle Teilnehmer beeindrucken. Hus wurde nach altem Ritual als Priester degradiert, dann wurde ihm die Ketzermütze aufgesetzt, die mit drei Teufeln bemalt war.

Die Ausführung des Urteils wurde wie immer der weltlichen Hand überlassen. „Verbrenn ihn als einen Ketzer!" wurde dem Konstanzer Reichsvogt Hans

---

[538] Zur zweiten Audienz Peter von Mladoniowitz, FRB VIII, S. 74–82.
[539] Mladoniowitz, FRB VIII, S. 494–503.

Hagen zugerufen. Durch das Geltinger Tor wurde er von seinen Knechten zum Scheiterhaufen vor der Stadt gebracht. Noch jetzt im Anblick des Todes hätte Hus widerrufen können. Sein Feuertod wird von unseren beiden Augenzeugen völlig unterschiedlich beschrieben: Während der Konstanzer Bürger Richental, der Hus selbstverständlich für einen Ketzer hielt, eine eher realistische Beschreibung liefert, stilisiert ihn sein Freund Peter von Mladoniowitz als Märtyrer, fast schon als Heiligen, der bewusst und betend in den Tod ging.

Wir konnten hier nicht den gesamten Verlauf und alle Ergebnisse dieser größten Kirchenversammlung des Mittelalters darstellen. Denn wir beschränken uns auf die Frage des Glaubens (*causa fidei*), das vor allem böhmische Ketzerproblem. Die Überwindung des Schismas (*causa unionis*) wurde auf dem Konzil schließlich durch die Wahl Papst Martin V. am 11. November 1417 gelöst, die Reformation der Kirche (*causa reformationis*) blieb jedoch ungelöst.

12 Die Hussitische Revolution

12.1 Auf dem Weg zur Revolution

Für die hussitische Zeit informieren uns vor allem folgende Autoren:[540] Peter von Mladoniowitz (Petr z Mladoniovic, † 1451), erzählt als Freund des Hus dessen Schicksal in Konstanz oft tagebuchartig, geradezu wie eine Passionsgeschichte, und überliefert dabei weitere wichtige Dokumente zum Konzilsgeschehen.[541] Der einzige hussitische Chronist mit höherem Anspruch ist Laurentius von Březová (Vavřinec z Březové, 1370–um 1437), die wichtigste, für Details recht zuverlässige Quelle über die Anfänge des Hussitismus. Der aus dem Niederadel stammende Laurentius hatte bis zum Magister artium in Prag studiert, sammelte kirchliche Pfründen und ihre Einkünfte (z. B. das Pfarramt in Laun), ohne sie persönlich zu vertreten (das war weithin üblich); zum Priester ließ er sich nicht weihen. Sein Interesse war der Hof, wo er wohl auch eine Zeit lang in Diensten König Wenzels stand. Er bietet in seiner lateinischen Chronik einen Gesamtüberblick der Jahre 1414 bis 1422 und gibt neben dem eigenen Erleben auch weitere Quellen an. Die Begeisterung des Prager Bürgers und Universitätsmagisters für die Revolution 1419 kühlte bald ab. Er blieb aber ein dezidierter Prager „Ultra-Utraquist" (so Palacký), seine Gegner sind einerseits die Katholiken, darunter die deutschen „grausamen Verfolger der Wahrheit", andererseits aber die radikalen Taboriten, wobei er sich über Jan Želivský und Jan Žižka milder äußerte. Dabei ist er nicht immer unvoreingenommen.[542] Von ihm stammt auch ein Preislied auf den Sieg der Hussiten über die Kreuzfahrer bei Taus[543] und weitere Schriften sowie Übersetzungen aus dem Lateinischen und Deutschen ins Tschechische.

Der an sich reformgeneigte, aber Wyclif feindliche Prager Magister und Kanoniker Andreas von Brod (Ondřej z Brodu, † 1427) schrieb einen tendenziösen husfeindlichen Traktat *De origine Hussitarum*.[544]

---

[540] Marie Bláhová, Česká historiografie v Husitské revoluci [Böhmische/Tschechische Historiographie in der hussitischen Revolution], in: Pánek u. a. (Hg.), Husitství, S. 439-448; Šmahel, Die Hussitische Revolution, Bd. 1, S. 1-6.
[541] Hg. von Václav Novotný, FRB VIII, Prag 1932, S. 25-149.
[542] Hg. von Josef Emler, FRB V, S. 328-534 (mit paralleler alttschechischer Übersetzung). Dazu Bláhová, Vavřinec z Březové (Deutsche Übersetzung von Josef Bujnoch, Die Hussiten. Die Chronik des Laurentius von Březová 1414-1421, Slavische Geschichtsschreiber, Bd. 11, Graz 1988.)
[543] FRB V, S. 543-563.
[544] De origine Hussitarum [Traktát mistra Ondřeje O původu husitů], hg. von Jaroslav Kadlec, Tabor 1980.

Von Bedeutung sind ferner die sog. Alten Böhmischen Annalen (Staré letopisy české) von verschiedenen anonymen hussitisch-utraquistischen Autoren aus der Prager Altstadt (ab 1431); sie bieten unterschiedliche Versionen in mindestens 33 Handschriften bis ins 17. Jahrhundert.[545] Die Perspektive eines böhmischen Katholiken bietet dagegen Bartošek von Drahonitz († 1443), ein adliger Krieger des Königs Siegmund, der später zur Besatzung des nie von den Hussiten eroberten Karlstein gehörte und besonders über Militärisches informiert. Sein Werk (in schlechtem Latein) umfasst als einziges die ganze Zeit der hussitischen Revolution von 1410–1443.[546] Der *Liber diurnus* ist das Tagebuch eines hussitischen Priesters über die Verhandlungen auf dem Konzil von Basel.[547] Weiter sind zu erwähnen ein sog. *Chronicon Universitatis Pragensis* (mit unbekannten Autoren)[548] sowie das *Chronicon Taboritarum*, eine Schrift des taboritischen Geistlichen Nikolaus von Pilgram (Pelhřimov, gen. Biskupec, † um 1460) über die Streitigkeiten mit den Prager Theologen.[549] Ein zeitgenössischer Verehrer des hussitischen Feldherrn Jan Žižka verfasste später die tschechische *Kronika velmi pěkná o Janu Žižkovi* („Die hübsche Chronik über Jan Žižka"), die mit der Schlacht von Lipany endet.[550]

Eine weite Verbreitung fanden diese böhmischen Werke im Land schon wegen ihrer lateinischen Sprache nicht, eine gewisse Ausnahme bilden die tschechischen Übersetzungen der Texte von Mladoniowitz, Laurentius und später der Alten Annalen. Aber die über die böhmischen Länder weit ausgreifende Bekanntheit der Hussiten durch die vier Kreuzzüge, die außerböhmischen hussitischen Kriegszüge und nicht zuletzt durch die Konzile von Konstanz und Basel führte dazu, dass auch außerböhmische Chroniken bedeutende Informationen zum Geschehen in Böhmen und Mähren liefern. So verfasste der Konstanzer Bürger Ulrich Richental als Zeitzeuge eine illustrierte Chronik des Konstanzer Konzils; sie beschreibt ohne Kenntnis des kirchenpolitischen Hintergrundes die Rolle der Stadt und die Zahl und Art der Konzilsteilnehmer.[551] Noch als zeitgenössisch kann die weit verbreitete und einflussreiche *Historia Bohemica* des Enea Silvio Piccolomini (1405–1464), des späteren Papstes Pius II. (ab 1458) gelten, die sogar, vielleicht wegen ihrer literarischen Qualität und Unterhaltsamkeit, von einem Utraquisten ins Tschechische übersetzt worden ist. Schließlich sei der

---

[545] Hg. von František Palacký, Staří letopisové čeští 1378–1527, Prag 1829. Dazu Petr Čornej, Staré letopisy ve vývoji české pozdně středověké historiografie [Die alten Annalen in der Entwicklung der böhmischen spätmittelalterlichen Historiographie], AUC Phil. et Hist., Studia historica 32 (1988), S. 33–56. Eine Neuedition von Alena M. Černá, Petr Čornej und Markéta Klosová (FRB Ser. nova 3) ist in Arbeit.
[546] FRB V, S. 591–628.
[547] Hg. von František Palacký, in: Monumenta Conciliorum 1, S. 287–357.
[548] FRB V, S. 565–645.
[549] Hg. von Konstantin von Höfler, Geschichtsschreiber 2, S. 475–820.
[550] Hg. von Jaroslav Šůla, Hradec Králové 1979.
[551] Hg. von Thomas Martin Buck, Ostfildern ²2011.

12.1 Auf dem Weg zur Revolution

kaiserlich gesinnte Mainzer Eberhard Windecke († 1440) genannt, der die wichtigste historiographische Quelle zur Geschichte König Siegmunds verfasste.[552]

Neben den erzählenden Quellen ist die Überlieferung von einer anschwellenden Zahl von Fürstenurkunden, Briefen, Traktaten, Predigten, Liedern, Manifesten, den Reichstagsakten und den Akten der Konzile von Konstanz und Basel geprägt.

Der Feuertod Hussens in Konstanz entfachte in Böhmen eine Welle der Empörung.[553] Auch Königin Sophie soll entrüstet gewesen sein. König Wenzel aber und sein Erzbischof Konrad suchten angesichts der beiden ungefähr gleichstarken Hochadelsgruppen zunächst auf die konservative katholische Richtung zu setzen, zu der sie auch das Konzil und König Siegmund mehrmals aufforderten. Erzbischof Konrad von Vechta gründete eine Liga, die sich gegen den Reformadel, besonders gegen Čeněk von Wartenberg richtete.

Auch Hieronymus von Prag war inzwischen nach Konstanz gekommen und forderte vergeblich vom Konzil ein freies Geleit. Als er darauf nach Böhmen zurückkehren wollte, wurde er kurz vor der Grenze gefasst und in Ketten nach Konstanz zurückgebracht. Er widerrief dem Wyclifismus zwar vorübergehend, aber es wurde auch ihm der Ketzerprozess gemacht und er musste am 30. Mai 1416 den Scheiterhaufen besteigen. Ein Brief des anwesenden Humanisten Poggio Bracciolini (1380–1459) bewundert die Persönlichkeit und die aufrechte Haltung des Hieronymus von Prag in Konstanz.[554]

Hus, der, wie stets betont wurde, unter freiem Geleit gekommen war, nicht der Ketzerei überführt und nicht geständig war, wuchs in den böhmischen Ländern schnell in die Gestalt eines heiligen Märtyrers. Schon 1416 wurde der 6. Juli besonders durch das Wirken des Jakobellus von Mies zu einem Gedenktag, an dem Hussens Briefe vorgelesen wurden. Seine anderen Schriften aber wurden kaum noch gelesen.

Hus selbst war kein Hussit. Die späteren Reformer haben die Bezeichnung ‚Hussiten' ebenfalls nicht geführt, sie nannten sich meist einfach ‚fromme Böhmen'. Als ‚Hussiten' oder ‚böhmische Ketzer' wurden sie vor allem von der Kirche, dem Reich und den anderen Rom anhängenden Teilen Europas bezeichnet.

König Siegmund hatte inzwischen mit seinem diplomatischen Geschick, seinem Charme und einer unglaublichen Reisetätigkeit auf die Abdankung des dritten noch widerspenstigen Papstes Benedikt XIII. hinzuwirken versucht. Neben dem Kampf um die Einheit der Kirche waren seine weiteren Probleme übermenschlich groß: so der Vormarsch der Osmanen auf dem Balkan, der Hilferuf Kaiser Manuel II. aus Konstantinopel an das Konzil, der drohende und dann ausbrechende Krieg Ungarns mit Venedig, die Beilegung des Konflikts zwischen

---

[552] Aeneas Silvius Picolomini, Historia Bohemica Bd. 1, hg. von Joseph Heinic, Köln 2005; Eberhard Windeckes Denkwürdigkeiten zur Geschichte des Zeitalters Kaiser Siegmunds, hg. von Wihelm Altmann 1893.
[553] Zum Folgenden grundlegend Šmahel, Die Hussitische Revolution, Bd. 2, S. 918–1006.
[554] Hg. von Václav Novotný, FRB VIII, S. 323–344.

dem Deutschen Orden und Polen, die Vermittlung zwischen Frankreich und England. Hier beendete Siegmund die lange Verbindung der Luxemburger mit den Valois und näherte sich dem englischen König Heinrich V. an, den er auch auf der britischen Insel besuchte. Natürlich hatte er auch die Aufgabe, den Frieden im Reich aufrecht zu erhalten. Die Reichsfürsten achteten allerdings nur wenig auf den König ohne Hausmacht, der nur bei den Reichsstädten volle Anerkennung fand.

18 Monate war Siegmund deswegen nicht auf dem Konzil gewesen. Sein Plan, mit anderen Unterstützern die Kirchenreform (*causa reformationis*) vor der Papstwahl anzupacken, scheiterte zwar weitgehend, die Wahl des Kardinals Oddo Colonna (der einst in der *Causa* Hus geurteilt hatte) am 11. November 1417 zu Papst Martin V. und damit die Wiederherstellung der Einheit der Kirche war aber auch für ihn ein großer und von ihm ausgekosteter Prestigeerfolg. Zum größten Fest auf dem Konzil wurde am 18. April 1417 seine Belehnung des zollerischen Burggrafen Friedrich VI. von Nürnberg mit der Mark Brandenburg, in der er selbst einst als Markgraf gewirkt hatte.

Obwohl das Konzil ausdrücklich das ‚Laienkelchverbot' verkündet hatte, waren Anfang 1416 schon alle Pfarreien in Prag und etliche auch auf dem Land mit Kelchpriestern besetzt. Der hussitische Adel und die Städte nutzten ihr Patronatsrecht zur Einsetzung neuer Pfarrer. Die Universität hatte dabei keine theologischen Bedenken und König Wenzel duldete die Entwicklung zunächst. Als er aber selbst in den Verdacht des Ketzerhelfers geriet und der neue Papst Martin V. mit einem Kreuzzug drohte, vertrieb der König die meisten Kelchpriester und setzte den hussitischen Stadtrat ab. Am 30. Juli 1419 erschien ein Demonstrationszug unter Führung des einst aus dem Kloster entsprungenen radikalen hussitischen Predigers Jan Želivský (Johannes von Selau)[555] vor dem Neustädter Rathaus. 13 katholische Schöffen (Stadträte) wurden aus dem Fenster auf die Straße gestürzt und dort getötet.

Kurz nach dem Beginn der Revolution durch diesen ersten Prager Fenstersturz wurde König Wenzel vom Schlag getroffen und starb am 16. August 1419. Im Kloster Königsaal wurde er unköniglich „von Fischern, Bäckern und Laienbrüdern beerdigt."[556] Er hatte von 1378 an über 40 Jahre selbständig als böhmischer König und von 1376 bis 1400 als römisch-deutscher König regiert. Verglichen mit seinem Vater und auch seinen Brüdern und Vettern war er insgesamt von der Fülle seiner (allerdings sehr großen) Aufgaben fast immer überfordert und hatte sich ihnen meist durch Flucht in seine Burgen, zur Jagd und in den Alkohol entzogen, um dann in kurzfristigen Zornesausbrüchen mit spontanen Aktionen wieder aufzutauchen.

Schon bald entwickelten sich die Hussiten in Böhmen in verschiedene Richtungen. Auf der einen Seite standen der Reformadel, die Magister der Universi-

---

[555] Kopičková, Jan Želivský.
[556] Laurentius von Březová, S. 346.

12.1 Auf dem Weg zur Revolution

tät, ein Teil des Bürgertums in der Altstadt; sie vertraten vor allem die Kelchkommunion auch für Laien, man nennt sie deswegen Utraquisten (*sub utraque specie* – „in beiderlei Gestalt").

Die radikalen Hussiten aber waren vor allem in der Prager Neustadt tätig sowie im Süden und Westen Böhmens, wo sie vermutlich auch von älteren waldensischen Vorstellungen beeinflusst waren. Auf Bergwallfahrten trafen sich ihre Anhänger in großer Zahl zu Gottesdiensten und radikalen Predigten. Sie waren Bilderstürmer, plünderten und zerstörten Klöster, griffen Kleriker, Mönche und Nonnen gewaltsam an und töteten viele, lehnten die Heiligenverehrung und das Fegefeuer ab. Mehrere Tausend von ihnen zogen im Frühjahr 1420 von der zerstörten Stadt Sezimovo Ústí auf einen Burgwall (Hradiště), den sie nach biblischem Vorbild Tabor nannten, der ihr befestigtes Zentrum wurde und nach dem sie Taboriten genannt werden.[557] Auch Pilsen war ein frühes Zentrum, wo sich ihr genialer militärischer Führer Jan Žižka von Trocnov (ursprünglich ein Niederadliger in Diensten König Wenzels)[558] zunächst aufhielt. Nach einer erfolgreichen Frühjahrsoffensive, der Prachatitz und andere Städte sowie mehrere Klöster zum Opfer fielen, brach das hussitische Heer im Mai 1420 unter Führung Žižkas nach Prag auf, um der durch den Kreuzzug bedrohten Stadt zu Hilfe zu eilen. Hussitische Prediger und Frauen waren in seinem Heer anwesend und mitbeteiligt.

Selbstverständlich wollte König Siegmund sein böhmisches Erbe rasch antreten.[559] Ende 1419 zog er zunächst nach Brünn, wo ihm als Markgraf von Mähren gehuldigt wurde. Dann begab er sich nach Breslau, wo er ebenfalls als Herr Schlesiens anerkannt wurde. Alle Nebenländer der Böhmischen Krone sind im Ganzen stets katholisch und königstreu geblieben. In Breslau wurde im März 1420 mit einer Bulle Papst Martins V. der Kreuzzug gegen die Ketzer ausgerufen und der König ließ wohl dort zur Abschreckung einen Prager Bürger namens Jan Krása verbrennen. In Prag wuchs der Einfluss Jan Želivskýs, der gegen die Feinde der ‚tschechischen Zunge' predigte oder Manifeste erließ, in denen Siegmund überhaupt nicht erwähnt wurde.

Als der König mit seiner Frau Barbara und der Witwe Wenzels, Sophie, schließlich nach Prag kam, lehnte er die Angebote der Stadt, ihn gegen Gewährung des Kelchs als König anzuerkennen, brüsk ab. Er unterschätzte die Stärke der Hussiten krass. Žižka organisierte die Verteidigung und befestigte die Stadt. Auf dem strategisch wichtigen Veitsberg (Vítkov) erlitten die Truppen des Kreuzzugs trotz zahlenmäßiger Überlegenheit eine Niederlage. Als, so schien es, Siegmund mit den Hussiten verhandeln wollte, löste sich das ethnisch unterschiedlich zusammengesetzte Kreuzzugsheer schnell auf.

---

[557] Šmahel u. a., Dějiny Tábora; Ders., Die Hussitische Revolution, Bd. 2–4 passim.
[558] Čornej, Jan Žižka; Šmahel, Jan Žižka; Ders., Die Hussitische Revolution, Bd. 1, S. 246 f. und passim; Hejnic/Polívka, Plzeň (mit dtsch. Zusammenfassung).
[559] Das immer noch bemerkenswerte Buch des Friedrich von Bezold, König Sigmund; Hoensch, Sigismund, S. 279–310.

Immerhin gelang es Siegmund noch, am 28. Juli auf der Burg im Kreis vieler Hochadliger zum böhmischen König gekrönt zu werden; Čeněk von Wartenberg, der zwar Utraquist blieb, aber ein nüchterner Politiker war, hatte ihm die Burg geöffnet. Die Hussiten erkannten ihn aber nicht als König an, die Utraquisten planten, einen anderen Monarchen für Böhmen zu gewinnen. König Siegmund suchte von Kuttenberg aus auch andere Städte (wie Saaz und Leitmeritz) zurückzugewinnen und erschien wieder mit einem Söldnerheer in Prag. Dieses erlitt allerdings vor dem Wyschehrad erneut eine empfindliche Niederlage; dabei starben auch viele königstreue Adlige. Die hussitischen Sieger übernahmen diese königliche Burg, gewährten zwar ihren Verteidigern freien Abzug, plünderten und zerstörten jedoch vor allem die dortigen geistlichen Anstalten. Die Befestigung des Wyschehrad wurde niedergebrannt und konnte so für die Stadt Prag keine Bedrohung mehr bilden.

Die Kämpfe mit Siegmund und den Katholiken setzten sich im Land fort. In den meisten Fällen erwiesen sich die Hussiten als militärisch überlegen. Ihre militärischen Führer waren durchwegs kriegserfahrene Adlige, meist Niederadlige. Ihre Überlegenheit lag auch an ihrer Strategie der mobilen ‚Mauern' der Wagenburgen, von denen mit Armbrüsten und Haubitzen geschossen werden konnte, vor allem aber an ihrem Kampfgeist und ihrem Glauben an ihre heilige Sache.

12.2 Die Revolution und Jan Žižka

Die religiöse Erregung bei den Taboriten war ungeheuer. Im Februar 1420 breiteten sich chiliastische Gedanken vom Jüngsten Gericht und der Wiederkunft Christi aus, die von begeisterten Predigern befeuert wurden; auch eine Diskussion wurde geführt, ob Gewalt zulässig oder grundsätzlich abzulehnen sei. Als die heilsgeschichtlichen Voraussagen nicht eintrafen, mussten die Chiliasten ihre Hoffnungen begraben. Dann erkannten sie, dass sie die Zukunft selbst in die Hand nehmen müssten. Nur ein kleiner Teil von ihnen um den Bibelkenner Petr Chelčický († 1460)[560] verblieb bei seinem fundamentalen Widerstand gegen jegliche Gewalt und Krieg. Chelčický, der tschechisch schrieb, unterschied in der Gesellschaft nur Herrschende und Beherrschte und lehnte die herkömmliche Theorie des Mittelalters von den drei Ständen der Krieger (= Adel), der Beter (= Kirche) und der Arbeiter (= Bauern) ab. Die Gruppe um Chelčický wurde zu einer Keimzelle der späteren Brüdergemeinde, die sich am Ende des 15. Jahrhunderts zu einer reformatorischen Kirche entwickeln sollte.

---

[560] Ferdinand Seibt, Peter Chelčický In: Lebensbilder zur Geschichte der böhmischen Länder 1, München/Wien 1974, S. 49–61; Šmahel, Die Hussitische Revolution, Bd. 1, S. 290 ff.; Jaroslav Boubín, Petr Chelčický und seine Ausführungen zur Gesellschaft, in: Machilek (Hg.), Die hussitische Revolution, S. 77–91; Boubín, Petr Chelčický.

12.2 Die Revolution und Jan Žižka

Als radikalste Gruppierung innerhalb der Taboriten gelten die Pikarden. Zwei führende Priester (Martin Húska und Petr Kániš) waren vermutlich mit einer nordfranzösischen Sekte aus der Picardie und/oder mit der sog. Häresie des Freien Geistes, die man vor allem den Beginen und Begarden in den Städten zuschrieb, in Berührung gekommen. Die Pikarden lehnten ausgerechnet die Eucharistie grundsätzlich ab, die in beiderlei Gestalt zur Grundlage des Hussitismus gehörte. Ob von ihnen (oder einem Teil von ihnen) auch das gemeinsame (kommunistische) Leben, die Aufhebung der Familie und der herkömmlichen Sexualmoral und/oder die rituelle Nacktheit (bei den sog. Adamiten) vertreten wurde, ist gut möglich.[561] Žižka, ein Mann der Ordnung, ließ schließlich etwa 50 von diesen Radikalen auf dem Scheiterhaufen verbrennen; so vernichtete die taboritische Gemeinschaft selbst diese kleine radikalste Minderheit.

Die Hussiten hatten inzwischen im Juli 1420 ein gemeinsames Programm in den sog. ‚Vier Prager Artikeln' entwickelt:

1. Die Kelchkommunion auch für Laien
2. Die Freiheit der Predigt
3. Eine arme Kirche ohne weltliche Macht und Besitz
4. Die Bestrafung der öffentlichen Sünden[562]

Die Vier Artikel wurden allerdings im Laufe der Zeit von den unterschiedlichen sich auch bekämpfenden hussitischen Fraktionen meist unterschiedlich verstanden, bildeten aber in den Bedrohungen durch die Kreuzzüge und durch König Siegmund stets eine gemeinsame Grundlage.

In Prag allerdings gewannen nach dem hussitischen Sieg konservativere Kräfte an Boden. Die Spannungen zwischen den utraquistischen Stadträten und Magistern auf der einen und den Taboriten auf der anderen Seite blieben bestehen. Aber die jetzt herrschende tschechische Mittelschicht übernahm die Häuser und das Eigentum der geflohenen Katholiken und Deutschen; die Letzteren sollten kein Erbrecht mehr haben. Die Armen hatten allerdings nichts von der Eigentumsverschiebung und konnten so zu einem revolutionären Potential werden. Die Einwohnerzahl Prags sank um 4000–5000 Personen. Als der Erzbischof Konrad von Vechta[563] selbst zu den Vier Artikeln übertrat, glaubten ihm die Taboriten den Übertritt nicht; der katholische Adel andererseits plünderte jetzt

---

[561] Bernhard Töpfer, Hoffnungen auf Erneuerung des paradiesischen Zustandes (status innocentiae) – ein Beitrag zur Vorgeschichte des hussitischen Adamitentums, in: Patschovsky/Šmahel, Eschatologie und Hussitismus, S. 169–184.

[562] Šmahel, Die Hussitische Revolution, Bd. 1, S. 636–674 (Das Reformprogramm der hussitischen Revolution); Ders., Die Vier Prager Artikel. Das Programm der hussitischen Reformation, in: Eberhard/Machilek, Kirchliche Reformimpulse, S. 329–339. Für die revolutionären Kräfte waren die Vier Artikel ihre Minimalforderungen, später in den Verhandlungen mit dem Basler Konzil wurden sie zu den Maximalforderungen der hussitischen Seite.

[563] Hlaváček, Konrad von Vechta.

seine Besitzungen. Die altgläubigen Prager Domherren flüchteten in das katholische Zittau.

Der Vormarsch des Žižka-Heeres aber ging indessen weiter. Sein Herbstfeldzug 1420 zerstörte und plünderte das Kloster Goldenkron (Zlatá koruna) und seine Eroberung des inzwischen wieder katholisch gewordenen Prachatitz führte zu einem Gemetzel an den Abgefallenen; von da an blieb die Stadt hussitisch.

Reiche Klöster wie Kladrau (Kladruby) wurden geplündert, Bettlern (Žebrák) und Rokytzan (Rokycany) eingenommen. In Komotau (Chomutov), wo sich die deutschen Einwohner heftig gegen die Hussiten wehrten, wurde das wohl größte Massaker durch das Hussitenheer angerichtet, an dem sich auch die Frauen beteiligten. Laurentius berichtet von über 2000 Getöteten.[564] Andere Städte und Burgen ergaben sich daraufhin kampflos. Auf der anderen Seite wüteten auch die Königlichen und die Katholiken unter den Hussiten: Über 1600 Utraquisten sind von den katholischen Kuttenbergern, meist deutschen Bergleuten, den „grausamen Verfolgern und Feinden der Tschechen", getötet worden, indem sie viele in die Bergwerksschächte warfen.[565] Der dezidiert utraquistische Prager Laurentius stellte die Untaten seiner beiden Gegner gern ausführlich dar, sodass man vor allem zahlenmäßige Übertreibungen nicht ausschließen kann.

Der Frühjahrsfeldzug 1421 führte Žižka nach Ostböhmen, wo er den dortigen Hussiten (Orebiten) Hilfe leisten sollte. Zahlreiche Städte wurden mit den inzwischen üblichen Grausamkeiten erobert oder sie ergaben sich kampflos[566], viele Klöster wurden geplündert. Nach Laurentius sind in Böhmen in den ersten zwei Jahren 34 Männerklöster und 6 Frauenklöster geplündert und zerstört worden,[567] ebenso die erzbischöfliche Stadt Raudnitz. Leitmeritz (Litoměřice) ergab sich nur dem Prager Teil des Heeres, nicht dem Žižka. Mit Kuttenberg, das gerade unter einem schweren Pestausbruch litt, wurde ein Abkommen geschlossen.

Den Prager Städten hatten sich schließlich über 20 böhmische Städte angeschlossen; es gab gegen diesen Städtebund keine ernsthaften Gegner im Lande mehr. Auch die Prager Burg wurde belagert und ergab sich den Hussiten. Die Stadt Prag wollte nun auf dem für den 1. Juni 1421 nach Tschaslau[568] einberufenen Landtag ihren Machtanspruch dokumentieren. Neben Čeněk von Wartenberg, dem Erzbischof Konrad und dem Magister Jan Příbram nahmen auch Ulrich von Rosenberg, die mährischen Barone und wohl auch Jan Želivský und der inzwischen erblindete Žižka teil. Die Vier Artikel waren bei diesem Treffen kein Problem, sehr wohl aber die Frage der Thronkandidatur. Denn die Hussiten woll-

---

[564] Laurentius von Březová S. 476 f.
[565] Laurentius von Březová S. 352.
[566] Böhmisch Brod (Český Brod), Kouřim, Kolin, Tschaslau (Čáslav), Nimburg, Chrudim, Leitomischl, Hohenmauth (Vysoké Mýto), Politschka, Jaroměř, Königinhof (Dvůr Králové nad Labem), Trautenau (Trutnov).
[567] Laurentius von Březová S. 409 f.
[568] Šmahel, Die Hussitische Revolution, Bd. 2, S. 1158–1188.

12.2 Die Revolution und Jan Žižka

ten keinesfalls Siegmund als König anerkennen. Eine Gesandtschaft nach Krakau ergab, dass der polnische König Władysław Jagiełło einer Kandidatur abgeneigt war, nicht aber sein Vetter, der litauische Großfürst Witold (1392–1430). Dieser hatte bisher politisch und militärisch in seinen Bündnissen zwischen dem Deutschen Orden und Polen hin und her geschwankt.

Die Prager Radikalen gerieten inzwischen mit den Baronen Čeněk und Hynek Krušina in heftigen Streit und warfen ihnen vor, einen schlesischen Einfall in Böhmen nicht entschlossen vergolten zu haben. Das nahm Jan Želivský zum Anlass, die Macht in Prag zu übernehmen und eine Diktatur zu etablieren. Sein Coup war glänzend vorbereitet, ein Demonstrationszug zog Ende Juni 1421 von der Neustadt, wo seine Anhänger das Übergewicht hatten, zum eher konservativen Altstädter Rathaus. Želivský setzte die dortigen Räte ab, vereinigte daraufhin die beiden Prager Städte zu einer Stadt mit einem gemeinsamen Rat, um seinen Leuten die Mehrheit zu verschaffen. Den einstigen Sieg des Prager Heeres schrieb sich Želivský selbst zu.

Inzwischen gab die Opposition im Reich am Scheitern des ersten Kreuzzugs dem König die Schuld; Siegmund selbst schwankte zwischen Verhandlungsbereitschaft und Kreuzzugsunterstützung hin und her. Die rheinischen Kurfürsten ergriffen daraufhin selbst die Initiative zum zweiten Feldzug, der vom römischen Kardinal Branda di Castiglione im Juni 1421 als Kreuzzug verkündet wurde.[569] Die Teilnehmer stammten fast ausschließlich aus den Gebieten des Reichs. Nach Gewinnung von Kaaden (Kadaň) und Komotau belagerte man die hussitische Stadt Saaz (Žatec). Als sich das (falsche) Gerücht vom Herannahen eines Hussitenheeres verbreitete und ein Lagerbrand ausbrach, gerieten die Kreuzfahrer in Panik und verließen daraufhin Böhmen ohne jeden Erfolg.

König Siegmund, der mit seinem eigenen Heer und mit Hilfstruppen aus Schlesien und der Lausitz nach Mähren vorgerückt war, gelang es dort, vom utraquistischen Adel anerkannt zu werden. Es gelang ihm sogar, mit ungarischer Reiterei und österreichischen Truppen, vielfach Söldnern, Kuttenberg, die Schatzkammer des Landes, zu besetzen; deutsche Bergleute, ‚Verräter' oder ‚Einsichtige', hatten ihm ein Tor geöffnet. Doch Anfang 1422 verlor der schnell wieder optimistische und sorglose Siegmund die Stadt an ein schnell heranrückendes und gut organisiertes hussitisches Heer aus Pragern und Taboriten unter Žižka. Der König suchte nun die deutschen Bergleute auch mit Zwang zu bewegen, mit ihm abzuziehen und ließ Brände in der Stadt legen. Žižka verfolgte Siegmunds nach Westen abrückende Truppen bis Deutschbrod (Havlíčkův Brod), was nach heftigem Kampf von dem Hussitenfeldherrn erobert und zerstört wurde. Der König gab nun den Versuch auf, das Land gegen die Hussiten militärisch zu gewinnen.

Žižkas Truppen kehrten siegreich nach Prag zurück und stärkten damit vorübergehend das Regime Želivskýs. Nach ihrem Abzug aber wurden die kon-

---

[569] Hilsch, Hussitenkriege; Hilsch, Kreuzzüge.

servativen Utraquisten unter Hašek von Waldstein, die mit den Magistern (führend mit Jakobellus von Mies) verbündet waren, stärker. Jan Želivský wurde in das Altstädter Rathaus gebeten, wo er mit einigen Anhängern ergriffen und am 8. März 1422 hingerichtet wurde. Seine Ermordung löste einen Aufstand der Neustädter und der Armen aus, Teile der Stadt wurden geplündert und verwüstet, ein Pogrom an den Juden der Altstadt, der schwächsten Minderheit, angerichtet. Der neue Rat wiederum ließ einige frühere Ratsherren hängen und einige Magister ins Gefängnis werfen.

Dann aber betrat Sygmunt Korybut, der Abgesandte und Neffe des litauischen Großfürsten Witold, mit einem Heer zunächst Mähren und erschien im Mai 1422 vor Prag. Er fand allerdings weder bei den dortigen Radikalen noch bei Žižka oder den Taboriten Anklang, wohl aber bei den Städten und den Adligen des Prager Bundes. Die Prager und Korybut belagerten daraufhin gemeinsam den Karlstein, allerdings vergeblich. Im März 1423 wurde Korybut von seinem Onkel Witold wieder abberufen.

Als die äußere Bedrohung fehlte, wurden die innerhussitischen Spannungen zwischen den drei Machtblöcken der Prager, der Taboriten und der Orebiten in Ostböhmen sichtbar. Auch innerhalb der Taboriten gab es unterschiedliche Fraktionen, die Radikalen unter dem Hauptmann Johann Hvězda und die gemäßigten Theologen um Nikolaus von Pilgram (Pelhřimov). Tabor selbst sollte allerdings im Verlauf der Zeit immer mehr zu einer ‚normalen' Stadt werden und verlor nach 1424 seine revolutionäre Bedeutung.

Der stets gewaltbereite Žižka aber gründete in Ostböhmen eine Militärbruderschaft, schlug Čeněk von Wartenberg im April 1423 und griff auch Städte des Prager Bundes an, da er den Verdacht hegte, Prag würde mit dem katholischen Adel paktieren wollen. Er schlug ein Prager Heer vor Königgraetz, besetzte Tschaslau und setzte in Kuttenberg neue Räte ein. Die Stadt wurde aber von der jetzt entstehenden Herren-Liga wieder zurückgewonnen.

Mit Hvězda, der sich ihm nun anschloss, unternahm Žižka einen Feldzug nach Mähren und verwüstete die Umgebung Iglaus. Das nahm König Siegmund zum Anlass, Mähren als Lehen an seinen Schwiegersohn Albrecht V. von Österreich zu übertragen, der allerdings die dortigen Gebiete des Bischofs von Olmütz und des Fürsten von Troppau zu respektieren hatte.

Weitere Kämpfe Žižkas mit einem Heer der Barone und der Prager folgten, die mit einem Sieg der Bruderschaft bei Maleschau (Malešov) endeten.[570] Daraufhin besetzte der hussitische Feldherr wieder Kuttenberg, das er in Brand setzen ließ, und tötete die letzten deutschen Bergleute, die nicht geflohen waren. Damit wurde die Silberstadt zur Zentrale der Feldbruderschaften. Dann erschienen Žižka und Johann Hvězda vor Prag, um die Stadt zu belagern. Mit dem dort wieder anwesenden Litauer Korybut kam es jedoch erstaunlicherweise zu einem Ausgleich; mit Korybut unternahm Žižka sogar einen Feldzug nach Mähren, um

---

[570] Čornej, Žižkova bitva.

die dortigen Utraquisten zu stärken. Doch starb der schon längst blinde große Feldherr dort am 11. Oktober 1424, weswegen sich die ostböhmischen Orebiten fortan auch als die „Waisen" bezeichneten.

12.3 Die ‚herrlichen Feldzüge' und der Beginn des Basler Konzils (1431)

Žižka wurde zwar von den Pragern schnell vergessen, Johann Hvězda aber führte den revolutionären Kampf weiter und eroberte mehrere Städte des Prager Bundes,[571] starb jedoch auch im Herbst 1425. Nach vier Jahren ununterbrochenen Kriegs und zunehmender Kriegsmüdigkeit kam es schließlich im Oktober 1425 in Wrschowitz (Vršovice) bei Prag zu einem Vergleich aller hussitischen Fraktionen, auch mit dem Fürsten Korybut, sowie zu einem Waffenstillstand mit den katholischen Adligen.[572]

Erste Angriffe der Hussiten außerhalb der böhmischen Länder in Schlesien und außerhalb der Böhmischen Krone in Niederösterreich führten zu wachsenden Ängsten in den Nachbarländern, wie man dies aus der Verstärkung mancher Stadtmauern ersehen kann. Ein Vorstoß der Hussiten nach Nordböhmen sollte 1426 mit einem großen Heer aus Meißen, Sachsen, Thüringen und der Oberlausitz beantwortet werden, um die Stadt Aussig (Ústí nad Labem) zu unterstützen. Dieses Heer wurde aber vernichtend geschlagen und festigte den Ruf der Unbesiegbarkeit der Hussiten.

So kam es im folgenden Jahr durch die Initiative des Kurfürsten Friedrich von Brandenburg zum dritten Kreuzzug gegen die böhmischen Ketzer, der von Papst Martin V. im März 1427 ausgerufen wurde. Missverständnisse zwischen den beiden Oberbefehlshabern (neben Friedrich war es der Erzbischof Otto von Trier), taktische Fehler und besonders die Ängste der Kreuzfahrer führten dazu, dass bereits vor Tachau (Tachov) im Westen des Landes Teile des Heeres beim Herannahen der Hussitenkämpfer flohen. Nur der päpstliche Legat Kardinal Heinrich Beaufort, ein Mann aus dem englischen Königshaus, hielt sich wacker und suchte nach dem Schock der Niederlage sogar ein weiteres Kreuzzugsheer unter rein kirchlicher Leitung aufzustellen. Er war aber auch zu einer Disputation mit den ‚Ketzern' bereit.[573]

Nach dem dritten Kreuzzug gingen die Hussiten mit den „herrlichen Feldzügen" (špánilé jízdy) in die Offensive.[574] Damit wollten sie einerseits ihren religi-

---

[571] Königgraetz, Hohenmauth, Leitomischl und Schlan (Slaný).
[572] Dazu Šmahel, Die Hussitische Revolution, Bd. 2, S. 1360–1365.
[573] Schnith, Kardinal Heinrich Beaufort.
[574] Colmar Grünhagen, Hussitenkämpfe der Schlesier 1420–1435, Breslau 1872; alle schlesischen Aspekte berücksichtigt Machilek, Schlesien; Ders., Jan Hus und die Hussiten in der

ösen und revolutionären Zielen im Ausland dienen und wohl auch die Kirche zu Kompromissen zwingen. Aber der materielle Gewinn, die Beute, wurde im Verlauf der Züge immer wichtiger, denn auch die stehenden Heere der Hussiten mussten materiell versorgt werden.

Ein großer Heereszug von 15–20.000 Mann brach in fünf Heeressäulen unter Prokop dem Großen, dem neuen Feldherrn, nach Norden in das meißnische und sächsische Gebiet auf, besiegte den Kurfürsten Friedrich II. bei Grimma entscheidend, wandte sich von Leipzig nach Süden, eroberte Plauen, Hof und Bayreuth. Dann bedrohte er die Bischofsstadt Bamberg. Er verschonte sie für 12.000 städtische Gulden und 18.000 Gulden des Kurfürsten Friedrich II. und des Pfalzgrafen von Neumarkt und schloss einen Waffenstillstand. Immer häufiger befreiten sich die Städte mit Geld von der Bedrohung. Auch deshalb verlor der ideologische Faktor bei den revolutionären Heeren weiter an Bedeutung. Ein Manifest mit den Vier Artikeln schickten die Hussiten dennoch nach Nürnberg, wo ihnen Verhandlungen darüber zugesichert wurden.

Nach Verwüstung des Umlands von Eger wurden die Hussitenkrieger nach ihrer Rückkehr festlich in Prag begrüßt; dennoch wurden hier restaurative Tendenzen vor allem durch eine zunehmende Beteiligung der Magnaten sichtbar. Von den großen Führern der hussitischen Heere stammte nur Prokop selbst aus dem Bürgertum, die anderen waren Adlige.

Dann folgten mehrere Einfälle in die Oberlausitz und nach Schlesien, wo Nimptsch (poln. Niemcza) zu einem langjährigen Stützpunkt der Hussiten wurde. Die Waisen und Taboriten griffen sogar in Ungarn (der heutigen Slowakei) ein und eroberten im Oktober 1431 die Bischofsstadt Neutra (Nitra). Ein Einfall in Niederösterreich wurde allerdings zurückgeschlagen.

Prokops Sondierungen beim polnischen König Władisław um seine Thronkandidatur scheiterten in Krakau an den unüberbrückbaren theologischen Gegensätzen. Der Pole war inzwischen im Krieg mit dem Litauer Świdrigiełło, dem Sohn des 1430 gestorbenen Witold, der wiederum Unterstützung vom Deutschen Orden erhielt.

Inzwischen rückte der Termin des längst geplanten Konzils von Basel heran, von dem sich viele auch eine Lösung des Hussitenproblems versprachen. Zwar hatte Martin V. im Februar 1431 den jungen Kardinal Giuliano Cesarini beauftragt, das Konzil zu eröffnen, aber gleichzeitig angewiesen, einen weiteren Kreuzzug gegen Böhmen zu verkünden, um damit Kompromisse mit den Hussiten auf dem Konzil zu unterbinden. Mit Martin V. starb aber im Februar 1431 der Hauptvertreter der radikalen Bekämpfung der Hussiten. Trotz der päpstlichen Sedisvakanz trat Cesarini mit dem Kreuzzugsaufruf im März 1431 in Nürnberg auf und organisierte den vierten Kreuzzug gegen die Hussiten. Auch Heinrich Beaufort und der burgundische Herzog Philipp der Gute engagierten sich bei die-

---

Oberpfalz, ebd. S. 181–222; Schlesinger, Die Hussiten in Franken; Krzenck, Heerfahrt; Petrin, Hussitenkrieg.

12.3 Die ‚herrlichen Feldzüge' und der Beginn des Basler Konzils (1431)

sem Projekt. Die außerordentliche päpstliche Zehntforderung an die katholischen Christen für den Kreuzzug schlug allerdings fehl.

König Siegmund war zunächst, anders als die Reichsfürsten, gegen einen regulären Kreuzzug gewesen und wollte eher einem ‚täglichen Krieg' in Böhmen den Vorzug geben, konnte aber schließlich nicht umhin, doch dem großen Feldzug zuzustimmen. Mit Sorge sah Siegmund nicht nur die hussitischen Züge in die Kronländer und andere Nachbarländer Böhmens, sondern auch die Gefahr, die Böhmen könnten sich für einen anderen, polnischen oder litauischen König entscheiden. Immerhin hatte ihm Polens König Władysław mitgeteilt, dass die Disputation mit den Hussiten in Krakau zu keinem Ergebnis geführt hatte. Noch wichtiger war es für Siegmund, die hussitische Teilnahme am Basler Konzil sicherzustellen, um nach den ständigen militärischen Niederlagen eine andere Lösung zu finden.[575] Ein Treffen des Königs, Friedrichs von Brandenburg und Vertretern des Konzils mit der hussitischen Fraktion in Eger[576] am 24. Mai 1431 brachte jedoch keine Ergebnisse. Die Hussiten, die von den Kriegsvorbereitungen im Reich wussten und sich deshalb trotz der eigenen Konflikte einig verhielten, waren nicht bereit, sich von vornherein den Beschlüssen des Konzils zu unterwerfen.

Die Kreuzzugsheere betraten im August 1431 das böhmische Land. Bei der Belagerung von Taus (Domažlice) erschien das Entsatzheer der Hussiten schneller, als sich die Kreuzzugsteilnehmer zur Verteidigung formieren konnten. Wieder kam es zur schmählichen Flucht der Kreuzfahrer, in deren Ohren die Kriegschoräle der hussitischen Krieger noch lange nachhallten. Diese erbeuteten auch die päpstliche Fahne und die Kreuzzugsbulle. Laurentius von Březová verfasste ein begeistertes Preislied auf den Sieg in Taus.[577] Der neue Schock dieser vierten Niederlage bewirkte, dass man nun doch zu einer Verhandlungslösung mit den Hussiten bereit war. Mit Eifer passte sich auch der Kreuzzugsführer Cesarini der neuen Lage an. Am 16. Oktober 1431 wurden die Hussiten zu Gesprächen mit dem Konzil eingeladen (nicht vorgeladen). Die Hussiten mit Ausnahme der Taboriten erklärten sich zur Teilnahme bereit.

Siegmund war kurz nach Taus, am 1. September 1431, zur Kaiserkrönung nach Italien aufgebrochen, wahrscheinlich froh, nicht wieder die ständigen Anklagen über seine Schuld an den militärischen Katastrophen hören zu müssen. Nach mannigfachen Schwierigkeiten in Italien und Verwicklungen mit Mailand, Florenz und Venedig, immer in Geldnöten und ohne ausreichende militärische Unterstützung, empfing er doch mit Hilfe seiner politischen und diplomatischen Gewandtheit die lombardische Eiserne Krone in Mailand im November 1431 und die Kaiserkrone in Rom vom neuen Papst Eugen IV. (1431–47) am Pfingstsonn-

---

[575] Zum Konzil: Meuthen, Basler Konzil; Helmrath, Basler Konzil.
[576] Zur Rolle Egers Heike Faltenbacher, Eger als antihussitisches Zentrum und als Verhandlungsort während des Basler Konzils, in: Machilek (Hg.), Die hussitische Revolution, S. 143–162.
[577] FRB V, S. 543–563.

tag, dem 14. Mai 1433.[578] Unter den Privilegierten, die er (wie üblich) nach der Krönung auszeichnete, war neben der Reichsstadt Nürnberg auch der treue und einflussreiche Egerer Bürgersohn Kaspar Schlick, den er als ersten Laien und Bürger zum Kanzler des Heiligen Römischen Reiches ernannte.[579] Mit der Kaiserkrone hatte Siegmund sein lang gehegtes großes Ziel erreicht. Da er sich, auch immer wieder an Gicht leidend, noch längere Zeit in Rom aufhielt, kam es mit dem Papst zu einer gewissen Verständigung. Als er endlich im Oktober 1433 in Basel ankam, war das Konzil schon über zwei Jahre im Gang.

12.4 Längerfristige Folgen und Wirkungen des Hussitismus

Johannes Hus und der Hussitismus haben im Geschichtsbewusstsein vor allem der tschechischen Gesellschaft, in Forschung und Bildung ein überaus erstaunliches Nachleben gehabt und eine große Wirkung bis in unsere Zeit entfaltet.

Schon František Palacký und besonders Friedrich von Bezold[580] hatten den Hussitismus als eine zugleich religiöse, nationale und soziale Bewegung gekennzeichnet. Heute wird dieses einfache Bild, das die Interaktionen der Aspekte weniger beachtet, zwar differenzierter gesehen, dennoch kann man sie zunächst getrennt betrachten.

Eine oft überragende Rolle in der tschechischen und deutschen Wissenschaft hatte im Zeitalter des modernen Nationalismus besonders die ethnische Frage gespielt.[581] Fremdenfeindliche und ‚nationale' Strömungen gegen die in den meisten Städten und am Hof dominierenden Deutschen sind schon im 14. Jahrhundert deutlich zu erkennen (▶ Kap. 7.2 und 11.1).

Während nach Peter von Zittau im 14. Jahrhundert die deutsche Sprache in den Städten und am Hof noch vorherrschte, hatten sich die ethnischen bzw. sprachlichen Verhältnisse im 15. Jahrhundert zu Gunsten der Tschechen und des Tschechischen verändert. In der älteren, vor allem deutschen Forschung hat man die Ursache für diese Entwicklung vor allem im Hussitismus gesehen.[582] Aber sie begann in der Tat schon in der Zeit Karls IV., wurde von den hussitischen Aktionen allerdings, öfters auch gewaltsam, beschleunigt. Die tschechi-

---

[578] Dazu Hoensch, Kaiser Sigismund, S. 371–399.
[579] Erkens, Kanzlei und Kanzler.
[580] Von Bezold, König Sigmund; Ders., Hussitenthum.
[581] Zum Folgenden vor allem Graus, Die Bildung eines Nationalbewusstseins im vorhussitischen Böhmen, Historica 13 (1966); Graus, Nationenbildung der Westslawen.
[582] Eine gute Zusammenfassung bei Šmahel, Die Hussitische Revolution, Bd. 1, S. 297–327 (Die ethnisch-nationalen Verhältnisse). Siehe auch die oben schon genannten detaillierten Werke von Šimák, Středověká kolonisace, und Schwarz, Volkstumsgeschichte.

12.4 Längerfristige Folgen und Wirkungen des Hussitismus

sche Mehrheit ergab sich bei den (bis 1420) überwiegend deutschen Städten durch Zuwanderung aus dem tschechischen Umland, so etwa in Kuttenberg, Tschaslau und Kolin. Überwiegend tschechisch wurden schon vor 1421 auch Königgraetz (Hradec Králové), Politschka (Polička), Prachatitz (Prachatice), Pilsen (Plzeň), Taus (Domažlice), Mies (Stříbro), Laun (Louny), Bilin (Bílína). Dagegen sind Tachau (Tachov), Luditz (Žlutice), Kaaden (Kadaň), Elbogen (Loket), Komotau (Chomutov), Brüx (Most), Tetschen (Děčín), Aussig (Ústí nad Labem), Böhmisch Leipa (Česká Lípa), teilweise auch Saaz (Žatec) deutsch geblieben, ebenso das geschlossene deutsche Sprachgebiet um Schluckenau (Šluknov), Rumburg (Rumburk) und Friedland (Frýdlant). Leitmeritz besaß bis 1421 eine deutsche Ratsmehrheit. In Ostböhmen behielten Braunau (Broumov), Trautenau (Trutnov) und Königinhof (Dvůr Králové) eine deutsche Mehrheit.

In den Städten Mährens, in Brünn (Brno), Olmütz (Olomouc), Iglau (Jihlava) und Znaim (Znojmo) verlief das Vordringen der Tschechen wesentlich langsamer als in Böhmen, in den Grenzregionen in Troppau (Opava), Jägerndorf (Krnov), Freiwaldau (Frývaldov), Ungarisch Hradisch (Uherské Hradiště) blieben die Deutschen vorherrschend.

Obwohl es einzelne deutsche Hussiten, wie oben berichtet, in Prag um die Schwarze Rose gab, blieben die deutschsprachigen Gebiete des Landes in dieser Zeit durchweg katholisch; dies gilt aber auch für die Tschechen in der katholischen Bastion um Pilsen und für die tschechische Bevölkerung unter dem katholischen Hochadel.

Während um 1360 in der Prager Altstadt das Patriziat rein deutscher Herkunft war, änderte sich das in den folgenden fünfzig Jahren zugunsten der Tschechen (s. Abb. 1, S. 232). Die Stadträte wurden je nach politischer und finanzieller Lage von König Wenzel immer wieder neu und ethnisch unterschiedlich besetzt. In einem deutschsprachigen Privileg dieses Königs vom 21. Januar 1413 wurde vorübergehend eine Parität beider Ethnien im Rat festgelegt[583], die aber bald wieder zugunsten der Tschechen verändert wurde. Während die Stadtrechte keinen ethnischen Unterschied machten, gab es sowohl deutsche wie tschechische, aber auch einige gemeinsame Zünfte. Die Deutschen dominierten im Textil- und Metallbereich, die Tschechen in der Lebensmittelverarbeitung, die vom tschechischen Umland Prags lebte.

Die Sprache war das einzige wirkliche Unterscheidungsmerkmal beider Völker und so bezeichneten sich die Tschechen mit dem Begriff *jazyk český* („tschechische Zunge").[584] Streitigkeiten um die Sprache nahmen seit dem 14. Jahrhundert in den Städten und um Kirchen und Kapellen (besonders wegen der Sprachkenntnisse von Pfarrern) zu.

Über die ‚nationalen' Konflikte und Entwicklungen in den Städten verfügen wir in der Regel über ausreichende Quellen, über ethnische Auseinandersetzun-

---

[583] Das Privileg bei Čelakovský (Hg.), Codex iuris municipalis 1, Nr. 131.
[584] Ferdinand Seibt, Hussitica, S. 58–124.

gen in den Dörfern und auf dem Land dagegen wissen wir nur wenig. Die Bauern in den Dörfern waren stets Untertanen von Grundherrschaften, also von Klöstern, adligen Herren oder auch Städten und daher auch von diesen in den Glaubensfragen und den damit jetzt verbundenen nationalen Aspekten abhängig. Auf Dauer allerdings setzte sich in den Dörfern in der Regel die Mehrheit sprachlich durch.

Zweifellos hat im europäischen Mittelalter die Nationalisierung in der Hussitenzeit der böhmischen Länder ihren Höhepunkt erreicht. Nach Ferdinand Seibt ist der böhmische Frühnationalismus mit seiner Propaganda der westlichen Entwicklung um zwei bis drei Generationen voraus gewesen.[585] Obwohl einzelne Erscheinungen durchaus an die Nationalitäten- und Volkstumskämpfe des 19. und 20. Jahrhunderts erinnern, behielt bei Hus und den Hussiten die religiöse Frage des Glaubens letzten Endes den Primat.

Die Rolle des Adels im Geschehen der Hussitenzeit muss heute differenzierter gesehen werden:[586] Er war nicht in einen fest gefügten hussitischen und katholischen Machtblock aufgeteilt. Unterschiedliche Positionen sogar innerhalb der Familien, Veränderungen der Parteiungen, Übertritte in beide Richtungen und Mischehen waren nicht selten. Am wichtigsten erwies sich zweifellos der Übertritt des mächtigen Ulrich von Rosenberg, der zunächst mit Čeněk von Wartenberg dem hussitischen Flügel anhing, im Juni 1420 zum entschiedenen Katholizismus – es folgte eine Verfolgung der Hussiten in seinem südböhmischen Fürstentum. Neben dem Glaubensfaktor wurde die ständische Zusammengehörigkeit des Hochadels immer wichtiger.

Nur einem sehr kleinen Teil des Niederadels, der in Böhmen auf etwa 2000, in Mähren auf 1000 Familien veranschlagt wird, gelang im Verlauf der Revolution ein sozialer und wirtschaftlicher Aufstieg, etwa einigen Dutzend Personen. Die anderen blieben nach wie vor von den großen Magnaten abhängig.

Selbstverständlich sind die religiösen und nationalen Vorstellungen und Argumente mit wirtschaftlich-sozialen Anliegen eng verwoben, wie etwa in der Entwicklung der Städte, des Bergbaus und in der Haltung des Adels deutlich wurde.

Ähnliches gilt auch für die Lage der Armen und das heißt vor allem der Bauern, die wohl zunächst mit dem Ausbruch der Revolution Hoffnungen auf eine Besserung ihrer Lage geschöpft hatten.[587] Denn in der Krise der böhmischen Gesellschaft in den zwei Jahrzehnten vor der Revolution (1400–1420) waren besonders die Bauern von den zahlreichen Kämpfen und Kriegen der Luxemburger und des Hochadels und vom Ansteigen der Zinsen geplagt worden. Ihre soziale Stellung hatte sich damals im Land, besonders in Südböhmen, zweifellos ver-

---

[585] Seibt, Hussitica, S. 117.
[586] Robert Novotný, Die Konfessionalität des böhmischen und mährischen Adels in der Zeit der Regierung Sigismunds von Luxemburg, in: Hruza/Kaar, Kaiser Sigismund, S. 57–74.
[587] Kejř, Bauernfrage; Šmahel, Die Hussitische Revolution, Bd. 3, S. 1775–1782.

12.4 Längerfristige Folgen und Wirkungen des Hussitismus

schlechtert. Zahlreiche Räuberbanden, die auch oft aus verarmten Bauern bestanden, drangsalierten und verheerten die Dörfer; organisiert und geführt wurden diese aber mit wenigen Ausnahmen von Burgbesatzungen des Hochadels oder vom ritterlichen Niederadel.

Die Hauptmasse der frühen Taboriten dürfte aus Bauern bestanden haben; die Forderung nach Abschaffung der Zinsen oder sogar die Abschaffung des Adels waren anfangs die radikalsten Äußerungen der chiliastischen Zeit. Auch die Städte galten am Anfang den Taboriten als sündige Orte, Prag wurde von ihnen als „Hure Babylon" bezeichnet. Doch wurden die Bauern keine kompakte gesellschaftliche Kraft, auch wenn sie in den Feldheeren mit ihren gefürchteten eisenbeschlagenen Dreschflegeln geradezu eine eigene Waffengattung bildeten; die dort führenden Personen waren dennoch durchweg kriegsgeübte Adlige. Die Masse der vor allem ländlichen Bevölkerung in den katholisch bzw. deutsch gebliebenen Gebieten hatten die schrecklichsten Seiten der hussitischen Feldheere erlebt: Brandschatzung, Vergewaltigung, Morde; hussitische Dörfer erlitten allerdings oft Ähnliches durch die königlichen, adligen oder auch städtischen Hussitengegner. Um zu überleben, musste sich die Dorfbevölkerung Schutzherren (auch mehreren nebeneinander) ausliefern, die oft nicht ihre eigentlichen Grundherren waren. Die soziale Lage der Bauern änderte sich durch den Hussitismus also nicht im Geringsten; schon 1420 verlangte selbst Tabor von seinen ländlichen Untertanen die üblichen Zinsen. Es gab sogar Bauern, die Tabor verließen, um sich unter die herkömmliche adlige Herrschaft der Rosenberger zu flüchten.[588] Nach dem Ende der Taboriten (nach der Schlacht von Lipany) zwangen die Grundherren ihre Untertanen ohne Rücksicht zur Rückkehr in ihre Herrschaft. Der grundbesitzende Adel hatte allerdings selbst unter dem Ausfall der Zinsen in der Kriegszeit zu leiden.

Wirft man schließlich einen Blick auf die weibliche Hälfte der Bevölkerung, so findet man zunächst eine relativ große Zahl von hochadligen Frauen, die schon in der Zeit des Hus der Reformrichtung zugetan waren, auch Königin Sophie gehörte vermutlich dazu. Daneben sind die städtischen Beginen zu nennen, die inzwischen wohl mehr tschechischsprachig waren, oft neben der Bethlehemskapelle wohnten und zu den eifrigsten Vertreterinnen des kirchlichen Reformprogramms gehörten. In der Revolutionszeit berichtet Laurentius von Březová auffallend regelmäßig von zahlreichen Frauen und Kindern nicht nur bei den Bergwallfahrten, wo Predigerinnen auftraten und sogar das Altarsakrament spendeten, sondern auch von Frauen und Kindern als ständigen Bestandteilen der taboritischen Feldheere. Dabei nahmen sie an den Kämpfen teil, etwa beim Bau von Befestigungsanlagen oder beim Ausheben von Gräben, wie sie etwa Žižka in Prag anordnete. Sie waren auch an den Untaten und Grausamkeiten der Taboriten beteiligt, zerstörten und vernichteten vielleicht aus eigenem Antrieb

---

[588] Kejř, Bauernfrage, S. 76.

etwa die Nonnenklöster St. Ambrosius und St. Katharina in der Neustadt.[589] In Einzelfällen waren sie sogar als Kämpferinnen tätig.[590]

Doch es gab auch andere Anzeichen wachsenden weiblichen Selbstbewusstseins. Als die Pfarrer einiger Kirchen der Prager Altstadt (St. Peter am Poříč sowie die Nikolaus- und Michaelskirche) von taboritenfreundlichen Pragern vertrieben wurden, weil sie gewagt hatten, kirchliche Dienste im herkömmlichen Ornat abzuhalten, und dafür radikale oder der Pikardie verdächtige Prediger eingesetzt wurden, versammelten sich zahlreiche Frauen vor dem altstädtischen Rathaus der gerade vereinigten Stadt. Laurentius klassifiziert sie in mittelalterlicher Weise als Jungfrauen, Witwen und Ehefrauen. Eine Jungfrau verlas ein tschechisches Protestschreiben vor den Ratsherren: Darin wird zwar den Taboriten für ihre Hilfe in Prag Anerkennung gezollt, aber ihre Maßnahmen in den Kirchen werden kritisiert und die Ratsherren werden zum Eingreifen aufgefordert. Diese aber nahmen die Frauen fest und versuchten, die Ehefrauen von den anderen zu trennen, um sie besser im Zaum halten zu können. Die Frauen aber verweigerten die Trennung und weigerten sich auch, den Brief auszuhändigen; zwei Stunden wurden sie im Rathaus eingesperrt und dann schließlich freigelassen. Eine Gemeindeversammlung, in welcher der Brief erneut von einer Jungfrau vorgelesen wurde, gab den Frauen schließlich Recht.[591]

Diese vom Utraquisten und Taboritengegner Laurentius berichteten Vorfälle in der Revolutionszeit kann man als Zeichen einer (vorübergehenden) Befreiung aus alten Geschlechterrollen sehen, auch wenn man nicht alle aus heutiger Sicht als gelungene Emanzipation bezeichnen würden.[592] Der Aufbruch der Frauen in neue Rollen endete jedoch bald wieder; im späteren Utraquismus waren sie wieder gezwungen, ihre alte Stellung im Haus und am Herd einzunehmen.

12.5 Das Konzil von Basel – Die Schlacht von Lipany – König Siegmund

Zwar hatte Papst Eugen IV. das Konzil von Basel wegen dessen Einladung an die Hussiten Ende 1431 aufgelöst, erkannte es aber, durch Siegmund gedrängt, Ende 1433 wieder an. Die Zahl der Teilnehmer, die wie der Kaiser auf eine Kirchenreform hofften, war inzwischen sehr angewachsen. Die Absicht des Konzils, seine Überordnung über den Papst zu dokumentieren, wird schon durch die Wieder-

---

[589] Laurentius, S. 388
[590] Laurentius, S. 371, 373, 378 f.
[591] Laurentius, S. 497–499.
[592] Dazu Císařová-Kolářová, Žena; Ein Forschungsüberblick bei Kopičková, Ženská otázka; Šmahel, Die Hussitische Revolution, Bd. 1, S. 536–544.

12.5 Das Konzil von Basel – Die Schlacht von Lipany – König Siegmund

holung des Konstanzer Dekrets *Haec sancta* deutlich. Eine ganze Reihe von Dekreten zur Kirchenreform, die vor allem die Machtfülle des Papsttums begrenzen sollten, wurde in Basel in den ersten Konzilsjahren tatsächlich beschlossen. Viele Konzilsväter planten sogar eine Absetzung des Papstes. Die Entstehung eines neuen Schismas konnte der Kaiser allerdings verhindern. Seine Spannungen mit dem Konzil blieben jedoch bestehen, eine entscheidende Rolle wie einst in Konstanz konnte er in Basel nicht spielen.

Die Einladung des Konzils war im November 1431 in Prag eingetroffen. Nach dem Tod des Erzbischofs Konrad von Vechta Ende Dezember stieg Jan Rokycana auf der folgenden Synode zum zentralen hussitischen Geistlichen auf. Unter seinem Einfluss, der auch auf seiner großen Rednergabe beruhte, konzentrierte sich die Synode auf die Vier Artikel und beachtete die radikaleren taboritischen Glaubensvorstellungen kaum. Die Taboriten bekräftigten diese aber in einem nach Basel geschickten Manifest.[593]

Während die Taboriten und Waisen einen Verwüstungsfeldzug in die Niederlausitz unternahmen,[594] traf sich eine große Konzilsgesandtschaft zu Vorverhandlungen mit den Hussiten im April/Mai 1432 in Eger, in Anwesenheit des Brandenburger Kurfürsten und einer Nürnberger Abordnung. Trotz heftiger Auseinandersetzungen verhielten sich die Konzilsleute eher nachgiebig, sodass der „Egerer Richter" (soudce Chebský) in elf Artikeln relativ viele der hussitischen Forderungen enthielt.[595] Eine Anhörung und sicheres Geleit nach Basel wurden ihnen zugesichert. Das Konzil billigte am 10. Oktober 1432 die Egerer Vereinbarungen. Es schickte für weitere Verhandlungen eine Delegation nach Prag, die dort von den Altstädtern und den Magistern der Universität freundlich aufgenommen wurde; einen vorgeschlagenen allgemeinen Waffenstillstand lehnten die Neustädter allerdings ab.

In Basel fand dann eine dritte Verhandlungsrunde statt. Die böhmisch-hussitische Abordnung mit Prokop an der Spitze kam ohne Hindernisse nach Basel, da Siegmund die Reise durch das Reich gesichert hatte. Mit der Kommission für Glaubensangelegenheiten des Konzils wurde über die Vier Artikel fast vier Monate lang heftig verhandelt: Über den Kelch kämpfte Jan Rokycana gegen den Konzilsjuristen Johann von Ragusa, über die Bestrafung der Todsünden stritt Nikolaus von Pilgram (Biskupek von Pelhřimov) mit dem Pariser Theologen Gilles Charlier, über die Predigtfreiheit Ulrich von Znaim mit dem Kölner Dominikaner Heinrich Kalteisen, über Macht und Besitz der Kirche (der gefährlichste Artikel)

---

[593] Zur Rolle der böhmischen Frage auf dem Konzil Hlaváček, Husité; Kejř, Česká otázka; Winfried Eberhard, Der Weg zur Koexistenz: Kaiser Sigmund und das Ende der hussitischen Revolution. Bohemia 33 (1992), S. 1–43; Josef Válka, Sigismund und die Hussiten oder: Wie eine Revolution beenden?, in: Hruza/Kaar (Hg.), Kaiser Sigismund, S. 21–56.
[594] Richard Jecht, Der Oberlausitzer Hussitenkrieg und das Land der Sechsstädte unter Kaiser Sigmund, 2 Bde., Görlitz 1911–1916.
[595] Molnár, Chebský soudce.

der englische Hussit Peter Payne[596] gegen Johannes Palomar. Die Hussiten waren über die Wirkungslosigkeit ihrer Wahrheit zwar enttäuscht, aber schließlich wurde ein Entwurf der Vereinbarungen zwischen dem Konzil und dem böhmisch-mährischen Landtag (die sog. Kompaktaten) formuliert, wobei auch Sigmund und die Fürsten Einfluss nahmen.[597] Außer beim Artikel 1, der den Kelch betraf, wurde der Wortlaut der anderen drei Artikel so mild und vorsichtig formuliert, dass sich das Konzil einverstanden erklären konnte.

Ein geplanter Rückzug der Feldheere aus Schlesien gegen 10.000 Schock Groschen scheiterte zunächst und bei einem Feldzug nach Österreich endete eine Schlacht bei Znaim unentschieden. Krieg war längst schon zum Selbstzweck der Feldheere geworden, persönliche Bereicherung der Anführer war an der Tagesordnung.

Das Heer der Taboriten, das auch mit dem polnischen König in Verbindung trat, drang wieder in Oberschlesien (Ratibor) und in Ungarn ein, rückte über Sillein (Žilina) in das Bergbauzentrum Kremnitz (Kremnica) vor, eroberte Käsmark (Kežmarok) und kehrte erfolgreich mit großer Beute zurück. Die Orebiten unter Jan Čapek, der dem polnischen Władysław Hilfe gegen jede Nation, besonders die deutsche, und damit gegen den Deutschen Orden zugesagt hatte, zogen über die Lausitzen und die Neumark bis Pommern und an die Danziger Bucht vor, nahmen zwölf Städte ein und eroberten die Zisterzienserklöster Pelplin und Oliva. Sie waren vom Salzwasser der Ostsee beeindruckt, schlossen schließlich einen Waffenstillstand mit dem Deutschen Orden und kehrten im Oktober 1433 nach Böhmen zurück. Damit endeten die ‚Herrlichen Feldzüge' in die Nachbarschaft der böhmischen Länder.

Jetzt beschlossen die Taboriten durchaus konsequent, die hartnäckigste katholische Bastion im Lande, Pilsen und seinen Landfriedensbund, anzugreifen und die Stadt zu belagern. Ein rücksichtsloser Plünderungszug in die Oberpfalz, den sie wegen ihrer Verpflegungsnot unternahmen, endete allerdings mit einer schweren Niederlage gegen den Pfalzgrafen Johann von Neumarkt. Das katholische Kriegswesen hatte sich inzwischen besser an die hussitischen Strategien angepasst.

Der wichtige Prager St. Martins-Landtag am Ende des Jahres, an dem viele Weltliche teilnahmen, behandelte und akzeptierte den ersten Entwurf der Kompaktaten. Er schloss ein weitreichendes Landfriedensbündnis und bildete eine neue Landesregierung, deren Grundlage die Vier Artikel sein sollten. Landesverweser wurde der Adlige Aleš Vřešťovský von Riesenburg, ein Hussit der ersten Stunde, der dem zwölfköpfigen Rat vorstand. Eine Bündnisurkunde nur mit *einem*, dem Siegel des Königreichs Böhmen versehen, bevollmächtigte diese Regierung für die Verhandlungen mit dem Konzil und König Sigmund. Sie sollte

---

[596] Šmahel, František, Magister Peter Payne: Curriculum vitae eines englischen Nonkonformisten, in: De Lange/Utz Tremp (Hg.), Friedrich Reiser, S. 241–260.
[597] Jetzt neu Šmahel, Die Basler Kompaktaten.

12.5 Das Konzil von Basel – Die Schlacht von Lipany – König Siegmund

auch das Landesaufgebot bestellen, Streitigkeiten schlichten, die Verwaltung organisieren, die Aufsicht über den säkularisierten Kirchenbesitz ausüben, sodass einige Historiker sogar von der Bildung eines ‚hussitischen Staates' sprechen.

Die adlige und ritterliche utraquistische Kriegeraristokratie begann das Übergewicht über die Radikalen zu gewinnen. Unter den Geistlichen gab es ebenfalls zwei Gruppierungen: die Gemäßigten unter Prokop von Pilsen und Jan Příbram, die Radikalen unter Prokop dem Großen, die gegen den Wortlaut der geplanten Kompaktaten protestierten. Jan Rokycana nahm eine Mittelstellung ein. Einen Hauptstreitpunkt der Diskussionen bildete die Frage der Restitution des entfremdeten Kirchenbesitzes. Mitte Januar 1434 reisten die Konzilsgesandten wieder ohne endgültige Ergebnisse ab.

Abschließende Verhandlungen mit Siegmund und Konzilslegaten geschahen im Juli 1435 in Brünn. Unlösbar blieben dabei die Frage der Säkularisation der Kirchengüter und die Wahl Rokycanas zum Prager Erzbischof.

In Basel stritt man daraufhin mit Siegmund über eine militärische Hilfe für Pilsen, die der Kaiser aber nicht anführen wollte. Seine eigenen Gespräche mit den Hussiten vor Pilsen scheiterten zwar, aber die letzten Angriffe der Hussiten wurden vom Pilsener Landfriedensbund abgewehrt, der außerdem einen Versorgungskonvoi der Taboriten abfing.

Der Ruf nach Frieden war inzwischen immer lauter geworden und die Kriegsmüdigkeit war überall spürbar.[598] Der utraquistische Adel zog sich aus den Aktionen der Feldheere zurück, denn er hatte damit nichts mehr zu gewinnen: Die ehemals kirchlichen und auch königlichen Besitzungen waren bereits weitgehend in ihrer Hand. Sie begannen, mit dem katholischen Adel, der sich ebenfalls daran bereichert hatte, eine zunächst verborgene Herren-Liga zu planen. Dann griffen sie mit dem Landesaufgebot, zu dem auch die Prager Altstadt gehörte, Anfang Mai 1434 die Neustadt an und eroberten sie.[599] Alles drängte auf eine endgültige Entscheidung.

Prokop der Große sammelte von Tabor aus ein Heer (mit Einheiten der Belagerer von Pilsen) und zog Richtung Prag. Manche der alten Mitkämpfer hielten sich allerdings jetzt schon abseits oder wechselten gar die Fronten. Die Herren, verstärkt durch Kräfte der Rosenberger, durch die Besatzung des Karlstein und den Pilsner Landfriedensbund, belagerten Böhmisch Brod (Český Brod) und erwarteten dort den Gegner. Zwei Heere von jeweils ungefähr 6000–8000 Mann in Wagenburgen trafen beim Dorf Lipany (unweit Böhmisch Brod) aufeinander. Nach vergeblichen Ausgleichsversuchen begann der Kampf. Ein taktischer Rückzug der Herren verwirrte die Taboriten, die deshalb die Kontrolle über die Schlacht verloren. Die Flucht von Čapeks Reitern kam hinzu, Prokop der Große fiel.[600]

---

[598] Molnár, Mír.
[599] Šmahel, Die Hussitische Revolution, Bd. 3, S. 1624–1641.
[600] Čornej, Lipanská. Seine Darstellung (ohne Belege) beginnt bereits mit dem Jahr 1431.

Die Schlacht von Lipany war die Entscheidung: Die Utraquisten waren die Sieger im Land. Einige taboritischen Städte, vor allem Kuttenberg, unterwarfen sich dem Landesverweser Aleš von Riesenburg, wenige (Königgraetz und Tabor) blieben noch taboritisch. Man kann den Abfall von den taboritischen Ideen durch die Adligen, Kämpfer, Bürger und Geistlichen mit František Šmahel als Verrat bezeichnen; sie handelten damit freilich nur in ihrem eigenen Interesse.

Den Sieg feierte der Kaiser im Ulmer Münster und empfing eine Abordnung der Böhmen in Regensburg, wo auch eine Basler Delegation eintraf, mit der weitere meist kontroverse Verhandlungen geführt wurden. Besonders auf Wunsch der Katholiken wurde auf dem Prager Landtag im Juni 1434 ein allgemeiner Waffenstillstand geschlossen. In Mähren schloss der utraquistische und katholische Adel einen fünfjährigen Landfrieden mit dem habsburgischen Markgrafen Albrecht. Auf einer Synode im Juli und bei einem auch Mähren betreffenden Prager Landtag im Oktober 1434 bekam die Partei Rokycanas das Übergewicht. Erfolgreich begannen auch die Verhandlungen mit Siegmund, der vor allem die hussitischen Besatzungen aus den ungarisch-slowakischen Burgen entfernt haben wollte. Bis 1435 wurden sie, ebenso wie Nimptsch in Schlesien, von den Resten der Feldheere geräumt.

Auf dem St. Valentins-Landtag im März 1435 sprach sich der Landesverweser Aleš und sein Rat für Siegmund als böhmischem König aus, der seinerseits die ständige Vertretung der königlichen Städte und des niederen Adels auf dem Landtag akzeptierte. Das war vor allem für die Städte die wichtigste Errungenschaft ihres schnellen Aufstiegs nach dem Tod ihres alten Herrn, König Wenzels. Die Altstadt Prag hatte in der Zeit der Sedisvakanz sogar Hoheitsrechte im Land übernommen. Die Wirtschaftskraft, die Finanzen und die Bevölkerungszahl sind der Hintergrund dieses städtischen Aufstiegs. Die Entwicklung zur künftigen Ständemonarchie wurde damit sichtbar, einen geistlichen Stand gab es allerdings zunächst nicht mehr.[601] Adel und Städte richteten noch weitere Forderungen an den König: Keine Ausländer (vor allem keine Deutschen), sondern nur böhmische oder mährische Utraquisten seien in den Landesämtern und im königlichen Rat zugelassen. Die Deutschen sollten auch keine Burgen oder anderes Eigentum im Land besitzen, die deutsche Sprache sollte innerhalb der Kirchenräume nicht mehr geduldet werden. Städte und Adel wandten sich auch gegen eine Rückkehr der Orden, denn man wollte den diesen entwendeten Besitz keinesfalls zurückgeben. Alle sprachen sich für eine Begrenzung der herrscherlichen Macht aus.

Ein weiteres Treffen mit Siegmund und Konzilsabgeordneten in Brünn im Juli 1435 führte wieder zum Streit. Jan Rokycana wurde nun zum Hauptvertreter hussitischer Interessen, während die Konzilsleute schon mit Projekten zur Rekatholisierung Mährens aufwarteten; dort war aber Markgraf Albrecht nicht bereit, deswegen gegen die utraquistische Adelsfraktion vorzugehen.

---

[601] Kejř, Entstehung des städtischen Standes; Čornej, Rozhled.

12.5 Das Konzil von Basel – Die Schlacht von Lipany – König Siegmund

Auf dem Prager Landtag September/Oktober 1435 wurde Jan Rokycana auf Wunsch der Hussiten zum Prager Erzbischof (mit zwei Suffraganbischöfen) gewählt, allerdings ohne die Unterstützung der Magister. Der neue Erzbischof wurde vom Konzil nicht akzeptiert und nicht beachtet.

Der letzte radikale Widerstand von Tabor-Hradiště (unter Friedrich von Strassnitz) endete Ende 1436 durch seine Niederlage gegen ein Rosenberger Heer. Siegmund gewann Friedrich für sich, indem er ihm die Übertragung der Stadt Kolin versprach. Tabor selbst wurde durch ein Privileg Siegmunds zur königlichen Stadt erhoben. Auch der Widerstand von Königgraetz endete, die Bürger selbst vertrieben die letzten taboritischen Kämpfer.

Nach weiteren Diskussionen aller Seiten mit dem Kaiser in Stuhlweißenburg (Székesfehérvár) wurde schließlich am 5. Juni 1436 in Iglau der endgültige Wortlaut der Kompaktaten verkündet, der fast ganz auf dem in Basel 1433 formulierten Text beruhte.[602] Siegmund wurde auf dem Iglauer Marktplatz als böhmischer König anerkannt und erschien am 23. August in Prag. Er bemühte sich mit allen Mitteln, auch das Konzil zum Einverständnis zu bewegen. Am 15. Januar 1437 schließlich bestätigte das Basler Konzil die Iglauer Kompaktaten mit einigen Einschränkungen.

Am ersten Landtag am Tag des hl. Wenzel (28. September 1436) begann der neue (oder erneuerte) König mit der Wiederherstellung der Ordnung in seinem Sinne.[603] Es gelang ihm, wegen der Verwüstungen der Kriegszeit eine Sondersteuer durchzusetzen, auch gelang ihm die Rückberufung deutscher bzw. katholischer Bergleute nach Kuttenberg. Die Landesämter besetzte er mit seinen Anhängern, die königstreu, aber meist utraquistisch gesinnt waren oder gewesen waren: Menhard von Neuhaus wurde Oberstburggraf, Aleš von Riesenburg Oberstlandschreiber, Jan von Kunvald der wirtschaftlich wichtige Unterkämmerer, der Katholik Nikolaus Zajíc von Hasenburg wurde Oberstlandrichter. Siegmund achtete natürlich darauf, in diese Ämter keine entschiedenen Hussiten zu berufen. Zwar ging der (selbst katholisch gesinnte) König vorsichtig vor, dennoch begann der Widerstand gegen seine Maßnahmen zuzunehmen.

Nach Rückkehr des Prager Domkapitels und der Neuweihung des Veitsdoms ließ der König am 11. Februar 1437 seine Ehefrau Barbara in Prag feierlich von dem Konzilsgesandten Bischof Philibert von Coutances zur böhmischen Königin krönen. Philibert hegte wohl selbst Hoffnungen auf den Prager Erzbischofssitz. Der gewählte Erzbischof Rokycana wurde nicht dazu eingeladen, die Spannungen zwischen Katholiken und Utraquisten wuchsen wieder und Rokycana zog sich vorsichtshalber auf eine Burg bei Pardubitz zurück. Die Missstimmung wuchs weiter, als Siegmund den hussitischen Anführer der inzwischen eroberten Burg Sion bei Königgraetz, Jan Roháč, mit einigen Anhängern als abschreckende Maßnahme auf dem Prager Altstadtring hängen ließ. Er erreichte damit

---

[602] Detailliert dargestellt bei Šmahel, Die Basler Kompaktaten, S. 74–89.
[603] Hoensch, Kaiser Sigismund, S. 449–464.

aber das Gegenteil. Auf einem Landtag Ende September verlas der Hochadlige Diviš Bořek von Miletínek zahlreiche Klagen über das Verhalten König Siegmunds ‚gegen die Nation'.[604] Mehrere Adlige aus der mittleren Schicht erklärten sich sogar zu seinen Feinden und schlossen Kampfbündnisse gegen ihn.

Der kranke König Siegmund fühlte sich in Prag nicht mehr wohl und sicher. Er versuchte zwar noch, die Regierungsübergabe in Prag an seinen Schwiegersohn Albrecht zu organisieren, auf seiner Reise nach Ungarn starb er jedoch am 9. Dezember 1437 im mährischen Znaim.

12.6 Das Nachleben des Hus und des Hussitismus

Mit Siegmund ging der letzte Luxemburger als böhmischer und römisch-deutscher König und Kaiser und ungarischer König dahin, der jüngste Sohn Kaiser Karls IV. Mit der Schlacht von Lipany und seiner Thronbesteigung in Prag endete die Zeit der hussitischen Revolution im engeren Sinne.

Ein Ende der religiös-konfessionellen und politischen Kämpfe um die böhmischen Länder aber war noch lange nicht erreicht. Die utraquistisch-protestantische Ständemonarchie sollte erst auf dem Schlachtfeld am Weißen Berg (Bílá hora) im Jahr 1620 enden; darauf folgte in den böhmischen Ländern die Gegenreformation der katholischen Habsburger.

Das Bild des Hus und des Hussitismus wandelte sich im Lauf der Zeit. Während die gemäßigten Hussiten (Utraquisten) Hussens Schriften weitgehend vergaßen und die katholische Seite die Hussiten stets weiterhin als verdammungswürdige Ketzer ansah, wurde Hus von Luther, der deutschen Reformation und vom Protestantismus (bis heute) als evangelischer Märtyrer erkannt und angesehen.[605] Für das tschechische Geschichtsbild im 19. und 20. Jahrhundert aber waren die nur knapp 20 Jahre der hussitischen Revolution im engeren Sinne von allergrößter Bedeutung. Zwar zeigte die tschechische Bevölkerung in der ersten Hälfte des 19. Jahrhunderts an Hus und am Hussitismus noch wenig Interesse und blieb katholisch. Aber eine ganz zentrale Rolle spielte der Hussitismus in der Geschichtstradition des tschechischen Bürgertums bei der nationalen ‚Wiedergeburt' im 19. und 20. Jahrhundert: in der Auseinandersetzung mit der Habsburger Monarchie und ihrer katholischen Kirche, mit den Deutschen überhaupt und dann bei der Gründung des tschechoslowakischen Staates 1918.

Der erste Schritt dazu wurde auch von gelehrten Historikern, besonders von František Palacký (1798–1876), dem „Vater" der tschechischen Geschichtswis-

---

[604] Archiv český 3, Nr. 28, S. 456 f.
[605] Haberkern, Patron Saint.

12.6 Das Nachleben des Hus und des Hussitismus

senschaft, getan.[606] Für ihn war die Zeit der Hussiten die ‚Blütezeit' der mittelalterlichen Geschichte Böhmens. Die Hussiten suchten dabei gegen den „deutschen Feudalismus" die alte „slawische Demokratie" (wie er sie im Rückgriff auf Cosmas sah) wiederzubeleben. Der Hussitismus hatte demnach also nicht nur religiöse und nationale, sondern auch demokratische Ziele; dieses Geschichtsbild konnte also gut gegen die katholische und deutsch-bestimmte Habsburger Monarchie verwendet werden, von der man sich emanzipieren und schließlich lösen wollte. Der Aufstieg der Tschechen auf allen Gebieten erfolgte mit diesem Geschichtsbild in der zweiten Hälfte des 19. Jahrhunderts. Noch im Jahr 1915, im ersten Weltkrieg, wurde auf dem Hauptplatz Prags, dem Altstädter Ring, nach heftigen Auseinandersetzungen das eindrucksvolle Denkmal des Hus (von Ladislav Šaloun) errichtet. Neben dem eher duldenden Hus spielte aber die Figur des kämpferischen radikalen Feldherrn Jan Žižka von Trocnov eine immer größere Rolle im tschechischen Nationalitätenkampf. Der Einwand von Josef Pekař (1870–1937), einem Historiker aus der bedeutenden Schule des Jaroslav Goll, man müsse die Hussitengeschichte vor allem aus den Quellen und Vorstellungen ihrer eigenen Zeit deuten, fand in der tschechischen Öffentlichkeit und Publizistik wenig Widerhall, wohl aber bei den deutschen (deutschböhmischen) Gegnern des tschechischen Aufstiegs in Wissenschaft und Politik.[607]

Auch der Philosoph, Staatsgründer und erste Präsident der tschechoslowakischen Republik, Tomáš G. Masaryk (1850–1937), folgte den Geschichtsvorstellungen Palackýs. Die hussitische Tradition in ihrer radikalen taboritischen Form wurde sogar zum offiziellen Geschichtsbild des neuen Staates. „Tabor ist unser Programm", erklärte Masaryk.[608] Auf dem Staatswappen stand fortan der hussitische Wahlspruch *Pravda vítězí* („Die Wahrheit siegt"), der ursprünglichen religiösen Bedeutung jetzt allerdings entkleidet; sie wurde von Masaryk im Sinne seines philosophischen Humanismus gedeutet. Eine neue hussitische Kirche gründete sich. Der 6. Juni, der Todestag Hussens, wurde 1925 zu einem staatlichen Gedenktag erhoben. Der Schriftsteller Alois Jirásek (1851–1930) verbreitete das Geschichtsbild Palackýs und Masaryks in zahlreichen populären und viel gelesenen Werken im Volk. Selbst die neue kommunistische Verfassung (von 1948)

---

[606] Hilsch, Johannes Hus, S. 284–298 (Nachleben); Šmahel/Doležalová (Hg.), František Palacký; Kořalka u. a., František Palacký. (Franz) Palacký schrieb zunächst in deutscher Sprache eine Geschichte von Böhmen, 5 Bde. Prag 1836–1867, dann die teilweise von der deutschen Version abweichende Dějiny národa českého v Čechách a v Moravě [Geschichte des tschechischen Volkes in Böhmen und Mähren], 5 Bde. Prag 1848–1867.

[607] Pekař, O smyslu českých dějin. Eine deutsche Übersetzung des Vortrags von Pekař mit Einleitung von Josef Pfitzner, Brünn u. a. 1937. Dazu auch Thomas Wünsch, Der Hussitismus als Deutungsparadigma der tschechischen Geschichte. Palacký, Pekař und der „Sinn der tschechischen Geschichte", in: Machilek (Hg.), Die hussitische Revolution, S. 265–277.

[608] Wahrscheinlich sprach Masaryk diese Worte bei seinem ersten Besuch der Stadt Tabor als Staatspräsident im Dezember 1918 zum ersten Mal (Bericht des tschechoslowakischen Rundfunks).

sah die hussitische Revolution als eine Quelle ihrer fortschrittlichen Tradition und als Erbe des gesamten Volkes.

Aber neben der Hussitengeschichte wurde auch die ‚restliche' mittelalterliche Geschichte der böhmischen Länder (vor allem der Přemyslidenzeit) in den Kampf um den Aufstieg des tschechischen Volkes einbezogen. Eine besonders heftige Auseinandersetzung mit den Deutschen entbrannte bis in die 20er Jahre des 20. Jahrhunderts um die gefälschten altschechischen Gedichte in den Königinhofer und Grünberger Handschriften, die in Alter und Würde der mittelhochdeutschen Lyrik und Epik gleichkommen sollten. Der Slawist und Archivar Václav Hanka (1791–1861) hatte sie ‚aufgefunden' und (vermutlich) selbst angefertigt. Palacký hielt sie für echt, die Nationalisten in der breiten Bevölkerung verteidigten sie lange erbittert, obwohl schon der tschechische Slawist Josef Dobrovský (1753–1829) und der Historiker Jaroslav Goll sie als Fälschung erkannten; ihrer Sicht schloss sich schließlich auch der Staatsgründer Masaryk an.[609]

Wir leben heute in Europa nach der tschechoslowakischen Wende in der „Samtenen Revolution" (Sametová revoluce) Ende 1989 in einer anderen Zeit. So ist zu hoffen, dass die alten vor allem tschechisch-deutschen nationalen Auseinandersetzungen und Kämpfe um das Geschichtsbild selbst zu historischen Erscheinungen werden und man auf beiden Seiten wieder möglichst unvoreingenommen zu den Quellen zurückkehren kann.

---

[609] Otruba, Rukopisy královédvorský a zelenohorský.

Abkürzungen und Siglen

AfD	Archiv für Diplomatik
AR	Archäologické rozhledy
AUC	Acta Universitatis Carolinae
ČČH	Český časopis historický [Tschechische Historische Zeitschrift]
ČD	České dějiny [Böhmische Geschichte]
CDB	Codex diplomaticus et epistolaris Bohemiae
CDM	Codex diplomaticus Moraviae
ČSČH	Československý časopis historický [Tschechoslowakische Historische Zeitschrift]
DA	Deutsches Archiv zur Erforschung des Mittelalters
FRB	Fontes Rerum Bohemicarum
HRG	Handwörterbuch zur deutschen Rechtsgeschichte
LexMA	Lexikon des Mittelalters
MGH	Monumenta Germaniae historica
MIÖG	Mitteilungen des Instituts für Österreichische Geschichte
MVGDB	Mitteilungen des Vereins für die Geschichte der Deutschen in Böhmen
RBM	Regesta Bohemiae et Moraviae
RGA	Reallexikon für Germanische Altertumskunde
RTA	Deutsche Reichstagsakten
ZHF	Zeitschrift für Historische Forschung
ZWLG	Zeitschrift für Württembergische Landesgeschichte

Literatur

Quellen

Aeneas Silvius Piccolomini, hg. von Josef Heinic, Historia Bohemica Bd. 1, Köln 2005.
Alte böhmische Annalen (Staří letopisové čeští 1378–1527), hg. von František Palacký, Prag 1829.
Andreas von Brod, De origine Hussitarum, hg. von Jaroslav Kadlec, Tábor 1980.
Archiv český, Bde. 1–6, hg. von František Palacký, Prag 1840–1872.
Bartošek von Drahonitz, hg. von Jaroslav Goll, FRB V, Prag 1893, S. 591–628.
Canonicus Wissegradensis, hg. von Josef Emler, FRB II, Prag 1874/75, S. 201–237.
Chronicon Aulae regiae [Die Königsaaler Chronik], hg. von Josef Emler, FRB IV, Prag 1884, S. 3–337.
Chronicon Universitatis Pragensis, hg. von Jaroslav Goll, FRB V, Prag 1893, S. 565–645.
Chroniken der schwäbischen Städte, hg. von Ferdinand Frensdorf, Augsburg/Leipzig 1865.
Codex diplomaticus Bohemiae (CDB), Bd. 1: Die Urkunden von 805–1197, Bd. 2 und 3: Die Urkunden bis 1240, hg. von Gustav Friedrich, Prag 1904–07.
Codex diplomaticus Moraviae (CDM), 14 Bde., hg. von Vincenc Brandl und Bertold Bretholz, Brünn 1836–1903.
Dalimil, Staročeská kronika tak řečeného Dalimila. Vydání textu a veškerého textového materiálu [Die alttschechische Chronik des sog. Dalimil. Edition des Textes und des gesamten Textmaterials], Bd. 1 und 2, hg. von Jiří Daňhelka u. a., Prag 1988.
Dalimil, Staročeská kronika tak řečeného Dalimila. Vydání textu a veškerého textového materiálu [Die alttschechische Chronik des sog. Dalimil. Edition des Textes und des gesamten Textmaterials], Bd. 3: Historischer Kommentar von Marie Bláhová, hg. von Jiří Daňhelka u. a., Prag 1995.
De administrando imperio, hg. von Gyula Moravcsik, Budapest 1949, ND Salzburg 1991.
De administrando imperio, übers. von Klaus Belke und Peter Soustal, Die Byzantinischen Geschichtsschreiber 19, Wien 1995.
De Theutonicis bonum dictamen. Ein deutschfeindliches Pamphlet aus Böhmen aus dem 14. Jahrhundert, hg. und übers. von Wilhelm Wostry, MVGDB 53 (1915), S. 193–238.
Die Chronik der Böhmen des Cosmas von Prag, hg. von Bertold Bretholz, Berlin ²1955.
Die Hussiten. Die Chronik des Laurentius von Březová 1414–1421, übers. von Josef Bujnoch, Slavische Geschichtsschreiber 11, Graz u. a. 1988.
Die Königsaaler Chronik. Eine deutsche Übersetzung aus dem Lateinischen, hg. von Josef Bujnoch (†) und Stefan Albrecht, eingel. von Peter Hilsch, Frankfurt a. M. 2014.
Eberhard Windeckes Denkwürdigkeiten zur Geschichte des Zeitalters Kaiser Siegmunds, hg. von Wilhelm Altmann, Berlin 1893.
Fredegar-Chroniken, hg. von Bruno Krusch, MGH SS rerum Merov. 2, 1988, S. 1–193.
Gerlach von Mühlhausen, hg. von Josef Emler, FRB II, Prag 1874/75, S. 461–516.
Gesandtschaftsauftrag des Dogen von Venedig, hg. von O. Scholz, MVGDB 52 (1914), S. 420–422.
Goldene Bulle Kaiser Karls IV. vom Jahre 1356, bearb. von Wolfgang D. Fritz, Weimar 1972.
Von der Hardt, Hermann, Magnum oecumenicum Constantiense concilium 1–6, Frankfurt a. M./Leipzig 1697–1700.
Hus, Tractatus de ecclesia, hg. von Samuel Harrison Thomson, Cambridge 1956.

Kronika velmi pěkná o Janu Žižkovi [Eine hübsche Chronik über Jan Žižka], hg. von Jaroslav Šůla, Hradec Králové 1979.
Laurentii de Brzezowa Historia Hussitica, hg. von Jaroslav Goll, FRB V, Prag 1893, S. 329-534.
Legenda Christiani. Vita et passio sancti Wenceslai et sancte Ludmile ave eius, hg. von Jaroslav Ludvíkovský, Prag 1978.
Liber diurnus, hg. von František Palacký, Monumenta Conciliorum 1, S. 287-357.
M. Jana Husi korespondence a dokumenty [Korrespondenz und Dokumente des Mag. J. Hus], hg. von Václav Novotný, Prag 1920.
Magnae Moraviae fontes historici, Bd. 3 (1969): Descriptio civitatum et regionum ad septentrionalem plagam Danubii, hg. von Dagmar Bartoňková u. a., Prag 1966-77.
Mönch von Sázava, hg. von Josef Emler, FRB II, Prag 1874/75, S. 238-269.
Nikolaus von Pilgram, Chronicon Taboritarum, hg. von Konstantin von Höfler, Geschichtsschreiber der hussitischen Bewegung 2, Wien 1856, S. 475-820.
Peter von Mladoniowitz, Relatio de Magistro Johanne Hus, hg. von Václav Novotný, FRB VIII, Prag 1932, S. 24-120.
Peter von Mladoniowitz, Relatio de Magistro Johanne Hus, übers. von Josef Bujnoch, Slavische Geschichtsschreiber Bd. 3, Graz 1963.
Regesta Bohemiae et Moraviae (RBM) Bd. 2, hg. von Joseph Emler, Prag 1882.
St. Wenzelslegende Kaiser Karls IV., hg. von Anton Blaschka, Prag 1934.
Steirische Reimchronik des Ottacher van der Geul, MGH Deutsche Chroniken V, Bd. 1 und 2, hg. von Joseph Seemüller, Hannover 1890/93, ND Zürich Dublin 1972.
Ulrich Richenthal, hg. von Thomas Martin Buck, Ostfildern ²2011.
Vincencius Kadłubek, Chronica Polonorum, hg. von Marian Plezia, Krakau 1994.
Eduard Mühle (Hg.), Die Chronik der Polen des Magisters Vincentius (Frh. von Stein-Ausgabe 48, zweisprachig), Darmstadt 2014.
Vinzenz von Prag, hg. von Josef Emler, FRB II, Prag 1874/75, S. 407-460.
Vita Caroli IV. Die Autobiographie Karls IV., hg., übers. und komment. von Eugen Hillenbrand, Stuttgart 1979. Aktualisiert und erweitert von Wolfgang Friedrich Stammler, Essen 2016.
Zlá léta [Schlimme Jahre], hg. von Josef Emler, FRB II 7, Prag 1875, S. 335-368.

Sekundärliteratur

Albrecht, Stefan (Hg.), Chronicon Aulae regiae – Die Königsaaler Chronik. Eine Bestandsaufnahme, Frankfurt a. M. 2013.
Albrecht, Stefan (Hg.), Großmähren und seine Nachbarn, Berlin 2021.
Auffahrt, Christoph, Die Ketzer. Katharer, Waldenser und andere religiöse Bewegungen, München 2005.
Bahlcke, Joachim u. a. (Hg.), Handbuch der Historischen Stätten. Böhmen und Mähren, Stuttgart 1998.
Bartoš, František Michálek, Čechy v době Husově [Böhmen in der Zeit des Hus], Prag 1947.
Bartoš, František Michálek, Husitství a cizina [Der Hussitismus und das Ausland], Prag 1931.
Banaszkiewicz, Jacek, Königliche Karrieren von Hirten, Gärtnern und Pflügern. Zu einem mittelalterlichen Erzählschema vom Erwerb der Königsherrschaft. Saeculum 33 (1982), S. 265-286.
Baumann, Winfried, Die Literatur des Mittelalters in Böhmen, München/Wien 1978.
Begert, Alexander, Die Entstehung und Entwicklung des Kurkollegs, Berlin 2010.

Behr, Hans-Joachim, Literatur als Machtlegitimation. Studien zur Funktion der deutschsprachigen Dichtung am böhmischen Königshof im 13. Jahrhundert, München 1989.
Bestmann, Uwe u. a. (Hg.), Hochfinanz, Wirtschaftsräume, Innovationen. Festschrift Wolfgang von Stromer, Bd. 1, Trier 1987.
Betti, Maddalena, The Making of Christian Moravia (858–882). Papal Power and Political Reality, Leiden/Boston 2014.
Beumann, Helmut/Schröder, Werner (Hg.), Aspekte der Nationenbildung im Mittelalter, Sigmaringen 1978.
Beumann, Helmut (Hg.), Kaisergestalten des Mittelalters, München ³1991.
Von Bezold, Friedrich, König Sigmund und die Reichskriege gegen die Hussiten bis zum Ausgang des dritten Kreuzzugs, München 1872.
Von Bezold, Friedrich, Studien zur Geschichte des Hussitenthums. Culturhistorische Studien, München 1874.
Bláhová, Marie/Hlaváček, Ivan (Hg.), Böhmisch-österreichische Beziehungen im 13. Jahrhundert, Prag 1998.
Bláhová, Marie, Das Werk des Prager Domherren Vincentius als Quelle für Italienzüge Friedrich Barbarossas. CIVIS, Studi e testi XVI (1982), S. 149–175.
Bláhová, Marie, Dějepisetství v českých zemích přemyslovského období [Die Geschichtsschreibung in den böhmischen Ländern der Přemyslidenzeit], in: Dobosz, Józef (Hg.), Przemyślidzi i Piastowie – twócy i gospordarze średiowiecznych monarchii [Přemysliden und Piasten – Entstehung und Wirtschaft der mittelalterlichen Monarchien], Poznań 2006, S. 107–139.
Bláhová, Marie, Die Hofgeschichtsschreibung am böhmischen Herrscherhof im Mittelalter, in: Schieffer, Rudolf (Hg.), Die Hofgeschichtsschreibung im mittelalterlichen Europa, Toruń 2006, S. 51–72.
Bláhová, Marie, Kroniky doby Karla IV. [Die Chroniken der Zeit Karls IV.], Prag 1987.
Bláhová, Marie, Vavřinec z Březové a jeho dílo [Laurentius von Březová und sein Werk], in: Dies. (Hg.), Vavřinec z Březové, Husitská kronika, Prag 1979, S. 305–316, 380–389.
Bláhová, Marie, Verschriftlichte Mündlichkeit in der Böhmischen Chronik des Domherrn Cosmas von Prag, in: Adamska, Anna/Mostert, Marco (Hg.), The Development of Literate Mentalities in East Central Europe, Utrecht 2004.
Bobková, Lenka/Bartlová, Milena, Velké dějiny zemí koruny české [Große Geschichte der Länder der böhmischen Krone] IV b, Prag 2003.
Bobková, Lenka, Jan Lucemburský. Otec slavního syna [Der Vater eines berühmten Sohnes], Prag 2018.
Bok, Václav, Zu dichterischen Aufgaben und Intentionen mittelhochdeutscher Autoren im Dienst der letzten Přemyslidenkönige, in: Hlaváček, Ivan (Hg.), Böhmen und seine Nachbarn in der Přemyslidenzeit, Ostfildern 2011, S. 437–456.
Bömelburg, Hans-Jürgen/Kersken, Norbert (Hg.), Mehrsprachigkeit in Ostmitteleuropa (1400–1700), Marburg 2020.
Borovský, Tomáš u. a. (Hg.), Ad Vitam et Honorem Jaroslavu Mezníkovi (zum 75. Geburtstag von Jaroslav Mezník), Brünn 2003.
Bosl, Karl (Hg.), Handbuch der Geschichte der böhmischen Länder (im Auftrag des Collegium Carolinum), Bd. 1, Stuttgart 1967.
Boubín, Jaroslav, Petr Chelčický. Myslitel a reformátor [Denker und Reformator], Prag 2005.
Brachmann, Hans Jürgen (Hg.), Burg – Burgstadt – Stadt. Zur Genese mittelalterlicher nichtagrarischer Zentren in Ostmitteleuropa, Berlin 1995.
Bretholz, Bertold, Geschichte Böhmens und Mährens, München/Leipzig 1912.
Charvát, Petr/Prosecký, Jiří (Hg.), Ibrahim ibn Ya'kub at-Turtushi. Christianity, Islam and Judaism Meet in East-Central Europe, Prag 1996.

Literatur

Charvát, Petr, The Emergence of the Bohemian State. East Central and Eastern Europe in the Middle Ages, Leiden/Boston 2010.
Charvátová, Kateřina, Václav II., král český a polský [Wenzel II., böhmischer und polnischer König], Prag 2007.
Cibulka, Josef, Český korunovačný řád a jeho původ [Der böhmische Krönungsordo und seine Herkunft], Prag 1934.
Čiháková, Jarmila/Zavřel, Jan, Das Itinerar Ibrahim ibn Jakubs und die neuen archäologischen Entdeckungen auf der Kleinseite, in: Charvát, Petr/Prosecký, Jiří (Hg.), Ibrahim ibn Ya'kub at-Turtushi. Christianity, Islam and Judaism Meet in East-Central Europe, Prag 1996.
Císařová-Kolářová, Anna, Žena v hnutím husitském [Die Frau in der Hussitenbewegung], Prag 1915.
Clauss, Martin, Ludwig IV. – der Bayer. Herzog, König, Kaiser, Regensburg 2014.
Collins, Roger, Die Fredegar-Chroniken, Hannover 2007.
Čornej, Petr, Jan Žižka. Život a doba husitského válečníka [Leben und Zeit des hussitischen Kriegsmannes], Prag 2019.
Čornej, Petr, Lipanská křižovatka. Příčiny, průběh a historický význam jedné bitvy [Lipany als Kreuzzugspunkt. Ursachen, Verlauf und historische Bedeutung einer Schlacht], Prag 1992.
Čornej, Petr, Rozhled, názory a postoje husitské inteligence v zrcadle dějepisetství 15. století [Die Aussichten, Anschauungen und Stellung der hussitischen Intelligenz im Spiegel der Geschichtsschreibung des 15. Jahrhunderts], Prag 1986.
Čornej, Petr, Velké dějiny zemí koruny české [Große Geschichte der Länder der böhmischen Krone] V (1402–1437), Prag/Leitomischl 2000.
Čornej, Petr, Žižkova bitva u Malešova [Žižkas Schlacht bei Maleschau], Jihočeský sborník historický 49 (1980), S. 152–166.
Dekan, Ján, Moravia Magna. Großmähren – Epoche und Kunst, Bratislava 1980.
Dendorfer, Jürgen/Deutinger, Roman (Hg.), Das Lehenswesen im Hochmittelalter. Forschungskonstrukte – Quellenbefunde – Deutungsrelevanz, Ostfildern 2010.
Dendorfer, Jürgen, Der König von Böhmen als Vasall des Reiches? Narrative der deutschsprachigen Forschung des 19. und 20. Jahrhunderts im Lichte der Diskussion um das Lehenswesen, in: Görich, Knut/Wihoda, Martin (Hg.), Friedrich Barbarossa in den Nationalgeschichten Deutschlands und Ostmitteleuropas (19. und 20. Jh.) Köln u. a. 2017, S. 229–284.
Doležalová, Eva/Šimůnek, Robert (Hg.), Ecclesia als Kommunikationsraum in Mitteleuropa (13.–16. Jahrhundert), München 2011.
Dumas, Françoise, Emma regina, in: Cahn, Herbert A./Le Rider, Georges (Hg.), Actes du 8ème Congrès International de Numismatique, New York-Washington, septembre 1973, Paris/Bâle 1976, S. 405–413.
Durdík, Tomáš, Adelsburgen im Rahmen des böhmischen Burgenbaus im 13. Jahrhundert, Castrum bene 1 (1979), S. 247–262.
Durdík, Tomáš, České hrady [Böhmische Burgen], Prag 1984.
Dvořáčková-Malá, Dana/Zelenka, Jan (Hg.), Na dvoře knížat a králů doby přemyslovské [Am Hof der Fürsten und Könige der Přemyslidenzeit], Prag 2011.
Dvořáčková-Malá, Dana (Hg.), Dvory a residence ve středověku [Höfe und Residenzen im Mittelalter], Prag 2006.
Dvornik Francis, Byzantine Mission among the Slavs, New Brunswick 1970.
Eberhard, Winfried/Machilek, Franz (Hg.), Kirchliche Reformimpulse des 14./15. Jahrhunderts in Ostmitteleuropa, Köln u. a. 2006.
Engel, Evamaria (Hg.), Karl IV. Politik und Ideologie im 14. Jahrhundert, Weimar 1982.
Erkens, Franz-Reiner, Über Kanzlei und Kanzler König Sigismunds, AfD 33(1987), S. 429–458.

Fajt, Jiří/Hörsch, Markus (Hg.), Kaiser Karl IV. 1316–2016. 1. Bayrisch-Tschechische Landesausstellung. Katalog, Prag 2016.
Fajt, Jiří/Royt, Jan, Magister Theodoricus. Hofmaler Kaiser Karls IV., Prag 1997.
Favreau-Lilie, Marie-Luise, König Wenzel und Reichsitalien. Beobachtungen zu Inhalt, Form und Organisation politischer Kommunikation, MIÖG 109 (2001), S. 315–345.
Felskau, Frederik, Agnes von Böhmen, in: Samerski, Stefan (Hg.), Die Landespatrone der böhmischen Länder. Geschichte – Verehrung – Gegenwart, Paderborn 2009, S. 67–84.
Frauenknecht, Erwin/Rückert, Peter (Bearb.), Kaiser Karl IV. (1316–1378) und die Goldene Bulle, Stuttgart 2016.
Frenken, Ansgar, Das Konstanzer Konzil, Stuttgart 2015.
Fried, Johannes, Das Widmungsbild des Aachener Evangeliars, der „Akt von Gnesen" und das frühe polnische und ungarische Königtum; eine Bildanalyse und ihre historischen Folgen, Wiesbaden 1989.
Frolík, Jan, Prag und die Prager Burg im 10. Jahrhundert, in: Henning, Joachim (Hg.), Europa im 10. Jahrhundert, Archäologie einer Aufbruchzeit, Mainz ²2008, S. 161–169.
Gerlich, Alois, Habsburg – Luxemburg – Wittelsbach im Kampf um die deutsche Königskrone, Wiesbaden 1960.
Gerlich, Alois, König Johann von Böhmen. Aspekte luxemburgischer Reichspolitik, Wiesbaden 1973.
Görich, Knut/Wihoda, Martin (Hg.), Friedrich Barbarossa in den Nationalgeschichten Deutschlands und Ostmitteleuropas (19. und 20. Jh.), Köln u. a. 2017.
Görich, Knut/Wihoda, Martin (Hg.), Verwandschaft – Freundschaft – Feindschaft. Politische Bindungen zwischen dem Reich und Ostmitteleuropa in der Zeit Friedrich Barbarossas. Wien u. a. 2019.
Görich, Knut, Friedrich Barbarossa. Eine Biographie, München 2011.
Gramsch, Robert, Das Reich als Netzwerk der Fürsten. Strukturen unter dem Doppelkönigtum Friedrichs II. und Heinrichs (VII). 1225–1235, Ostfildern 2013.
Graus, František, Böhmen im 9. bis 11. Jahrhundert. Von der „Stammesgesellschaft" zum mittelalterlichen „Staat", Settimane di Studio 30,1, Spoleto 1983, S. 169–199.
Graus, František, Böhmen zwischen Bayern und Sachsen. Zur böhmischen Kirchengeschichte des 10. Jahrhunderts, Historica 17 (1969).
Graus, František, Dějiny venkovského lidu v době předhusitské [Die Geschichte des Landvolkes in der vorhussitischen Zeit] I, Prag 1953.
Graus, František, Der Herrschaftsantritt St. Wenzels in den Legenden, in: Lemberg, Hans u. a. (Hg.), Osteuropa in Geschichte und Gegenwart. Festschrift Günther Stöckl, Köln/Wien 1977, S. 287–300.
Graus, František, Die Entwicklung der Legenden der sog. Slavenapostel Konstantin und Method in Böhmen und Mähren. Jahrbücher für Geschichte Osteuropas NF 19 (1971), S. 161–211.
Graus, František, Die Nationenbildung der Westslawen im Mittelalter, Sigmaringen 1980.
Graus, František, Die Problematik der deutschen Ostsiedlung aus tschechischer Sicht, in: Schlesinger, Walter (Hg.), Die deutsche Ostsiedlung als Problem der europäischen Geschichte. Sigmaringen 1975, S. 31–75.
Graus, František, Lebendige Vergangenheit. Überlieferung im Mittelalter und in den Vorstellungen vom Mittelalter, Köln/Wien 1975.
Graus, František, Pest – Geißler – Judenmorde. Das 14. Jahrhundert als Krisenzeit, Göttingen 1987.
Graus, František, Prag als Mitte Böhmens 1346–1421., in: Meynen, Emil (Hg.), Zentralität als Problem der mittelalterlichen Stadtgeschichtsforschung, Köln/Wien 1979.
Graus, František, Přemysl Otakar II. – sein Ruhm und sein Nachleben. Ein Beitrag zur Geschichte politischer Propaganda und Chronistik, MIÖG 79 (1971), S. 57–110.

Literatur

Graus, František, Struktur und Geschichte. Drei Volksaufstände im mittelalterlichen Prag, Sigmaringen 1971.
Grundmann, Herbert, Ketzergeschichte des Mittelalters, Göttingen ³1978.
Haberkern, Phillip N., Patron Saint and Prophet. Jan Hus in the Bohemian and German Reformations, Oxford 2016.
Härtel, Reinhard, Böhmens Ausgriff nach Süden, in: Hlaváček, Ivan/Patschovsky, Alexander (Hg.), Böhmen und seine Nachbarn in der Přemyslidenzeit, Ostfildern 2011, S. 203–245.
Hardt, Matthias, Aspekte der Herrschaftsbildung bei den frühen Slawen, in: Pohl, Walter/Diesenberger, Max (Hg.), Integration und Herrschaft. Ethnische Identitäten und soziale Organisation im Frühmittelalter, Wien 2002, S. 249–255.
Hartmann, Martina, Lotharingien in Arnolfs Reich. Das Königtum Zwentibolds, in: Fuchs, Franz/Schmid, Peter (Hg.), Kaiser Arnolf. Das ostfränkische Reich am Ende des 9. Jahrhunderts, München 2002, S. 122–142.
Hartmann, Wilfried (Hg.), Ludwig der Deutsche und seine Zeit, Darmstadt 2004.
Hartmann, Wilfried, Ludwig der Deutsche, Darmstadt 2002.
Hásková, Jarmila, Emma Regina in Numismatic and Historical Sources, in: Hackens, Tony/Weiller, Raymond (Hg.), Actes du 9ème Congrès Internationale de Numismatique, Berne, septembre 1979, Lovain-La-Neuve 1982, S. 794–797.
Heinig, Paul Joachim u. a. (Hg.), Reich, Regionen und Europa im Mittelalter und Neuzeit. Festschrift für Peter Moraw, Berlin 2000.
Hejnic, Josef/Polívka, Miloslav, Plzeň v husitské revoluci [Pilsen in der hussitischen Revolution], Prag 1987.
Helmrath, Johannes, Das Basler Konzil 1431–1449. Forschungsstand und Probleme, Köln 1987.
Hergemöller, Bernd-Ulrich, Maiestas Carolina. Der Kodifikationsentwurf Karls IV. für das Königreich Böhmen von 1355, München 1995.
Herold, Vilém, Pražská univerzita a Wyclif [Die Prager Universität und Wyclif], Prag 1985.
Heyen, Franz-Josef (Hg.), Balduin von Luxemburg, Erzbischof von Trier – Kurfürst des Reiches, Mainz 1985.
Higounet, Charles, Die deutsche Ostsiedlung im Mittelalter, München 1990.
Hilsch, Peter, Bořivoj von Svinaře als Landvogt im Elsass. Zur königlichen Politik König Wenzels gegenüber Straßburg und der elsässischen Landvogtei, ZWLG 40 (1982), S. 436–451.
Hilsch, Peter, Das Weltbild Ottos von Thüringen und Peters von Zittau, in: Albrecht, Stefan (Hg.), Chronicon Aulae regiae – Die Königsaaler Chronik. Eine Bestandsaufnahme, Frankfurt a. M. 2013, S. 109–121.
Hilsch, Peter, Der Bischof von Prag und das Reich in sächsischer Zeit, DA 28 (1972), S. 1–41.
Hilsch, Peter, Der Kampf um die Libertas ecclesiae im Bistum Prag, in: Seibt, Ferdinand (Hg.), Bohemia Sacra. Das Christentum in Böhmen 973-1973, Düsseldorf 1974, S. 295–306.
Hilsch, Peter, Di tutsch kronik von Behem lant. Der Verfasser der Dalimilübertragung und die deutschböhmische Identität, in: Herbers, Klaus u. a. (Hg.), Ex ipsis rerum documentis. Beiträge zur Mediävistik. Festschrift für Harald Zimmermann, Sigmaringen 1991, S. 103–115.
Hilsch, Peter, Die Bischöfe von Prag in der frühen Stauferzeit, München 1969.
Hilsch, Peter, Die Hussitenkriege als spätmittelalterlicher Ketzerkrieg, in: Brendle, Franz/Schindling, Anton (Hg.), Religionskriege im Alten Reich und in Alteuropa, Münster 2006, S. 59–69.
Hilsch, Peter, Die Juden in Böhmen und Mähren im Mittelalter und die ersten Privilegien (bis zum Ende des 13. Jahrhunderts), in: Seibt, Ferdinand (Hg.), Die Juden in den böhmischen Ländern, München/Wien 1983, S. 13–26.
Hilsch, Peter, Die Kreuzzüge gegen die Hussiten. Geistliche und weltliche Macht in Konkurrenz, in: Bahlcke, Joachim u. a. (Hg.), Konfessionelle Pluralität als Herausforderung. Koexistenz

und Konflikt in Spätmittelalter und Früher Neuzeit. Wilfried Eberhard zum 65. Geburtstag, Leipzig 2006, S. 201-215.
Hilsch, Peter, Familiensinn und Politik bei den Přemysliden. Jaromir-Gebehard, Bischof von Prag und Kanzler des Königs, in: Mordek, Hubert (Hg.), Papsttum, Kirche und Recht im Mittelalter (Festschrift Horst Fuhrmann zum 65.), Tübingen 1991, S. 215-231.
Hilsch, Peter, Gräfin Agnes, in: Hirbonian, Sigrid u. a. (Hg.), Frauen in Württemberg, Ostfildern 2016, S. 43-50.
Hilsch, Peter, Herzog, Bischof und Kaiser bei Cosmas von Prag, in: Hauck, Karl/Mordek, Hubert (Hg.), Geschichtsschreibung und geistiges Leben im Mittelalter. Festschrift Heinz Löwe, Köln/Wien 1978, S. 356-372.
Hilsch, Peter, Johannes Hus. Prediger Gottes und Ketzer, Regensburg 1999.
Hilsch, Peter, Zur Rolle von Herrscherinnen: Emma Regina in Frankreich und in Böhmen, in: Eberhard, Winfried/Lemberg, Hans/Heimann, Heinz-Dieter/Luft, Robert (Hg.), Westmitteleuropa - Ostmitteleuropa. Vergleiche und Beziehungen. Festschrift Ferdinand Seibt, München 1992.
Hlaváček, Ivan/Patschovsky, Alexander (Hg.), Böhmen und seine Nachbarn in der Přemyslidenzeit, Ostfildern 2011.
Hlaváček, Ivan, Das Urkunden- und Kanzleiwesen des böhmischen und römischen Königs Wenzel (IV.) 1376-1419, Stuttgart 1970.
Hlaváček, Ivan, Husité a basilejský koncil po soudci chebském [Die Hussiten und das Konzil von Basel nach dem Egerer Richter], in: Soudce smluvený v Chebu [Der Egerer Richter], Sborník příspěvků přednesených na sympoziu k 550. výročí [Sammelwerk zum 550. Jahrestag des Gedenkens], Cheb/Prag o. J. [1983].
Hlaváček, Ivan, K organizaci státního správního systému Václava IV. Dvě studie o jeho itineráři a radě [Zur Organisation des staatlichen Verwaltungssystems Wenzel IV. Zwei Studien zu seinem Itinerar und seinem Rat], AUC Phil. et Hist., Prag 1991.
Hlaváček, Ivan, König Wenzel (IV.) und seine zwei Gefangennahmen, in: Falkowski, Wojciech (Hg.), Kings in Captivity (Quaestiones Medii Aevi Novae 18), Warschau 2013, S. 115-149.
Hlaváček, Ivan, Konrad von Vechta, Beiträge zur Geschichte der Stadt Vechta I 1 (1974), S. 5-35.
Hlaváček, Ivan, Wenzel IV., sein Hof und seine Königsherrschaft vornehmlich über Böhmen, in: Schneider, Reinhard (Hg.), Das spätmittelalterliche Königtum im europäischen Vergleich, Sigmaringen 1987 (Vorträge und Forschungen 32), S. 201-232.
Hledíková, Zdeňka, Arnošt z Pardubic, Wyschehrad 2008.
Hledíková, Zdeňka, Biskup Jan IV. z Dražic [Bischof Johannes IV. von Draschitz], Prag 1992.
Hledíková, Zdeňka, Synody v pražské diecesi v letech 1349-1419 [Die Synoden in der Prager Diözese], ČČH 18 (1970), S. 117-146.
Hoensch, Jörg K., Die Luxemburger. Eine spätmittelalterliche Dynastie gesamteuropäischer Bedeutung 1308-1437, Stuttgart 2000.
Hoensch, Jörg K., Kaiser Sigismund. Herrscher an der Schwelle zur Neuzeit, München 1996.
Hoensch, Jörg K., Přemysl Otakar II. von Böhmen. Der goldene König, Graz u. a. 1989.
Hoffmann, František, Bojové družiny na Moravě a v Čechách před husitskou revolucí a za revoluce [Kriegerische Gefolgschaften in Mähren und Böhmen vor und in der hussitischen Revolution], Táborský archiv 6 (1994).
Hohensee, Ulrike u. a. (Hg.), Die Goldene Bulle. Politik - Wahrnehmung - Rezeption, Berlin 2009.
Hruza, Karel/Kaar, Alexandra (Hg.), Kaiser Sigismund (1368-1437). Zur Herrschaftspraxis eines europäischen Monarchen. Wien u. a. 2012.
Jan, Libor/Drahoš, Zdeněk (Hg.), Osobnosti moravských dějin [Persönlichkeiten der mährischen Geschichte] 1, Brünn 2006.

Jan, Libor, K počátkům české šlechty. Družina, beneficium, pozemkové vlastnictví [Zu den Anfängen des böhmischen Adels. Gefolgschaft, beneficium, Landbesitz], Prag 2007, S. 45-52.
Jan, Libor, Václav II. a struktury panovnické moci [Wenzel II. und die Strukturen der Macht des Herrschers], Brünn 2006.
Jan, Libor, Václav II., Král na stříbrném trůnu [Der König auf dem silbernen Thron], Prag 2015.
Jan, Libor, Věrně po boku svého krále [Treu an der Seite seines Königs], Bruno ze Schaumburku, in: Jan, Libor/Drahoš, Zdeněk (Hg.), Osobnosti moravských dějin [Persönlichkeiten der mährischen Geschichte] 1, Brünn 2006, S. 63-76.
Janáček, Josef, Stříbro a ekonomika českých zemí ve 13. století [Das Silber und die Wirtschaft der böhmischen Länder im 13. Jahrhundert], ČSČH 20 (1972), S. 875-906.
Kaufhold, Martin, Interregnum, Darmstadt ³2007.
Kavka, František, Am Hofe Karls IV., Stuttgart 1990.
Kavka, František, Vláda Karla IV. za jeho císařství [Die Herrschaft Karls IV. nach seiner Kaiserkrönung] 1355-1378, 2 Bde., Prag 1993.
Kehne, Peter/Tejral, Jaroslav, Markomannen, RGA 19 (2001), S. 290-302.
Kehne, Peter, Marbod, RGA 19 (2001), S. 258-262.
Kejř, Jiří, Česká otázka na basilejském koncilu [Die böhmische Frage auf dem Basler Konzil], Husitský Tábor 8 (1985), S. 107-132.
Kejř, Jiří, Die Anfänge der Stadtverfassung und des Stadtrechts in den Böhmischen Ländern, in: Schlesinger, Walter (Hg.), Die deutsche Ostsiedlung als Problem der europäischen Geschichte, Sigmaringen 1975, S. 439-470.
Kejř, Jiří, Die mittelalterlichen Städte in den böhmischen Ländern. Gründung - Verfassung - Entwicklung, Köln u. a. 2010.
Kejř, Jiří, Die sog. Maiestas Carolina, in: Fahlbusch, Friedrich Bernward (Hg.), Studia Luxemburgensia, Warendorf 1989, S. 79-122.
Kejř, Jiří, Husův proces [Der Prozess gegen Hus], Prag 2000.
Kejř, Jiří, Z počátků české reformace [Aus den Anfängen der böhmischen Reformation], Brünn 2006.
Kejř, Jiří, Zur Bauernfrage im Hussitentum. Jahrbuch für Geschichte des Feudalismus 7 (1983), S. 50-77.
Kejř, Jiří, Zur Entstehung des städtischen Standes im hussitischen Böhmen, in: Töpfer, Bernhard (Hg.), Städte und Ständestaat, Berlin 1980, S. 195-213.
Kenny, Anthony (Hg.), Wyclif in his Times, Oxford 1986.
Kersken, Norbert/Tebruck, Stefan (Hg.), Interregna im mittelalterlichen Europa. Konkurrierende Kräfte in politischen Zwischenräumen, Marburg 2020.
Kersken, Norbert/Vercamer, Grischa (Hg.), Macht und Spiegel der Macht. Herrschaft in Europa im 12. und 13. Jahrhundert vor dem Hintergrund der Chronistik, Wiesbaden 2013.
Kersken, Norbert, Geschichtsschreibung im Europa der „nationes". Nationalgeschichtliche Gesamtdarstellungen im Mittelalter, Köln u. a. 1995.
Kintzinger, Martin/Rogge, Jörg (Hg.), Königliche Gewalt - Gewalt gegen Könige, Berlin 2004.
Klápště, Jan, Poznámky o sociálních souvislostech počátků šlechtických hradů v českých zemích [Bemerkungen zu den sozialen Zusammenhängen der Anfänge der Adelsburgen in den böhmischen Ländern], AR 55 (2003), S. 786-800.
Klápště, Jan, Proměna českých zemí ve středověku [Der Wandel der böhmischen Länder im Mittelalter], Prag 2005.
Klápště, Jan, The Czech Lands in Medieval Transformation, Leiden 2012.
Klassen, John M., Warring Maidens, Captive Wives and Hussite Queens. Women and Men at War and at Peace in Fifteenth Century Bohemia, New York 1999.
Köhler, Joachim (Hg.), Das Konstanzer Konzil. Umstrittene Rezeptionen, Berlin 2016.
Köpf, Ulrich (Hg.), Theologen des Mittelalters. Eine Einführung, Darmstadt 2002.

Kopičková, Božena/Vidmanová, Anežka, Listy za Husovo obranu z let 1410–1412. Konec jedné legendy? [Die Urkunden zur Verteidigung Hussens. Das Ende einer Legende?], Prag 1999.
Kopičková, Božena, Česká královna Žofie. Ve znamení kalicha a kříže [Die böhmische Königin Sophie. Im Zeichen von Kelch und Kreuz], Prag 2018.
Kopičková, Božena, Jan Želivský, Prag 1990.
Kopičková, Božena, Ženská otázka v českém středověku [Die Frauenfrage im böhmischen Mittelalter], ČSČH 37 (1989), S. 561–574, 682–695.
Kořalka, Jiří u. a., František Palacký (1798–1876), der Historiker der Tschechen im österreichischen Vielvölkerstaat, Wien 2007.
Krieger, Karl-Friedrich, Die Habsburger im Mittelalter. Von Rudolf I. bis Friedrich III., Stuttgart ²2004.
Krieger, Karl-Friedrich, Rudolf von Habsburg, Darmstadt 2003.
Krzemienská, Barbara, Břetislav I., Prag 1986.
Krzenck, Thomas, Die große Heerfahrt der Hussiten und der Bamberger Aufstand im Februar 1430, Mediaevalia historica Bohemica 2 (1992), S. 119–141.
Landwehr, Götz, Die Verpfändung der deutschen Reichsstädte im Mittelalter, Köln/Graz 1967.
De Lange, Albert/Utz Tremp, Kathrin (Hg.), Friedrich Reiser und die „waldensisch-hussitische Internationale" im 15. Jahrhundert, Heidelberg 2006.
Legner, Anton (Hg.), Die Parler und der Schöne Stil 1350–1400, 2 Bde., Köln 1978.
Liebertz-Grün, Ursula, Das andere Mittelalter. Erzählte Geschichte und Geschichtserkenntnis um 1300. Studien zu Ottokar von Steiermark, Jans Enikel, Seifried Helbling, München 1984.
Loserth, Johann, Hus und Wyclif. Zur Genesis der hussitischen Lehre, München/Berlin ²1925 (zuerst Prag/Leipzig 1884).
Lutovský, Michal/Profantová, Naďa, Sámova Říše [Das Samoreich], Prag 1995.
Lutovský, Michal, Der Verlauf der Zentralisierungsprozesse im frühmittelalterlichen Böhmen, in: Sikora, Przemysław (Hg.), Zentralisierungsprozesse und Herrschaftsbildung im frühmittelalterlichen Ostmitteleuropa, Bonn 2014, S. 93–125.
Lück, Heiner, Der Sachsenspiegel: das berühmteste deutsche Rechtsbuch des Mittelalters, Darmstadt 2017.
Macháček, Jiří, Großmähren, das Ostfränkische Reich und der Beginn des Staatsbildungsprozesses in Ostmitteleuropa – Archäologische Perspektiven, in: Zehetmayer, Roman (Hg.), Im Schnittpunkt frühmittelalterlicher Kulturen. Niederösterreich an der Wende vom 9. zum 10. Jahrhundert, St. Pölten 2008.
Macháček, Jiří, Großmähren im neuen Diskurs. Die Suche nach alternativen Erklärungsmodellen, in: Albrecht, Stefan (Hg.), Großmähren und seine Nachbarn, Berlin 2021, S. 29–58.
Machilek, Franz (Hg.), Die hussitische Revolution. Religiöse, politische und regionale Aspekte, Köln u. a. 2012.
Machilek, Franz, Jan Hus (um 1372–1415). Prediger, Theologe, Reformator, Münster 2019.
Machilek, Franz, Klöster und Stifte in Böhmen und Mähren von den Anfängen bis zum Beginn des 14. Jahrhunderts, in: Rothe, Hans (Hg.), Deutsche in den böhmischen Ländern, Köln 1992, S. 1–27.
Machilek, Franz, Schlesien, Hus und die Hussiten, in: Ders. (Hg.), Die hussitische Revolution. Religiöse, politische und regionale Aspekte, Köln u. a. 2012, S. 109–141, S. 181–222.
Majer, Jiří, Der böhmische Erzbergbau im 14. und 15. Jahrhundert. Grundzüge seiner Entwicklung und Auswirkungen, in: Tasser, Rudolf/Westermann, Ekkehard (Hg.), Der Tiroler Bergbau und die Depression der europäischen Montanwirtschaft im 14. und 15. Jahrhundert, Innsbruck 2004, S. 108–117.
Marani-Moravová, Běla, Peter von Zittau. Abt, Diplomat und Chronist der Luxemburger, Ostfildern 2019.

McCormick, Michael, Verkehrswege, Handel und Sklaven zwischen Europa und dem Nahen Osten um 900, in: Henning, Joachim (Hg.), Europa im 10. Jahrhundert. Archäologie einer Aufbruchszeit, Mainz ²2008, S. 171–180.
Menghin, Wilfried, Die Langobarden. Archäologie und Geschichte, Stuttgart 1985.
Měřinský, Zdeněk, České země od příchodu Slovanů po Velkou Moravu [Die böhmischen Länder von der Ankunft der Slawen bis zum Großmährischen Reich], Bd. 1, Prag 2002.
Meuthen, Erich, Das Basler Konzil als Forschungsproblem der europäischen Geschichte. Rheinisch-Westfälische Akademie der Wissenschaften. Vorträge G 274, Opladen 1985.
Mezník, Jaroslav, K národnostním složení předhusitské Prahy [Zu den nationalen Verhältnissen des vorhussitischen Prag]. Sborník historický 17 (1970), S. 5–30.
Mezník, Jaroslav, Lucemburská Morava [Das luxemburgische Mähren] 1310–1423, Prag 1999.
Molnár, Amedeo, Chebský soudce [Egerer Richter], in: Soudce smluvený v Chebu [Der in Eger abgesprochene Richter], o. J. (1983), S. 9–37.
Molnár, Amedeo, Die Waldenser. Geschichte und Ausmaß einer europäischen Ketzerbewegung, Freiburg i. Br. 1993.
Molnár, Amedeo, Mír v husitském myšlení [Der Frieden im hussitischen Denken], Husitský Tábor 4 (1981), S. 21–30.
Molnár, Amedeo, Na rozhraní věků. Cesty reformace [An der Scheide der Zeitalter. Die Wege der Reformation], Prag 1985.
Monnet, Pierre, Karl IV., der europäische Kaiser, Darmstadt 2021.
Moraw, Peter (Hg.), „Bündnissysteme" und „Außenpolitik" im späteren Mittelalter, ZHF Beiheft 5, Berlin 1988.
Moraw, Peter, Die Universität Prag im Mittelalter. Grundzüge ihrer Geschichte im europäischen Zusammenhang, in: Die Universität zu Prag, München 1986, S. 9–134.
Moraw, Peter, Gesammelte Beiträge zur deutschen und europäischen Universitätsgeschichte, Leiden 2008.
Mühle, Eduard, Die Piasten. Polen im Mittelalter, München 2011.
Mühle, Eduard, Die Slawen im Mittelalter, Berlin 2016.
Müller, Heribert/Helmrath, Johannes (Hg.), Die Konzilien von Pisa (1409), Konstanz (1414–18) und Basel (1431–49). Institutionen und Personen, Ostfildern 2007.
Müller, Heribert, Die kirchliche Krise des Spätmittelalters: Schisma, Konziliarismus und Konzilien, München 2012.
Nechutová, Jana, Die lateinische Literatur des Mittelalters in Böhmen, Köln 2007.
Neumann, Günter u. a., Quaden, RGA 23 (2003), S. 624–640.
Nodl, Martin (Hg.), Moc a její symbolika ve středověku [Die Macht und ihre Symbolik im Mittelalter], Prag 2011.
Novotný, Václav, České dějiny [Böhmische Geschichte], Bd. 1,1–1,4, Prag 1912–1937.
Novotný, Václav, M. Jan Hus, Život a Učení [Leben und Lehre], Teil 1: Život a dílo [Leben und Werk], Prag 1919.
Oberste, Jörg, Ketzerei und Inquisition im Mittelalter, Darmstadt 2007.
Okresní archiv [Kreisarchiv] Cheb (Hg.), Soudce smluvený v Chebu [Der Egerer Richter], Cheb 1982.
Otruba, Mojmír, Rukopisy královédvorský a zelenohorský. Dnešní stav poznání [Die Königinhofer und Grünberger Handschriften. Der heutige Stand der Erkenntnisse], mit dtsch. Zusammenfassung, Prag 1969.
Weltin, Max /Kusternig, Andreas (Hg.), Ottokar-Forschungen. Jahrbücher für Landeskunde von Niederösterreich NF 44/45 (1978/79).
Pánek, Jaroslav u. a. (Hg.), Husitství – reformace – renesance. (Zum 60. Geburtstag von František Šmahel), Prag 1994.
Patschovsky, Alexander/Šmahel, František (Hg.), Eschatologie und Hussitismus, Prag 1996.

Patschovsky, Alexander, Die Anfänge einer ständigen Inquisition in Böhmen. Ein Prager Inquisitoren-Handbuch aus der ersten Hälfte des 14. Jahrhunderts, Berlin 1975.

Patschovsky, Alexander, Quellen zur böhmischen Inquisition im 14. Jahrhundert, Weimar 1979.

Patschovsky, Alexander, Über die politische Bedeutung von Häresie und Häresieverfolgung im mittelalterlichen Böhmen, in: Segl, Peter (Hg.), Die Anfänge der Inquisition im Mittelalter, Köln u. a. 1993.

Patze, Hans, Die Pegauer Annalen, die Königserhebung Wratislaws von Böhmen und die Anfänge der Stadt Pegau, Jahrbuch für die Geschichte Mittel- und Ostdeutschlands 12 (1963/64), S. 1–62.

Patzold, Steffen, Das Lehenswesen, München 2012.

Pauk, Marcin Rafal, Der böhmische Adel im 13. Jahrhundert. In: Ivan Hlaváček/Alexander Patschovsky (Hg.), Böhmen und seine Nachbarn in der Přemyslidenzeit, Ostfildern 2011, S. 247-287.

Pauly, Michel (Hg.), Die Erbtochter, der fremde Fürst und das Land, Luxemburg 2013.

Pauly, Michel (Hg.), Johann der Blinde. Graf von Luxemburg, König von Böhmen 1296-1346, Luxemburg 1997.

Pekař, Josef, O smyslu českých dějin [Vom Sinn der böhmischen/tschechischen Geschichte], Prag 1929, erweiterter ND Prag 1990.

Penth, Sabine/Thorau, Peter (Hg.), Rom 1312. Die Kaiserkrönung Heinrichs VII. und die Folgen, Köln u. a. 2016.

Petrin, Silvia, Der österreichische Hussitenkrieg 1430–34, Wien ²1994.

Plassmann, Alheydis, Origo gentis. Identitäts- und Legitimationsstiftung in früh- und hochmittelalterlichen Herkunftserzählungen, Berlin 2006.

Pohl, Walter, Die Awaren. Ein Steppenvolk in Mitteleuropa 567–822, München 1988.

Pohl, Walter (Hg.), Die Langobarden. Herrschaft und Identität, Wien 2005.

Polanský, Luboš u. a. (Hg.), Přemyslovský stát kolem roku 1000 [Der přemyslidische Staat um 1000], Prag 2000.

Polanský, Luboš, Spor o původ české kněžny Emmy [Der Streit um die Herkunft der böhmischen Fürstin Emma], in: Polanský, Luboš u. a. (Hg.), Přemyslovský stát kolem roku 1000 [Der přemyslidische Staat um 1000], Prag 2000, S. 27–49.

Prinz, Friedrich, Böhmen im mittelalterlichen Europa, München 1984.

Purš, Jaroslav/Kropilák, Miroslav (Hg.), Přehled dějin Československa [Ein Überblick über die Geschichte der Tschechoslowakei], Bd. 1 (bis 1526), Prag 1980.

Reichert, Winfried, Landesherrschaft zwischen Reich und Frankreich. Verfassung, Wirtschaft und Territorialpolitik in der Grafschaft Luxemburg, 2 Bde., Trier 1993.

Richter, Jan u. a. (Hg.), Karl IV., ein Kaiser in Brandenburg, Potsdam 2016.

Rösener, Werner, Zur Problematik des spätmittelalterlichen Raubrittertums, in: Maurer, Helmut/Patze, Hans (Hg.), Festschrift für Berent Schwineköper, Sigmaringen 1982.

Rothe, Hans (Hg.), Deutsche in den Böhmischen Ländern, Köln u. a. 1992.

Rychterová, Pavlína, Aufstieg und Fall des Přemyslidenreiches. Erforschung des böhmischen Früh- und Hochmittelalters in der gegenwärtigen tschechischen Mediävistik, ZHF 34 (2007), S. 629–647.

Rzihacek, Andrea/Spreitzer, Renate (Hg.), Philipp von Schwaben, Wien 2010.

Samerski, Stefan (Hg.), Die Landespatrone der böhmischen Länder. Geschichte – Verehrung – Gegenwart, Paderborn 2009.

Schlesinger, Gerhard, Die Hussiten in Franken. Der Hussiteneinfall unter Prokop dem Großen im Winter 1429/30, Kulmbach 1974.

Schlesinger, Walter (Hg.), Die deutsche Ostsiedlung des Mittelalters als Problem der europäischen Geschichte, Sigmaringen 1975.

Schlotheuber, Eva/Seibert, Hubertus (Hg.), Böhmen und das Deutsche Reich. Ideen- und Kulturtransfer im Vergleich (13.–16. Jahrhundert), München 2009.
Schlotheuber, Eva/Seibert, Hubertus (Hg.), Soziale Bindungen und gesellschaftliche Strukturen im späten Mittelalter (14.–16. Jahrhundert), München 2013.
Schneider, Reinhard (Hg.), Das spätmittelalterliche Königtum im europäischen Vergleich, Sigmaringen 1987.
Schnith, Karl, Kardinal Heinrich Beaufort und der Hussitenkrieg, in: Bäumer, Remigius (Hg.), Von Konstanz nach Trient, Festgabe Franzen, München 1972, S. 119–138.
Schubert, Ernst, Königsabsetzung im deutschen Mittelalter. Eine Studie zum Werden der Reichsverfassung, Göttingen 2005.
Schwarz, Ernst, Volkstumsgeschichte der Sudetenländer, 2 Bde., München 1965/66.
Sedláček, August, Hrady, zámky a tvrze království českého [Burgen, Schlösser und Festungen des böhmischen Königreichs], 15 Bde., Prag 1931–1937 / ND 1993 ff.
Sedlák, Jan, M. Jan Hus, Prag 1915.
Sedlák, Jan, Studie a texty k životopisu Husovu [Studien und Texte zu Hussens Vita], Olmütz 1914/15.
Seibt, Ferdinand u. a. (Hg.), Jan Hus. Zwischen Zeiten, Völkern, Konfessionen, München 1997.
Seibt, Ferdinand (Hg.), Die Juden in den böhmischen Ländern (Bad Wiesseer Tagungen des Collegium Carolinum), München/Wien 1983.
Seibt, Ferdinand, Hussitenstudien. Personen, Ereignisse, Ideen einer frühen Revolution, München 1987.
Seibt, Ferdinand, Hussitica. Zur Struktur einer Revolution, Köln/Graz 1965.
Seibt, Ferdinand (Hg.), Kaiser Karl IV. Staatsmann und Mäzen, München 1978.
Seibt, Ferdinand, Karl IV. Ein Kaiser in Europa 1346 bis 1378, München 1978.
Seibt, Ferdinand (Hg.), Lebensbilder zur Geschichte der böhmischen Länder 4, München/Wien 1981.
Sikora, Przemysław (Hg.), Zentralisierungsprozesse und Herrschaftsbildung im frühmittelalterlichen Ostmitteleuropa, Bonn 2014.
Skála, Emil, Die Ortsnamen von Böhmen, Mähren und Schlesien als Geschichtsquelle, Bohemia 43 (2002), S. 385–411.
Šimák, Jaroslav V., Středověká kolonisace v zemích českých [Die mittelalterliche Kolonisation in den böhmischen Ländern], Prag 1938.
Šmahel, František/Doležalová, Eva (Hg.), František Palacký 1798/1998, dějiny a dnešek [František Palacký: Geschichte und Gegenwart], Prag 1999.
Šmahel, František u. a., Dějiny Tábora do roku 1452 [Die Geschichte Tabors bis 1452], 2 Bde., České Budějovice 1988–90.
Šmahel, František, Die Basler Kompaktaten mit den Hussiten (1436). Untersuchung und Edition, Wiesbaden 2019.
Šmahel, František, Die Hussitische Revolution, 3 Bde., Hannover 2002.
Šmahel, František, Die Prager Universität im Mittelalter, Leiden 2015.
Šmahel, František, Idea národa v husitských Čechách [Die Idee der Nation im hussitischen Böhmen], Prag ²2000.
Šmahel, František, Jan Žižka z Trocnova, Prag 1969.
Šmahel, František, Magistri Hieronymi de Praga Quaestiones, polemica, epistolae (darin Leben und Werk des Hieronymus von Prag), Turnhout 2010.
Šmahel, František, The Parisian Summit 1377/78, Prag 2014.
Sommer, Petr (Hg.), Boleslaw II. Der tschechische Staat um das Jahr 1000, Prag 2001.
Sós, Ágnes Cs., Die slawische Bevölkerung Westungarns im 9. Jahrhundert, München 1973.
Soukup, Pavel, Jan Hus, Stuttgart 2014.

Soukup, Pavel, 11.7.1412. Poprava tří mládenců. Odpustkové bouře v Praze [Die Hinrichtung dreier junger Männer. Die Ablassunruhen in Prag], Prag 2019.
Soukupová, Helena, Svatá Anežka Česká. Život a legenda [Die hl. Agnes von Böhmen. Leben und Legende], Prag 2015.
Spěváček, Jiří, Jan lucemburský a jeho doba [Johann von Luxemburg und seine Zeit], Prag 1994.
Spěváček, Jiří, Král diplomat [Der König als Diplomat]. Jan Lucemburský 1296–1346, Prag 1982.
Spěváček, Jiří, Václav IV. (Wenzel IV.), Prag 1986.
Spieß, Karl-Heinz (Hg.), Ausbildung und Verbreitung des Lehenswesens im Reich und in Italien im 12. und 13. Jahrhundert, Ostfildern 2013.
Štěpán, Václav, Moravský markrabě Jošt [Der mährische Markgraf Jost] 1354–1411. Brno 2002.
Stoob, Heinz, Die mittelalterliche Städtebildung im südöstlichen Europa, Köln/Wien 1977.
Sturm, Heribert, Eger. Die Geschichte einer Reichsstadt, München ²1960.
Stürner, Wolfgang, Friedrich II. 1194–1250, Bd. 2, Darmstadt ³2009.
Stürner, Wolfgang, 13. Jahrhundert 1198–1273 (Gebhardt-Handbuch der deutschen Geschichte 6), Stuttgart 2007.
Šusta, Josef, Karel IV. Otec a syn [Karl IV. Vater und Sohn] 1333–1346, Prag 1946.
Šusta, Josef, Karel IV. Za císařskou korunou [Um die Kaiserkrone] 1346–1355, Prag 1948.
Šusta, Josef, Král cizinec [König Fremdling], Prag 1939.
Šusta, Josef, Soumrak Přemyslovsků a jejich dědictví [Die Dämmerung der Přemysliden und ihr Erbe], Prag 1935.
Swoboda, Karl M. (Hg.), Gotik in Böhmen, München 1969.
Tejral, Jaroslav, Zur Frage langobardischer Funde nördlich der mittleren Donau, in: Pohl, Walter (Hg.), Die Langobarden. Herrschaft und Identität, Wien 2005, S. 53–72.
Thorau, Peter, König Heinrich (VII.), das Reich und die Territorien, Berlin 1998.
Třeštík, Dušan, Kosmova kronika [Die Chronik des Cosmas], Prag 1968.
Univerzita Karlova [Karlsuniversität] u. a. (Hg.), Karolus Quartus, Prag 1984.
Un Itinéraire européen. Jean L'Aveugle, comte de Luxembourg et roi de Bohême 1296–1346, CLUDEM 1996.
Van Dussen, Michael, From England to Bohemia. Heresy and Communication in the Later Middle Ages, Cambridge 2012.
Vaněček, Václav (Hg.), Karolus Quartus. Sborník vědeckých prací [Sammelband wissenschaftlicher Arbeiten], Prag 1984.
Vaníček, Vratislav u. a., Dějiny zemí koruny české I: Od příchodu Slovanů do roku 1740 [Geschichte der Länder der böhmischen Krone. Von der Ankunft der Slawen bis 1740], Prag/Leitomischl 1995.
Vaníček, Vratislav, Strukturální vývoj sociálních elit v českých zemích do roku 1310 [Die strukturelle Entwicklung der sozialen Eliten in den böhmischen Ländern bis 1310], in: Genealogia, Toruń 2003, S. 233–300 (dtsch. Zusammenfassung).
Vavřínek, Vladimír, Církevní misie v dějinách Velké Moravy [Kirchliche Mission in der Geschichte Großmährens], Prag 1963.
Weiers, Michael, Geschichte der Mongolen, Stuttgart 2004.
Weiss, Stefan, Karl IV. und das Geld – Einige Beobachtungen, in: Penth, Sabine/Thorau, Peter (Hg.), Rom 1312. Die Kaiserkrönung Heinrichs VII. und die Folgen, Köln u. a. 2016, S. 207–220.
Wenskus, Reinhard, Stammesbildung und Verfassung. Das Werden der mittelalterlichen gentes, Köln ²1977.
Werunsky, Emil, Geschichte Kaiser Karls IV. und seiner Zeit. 3 Bde., Innsbruck 1880–1892.
Widder, Ellen, Itinerar und Politik. Studien zur Reiseherrschaft Karls IV. südlich der Alpen, Köln u. a. 1993.
Wieczorek, Alfred/Hinz, Hans-Martin (Hg.), Europas Mitte um 1000, Bd. 1–3, Stuttgart 2000.

Wihoda, Martin, Die Herrschaftslegitimation im böhmischen Fürstentum des 11. Jahrhunderts. Kontinuitäten und Wandlungen, in: Rychterová, Pavlína (Hg.), Das Charisma. Funktionen und symbolische Repräsentationen, Berlin 2008, S. 385–404.
Wihoda, Martin, Die Mojmiriden in den Machtstrukturen des ostfränkischen Reiches, in: Albrecht, Stefan (Hg.), Großmähren und seine Nachbarn, Berlin 2021, S. 59–75.
Wihoda, Martin, Die sizilischen Goldenen Bullen von 1212. Kaiser Friedrichs II. Privilegien für die Přemysliden im Erinnerungsdiskurs, Wien u. a. 2012.
Wihoda, Martin, Ein schwieriges Bündnis. Philipp von Schwaben, die Přemysliden und die Veränderungen im Osten des Reiches, in: Rzihacek, Andrea/Spreitzer, Renate (Hg.), Philipp von Schwaben, Wien 2010, S. 227–244.
Wihoda, Martin, Grossmähren und seine Stellung in der Geschichte, in: Sikora, Przemysław (Hg.), Zentralisierungsprozesse und Herrschaftsbildung im frühmittelalterlichen Ostmitteleuropa, Bonn 2014, S. 61–91.
Wihoda, Martin, Macht und Struktur der Herrschaft im Herzogtum Böhmen. Grundlagen, Legitimierung und zeitgenössische Vorstellungen, in: Kersken, Norbert/Vercamer, Grischa (Hg.), Macht und Spiegel der Macht. Herrschaft in Europa im 12. und 13. Jahrhundert vor dem Hintergrund der Chronistik, Wiesbaden 2013, S. 341–358.
Wihoda, Martin, Privatisierung im 13. Jahrhundert? Die tschechische Mediaevistik und die Interpretation der Přemyslidenzeit, Bohemia 47,1 (2006/07), S. 172–183.
Wofram Herwig, Grenzen und Räume. Geschichte Österreichs vor seiner Entstehung, Wien 1995.
Wolfram, Herwig, Salzburg - Bayern - Österreich. Die Conversio Bagoariorum et Carantanorum und die Quellen ihrer Zeit, MIÖG 31 (1995), S. 87–100.
Wozniak, Thomas, Naturereignisse im frühen Mittelalter. Das Zeugnis der Geschichtsschreibung vom 6. bis 11. Jahrhundert, Berlin 2020.
Žemlička, Josef, Die dritte Basler Urkunde Friedrichs II. für die Přemysliden (26. September 1212). Zur Interpretation des Begriffs Mocran et Mocran, AfD 53 (2007), S. 251–289.
Žemlička, Josef, Počátky Čech královských 1198–1253. Proměna státu a společnosti [Die Anfänge des Königreichs Böhmen. Der Wandel in Staat und Gesellschaft], Prag 2002.
Zycha, Adolf, Das böhmische Bergrecht des Mittelalters auf Grundlage des Bergrechts von Iglau, 2 Bde., Berlin 1900.

Stammtafeln

Genealogie[610]

Es sind jeweils die im Text erwähnten Herrscher aufgenommen.

Römische Kaiser

Augustus 27 v.–14 n. Chr.
Tiberius 14–37
Drusus, Sohn des Tiberius † 23
Marc Aurel 161–180
Commodus 180–192
Diocletian 284–305
Justinian I. 527–565

Fränkische Könige und Kaiser

Dagobert 623–639
Karl der Große 768–814
Pippin, Sohn Karls (?)
Ludwig der Fromme 814–840
Ludwig der Deutsche 833–876
Arnulf von Kärnten 887–899
Karl III. der Dicke 882–888

Römisch-deutsche Könige und Kaiser

Heinrich I. 919–936
Otto I. 936–973
Adelheid 962–999
Otto II. 961–983
Theophanu 972–991
Otto III. 983–1002
Heinrich II. 1002–1024
Konrad II. 1024–1039
Heinrich III. 1039–1056
Heinrich IV. 1056–1106
Heinrich V. 1106–1125
Lothar 1125–1137
Konrad III. 1138–1152
Friedrich I. Barbarossa 1152–1190
Heinrich VI. 1169–1197
Philipp 1198–1208
Otto IV. 1198–1218
Friedrich II. 1212–1250
Heinrich (VII.), Sohn Friedrichs II. 1222–1235
Heinrich Raspe 1246–1247
Konrad IV., Sohn Friedrichs II. 1250–1254
Wilhelm von Holland 1248–1256
Richard von Cornwall 1257–1272
Rudolf von Habsburg 1273–1291
Adolf von Nassau 1292–1298
Albrecht I. 1298–1308
Heinrich VII. 1308–1313
Friedrich der Schöne 1314–1330
Ludwig der Bayer 1314–1347
Karl IV. 1346–1378
Wenzel 1376–1400
Ruprecht 1400–1410
Jost 1410–1411
Siegmund 1410–1437

Herrscher des Altmährischen Reiches

Mojmír I. 830–846
Rostislav, Neffe Mojmírs 846–870/71
Svatopluk I., Neffe Rostislavs 871–894
Mojmír II. / Svatopluk II. (vermutlich)
Söhne Svatopluks I. bis 905/06

---

[610] Nach: Wilhelm Wegener, Die Přemysliden. Stammtafel des nationalen böhmischen Herzogshauses ca. 850–1306, mit einer Einführung. Göttingen 1964.

Stammtafeln 301

Stammbäume (in Auswahl)

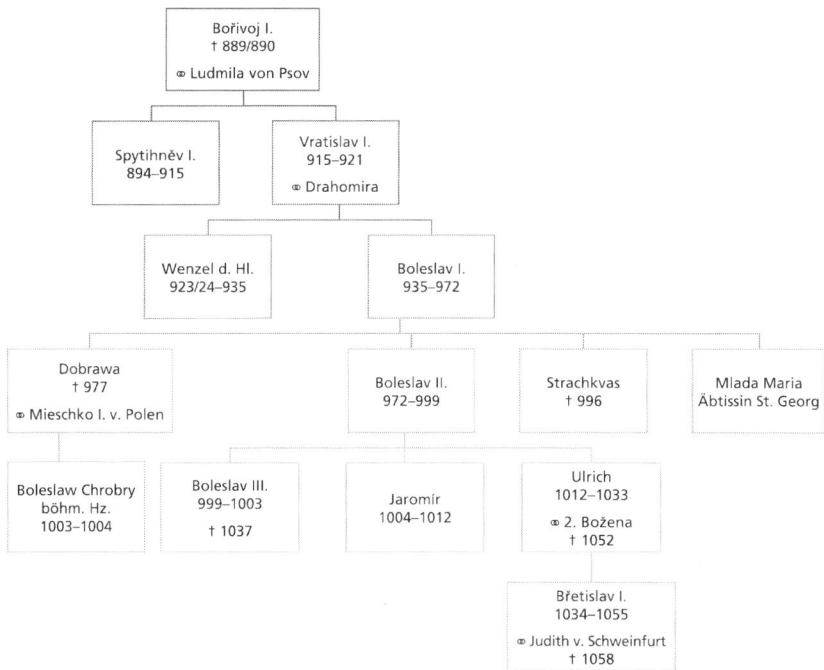

Abb. 2: Die ältesten přemyslidischen Herzöge (duces).

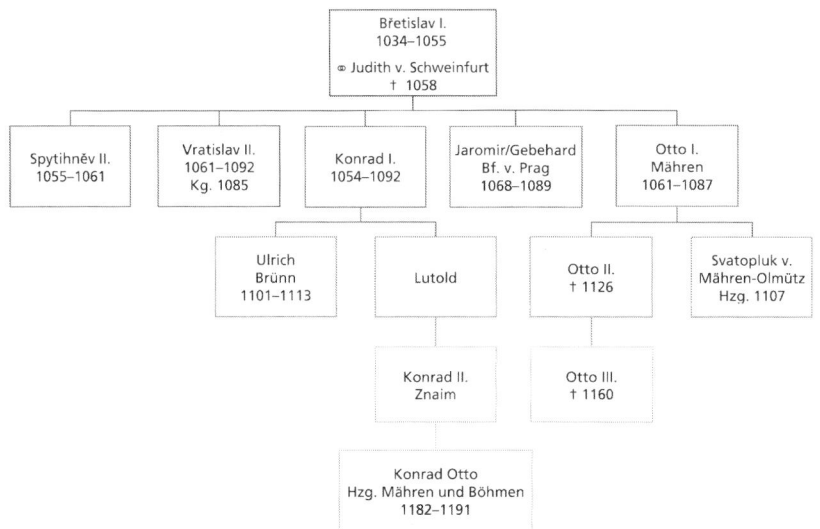

Abb. 3: Der Aufstieg der Přemysliden seit Břetislav I.

302 Stammtafeln

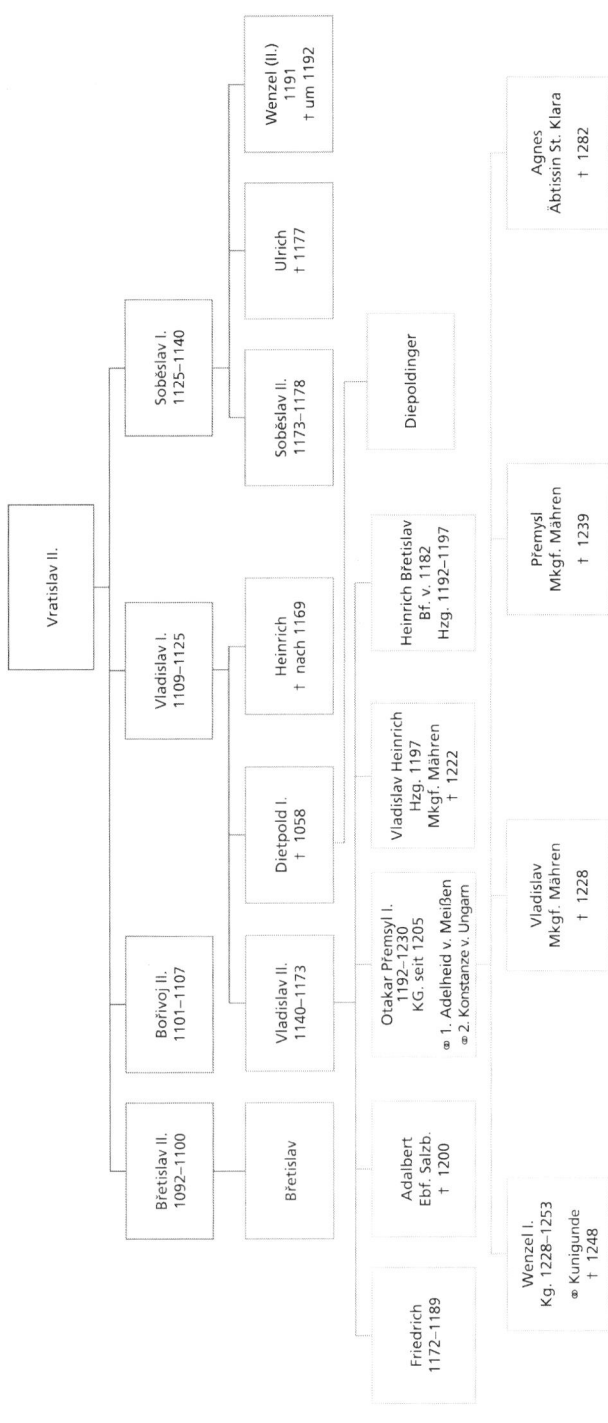

Abb. 4: Nachkommen und Nachfolger König Vratislavs II.

Stammtafeln

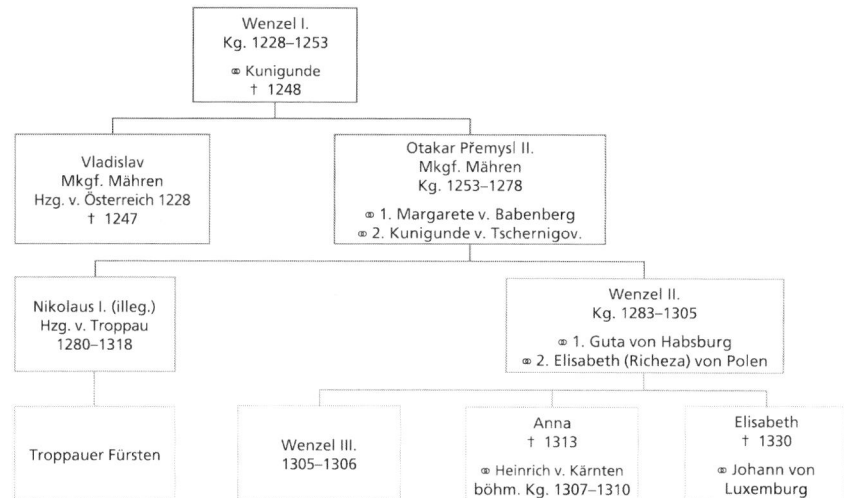

Abb. 5: Die letzten přemyslidischen Könige

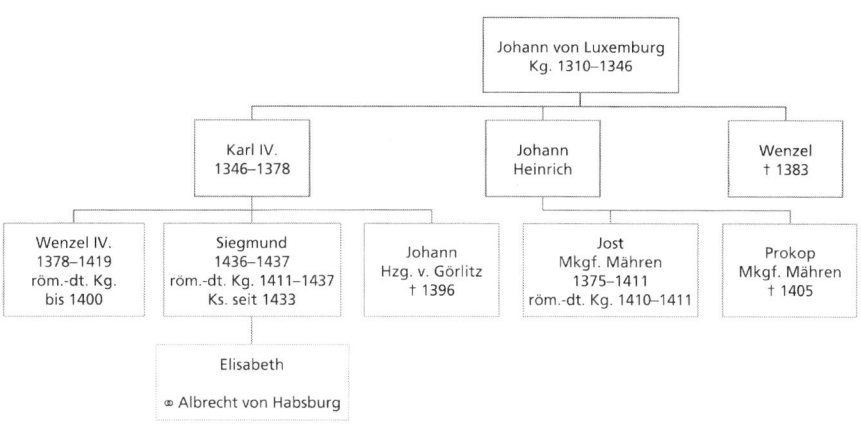

Abb. 6: Die luxemburgischen Herrscher in den böhmischen Ländern.

Karte

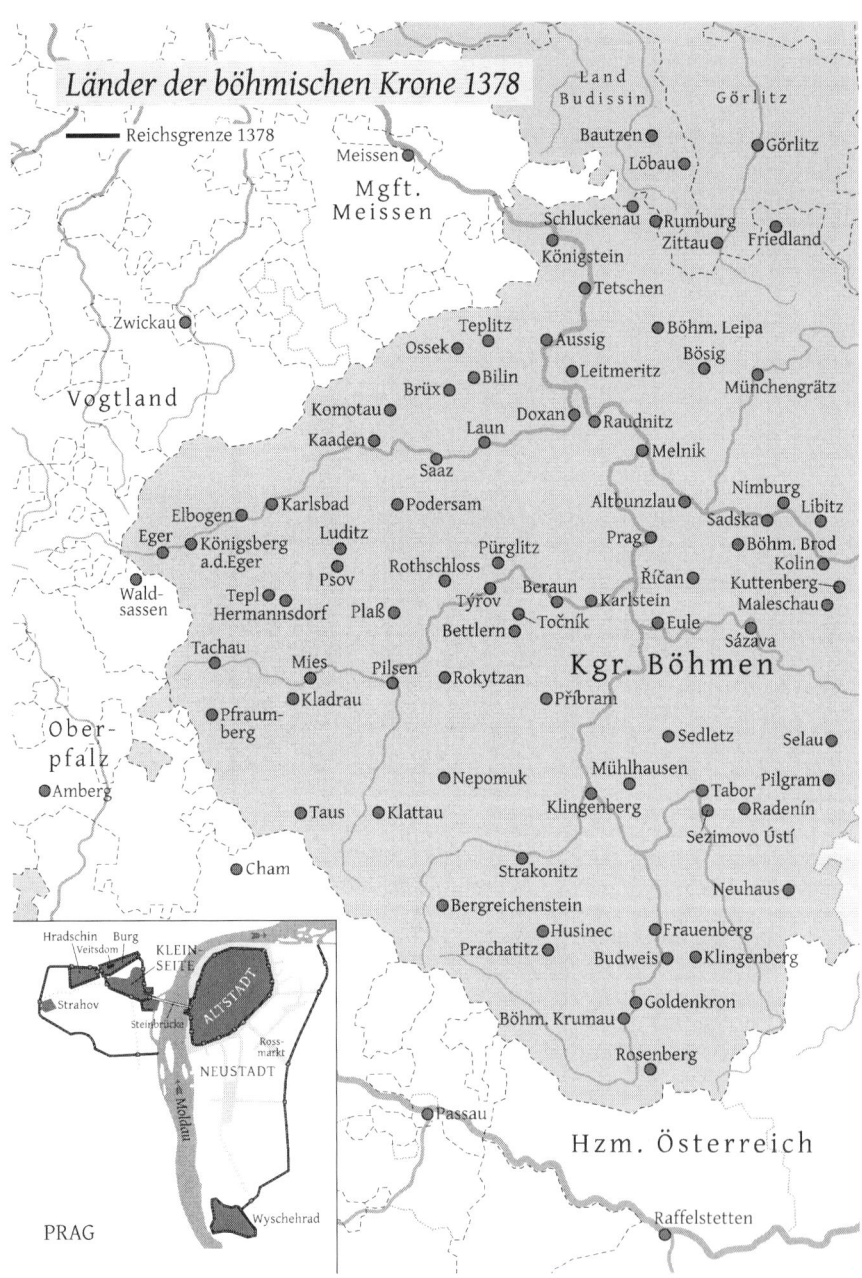

Karte: Peter Palm (Berlin)

Karte

Register

Ortsregister

Aachen 40, 92, 96, 100, 131, 167, 184, 187, 189, 195 f., 205, 207 f., 214, 218, 221, 255
Altbunzlau (Stará Boleslav) 34 f., 49, 60, 118
Altenburg 81, 92, 98
Alt-Kauřim (Kouřim) 32, 104
Amberg 58
Anagni 158
Aquileia 106, 128 f., 133, 217
Arles 185, 197
Arlon 169
Augsburg 68, 104, 107, 132, 198, 209
Aussig (Ústí nad Labem) 140, 269, 273
Avignon 169, 172, 178, 183, 197, 205, 207–209, 213, 215

Bamberg 47, 61, 63 f., 68–70, 78, 80, 96–98, 107 f., 115, 126, 130, 152, 198, 203, 214, 221, 223, 270
Basel 97, 145, 156, 159, 201, 260 f., 270–272, 276 f., 279–281
Bautzen 75, 77, 113, 117, 168, 180, 185, 187, 201, 206
Bayreuth 270
Benisch (Horní Benešov) 140
Beraun (Beroun) 218
Berg 63
Bergreichenstein (Kašperské Hory) 120
Berlin 204
Bethlehemkapelle (Prager Altstadt) 237, 242, 244, 248–250
Bettlern (Žebrák) 213, 216, 218, 247, 266
Biberach 254
Bielefeld 206
Bilin (Bilína) 106, 117, 273
Böhmisch Brod (Český Brod) 279
Böhmisch Krumau (Český Krumlov) 133, 143, 188, 218
Böhmisch Leipa (Česká Lípa) 159, 162–164, 167–169, 184, 273

Bologna 79, 149, 157, 183, 190, 197, 215, 239, 242, 244, 247
Bonn 167, 185
Boppard 221
Bösig (Bezděz) 147
Bouvines 99
Bozen 77
Brandenburg 33, 107, 122–124, 126, 131, 134, 136, 143, 145–148, 153 f., 159, 168, 177, 186–188, 197, 199, 202–204, 206, 212, 217, 221–224, 237, 244, 262, 269, 271, 277
Braunau (Broumov) 273
Braunschweig 57, 115
Bremen 75, 138
Brescia 71, 77 f., 172 f.
Breslau 51, 126, 139, 146, 152, 155, 169, 173, 176 f., 186, 198–200, 224, 237, 263
Břevnov, Kloster 40, 117
Brügge 201
Brünn (Brno) 52, 56, 58, 61, 66, 68, 71, 73, 93, 98, 107, 117, 128, 139 f., 145, 157, 167, 169, 186, 188, 197–200, 223 f., 244, 263, 273, 279 f.
Brüssel 169, 207
Brüx (Most) 113, 273
Buda 159, 243
Budweis (České Budějovice) 133, 140, 143–145, 147, 188
Byzanz siehe Konstantinopel

Cambrai 207, 209
Canterbury 234
Castelnuovo 173
Catania 105
Cham 115, 124, 169
Chelm 152
Citeaux 164
Clermont 59
Corvey, Kloster 39, 43

Ortsregister

Crécy (Dép. Somme) 178 f.
Crema 79
Cremona 78

Deutschbrod (Havlíčkův Brod) 119, 140, 147, 155, 267
Devín (Dowina) 23, 32, 128
Dijon 42
Döffingen 214
Donauwörth 206
Doxan (Doksany), Kloster 71 f., 117
Dresden 248, 256
Dünnwald, Kloster 71
Dürnkrut 135

Echternach 169
Eger (Cheb) 10, 30, 86, 94, 99, 109, 126, 129, 131, 133, 140, 151, 153, 162, 168 f., 189, 192, 200, 205 f., 214, 270–272, 277
Egerberg 249
Egerer Pforte 133
Egerland 131, 153, 158–160, 168, 180, 185
Eichstätt 198
Elbogen (Loket) 109, 113, 115, 168, 221, 273
Ellwangen, Kloster 24
Enger 207
Erfurt 190
Esslingen 111, 167
Eule (Jílové) 120

Ferrara 173
Flarchheim 55
Florenz 156, 173, 192, 197, 271
Floss 98
Fondi 208
Forchheim 24, 28
Frankfurt 21, 71, 104, 123, 153 f., 158, 162, 165, 169, 173, 175, 186–188, 194, 196, 201, 205, 212 f., 220–222
Frauenberg (Hluboká nad Vltavou) 152
Freiberg 120, 152, 163
Freising 61, 67, 107, 114 f., 121, 126
Freiwaldau (Frývaldov) 273
Freudenthal (Bruntál) 140
Friedland (Frýdlant) 273
Frimberg 145
Fulda 27 f., 141
Fürstenfeldbruck 185

Genua 97
Gera 83

Giesz 48
Glatz (Kladsko) 59, 110, 146
Glogau (poln. Głogów) 155, 173
Gmünd 189
Gnesen 35, 44, 48 f., 155, 173
Göding (Hodonín) 140
Goldenkron (Zlatá koruna) 144 f., 266
Göllheim 154
Görlitz 168, 172, 180, 185, 187, 199, 201, 206, 214, 217–219
Görz (Gorizia) 133
Goslar 51, 61
Gottlieben 256
Gran 57, 102, 159
Graz 125
Grimma 270
Groissenbrunn 124

Hainburg 128
Hamburg 138, 205
Hammerstein 62 f.
Heidelberg 123, 213 f., 232, 240
Heilbronn 164
Herford 206
Hermannsdorf 138
Hof 270
Hohenmauth (Vysoké Mýto) 188
Hradisch (Hradišt) 72, 78, 117
Hradiště 263
Humpoletz (Humpolec) 119
Husinec b. Prachatitz 233

Iglau (Jihlava) 114, 116, 119 f., 137, 140 f., 145 f., 155 f., 161, 193, 224 f., 268, 273, 281
Imola 82

Jägerndorf (Krnov) 273
Jerusalem 65, 68, 74, 88, 127, 209, 240

Kaaden (Kadaň) 18, 188, 267, 273
Kamenz 152 f., 155, 201
Karlsbad 205
Karlskolleg (Prager Altstadt) 232–234
Karlstein 191, 200, 206, 210, 219 f., 245, 260, 268, 279
Käsmark (Kežmarok) 278
Katalaunische Felder, Schlachtort 15
Kiew 48, 110
Kladrau (Kladruby) 64, 78, 102, 117, 140, 216, 266

Klarissenkloster (Prager Altstadt) 106, 134
Klattau (Klatovy) 120, 188
Klingenberg (Zvíkov) 113, 145, 163, 179
Knin (Knín) 87, 90
Koblenz 221
Kolin (Kolín) 273, 281
Köln 71, 82, 92, 96, 100, 104, 111, 122 f., 130, 134, 153, 169, 178, 185, 203, 232, 240, 277
Komotau (Chomutov) 266, 273
Königgraetz (Hradec Králové) 140, 162, 268, 273, 280 f.
Königinhof (Dvůr Králové) 116, 273, 284
Königsaal (Zbraslav), Kloster 10, 121, 148 f., 152, 154, 161 f., 164, 168, 174 f., 179, 182, 262
Königsberg (i. Pr.) 122
Königsberg a. d. Eger (Kynšberk nad Ohří) 140, 169
Königshof (Prager Altstadt) 213, 218
Königstein 110, 117
Konstantinopel 17, 22-25, 44, 69, 74, 261
Konstanz 86, 198, 234, 238, 248 f., 252-261, 277
Kouřim *siehe* Alt-Kauřim (Kouřim)
Krakau 25, 35, 44 f., 48, 124, 139, 155, 171, 196, 233, 267, 270 f.
Krašov 145
Kremnitz (Kremnica) 170, 278
Krems 125
Kremsier (Kroměříž) 188, 229
Kuttenberg (Kutná hora) 137, 140, 146, 155 f., 158 f., 162 f., 166, 169, 213, 218, 223 f., 226, 237, 240 f., 251, 264, 266-268, 273, 280 f.

Laa 109
Laibach (Ljubljana) 128
Landsberg 174
Landshut 169
Laubahn 201
Lauf 254
Laun (Louny) 161, 259, 273
Lebus, Kloster 204
Leipzig 241, 270
Leitmeritz (Litoměřice) 53, 113, 118, 140, 188, 264, 266, 273
Leitomischl (Litomyšl) 59, 72, 117, 178, 193, 198, 224, 253
Leobschütz (Hlubčice) 140

Levý Hradec 29, 32 f.
Libitz an der Cidlina (Libice) 39, 41
Lichtenburg (Lichnice) 145, 163
Liegnitz 110, 172
Lipany 260, 275 f., 279 f., 282
Löbau 201
Lübeck 112, 201, 205
Lucca 169, 173, 197
Luditz (Žlutice) 273
Lüneburg 107, 206
Lutterworth 234
Lüttich 30, 65, 169
Luxemburg 162, 165, 167, 169-173, 175-180, 183 f., 187, 189, 208, 214, 221, 223
Lyon 112, 131, 228

Magdeburg 35, 40, 69, 82, 98, 140, 154, 198, 203
Mährisch Neustadt (Uničov) 140
Mailand 77-80, 173, 192, 219, 271
Mainz 39-41, 53-58, 63, 67, 69, 81-83, 86, 88, 96, 102, 104 f., 108, 111, 123, 125, 127, 131, 136, 152, 154, 162, 165-167, 178, 201, 203, 209, 220 f., 261
Maleschau (Malešov) 268
Mantua 58
Marburg 108, 228
Meerane 84
Meißen 45, 50, 55, 57, 78, 91, 93, 95, 97, 100, 107, 110, 115, 122, 127, 130 f., 134, 153 f., 158-160, 164-167, 186, 203 f., 208 f., 215, 217, 221, 223, 241, 269
Melfi 106
Melnik (Mělník) 33, 42, 85, 118, 168
Mergentheim 214
Merseburg 47, 61, 69, 75, 96, 98
Metz 169 f., 194 f., 214
Mies (Stříbro) 119, 140, 242, 248, 256, 261, 268, 273
Mikulčice 18, 25
Minden 206
Mockern 98
Möckern 98
Modena 173
Mohi 111
Moldaubrücke *siehe* Prag Karlsbrücke
Montpellier 176
Monza 78
Mühldorf 124, 168
Mühlhausen (Milevsko) 10, 66, 74, 96, 117, 182

Ortsregister

Mühlviertel 229
Münchengrätz (Mnichovo Hradiště) 73

Neapel 92, 173, 207 f., 246, 253
Nepomuk *siehe* Pomuk (Nepomuk)
Neubydschow (Nový Bydžov) 140
Neuhaus (Jindřichův Hradec) 143, 145, 218, 229, 281
Neumarkt 193, 198, 204, 215, 270, 278
Neustadt/Naab 173
Neutra (Nitra) 21, 23 f., 128, 270
Neuzelle in der Lausitz 219
Nikolsburg (Mikulov) 188
Nikopolis 220
Nimburg 164
Nimptsch (poln. Niemcza) 270, 280
Nowgorod 110
Nürnberg 55, 68, 83, 97 f., 103, 132, 165, 169, 185, 188, 192-194, 196, 198-201, 205, 208 f., 212-214, 220-222, 245, 254, 262, 270, 272, 277

Oberlahnstein 221
Ödenburg (Sopron) 130
Oliva 278
Olmütz (Olomouc) 18, 25, 52-54, 57 f., 61, 66 f., 69, 71-76, 84, 86 f., 89 f., 93-95, 98 f., 104, 111-113, 117-119, 121 f., 126, 128, 131 f., 137, 139 f., 142, 145, 147, 160, 167, 169, 178, 185, 189, 193, 198, 204, 206, 224, 249, 268, 273
Oppeln 112, 155, 217
Ossek, Kloster 118
Ostrov, Kloster 59
Ourscamps, Kloster 179
Oxford 234 f., 240, 244

Pardubitz 178, 185, 187, 198, 218, 281
Paris 74, 87, 158, 168 f., 171, 173, 175 f., 178, 183, 186, 189 f., 199, 206, 208, 213, 215, 221, 230, 235, 240, 244, 277
Parma 172
Passau 21 f., 24, 107, 109, 114 f., 124, 126, 186
Pavia 78, 80, 172
Pelplin, Kloster 278
Pfraumberg (Přimda) 81, 83 f., 114
Pilgram (Pelhřimov) 155, 260, 268, 277
Pilsen (Plzeň) 62, 188, 263, 273, 278 f.
Pirna 185
Pisa 192, 197, 239-242, 253
Plaß (Plasy), Kloster 72, 118

Plauen 270
Podersam (Podbořany) 18
Podivin, Burg 54, 60, 73
Politschka (Polička) 140, 273
Pomuk (Nepomuk) 72, 118, 216
Pordenone 129
Poříč (Viertel in Prager Altstadt) 104, 118, 276
Posen 38, 48, 171
Pottenstein (Potštejn) 184
Prachatitz (Prachatice) 233 f., 250, 263, 266, 273
Prag Altstadt 140, 165, 180, 190 f., 209 f., 213, 215 f., 229, 237, 248 f., 260, 263, 267 f., 273, 276 f., 279-281, 283
Prag Burg 29, 35, 54, 71, 87, 93, 106, 114-116, 146, 151 f., 158, 165, 174, 184, 190 f., 210, 213, 266
Prag Hradschin 68, 100, 191, 209, 223
Prag Judithbrücke 191
Prag Karlsbrücke 191, 209 f.
Prag Kleinseite (St. Gallus-Stadt) 36, 118, 140, 146, 164, 186, 191, 216, 242 f.
Prag Neustadt 140, 190, 211, 262 f., 267 f., 276 f., 279
Prag Ordensschulen 190
Prag Universität 189 f., 230-232, 234 f., 237, 239-241, 243 f., 247 f., 251, 254
Prčice 144
Pressburg (Bratislava) 18, 23, 29, 62, 122, 125 f., 128-130, 217, 223, 245
Příbram 188
Prossnitz (Prostějov) 188
Psov 33
Pürglitz (Křivoklát) 168, 213

Quedlinburg 39 f., 43, 51

Radenín 183
Raffelstetten 59
Ratibor 220, 278
Raudnitz (Roudnice nad Labem) 146, 216, 231, 242 f., 266
Ravenna 15
Regensburg 27, 29, 34, 38 f., 41, 45, 50 f., 54, 60 f., 66, 75-77, 84, 86, 88, 90, 99, 107, 115, 126, 169, 172-174, 185, 280
Reims 221
Reutlingen 206
Rhens 175, 178, 222
Říčan 145

Riesenburg 113, 133, 145, 278, 280 f.
Rip (Říp/Georgenberg) 30
Rokytzan (Rokycany) 62, 266
Rom 14 f., 22–24, 39–41, 49, 54, 56, 58, 62, 68 f., 72 f., 75, 82, 92, 97 f., 101 f., 112, 130, 136, 155, 158, 169, 185, 192 f., 195, 197, 203, 207–209, 212 f., 215 f., 219, 221, 223, 226, 239, 242, 244, 246 f., 252 f., 261, 271 f.
Roncaglia 79
Ronow 143
Rosenberg (Rožmberk) 124, 143, 165, 218, 247, 250, 266, 274 f., 279, 281
Rothenburg (Tauber) 206
Rothschloss (Krakovec) 254
Rumburg (Rumburk) 273

Saar (Žďár nad Sázavou), Kloster 118, 144
Saaz (Žatec) 32, 113, 140, 183, 188, 264, 267, 273
Sadska 69, 91, 113, 118
Salzburg 21, 83, 87, 102, 107, 109, 114 f., 123 f., 126–128, 132, 149
Santiago de Compostela 92
Sázava, Kloster 52, 55, 57, 59, 66, 69, 72, 74, 117
Schatzberg 103
Schemnitz (Banská Štiavnica) 120
Schluckenau (Šluknov) 273
Schwarzenberg 98
Schweidnitz 177, 192, 212
Schweinfurt 46 f., 52
Sedletz (Sedlec), Kloster 72, 82, 118, 137, 146, 152, 155, 159, 161, 163 f., 168, 222
Selau (Želiv), Kloster 66, 73 f., 82, 117
Sempach 213
Sezimovo Ústí 250, 253, 263
Siena 197
Sillein (Žilina) 278
Sion 281
Sizilien 93, 97, 193
Spandau 147
Speyer 68, 165, 198, 214, 255
St. Ambrosius, Prager Kloster 276
St. Jean de Losne 80
St. Katharina, Prager Kloster 276
St. Peter am Poříč 104, 118, 276
Staditz (Stadice bei Aussig/Ústí nad Labem) 31
Staffelstein 18
Staré město (Altstadt), Altmähren 25

Steinfeld, Kloster 71, 74
Stendal 198, 204
Stettin 74
Strahov, Kloster 71 f., 75, 83, 86, 117
Strakonitz (Strakonice) 143
Stuhlweißenburg (Székesfehérvár) 158, 217, 281
Sulzbach in der Oberpfalz 196, 204, 254

Tabo 281
Tabor 268, 275, 279–281
Tachau (Tachov) 269, 273
Tagliacozzo 135
Tangermünde 204, 206
Tannenberg 224
Taus (Domažlice) 10, 168 f., 173, 188, 259, 271, 273
Tepl (Teplá) 117, 183
Teplitz (Teplice) 81, 118
Tetschen (Děčín) 117, 273
Teynkirche (Prager Altstadt) 229
Točník, Burg 213, 222, 226
Tortosa 35
Toulouse 169, 227
Trautenau (Trutnov) 273
Trebitsch (Třebíč) 117
Trebnitz (Trzebnica) 127
Trentschin (Trenčín) 171 f., 180, 184
Trezzo 78
Trient 172
Trier 9, 56, 74, 108, 123, 154, 162, 167, 169 f., 175, 178, 187, 208, 221, 269
Troppau (Opava) 140, 146 f., 149, 151, 177, 183, 185, 188 f., 198 f., 206, 212, 214, 217, 220 f., 268, 273
Tschaslau (Čáslav) 71, 266, 268, 273
Týřov 114

Überlingen 255
Udine 197, 217
Ulm 84, 100, 104, 125, 206, 280
Ungarisch Brod (Uherský Brod) 188
Ungarisch Hradisch (Uherské Hradiště) 25, 124, 273

Veitsdom, Veitskirche (Prager Burg) 34, 52, 54, 56, 59, 71, 103, 113, 136, 146, 154, 166, 174, 182, 189, 202, 210, 245, 281
Venedig 23, 25, 38, 85, 169, 192, 201, 252, 261, 271
Verdun 22
Verona 62, 112

Visegrád 171
Vöttau (Bítov) 107

Waldsassen, Kloster 78, 152
Weißer Berg (Bílá hora) 282
Welehrad, Kloster 118
Wenzelskapelle (im Veitsdom) 103, 146, 206
Wertheim 196
Wien 18, 102, 108 f., 111, 114 f., 128, 133–136, 141, 146, 169, 196, 213, 223 f., 226, 232, 243
Wiesenburg (Vízmburk) 145
Wildberg bei Linz 218
Wilsnack 221, 237
Wogastisburg 18

Wolfenbüttel 42
Worms 67, 93, 107, 198, 214
Wrschowitz (Vršovice) 269
Würzburg 75, 77, 97, 132, 223
Wyschehrad (Vyšehrad) 31, 55–57, 59, 62, 64 f., 68–72, 86 f., 106, 113, 116–118, 126, 163, 190, 209, 264

Ziegenburg (Kozí hrádek) 250, 253
Zittau 10, 149, 154, 157, 159, 161, 165 f., 175, 179, 187, 201, 266, 272
Znaim (Znojmo) 61, 68, 71, 87, 98 f., 117, 140, 145, 147, 163, 169, 188, 224, 235, 239, 242, 247, 273, 277 f., 282
Zwiefalten, Kloster 64
Zwittau (Svitavy) 188

Personenregister

Adalbert (Vojtěch), Bf. von Prag 39–41, 44, 48 f., 52, 56, 83, 89, 94, 174, 191
Adalbert, Ebf. von Madgeburg 40
Adalbert I., Ebf. von Mainz 69
Adalbert, Ebf. von Salzburg 87
Adalram, Ebf. von Salzburg 21
Adelheid, Kaiserin 42 f., 55, 68, 70
Adelheid von Meißen 97, 100
Adolf von Nassau, röm.-dt. König 153 f., 203, 209
Agnes, Přemyslidin, Äbtissin 103–108, 115, 118, 134
Albero V. von Kuenring 114
Albert Behaim 109, 111
Albert von Seeburg (Žeberk) 165
Albik, Ebf. von Prag 246
Alboin, langobard. König 16 f.
Albrecht der Bär, Mkgf. von Brandenburg 75
Albrecht der Habsburger, Mkgf. von Mähren 153 f., 280
Albrecht, Gf. von Bogen 95
Albrecht I., Hzg. von Österreich, röm.-dt. König 154, 158–162
Albrecht II., Hzg. von Österreich 176, 186
Albrecht III., Hzg. von Österreich 199
Albrecht IV., Hzg. von Österreich 224
Albrecht V., Hzg. von Österreich 268
Albrecht I., Hzg. von Sachsen 107, 131

Albrecht II., Hzg. von Sachsen 154
Albrecht, Ldgf. von Thüringen 127
Albrecht, Mkgf. von Meißen 93, 95
Albrecht II., röm.-dt., ungar. u. böhm. König 169, 282
Albrecht III., Sohn Rudolfs v. Habsburg 218
Albrecht I. von Niederbayern und Holland-Hennegau 203
Albrecht IV. von Mecklenburg 205
Aleš Vřešťovský von Riesenburg 278, 280 f.
Alexander II., Papst 54
Alexander III., Papst 79–83, 85
Alexander IV., Papst 123, 228
Alexander V., Papst 241 f.
Alexander Propst, böhm. Kanzler 72 f.
Alfons von Kastilien, röm.-dt. König 123, 131 f.
Ambrosius, Bf. von Mailand 15
Andreas, Bf. von Prag 58, 101–103
Andreas I., König von Ungarn 52
Andreas II., König von Ungarn 100, 104, 107
Andreas III., König von Ungarn 158
Andreas von Brod, Magister 259
Andreas von Friedberg 117
Anna, adlige Hussitin 253
Anna, Königin von England 213

Anna, Tochter Karls IV. 199
Anna, Tochter Wenzels II. 153, 161 f.
Anna von der Pfalz, 2. Gemahlin Karls IV. 186, 189, 192
Anna von Kuenring 125
Anna von Schweidnitz, 3. Gemahlin Karls IV. 192, 196, 212
Aribo, Gf. der Ostmark 26
Arminius der Cherusker 14 f.
Arnold, Bf. von Bamberg 152
Arnold, Ebf. von Trier 123
Arnold, Prager Kanoniker 101
Arnold, Propst und Kanzler 116
Arnold von Brescia 71
Arnold von Wied, Ebf. von Köln 74
Arnulf von Kärnten, später fränk. König 23, 26, 29
Attila, hunn. Herrscher 15
Augustus, röm. Kaiser 14

Balduin, Ebf. von Trier 162, 167, 170, 172, 174 f., 178, 180, 186 f.
Barbara, Gemahlin König Sigismunds 263, 281
Bartošek von Drahonitz, Chronist 260
Basileios I., byzant. Kaiser 24
Batu, mongol. Feldherr 110 f.
Bayezid I., osman. Sultan 220
Beatrix von Bourbon, Gemahlin König Johanns 173 f., 178, 184
Beatrix von Burgund, Gemahlin Friedrichs II. 75
Bela III., König von Ungarn 85
Bela IV., König von Ungarn 108, 110–112, 114 f., 122, 124–126, 128
Benedikt III., Papst 22
Benedikt IX., Papst 49
Benedikt XIII., Papst 261
Benesch von Weitmühl, Chronist 179, 182, 210
Bernabo Visconti, Herrscher von Mailand 197
Bernhard, Abt von Clairvaux 73–75
Bernhard Chotek, Bürger der Prager Altstadt 249
Bernhard von Kamenz, Rat Wenzels II. 152 f., 155
Berthold VII., Gf. von Henneberg 159, 165 f.
Berthold von Leipa 184
Biagota, Gemahlin Boleslavs II. 42

Blanca Valois, Gemahlin Karls IV. 168, 186
Bohuslav, Oberstkämmerer 116
Boleslav I., böhm. Hzg. 33–37
Boleslav II., böhm. Hzg. 35, 37–45, 55
Boleslav III., böhm. Hzg. 42, 44 f.
Bolesław Chrobry, poln. Herrscher 41, 44–46, 48
Bolesław II. Śmiały, poln. Hzg. 53, 55
Bolesław III. Krzywousty (Schiefmund), poln. Hzg. 59, 61 f., 69
Bolesław IV., poln. Hzg. 76
Bolesław von Krakau, piast. Fürst 124
Bolko, Hzg. von Oppeln 155
Bonifaz VIII., Papst 154, 158
Bonifaz IX., Papst 215, 233
Boresch von Riesenburg 113, 122, 133
Boris-Michael, Herrscher von Bulgarien 23
Bořivoj I., böhm. Hzg. 28 f., 33, 56, 60
Bořivoj II., böhm. Hzg. 61–63
Bořivoj von Svinaře, Mitarbeiter Wenzels IV. 214, 219 f.
Božena, Bäuerin, Gemahlin Hzg. Ulrichs 150
Božena, Gemahlin Břetislavs I. 47
Božetěcha, Gemahlin des Cosmas 30, 65
Branda di Castiglione, Kardinal 267
Břetislav I., böhm. Hzg. 46–51
Břetislav II., böhm. Hzg. 58–61
Břetislav III., böhm. Hzg. 62, 68
Bruno von Schauenburg, Bf. von Olmütz 112 f., 118, 122, 125, 128, 131–133, 137 f., 142, 145, 147
Burchard, Ebf. von Magdeburg 198
Burkard von Janowitz, Hochadliger 146, 148

Caesar 13, 195
Catualda, Markomanne 14
Čeněk von Wartenberg, hochadliger Utraquist 250, 261, 264, 266–268, 274
Černín, Kammerdiener Otakars II. 97
Champonois, Kämmerer der Königin 117
Christian, Ebf. von Mainz 82 f.
Christian von Prachatitz, Magister 234, 250
Clemens III., Papst 56 f.
Clemens IV., Papst 126 f.
Clemens V., Papst 118
Clemens VI., Papst 178, 189, 203

Personenregister

Clemens VII., Papst 208 f., 213, 215
Coelestin III., Papst 94
Cola di Rienzo, röm. Humanist 193
Commodus, röm. Kaiser 15
Cosmas von Prag, Chronist 10, 30–34, 36 f., 39, 42, 45, 47 f., 50, 52–54, 56–63, 65 f., 121, 141, 143, 148, 150, 182 f., 202, 283
Ctibor, böhm. Adliger 113 f.

d'Ailly, Pariser Magister, Kardinal 256
Dagobert, fränk. König 17 f.
Dalimil, sog., Chronist 121, 150–152, 164, 166, 180, 183, 202, 231
Daniel I., Bf. von Prag 66, 72–82, 89, 117
Daniel II., Bf. von Prag 95, 100 f.
Daniel Romanowič, Fürst von Halitsch-Wolhynien 124
Dante Alighieri, Dichter 172
Diepold I. (Dětpolt) 71, 73–75, 77, 80–82
Diepold II. 88, 91
Diepold III. 96, 104
Dietrich, Abt von Waldsassen 152
Dietrich, Mkgf. von Meißen 100, 203
Dietrich von Portitz, Ebf. von Magdeburg 198
Diocletian, röm. Kaiser 15
Diviš Bořek von Miletínek 282
Dobrawa, Tochter Boleslavs I. 35, 45
Drahomira, Přemyslidin 33
Drusus, röm. Kaiser 15
Dschingis Khan, mongol. Herrscher 110

Eberhard, Bf. von Bamberg 78, 80
Eberhard, Ebf. von Salzburg 109
Eberhard I., Gf. von Württemberg 159, 162
Eberhard II., Gf. von Württemberg 214
Eberhard Windecke, Chronist 261
Edward I., engl. König 153
Edward III., engl. König 177 f., 186
Edward von Woodstock, engl. Thronprinz 179
Egilbert, Ebf. von Trier 56
Eike von Repgow, Rechtsdenker 108
Ekbert, Bf. von Bamberg 108
Ekbert II., Mkgf. von Braunschweig 57
Ekkehard I., Mkgf. von Meißen 45
Ekkehard II., Mkgf. von Meißen 50
Elisabeth, Gemahlin König Johanns 149, 164–166, 168 f.

Elisabeth, Hzgin von Österreich 199
Elisabeth, Hzgin, Gemahlin Hzg. Friedrichs 77, 87 f.
Elisabeth von Görlitz, Luxemburgerin 214
Elisabeth von Öttingen 199
Elisabeth von Pommern, 4. Gemahlin Karls IV. 196 f., 199, 216
Elisabeth von Thüringen, Heilige 108
Emma, Königin in Böhmen 42 f., 45
Emmerich, König von Ungarn 100
Enea Silvio Piccolomini, Chronist, später Papst Pius II. 260
Engelbert, Bf. von Olmütz 94
Engelbert II., Ebf. von Köln 104 f., 130
Engelschalk, fränk.-bayer. Gf. 24
Ermenrich, Bf. von Passau 24
Ernst von Pardubitz, Ebf. von Prag 178, 185, 190 f., 198
Eugen III., Papst 73 f.
Eugen IV., Papst 271, 276

Fillastre, Kardinal 256
Folkmar, Kreuzfahrer 60
Franco, Magister in Lüttich 30
Franz von Prag, Chronist 179, 182
Fredegar, fränk. Chronist 17
Friedrich I. Barbarossa, röm.-dt. König u. Kaiser 75–81, 83–88, 90, 92, 99, 197, 201
Friedrich II., röm.-dt. König u. Kaiser 97–100, 104 f., 107, 109–112, 114, 127, 141, 193, 228
Friedrich (Bedřich), Sohn Vladislavs II., böhm. Hzg. 80, 83–90
Friedrich V., Burggf. von Zollern 196, 245
Friedrich VI., Burggf. von Zollern 262
Friedrich der Freidige, Mkgf. von Meißen 127, 130 f., 162, 186, 241
Friedrich der Schöne, röm.-dt. Mitkönig 163, 167–169, 180
Friedrich der Streitbare, Hzg. von Österreich 107–112, 141, 162
Friedrich, Ebf. von Salzburg 132
Friedrich Eppinge, Magister 248
Friedrich, Hzg. von Bayern 217
Friedrich, Hzg. von Böhmen 77
Friedrich, Hzg. von Österreich 161
Friedrich II., Mkgf. von Brandenburg, Kurfürst 269–271
Friedrich VII., Mkgf. von Meißen 165

Friedrich Stromer, Nürnberger Bürger 200
Friedrich von Baden, Hzg. von Österreich 122, 127
Friedrich von Putelendorf, Bf. von Prag 82 f.
Friedrich von Sonnenburg, Dichter 117
Friedrich von Strassnitz, Hussit 281
Fritigil, Markomannenkönigin 15
Froissart, frz. Chronist 179

Gallus Anonymus, poln. Chronist 62
Gallus von Neuhaus, böhm. Inquisitor 229
Gebehard-Jaromir, Bf. von Prag, Kanzler 48, 52–58, 68
Geisa II., König von Ungarn 77, 80 f., 87
Geisa, Bruder Geisas II. 85
Gerberga, westfränk. Königin 43
Gerhard, Ebf. von Mainz 154
Gerhoch von Reichersberg, Kirchenreformer 71
Gerlach von Mühlhausen, Chronist 10, 66, 74, 83 f., 87–90, 93 f., 99, 101, 182
Gertrud (Anna) von Hohenberg, Gemahlin Rudolfs von Habsburg 130
Gertrud von Babenberg 70–72, 75, 83, 109 f., 112, 115, 122, 124 f.
Gervasius, hzgl. Kanzler 75, 77
Giangaleazzo Visconti, Herr von Mailand 219, 221, 223
Gilles Charlier, Pariser Theologe 277
Giovanni de Marignolli, Weltchronist 182
Giuliano Cesarini, Kardinal 270 f.
Gostivit, Hzg. (legendär) 32 f.
Gotpold, Abt von Sedletz 82
Gottschalk, Abt von Selau 74, 82
Gozzo von Orvieto, Finanzfachmann 156
Gregor de Crescentio, päpstl. Legat 103
Gregor V., Papst 41
Gregor VII., Papst 54 f.
Gregor IX., Papst 108 f., 111, 119, 227
Gregor X., Papst 129–131, 133
Gregor XI., Papst 203, 205, 207 f., 234
Gregor XII., Papst 247
Gregor von Waldeck, Bf. von Prag 152
Guido de castro Ficeclo, Kardinallegat 71–73
Guido von Praeneste, Kardinallegat 96

Günther von Schwarzburg, röm.-dt. König 186
Guta, böhm. Königin 146, 151–154, 158, 160
Guta/Bonne, Tochter König Johanns, frz. Königin 171

Hadrian II., Papst 23
Hadrian IV., Papst 79
Hašek von Waldstein 268
Hedwig von Schlesien, Heilige 127
Heidenreich, Abt von Sedletz 152, 164
Heinmann von Dauba 163
Heinrich Beaufort, Kardinal 269 f.
Heinrich, Bf. von Basel 145
Heinrich, Bf. von Freising 61
Heinrich Břetislav, Bf. von Prag und Hzg. 87–90, 92–95
Heinrich der Klausner, Dichter 152
Heinrich I., Hzg. von Bayern 38
Heinrich der Zänker, Hzg. von Bayern 39 f., 42–45
Heinrich III., engl. König 123
Heinrich V., engl. König 61–63, 66, 262
Heinrich II. der Fromme, Hzg. von Breslau 110
Heinrich III., Hzg. von Breslau 126
Heinrich IV., Hzg. von Breslau 146, 152
Heinrich, Hzg. von Kärnten 161 f., 165, 167, 172, 174
Heinrich XIII., Hzg. von Niederbayern 123 f., 126, 128 f., 131–134
Heinrich XIV., Hzg. von Niederbayern 174, 176
Heinrich Jasomirgott, Hzg. von Österreich 75 f., 78, 85
Heinrich der Löwe, Hzg. von Sachsen 74–76, 90
Heinrich der Stolze, Hzg. von Sachsen 69 f.
Heinrich Kalteisen, Kölner Dominikaner 277
Heinrich Leffl von Lažany 254
Heinrich, Mkgf. im bayer. Nordgau 45
Heinrich, Mkgf. von Meißen 107, 122
Heinrich, Mkgf. von Schweinfurt 46 f.
Heinrich Münch, Ritter aus Basel 179
Heinrich Raspe, Ldgf. von Thüringen, röm.-dt. König 111
Heinrich I., röm.-dt. König 34 f.
Heinrich II., röm.-dt. König u. Kaiser 45 f.

Personenregister

Heinrich III., röm.-dt. König u. Kaiser 50 f., 58
Heinrich IV., röm.-dt. König u. Kaiser 52 f., 55–57, 60
Heinrich VI., röm.-dt. König u. Kaiser 90–93, 95, 119, 156
Heinrich VII. von Luxemburg, röm.-dt. König u. Kaiser 162, 164 f., 167
Heinrich (VII.), röm.-dt. König 103 f., 106 f., 115, 149
Heinrich Sdik, Bf. von Olmütz 66 f., 69, 71–74, 81, 89
Heinrich Totting, Magister 233
Heinrich von Bitterfeld, Magister 233
Heinrich von Breslau 155
Heinrich von Diessenhofen, Chronist 168
Heinrich von Freiberg 152, 163
Heinrich III. von Glogau 155
Heinrich von Groitzsch 67, 70
Heinrich von Isernia, Gesandter 130, 134
Heinrich von Klingenberg 179
Heinrich von Kuenring, österr. Ministerialer 105, 117, 134
Heinrich von Langenstein, Magister 208
Heinrich von Leipa 159, 162–164, 167–169
Heinrich von Meißen (Frauenlob), Minnesänger 148, 152, 159
Heinrich von Mügeln, Dichter 191
Heinrich von Neuhaus 218
Heinrich von Rosenberg 165, 218, 247, 250
Henning Baltenhagen, Magister 239
Hermann, Bf. von Prag 60–63, 79 f., 82
Hermann, Hzg. von Kärnten 85
Hermann, Mkgf. von Baden 112, 114
Hermann, Mkgf. von Brandenburg 154, 159
Hermann von Salza, Hochmeister des Dt. Ordens 104
Heschel, Iglauer Bürger 225
Hieronymus, Kirchenlehrer 85, 191
Hieronymus von Prag 228, 235, 240–243, 247 f., 261
Hildegard von Bingen 81
Honorius III., Papst 102–104
Hugo, Abt von Premontré 74
Hugo Capet, frz. Adliger 43
Hugo, Propst von Wyschehrad 72 f.
Hynek Krušina, böhm. Baron 267

Ibrahim ibn Jakub, span.-arab. Reisender 35, 59
Innozenz III., Papst 96 f., 101, 141, 227
Innozenz IV., Papst 112 f., 119, 122 f., 141
Innozenz VI., Papst 192, 195, 197
Isabella, 3. Gemahlin Friedrichs II. 107

Jakob, Prager Jude 63
Jakób Świnka, Ebf. von Gnesen 155
Jakob Wolflin, Prager Bürger 163
Jakobellus von Mies 242 f., 248, 256, 261, 268
Jan Čapek, hussit. Krieger 278 f.
Jan Očko, Ebf. von Prag 209, 213
Jan Příbram, Magister 266, 279
Jan Roháč, hussit. Anführer 281
Jan Rokycana, hussit. Kleriker 277, 279–281
Jan von Draschitz, Bf. von Bischof 162
Jan von Kunvald 281
Jan Želivský, hussit. Agitator 259, 262 f., 266 f.
Jan Žižka, hussit. Feldherr 259 f., 263–269, 275, 283
Jaromir, böhm. Hzg. 42, 45–47
Jarosch (Jaroš), böhm. Adliger 113 f.
Jaroslav der Weise, Großfürst von Kiew 48
Jean (Johann) II. der Gute, frz. König 171, 195
Jean le Bel, Chronist 179
Johann III., Bf. von Prag 126
Johann IV. von Draschitz, Bf. von Prag 152, 182, 231
Johann IV., Bf. von Leitomischl, XII. Bf. von Olmütz, der Eiserne 224, 249, 253
Johann Heinrich, Mkgf. von Mähren 172, 174, 176 f., 189, 199, 205
Johann Hvězda, hussit. Krieger 268 f.
Johann, Hzg. von Görlitz 199, 204, 206, 217–219
Johann II., Hzg. von Troppau-Ratibor 220
Johann Militsch, Kirchenreformer 229 f., 237
Johann Očko von Vlašim, Ebf. von Prag 198, 208
Johann Parricida, Mörder Kg. Albrechts 162
Johann Sobieslav, Sohn Joh. Heinrichs v. Mähren 199, 205, 217

Johann III. von Hohenzollern, Burggf. von Nürnberg 199
Johann VI. von Jenstein, Ebf. von Prag 208, 212, 215 f.
Johann von Jessenitz, hussit. Jurist 240, 242–244, 249 f., 254
Johann von Klingenberg, mähr. Adliger 163
Johann von Leuchtenberg 212, 214
Johann von Luxemburg, böhm. König 149, 161, 165–180, 182–185, 189, 200
Johann von Mühlheim, vom Hof Wenzels IV. 237
Johann von Nassau, Ebf. von Mainz 220 f.
Johann von Neumarkt, Kanzler König Johanns u. Bf. von Olmütz 193, 198, 204, 215, 278
Johann von Pomuk/Nepomuk 216
Johann von Viktring, Chronist 129
Johann von Wartenberg 163
Johanna von Wittelsbach, Königin 203, 212
Johannes, Bf. von Prag 53 f., 67
Johannes Naso, Jurist u. Theologe 248
Johannes VIII., Papst 24, 26
Johannes XIII., Papst 38
Johannes XV., Papst 40
Johannes XXII., Papst 169, 172
Johannes XXIII., Papst 241, 243, 245–247, 253–256
Johannes von Chlum, Ritter 254 f.
Johannes von Tepl (auch: von Saaz), Dichter 183
Johannes von Toledo, Kardinal 127
John Wyclif 234–238, 240, 242–244, 246–249, 251 f., 257, 259
Jost, Hzg. von Mähren 199, 205, 213 f., 217–219, 221–224, 231, 243 f.
Judith von Schweinfurt, Gemahlin Břetislavs I. 47 f., 52, 54
Judith von Thüringen, Königin, Gemahlin Vladislavs II. 66, 75, 81 f., 84, 118
Judith, welf. Mutter Friedrichs I. 55, 75
Jurata, Prager Propst 72 f.
Justinian I., oström. Kaiser 16, 187

Kaim, Bf. von Olmütz 87, 90, 94
Kalif al-Hakam II. von Cordoba 35
Karl der Große, fränk. König u. Kaiser 20 f., 27, 50, 119, 195 f.
Karl III., fränk. König u. Kaiser 26
Karl IV., böhm. u. dt. König, Kaiser 11, 34, 98 f., 140, 167–206, 208–213, 215 f., 225, 229, 231–233, 241, 272, 282
Karl, Hzg. von Niederlothringen 43
Karl IV., König von Frankreich 168
Karl V., König von Frankreich 195, 207–209, 213
Karl VI., König von Frankreich 208, 215
Karl I. von Anjou 127 f., 130, 135
Karl Robert II. von Anjou, ungar. König 158 f., 170 f.
Karlmann, fränk. Karolinger 22–24
Kasimir, Hzg. von Beuthen 154
Kasimir I., poln. König 48, 51
Kasimir III. der Große, poln. König 171, 177, 186, 196, 203, 210, 215
Kaspar Schlick, Egerer Bürger 272
Katharina, Gemahlin Mkgf. Ottos V. von Brandenburg 197, 199, 203
Katharina, Tochter Ludwigs I. von Ungarn-Polen 207
Kazi, Zauberin (legendär) 30
Kocel (Chozil), pannon. Fürst 22 f.
Koloman, König von Ungarn 61 f.
Konrad, Abt von Königsaal, Chronist 152, 164
Konrad, Bf. von Olmütz 112
Konrad, Ebf. von Köln 111, 122
Konrad, Ebf. von Mainz 81
Konrad II., Fürst von Znaim 68, 71, 73
Konrad, Hzg. von Masowien 122
Konrad, Hzg. von Teck 153
Konrad I., mähr. Přemyslide 48, 51–53, 56, 58, 63
Konrad II., röm.-dt. König u. Kaiser 46–48
Konrad III., röm.-dt. König 69–71, 73–75
Konrad IV., röm.-dt. König 108, 111, 115, 123
Konrad Sturm, Kastellan 84
Konrad von Geisenheim 209
Konrad von Marburg, Inquisitor 228
Konrad von Soltau, Magister 233
Konrad von Vechta, Ebf. von Prag 254, 261, 265 f., 277
Konrad von Veselé, Wyschehrader Dekan 209
Konrad von Waldhausen, Volksprediger 229
Konradin, Staufer 123, 125, 127, 135

Personenregister

Konrad-Otto, Mkgf. von Mähren, Hzg. 86 f., 90–92, 94, 98 f.
Konstantin (Cyrill), ‚Slawenapostel' 22 f.
Konstantin VII. Porphyrogennetos, byzant. Kaiser 19 f.
Konstanze, Gemahlin Otakars I. 100, 107
Kosmas, Bf. von Prag 58–60
Krok (Crocco), Přemyslide (legendär) 30
Kunigunde, Gemahlin Wenzels I. 97, 106 f., 117, 146 f., 151
Kunigunde, Tochter Otakars II. 127, 130
Kunigunde von Černigov, Gemahlin Otakars II. 125, 129, 134

Lacek von Krawarn, kgl. Hofmeister 245
Ladislaus, König von Neapel 246 f., 253
Ladislaus (Ladislav, László) I., König von Ungarn 57
Ladislaus (Ladislav, László) IV., König von Ungarn 129, 132 f., 135
Ladislaus (Ladislav, László) V., König von Ungarn 158 f.
Lamprecht, Bf. von Bamberg 214
Lanczo, hzgl. Kaplan 53
Laurentius von Březová, Chronist 259 f., 266, 271, 275 f.
Leopold III., Hzg. von Österreich 63, 208, 213
Leopold V., Hzg. von Österreich 85 f.
Leopold VI., Hzg. von Österreich 105 f.
Leopold von Böhmen 163
Lodovicus Contareno, venez. Gesandter 201
Lothar, ital. König 42
Lothar III. von Supplinburg, sächs. Hzg. u. röm.-dt. König u. Kaiser 66–70
Lothar, westfränk. König 42 f.
Lubossa (Libuscha/Libuše), Seherin 30–32, 65
Lucius III., Papst 228
Ludmila, Heilige, Großmutter des hl. Wenzel 33
Ludwig der „Deutsche", fränk. König 22–24, 26–28
Ludwig der Fromme, fränk. König u. Kaiser 21, 27
Ludwig der Römer 203
Ludwig, Hzg. von Bayern 104–106
Ludwig, Hzg. von Orléans 214, 223
Ludwig I., König von Ungarn u. Polen 177, 196, 199, 203 f., 207, 209 f., 215, 217

Ludwig, Ldgf. von Thüringen 104 f.
Ludwig, Mkgf. von Brandenburg 177, 186, 188
Ludwig II., Pfalzgf. u. Hzg. von Oberbayern 114, 123–125, 127, 129, 153
Ludwig IV. der Bayer, röm.-dt. König u. Kaiser 167–169, 172, 174 f., 177 f., 184, 200
Ludwig V., Sohn Königin Emmas 43
Ludwig von Meißen, Bf. von Bamberg, Ebf. von Mainz 203, 209
Luitpold, Mkgf. der Ostmark 29
Lutold, Fürst von Olmütz 69
Lutold, mähr. Přemyslide 61

Magnus, Prager Kanoniker 72
Manfred, stauf. König von Sizilien 127
Manuel II., byzant. Kaiser 261
Manuel Komnenos, byzant. Kaiser 73, 81
Marbod, markom. Herrscher 14 f.
Marc Aurel, röm. Kaiser 15
Marcus, Prager Propst 53, 57
Margarete, Gemahlin Ludwigs I. von Ungarn 199
Margarete (Maultasch), Gf. von Tirol 172, 174, 177
Margarete, Stauferin 127
Margarete, Tochter Hzg. Leopolds VI. von Österreich 105 f., 115 f., 125
Maria, Tochter Ludwigs I. von Ungarn 199, 204, 207
Maria von Luxemburg, frz. Königin 168
Martin Húska, Pikarde 265
Martin V., Papst 243 f., 258, 262 f., 269 f.
Martin von Troppau, Chronist 149, 183
Mathilde, Äbtissin von Quedlinburg 43
Mathilde, Gemahlin Kaiser Heinrichs V. 62
Mathilde, Mkgf. von Tuszien 54
Matthäus von Krakau, Magister 233
Matthias von Arras, Baumeister 189, 210
Matthias von Janov, Volksprediger 230, 237
Matthias von Neuenburg, Chronist 135
Meinhard II., Gf. von Tirol 133
Meinhard, Bf. von Prag 63, 68–70
Meister Sigeher, Dichter 117, 122
Menhart, Gf. von Tirol, Hzg. von Oberbayern 196
Menhard von Neuhaus, Oberstburggf. 281

Methodios (Method), ‚Slawenapostel' 22–26, 28, 191
Michael, Bf. von Regensburg 34
Michael III., byzant. Kaiser 22 f.
Michael de Causis, Gegner Hussens 255
Mieschko I., Hzg. von Polen 26, 35, 38–40, 48
Mieschko II., Hzg. von Polen 48
Mieschko von Teschen (Těšín) 155
Milik-Daniel, Kaplan 94
Mindaugas, lit. König 126
Mlada-Maria, Äbtissin von St. Georg (Prager Burg) 39
Mojmír I., altmähr. Herrscher 21 f.
Mojmír II., altmähr. Herrscher 26
Mönch von Sázava, Chronist 69, 72, 74

Načerad, böhm. Adliger 70 f.
Neclan, böhm. Herzog (legendär) 32
Neplach, Abt von Opatowitz, Chronist 183
Nero, röm. Kaiser 195
Nikolaus Augustini, Hus-Sympathisant 249
Nikolaus, Bf. von Prag 112–114
Nikolaus d. Ä. Eberhardi, Kanzler Karls IV. 198
Nikolaus, Hzg. von Troppau 147, 151 f., 155
Nikolaus I., Papst 22
Nikolaus II., Papst 52
Nikolaus, Prager Inquisitor 254
Nikolaus Puchník, Kleriker 216
Nikolaus Thusintmark, Prager Bürger 163
Nikolaus von Dresden, Magister 256
Nikolaus von Pilgram, taborit. Geistlicher 260, 268, 277
Nikolaus Zajíc von Hasenburg 281

Ögödei, mongol. Großkhan 110 f.
Otakar Přemysl I., böhm. König 86 f., 92–106, 118, 152
Otakar Přemysl II., böhm. König 98, 111, 113, 115 f., 118 f., 121–137, 140–142, 144–151, 228
Otto, Abt von Königsaal 148
Otto, Bf. von Bamberg 61, 64, 68
Otto III., Bf. von Konstanz 256
Otto, Bf. von Passau 124
Otto, Bf. von Prag 73 f.
Otto, Ebf. von Trier 269
Otto II., Hzg. von Bayern 107–109, 112, 114 f., 123
Otto III., Mkgf. von Brandenburg 122–124
Otto IV., Mkgf. von Brandenburg 159, 204, 206
Otto V., Mkgf. von Brandenburg 145–148, 197, 199, 202 f.
Otto I., röm.-dt. König u. Kaiser 35, 37–39, 42
Otto II., röm.-dt. König u. Kaiser 39 f.
Otto III., röm.-dt. König u. Kaiser 40 f., 44 f.
Otto IV., röm.-dt. König u. Kaiser 96 f., 99–101
Otto von Bercow, böhm. Adliger 223
Otto von Eberstein 112
Otto von Freising, Chronist 67
Otto II. von Lichtenstein, steir. Landherr 149
Otto von Lüneburg, Welfe 107
Otto I. von Mähren 48, 51–53
Otto II. von Mähren 62–64, 66 f.
Otto von Wittelsbach, Pfalzgf. 97
Ottokar van der Geul, Chronist 121, 149, 154
Ottokar, Hzg. der Steiermark 85

Paschalis III., Papst 81
Paul Beruth, Brandenburger Krieger 146
Paul von Jenzenstein, böhm. Finanzfachmann 199
Peregrin Pusch, Kuttenberger Bürger 163
Peter Angela, Probst vom Wyschehrad u. Kanzler 163
Peter, König von Ungarn 50
Peter Parler, Baumeister 189, 191, 210
Peter Payne, Hussit 278
Peter, Prager Dekan u. Archidiakon 72
Peter von Aspelt, böhm. Kanzler u. Ebf. von Mainz 152, 156, 159, 162, 165–168
Peter von Capua, Kardinal 94
Peter von Mladoniowitz, Chronist 254, 258–260
Peter von Zittau, Abt von Königsaal, Chronist 149, 154, 157, 159, 161, 163, 165 f., 175, 179, 272
Petr Chelčický, hussit. Reformer 264
Petr Kániš 265
Petrarca, Dichter u. Humanist 193, 195

Personenregister

Petrus Lombardus, Magister der Theologie 238
Petrus Waldes, ‚Ketzer' 228
Philibert von Coutances, Konzilsgesandter 281
Philipp der Gute, Hzg. von Burgund 270
Philipp, Ebf. von Köln 92
Philipp, Ebf. von Salzburg 123 f., 128
Philipp III., König von Frankreich 130
Philipp VI., König von Frankreich 171, 177, 179
Philipp von Schwaben, röm.-dt. König 96–98, 100 f., 106
Photios, Patriarch von Konstantinopel 22 f.
Pierre Roger, Magister, Papst Clemens VI. 178
Pileus de Prata, päpstl. Legat 212 f.
Pilgrim, Bf. von Prag 103
Pippin, fränk. König 37, 50
Pius II., Papst 260
Platon, griech. Philosoph 235
Podiva, böhm. Jude 60
Poggio Bracciolini, Humanist 261
Přemysl, Mkgf. von Mähren 86, 105, 107 f.
Přemysl, Vorfahre der Přemysliden (legendär) 31 f.
Pribina, pannon. Fürst 21 f.
Primislaus, Hzg. von Teschen 214
Prokop, böhm. Heiliger 191
Prokop der Große, hussit. Feldherr 270, 277, 279
Prokop, Hzg. von Mähren 199, 213, 217, 219, 221, 223
Prokop von Pilsen, hussit. Geistlicher 279
Przemysł II., König von Polen 155
Ptolemaios, röm. Schriftsteller 13
Pulkava (Přibík), Chronist 183

Radim-Gaudentius, Ebf. von Gnesen 44, 49
Raimund, Patriarch von Aquileia 133
Raimund von Lichtenburg 163
Rainald von Dassel, Ebf. von Köln, Kanzler des Reichs 76, 79, 82
Reginhar, Bf. von Passau 21
Regino von Prüm, Chronist 20, 26, 29
Reinhard, Abt von Selau 74
Reinmar von Zweter, Dichter 109, 117
Reinstein, Prager Magister 254

Richard II., engl. König 199, 213, 215
Richard Löwenherz, engl. König 93
Richard von Cornwall, röm.-dt. König 123, 125, 127, 129, 131 f.
Richardis von Schweden, Gemahlin Johanns von Görlitz 199
Richenza Elisabeth, 2. Gemahlin Wenzels II. 155, 158, 162, 168
Richenza, Gemahlin Vladislavs I. 63 f.
Richeza, poln. Königin 48
Robert, Bf. von Olmütz 99, 111
Robert, König von Neapel 173
Rostislav, altmähr. Herrscher 22–24, 28
Rudolf I., Hzg. von Sachsen 186
Rudolf II., Hzg. von Sachsen 202
Rudolf III., Hzg. von Sachsen 222, 245
Rudolf IV., Hzg. von Österreich 195–197, 199, 202 f.
Rudolf von Habsburg, röm.-dt. König 130–136, 145–149, 151, 153
Rudolf von Homburg, Landkomtur 198
Rudolf von Österreich, böhm. König 161 f.
Rudolf von Rheinfelden, dt. Gegenkönig 55
Rudolf von Wittelsbach, Pfalzgf. bei Rhein 186
Ruothard, Ebf. von Mainz 58
Rupert I., Pfalzgf. bei Rhein 202, 214
Rupert II., Pfalzgf. bei Rhein 214, 218
Rupert III., Pfalzgf. bei Rhein, röm.-dt. König 218, 221–223
Ruprecht, Sohn König Adolfs 153, 243
Rutharde, Kuttenberger Bürger 163

Samo, Herrscher 11, 16–18
Sbinko (Zbyněk) Zajíc von Hasenburg, Ebf. von Prag 224, 237–239, 242 f., 245 f.
Severus, Bf. von Prag 48, 50 f., 53, 57 f.
Siegfried II., Ebf. von Köln 134, 153
Siegfried, Ebf. von Mainz 53–55, 102, 104 f., 111
Sigmund Huler, Unterkämmerer 215
Siegmund, ungar. u. röm.-dt. König 197, 199, 204, 206–208, 216 f., 219–224, 243–245, 247, 252–257, 260–265, 267 f., 271 f., 276–282
Silvester, Abt von Sázava 72
Silvester, Bf. von Prag 71
Simon von Montfort, frz. Feldherr 135
Simon von Tischnow, Magister 243

Slavomír, altmähr. Mojmiride 24
Soběslav (Soběbor?), Slavnikide 41, 46
Soběslav I., böhm. Hzg. 61–71, 75, 80
Soběslav II., böhm. Hzg. 55, 66, 81, 83–86, 92
Sophie von Wittelsbach, Gemahlin König Wenzels (IV.) 212, 217, 221, 237, 261, 263, 275
Sphendoplokos *siehe* Svatopluk (Sphendoplokos/ Zwentibold) I.
Spytihněv I., böhm. Hzg. 29, 33
Spytihněv II., böhm. Hzg. 48, 50–52
Stanislaus von Znaim, Magister 235–237, 239, 242, 247 f., 250
Stefan Paletsch, Magister 235, 239, 242, 247 f., 250, 252, 255
Stephan I. der Heilige, König von Ungarn 26, 44
Stephan II., König von Ungarn 68
Stephan III., König von Ungarn 81
Stephan V., König von Ungarn 128 f., 158
Strabo, röm. Schriftsteller 13
Strachkwas-Christian, Přemyslide 41, 43
Strojmír, böhm. Hzg.? 28
Svatava (Swatawa), 3. Gemahlin Vratislavs II. 55, 64
Svatopluk (Sphendoplokos/Zwentibold) I., altmähr. Herrscher 19, 23–26, 28 f, 33
Svatopluk II., altmähr. Herrscher 26
Svatopluk, Fürst von Olmütz, böhm. Hzg. 61 f.
Świdrigiełło, lit. Fürst 270
Sycharius, fränk. Gesandter 17
Sygmunt (Sigmund) Korybut, lit. Fürst 268 f.

Tacitus, röm. Schriftsteller 13
Tethka, Priesterin (legendär) 30
Theoderich von Prag, Maler 191
Theophanu, Kaiserin, Gemahlin Ottos II. 40, 43 f.
Thieddag, Bf. von Prag 43–45
Thietmar, Bf. von Merseburg, Chronist 45, 47
Thietmar (Dietmar), Bf. von Prag 39 f.
Thimo von Kolditz, Rat Karls IV. 198
Thomas von Stitna, hussit. Schriftsteller 230
Tiberius, röm. Kaiser 14 f.
Tobias, Bf. von Prag 146, 148, 151 f.

Tudrus, Quade 14

Ulrich, böhm. Hzg. 42–47, 58, 150
Ulrich, Ebf. von Salzburg 124
Ulrich, Ebf. von Seckau 123
Ulrich, Fürst von Znaim 277
Ulrich I., Gf. von Württemberg 124
Ulrich V., Gf. von Württemberg 206
Ulrich, Hzg., Sohn Soběslavs I. 75, 80 f., 83–85
Ulrich, Hzg. von Kärnten 124, 127 f.
Ulrich, mähr. Fürst von Brünn 60 f.
Ulrich Pflug von Rabstein 173
Ulrich Richental, Chronist 258, 260
Ulrich von Etzenbach, Dichter 152 f.
Ulrich von Lichtenstein, steir. Ritter 117
Ulrich von Neuhaus 229
Ulrich von Rosenberg 266, 274
Urban II., Papst 59
Urban IV., Papst 125 f.
Urban V., Papst 197, 203
Urban VI., Papst 208 f., 213, 215

Valentin (Wolis), Bf. von Prag 87
Vannius, quadischer König 15
Varus, röm. Feldherr 14
Veit, Heiliger 39, 210
Velascus, päpstl. Nuntius 115
Velleius Paterculus, röm. Schriftsteller 13
Vespasian, röm. Kaiser 59
Viktor IV., Papst 79–81
Vincentius Kadłubek, poln. Chronist 92
Vinzenz von Prag, Chronist 66, 70 f., 74, 77, 79–82, 84
Vladislav, Ebf. von Salzburg 126–128
Vladislav I., Hzg. 61–65, 70
Vladislav II., Hzg. u. König 66, 70–85, 87, 101, 118 f.
Vladislav, Hzg. von Österreich 109 f., 112
Vladislav Heinrich I., Mkgf. von Mähren 92–100, 103 f.
Vladislav Heinrich II., Mkgf. von Mähren 104 f.
Vladivoj, böhm. Hzg. 45, 51
Vratislav I., böhm. Hzg. 29, 33
Vratislav II., böhm. Hzg. u. König 48, 51–60
Vratislav, Fürst von Brünn 68, 71, 73
Vratislav, Sohn Otakars I. 97, 100

Personenregister

Wacho, langobard. König 16
Wacław, Fürst von Masowien 171
Walram, Luxemburger, Bruder König Heinrichs VII. 165
Walter von Castell 167
Walter von der Vogelweide, Lyriker 99
Wenzel I. der Heilige, böhm. Hzg. 33 f., 49, 67, 185, 202, 281
Wenzel I., böhm. König 97, 100, 104–119, 141, 152
Wenzel II., böhm. König 129, 131, 136 f., 142, 145–149, 151–164, 166, 168, 179
Wenzel III., böhm. König 154, 159 f., 171
Wenzel IV., böhm. u. röm.-dt. König 196, 202–226, 231–234, 237–239, 241–247, 249 f., 252–254, 259, 261–263, 273, 280
Wenzel, Fürst von Troppau 212, 214
Wenzel, Hzg. von Luxemburg 177 f., 202, 207, 213 f.
Wenzel-Karl *siehe* Karl IV., böhm. u. dt. König, Kaiser
Wenzel von Dauba 254
Werner, Ebf. von Mainz 125, 127, 131
Wernhard, Bf. von Seckau 132 f.
Wibald, Abt von Stablo 74
Wiching, Bf. von Neutra 24
Wichmann, Ebf. von Bremen 75
Widukind, sächs. Anführer 207
Wilhelm Hase (Vilém Zajíc) von Waldeck 161, 163, 167
Wilhelm, fränk.-bayer. Gf. 24
Wilhelm II., Gf. von Holland, dt. (Gegen-)König 112, 115 f., 121–123, 128
Wilhelm IV., Gf. von Holland-Hennegau 178
Wilhelm, Hzg. von Jülich 203
Wilhelm I., Mkgf. von Meißen 217, 221, 223
Wilhelm III. von Landstein 218
Willigis, Ebf. von Mainz 39–41
Wiprecht II. von Groitzsch, Mkgf. von Meißen 55, 60–62
Wirping, mähr. Fürstin 59
Witold, lit. Großfürst 267 f., 270
Władysław Herman, König von Polen 59
Władysław Jagiełło, König von Polen 217, 224, 252, 267, 270 f., 278
Władysław Łokietek, Hzg. von Großpolen, König von Polen 155, 160, 171
Wok von Rosenberg, böhm. Adliger 124 f.
Woldemar, der falsche Mkgf. von Brandenburg 186, 203
Wolfgang der Heilige, Bf. von Regensburg 39
Wolfram, Prager Bürger 163 f.
Wolfram von Škvorec, Ebf. von Prag 216
Wyclif *siehe* John Wyclif

Zawisch von Falkenstein, Witigone 133, 147, 151 f.